2014

山东地税年鉴

SHANDONG LOCAL TAXATION YEARBOOK

张洪军 主编

CTP 中国税务出版社

图书在版编目（CIP）数据

山东地税年鉴.2014 / 张洪军主编. -- 北京：中国税务出版社，2015.4
ISBN 978-7-5678-0170-7

Ⅰ.①山… Ⅱ.①张… Ⅲ.①地方税收—山东省—2014—年鉴 Ⅳ.①F812.752.042-54

中国版本图书馆 CIP 数据核字（2014）第 277022 号

书　　名：山东地税年鉴（2014）
作　　者：张洪军　主编
责任编辑：陈金艳　杨　鹤
责任校对：于　玲
技术设计：刘冬珂
出版发行：中国税务出版社
北京市丰台区广安路 9 号国投财富广场 1 号楼 11 层
邮编：100055
http: //www.taxation.cn
E-mail: swcb@taxation.cn
发行中心电话：(010) 83362083/86/89
传真：(010) 83362046/47/48/49
经　　销：各地新华书店
印　　刷：北京联兴盛业印刷股份有限公司
规　　格：787×1092 毫米　1/16
印　　张：33.75　　彩插　3 印张
字　　数：679000 字
版　　次：2015 年 4 月第 1 版　2015 年 4 月第 1 次印刷
书　　号：ISBN 978-7-5678-0170-7
定　　价：260.00 元

《山东地税年鉴（2014）》
编辑委员会

编 辑 人 员

▲2013 年 1 月 15 日，全省地方税务工作会议在济南召开。会议传达贯彻党的十八大、中央和全省经济工作会议、全国税务工作会议、全省财政税务工作座谈会精神，总结 2012 年工作，表彰 2012 年度先进单位和个人，部署 2013 年全省地税工作任务。

▲2013年4月18日，山东省地方税务局党组书记、局长张洪军在全省地税系统领导干部会议上作重要讲话，要求各级地税部门切实优化税收服务，促进经济社会发展；始终坚持依法治税，提高收入质量和水平；大力加强自身建设，提升地税工作效能。

▶ 2013 年 9 月 17 日，山东省地方税务局党组成员、副局长韩奎祥在全省地税收入分析和提高收入质量防范执法风险工作会上强调，各级地税部门要积极应对形势变化，持续推进提高收入质量防范执法风险工作，强化各项措施，认真完成好全年收入任务。

▲ 2013 年 3 月 6 日，时任山东省地方税务局党组成员、纪检组长、监察专员王莉莉在全省地税系统党风廉政建设工作会议上指出，全省地税系统要着力加强纪律建设和作风建设两个重点，完善廉政教育、风险防控和惩治腐败三项机制，抓好落实党风廉政建设责任制、监督检查、制度创新、队伍建设四项工作，努力推动地税系统党风廉政建设和反腐败工作向纵深发展。

◀2013 年 8 月 20 日，山东省地方税务局党组成员、副局长李功在全省地税系统办公室主任座谈会上强调，各级办公室一定要把思想和行动统一到省局党组的整体工作布局上来，强化政治意识、大局意识和责任意识，参好政、服好务、管好家，努力推动各项工作再上新台阶。

▶2013 年 6 月 8 日，山东省地方税务局党组成员、副局长郭凤晓在金税三期工程试点上线动员部署会议上作讲话，要求充分认识金税三期工程的重要意义，把握质量第一、协同并进、注重实效的原则，抓好测试运维、数据整改、培训练习、宣传辅导、TIPS 系统切换五项基础工作，保质保量完成上线任务。

▲ 2013 年 4 月 19 日，时任山东省地方税务局副巡视员李亚在全省地税系统国际税收工作会议上强调，各级地税部门要切实抓好国际税收风险防范，大力强化跨境税收管理，积极推动反避税工作开展，加强外资企业及外籍个人税收管理，切实做好国际税收培训和人才培养，不断强化国际税收信息保障。

▲ 山东省地方税务局党组成员、纪检组长、监察专员杨洁德

▲ 山东省地方税务局副巡视员杨殿国

▶ 山东省地方税务局
副巡视员马奎升

▲ 山东省地方税务局副巡视员于波

▲ 山东省地方税务局副巡视员杨丰仪

▲ 山东省地方税务局副巡视员傅廷民

▲ 山东省地方税务局总会计师白洁

▲ 山东省地方税务局总经济师张荣琳

济南市地方税务局

近年来，在山东省地方税务局和济南市委、市政府的正确领导下，济南市地方税务局始终牢记“为国聚财、为民收税”的使命，持续推进“依法治税、信息管税、服务兴税、人才强税”四大战略，攻坚克难、锐意创新，勇挑重担、担当前行，以组织收入为中心的各项工作实现了新的发展和突破。积极应对国际金融危机冲击，有效化解“营改增”等结构性减税不利影响，加强税收征管，落实税收政策，努力保持地税收入持续稳定增长。2006 年、2010 年、2012 年全市地税收入分别过 100 亿元、200 亿元、300 亿元大关，2013 年组织各项收入 376.44 亿元，为济南经济社会发展提供了财力保障。同时，规范税收执法，收入质量和执法水平稳步提高；优化纳税服务，积极为经济和社会发展服务；精神文明创建工作也取得丰硕成果。市局先后荣获“全国五一劳动奖状”“全国税务系统先进集体”“山东省富民兴鲁劳动奖状”“全国文明单位”等荣誉称号，涌现出了“全国工人先锋号”“全国先进工作者”等一大批先进集体和先进个人。省局和市五大班子领导多次作出重要批示，对全市地税工作给予了充分肯定和认可。

▲ 国家税务总局党组书记、局长王军（左二）到济南市地税局高新区分局视察指导“营改增”试点、金税三期工程上线工作以及党的群众路线教育实践活动开展情况。

▶ 山东省地税局党组书记、局长张洪军（左二）到济南市地税局历下分局调研指导工作。

▲ 不断加强税源管理，提高征管质量。图为济南市宗地税源管理系统演示汇报会。

▲ 大力加强教育培训，提高干部队伍素质。图为济南市地税系统处级干部培训班。

◀ 向纳税人和社会各界问需、问计、问效，促进地税部门行风、政风、作风不断优化。图为济南市地税局召开“三问三优化”提升纳税服务质效主题活动新闻发布会。

青岛市地方税务局

近年来，青岛市地方税务局在山东省地方税务局党组和青岛市委、市政府的正确领导下，牢固树立和落实科学发展观，坚持依法治税、信息管税、服务兴税、人才强税，廉洁从税，加快建设智慧地税、法治地税、责任地税、平安地税、和谐地税，各项工作不断取得新进展。先后荣获“全国税务系统先进集体”“全国税务系统文明单位”“山东省精神文明单位”“山东省富民兴鲁劳动奖状”“青岛市突出贡献单位”等称号。连续16年荣获“省级文明单位”，连续7年在全市绩效考核中夺优。

全面加强日常税收征管，在经济减收、政策减收等“两难”甚至“多难”的不利形势下，立足眼睛向内，向管理要收入，紧紧依靠管理增收、科技增收、堵漏增收、打击违法增收，在2012年净增110亿元的高基数上，2013年组织各项收入573.7亿元，同比增长15.6%。开发完成“智慧地税”四期，通过全市科技进步奖专家评审；代市政府起草了《加强第三方涉税信息共享的通知》，与34个部门建立信息共享机制，研发了在线媒体涉税信息监控平台，试运行一个月增加税收1.2亿元。代市政府起草了《青岛市税收征收协助条例》，经省、市两级人大全票审议通过，是我国首部市级税收征收协助条例。全心全意为纳税人解难题，推出了31条便民服务举措。加强干部队伍建设，开展全员、全年不间断培训，不断提高综合素质，5人入选全国税务系统领军人才。建立廉政防控平台，按照“教育+制度+科技+问责”模式，完善内控机制。在2013年行风评议中，市局机关和所有基层局获得第一名。2013年，税务总局、山东省地税局和青岛市委市政府领导，先后32次对青岛市地税局工作给予批示肯定。其中，山东省委常委、青岛市委书记李群批示6次。

▲ 网络发票系统全面上线启动。

▲每月组织“走进地税暨局长服务日”活动，进一步密切了税企关系。

▲将税收惠民政策送到渔民手中，让税法宣传走进千家万户。

◀税务干部现场解决“营改增”纳税人遇到的各类涉税问题。

▶加强干部队伍建设，组织业务比武考试。

淄博市地方税务局

淄博市地方税务局成立于1994年9月，市局机关内设16个科室，下设稽查局、直属征收局、齐鲁石化分局3个直属派出机构，辖张店、淄川、博山、临淄、周村、高新区、文昌湖7个分局和桓台、高青、沂源3个县局。全系统共有干部职工1157人，担负着全市10.4万户纳税人的税收征管任务，负责营业税、企业所得税、个人所得税、城市维护建设税、城镇土地使用税、土地增值税、房产税、资源税、车船税、印花税、烟叶税、契税、耕地占用税等13个税种的征收管理工作，附征教育费附加、地方教育附加2项附加，代征价格调节基金、水利建设基金、残疾人就业保障基金、工会经费、文化事业建设费5项基金规费。

近年来，在山东省地税局党组和淄博市委、市政府的正确领导下，全市各级地税部门坚持以邓小平理论、“三个代表”重要思想和科学发展观为指导，积极落实党的十八大和十八届二中、三中全会精神，牢记“为国聚财、为民收税”的光荣使命，树立和弘扬“务实创新、勇争一流”的淄博地税精神，一手抓组织收入，坚持依法征税、应收尽收；一手抓队伍建设，坚持提升素质、提高效能，实现了地税事业又好又快发展。淄博地税年组织收入总量从1994年建局之初的4.9亿元跃升至2013年的178.1亿元，20年共计组织各项收入1056.4亿元，年均增长20.75%，为全市经济和社会发展提供了强有力的税收财力保障。高度重视依法治税工作，围绕规范税收执法权，不断创新完善各项工作措施，税收执法责任制工作被国家税务总局在全国地税系统推广，研发应用“网上执法检查系统”等工作在全省地税系统推广，市局被表彰为“全国‘四五’及‘五五’普法法制宣传教育先进集体”。建局以来，市局共荣获“全国文明单位”“全国五一劳动奖状”“全国税务系统先进集体”“全省先进基层党组织”“富民兴鲁劳动奖状”等多项国家级和省级荣誉称号。连续十五年被山东省地税局表彰为全省地税系统目标管理考核优秀单位，这在全省地税系统是唯一一家。连续十五年被评为全市政风行风建设先进单位或进入全市行风评议执法类前三名。

▲ 积极开展“三服务一争创”活动。

▶ 山东省人大检查调研组到淄博市地税局检查《山东省地方税收保障条例》落实情况并给予充分肯定。

◀ 大力加强信息化建设，确保金税三期工程按时上线。

▲ 采取丰富多样的形式进行税收宣传，进一步提高公民纳税意识。图为税收宣传进校园。

▲ 加强党风廉政建设，组织干部职工参观市局警示教育基地。

枣庄市地方税务局

枣庄市地方税务局成立于1994年8月。市局机关内设15个职能科室，下设2个直属单位，辖1个开发区分局、5个区分局和1个市局，共设置33个中心税务所，全系统共有在职干部职工913人，其中，中共党员773人，占85%；大专以上文化程度881人，占96%，其中，研究生（含在读）83人；注册税务师、注册会计师、律师73人，占8%。承担全市42433户纳税人的地方税收征管工作，2013年共组织各项收入96.83亿元，同比增长6.37%，增收5.80亿元。其中，地方级公共财政预算收入完成85.90亿元，同比增长10.66%，增收8.27亿元，为全市转型发展提供了充足财力支撑。

枣庄市地税局在山东省地税局党组和枣庄市委、市政府的正确领导下，坚持把“培育一流的干部素质、实施一流的税务执法、打造一流的纳税服务、营造一流的纳税环境、创造一流的工作业绩、树立一流的社会形象”作为枣庄地税系统的共同愿景，把“厚德载物、海纳百川，艰苦创业、无私奉献”作为枣庄地税系统的核心文化理念，以加强地税文化建设提升凝聚力为总目标，以提高税收收入质量为中心，以深化完善税收管理新模式为重点，以持续推动基层建设为着力点，以盘活人力资源、激发队伍活力为保障，统一思想、凝聚力量，创新发展、和搏勇进，系统上下形成了风清、气正、心顺、人和的良好局面。2013年，市局先后荣获全省地税系统党建工作先进集体、服务基层优秀单位、税收宣传月活动先进单位、文化事业建设费征收先进单位、全省地税系统廉政文化教育基地建设先进单位、全省档案管理特级单位、全省理论宣讲工作先进单位、全市目标管理考核先进集体、全市工业转型振兴工作先进集体、全市思想政治工作先进单位、全市服务业工作先进集体等荣誉称号，连续三年保持了全国文明单位称号，连续两年荣获全省地税系统目标管理考核优秀单位。

▲ 全面加强税源管理，税收风险管理系统成功上线运行。

◀ 进一步加强政务公开，积极参加涉税热线栏目。

▶ 加强税收信息化管理，全面部署金税三期工程上线工作。

▲ 加强党建工作。图为全省宣教基地工作会议与会人员观摩地税党建工作。

▲ 税法宣传“从娃娃抓起”。

东营市地方税务局

东营市地方税务局组建于1994年7月，下辖东营分局、河口分局、广饶县局、垦利县局、利津县局5个县区局，31个中心税务所。局机关内设11个职能科室和监察室、督察内审办公室，设置稽查局、直属征收局、油田分局、石化分局、经济技术开发区分局、东营港经济开发区分局和2个事业单位，共有665名在职干部职工，担负着全市7万余户企业和个体工商业户的地方税收征管工作。近年来，在山东省地税局党组和东营市委、市政府的正确领导下，全市各级地税部门始终牢记为国聚财、为民收税的使命，坚持以依法组织收入为中心，突出党的群众路线教育实践活动和税收征管改革两项重点，深化纳税评估、税务稽查、税收服务三项措施，推进地税文化、能力素质、机关党建和党风廉政四项建设，实现征管质效显著提升、依法治税深入推进、纳税服务优质便捷、干部队伍充满活力、行政管理规范高效五个目标，各项工作取得优异成绩。建局以来，连年超额完成上级下达的各项税收任务，累计组织各项收入1008亿元，为全市经济建设和社会稳定提供了强大的财力保障。

2013年，全系统共涌现出全国文明单位1个，国家级青年文明号和巾帼文明岗6个，全国五四红旗团支部、“三八”红旗集体、女职工建功立业示范岗和五一巾帼标兵岗各1个；省级文明单位7个、青年文明号18个、巾帼文明岗20个，省级“三八”红旗集体和女职工建功立业示范岗各2个；受到省以上表彰奖励300多人次。

▲组织开展对纳税人金税三期工程应用系统培训，全系统共免费培训纳税人1.5万户。

▲坚持依法治税，积极落实税收优惠政策，税务人员深入企业了解相关情况。

▲加强税收征管，税源控管从项目开工抓起。

▶加强软实力建设，打造学习型机关。

◀加大税法宣传力度，进一步提高公民纳税意识。图为税法宣传走进车房展。

烟台市地方税务局

近年来，烟台市地方税务局在山东省地方税务局和烟台市委、市政府的坚强领导下，突出重点，全面推进，各项工作取得了长足进步。深化税收征管改革，2009 年被税务总局、山东省地税局确定为税源专业化管理试点单位，2012 年 7 月在税务总局深化征管改革座谈会上进行了汇报，2013 年以来结合金税三期工程的上线运行，合理调整基层管理单位的岗责职能，建立以纳税服务、日常管理、纳税评估、税务稽查为基础环节的管理模式。坚持依法治税，开展了依法行政示范单位创建活动，探索建立依法治税综合评价体系。优化纳税服务，组织市直地税机关百户企业走访活动，研究税收优惠政策与企业发展的对接点，出谋划策促进企业做强做大。开展“大调研”活动，围绕东部新区建设、培育市场主体、微型企业发展、“营改增”等项目向政府提交了多份调研报告。大力推行“素质建设工程”，积极开展“四德”教育，近年来系统内共获得 19 个国家级、110 个省级先进集体称号，并涌现出全国时代先锋、全国巾帼建功先进工作者、全国道德模范提名奖等一大批先进个人。市局 2006—2011 年连续 6 年被评为全省地税系统目标管理考核优秀单位，2007—2013 年连续 7 年获得烟台发展突出贡献奖。

▲ 山东省地税局党组书记、局长张洪军（右二）到烟台市地税局进行重点工作调研，并视察市局办税服务厅和 12366 纳税服务热线平台。

▲ 不断加强信息化建设，切实搞好培训，确保金税三期工程系统顺利上线。

▲ 加强干部队伍建设，定期组织学习教育考试。

▶ 加强税收征管，对重点企业实行一对一辅导。图为税务干部上门指导纳税人鉴别发票真伪。

◀ 大力加强精神文明建设，开展丰富多彩的文体活动，树立地税良好形象。

潍坊市地方税务局

潍坊市地方税务局成立于1994年7月，内设13个职能科室，下辖3个直属分局、12个县市区局、5个开发区分局、2个直属单位。全系统在职干部职工2006人，担负着全市14万多户纳税户的地方税收征管和纳税服务等工作。

近年来，在山东省地税局和潍坊市委、市政府的正确领导下，潍坊地税求真务实，开拓进取，各项工作取得了显著成效。2013年全市共组织地税收入296.88亿元，同比增长12.04%。其中，地方级地税收入总量达到274.02亿元，按可比口径增长18.42%，高于全省平均增幅2.90个百分点，增幅位居全省第6位。地税收入占全市公共财政预算收入的比重比上年提高1.72个百分点。市局先后被命名为全国文明单位、全国五一劳动奖状、全国文明行业示范点、全国青年文明号、山东省政风行风考核先进单位、山东省富民兴鲁劳动奖状、山东省学习型组织标兵单位、全省地税系统目标管理优秀单位、全省地税系统服务基层优秀单位、全省地税系统“征纳共盈”纳税服务品牌创建先进单位、市直部门绩效综合考核先进单位、全市经济建设十佳服务单位等项称号。

▲山东省地税局党组书记、局长张洪军（左二）到潍坊市地税局进行考察调研，对金税三期工程试点推进、纳税服务等工作给予了肯定。

▲ 加强税收征管，严格落实《存量房交易价格评估系统操作规范》，认真测算调整标准房基准价格，提高存量房评估征管水平。

▲ 进一步加强纳税服务，在办税服务厅设立导税服务岗，解答纳税人咨询，辅导纳税人顺利办税。

◀ 切实抓好金税三期工程试点各类业务培训，确保金税三期工程系统顺利上线运行。

▶ 加强党风廉政建设，组织全体干部职工到廉政教育基地参观，增强廉洁自律意识。

济宁市地方税务局

近年来，在山东省地方税务局党组和济宁市委、市政府的正确领导下，济宁市地方税务局牢牢坚持“推进济宁地税由收入大市向工作强市转变”主基调不动摇，自觉把地税工作融入地方发展大局，始终坚持以组织收入为中心服务科学发展。面对经济下行压力加大和煤炭量价齐跌的不利局面，加大征管力度，创新管理举措，全力挖潜增收，保持了地税收入的持续稳定增长和收入结构的不断优化，为地方经济社会发展提供了坚强的财力保障。不断提升站位，做到以税资政，制定出台《关于支持全民创业的60条实施意见》，营造良好的营商环境；提报《关于“营改增”对济宁经济税收的影响及应对策略的报告》《关于促进济宁资源型城市可持续发展的意见和建议》《从地方税收角度看济宁转方式调结构中存在的问题及对策建议》等系列调研报告，进入了全市决策，呈现出重要会议让地税部门表态发言，重要决策部署让地税部门参与制定，重要文件出台征求地税部门意见的良好局面。以群众满意度随机测评中央、省属驻济单位连续两年第一名的成绩荣获“群众满意先进单位”称号，连续第9年被授予“支持济宁发展突出贡献单位”称号，被省局评为“2013年度全省地税系统目标管理考核优秀单位”，得到了上级领导的批示肯定和高度评价。

▲ 全面加强税收管理，税务干部深入企业进行税源情况调研。

积极工作　健康生活

▲加强政务公开，积极参加山东省人民广播电台“阳光政务热线”活动，为纳税人答疑解惑。

▲开展税收宣传进校园活动，不断提高公民纳税意识。

▲不断加强信息化建设，金税三期工程征管系统成功上线，打出第一张税票。

▲加强党风廉政建设，进行全员教育，预防职务犯罪。图为组织参观反腐倡廉警示教育基地。

泰安市地方税务局

近年来，泰安市地税系统在山东省地方税务局和泰安市委、市政府的坚强领导下，以邓小平理论、“三个代表”重要思想、科学发展观为指导，深入贯彻落实党的十八大、十八届二中、三中会议精神，围绕中心，服务大局，务实创新，扎实奋进，收入质量、征管质效、执法服务、行政保障等均实现持续提升。2013 年，泰安市地税局在科学研判形势、深入调查研究的基础上，决定在全市地税系统全面实施“作风兴局”战略，以全面加强作风建设为突破口和着力点，跳出税务看税务，跳出税收抓税收，围绕中心、服务发展，引导广大干部职工认真践行讲政治、讲学习、讲实干、讲创新、讲廉政、讲正气的“六讲”要求，瞄准“全省有位次、全国有影响”的目标，大力强化人本、法治、创新、品牌四项驱动，倾力打造活力地税、法治地税、创新地税、形象地税，力争“在全省地税系统率先实现税收现代化”。2013 年，岱岳分局推行廉政保证金制度的经验得到中央领导同志的高度评价并作出重要批示。市局机关先后被评为全国文明单位、全国税务系统纪检监察先进集体、全国学习型组织创建优秀单位、省级文明单位、山东地税管理创新明星单位、山东地税系统党建工作先进集体等，所属 7 个县级局全部被评为省级文明单位。

▲ 加强党建工作，全省地税系统党建工作第一协作片会议在泰安市地税局召开。

◀ 全力推行税源专业化管理和“扁平化”改革，税源管理质效明显提升。图为组织召开零散税源委托管理工作现场会。

▲ 加强精神文明建设，召开全市地税系统文化建设推进会。

▲ 进一步加强信息化建设，组织开展金税三期工程相关知识对抗赛。

▶ 采取多种形式进行税法宣传。

威海市地方税务局

近年来，威海市地方税务局在山东省地方税务局和威海市委、市政府的正确领导下，始终牢记为国聚财、为民收税的神圣使命，以组织收入为中心，以改革创新为动力，坚持依法治税，深化征管改革，提升服务站位，加强队伍建设，转变工作作风，不断实现各项管理水平的全面提高，推动地税工作持续健康发展。地税收入由1994年的3.41亿元增加到2013年的159.98亿元，年均递增22.46%。

市局获得“全国税务系统先进集体”“全国创建文明行业活动示范点”“全国精神文明建设工作先进单位”“全国五一劳动奖状”“全国文明单位”“中国特色社会主义理论体系宣教基地”“全国群众体育先进单位”“省级文明单位”“山东省理论大众化示范点”等省级以上荣誉称号260多个。2013年，被威海市委、市政府评为“2013年度工作优秀单位”“机关作风建设年活动先进单位”，在全市行风评议中获得行政执法部门第一名。被山东省地税局评为“全省地税系统优秀党建品牌”“全省地税系统廉政文化教育基地建设先进单位”“全省地方税收调查工作先进单位”。

▲加强基层调研工作，领导班子深入基层一线，听取基层干部职工和纳税人的意见建议，为基层解决实际困难。

◀ 进一步规范税收执法，认真贯彻落实《山东省地方税收保障条例》，推动地税工作全面发展。

▲ 全面加强税收征管，组织开展税收票证资料展评活动，加强票证管理的科学化、规范化。

▲ 认真组织金税三期工程上线工作。图为金税三期工程税收征管系统上线启动仪式。

▲ 举办兼职教师培训班，进一步提高干部队伍素质。

日照市地方税务局

近年来，日照市地方税务局牢固树立收入质量意识，全力做好提高收入质量、防范执法风险各项工作，地税收入实现平稳增长，2013年全市地税系统累计组织各项收入66.09亿元，同比增长14.06%，增收8.15亿元。进一步加强征管基础标准化建设，着力规范旧城改造和非学历教育税收管理，深化行政事业单位个人所得税全员全额扣缴明细申报，探索股权转让所得税和企业补贴收入税收管理、资源税“三控警戒、两线一比”管理，与外汇管理局签订协同管理《合作备忘录》，试点探索了重点税源集中监控管理模式，依法取消行政审批项目4项，下放行政审批项目7项。先后组织开展了“营改增”试点行业纳税人税负变化调查测算、税务登记核查、试点纳税人排查认定等工作，完成了3096户试点纳税人移交手续，划转营业税4.376亿元。组建核心业务团队，制定下发实施方案，及时完成了上线前数据整改、补录和初始化工作，金税三期工程顺利上线运行。认真贯彻中央八项规定，深入贯彻《党政机关厉行节约反对浪费条例》，在系统内大力开展“庸懒散”专项治理活动，深入排查“四风”问题，进一步加强党风廉政建设，推进网上党支部建设，组织开展了“弘扬沂蒙精神、做好地税工作”党史教育活动，开设地税“道德讲堂”，广泛开展文体活动。荣获“全国文明单位”“全省地税系统先进集体”“全市目标管理绩效考核优秀单位”“市直政风行风建设先进单位”等荣誉称号。

▲不断加强党建工作，全省地税系统党建工作第三协作片组会议在日照市召开。

▲认真落实小微企业税收优惠政策，深入企业进行税收调研。

▲进一步加强税收征管，全面开展税源普查活动。

◀加强党风廉政建设，召开全市地税系统网上廉政文化教育基地建设现场会。

▶全面加强综合治税，与日照市外汇管理局签订《协同管理合作备忘录》。

莱芜市地方税务局

近年来，莱芜市地方税务局在山东省地方税务局和莱芜市委、市政府的正确领导下，坚持“聚财为国、执法为民”的宗旨，以组织收入为中心，不断提升税收征管和执法服务水平，以基层建设和队伍建设为根本，抓素质，树形象，各项地税工作实现了快速健康发展，先后获得“全国文明单位”“富民兴鲁劳动奖状”“山东省思想政治工作先进单位”“山东省道德建设十佳单位”等省以上荣誉称号100多项。

税收管理实现新跨越。牢固树立收入质量观，时刻绷紧防范执法风险这根弦，不断强化措施，创新管理，取得了收入“质”和“量”的双提升。2013年共组织各项地税收入34.4亿元，同比增收0.85亿元，增长2.56%，其中，按老口径计算，组织地方财政收入26.01亿元，同比增收1.92亿元，增长8%，占全市地方财政收入的比重达到60.49%；按新口径计算，组织地方财政收入28.86亿元，同比增收1.67亿元，增长6.13%，占全市地方财政收入的比重达到61.71%，为地方经济发展提供了稳定的财力支持。

干部队伍素质显著提升。以深入开展“干部作风建设年”活动为抓手，积极构建科技防腐体系，全面加强地税道德讲堂建设，深入推进全市地税系统“创建文明城市 争做文明市民”活动，大力开展千名干部下基层、包驻帮扶和捐资助学活动，擦亮了“全国文明单位”品牌。

执法服务实现新提升。深入落实税收执法责任制，全面加强税收执法监督管理，认真开展办税服务厅执法行为试点，积极创建规范化办税服务厅，进一步完善各项服务措施，大力开展“导税服务”和“免填单”服务，上线运行了“一次性告知信息管理平台”，认真落实各项税收优惠政策，将市级税务行政审批权压缩为1项，主动当好党委政府的参谋助手，营造了良好的税收环境。

▲ 积极参加政风行风热线，倾听纳税人意见，解答纳税人疑惑。

◀进一步加强税源管理，税务干部深入建筑工地开展税源调查，摸清税源底数。

▶不断加强税收管理，提高征管质量。图为举办企业所得税汇算清缴培训班。

▲全面加强党风廉政建设，莱城地税文化教育基地被山东省纪委、省监察厅命名为全省反腐倡廉教育基地。

▲不断提高纳税服务水平，莱城分局纳税服务中心被中华全国总工会授予“全国工人先锋号”荣誉称号。

临沂市地方税务局

近年来，在山东省地方税务局和临沂市委、市政府的正确领导下，临沂市地税局坚持以科学发展观为指导，牢记“收税为国为民、责任重于泰山”的工作要求，按照“积极作为、扎实推进、稳步提升、全面发展”的工作基调，紧紧围绕组织收入中心工作，以深入开展“弘扬沂蒙精神、争做地税先锋”主题活动为动力，在攻坚克难中稳步前行，在凝心聚力中开拓进取，地税收入持续稳定增长，各项工作取得了新进展、新成绩。2013 年，全市地税系统累计组织各项收入 167.9 亿元，同比增收 30.5 亿元，增长 22.2%，其中市县级收入 154.8 亿元，同比增收 28.4 亿元，增长 22.5%，为全市经济社会发展提供了重要的财力保障。各级地税部门向党委、政府呈报税收调研分析 46 篇，被党委、政府采纳意见建议 60 余条。市局先后荣获“山东省法制宣传教育示范基地”“全省地税系统廉政文化教育基地建设先进单位”“全市‘十佳’服务企业优胜单位”“全市服务县域经济发展先进单位”“全市依法行政先进集体”等荣誉称号，并在 2012 年度民主评议政风行风活动中获得行政执法部门第一名，9 个县区局被临沂市委、市政府表彰为“2012 年度行风建设先进单位”。

▲加强税源管理，实施重大建设项目“链条式”管理模式。

▲ 进一步加强信息化建设，图为金税三期工程上线后开具的第一张契税发票。

▲ 重视干部队伍建设，举办全市地税系统“弘扬沂蒙精神、争做地税先锋”主题活动岗位能手选拔考试。

▶ 加强机关党建，创建“帜领税丰”党建品牌，切实以品牌引领发展。

▶ 加强纳税服务，提高征管质效。召开全市地税系统纳税服务工作暨县（区）域集中征收现场会。

德州市地方税务局

近年来，德州市地方税务局按照山东省地方税务局和德州市委、市政府的工作要求，以“幸福德州、活力地税”建设为总抓手，抓收入、提质量、严管理、强基层、激活力，不断提升工作水平。坚持向经济要税收、向管理要税收、向政策要税收，实现地税收入持续稳定增长。2011—2013 年累计组织收入 273.21 亿元，平均增幅 28.77%。强化执法督察，抓好问题整改，收入质量有效提升。以风险管理为导向，以专业化管理为基础，以重点税源管理为着力点，以信息化为支撑，完善税源分类分级管理，提升了税源管理水平。完善税收执法标准化，实行“标准指引”和“风险推送”双轮驱动，该工作经验在全省地税系统推广。加强经济税收分析，在服务决策、调控经济、促进公平、推动发展等方面发挥了积极作用。推行同城通办、服务前移、国税局与地税局联合办税等特色服务措施，开展工作满意度第三方社会调查，摸实情、查民意、解难题，纳税人满意率逐年提高。打造规范化县局和标准化中心所，基层征管、执法和服务水平大幅提高。加强教育培训，实施党建领航，加强人文关怀，凝聚地税发展正能量，“活力地税”建设进一步深化。近年来，德州市地税局先后荣获“全国五一劳动奖状”“全国文明单位”“全国模范职工之家”等国家级荣誉 5 项，富民兴鲁劳动奖状、全省地税系统目标管理考核优秀单位、全省地税系统先进集体、全省地税系统政风行风建设考核先进单位、全省地税系统基层建设优秀单位等省级荣誉 10 余项，各类市级荣誉 100 余项。

▲ 加强机关党建，全省机关党建课题研讨暨系统党建现场观摩会在德州召开。

▲ 全面加强税收征管，进一步加强重点企业风险后续管理。

▲ 进一步加强信息化建设，认真开展金税三期工程上线运行测试。

◀ 开展家庭助廉活动，全面加强党风廉政建设。

▶ 组织全体职工参加《小企业会计准则》考试，不断提高干部职工业务水平。

聊城市地方税务局

近年来，聊城市地方税务局在山东省地方税务局和聊城市委、市政府的正确领导下，紧紧围绕市委、市政府“东融西借、跨越赶超，建设冀鲁豫三省交界科学发展先行区”的决策部署，坚持组织收入与服务经济并举，规范执法与优化服务并重，强化管理与创新手段并行，内强素质与外树形象并进，各项工作均取得了显著成绩。2013 年，全市地税系统共组织各项地税收入 93.94 亿元，收入总量突破 90 亿元大关，同比增长 26.79%，增收 19.85 亿元，收入增幅高于全省平均水平（13.02%）13.77 个百分点，列全省 17 市第 1 位，为全市经济社会发展作出了积极贡献。全系统先后有 744 个单位和个人被省（厅）级以上单位授予各类先进荣誉称号。市局先后被人力资源和社会保障部、国家税务总局联合授予“全国税务系统先进集体”荣誉称号，被山东省文明委评为“省级文明机关”和“省级文明单位”。连续多年被聊城市委、市政府授予“支持地方经济发展贡献奖”和全市“目标管理综合考核优秀单位”称号。省局及市委、市政府等领导先后多次作出重要批示，对全市地税工作给予了充分肯定和认可。

▲ 大力加强税源管理，深入企业认真进行税源清查工作。

◀积极开展局长服务日活动，现场接受纳税人咨询，处理涉税问题。

▲加强个人所得税征管，畅通个税申报渠道。

▲2013年10月7日，聊城市地税局辖区内各征收单位相继开出首张完税证，标志着金税三期工程在全市成功上线运行。

▶加强精神文明建设，开展“道德讲堂”活动。

滨州市地方税务局

近年来，滨州市地方税务局在山东省地方税务局和滨州市委、市政府的坚强领导下，坚持以科学发展观为指导，牢记为国聚财、为民收税的神圣使命，严格落实“抓执法、提素质、强基础、上水平”的工作思路，深入贯彻“阳光、公平、正义”的工作理念，大力倡导“认真深入具体”“用心用脑用力”的工作作风，大胆探索，勇于创新，实现了地税事业新的发展和跨越，特别是连年超额完成组织收入工作任务。2012 年地税总收入实现 104 亿元，首次突破百亿元大关；2013 年，组织地方财政收入 100 亿元，首次突破百亿元大关，成为滨州地税发展史上的重要里程碑，为全市经济社会发展作出了积极贡献。近年来开展的地方税源普查，二、三产业分离，抓企业带行业等多项创新工作都得到了省委、省政府和省局的充分肯定。先后获得了“全国精神文明建设工作先进单位”“全国军民共建社会主义精神文明先进单位”“全国五一劳动奖状”“全国职工职业道德建设先进单位”“全国巾帼文明示范岗”“全国青年文明号”“山东省思想政治工作先进单位”、全市“行风评议先进单位”等 200 多项国家、省、市级荣誉称号，连续 14 次被市委、市政府荣记集体二等功。

▲ 山东省地税局党组书记、局长张洪军（左五）到滨州地税调研，对滨州地税在核心价值塑造、文化建设方面的探索和实践给予了高度评价。

▲认真开展地税局长服务日活动，不断提高纳税服务水平。

▲加强政务公开，参加“中国滨州”在线访谈。

◀加强干部队伍建设，组织全市地税干部职工参加《财务会计及涉税分析》全员达标考试，不断提高干部队伍素质。

▶不断加强党风廉政建设，召开全市地税系统预防职务犯罪工作推进会议。

菏泽市地方税务局

近年来，菏泽市地方税务局在山东省地方税务局和菏泽市委、市政府的正确领导下，以组织收入为中心，以依法治税为灵魂，以税源管理为重点，以队伍建设为保障，以信息化建设为支撑，真抓实干，团结进取，圆满完成了各项工作任务。市地税局和所有县区局及8个基层中心税务所先后被评为省级文明单位、市地税局先后被评为全国文明单位、全国精神文明建设先进单位、全国“五五”普法中期先进单位、山东省思想政治工作先进单位、山东省再就业工作先进单位、山东省扶残助残先进集体、山东省“四五”普法依法治理先进集体、山东省政务公开示范点、山东省地税系统服务基层优秀单位、菏泽市民主评议优化经济发展环境优秀单位、菏泽市职业道德建设先进单位、菏泽市行风评议优秀单位、菏泽市依法行政先进单位、菏泽市服务业先进单位、菏泽市行政程序年活动先进单位等。菏泽市国际税收研究会被评为全国先进学会，菏泽市地税系统被菏泽市委评为市级文明行业，行风评议连年被评为前两名。1994—2012年，菏泽市地税系统累计组织收入430.98亿元，年均递增26.35%，增收5.62亿元。其中：市县级收入359.6亿元，占同期总收入的83.44%，占同期地方财政收入的55.53%，年均递增26.96%，增收4.89亿元。近年来，组织收入、税收征管等160多项单项工作先后被市委、市政府和省地税局以会议典型发言、信息专刊等形式予以肯定和推广。市委、人大、政府、政协、纪委和省地税局主要领导同志均专门做出批示，对地税工作给予高度评价和表扬。

▲进一步加强税源管理，实行局领导包企业和重点行业制度，图为局领导到房地产开发企业进行税收调研。

▲加强政务公开，积极参加“行风热线”节目。

▲开展访民生、知民意、解民忧调研活动，不断提高纳税服务水平。

▶采取多种形式进行税法宣传，增强公民纳税意识。

◀加强干部队伍建设，积极开展税收业务比武，提高干部素质。

编　辑　说　明

《山东地税年鉴》是山东省地方税务局组织编写的地方税务综合性年鉴，全面系统地记载山东省地方税收的基本情况，所载资料和统计数字翔实准确，是社会各界了解和研究山东地税的权威工具书。

《山东地税年鉴（2014）》主要收录2013年山东地方税收的基本资料，全书60万字，设六个篇目：

第一篇　重要文献。主要收录山东省地税局领导的重要讲话及相关调研文章。

第二篇　全省地税工作。主要内容为全省地方税务工作综述、税收法治、营业税管理、企业所得税管理、个人所得税管理、财产行为税管理、土地房产税管理、国际税收管理、税收征收管理、税源管理、收入规划核算管理、财务管理、督察审计、人事管理与离退休干部工作、基层工作、纪检监察、税务稽查、重点企业税收管理、机关党建、信息化建设、纳税服务与社会综合治税、机关后勤服务等内容。

第三篇　各地地税工作。主要内容为各市、各县（市、区）的地税工作情况，包括经济概况、收入概况、工作概述等。

第四篇　统计资料。主要收录山东省各级地方税务机关组织税收收入、税收征管和计算机应用等方面的统计资料。

第五篇　机构和人员。主要收录山东省地方税务局处级以上领导名单、各市地税局领导成员名单以及全省地税系统机构和人员构成情况。

第六篇　附录。主要收录山东省地方税务局大事记、山东地税系统获得省厅级以上荣誉称号的先进单位情况。

本年鉴的出版得到山东省地税系统各级领导及有关部门的鼎力支持，中国税务出版社在编辑出版过程中给予了指导和协助，在此一并表示衷心感谢！

疏漏之处，敬请批评指正。

编者

2014年12月

目　录

第一篇　重要文献

第二篇　全省地税工作

第三篇　各地地税工作

第四篇　统计资料

第五篇　机构和人员

第六篇　附　　录

第一篇　重要文献

在全省地税系统领导干部会议上的讲话

张洪军

（2013 年 4 月 18 日）

同志们：

这次全省地税系统领导干部会议，主要是深入学习贯彻省委、省政府和国家税务总局一系列重要指示和会议精神，结合地税实际，认真抓好落实，推动全系统各项工作在原有基础上继续向前发展，不断登上新的台阶。

根据组织安排，我到省地税局工作，与大家一起共事，非常荣幸，也非常珍惜。到省局短短的十多天时间里，通过接触方方面面的同志，了解方方面面的工作，我深深地感到，在历届省局领导班子和全系统干部职工的共同努力下，山东地税练就了一支过硬的干部队伍，营造了干事创业的良好氛围，取得了丰硕的成果，得到了各级党委、政府和社会各界的高度认可。这是全系统广大干部职工的骄傲，既让我很受鼓舞，也深感责任重大。

在我来省局任职前，省委姜异康书记跟我谈话，在强调地税工作任务繁重、十分重要，对经济社会发展、民生改善等都发挥着重要的影响作用，省委、省政府历来高度重视的同时，着重提出了三点要求：一是要加强经济税收研究，发挥好税收职能作用，支持和服务经济社会发展，当好党委、政府的参谋助手；二是要坚持依法治税，把该收的税收好，不该收的坚决不收，提高收入质量和水平；三是要抓好班子、带好队伍，保持地税干部队伍的和谐稳定。4 月 2 日，新一届省政府举行第一次全体会议，省委副书记、代省长郭树清主持并讲话，会议围绕学习贯彻党的十八大、全国“两会”和习近平总书记、李克强总理一系列重要讲话精神，全面落实省十次党代会和省“两会”确定的目标任务，对政府工作进行了安排。郭树清在讲话中明确要求税务部门“完善税源控管体系，积极探索新的征管办法，减少税收‘跑冒滴漏’”。4 月 7 日，省政府又召开了第一次廉政工作会议，省委副书记、代省长郭树清出席并讲话，对政府系统的廉政建设和反腐败工作进行了部署。最近，国家税务总局也召开党组扩大会议，传达学习全国“两会”和李克强总理在国务院第一次全体会议、第一次廉政工作会议上的讲话和张高丽副总理到税务总局调研时的讲话精神，新任总局党组书记、局长王军对当前及今后一个时期的税收工作提出了新要求。4月8日，总局党组成员、副局长丘小雄到青岛调研组织收入工作，要求在坚持依法治税、提高收入水平和质量的同时，加强税源分析，多从税收角度反映经济、分析经济，为经济发展当好参谋。4月12日，总局党组成员、副局长宋兰带领有关司局负责人，到省局调研指导工作，要求我们在征管改革、纳税服务、信息化建设和干部教育培训等方面进一步改革创新，为全国税收工作作出新的贡献。围绕贯彻落实好省委、省政府和国家税务总局的一系列重要指示和会议精神，省局党组进行了认真研究，觉得有必要及时跟大家交流一下。同时，也借这个机会，跟大家见见面。因为我到省局工作只有半个多月的时间，了解情况还不够全面，一些问题还需要深入研究，下面只是谈一些初步的想法，供大家研究工作时参考。

对于今年的地税工作，省局年初已经召开全省地税工作会议进行了安排部署，并下发了《2013年全省地税工作要点》，修订了目标管理考核办法，细化分解了各项任务。从一季度的落实情况看，各项工作顺利推进，取得了较好的成绩。一季度，在经济发展增速放缓的情况下，通过加强收入形势分析，强化各项税收管理措施，实现了组织收入工作"开门红"，全系统共组织各项收入806.77亿元，同比增长13.98%，增收98.95亿元。比较看，一季度全系统组织的各项地税收入高于全省财政收入增幅（11.6%）近2.4个百分点；组织的地方级税收收入高于全省地方财政收入中税收收入增幅（15.3%）3.1个百分点；组织的税收收入高于全国地税税收收入平均增幅（12.5%）2个百分点。

下一步，各级要坚持省局已经确定的工作思路和目标任务不动摇，集中精力、一以贯之地抓下去，保持工作的连续性、稳定性，对已经部署的工作，一桩一件地抓好落实。同时，也要按照上级的新要求，根据形势新发展、新变化，与时俱进，开拓创新，更加注重优化税收服务、促进经济社会发展，更加注重坚持依法治税、提高收入质量和水平，更加注重加强自身建设、提升地税工作效能，把省委、省政府和国家税务总局的各项安排部署落实好，实现地税事业新的发展。

一、切实优化税收服务，促进经济社会发展

税收是国家财政收入的主要来源，在促进经济发展、调控经济运行、维护社会和谐稳定、保障改善民生等方面都发挥着重要作用，是实现中国梦不可或缺的保障力量。当前，我省正处在由大到强战略性转变的关键时期，地税工作既面临重大机遇，也面临诸多挑战。建设经济文化强省、提前建成小康社会需要税收提供财力保障，深化经济体制改革、加快转变经济发展方式需要税收发挥调控作用，规范国民收入分配、构建社会主义和谐社会需要税收承担更大职责。我们一定要按照省委姜异康书记、郭树清代省长的要求，进一步增强做好税收工作的责任感和使命感，自觉把地税工作

放到全省经济社会发展的大局中去思考、去谋划，在发展经济、改善民生、促进社会公平公正的历史进程中，找准位置，发挥作用。

第一，要加强经济税收研究。税收是经济发展成果的反映，税收工作做好了，又可以有力地促进经济发展。各级地税部门都要从更高的角度、更深的层次把握地税工作，既要从经济的角度研究税收，又要从税收的角度研究经济，积极为各级党委、政府发展经济、改善民生、调节收入分配、促进社会和谐建言献策，当好参谋助手。要加强宏观经济战略和税制改革方面的研究，围绕省委、省政府一系列重大战略部署，增强大局意识，积极作为，找准税收助推发展的切入点和突破点，研究新情况，提出新举措，解决新问题，为省委、省政府科学决策提供依据。要积极准备“营改增”税收改革方案，吃透政策要点，搞好摸底调查，认真分析税源及税收变动情况，准确测算对企业和经济发展的影响，及时制定应对措施。要积极探索建立地方税收体系，加强地方财源方面的研究，培植税源，发现税源，掌控管理好税源，努力增加地方收入。要在调查研究的基础上形成有数据、有情况、有分析、有见地的调研报告，提供给党委、政府领导决策参考。

第二，要加大政策落实力度。紧紧围绕省委、省政府关于转方式、调结构、惠民生的一系列重大决策部署，认真落实国家税收政策调整措施，加强税收政策效应分析研究，拓展政策空间，用足、用活、用好各项税收优惠政策，大力支持“蓝黄”等重点区域带动战略以及现代服务业发展、战略性新兴产业培育、自主创新、节能减排和保障改善民生工程。要认真查找现行税收政策与加快经济发展不相适应的地方，认真清理、归并各类税收优惠政策，把落实税收优惠政策作为发挥税收职能作用的重要内容，认真研究制定落实相关配套措施。特别是对新出台的税收政策，要认真研究出台背景、调控方向、目标程度等关键因素，吃透精神，把握界限，准确解读，认真解决政策执行过程中遇到的突出问题和实际困难，强化政策执行情况检查，提高政策落实的实效性，确保各项税收政策措施按照“积极主动、不折不扣”的原则落实到位。

第三，要不断优化纳税服务。新一届省政府提出，要创造国内领先的营商环境。税收是重要的营商环境要素，这就要求我们地税部门积极主动地做好各项工作，努力建设有利于招商引资和企业发展的税收环境。各级要准确把握新形势下的税企关系，切实增强优化纳税服务、建设和谐税企关系的主动性和积极性，将“征纳双方法律地位平等的理念”“公正执法是最佳服务的理念”“纳税人正当需求应予满足的理念”等现代税收服务理念，贯穿于税收管理工作的始终，渗透到制度建设、税源管理、信息技术应用以及人力资源管理的方方面面，不断加快现代纳税服务体系建设。要加强纳税服务工作的统筹规划，积极改进方式方法，着力解决税收服务工作中存在的突出矛盾和问题，加强以地税网站为中枢的电子服务平台建设，积极为纳税人提供优质高效的政策服务、办税服务、咨询服务、专业化和个性化服务，方便纳税人纳税，降低纳税人成本，减轻纳税人负担，让纳税人交“明白税”“放心税”，努力打造纳税人满意、社会认可的和谐税收环境。在这方面有的市局已经积极而动，在前期工作的基础上，归纳总结出了一些提高服务能力的措施，得到了地方党委、政府的认可。要强化税收执法，整顿和规范税收秩序，严厉打击各种偷逃骗税行为以及发票违法犯罪活动，努力营造公平公正的税收法治环境。要加强税收法律法规和税收政策的宣传教育，普及税收知识，提高全社会的税法遵从度。

二、始终坚持依法治税，提高收入质量和水平

依法组织税收收入，保持税收收入持续稳定增长，为经济社会发展提供可靠财力保障，是地税部门的基本职责和中心工作，也是税收工作服务全省工作大局的具体体现。各级地税部门要正确把握发展经济与税收增长的关系，做到做大收入总量与提高收入质量同步推进。

第一，要高度重视和加强依法治税工作，有效提升地税收入质量。李克强总理强调指出，要用法治精神建设现代经济、现代社会、现代政府。法治政府从根本上讲就是依法行政，落实到税务工作中，就是要始终坚持依法治税。只有坚持依法治税，才能保证税收质量。要大力提高地税干部税收法制观念和依法行政意识，引导和教育各级领导干部充分认识和了解“明知故犯”或“迎合违规需求”可能导致的严重后果和现实中的惨痛教训。《大众日报》3月31日报道，在2012年的税收征管审计整改中，16名责任人受到党内或行政处分，21名责任人受到取消执法资格、待岗等处理。这就是缺乏依法行政意识和自我保护意识的体现，让人非常惋惜。要积极构建严密的内部监督制约机制，对税收执法行为、执法程序等实施全方位监督制约，夯实税收征管的法制基础。要围绕中央和全省经济工作会议提出的“以提高经济增长质量和效益为中心，稳中求进，实现实实在在和没有水分的增长”的要求，把提高收入质量摆上更加重要的位置，严格落实“依法征税，应收尽收，坚决不收‘过头税’，坚决防止和制止越权减免税，坚决落实各项税收优惠政策”的组织收入原则，坚决防止有税不收、无税乱收以及混级混库、转引税款等违规违纪行为的发生。要充分发挥税收信息化特别是“大集中”系统的优势和作用，建立完善收入质量考核评价指标体系、税收风险分析识别体系和税收数据服务体系，提高税收收入分析预测水平。要完善制度机制，加强督促检查，强化问题整改和责任追究，全面提高税收收入质量，真实反映经济发展成果。

第二，要高度重视和加强税收征管工作，有效提升地税收入水平。要结合实际深化落实税务总局关于税收征管改革的要求，按照郭树清代省长“完善税源控管体系，积极探索新的征管办法，减少税收‘跑冒滴漏’”的要求，扎实推进税源

专业化管理，科学分类，重点管理，强化分析，严密监控，实现全面提高税收征管质量和效率。要不断加强税源监控和预测分析，特别是做好宏观经济、重点行业、重点企业和重点税种的研究分析，摸清税源底数，了解税源结构和分布状况，把握经济税源变化动向和发展趋势，对税源情况做到心中有数。要探索改进税收征管方式，着力加强重点行业、重点企业和各个税种的研究分析，着力提高信息管税、"以票控税"和社会综合治税水平，依法开展税务稽查，不断堵塞税收漏洞，大力促进潜在税源向现实税收的有效转化，保证税收收入的持续稳定增长。要适应征管改革要求，加强征管基础制度建设，在认真梳理的基础上，本着简明、规范、便于操作的原则，对现有税务登记、发票管理、纳税申报、税款征收、缴纳入库、票证管理、会计统计、税源监控、纳税评估、纳税服务等各方面的规章制度进行适当调整、完善，形成涵盖税收征管全过程的征管基础制度体系，并把各项征管基础制度的规定要求落实到具体的工作环节、工作岗位、工作人员，确保贯彻落实到位。要按照实施金税三期工程总体框架，充分发挥现有"大集中"系统的功能，积极规范各类应用软件的操作标准，完善数据采集的监控、反馈和考核机制，科学运用内部和外部数据资源，提高数据综合加工、分析和利用水平，挖掘税收管理过程中所蕴含的规律性、线索性和趋势性信息，为税收管理决策提供科学的依据。

第三，要高度重视和加强协调沟通工作，不断优化组织收入环境。收入质量问题是长时期多方因素相互作用的结果，单靠地税部门自身的力量很难彻底解决，需要来自各方面的理解和配合。各级地税部门领导同志要密切关注经济形势、国家宏观调控政策、结构性减税政策等，对税源状况、税收走势、收入结构和税收风险等作出研判，针对组织收入过程中存在的问题和困难，认真做好收入分析工作，定期向地方党委、政府汇报组织收入及税源增减变化情况，及时掌握党委、政府对地税收入目标的新要求，主动向党委、政府做好分析汇报，提出相关意见建议，争取理解和支持。要深入落实《山东省地方税收保障条例》，加强与相关职能部门的沟通协调，落实部门联席会议制度和各项业务协调制度，沟通情况，增进了解，争取对地税工作的支持配合。同时，上级部门要充分理解基层难处，切实发挥职能作用，帮助基层单位做好协调工作，上下努力，共同把这项工作做好，把风险降到最低。

三、大力加强自身建设，提升地税工作效能

省政府第一次全体会议和第一次廉政工作会议，都对加强政府自身建设提出了明确要求。各级地税部门要按照"执政为民，依法行政，实事求是，民主公开，务实清廉"的要求，加大改革力度，抓好自身建设，为做好税收工作打牢基础。

第一，要认真抓好干部队伍建设。毛泽东同志说过："政治路线确定之后，干部就是决定的因素。"贯彻落实好我

们的职责使命，干部队伍建设至关重要。全省地税系统是一个层次多、人员多的大家庭，工作涉及面广，地税干部面临来自征管、执法、服务、改革等各方面的压力，执法和廉政风险都很大，带好这支队伍至关重要。各级领导机关和领导干部要真心服务，倾情带队，既要关心干部的生活，又要关心干部的成长，努力建设一支讲政治、顾大局，讲团结、促和谐，讲责任、做奉献，讲依法、守纪律的地税干部队伍，积极营造领导与干部之间相融、领导与领导之间相依、干部与干部之间相和的良好的干事创业氛围。一要加强学习。近几年，全系统坚持大规模培训干部、大幅度提升队伍素质，取得了良好成效。学习无止境，不断变化的形势和任务需要我们持之以恒地加强学习。要在全系统大兴学习研究之风，努力学习新知识，研究新情况，提高政策理论水平、税收业务水平和分析解决问题的能力，开阔眼界，提升境界，增强做好地税工作的本领。二要增强自觉。地税系统的干部队伍肩负着为国聚财、为民收税的光荣使命，地位重要，责任重大，必须建设成为一支能打硬仗、善打胜仗的干部队伍。大家都知道“木桶原理”，水是从最短的那块木板处流出。增强自觉性，就像古语说的，“见贤思齐”“见不贤内自省”“日省三身”，比肩他人，补齐自己这块短板。大家都想建功立业，实现自己的人生价值，享有出彩的机会。正如“国家好，民族好，大家才会好”一个道理，建设好地税干部队伍，有良好的干事创业、团结协作氛围，才会有个人实现人生价值的平台，多一些人生出彩的机会。2013年福布斯华人富豪榜蝉联15年首富的李嘉诚说，鸡蛋从外部打破是食物，从内部打破是生命，人生亦是，从外部打破是压力，从内部打破是成长。如果一个人等待从外部打破，那么他注定要成为别人的“食物”，如果自己从内部打破，就会发现自己的成长，相当于一种重生。抓好地税干部队伍建设，每一名干部都要真正认识到加强干部队伍建设需要自我的提升，有利于自己的出彩，切实增强自觉性，这种从内部打破的成长和重生至关重要。所以说，加强干部队伍建设，不仅是使命的要求，不仅是组织的要求，更需要我们每一个干部真正责无旁贷的参与。因此，每一个同志都要努力提升自我，厚德载物，做地税形象的维护者，做地税事业的奉献者，做遵纪守法的模范执行者。三要关心爱护。关心干部的成长进步，是各级领导班子和领导干部的重要职责。要完善干部选拔机制，建立日常考核制度，强化公道正派的选人用人导向，做到机会面前人人平等，让思想作风正派、工作业绩突出、遵章守纪严格的干部有舞台、受重用，充分调动广大干部的工作积极性。作为各级党组织，要做到政治上关怀、精神上激励、生活上关心，努力让每个干部的才能得到充分发挥，积极为每个干部的成长营造良好空间。作为各级领导干部，一方面要带领大家维护大局、努力工作，圆满完成各项任务；另一方面要关心每个干部的成长，帮助大家化解矛盾、解决难题，凝聚正能量，使大家精神饱满地投入到各项工作中去。同时，各级地税机关要积极创造条件，切实做好后勤保障、生活服务等工作，不断丰富干部职工的精神文化生活，激发工作热情，齐心协力推动工作开展。

第二，要认真抓好党风廉政建设。党风廉政建设事关地税行业形象、事关干部队伍健康成长、事关每一个地税干部家庭平安幸福。各级地税部门要讲究方法，突出重点，在深化改革和完善机制上下硬功夫，把权力关进制度的笼子里，形成不敢腐的惩戒机制、不能腐的防范机制、不易腐的保障机制。要突出顶层设计，更加充分地发挥制度的治本功能；要突出科技支撑，更加充分地发挥内控机制的预警作用；要突出文化引领，更加充分地发挥廉政文化建设的导向效应，形成“制度约束”“科技监控”和“文化浸润”三位一体反腐“大预防”格局。各级党组织要切实担负起反腐倡廉的政治责任，一把手要履行第一责任人的职责，分管领导要坚持业务和廉政一起抓，职能部门要按照“谁主管、谁负责”的原则做好工作，扎实推进党风廉政建设和反腐败工作。各级领导干部要率先垂范，严格遵守领导干部廉洁自律各项规定，保持高尚的精神追求，培养健康的生活情趣，要求同志们不做的，自己坚决不能做；要求同志们做到的，自己要首先做到。

第三，要认真抓好思想作风建设。各级地税部门特别是各级领导干部，要保持良好的生活作风和工作作风，严格落实中央和省委关于改进工作作风、密切联系群众的有关规定。要牢固树立全省地税“一盘棋”思想，认真对待每一项工作，定下来的事情要一抓到底，确保上下一致、政令畅通，反对弄虚作假、欺上瞒下和做表面文章。要切实增强为基层服务、替基层着想的意识，怀着对基层干部职工的深厚感情，工作重心向基层倾斜，切实保障干部职工的切身利益和合理诉求，确保为基层办一些能够看得见、摸得着的实实在在的实事，减轻基层压力和负担，充分调动基层广大干部努力工作、开拓进取的积极性。要不断增强创先争优意识，抓好机关和系统文明创建，加强和改进思想政治工作，深入推进“四德”建设和文化建设，从满足广大地税干部政治思想、文化娱乐、物质生活、身心健康、情感交流、知识更新等多种需求出发，深化群众性精神文明创建活动。同时，要按照中央八项规定和省委十条实施办法的要求，继续抓好机关和系统行政管理工作，认真规范落实行政接待、会议组织、督查考核、车辆管理、后勤服务等一系列管理制度，改进工作作风，提高行政效能；加大财务资产管理力度，严格财务把关审计，规范省局机关和全系统的财务支出；坚持以群众工作统揽信访工作，落实分级负责制和领导责任制，积极引导涉税舆情，化解矛盾，预防纠纷，营造良好的税收工作环境。

同志们，做好新形势下的地税工作责任重大。面对省委、省政府的信任和重托，面对全系统干部职工以及广大纳税人的信任和期望，我们必须牢记宗旨和使命，始终坚持服务于全省经济社会发展，始终把推进山东地税事业发展、促进广大地税干部成长进步、满足广大纳税人需求作为工作的出发点，从当前需要做而且能够做到的事情出发，踏踏实实把各项工作做实做好，更好地服务发展，更好地组织收入，更好地建设队伍。我们坚信，有省委、省政府和国家税务总局的正确领导，有组织上的关心支持，有历届省局领导班子打下的良好基础，有全系统广大干部职工的团结奋斗，我们一定能够把全省地税事业不断推向前进。

在全省地税局长会议上的讲话

张洪军

（2013年7月23日）

同志们：

这次会议，主要是总结今年以来的工作情况，分析存在的问题和不足，研究部署下一步工作任务，明确重点，强化措施，扎实推进各项工作开展。上周四，省局召开局务会议，机关各处室简要总结了今年以来的工作情况，提出了下半年的工作重点和措施；昨天下午到今天上午，又召开了各市地税局长座谈会，各市局汇报交流了各自的特色亮点工作，提出了下一步工作的意见和建议。总的看，大家总结工作实事求是，对问题和困难的分析比较准确，下一步的工作措施也比较明确、有力。下面，根据省局党组研究的意见，结合大家交流的情况，我讲两点意见。

一、关于今年以来的工作情况

今年以来，各级地税部门围绕贯彻落实省委、省政府和国家税务总局的一系列新部署、新要求，更加注重围绕收入中心、多措并举促增收，更加注重优化税收服务、促进经济社会发展，更加注重依法治税、提高税收征管质效，更加注重加强自身建设、提升地税工作效能，各项工作取得了新进展。

（一）围绕收入中心，多措并举促增收。为国聚财、为民收税是地税部门的神圣使命，是我们的职责所在。今年以来，各级地税部门积极应对经济发展增速放缓、实体经济尚未完全复苏的宏观形势，加强税收分析，坚持管理增收，因地制宜，多措并举，全省地税收入保持持续增长。1—6月份，全省地税系统共组织各项收入1738.7亿元，同比增长15.4%，增收232.5亿元。其中税收收入1636.4亿元，同比增长15.9%，增收224.5亿元。税收收入增幅高于全国地税平均增幅2.9个百分点。地税组织收入占地方财政的比重达到58.04%，地税组织税收收入占整个税收收入的75.7%。

（二）优化税收服务，促进经济社会发展。认真落实省委、省政府领导关于发挥税收职能作用，支持和服务经济社会发展，当好党委、政府参谋助手的指示精神，省局研究制定了《关于积极发挥税收职能作用服务全省经济社会发展的意见》，各级地税部门在抓好组织收入工作的同时，围绕支持经济社会发展、创造国内领先营商环境，加强经济税收研究，从税收的角度反映经济社会发展的苗头性、趋势性问题，积极为当地经济社会发展出谋划策。强化税收政策落实，在认真梳理的基础上，搞好面向纳税人的宣传、辅导和培训，用足、用活、用好各项税收政策，促进各项税收政策措施按照“积极主动、不折不扣”的原则落实到位。据初步统计，上半年，全系统共落实税收减免130亿元。在今年的企业所得税汇缴中，全省共减免2012年度企业所得税33亿元，资源综合利用减计收入5.29亿元，研发费加计扣除16.28亿元。同时，加强税制改革和税收政策调整变化研究，省局被税务总局确定为税制改革研究核心成员单位，积极参与了城市建设维护税、印花税联动改革等重大课题研究，为上级决策提供了参考依据。积极支持社会公益事业发展，教育费附加、地方教育附加征收以及残疾人就业保障金、地方水利基金、工会经费代收工作取得新的成效。切实优化纳税服务，注重解决纳税人的实际问题和具体困难，规范办税服务场所建设，优化办税服务流程，大力推行网上申报缴税为主的多种办税和缴税方式，组织开展纳税信誉等级评定，引导纳税人正确履行法定的权利和义务，服务能力和水平进一步提高。在税务总局组织的纳税人满意度调查评比中，山东地税获得综合成绩第六名，受到税务总局通报表彰。

（三）坚持依法治税，提高征管质量和效率。认真落实郭树清省长在省政府第一次全体会议上提出的“完善税源控管体系，积极探索新的征管办法，减少税收‘跑冒滴漏’”的要求，坚持依法治税，深化征管改革，巩固征管基础，探索完善分税种、分行业、分项目、分环节税收管理办法，税收管理水平进一步提升。一是强化税源控管。推进税收管理的信息化加专业化改造，围绕解决征纳双方涉税信息不对称问题，梳理信息采集项目，扩大信息采集范围，依托信息技术强化税源信息的分析利用，组织开展分析监控、税收预警、纳税评估和税务稽查，发现和堵塞税收漏洞。其中，组织编写的建筑陶瓷、物业管理、餐饮、建筑工程4个行业评估模型，被税务总局评为“全国百佳纳税评估模型”。根据经济税源的分布和结构状况，推进税源专业化管理，因地制宜调整优化业务流程和岗责体系，结合必要的社会协助，抓好大户，控好中户，管好小户，各地都探索形成了一些行之有效的特色管理办法，取得了比较好的效果。二是深化税种管理。不断改进管理办法，积极加强旅行社、金融保险、建筑、房地产等行业的税收管理，促进了营业税稳定增长；积极推进以风险管理为导向的企业所得税专业化管理，认真搞好汇算清缴，参加汇缴企业户数、汇缴面和清缴税款均比上年有新的提高；积极推进高收入行业和群体的管理，扎实开展年所得12万元以上自行申报工作，申报人数和补缴税款实现新的增长；依托信息管税不断创新财产行为税管理方式，推广资源税矿产品远程监控系统、应用车船税征收专用车型数据库、争取煤炭资源税从价计征改革试点等工作取得新的进展；探索建立存量房评估工作长效机制，强化土地增值税清算计划管理，“以地控税”城镇土地使用税征管模式被税务总局作为典型在全国推广；加强非居民和“走出去”企业税收管理，强化企业集团反避税管理，规范涉外企业和外籍个人税收管理，国际税收工作取得新成效。三是严格税收执法。在强化教育引导、提高地税干部税收法制观念和依法行政意识的同时，自上而下加强对重大税收政策落实情况和税收管理薄弱环节的执法督察，结合审计监督和收入质量检查，全面抓好问题整改。积极争取各级人大支持，组织开展了《山东省地方税收保障条例》专项执法检查，总结经验，查找不足，研究改进措施，进一步优化了地方税收环境。加大税收执法力度，扎实开展对重点税源企业、重点行业的税收专项检查，严厉打击发票违法犯罪活动，认真做好涉税检举工作，有效地发挥了税务稽查的职能作用。四是扎实推进金税三期工程试点上线工作。按照质量第一、协同并进、注重实效的总体要求，系统上下协调配合、齐心协力，扎实推进金税三期工程试点上线工作，特别是承担先行试点单位的潍坊市局，在强化组织保障体系、探索开展模拟仿真互动式培训、上线流程规范、风险防控和技术保障等方面做了积极准备。7月19日，税务总局宋兰副局长来山东调研指导金税三期工程试点上线工作，对全省地税系统和潍坊市局的工作给予充分肯定，并提出在全国总结推广潍坊地税的经验，为全国金税三期工程上线应用提供参考。五是积极推进“营改增”工作。各级按照省政府统一部署，先后组织开展了试点行业纳税人税负变化调查测算、税务登记核查、试点纳税人排查认定等工作，按计划完成了试点纳税人移交手续，认真做好试点纳税人的后续管理和纳税服务工作，保证了衔接顺畅、平稳过渡。

（四）推进职能转变，提升地税工作效能。认真贯彻中央和省委关于改进工作作风、密切联系群众各项规定，结合地税实际制定落实具体意见，规范了基层调研、行政接待、会议组织等一系列管理制度，组织开展了专项督导检查，在系统内形成了厉行勤俭节约、反对铺张浪费的良好风气。认真落实国务院和省政府关于职能转变的各项要求，加快推进地税系统职能转变，修订省局工作规则，细化岗位职责和工作流程，明确工作纪律和要求，进一步规范了机关工作秩序。深化税务行政审批制度改革，依法取消行政审批项目，下放审批权限，推进涉税事项受理、审核、审批等环节向办税服务部门前移。深化廉政风险防控机制建设，优化升级防控平台，加强对税收执法权和行政管理权的监督制约，得到省纪委充分肯定，并在全省进行推广。加强党建工作和精神文明创建工作，举办了庆七一先进事迹视频宣讲会，开展了深入学习宣传许中堂同志先进事迹活动，为地税工作传递了正能量，注入了新动力。

总的看，今年以来，各级地税部门坚持围绕中心、服务大局，结合本系统、本部门实际积极创新工作思路和方法，突出工作重点，强化工作措施，狠抓工作落实，整个地税工作亮点纷呈，各有特色。济南市局围绕服务全市发展大局，积极开展经济税收调研分析，为地方经济发展出谋划策，去年以来济南市委、市政府先后作出31次批示给予肯定。调整工作推进方式，全面提升系统整体工作层次和水平，实施重点带动、创新驱动初见成效。青岛市局科学把握“高效干事、团队公关、项目管理、持续提升”的工作方法，站位高，理念新，抓得实，研究透，效果好，各项工作处于全省领先水平。比如，管理增收的理念；全程管理收入质量的理念；持续征集意见建议、持续解决实际问题、持续提升效率的服务理念；尊重人才成长规律，岗位练兵、人才选拔、团队公关、创新突破的理念等，值得学习借鉴；淄博市局组织开展服务纳税500强企业活动，深入企业调研、服务，现场解决企业涉税诉求，发放纳税“大礼包”，办理绿色通道服务卡，得到企业广泛好评；枣庄市局高度重视人才培养，33人入选税务总局、省局人才库，百名干部同读研究生。以“筑牢惩防体系，建设阳光地税”为主题，积极打造廉政文化品牌，形成了独具特色的廉政文化体系，得到省纪委肯定；东营市局积极探索推进税收征管改革，调整优化机构设置，建立岗责体系，完善业务流程，取得了阶段性成果；烟台市局认真搞好征管改革与金税三期工程的对接融合，打造专业化团队实施税源的分类分级管理，提高了税收管理质效。积极传播正能量，唱响主旋律，锤炼形成了“忠诚清廉、务实创新、公正文明、和谐奉献”的新时期烟台地税精神；潍坊市局探索开展个性化纳税服务新举措，自主开发应用“办税服务厅绩效智能管理系统”，提高了办税服务质效；济宁市局扎实开展“作风建设年”活动，开发应用绩效考核管理平台，增强了全员的动力；泰安市局全面引入涉税中介机构参与税收管理，盘活资源，协同推进，规范操作，提高了管理和服务水平；威海市局强力推进“科技强税”工程，积极应用政府涉税信息共享平台、三方信息税收应用平台和电子稽查系统，提高了税收管理水平；日照市局突出税收控管难点推进管理，有针对性地加强旧城改造项目、非学历教育、个人股权转让等税收管理，取得明显成效；莱芜市局建立重点税源企业联系监控制度，落实重点税源一级稽查制度，开发应用大项目信息管理系统，提高了重点税源税收贡献率；临沂市局组织开展税收执法约谈，积极推进地方税收保障工作，有效加强土地、房产、建筑、资源等领域税收管理，安装使用“采矿业资源税远程监控管理系统”得到税务总局肯定。加强人才培养，57人入选税务总局、省局人才库；德州市局全面加强“幸福德州、活力地税”建设，坚持不懈地抓导向、提素质、强精神、鼓干劲、转作风，增强了干部的内生动力；聊城市局大力实施干部“充电工程”“育苗工程”，强化教育培训，培养专业人才，优化了干部队伍知识结构；滨州市局深入开展抓企业带行业工作，建立了8项税收管理工作指引、7个支柱行业税收管理模型，提升了税源控管能力；菏泽市局强化征管基础管理，扎实开展税源普查，抓好征管数据质量管理，连续三年被省局评为数据管理优秀单位。

这些成绩的取得，凝聚着各级地税领导班子的智慧和辛劳，凝聚着全系统广大干部职工的奉献和付出，正是因为我们有这样一支讲政治、顾大局，积极进取、勇于创新的地税干部队伍，才有了地税收入的持续稳定增长，才有了精神文明建设的丰硕成果，才有了各级党委政府、社会各界和广大纳税人对地税工作的赞扬认可。2013年以来，17个市局相关工作先后得到当地党政领导共71次批示肯定。全系统有11名同志被省政府表彰为“山东省先进工作者”，有5个单位荣获“全国税务系统先进集体”，5名同志荣获“全国税务系统先进工作者”，有4个单位被评为“全国工人先锋号”，6个单位被评为“全国五一巾帼标兵岗”，9个单位被评为“全国巾帼文明岗”，3个单位被评为“全国青年文明号”，还有596个单位或个人获得省以上荣誉称号。在此，我代表省局党组，对大家取得的优异成绩和荣誉表示祝贺，对各级地税部门对省局工作的支持和对全省地税工作的贡献表示感谢！

二、关于当前的几项工作重点

当前，全省地税工作处在新的节点上，面临着一系列新的机遇和挑战。全省财政体制改革、地税系统经费管理体制改革给组织收入和税收执法工作带来了新挑战，新一轮税收征管改革和金税三期工程试点上线给基层机构和岗位设置、征管流程优化调整带来了新要求，包含“营改增”在内的税制改革给地税管理职能和税收管理方式带来了新变化，党的群众路线教育实践活动给全系统的作风建设提出了新要求，这些新的形势，都需要我们认真研究，积极应对。

（一）认真研究财政体制改革带来的新变化，深入推进依法治税。最近，省政府下发了《关于进一步深化省以下财政体制改革的意见》，对省市间税收分享范围、分成比例作了较大调整，并提出了认真做好地方税务系统经费划转工作的要求。这次财政体制改革，突出了对转方式、调结构的引导作用，总体上有利于各级政府改变理财观念，加强财政收支管理，促进税收收入质量的提高。但地税经费管理体制改革，增强了地税部门在经费上对地方政府的依赖性，对严格依法治税、规范税收执法带来了新的挑战。各级地税部门要正确认识和把握这些新变化，加强汇报、沟通和协调工作，既要保证基层工作经费，确保正常运转，又要依法加强税收征管，坚决不能采取不正当手段违规争取经费，带来执法风险。具体工作中，要注意做好以下工作：

一是要坚持依法征收。严格按照《税收征管法》和各税种相关的法律法规进行征收，落实好组织收入原则，努力做到应收尽收，坚决防止收“过头税”、虚收空转。从当前情况看，经济形势复杂多变，在上半年地税收入增速放缓的情况下，各级要更加密切关注经济税源形势变化，关注国家对房地产等行业的调控措施，以及有关的财政政策和货币政策，全面准确分析当前经济税源发展趋势，把握组织收入工作主动权，保持收入的稳定增长，确保全年收入目标顺利实现。

二是要依法落实税收政策。近几年国家出台了一系列结构性减税政策，这些政策落实不到位，就会影响税收宏观经济调控作用的发挥，实质上也是收“过头税”。各级地税部门绝不能以收入任务紧张等为由不落实税收优惠政策，凡是符合政策规定的，要认真扎实、一丝不苟、不折不扣地执行到位，确保相关行业、企业和个人及时足额享受税收优惠。同时，要增强政策调整的敏感性，对国家新出台的税收政策，特别是对经济社会发展有重要影响的税收政策，要提前搞好调研分析，充分考虑对全局工作的影响，及时研究正确的应对方式，提高政策落实效应。

三是要规范执法行为。要强化依法行政意识和自我防范意识，严格遵循国家有关税收法律法规和规章，按照规定的程序实施税收管理。要制定完善相关制度办法，明确地税部门的执法主体地位，并做好外部的政策宣传和沟通协调，做到严格依法行政，维护地税形象。要加强对涉税审批、纳税评估、税务稽查等重点环节的执法监督，认真规范各级税收执法人员特别是一线征管人员的执法行为，防止出现大的问题。上半年，省审计厅对全省 6 个市局及其 12 个县（市、区）局进行了税收征管质量审计，省局提高收入质量防范执法风险办公室对全省 17 个市的 48 个县（市、区）局存在的执法疑点信息进行了认真核实，两次审计检查发现涉及违规和不规范税额 80 多个亿，所查市局和县（市、区）局都不同程度存在执法不规范的问题，有些问题屡查屡犯，有的问题还很严重。这次会议结束后，将马上召开集体约谈会，省局有关领导要专门通报有关情况，提出明确要求。最近，网络反映，有某县局 2008 年的税票一直拖到前段时间才集中发放，而且还没有加盖印章，造成了很不好的社会影响。税收执法关系到地税形象，更关系到基层执法人员的安全。各级一定要提高依法行政的政治意识和责任意识，强力推进依法行政工作。下一步，省局要加快推进行政执法标准化建设，加大执法督察约谈的力度，督促各地举一反三，搞好整改，防止类似问题重复发生。

（二）积极适应金税三期工程试点上线要求，切实强化税收管理。从前期工作进展情况看，金税三期工程上线试点工作受到客观条件的严重影响和制约，按照既定的 9 月 2 日完成上线任务，将是对全省地税系统的一次严峻考验。各级地税部门务必高度重视，切实将这项工作作为“一把手”工程靠上全力抓好。各级金税三期工程试点上线工作领导小组办公室要切实负起责任，加强对上的汇报衔接，搞好对下的指导协调，保质保量地做好上线准备工作，确保金税三期工程试点和正常征管工作的协调同步。

一是要确保征管系统平稳过渡。把确保金税三期工程在全省的平稳上线运行作为首要任务，切实体现“质量第一”的原则，最大限度地规避各类风险。要做好系统测试和运维工作，充分验证和及时解决系统走不动、行不通的问题，梳理出全省单轨运行的风险点，搞好与有关运维工作的衔接，保证系统的正常运行；要做好数据整改补录工作，及时分析处理整改工作中的问题，确保真实、有用的数据迁入系统；要做好需求差异分析，搞好特色软件的分析改造工作，尽力把本地特色应用软件融入金税三期工程系统中去，让系统符合山东地税的实际，满足实际工作的需要；要做好培训宣传工作，按照逐级、分类、全员、全面培训的要求，让广大干部职工和纳税人对征管方式、业务运行、行为习惯等方面的重大变化有充足的心理准备，熟练掌握金税三期工程系统的应用，最大限度地减少对纳税人和基层的影响。

二是要强化税收征管基础。以金税三期工程试点上线为契机，搞好纳税人户籍管理，组织开展对无证照业户、自然人登记、临时征收户等方面存在的问题进行彻底清理，做好土地、房产税源信息的补录工作，全面摸清税源底数；针对金税三期工程带来的征管业务变化，及时调整完善征管基础制度，建立健全涵盖税收征管各环节、全过程的制度规范，实现金税三期工程系统支撑下业务运作的制度化、正常化；改进税收管理方式方法，深入研究各类企业的经营特点和涉税要素，建立健全行业税收管理规范，逐步建立专业化管理的方法体系；重视和加强第三方涉税信息的采集、应用，对于需要新增部门协助的涉税信息，下一步由省局分管领导带队，积极主动地跟相关部门搞好对接协调，争取支持配合；切实加强各税种管理，按照科学化、精细化的管理思路，探索各税种与经济的关系及税种管理的内在规律，因税制宜采取管理措施，加大税源管理的精度和力度；加强国际税收管理，着力完善反避税工作机制，切实加强非居民税收管理，维护国家税收权益；要加强和规范代收费工作，作为各级地税部门的分内工作抓紧抓好，并搞好汇报、协调、宣传工作，广泛争取社会各界对地税工作的理解和支持。

三是要深化税收征管改革。针对金税三期工程所承载的县级集中征收和分类、分级、分岗管理，依纳税人申请发起的事项前移，机关科室实体化运作等改革内容，特别是即将推行的风险管理方式，提前研究制定改革方案，在各个层面做好相应的准备。在思想层面，要密切关注基层的思想动态，采取培训宣传等方式，促进干部职工接受和适应改革带来的变化。在制度层面，要为风险管理、集中征收、机关实体化运作等改革举措提供相应的制度依据。在实践层面，要积极推动征管改革的实践探索与经验交流，为技术层面改革内容的运行推广做好充分准备。更为重要的是指导推动各地把改革的举措转化为征管职能的优化调整、人力资源的合理配置，促进改革的“落地”，产生实际的效益。

（三）结合开展党的群众路线教育实践活动，不断优化税收服务。在全党开展以为民务实清廉为主要内容的党的群众路线教育实践活动，是党的十八大作出的重大决策部署，对此，中央和省委分别召开会议进行动员部署。昨天，我们召开了省局机关动员大会，进行了安排部署。在省局和济南、青岛市局开展党的群众路线教育实践活动期间，其他市局在配合搞好教育实践活动、落实好整改措施的同时，也要结合当地党委的安排，提前做好相关准备工作。全省地税系统要以开展党的群众路线教育实践活动为契机，把解决形式主义、官僚主义、享乐主义和奢靡之风“四风”问题贯穿始终，更好地服务大局、服务纳税人、服务基层，树立地税部门的良好形象。

一是要强化税收调研分析，更好地服务大局。税收调研分析是各级地税机关的一项基本功，对上有利于全面真实反映情况，为领导决策提供科学依据和政策建议，更好地服务经济社会发展大局；对下有利于有针对性地指导纳税服务和税收征管工作，推广好经验好措施，更好地服务基层和纳税人；对各级地税机关有利于培养研究税收、学习业务的风气，为地税干部提高工作能力和水平搭建平台。要开拓思路，跳出税收看税收，坚持从税收看经济、看社会、看发展，增强税收调研分析的前瞻性、针对性、实效性；要转变观念，破除狭隘的部门意识，树立整体观、大局观，政策法规、税收征管、税源管理、税政管理、税务稽查、纳税服务等各个部门，既要立足自身业务特点，从不同的角度开展调研分析，又要拓展分析视野，加强部门间的协作配合，从全局的角度分析问题、解决问题，形成机关科（处）室之间、系统上下、部门内外通力合作的税收调研分析工作格局；要打造精品，发挥数据集中优势，建立健全税收分析指标体系，分析税收与其他部门、其他领域的数据关系，深挖各种数据之间的相关性，找出规律性，从税收角度看经济发展情况及存在的问题，为党委、政府准确分析经济形势提供参考，为科学决策提供依据。

二是要改进方式方法，更好地服务纳税人。为广大纳税人提供优质高效的服务，是税务机关的法定职责，是建设服务型税务机关的具体体现。围绕提高纳税服务水平，下一步要重点做好两个方面的工作：一方面，要规范日常服务。按照工作中规定的服务内容，落实好各项服务制度，为纳税人办税提供方便，让纳税人缴“明白税”“便利税”“满意税”“诚信税”。要继续推进审批事项前移工作，加大对现有服务资源的整合和优化，梳理办税服务工作流程，逐步扩大涉税事项前移范围，让涉税审批更流畅、更便捷，让纳税人享受到更高效、更人性化的服务。同时要简化审批流程，在税法允许的范围内，试点进行先批后审、先办后查，能够当场办结的要当场办结，避免纳税人“多次跑、反复找”。要巩固办税服务规范化建设成果，严格落实各项办税服务制度，提升纳税人涉税业务的“一次办结率”。特别是金税三期工程试点上线后，要合理调配上岗人员，切实担负起职责，根据纳税人需求和业务类型，及时搞好服务。另一方面，要开展特色服务。建立落实联系企业制度，研究制定对重点企业的“一对一”特色服务机制，进一步畅通税企沟通渠道，及时了解他们对地税各项工作的要求和意见，发挥政策和业务优势，加强对企业的税收政策、法规和财务管理的辅导和指导，帮助企业研究发展思路和管理措施，鼓励企业参与征管和服务措施的制定，帮助企业维护自身权益，促进企业发展。

三是要转变机关作风，更好地服务基层。作为各级领导机关，尤其是省局机关，要切实改进领导作风和机关作风，简政放权，转变职能，积极为基层搞好服务，切实关心干部职工的学习、工作和生活，帮助解决基层的实际困难和问题。要关心干部的成长，认真研究建立干部素质提高的长效机制，增强教育培训的针对性和实效性，坚持学习培训日常化，让基层干部得到更多培训机会，为干部成长发展提供平台、创造条件；认真研究建立激发队伍活力的干部管理机制，建立完善绩效考评办法，激发干部内生动力，引导大家齐心协力干事创业。要减轻基层的工作负担，认真研究解决基层反映的突出问题，逐步理顺机关各处（科）室工作职能，尤其是省局机关要避免职能交叉、多头指导，优化需要基层上报的各类报表、数据，减少基层麻烦；统筹省局组织的各类检查，减少和整合系统内各种评比达标、收入执法检查和审计环节，落实检查成果共享机制，避免多头检查，减轻基层负担。要规范对下工作指导，减少不必要的会议部署和发文数量，整合相关部门的工作安排和各类活动，规范完善借调基层人员管理办法，避免占用基层过多精力，减轻基层压力；要搞好税收政策解答，对基层请示的政策问题，省局相关处室要及时研究给予答复，涉及多个处室的，要共同研究，形成统一意见，统一政策口径和执行标准，为基层提供执法依据，确保政策执行的规范性和有效性。

（四）按照与时俱进的要求强化管理，全面加强干部队伍建设。按照“内强素质，外树形象”的要求，进一步加强对地税干部的教育引导，努力建设一支充满生机与活力的地税干部队伍，为推动地税事业科学发展提供坚强保障。

一是要强化引导。广大干部职工是各项地税工作的主体。李瑞环同志曾经说过，任何领导要想办好任何事情，就必须研究群众的情绪问题，给群众解决实际问题和关心他们的利益。同时他还讲，群众需要领导，没有领导，群众的积极性既不可能持久，也不可能提高到高级程度。会上，大家反映了一些干部出口少、进步慢，津补贴阳光后待遇低等问题，这些都需要我们在座的主要负责同志认真对待，并正确地引导广大干部职工正确对待，创新思路，激发正能量，减少负效应。要加强地税文化建设，着力提升精神引领作用；要加强专业人才培养选拔和使用力度，着力打造业务尖子受尊重的平台；要公正公平地选拔干部，着力打造干事创业受重用的舞台；要大力宣传典型，着力打造先进模范人物受尊重的环境；要加强人文关怀，着力为干部学习、工作、成长、生活提供倾心服务。要多措并举、综合施策，为地税事业的科学发展凝心聚力。

二是要增强责任心。各级地税部门担负着为国聚财、为民收税的神圣使命，完成使命需要担当责任。我们每一个人，从各级领导到普通干部，尽管在不同的岗位上，都肩负着相同的使命，都承担着一份责任，责任心是促成我们干好工作的首要因素。责任心来自有心、用心、尽心，体现了一个人的思想觉悟和职业素养，靠的是定责、履责、奖惩，重在规范管理。在责任分解上，要做到主体明确、责任明确、要求明确，既要有责任目标的标准，又要有完成责任目标的保障措施；既要明确具体责任人，也要明确责任界限。在责任落实上，要把责任细化、量化，解决好职责不清和职能交叉、重叠的问题，实现由粗放型向精细化转变，让各项工作看得见、摸得着，避免“齐抓共管都不管、人人有责都无责”现象。在奖惩落实上，既要体现有错问责、无为问责的原则，也要体现对勇于担当、敢于负责的干部的激励，特别注意选拔那些原则性强、群众认可度高、一身正气、敢抓善管和工作中有思路、有激情、有韧劲、有实绩的干部，让敢于承担责任的干部承担更大的责任和使命。要教育引导广大地税干部认识到责任的崇高，把工作当事业干，把权力当责任担，在各自的工作岗位上履行职责，完成使命。

三是要规范管理。地税系统队伍分散，管理难度大。税收工作无论是税收管理还是税收执法，本身就面临着很多风险。从最近情况看，系统内特别是一线地税干部引发的涉税舆情比较突出，必须引起各级的足够重视。今年以来，全系统来信来访呈现来访人数和次数多、集体上访多、上访问题处理棘手等特点，特别是涉税重复检举、多头检举、实名检举案件明显增多，并由此引发多起到省局上访、群体性突发事件。当前，在经济增长放缓的形势下，税收征收难度加大，引发税收风险的可能性也在加大。同时，地方税收作为地方财政收入的重要来源，各级政府对财力的需求加大，对地方税收增幅要求很迫切，也增加了税收风险压力。另外，在推进社会综合治税方面，在税源管理、税额核定、纳税服务等方面，也存在一些不规范的问题，很容易引发矛盾，甚至酿成社会问题，个别地方网上曝光、舆情反映已经引起上级领导的关注。地税部门负责对纳税人的税收管理和服务，尤其是基层一线工作人员直接面对纳税人，在履行职责使命的同时，代表着地税形象。各级要在加强干部教育引导和监督管理的同时，按照积极应对、分类管理、区别对待、认真解决的原则，积极稳妥地处理好各类涉税问题，把内部的事情尽量消化在内部，引导系统内形成以大局为重、内外有别的意识，营造维护团结和谐的氛围。

同志们，面对新形势、新要求和新挑战，系统上下要以扎实开展党的群众路线教育实践活动为动力，以更加饱满的工作热情，更加务实的工作作风，开创工作新局面，树立地税新形象，为全省经济社会发展作出新的贡献。

在全省地税系统文化建设现场推进会结束时的讲话

韩奎祥

（2013年8月30日）

同志们：

这次现场推进会是全省地税局长会议之后召开的第一个较大规模的全系统的会议。这既是全省地税系统深入贯彻落实党的十八大精神和中央、省委、省政府关于宣传思想、文化建设一系列具体要求的一次重要部署，也是落实全省地税局长会议的一个重要行动。

在传统观念甚至是大多数人的心目中，文化建设是一项意识形态的工作，好像与我们的本职工作联系不紧。事实上，文化对于一个单位、一个行业、一个区域甚至一个国家来说，其作用是根本性的。形式上很软，但作用很硬。大家都知道，在8月19日召开的全国宣传思想工作会议上，习近平总书记特别强调，经济建设是党的中心工作，意识形态工作是党的一项极端重要的工作。把这一论断延伸到、落实到税务领域，就是依法组织税收收入和服务纳税人、服务经济社会发展，这是我们的中心工作，文化建设是我们的一项极端重要的工作。因此，对这次会议、对文化建设的重要性，大家要有一个充分的认识、一个高度上的认识。在全省地税局长之后，召开这样一个规模的全系统的现场推介会，张洪军局长又特别委托吕凤强局长和我参加这次会议，与大家一起参观、一起讨论、一起研究，也充分体现了省局党组和张局长对这项工作的高度重视。

昨天，我们现场观摩了章丘市局、高青县局，大家都切身感受到了章丘市局、高青县局进取向上的团队精神、扎实务实的工作作风、富有思想内涵的工作文化环境，特别是先进、科学、时代特征明显的工作理念、文化品牌和整个队伍良好的精神状态、精神风貌，很受鼓舞和启发。今天我们所观看的青岛市局“智慧地税”管理平台的介绍，更是让我们眼前为之一亮。青岛市局在近一个时期的工作中，高度重视文化引领，高度重视把工作理念转化为先进的工作机制、工作平台，进而转化为了卓越的工作成果。比如，税源控管、收入质量、风险防范、执法规范、税收优惠政策落实到位，甚至包括行政管理的规范、节俭风尚的培育等等，依托“智慧地税”这么一个平台，把先进的管理思想、管理理念落到了实处，效果非常明显，也非常直观，从某种意义意义讲，“智慧地税”代表了税收管理的发展方向和趋势，希望各级各地要认真学习，吸收借鉴。

其他部分单位作的经验介绍，从不同角度交流介绍了各自在文化建设中的成功探索，比如，淄博市局积极培育核心价值观，紧密结合工作实际，形成了比较完整的文化体系，推动了工作进展和升华，也打造出了一些特色文化品牌；枣庄市局确立“六个一流”的共同愿景，并让其成为了大家共同的目标引领和源泉动力，队伍活力得到全面激发，无论是整体工作还是干部队伍成长，都实现了跨越式发展；莱州市局打造道德高地，讴歌真善美，传递正能量，在系统上下形成了崇德向善的良好风尚，打响了文明地税的品牌；曲阜市局以“儒风润税·勤廉致和”为主基调，培育税务核心价值理念；威海市局打造高水平网上税苑，建设素质提升综合平台；临沂市局大力弘扬沂蒙精神，提振干部职工的精气神；德州市局“活力地税”建设；聊城市局“铸魂”工程；滨州市局楼宇文化建设；等等。这些单位虽然做法不尽一致，但都是非常有成效的探索，而且，各地不同的经验做法正好也从不同角度反映出文化建设各个方面、各个层面的情况，比如工作理念、工作机制、人文关怀、环境营造等。这些也都值得大家认真思考和学习借鉴。

今天，吕局长受省局党组委托所作的讲话，从贯彻落实党的十八大精神、解决地税当前面临的实际问题、坚持群众路线、推动作风转变等方面，深刻阐述了地税系统全面加强文化建设的重要性和现实紧迫性，对全系统进一步加强文化建设进行了总体部署，就文化建设的原则、目标任务和工作措施，提出了明确要求，望各级认真传达好、学习好，更重要的是要落实好。

就这次会议精神的贯彻落实以及我个人的体会，我讲三点补充意见，请大家参考。

第一，文化建设是一项“一把手”工程，各级地税部门务必高度重视

之所以强调是“一把手”工程，主要基于三点。首先，文化建设渗透于地税工作的各个方面、各个环节，关乎每个部门、每个人，是一项综合性的工作，需要“一把手”亲自抓。其次，这项工作对于我们来讲，还算是一项新工作，“万事开头难”“老大难、老大难，老大一抓就不难”，在这个阶段需要“一把手”高度重视和大力推动。第三，一个单位的文化建设既要靠工作推动，“一把手”的表率带动作用也至关重要。“一把手”的人品如何、素质高低、精神状态好坏、工作理念、工作方法都直接影响和决定单位是一个什么文化氛围。

各级领导干部必须立足于山东地税事业长远发展、健康持续发展的高度来对待此项工作，把税务文化建设纳入事业发展总体战略，把文化建设与各项税收工作统筹研究部署、统筹组织实施、统筹督促检查、统筹考核奖惩。要密切结合自身实际科学制定建设规划，既要有整体工作规

划，也要有阶段性的目标任务。这里有必要强调文化建设与各项工作的科学性、统筹性、整体性。要把握文化发展规律，改进工作方法，增强领导文化建设的本领，及时探索规律、总结经验、完善制度，不断提升推进质量，积极构建税务文化发展的长效机制。要切实做到“一把手”亲自抓、分管领导靠上抓、各部门齐抓共管，形成全系统文化建设的强大合力。

第二，要认真把握好文化建设的总体方向和总体原则

首先，必须坚持正确的政治方向，也就是必须坚持以马列主义、毛泽东思想、邓小平理论、“三个代表”重要思想和科学发展观为指导。这是税务文化建设的方向、灵魂和根本，必须牢牢坚持和把握。这是大道理，也是硬道理，必须大张旗鼓地讲。要根植于中华民族文化传统，充分吸收中华民族优秀文化的营养，充分运用现代科学技术成果。其次，文化建设必须与各项工作紧密结合。重点是防止两种倾向。一是要防止“为文化而文化”的形式主义、表面文章、“两张皮”倾向。文化建设并非一项独立的工作，而是各项工作的精神引领和机制保障。因此，必须围绕各项工作、依托各项工作展开，坚持“贴近工作实际、贴近时代要求、贴近群众意志和群众利益”。要与提高干部素质、提高收入质量、防范执法风险、推进征管改革、税收环境建设等各项地税工作紧密结合起来，以文化引领工作，在工作中建设文化、提炼文化、发展文化、运用文化、传播文化，而不是“为文化而文化”，把文化建设与各项工作搞成“两张皮”“多张皮”。二是要防止重实务操作而轻视意识形态工作的现象。文化与各项工作，实质上就是精神与物质的关系。我们建设税务文化，不是哪级领导或哪个部门加给我们的任务，而是我们在工作中自然形成并不断发展而来的，来自于实践，来自于需要。比如最近通过审计或其他检查，发现了很多执法不规范甚至是违法的问题，这就要求我们必须树立“忠诚于法律”“忠诚于税法”的理念，我们必须培养这种法治意识、法治精神并使其进入每一个干部的骨髓才行。再比如，当前经费下划后，也包括规范奖金补贴之后，一些地方同志们的个人收入受到了影响，但我们不能因此不干工作了吧？事业不发展了吧？这就需要信念支撑，需要精神引领，需要文化。

经验总结、规律探索、理念升华，特别是精神培养和精神引领非常重要。正如温家宝同志曾经说过的：我们既要脚踏实地，也要时常仰望星空去探索。这次会议省局印发了《培育山东地税核心价值体系深入推进文化建设的意见（征求意见稿）》（以下简称《意见（征求意见稿）》），并组织大家进行了讨论。之所以要提炼税收工作的核心价值理念，就是因为核心价值体系以及由其衍生出来的工作理念，才是文化的核心内涵。只有当这些理念和精神体现到工作部署、工作规范、工作推进中，收到工作的成效、管理成效，以及干部职工成长、成熟的成效，才算是文化的“落地”；当这些理念和精神成为团队组织、团队成员持久的、一贯的自觉的工作规范、行为指引，成为群体意识——也就是形成了文化自

觉之后，才是文化的“生根”。

第三，要坚持群众路线，充分重视群众在文化建设中的主体地位

在8月19日全国宣传思想工作会议上，习近平总书记指出，做好思想宣传工作“党性和人民性从来都是一致的、统一的”。坚持党性，就是各级都要旗帜鲜明地坚持党性原则；坚持人民性，就是要实现好、维护好、发展好最广大人民根本利益作为出发点和落脚点，坚持以民为本、以人为本。我们抓文化建议亦如此。在具体工作中，各级务必做到“两手抓、两手都要硬”,既要抓好精神的引领,坚定信念，培养理念，健全制度，完善机制，引导方向，提升境界；又要把文化建设、思想政治工作与解决干部职工的实际困难和问题紧密结合起来，不能光喊“以人为本”的口号，更要办“尊重人、关心人、培养人、成全人”的事情，这才是真正地把“以人为木”的理念落到实处，也是真正的群众路线。要在法律法规政策允许的范围内，千方百计地解决干部职工的实际困难。另一方面，要充分尊重群众的主体地位，坚持一切为了群众，一切依靠群众，充分激发好、保护好群众的创造性，集群众之智慧，在整体上提升地税队伍、地税事业的软实力，也提升干部职工个人的层次和水平。在这个问题上有必要强调一点，我们文化建设的目的是什么？促进工作、促进事业发展，这是毫无疑问的。但是，还有一个重要目的，那就是培养人、成就人。记得一个国外的著名企业家曾经说过：我们首先是生产优秀的人才，其次才是生产优秀的产品。培养道德高尚、素质全面的干部,本身也是我们文化建设的重要目的，而不是把人当工具。所以我觉得省局下发的这个《意见（征求意见稿）》里有段话讲得很好，那就是：建设精神家园，推动人与事业共同发展，实现地税事业科学发展与干部职工人生进取的和谐统一。

在全省地税收入分析和提高收入质量防范执法风险工作会议上的讲话

韩奎祥

（2013年9月17日）

同志们：

会议召开两天来，在时间紧凑、内容较多的情况下，与会同志认真分析形势，深入研讨问题，充分交流经验，达到了会议预期的目的，取得了比较理想的效果。下面，根据会议分析和讨论的情况，

结合当前的形势和要求，我讲三点意见，供参考。

一、今年以来的工作开展情况

今年以来，全系统紧紧围绕组织收入中心工作，自觉服从服务于大局，依法治税，强化管理，锐意开拓，各项工作取得了新进展，税收收入处在全国较好水平。1—8月份，全系统共组织入库各项收入2227亿元，同比增长14.9%，增收289亿元。其中税收收入2092亿元，同比增长15.3%，高于全国地税税收收入平均增幅2.4个百分点。

（一）收入规划核算工作水平明显提高

面对错综复杂的经济税源形势和地方党委、政府对地税部门组织收入工作的较高期望，各级不断强化收入规划核算部门对组织收入工作的核算、反映、监督、服务和管理职能，不断加强分析调研、计划衔接、统计核算、监控指导和票证管理等各项工作，促进了组织收入工作的依法有序开展和收入规划核算工作的有效提升。

加强分析调研，在准确把握收入形势的同时积极服务经济发展大局。各地认真落实省局制定的《关于积极发挥税收职能作用服务全省经济社会发展的意见》，自觉增强服务大局意识，通过强化税收调研分析，在把握好收入形势，保障组织收入工作顺利开展的同时，积极服务经济发展大局，不断提升工作站位。一是进一步强化收入分析互动机制、相关部门联动机制和重点行业分析制度，夯实税收分析工作的基础。二是进一步加强分析人员的素质培养。各地在落实培训计划过程中，把收入分析作为重点，聘请高校教授、经济专家、分析专业人员，讲解税收理论知识、经济与税收关系和税收分析的实践经验，全面提高分析人员的素质和技能。三是在分析质效上，各地除了加强月度、季度常规的收入分析外，进一步转变分析理念，调整分析角度，研究分析方法，强化从税收看经济的分析，从宏观、微观等不同层面，从全面、重点等不同范围，从政策、管理等不同角度，撰写了不少参考价值较高的调研文章，得到了地方党委政府的充分肯定，有效发挥税收作为经济“晴雨表”的作用，为地方经济发展出谋划策，促进经济税源的发展壮大。省局党组书记、局长张洪军对省局开展的《从地税收入看我省经济发展》《上半年全省地税收入分析报告》等分析以及各市开展的重点行业专题分析给予充分肯定。

加强计划衔接，在稳妥确定收入任务的同时积极争取政府理解支持。各地面对地方党委、政府在财政支出压力较大的情况下，对地税收入增长的高期望，充分认识衔接好收入计划、确定好收入任务、取得政府理解和支持，保障系统工作和执法良好环境的极端重要性，积极加强沟通汇报，促进收入计划与经济税源状况、现有征管水平和政府财政需要之间的基本协调。一是主动从全局出发，端正态度，迎难而上，自我加压，积极为政府排忧解难。二是通过切实加强地方经济和重点行业的税源状况分析，全面估算银行贷款利率下调等宏观调控经济政策和“营改增”等税收政策调整对收入的增减变化影响，认真把握收入预测工作规律，努力做到准确把握经济税源发展变化趋势，增强税源分析的说服力。截至目前，今年省局共组织各地进行了三次全年收入预测，三次预测的全年地税收入增幅分别为13.2%、13.8%和12.9%，均在13%左右，从目前收入的走势看，三次预测的增幅应该比较接近最终的全年地税收入增幅。三是结合深入贯彻落实《山东省地方税收保障条例》，促进各级收入计划的确定逐步走上科学、规范的轨道，提高收入计划的合理性以及与经济发展的协调性。四是积极向政府反映组织收入工作中需要关注的问题、存在的矛盾和需要政府部门帮助协调解决的困难，在税收难点的管理上，在地方税政策的及时调整上，在税收执法风险的防范上，争取政府最大限度的理解和支持。

加强统计核算，在真实反映收入成果的同时积极提供税收数据服务。核算反映是收入规划核算工作的基本职能。在报表改进、表式调整比较频繁、时间性越来越强、收入分析工作对税收数据要求越来越多样化的情况下，各级不断强化措施，提高收入统计数据信息服务水平，满足各方面对税收数据的需要。一是规范完善会统核算制度，进一步明确有关的核算要求和质量标准，统一报表的核算范围和口径解释。二是加强报表数据的审核，及时组织有关人员开展数据审核工作，对数据质量不高的单位进行严格考核通报，各地报表出错率明显下降，确保了数据质量，省局的会统报表工作受到总局通报表彰。三是积极开展统计报表的个性化服务，根据系统上下、机关内外、不同单位对报表的不同使用需求，专门制作特定的个性化报表，得到了有关单位的高度评价，省局被省统计局评为统计工作先进单位。同时，各地收入规划核算部门为促进税收分析工作的开展，进一步细化、优化了税收分析报表的设计，在税收核心征管系统、重点税源、税收调查、减免税调查等数据信息以及第三方信息的采集、应用方面，也积累了更多的经验，为税收数据的充分利用和进一步加强数据管理打下了更好的基础。

加强运行监控，在分析收入增减异常的同时积极规范收入工作秩序。为确保组织收入工作依法有序开展，各级收入规划核算部门按照省局的统一要求，积极开展税收资金运行监控分析，充分运用税收资金运行过程中有关税收会统数据内在的钩稽关系和逻辑关系，分析查找不同单位、不同时期、不同税种、不同行业间收入增减异常、不合理现象和可能存在的问题疑点，及时通报引导征收、税管部门规范管理、防范风险，发挥了规范收入秩序，促进收入稳定、促进协调和有序增长的作用。目前，税收资金运行监控分析作为一项工作创新，在实践过程中，思路更加清晰，方法日臻完善，进一步增强了组织收入工作指导的针对性和实效性，促进了税收管理和收入质量的提高。

加强票证管理，在不断夯实管理基础的同时积极防范税收执法风险。税务机关任何一项税款的征收入库，不管是正常入库，还是违规入库，都必须使用票证才能实现。按照票证管理规定要求，大部分票证都视同现金管理。因此，税收票证管理是防范税收执法风险的关键环节。在票证管理具体工作中，各级能够充分认识其重要性，结合实际，针对存在的不足，不断加强管理、规范票证管理制度。省局根据国家税务总局制定的《税收票证管理办法》，在多次深入基层认真调查研究的基础上，完善了全省地税系统税收票证管理办法。在上半年开展的全省收入质量检查工作中，省局从票证管理的角度查找收入质量问题风险点，促进了收入质量和税收执法风险的有效防范。各地通过开展税收票证检查，召开税收票证管理工作现场会等方式，深入查找票证管理工作存在的问题和现有规定与工作实际不相适应的环节，有针对性地规范管理，堵塞了税收票证管理漏洞。

（二）提高收入质量、防范执法风险工作扎实推进

今年是省局提出的提高收入质量、防范执法风险重点工作的收官之年，各地在工作推进难度大和面临困难多的情况下，在原有的工作基础上，按照三年工作规划和年初确定的工作要点，在积极探索建立工作长效机制，不断完善各项制度措施，逐步解决比较突出的收入质量问题等方面，实现了新的突破，取得了新的进展和成效。

强化了工作推进机制。为促进工作的有序、有力、有效推进，各级进一步强化了工作的推进机制。一是搞好总结回顾。各级、省局各成员单位全面总结了2011—2012年的工作，深入总结工作开展以来取得成效、经验，认真查找存在的不足和问题。二是在总结的基础上，针对存在的问题和薄弱环节，结合工作形势的变化，按照省局的统一要求，分别确定了工作要点。三是按照工作要点制作配档表，逐项确定工作的责任单位、配合单位、责任人、完成标准、完成时限等。

强化了综合检查机制。为提高收入质量检查工作的实效性、针对性和全面性，各级进一步强化了综合检查机制。主要是改变了以往资源分散、多头布置和组织检查的方式，对于征管、法规、征收、税管等部门通过大集中系统发现的收入质量疑点单位和问题，统一交由督察部门综合整理，统一由工作领导小组办公室组织查前培训，统一检查的程序要求，按规定动作实施检查，防止了多头检查、盲目检查等问题，提高了大集中系统的资源利用率和检查效率。

强化了考核追究机制。省局明确要求对于内部检查发现的收入质量问题与审计问题同等对待、同等处理。对检查发现的问题经过反馈、复核，对涉及的有关单位主要负责人进行了集体约谈。同时，省局制定了《2013年提高收入质量防范执法风险工作考核项目及标准》，将该项工作正式纳入了省局的目标考核体系，专门拿出200分用于收入质量的考核。该项工作的考核固化于整个工作目标考核体系中，将有力推动工作的长期

深入开展。从近几年目标考核的情况看，对该项工作的考核将在一定程度上影响甚至左右整个目标考核的结果，必将切实提高各级的重视程度。

强化了过程控制机制。各市局和省局各相关单位不断完善制度、规范管理、积极引导，强化了工作的过程控制机制。政策法规处编写了《山东省地方税务局税收执法案例集》，为全系统执法水平的提高提供了借鉴。征管和科技发展处着眼提高收入质量的大局，抓住金税三期工程试点的时机，切实强化征管基础建设。营业税处下发了《营业税优惠政策汇编》，规范优惠政策管理。企业所得税处通过《企业所得税有关业务问题的公告》的形式，统一规范政策执行口径。个人所得税处实行分级控管制度，加强高收入群体税收管理。土地房产税处和财产行为税处研究制定了《关于进一步加强耕地占用税、契税、城镇土地使用税和资源税管理的意见》，明确了有关政策界限。国际税务处认真落实《国际税收风险防范工作指引》，排查税收流失风险点，细化管理措施。收入规划核算处积极开展税收资金运行监控分析，积极规范收入秩序。督察内审处制定了《税收执法重点管理实施办法（试行）》，进一步加大了管控力度。省局各单位充分利用统一编发的《岗位培训证书》，开展提高收入质量和防范风险培训。各市局积极探索提前入库、非正常户入库、非征期大额入库、税款过渡户、临时户的管控措施和办法，收到了明显的成效，征期入库率普遍提高，纳税申报和税款征收行为得到进一步规范，高风险发生频率明显降低。

强化了交流督导机制。在设置工作纵向沟通专有邮箱的基础上，今年省局又在《山东地税情况》中专门设置提高收入质量防范执法风险工作专刊，并在省局内部网站开辟专栏，及时发布各地推进工作的经验、方法和成效，加强工作的横向联系和交流，促进工作的相互借鉴、全面提高和深入推进。同时，省局将全省2013年提高收入质量防范执法风险工作意见、各市局和省局各成员单位制定的2013年工作要点编印成册，分发给市局和省局各成员单位，在加强相互学习交流的同时，也激发了各有关单位之间比学赶超的积极性，营造了奋发有为、积极向上的工作氛围。

（三）全程深度参与和积极推进金税三期工程试点工作

金税三期工程试点工作是今年的一项非常重要的全局性工作，开展以来，各级收入规划核算部门克服人员少、工作压力大等困难，强化协作配合意识，自觉服从地税工作大局，抽调精干力量积极配合工作开展，保障和促进了试点工作的有序推进。省局选派专人全程参与金税三期工程试点准备工作，积极参加总局组织的业务培训，组织业务骨干赴重庆实地学习。认真做好数据清理、代码比对、指标比对、税库银联网系统转换等具体业务工作，及时制定了《山东地税税收核算数据清理方案》和《潍坊地税“双轨”数据比对会统核算方案》，集中开展全省范围内的金税三期工程系统计统业务师资培训，提高了全省金税三期工程系统的业务水平，确保金税三期工程试点收规业务的顺利衔接。

潍坊市局承接了省局的试点工作，投入了大量的人力和精力对前期数据进行清理，对迁移后核算数据、增量数据进行比对，对票证进行初始化录入及部分功能进行测试，通过测试发现了许多问题，第一时间反馈省局金税三期工程办公室。在前期潍坊数据比对的基础上，又增加对临沂市数据的比对，以扩大比对数据量及业务覆盖范围，确保数据比对及金税三期工程系统的验证质量。全省双轨系统放开后，各市按照省局金税三期工程办公室的统一要求抽调业务骨干继续对金税三期工程系统票证和会统功能进行测试，利用数据迁移继续开展增量数据和历史数据的比对，全面做好全省票证的盘点工作，对票证、多缴、欠税、呆账等其他涉及收规业务的流程进行测试。

二、当前工作面临的形势

今年以来，全省经济继续保持去年以来相对平稳的增长态势。同时，随着党的十八大精神的深入落实、十八届三中全会的即将召开和党的群众路线教育实践活动的扎实开展，财税体制改革的步伐明显加快，社会各界、各级领导对税收工作要求和期望的不断提高，使我们的各项工作面临机遇与挑战并存。

（一）经济发展形势看好，财税改革步伐加快，完成任务的压力和难度依然很大

党的十八大以来，中央更加注重经济发展的质量，更加注重化解一段时间以来经济高增长形成的结构性问题和与生态环境资源不相协调的矛盾，经济增幅放缓正是各级政府对经济进行良性调整的具体体现。当前经济增幅虽然处于相对低位的增长区间，但回升势头已开始显现。7月份，全省规模以上工业增加值、出口总额分别增长10%和1.2%，分别比6月份增幅回升了0.2个和9.8个百分点。8月份，全国工业增加值、用电量、货运量等主要经济指标，都出现了回升向好的势头。

从8月份开始，在全国范围内实施交通运输业、现代服务业的“营改增”政策，全年将导致我省相关行业营业税减收40亿元左右。同时，对铁路运输、邮电通信行业的“营改增”政策计划在年底或明年初实施，其他一些行业也将视改革的进程陆续推进。以上已经实施的和将要实施的政策都必然或有可能对有关行业的税收管理和地税收入产生不同程度的影响，制约收入的稳定增长。另一方面，从8月份开始，月营业额在2万元以下的企业纳税人免征增值税和营业税，将导致一定程度的减收。但从长远和整体来看，不管是“营改增”政策，还是小微企业的结构性减税政策，都有利于相关企业的发展壮大，有利于地方经济稳定发展。

我省下半年以来实施的新财政体制改革，对税种的共享和级次划分作了较大的调整，在一段时间内，一些地方将

加大收入中非正常因素的消化力度，影响到有关税种及整体收入的增长水平，但应该说新的体制在某些税种上有利于我们加强收入质量管理。8 月份以来收入增幅的明显回落与此不无关系。

新的经费体制也于下半年实施，一定程度上强化了地方政府和地税部门的联系，地方政府对地税部门的支持力度更大了，但某种程度上地税工作也更容易受到人为因素的左右，增加执法风险，进而影响收入的依法有序增长。

（二）重视程度提高，问题依然存在，提高收入质量防范执法风险工作任重道远

目前，从中央到地方，从政府到部门，在发展经济和社会管理方面的务实作风和质量意识明显增强。最近，税务总局领导高度关注税收收入质量问题。王军局长在河北调研指导党的群众路线教育实践活动时强调指出，必须坚持依法征税，该收的税一定要依法收上来，坚决不能收“过头税”，收“过头税”害人害己害长远。同时，各级税务部门都要不折不扣地落实国家的各项税收优惠政策，支持经济社会发展。8 月份，税务总局收入规划核算司会同有关司局对部分省（市）国税局、地税局的组织收入原则贯彻落实情况开展了调研检查和执法监察工作。省局张洪军局长一直十分重视提高收入质量、防范执法风险工作，多次要求各级要提高收入质量意识，坚持依法治税，要强化依法行政意识和自我防范意识，严格遵循国家有关税收法律法规和规章，按照规定的程序实施税收管理。应该说，当前各级各方面对税收收入质量问题高度关注，工作推进的力度更大了，但受体制、历史、质量意识、执法水平等多方面因素制约，目前收入质量方面存在的问题仍然比较突出，有些问题屡查屡犯。今年 1—8 月份，一些地方、一些税种收入畸形高幅增长，收入质量形势仍不乐观，提高收入质量、防范执法风险工作仍需坚持不懈的努力。

（三）工作站位提升，基础支撑不够，收入规划核算工作水平需要进一步提高

提升工作站位是税务总局和省局主要领导对税收工作提出的明确要求，是税务部门服务经济社会发展大局的现实需要和必然选择。收入规划核算部门作为一个综合性部门，在服务经济发展、提升工作站位方面有着数据资源和税收分析得天独厚的优势。但从全系统总体来看，人力和精力投放在税收统计核算调查工作上的较多，用于税收分析的人员较少，高层次、复合型分析人才配备更少，税收分析层次不够高，各类税收统计调查的规范化和信息化水平制约分析工作的开展。各地工作开展不够平衡。票证管理、委托代征税款管理还有待于进一步加强等。因此，可以说，收入规划核算工作的岗责结构、分析水平、人员素质、数据质量等基础管理仍需进一步优化。

三、下一步工作的几点意见

下一步总的想法是，各级地税部门要认清大势，强化管理，积极应对，稳中求进，持之以恒、坚持不懈地抓好各

项工作，提升工作站位，服务发展大局。现在离年底还有大约一个季度多的时间，年初确定的各项工作要点和任务能否圆满完成，剩下的时间很关键。各级要对照年初的工作安排，在认真梳理的基础上，结合当前的形势，进一步强化措施，统筹兼顾，积极推进，抓好落实，确保完成好既定的各项工作目标和任务。

（一）积极应对形势变化，完成好全年收入任务

鉴于当前的收入形势，为确保组织收入工作顺利开展，应强化以下措施。一是要分析透当前的收入增减变化原因，有针对性地指导好组织收入工作的开展。二是要及时向地方政府汇报解释好当前收入增减变化的主要原因，以避免收入增幅的明显回落可能导致的有关方面对地税工作的误解，以及对经济发展形势的误判。同时，协助地方政府财政部门算好账，年初确定的收入计划偏离经济发展情况的，应积极协调加以调整，合理规划好全年的组织收入工作目标。三是新的财政体制实施必然形成各级政府间新的利益分配格局，这种情况下，要继续坚持组织收入原则不动摇，组织收入工作不能受体制变化的影响和左右，不管是哪一级次的收入，该规范管理的要继续强化措施，加大清欠和稽查等工作力度，堵漏增收，同时不该收的坚决不收，防范收入质量问题。另外，关于收入计划管理问题，从会议讨论的情况，各市意见不统一，各市的说法都有一定的道理，省局将在各市意见的基础上，进一步研究论证，进一步分析利弊后，再作决定。

（二）把握机遇，持续推进提高收入质量、防范执法风险工作

法治环境进一步改善，各级领导高度重视，财政体制实施改革，为提高收入质量、防范执法风险工作持续推进创造了条件，提供了机遇。各级地税部门务必要进一步提高认识，抓紧机遇，进一步推动工作开展，进一步夯实收入质量。虽然从时间上来说，这项工作定位为一项阶段性的工作，从 2011 年至 2013 年三年规划结束，着力解决一些突出问题，但实际上是一项长期性的工作，应常抓不懈。对于下一步应如何推进，我曾经讲过几点具体意见，今天我再强调一下。一是要确保全面完成年初确定的工作任务。各市局、省局各处室要认真对照年初确定的工作要点、工作配档表，看哪些已经完成了，哪些还没有完成，对没有完成的工作要排出时间表，落实责任单位和责任人，各分管局长要抓在手上，加强督导检查，确保圆满完成各项工作任务。二是要加强长效机制建设。要全面总结三年来反映出的收入质量突出问题和税收执法风险多发的重要环节，总结工作中积累的实践经验和有效做法，认真研究制定保障收入质量、防范执法风险的长效机制。具体工作中，要进一步研究收入质量问题的内涵和外延，分清收入质量、征管质量、执法质量的范围，划清政府行为和内部管理所造成的质量问题的界限，结合金税三期工程上线，研究评估、预警、稽查的控制办法，加强收入质量过程控制，建立以风险管

理为核心的提高收入质量、防范执法风险的工作机制。三是加强考核工作，强化责任追究。今年是该项工作整体纳入省局工作目标考核的第一年，省局有关单位要认真组织好，各市也要认真对待，进一步强化责任追究，切实发挥好考核的评价和推动作用，并在实践过程中，逐步完善和改进，逐步建立起科学的考核和评价体系。

（三）充分认识和切实发挥好税收分析工作的重要作用

今年以来，税务总局和省局主要领导对税收分析工作高度重视。税务总局王军局长在《国务院办公厅关于做好经济形势分析有关工作的通知》上专门就税收分析工作作出批示，要求全国税务系统上下联动，扎实工作，使税收分析有深度、有战略、有措施，形成独具税务系统特色、有血、有肉、有骨头的税收分析系列“拳头产品”，为实现经济健康发展与社会和谐稳定作出税务部门新的更大的贡献。省局张洪军局长对税收分析工作非常重视，在多次会议上重点强调税收分析工作，也多次亲自布置税收分析任务，亲自参与税收分析工作，对税收分析工作寄予特别高的期望。

关于税收分析工作的重要性，我想主要有三个方面：一是税收分析是服务大局的重要方式。税收源于经济、反映经济，税收是经济发展的“晴雨表”。经济发展的快与慢、好与差，经济运行质量的高与低，经济结构的合理与否，税收数字很有说服力，税务部门很有发言权。反映经济、服务和促进经济又好又快发展，是我们税务部门义不容辞的责任和重要职能。税收分析就是把这张“晴雨表”画好，把我们的发言权行使好，把我们的职能发挥好，自觉承担起我们的责任，这也是税收工作服务当前经济发展大局的必然选择，是税务部门为党委政府出谋划策、建言献策的积极作为。二是税收分析是确定我们工作重点的重要方法。税收分析是税收管理的眼睛。税收管理的效果和薄弱环节，税收政策的执行和落实情况，组织收入工作取得的成效和存在的不足，收入质量问题和税收执法风险，都需要通过税收分析去查找、去发现、去揭示，进而才能明确下一步工作的重点和努力的方向，才能在工作的部署和推行中做到有的放矢。三是税收分析是确定好收入任务的重要前提。确定好收入任务，做好收入计划衔接工作，是我们的一项重要工作，是组织收入工作顺利开展的基础。而确定收入任务的前提就是要深入分析经济税源状况，对地方税源的发展变化和现实状况能够做到心中有数、如数家珍。也只有这样，才能更好地争取地方党委、政府的理解支持，最大限度实现政府收入任务与我们的收入预测和实际税源情况基本相符。

可以说，目前税务总局领导、省局领导对税收分析工作的重视程度是前所未有的，要求也是非常具体明确的。各级地方党委政府对于我们加强税收分析、服务经济发展也是很欢迎的。下一步就是要全面贯彻落实税务总局和省局领导的要求，提高认识，强化措施，提升分析水平。一是要形成分析合力。各级税收的核算、税管、征管、法规、检查等部门都应该从各自的角度加强税收的增减变化分析，形成各部门之间方向一致、角度不同、相互补充的开展税收分析的新局面。二是要完善税收分析制度。要定期召开分析会议，建立税收分析交流平台，加强情况交流；要定期开展税收实地调研，掌握经济税源变化的真实原因；要建立税收调研分析文章评比制度，激发税收分析人员的积极性。三是税收分析要从基层一线管理人员做起。作为基层税收管理人员，一方面，加强所辖纳税人的税收分析，熟悉纳税人的生产经营情况，是掌握税源、加强管理的基础；另一方面，一线人员加强分析，是各级作好税收分析工作、提高税收分析水平的基础，否则上级机关的分析就会与税源实际、税收管理工作实际脱节，得出的分析结论不仅没有指导意义和参考价值，反而会误导决策、影响工作。四是要积极创造条件加强税收分析人员的培训，提高税收分析人员的理论水平，要更加重视税收分析专业人才的选拔和培养使用，激发税收分析人员的工作主动性、积极性和创造性。

（四）积极配合金税三期工程上线，确保上线过程中有关的收入规划核算工作顺利进行

关于金税三期工作，各地要进一步提高对其重要性的认识，积极、认真、扎实推动工作开展。一是要按照省局下发的《大集中征管系统税收核算数据清理方案》《金税三期工程会统数据清理比对实施方案》，全力开展数据比对清理工作，做好上线前期数据的维护整理工作。二是要抓好金税三期工程收规业务培训工作，使包括收入规划核算人员、票证人员以及前台人员在内的税务人员都能够正确应用金税三期工程的各项操作，确保金税三期工程上线后会计核算业务的顺利开展，确保收入规划部门的各项工作在金税三期工程上线过程中不拖后腿、不掉链子。三是10月份上线后，要及时发现和向省局反馈系统中可能存在的问题，保障系统的顺利运行。

最后，借此机会，我代表省局党组向同志们表示感谢，感谢大家在繁重的工作压力下，表现出的任劳任怨、兢兢业业的敬业精神和扎扎实实、认认真真的工作态度，感谢大家在忙而不乱、井然有序的工作中，为地税事业发展付出的辛苦和努力。新的形势下，我们面临的任务更加繁重，希望大家进一步振奋精神、昂扬斗志，化挑战为机遇，变压力为动力，以新的工作业绩和成就，展现我们落实党的十八大精神、开展党的群众路线教育实践活动取得的丰硕成果，在全省地税事业的持续发展中作出新的贡献。

在全省地税系统党风廉政建设工作会议上的工作报告

王莉莉

（2013 年 3 月 6 日）

同志们：

这次会议的主要任务是：深入贯彻省纪委十届三次全会、全国税务系统党风廉政建设工作会议精神，研究部署 2013 年系统党风廉政建设和反腐败工作。省局党组对这次会议高度重视，党组书记、局长宋文军将作重要讲话，各级地税机关要深刻领会好、切实落实好会议精神。

过去的一年，全省地税系统在省局党组的正确领导下，认真贯彻省委、省政府和总局工作部署，紧紧围绕税收中心工作，扎实推进地税系统惩治和预防腐败体系建设，突出重点，狠抓落实，党风廉政建设和反腐败工作取得了新的进展和成效，为地税事业的科学发展提供了坚强的政治和纪律保障。党风廉政教育扎实开展。开展“恪守从政道德、保持党的纯洁性”主题教育活动，汇集系统发生的 34 起典型案例，组织巡回展览，全系统共组织巡展 332 场次，观众达 23800 多人，起到了很好的教育和警示作用。突出抓好廉政文化建设。组织开展廉政文化建设达标和示范点创建活动，普遍建立廉政警示教育基地和网上廉政文化教育基地。创作出了一批高水准、高品位的廉政文艺作品。在省纪委组织的全省廉政单幕剧和“廉政之歌”创演活动中，省局被表彰为突出单位；东营、威海市局创作的《一枚钻戒》《搭桥》等廉政短剧，济南、淄博、济宁、枣庄市局创作的《永恒的信念》《赞歌献给税务官》《廉洁奉公歌》《地税廉政之歌》等廉政歌曲被评选为优秀剧目，受到省纪委通报表彰。科技防腐力度不断加大。省局制定了《山东省地方税务局推进科技防腐工作的意见》，实现了省局网络与山东省电子政务外网的链接，将省局行政审批、行政处罚事项全部纳入省政府行政审批、电子监察、法制监督系统。全面推广“山东省地税系统廉政和执法风险防控平台”，开展了推广应用版本论证、功能完善、上线测试、试点运行、操作规程编写，以及配套文件的起草等工作。承担先行试点工作的青岛、烟台、泰安市局勤奋工作、勇于实践，作出了积极努力和贡献。整个平台上线以来，其运行质量和效果得到普遍认可。《新华社高管信息》予以刊登，省纪委李法泉书记作出批示给予充分肯定。“廉政和执法风险防控平台”的建设和应用被评选为2012年度山东省反腐倡廉工作创新成果，受到省纪委通报表彰，该经验被中纪委作为典型材料收集编纂。政风行风建设扎实有效。认真落实特邀监察员、税企联系制度，积极开展向纳税人述职述廉、廉情回访等活动，对纳税人反映强烈的地税干部不作为、乱作为、效率低下、“吃拿卡占要”等问题开展专项治理。组织特邀监察员赴淄博进行集中检查活动，积极参加“山东纪委书记在线”和“阳光政务热线”，及时解决纳税人反映强烈的突出问题。省局在2011年度民主评议政风行风活动中荣获行政执法部门第二名，烟台、潍坊、威海、日照、临沂、菏泽6个市局获得第一名。东营市局是免评单位。认真落实廉洁从政各项规定。认真贯彻执行《廉政准则》和《党内监督条例》，严格执行民主生活会、领导干部述职述廉、诫勉谈话、函询、领导干部报告个人有关事项等制度，领导干部廉洁从政行为进一步规范。案件查办工作稳步推进。山东地税网站“税务干部违纪举报栏目”开通运行，在济南召开自办案件工作座谈会，对系统自办案件工作作出部署。今年以来，省局共受理信访举报72件次，全部按规定进行办理。系统内部调查处理并给予党政纪处分14人，检察机关立案调查12人，9人已被追究刑事责任。纪检监察队伍建设进一步加强。全系统共组织纪检监察干部培训678人次，纪检监察队伍整体素质和履职能力得到提高，人员配备更加合理，年龄、知识和专业结构得到改善。

在肯定成绩的同时，我们也要清醒地看到，系统内部仍然存在一些不容忽视的问题，如个别领导干部对党风廉政建设工作重视不够，个别市局违法违纪案件突出，个别单位在执行税收政策和管理制度上打折扣、搞变通，一些损害纳税人利益的突出问题和不正之风尚未得到有效解决，廉政风险防控措施的针对性、实效性有待进一步加强，风险防控平台功能需要进一步完善，等等。对这些问题，我们要高度重视，采取有力措施，认真加以解决。

2013年是全面贯彻落实党的十八大精神的开局之年，做好党风廉政建设和反腐败工作意义重大。我们要深入贯彻落实党的十八大、省纪委十届三次全会、国家税务总局党风廉政建设工作会议以及全省地税系统工作会议精神，以全面提高队伍抗风险能力，减少违法违纪案件发生为目标，着力加强纪律建设和作风建设两个重点，完善廉政教育、风险防控和惩治腐败三项机制，抓好落实党风廉政建设责任制、监督检查、制度创新、队伍建设四项工作，努力推动地税系统党风廉政建设和反腐败工作向纵深发展。

一、认真学习贯彻上级会议精神，抓好纪律建设和作风建设两个重点

（一）坚决维护党章，严明党的纪律。中央、省委、国家税务总局党风廉

政建设工作会议强调，要坚决维护党章的权威性和严肃性，严明党的政治纪律。地税部门实行垂直管理，队伍大、层级多、分布广，承担着执行国家税收法律法规的重要职责，如果没有统一、严明的政治纪律加以规范和约束，就会成为一盘散沙，就会丧失凝聚力、战斗力，就难以保证税收职能作用的充分发挥。地税系统每个党员干部都要自觉树立大局意识、纪律意识、党章意识，在任何情况下都要做到政治信仰不变、政治立场不移、政治方向不偏。要深入开展学习贯彻党章、维护党的纪律的活动，教育引导广大党员对照党章规定的八项义务，认真查找和纠正党性党风党纪方面存在的问题，增强党员意识，做合格党员；教育引导党员领导干部按照党章规定的六项基本条件，开展批评和自我批评，经常检查和弥补自身不足，讲党性、重品行、作表率，模范遵守党纪国法。地税系统的各级纪检监察部门要切实维护党章和其他党内法规，加强对党的政治纪律、组织纪律、宣传纪律、群众纪律执行情况的监督检查，做到党章规定的严格执行，党章禁止的坚决查处和纠正。要把维护政治纪律放在首位，绝不允许公开发表同中央决定相违背的言论，绝不允许“上有政策，下有对策”，绝不允许有令不行、有禁不止，以严明的纪律确保政令畅通。

（二）改进作风建设，密切联系群众。前不久，中央下发了关于改进作风，密切联系群众的八项规定，省委出台了实施办法，省局党组也制定了具体意见。各级地税部门要认真贯彻上级精神，结合实际，抓紧制定改进作风建设的具体措施，做到行动迅速、执行坚决、令行禁止。要建立抓落实的长效机制，每年年底前要组织专项检查，并将检查情况报告上级党组。各级领导干部要从自身做起，严格执行各项规定，自觉接受监督。纪检监察部门要制定监督检查办法，认真受理群众举报，强化日常监督，严格督促落实，违反规定的要责令整改，情节严重的要严肃处理。

围绕加强地税系统作风建设，今年要突出做好四项工作：一是坚决反对形式主义、官僚主义。督促各级地税机关和领导干部改进调查研究，了解真实情况，解决实际问题，下基层轻车简从，减少陪同，简化接待，减轻基层负担。切实改进会风、文风，精简会议活动、文件简报。坚持求真务实，多做打基础、利长远的事，不准搞劳民伤财的“形象工程”“政绩工程”。二是制止奢侈浪费。严肃整治公款大吃大喝行为，落实公务接待有关规定，严禁以各种名义用公款互相宴请和安排、参与高消费娱乐活动。严肃整治公款旅游行为，严禁借出国（境）开会、调研、考察、检查、培训等名义变相旅游。继续从严控制办公楼、接待场所等楼堂馆所建设，禁止违反规定购建、装修办公用房和配置高档办公用品。深入推进工程建设领域突出问题专项治理，巩固清理规范评比达标表彰活动，治理公务用车、庆典论坛过多过滥和小金库等专项工作成果，防止反弹。三是解决廉洁自律方面的突出问题。督促各级领导干部严格执行《廉政准则》及税务系统领导干部廉洁从政“八不准”，严禁领导干部违反规定干预和插手市场经济活动，严禁违规收受礼金、有价证券和支付凭证，严禁利用职权和职务影响为配偶、子女及其配偶以及其他亲属经商办企业提供便利条件，严格执行住房、车辆配备有关规定。严格执行领导干部报告个人有关事项制度，对这项工作，省纪委今年要抽查核实，各级地税部门要做好迎接检查的准备工作。四是深入开展纠风和专项治理。认真纠正和解决在纳税服务、税收执法、征收管理、行政审批、政务公开等方面存在的突出问题，深入分析原因，督促整改，建章立制，堵塞漏洞，促进纠风工作上水平。进一步开展利用中介机构牟取不正当利益问题的专项治理，切实解决税务机关和税务人员向纳税人强行指定中介机构、串通谋利等损害纳税人利益的问题。继续开展在信息技术运维和服务中增加纳税人不合理负担问题的专项治理。认真落实特邀监察员制度、税企联系制度、基层地税人员向纳税人述职述廉等制度，畅通纳税人诉求表达和民主监督渠道，及时受理、有效处理投诉和举报的问题。各市局要积极参加政风行风评议和行风热线活动，不断提高纳税人满意度，力争进入当地行政执法部门前三名。

二、积极构建廉政教育、风险防控和惩处腐败三项机制，科学有效防治腐败

（一）扎实开展党风廉政教育和廉政文化建设。突出抓好“四项教育”，即以群众路线为重点的主题教育，以学习贯彻《税收违法违纪行为处分规定》为重点的纪律教育，以学习贯彻中央八项规定为重点的作风教育，以“两个习惯”（习惯在监督的环境下工作，习惯在法制的轨道上用权）养成为重点的岗位廉政教育。各级地税部门要广泛运用学习研讨、专家讲座、典型案件剖析等多种教育方式，着力增强教育的针对性和实效性，提升教育效果。要进一步深化廉政文化建设，巩固市局廉政文化教育基地建设成果，在县（市、区）局以上地税机关建立网上廉政文化教育基地。组织开展廉政文化“四进”（进校园、进家庭、进教室、进班组）达标和示范点创建活动，廉政书法绘画摄影创作、评选、联展活动。各市局的网上廉政教育基地建设要本着勤俭节约原则，充分借鉴省局网上基地的内容，同时要突出本单位特色，充实内容、及时更新，增强吸引力和感染力。要进一步加大反腐倡廉宣传工作，发挥报刊、广播、电视等传统媒体和互联网、手机等新兴媒体作用，充分展示地税系统反腐倡廉建设成果，营造良好的税收征纳环境。

（二）继续深化廉政风险防控机制建设。认真开展廉政和执法风险防控平台运行情况的检查评估，查找存在的问题和不足，在完善功能、优化流程、增加指标、扩大范围、有效监控上下功夫，完善平台预警信息的收集、研判、处置和反馈机制。建立健全相关配套制度，切实强化检查考核和责任追究。今年上半年要召开一次平台应用工作研讨会，

总结工作，交流经验。年内，各市局对平台运行情况要进行一次全面自查，省局要进行抽查，对发现的违法违纪问题，依法依纪严肃处理，确保廉政风险防控工作深入扎实开展。

（三）深入推进查办案件工作。坚持有案必查、有腐必惩，严肃查处滥用职权、贪污贿赂、与中介机构勾结以税谋私、损害纳税人利益的案件，利用审批权或政策解释权违规谋私的案件，在信息化建设、基建工程、政府采购中违规操作，在资产管理处置过程中损公肥私的案件。加强对防控平台、税务干部违纪举报网站等渠道产生的案件线索的受理、处置、核查工作。注重从网络舆情、督察内审、巡视、稽查和专项检查工作中发现案件线索，加强与外部审计、财政监督部门的协调配合，拓宽案件线索来源渠道。对案件线索要抓早防小，防止小问题酿成大过错。要加大信访举报和案件的自查、直查和督办力度，有群众举报的要及时处理，有具体线索的要认真核实，违反党纪政纪的要严肃查处，反映失实的要及时澄清，诬告陷害的要追究责任。要进一步完善查办案件领导体制和工作机制，探索办案工作责任考核办法。纪检监察部门对内要与稽查等业务部门密切配合，加大“一案双查”办法落实力度，对外要与当地纪委、检察、审计、财政监督等部门加强联系沟通，争取支持，共同做好预防职务犯罪工作。要加强对典型案件的剖析和通报，建章立制，堵塞漏洞，对暴露出的税收管理问题进行专项整治，发挥查办案件的治本功能。

三、着力抓好四项工作，为圆满完成工作任务提供坚强保证

（一）认真落实党风廉政建设责任制。认真贯彻落实《税务系统贯彻中央〈关于实行党风廉政建设责任制的规定〉实施办法》，全面加强对反腐倡廉工作的组织领导。各级党组（党委）主要负责人要担负起“第一责任人”的政治责任，坚持亲自抓、负总责。其他领导要按照“一岗双责”的要求，对职责范围内的党风廉政建设负直接领导责任。各职能部门要根据业务分工，加强对所管工作领域的日常监督管理，强化对下级对口部门的业务层级监督。各级地税部门要制定党风廉政建设责任制任务分工和责任分解意见，明确规定各职能部门工作任务，每年要召开一次落实党风廉政建设责任制工作会议，纪检组长要听取各牵头部门工作任务完成情况的汇报。切实形成党组（党委）统一领导，纪检监察部门组织协调，职能部门各负其责，依靠群众支持和参与的领导体制和工作机制，切实把反腐倡廉的任务落实到各项行政管理和税收业务之中，切实把预防腐败的措施贯穿于权力运行的过程之中。要把领导干部廉洁履职情况，作为年度领导班子民主生活会和领导干部述职述廉的重要内容，把检查考核结果作为领导干部业绩评定、奖励惩处、选拔任用的重要依据。对违反责任制规定和所管辖范围内发生重大问题的领导干部，

要坚决追究责任，切实维护党风廉政建设责任制的严肃性。

（二）加强监督检查和责任追究。加强监督检查，强化责任追究，是纪检监察部门的重要职责，也是推进工作任务落实的最有效的举措。各级地税部门要认真贯彻执行《党内监督条例》《廉政准则》《税务系统领导班子和领导干部监督管理办法》以及即将出台的实施细则，坚持重大决策、重要干部任免、重大项目安排和大额资金使用集体讨论制度。各级纪检监察部门要加强对民主集中制执行情况、领导干部廉洁自律和作风状况的监督检查，加强对民主生活会、述职述廉、诫勉谈话和函询等制度执行情况的监督检查，加强对《收入质量违法违规行为责任追究办法》和《违法违纪案件责任追究暂行规定》落实情况的监督检查，加强对干部选拔、人员录用、工程招投标过程的监督检查。对监督检查中发现的问题，要严肃问责，以严肃的纪律促进各项工作的落实。

（三）坚持制度创新。改革创新是提高工作质量，促进工作在更高的层面上运行的动力源泉。各级要紧紧围绕廉政风险防控、党风廉政教育和廉政文化建设、政风行风建设、案件查办等方面开展探索创新，完善工作机制，改进工作方法，提高工作实效。要针对查找出来的廉政风险点，制定更有针对性、实效性的制度规定，做到制度言简意赅、实实在在、条条管用。要强化制度执行情况的监督检查，提高制度执行力。

（四）加强干部队伍建设。纪检监察部门承担着维护党纪政纪、推进反腐败斗争的重要职责，必须以更高的标准、更严的纪律要求自己。要加强能力建设，继续抓好纪检监察干部队伍培训，提高能力素质；要加强作风建设，带头执行改进工作作风的各项规定，大力开展调查研究，及时发现基层和群众创造的有益做法和新鲜经验，敢学敢用，及时推广；要加强内部管理，细化量化工作考核标准，形成用制度管人、管事、推动工作落实的机制；要加强纪律建设，不准发表与党的路线方针政策和决定相违背的言论，不准越权批办、催办或干预有关的案件调查处理等事项，不准以案谋私、办人情案，不准跑风漏气、泄露工作中的秘密，以实际行动维护纪检监察干部队伍的良好形象。

同志们，加强党风廉政建设和反腐败工作责任重大，使命光荣，任务艰巨。面对新的形势，我们要在省局党组的坚强领导下，坚定信心、扎实工作，深入推进地税系统党风廉政建设和反腐败斗争，为服务保障地税事业科学发展作出新的贡献。

提高认识　开拓进取 努力开创督察内审工作新局面
——在全省地税系统督察内审工作会议上的讲话

王莉莉

（2013 年 8 月 15 日）

同志们：

这次会议是省局研究决定召开的，是地税系统督察内审组织机构成立以来召开的第一次全省专业会议，是一次培训会、专题研讨会，也是一次开局会、工作部署会。会前，专门向张洪军局长作了汇报，张局长要求从加强依法治税、依法组织收入、促进决策落实、加强队伍建设的高度，强化督察内审工作，统一好思想，明确好目标，研究好措施，促进工作开展。会议的主要任务是：贯彻 2013 年全国督察内审工作会议精神，部署 2013 年执法督察工作，研究当前和今后一个时期全省地税系统督察内审工作，全面推进工作深入开展，促进山东地税事业安全运行、科学发展。下面，我讲四个方面的问题，供大家参考。

一、提高认识，准确把握督察内审工作定位

省局党组决定成立省、市局督察内审机构，承担起税收执法督察、财务审计、领导干部经济责任审计和巡视四项工作职责，工作任务非常明确。这是从保障地税事业科学发展的大局出发，整合监督资源，增强监督力量，形成监督合力，提高监督效能而作出的一项重要决策。各级地税部门要从地税工作全局的高度，深刻认识督察内审工作的本质，把握其功能定位，牢记使命，扎实工作，努力实现督察内审工作的整体目标和愿景。

（一）督察内审工作的内涵。督察内审是对税收执法权、行政管理权以及地税干部遵纪守法行为的一种内部监督活动，涉及地税执法、管理、服务的各个方面，是一项业务性、政策性、原则性、程序性很强的全局性工作，是税收行政管理权“决策、执行、监督”三分离体系中监督系列的重要组成部分。首要任务是维护财经纪律，保障国家税收安全，保护国家利益和纳税人合法权益，核心目的是推进依法行政、依法治税，提高

税收管理质效。

（二）督察内审工作的功能。人体自身具有免疫系统，时刻抵御外来侵害，预防体内病变。督察内审就是地税机体免疫系统的重要组成部分，具有揭示、预防和抵御功能。一是揭示功能。通过监督检查各项税收法律法规、政策措施和党组重大决策的贯彻执行情况，查错纠弊，揭示体制、制度、机制和管理方面存在的问题，促进管理措施的落实。二是预防功能。督察内审能够及时发现苗头性、倾向性问题，提前发出警报，防止苗头性问题转化为趋势性问题，防止违法、违规、违纪意念转化为违法、违规、违纪行为，防止局部性问题演变为全局性问题；惩戒违法、违规、违纪行为，对潜在的违法、违规、违纪行为起到一定的预防和预警作用。三是抵御功能。督察内审不仅能够获取信息、查明情况、揭示问题，还能对产生问题的原因进行深层次分析，促进健全制度、完善体制、规范机制，抵御地税事业发展中的各种“病害”，提高税收管理质效。其中，揭示是基础，没有揭示，就不能进行预防和抵御；抵御是重点，没有抵御就不会形成威慑，就不会使揭示出的问题得以纠正，发现的漏洞得以修补；预防是目的，就是使税收执法和行政管理少出问题。这三种“免疫功能”统一于督察内审工作的实践之中，共同保障地税事业健康运行。

（三）督察内审工作的作用。督察内审具有“查错纠弊、促进管理、防范风险、服务大局”的作用。具体体现在四个方面：一是促进依法治税。依法治税是税收工作的根本原则，加强督察内审工作能够提高执法的规范性，并对执法结果进行有效控制，促使税收工作在法治的轨道上运行。二是促进决策的落实。每一项领导活动都有一个决策、落实、监督的过程。任何决策都得落实，落实的质效如何，就需要监督。通过执法督察、内部审计、巡视检查等工作，实行全方位的监督，促进党组重大决策的落实。三是强化风险管理。通过督察内审，查找当前税收执法中存在的“风险点”，加强风险控制，提高工作的前瞻性、预见性，防止苗头性、倾向性的小问题演化为大问题、全局性问题。四是有利于队伍安全稳定。干部队伍不稳定、不安定，地税事业的科学发展和安全稳定运行就没有保证。督察内审作为地税机关内控机制的重要组成部分，能够及早发现问题，及时提醒，及时提出处理意见，实现系统内部自我发现、自我纠错、自我净化、自我保护。

二、突出工作重点，确保督察内审工作实效

（一）做好税收执法督察工作。执法督察是规范执法行为、防范执法风险、提高收入质量的重要手段，要按照《税收执法督察规则》要求，做好全面执法督察、重点执法督察、专项执法督察和专案执法督察工作。一是根据税务总局要求，结合山东地税实际，做好一年一度的重点执法督察工作。对今年执法督察工作，省局已经下发通知作出了安排，各地要按照要求认真贯彻落实。二是对上级机

关交办、有关部门转办的特定税收事项，以及通过信访、举报、媒体等途径反映的重大税收执法问题，督察内审部门单独或与有关部门联合实施，或者指定下级地税部门组织实施专案执法督察。三是严格落实税收执法责任制，实行过错责任追究。发现问题，在系统内部先行追究过错责任，尽可能地将问题解决在内部，解决在初始阶段，防止事态扩大。四是探索实行税收执法重点管理办法，对严重违反组织收入原则或税收执法工作出现重大问题的县级局和县以下执法单位，分别由省地税局和市地税局对其实行重点管理，督促整改，消除执法隐患，提高税收执法和管理水平。

（二）做好领导干部经济责任审计和财务审计工作。领导干部经济责任审计是一项具有中国特色的审计形式，是促进干部守法、守纪、守规、尽责的重要途径，是对国家负责、对工作负责的一种体现。要突出重点、把握规律、深化实践，推进经济责任审计工作的全面开展。一是准确把握经济责任审计内容。经济责任审计不仅仅是财务审计，还包括税收管理、廉洁自律等内容。同时，要根据离任审计和任中审计的不同要求，确定审计的重点内容和重点事项，提高审计的针对性。二是健全经济责任审计评价体系。按照权责对称、以权定责、以审定评的原则，采取纵向和横向比较、定性与定量分析相结合、区分现任责任与前任责任等方法，运用写实方式描述审计结果，既要反映领导干部履行经济责任取得的业绩，也要反映存在的问题。三是推动经济责任审计结果运用。要摸清家底，找准问题，揭示隐患，分析是打下了基础、留下了潜力，还是留下了包袱，做到审计结果可用；经济责任审计的成果主要是提供给干部管理部门使用的，要让干部管理部门看得懂、用得上，做到审计结果好用；从体制机制制度层面反映干部经济责任履行中存在的问题和漏洞，注重从管根本、管长远的角度出发，提供高层次的审计结果，做到审计结果管用。要根据省政府关于地税经费体制改革的要求，按照财务管理权限做好相关财务审计工作。

（三）做好巡视工作。巡视制度是党内监督的十项制度之一，是调动各种监督制度的综合监督设计。山东地税系统的巡视工作已经开展8年多了，锻炼了队伍，积累了经验，取得了成绩，在密切上下联系、促进地税领导班子建设方面发挥了重要作用，也为更好地做好今后的巡视工作奠定了基础。各市局要按照省局《巡视工作规程》的要求继续抓好以下工作：一是突出工作重点。加强对各级地税部门贯彻落实税收法律法规政策以及省局各项工作部署情况的监督检查；加强对各级领导班子及其成员贯彻执行民主集中制情况的监督检查；加强对各级地税部门建立健全廉洁从税的保障机制，以及领导干部执行党风廉政建设责任制和个人勤政廉政情况的监督检查，在发现问题上下功夫。二是在掌握真实情况上寻突破。要深入了解和掌握巡视对象的真实情况，特别是深层次的问题，这也是巡视工作的难点所在。解决这一难题唯一有效的办法，就是坚持走群众路线，广泛听取广大地税干部职工的意见，要做到“认真听、深入看、细琢磨、报实情”，使巡视成为上级党组织的“眼睛和耳朵”、地税干部职工向上反映问题的“嘴巴”。三是掌握好政策，注意方法。巡视工作是一项政策性很强并为地税干部职工十分关注、非常敏感的工作，要注意讲究策略，切实把握好工作中的“度”，真正做到抓大事、不干扰，既要坚持原则，又要“和风细雨”。特别对重要的情况和问题一定要搞清楚，把握住问题的实质。四是要注重成果运用。巡视成果运用关乎巡视工作的生命力，要克服重巡视、轻整改，重过程、轻结果运用的问题。对发现的问题，要在一定范围内进行通报，为各级领导有针对性地抓好工作提供参考；对发现的领导班子建设、涉嫌严重违纪违法案件线索，要移送人事、纪检监察部门依纪依法及时处理；要通过实地督查、发函督办等方式，跟踪了解和督促整改情况，使整改工作真正取得实效。

三、理清思路，加强管理，健全机制，扎实推进督察内审工作开展

经济社会的深刻变化和依法行政的深入推进给地税部门带来了新挑战，地税事业的科学发展又对督察内审工作提出了新要求。针对新形势和新任务，当前和今后一个时期全省地税系统督察内审工作总的要求是：围绕税收中心工作，服务地税事业大局，更新理念、夯实基础、提升素质、完善机制、优化管理、注重实效，不断推进督察内审工作科学化、规范化、效能化建设，促进全省地税事业安全运行、科学发展。

（一）牢固树立督察内审三种工作理念。一是树立全局理念。督察内审工作涉及地税工作的方方面面，针对督察、检查、内审、巡视过程中发现的问题，要站在地税工作全局高度去考虑，通过对问题梳理分析，找出宏观管理和体制、机制中存在的薄弱环节，提出有建设性的整改意见。二是树立风险管理理念。要认真研究目前在税收执法、财务管理、领导干部管理等环节的风险特征和风险分布，强化风险预警，提高风险评估和风险控制的能力，化解风险。三是树立服务理念。要用服务的心态履行监督义务，通过发现问题、分析原因、提出整改措施，帮助改进工作，从而促进工作水平的提升，在服务中落实监督，在监督中实现服务价值。

（二）坚持督察内审三项工作原则。一是依法监督原则。必须将依法监督贯穿于督察内审工作的各个环节，工作依据和程序都必须合法，确保判定事实、揭示问题定性准确，程序规范。二是公平公正原则。对所有被监督对象要始终坚持一个标准、一把尺子、一视同仁、公平对待，对发现的问题不夸大、不缩小、不回避。三是提高效能原则。要统筹安排督察内审项目，实现督察内审信息共享，充分运用信息化手段，加强过程和质量控制，科学调配督察内审资源，综合利用督察内审工作成果，提高监督效率、发挥整体作用。

（三）强化督察内审三项管理。一是加强计划管理。根据地税工作要求以及重点、难点和热点，统筹兼顾，科学

编制工作计划；要突出重点，有效调配督察内审力量整合资源；要加强计划执行过程中的协调和指导，取得更好的效果和效率。二是严格质量管理。质量是督察内审工作的生命。要制定督察内审质量控制办法，使工作有依据、有标准、有流程，保证督察内审工作的规范开展；建立督察内审工作质量检查机制，促进督察内审工作质量的提升。三是抓好成果管理。要在多分析挖掘、多提共性问题、多出精品上下功夫，为党组决策提供依据；建立健全内部通报制度、重大问题公示制度、案件线索移送制度等；探索建立检查、整改、教育、评估一体化的长效机制。同时，实现督察手段由人工向信息化的转变，继续改进税收执法督察信息系统，加强对税收执法行为的动态监控和日常监督；探索开展网上督察审计，增强信息化环境下查错纠弊、规范管理的能力。

（四）健全完善督察内审五项工作机制。一要建立督察内审内部统筹机制。科学合理地安排执法督察、财务审计、领导干部经济责任审计、巡视等工作，使之成为一个有机的整体，相互协调，密切合作，共同发挥作用。二要建立与局内相关部门配合协调运行机制。督察内审部门牵头联系、组织协调，对各类税收执法检查工作要统筹安排，尽量合并事项，共同组织，成果共享，减轻基层负担。三要建立系统上下联动机制。整合督察内审管理资源，实行以督察内审项目为中心的省、市、县三级联动，适当调配督察内审人员，集中力量打歼灭战，同时实行督察内审项目信息资源上下共享。四要建立与外部监督部门沟通协调运行机制。主动加强与外部监督部门的沟通协调，自觉配合好人大、政协、审计、财政等机关的监督检查，认真落实好监督检查意见和处理决定，及时报告和反馈相关情况。五要建立督察内审成果共享和运用机制。建立健全督察内审报告内部公示和建议制度，及时将督察内审成果向局长办公会议、党组会汇报，并将督察内审结果统一运用到人事、纪检监察及有关业务部门，使各监督、管理部门及时掌握税收执法、财务管理和班子建设中存在的问题，以便于有针对性地制定措施和办法，从制度和管理层面进行约束和规范。

四、加强督察内审队伍建设，为工作开展提供人才保障

如果说督察内审是地税工作的“免疫系统”，那么从事督察内审的工作人员就需要提高“自我诊断”的综合素质和业务能力，以适应工作要求。

（一）加强能力建设。督察内审能力体现在多方面，主要包括组织协调能力、业务能力、综合判断分析能力、语言和文字表达能力、自我约束能力等。具体讲，一要争做内行、敢当权威。“打铁还需自身硬”，要想在工作中发现问题、解决问题，“技高一筹，方能胜人”。督察内审工作的特点要求督察内审人员必须具有扎实的税收、审计、会计、法律、计算机等较复合的知识和技能，要注重围绕督察内审业务需要，增强业务学习的针对性、有效性，鼓励和引导督察内审人

员学习第二、第三专业和取得与工作岗位相关的专业技术资格，不断丰富业务知识，提高综合素质，力争在工作领域有话语权，在实践中当权威。二要善于协调。督察内审工作涉及地税工作的方方面面，要善于组织协调各方力量，形成工作合力，争取支持是关键。要利用督察、内审、巡视工作中掌握的第一手情况，提出建设性的意见和建议，为领导决策提供支持，为加强管理提供依据，要主动争取内部其他部门的支持和配合；协调好与被审单位的关系，消除误解，融洽关系，争取理解、配合；要主动联系、主动接受监督，以诚恳的态度和饱满的精神面貌协调外部有关部门。有时态度比方法和内容更重要。

（二）加强学习建设。能力上的差距本质上是学习上的差距，不学习、不思考、不实践，能力就无法得到提高。人的能力是多方面的，学习能力是其中最根本、最核心、最关键的。一是树立终身学习的理念。把学习作为一种责任，一种需要，一种自我提升、实现自我价值的有效途径，要明确学习方向和方法，坚持向书本学、向周围有经验的同志学、向实践学。二是搞好培训。按照“按需培训、分类施教”的原则，根据督察内审不同目标和需求，开展分级分类培训。刚刚结束的这期督察内审业务培训班，培训范围广、覆盖面大，培训内容设计得也比较科学，采取了理论与实践、培训与考试、专家授课与工作探讨相结合，效果就很好。三是加强实战锻炼。实战能力是督察内审队伍应当具有的核心能力，把每次督察、审计、巡视工作任务当成实战化练兵，既要学中干，又要干中学，做到学习工作化，工作学习化，在实践中造就一大批查核问题的能手、分析研究的能手和精通管理的行家里手，在实践中建设一支担当重任的业务领军人才队伍。省局正在研究建立全省地税系统督察内审人才库，拟选拔一批业务骨干人才作为重点培养对象。

（三）加强作风建设。作风是一个人内在素质的外在表现，作风是形象，也是战斗力。作为督察内审人员，首先要对党对事业忠诚，爱岗敬业，尽职尽责，遵守职业道德，具体工作中要做到“实、高、新、严、细”：“实”，就是求真务实，坚持说实话、办实事、出实招、务实效，将各项督察内审任务落到实处；“高”，就是高标准、高层次，要用高视野审视问题，从宏观性、体制性和制度性层面考虑问题，发挥好督察内审的作用；“新”，就是开拓创新，要有创新思维，适应地税不断发展变化的实际，学习新理念、新知识和新技能，创新督察内审技术方法，改进审计组织方式，提高审计工作质量；“严”，就是严格管理，加强自身建设，坚持“内强素质、外塑形象”，不断完善和落实各项制度，提高审计队伍素质，改进工作作风；“细”，就是严谨细致，严格依据法律法规和督察内审各项操作规范，一丝不苟，认真做好每项督察内审工作。

（四）加强纪律建设。监督者首先要接受监督。督察内审人员要带头遵纪守法，带头重视纪律建设，崇尚使命，敬畏法律，敬畏职责，自省自律，慎言慎行，严格执行廉洁从税规定、审计“八不准”

和其他各项廉政规定，牢记廉政建设是督察内审工作的“生命线”，廉政纪律是不可触摸的“高压线”，在思想上、制度上、责任上、监督上筑起四道纪律建设“防护堤”，保证督察内审队伍的自律性、纯洁性和战斗力。

全面加强督察内审队伍建设，能力建设是关键，学习建设是途径，作风和纪律建设是保障。通过多渠道学习、锻炼、实践、提升，努力打造一支政治过硬、业务精湛、作风优良、纪律严明的督察内审队伍，更好地适应日益繁重的督察内审工作。

同志们，督察内审工作任务艰巨、使命重大。相信大家有能力、有办法完成好党组交给我们的光荣任务，开创全省地税系统督察内审工作新局面，为地税事业发展贡献一份力量！

在办公室主任座谈会上的讲话

李　功

（2013 年 8 月 20 日）

同志们：

为落实好省局党组对办公室工作的新要求，省局研究，分两片召开办公室主任座谈会，就当前和今后一个时期办公室工作的重点进行安排部署，并征求一下各市局对省局办公室的意见和建议。总的目的，就是适应省局党组的新要求，更好地发挥好办公室的职能作用，更好地做好各项服务工作，更加有效地推动全省地税工作开展。下面，我简单讲三个问题：

一、关于今年以来办公室工作情况

今年以来，按照省局党组要求，办公室坚持围绕中心、服务大局，积极推进管理、服务精细化，在指导思想、工作理念和方式方法等方面都有了新的突破，较好地发挥了参谋助手、协调综合、审核把关、运转保障和督促检查的职能作用。突出表现在三个方面：

（一）政务管理质量显著提升。各级办公室以发挥参谋助手作用为重点，紧紧围绕服务全省经济社会发展大局、推进税收中心工作开展和纳税服务、征管改革、队伍建设等重点工作，加强国家宏观调控政策变化、税收政策调整以及省委、省政府重要决策部署的学习研究，结合地税实际分解任务，抓好落实，努力将工作做细、做实、做好。一是深入开展调查研究。广泛与各业务部门、基层一线人员深入交流，积极探索推进地税事业科学发展的良策，不仅形成了一批有情况、有分析、有建议的调研报告，而且在起草审核领导讲话、部署安排重要工作等方面做到了有思想、有思路、有措施。二是不断加强督查考核。修订完善目标管理考核办法，及时会同各处室分解年度考核目标任务，围绕省委、省政府、总局和省局重大决策部署，以及领导批示和交办的事项，有针对性地开展督查督办工作，保证了各项工作件件有回音，项项有落实。三是切实规范内外网站管理。围绕省局重点工作部署，及时调整页面栏目设置，加强对网站各栏目的内容更新维护，确保了网站安全、有序高效运行。依托网站公文处理系统，加强公文审核把关，提高了公文处理质量和效率。四是积极推进政府信息公开。及时更新维护公开内容，加大公开力度，切实加强政府信息公开的保密审查和发布管理，促进了阳光地税建设。五是有序推进年鉴编制工作。认真做好《山东地税年鉴》的组稿、编辑工作以及《山东年鉴》《中国税务年鉴》的供稿工作。

（二）事务管理工作持续规范。根据省局党组规范各项管理的要求，各级办公室始终把强化事务管理作为重点工作来抓，不断加强与机关各单位的配合协作，着力优化管理流程，不断提升服务质量，为各项税收工作正常开展提供了保障。根据省政府和税务总局要求，制定了省局工作规则，进一步规范了机关工作秩序。一是规范会议管理。严格会议审批程序，严格执行会议标准。承办重大会议做到会前准备到位，会中服务周到细致，会后资料整理及时，会务工作紧张有序、有条不紊。二是规范办公用品管理。实行办公用品集中采购、微机管理、定额预算、网上公示。省局自6月份开始，在局机关推行办公用品经费包干制度，推动了节约型机关建设。三是严格接待管理。实行接待审批制度，严格接待程序，规范接待标准，系统内来人原则上在省局机关食堂就餐，并减少陪餐人员，接待费用大幅降低。四是强化安全管理。严格重大节假日调度值班和信息报送制度，加强对办公室负责的办公场所及车辆使用的安全管理，保证了各项安全。五是搞好维稳信访工作。制定下发了《关于深入落实〈山东省突发事件应对条例〉进一步加强应急管理工作的通知》，对全系统的应急管理工作提出了具体要求，并建立了17市局应急管理工作联络员制度。建立健全了信访接待工作机制，明确了各相关单位信访接待工作责任和工作流程，规范了管理，提高了效率。今年以来，来信来访呈现来访人数和次数多、集体上访多、上访问题处理棘手等特点，由于我们工作到位，基本上没有出现大的问题。

（三）办公室自身建设有了新发展。各级办公室切实加强干部思想作风建设，倡导全员学习、边干边学、终身学习的理念，引导培养健康向上的兴趣爱好，提升自身素养和工作能力。强化协作配合意识，明确工作分工，建立岗位互补机制，发扬团队精神，增强工作合力。结合机关作风建设，进一步加强对全体办公室人员宗旨意识、大局意识、服务意识、奉献意识、创新意识和廉洁意识的引导和培养，努力做到讲程序、懂规矩、重形象，确保上情下达、左右联通、正常有序，为圆满完成各项任务提供可靠保障。今年以来我们办公室的工作，省局张洪军局长是非常满意的，特别是对工作的主动性非常满意。我在这里给大家举一个例子，张洪军局长来省局之后，到省局机关各个办公室看望机关干部时，期鹏主任陪同，对机关办公楼存在的环境卫生问题，张局长并没有说什么，但期鹏主任在张局长看完之前马上召集有关处室研究意见，采取措施，进行完善，机关干部和省局党组都非常满意。

这些成绩的取得，是各级局党组党委和领导对办公室工作重视和支持的结果，是机关各部门充分理解、密切配合、积极帮助的结果，也是各级办公室切实加强自身建设，全体同志努力拼搏、辛勤付出的结果。在此，我代表省局党组向关心、支持办公室工作的各级局领导和各级办公室同志表示衷心的感谢！

在充分肯定成绩的同时，我们也应当清醒地看到当前办公室工作面临的新形势和新任务，我们工作上还有不适应的地方，主要表现在以下几个方面：一是全面落实改进作风的相关规定和厉行勤俭节约、反对铺张浪费的有关要求任务艰巨，个别单位存在重视不够、措施不硬、落实不力的问题；二是全系统机关管理有待进一步规范，在各级机关都或多或少存在岗位职责不清晰、运作机制不科学、规章制度不落实的问题；三是各级办公室忙于具体事务较多，为领导、机关、基层服务的水平有待提高。这些问题需要我们高度重视，在今后的工作中加以改进。

二、关于办公室工作面临的形势和总体要求

当前，办公室工作面临着一系列新的形势和任务。这次会上，省局办公室的几位主任一共讲解了 11 项内容，这 11 个方面的工作都是按照省局党组新的要求提出的，希望大家一定要认认真真把这 11 项工作落实好。针对这 11 项工作，期鹏主任又对每一位主任的讲话内容进行了深入点评，把这 11 项工作的核心问题给大家点明了，既包括了这 11 项工作中每一项工作的核心问题是什么，也包括了对这些问题提出的要求，大家一定要仔细领会。今天听了几位主任的发言，觉得各市局的办公室主任保持了办公室主任特有的作风，用心用脑，大家讲的都是我们工作中的好的方法、好的典型经验、好的建议以及好的工作思路，听了以后很受启发。按照省局党组对办公室工作的新要求，大家应充分认识到，办公室工作的标准更高了，肩上的担子更重了，身上的责任更大了。这次会上安排部署的 11 项工作，会后要认真抓好落实。要结合各自的实际，对照省局的要求，适应新的变化，认真学习领会，很好地消化吸收，吃透精神，明确内容，拿出措施，抓好落实。如果都能够落实到位的话，那么我们整个系统办公室的工作就达到了省局党组新的要求。因此，大家必须统一思想，统一行动，统一制度，统一纪律，统一到省局党组的要求上来，

不折不扣地把这些新的要求落实到位。下一步，办公室对自己也要搞一次自查，查一下 17 个市局对这次办公室主任座谈会的会议精神到底落实到位没有。大家回去之后，要结合自身实际，对照省局办公室的新要求，全面总结回顾，查找问题和不足，这个工作不可缺少，只有通过对照，大家才能知道自己有多少差距，只有找到了这个差距和不足，才能找到工作的切入点，研究行之有效的改进措施。

全系统各级办公室一定要把思想和行动统一到省局党组的整体工作布局上来，着力强化政治意识、大局意识和责任意识，拿出新思路，研究新问题，激发新活力，推动各项工作再上新台阶。根据这一总体要求，目前办公室工作的重点是“参好政、服好务、管好家”。“参好政”，就是要围绕税收中心工作，准确把握上情，了解下情，正确领会领导的意图和工作思路，超前思考，为各级领导决策施政当好参谋助手。“服好务”，就是要正确处理政务与事务的关系，增强服务意识，优化服务措施，拓宽服务领域，以严谨细致、认真负责的工作作风，不断提高办文、办会、办事的质量和效率，全面提高“三个服务”的水平。“管好家”，就是要发挥办公室的中枢作用，树立主人翁的思想和责任重于泰山的意识，不断探索和掌握办公室工作规律，落实制度，加强机关内部管理，为领导分忧、为机关服好务。

各级办公室普遍人手少，事情多，希望大家继续发扬任劳任怨，吃苦在先的精神，不仅要把工作干好，还要把办公室的队伍带好，带出一支能够讲奉献、讲作为的队伍，能够完全适应省局党组的新要求，这样才能真正保证我们办公室的工作再上一个新台阶。这就要求办公室工作人员一定要做到“四勤”：脑子要勤，有事要提前替领导想到，领导有想法我们就主动靠上去，领导一讲完我们就走到领导需要的地方去；手勤，要把我们看到的、想到的、需要提炼出的东西用材料体现出来，给领导提出决策依据来，用讲稿更好地反映出领导的思想和要求；嘴勤，对一些具体问题，一定要及时请示汇报，该传达的传达好，该解释的解释好；腿勤，要多走、多转、多听、多看，不要懒惰。办公室人员只要能做到这“四勤”，工作能力和水平自然就能得到提升。

三、关于几项具体工作落实

这次会上，传达了省局党组书记、局长张洪军的重要批示，印发了《关于进一步加强机关管理工作的意见》，印发了《税收调研、科研评比奖励办法》（征求意见稿），印发了今年省局承担的省政府研究室确定的两个专项调研课题，几位分管主任也都分别就相关工作进行了交流部署。这些工作都需要大家会后尽快结合实际制定措施，认真抓好落实。从当前情况看，有以下几项工作需要尽快抓好落实：

（一）加强工作调研。工作调研是谋事之基，调查研究包括调查和研究两个方面，调查是把情况搞清楚，研究是动脑筋想问题、提建议。各级办公室要充分发挥自身的特点和优势，主动选择一些领导关注、基层关心的普遍性、倾向性和苗头性问题，站在全局的高度，深入了解情况、积极寻求对策，促进调研成果转化，就热点、难点问题形成有情况、有分析、有对策的调研报告，充分发挥其提供决策依据、完善决策内容、保障决策执行的重要作用。特别要把税收调研与落实基层联系点制度结合起来，全面掌握工作动态；与工作交流结合起来，及时发现和推广各地的创新经验；与督查督办结合起来，快速研究解决基层反映的问题，使调研成为推动各项税收工作的有效方式。

（二）提升信息的利用价值。及时、准确、全面地采集报送信息，是办公室发挥耳目作用和正确辅助领导决策的工作基础。各级办公室要把信息作为交流情况、发现问题、解决问题和推动工作的重要手段，既要及时反映税收工作部署落实情况、工作执行中遇到的问题及领导关注的重点、难点和热点问题，更要深入挖掘信息的综合利用价值和决策参考价值，抓住具有前瞻性、规律性的问题，提出明确的观点和建议。既要重视给上级报送信息，又要注重利用自身的信息刊物和网站来宣传、反映自身的工作。

（三）加强和创新社会管理。当前，整个社会处在矛盾凸显期，维护稳定和加强社会管理创新的形势依然严峻。在这种特定条件下，各级地税办公室要坚持预防与应急并重、常态与非常态结合的原则，主动健全和完善机要、保密、信访、安保、应急等诸项管理工作机制，定期开展安全隐患排查治理工作，加强日常应急演练，提高危机管理和风险管理能力，认真做好民意疏导、群情安抚和矛盾化解工作，最大限度地减少不和谐因素。特别是要重视和加强信访工作，善于捕捉不稳定因素和苗头性问题，及时把矛盾和问题解决在源头，解决在萌芽，解决在基层。要有效克服越级上访、重复上访、集体上访和缠访、闹访等现象，特别要杜绝不负责任将矛盾上交的情况发生。

（四）进一步规范各级机关管理。近年来，各级办公室在工作实践中逐步形成了一套机关管理的制度体系和不断完善的工作流程，但同时也存在制度不完善、覆盖面不全，流程不科学、办事不快捷的问题。各级办公室要参照省局制定的关于规范机关管理的要求，对现有的机关管理制度集中进行一次清理、补充和修订，不仅要把机关管理的各项事务全部纳入制度范畴，而且要切实增强制度的操作性，着力提高制度建设的质量。

（五）加强综合协调工作。综合协调是办公室统揽全局、协调各方，止确处理上下左右关系，保证各项工作正常运转的客观要求，必须从整体利益出发，努力争取各部门的支持和配合，增强推进工作的整体合力。综合协调工作的基本任务有五个方面：一是全局整体工作的协调。对重要的会议，重大的活动，要统一筹划，统一调度，明确和细化责任，确保各个环节有人抓，有人管。二是系统上下的协调。对上，要领会领导的决策与部署并全力以赴地贯彻执行，遇到各种突发问题，既要争取领导更多的支持，更要及时应对，想办法克服困难，化解矛盾；对下，要注意了解掌握基层工作动态，为领导提供决策依据，推动决策的落实，同时要努力帮助基层解决实际困难，对基层需要支持而一时难以解决的问题，要主动多沟通、多交流，争取基层的理解，共同想办法推动工作开展。三是机关各部门之间的协调。要理顺各种关系，避免出现推诿扯皮的问题和现象，确保目标同向，步调一致，确保日常工作高效运转。四是党政各部门和关联单位的协调。对党政领导，要多请示、勤汇报；与党政各部门，要常沟通、多交流；与关联单位，要以诚相待、彼此信任、相互尊重。五是办公室内部的协调。突发性、临时性工作较多是办公室工作的一个明显特点，这就要求办公室内部要明确岗位分工和职责，及时沟通，加强协作，心往一处想、劲往一处使，确保各项工作衔接紧密、运转高效。要着力培养团队精神、责任意识和良好的工作作风，做到工作中分工不分家，不拈轻怕重、推诿扯皮，形成互相支持、主动配合、和谐共事的良好氛围。

同志们，办公室工作是全局工作中不可分割的重要组成部分，要求严、标准高、责任重。新时期地税事业的发展为办公室工作提供了广阔舞台，全体办公室同志要进一步增强工作的责任感和使命感，紧紧围绕省局的各项工作部署，开拓进取，扎实工作，为圆满完成全年各项工作目标任务作出新的贡献！

明确任务　积极作为
努力开创所辖重点企业税收管理工作新局面

——在所辖重点企业税收监管与服务工作研讨会上的讲话

李　功

（2013年8月28日）

同志们：

这次所辖重点企业税收监管与服务工作研讨会议，是经省局批准召开的。会议的主要任务是：落实省局党组书记、局长张洪军对所辖重点企业税收管理工作的要求，通报省局重点企业税收管理局职责范围和所辖重点企业名单，交流重点企业税收监管与服务工作经验，研究、部署今后一个时期所辖重点企业税收管理工作任务。会上，传达了山东省地方税务局办公室《关于印发省局重点企业税收管理局职责范围的通知》和山东省地方税务局《关于发布首批监管与服务名单的通知》，并就下一步的工作进行了布置。参加会议的同志们也结合工作实际，对做好所辖重点企业税收监管与服务工作进行了研讨。大家非常用心用脑，反复推敲，有的从法律上，有的从工作程序上，有的从实际工作中遇到的问题上，对做好所辖重点企业税收监管与服务工作提了很好的意见和建议，听了以后，很受启发，非常感谢大家。下面，讲四个方面问题，供大家参考。

一、明确会议任务。我们这次会议名称，最初为所辖重点企业税收监管与服务座谈会，但是，考虑到做好所辖重点企业税收监管与服务工作还没有现成的东西，很多问题都在探索之中，叫工作座谈会显然快了一点，所以改为研讨会。这次会议，下发了山东省地方税务局办公室《关于印发省局重点企业税收管理局职责范围的通知》和山东省地方税务局《关于发布首批监管与服务名单的通知》两个正式文件，会议主要任务就是围绕两个文件，研究部署做好十户重点企业监管与服务的探讨和实践工作，尽快形成科学规范的管理模式。重点企业税收管理局为准备这次会议起草了一个《所辖重点企业税收监管与服务办法（试行）》（征求意见稿），主要依据是国家税务总局工作要求、外省的先进经验以及我省各地现有的好经验和做法，待经过一个时期的实践探索和完善，使方方面面形成共识、达成一致意见后，再按程序下发。希望大家认真学习两个文件精神，对照重点企业税收管理局布置的六个方面的工作任务，抓好落实，确保任务的完成。

二、明确工作步骤。这十户重点企业的选择，是根据省局重点企业税收管理局现有的人员力量和有利于探索试点选择出来的。就其监管与服务工作来讲，是一项创新性工作。通过对十户重点企业的税收监管与服务，重在探索重点企业税收监管与服务的新模式，经过上下的共同努力，找出一条服务企业发展、增加地方税收的新路子。对十户重点企业税收监管与服务工作，也不是齐头并进，而是要有重点的、有区别的，特别是对跨区域经营、税收占比大的企业，我们要集中力量去研究、去探讨。做好这十户重点企业税收监管与服务工作，要分两步走。第一步，年底前，要按照边探索、边调研、边衔接的方法，深入所辖重点企业进行调研，全面摸清所辖重点企业的基本情况，包括架构情况、生产经营情况、成本费用情况、财务核算情况、关联关系情况以及重大项目建设情况，出国境、跨区域经营和近几年的纳税情况，等等。同时，探讨怎样理顺关系，省、市和主管税务机关能够达到有效对接、形成共识，为全面开展所辖重点企业税收监管与服务工作打下基础。第二步，要按照省局统一部署和工作重点，运用新的管理模式开展工作，逐步推开。

三、明确工作目标。做好这十户重点企业税收监管与服务工作，一定要明确工作目标，无论采取什么样的探索模式，都要努力达到“三个满意”“两个提高”。首先，纳税人满意。我们强调以人为本，其中一个很重要的内容是尊重、保护纳税人的合法权益，在税收监管与服务工作中，创新服务内容和方式，进一步拓宽税企沟通渠道，建立和完善重点企业涉税诉求快速响应机制，探索涉税争议解决的有效途径。提高税收政策宣传辅导的针对性，建立税收政策执行情况监督反馈机制，增强税收政策执行的透明度、统一性和确定性。其次，地方政府满意。通过对重点企业税收监管与服务，不断提高税收质量和税收收入，为地方的经济发展提供更多的财力保证。第三，地税机关自身各级各部门满意。当前，重点企业税收监管与服务工作处于刚刚起步阶段，面临着许多亟待探索和解决的困难与问题，要完成省局党组赋予的工作任务，时间紧、任务重，需要协调的关系比较多。因此，做好所辖重点企业税收监管与服务工作，不仅是省局重点企业管理局的工作职责，同时也是各级地税机关重点企业税收管理部门共同的任务，需要方方面面的配合和努力，力争通过积极地探索，使我们各级各部门都达到满意。同时，通过我们对所辖重点企业的监管与服务工作，要实现所辖重点企业的税收收入质量和重点企业纳税服务水平两个提高。

四、明确工作措施。做好所辖重点企业税收监管与服务工作面临着前所未有的机遇，同时也有很大的挑战，可以说任务艰巨，使命重大。会后，希望大家用会议精神统一思想，达成共识，形成合力，找准工作的切入点，针对所辖重点企业税收监管与服务工作中存在的问题，在省局各业务处室的指导下，制定切实可行的工作措施，讲求工作方式、方法，加大工作力度，协调好上上下下的关系，解决好每一个具体问题，尽快找出一条适应所辖重点企业税收管理与服务的新模式，努力开创所辖重点企业税收管理与服务新局面，为推动山东地税工作新发展作出更大的贡献。我相信，通过大家共同努力，一定会给省局党组交上一份合格满意的答卷。

明确任务　落实责任
保质保量完成金税三期工程上线任务

——在金税三期工程试点上线动员部署会议上的讲话

郭凤晓

（2013年6月8日）

同志们：

今年年初，山东地税被税务总局列入金税三期工程2013年首批上线试点单位，这是一项重大而又艰巨的任务，总局和省局主要领导先后就此作出重要指示。总局王军局长作了《明责聚力　攻坚克难　打好打胜金税三期工程扩大试点攻坚战》的讲话，作出统一思想、坚定信心、明确责任、抓住关键的指示；省局张洪军局长提出了增强使命感和责任感，加强组织领导，完善后勤保障，确保完成上线任务的工作要求。今天召开这次会议，目的是贯彻落实领导的讲话精神，安排部署金税三期工程上线工作，切实提高认识，明确任务，落实责任，保质保量、全力以赴完成上线任务。下面，根据会议安排，我讲几点意见：

一、充分认识金税三期工程的重要意义

金税工程是具有重要战略地位的国家级信息系统工程，是国家电子政务“十二金”重点工程。从1994—2001年，先后经历了一期和二期建设；2008年经国务院和发改委批准，金税三期工程于2009年开始正式启动，2010年全面实施，工程建设总投资79亿元。金税三期是税务历史上一项具有里程碑意义的工程，是在通过信息化、专业化重组政府业务流程，建设廉洁、高效现代化政府的背景下，建立一个业务覆盖全面、功能强大、监控有效、全国联网运行的税收信息管理系统，是一项技术创新和征管变革高度融合的税收现代化工程。对于转变税收管理理念、完善税收管理方式具有重大意义，对于规范税收执法，优化纳税服务，实现降低征纳成本和执法风险、提高纳税人遵从度和满意度的征管改革目标有着极其重要的作用。

金税三期工程运用先进的税收管理理念和信息技术进行总体规划；统一全国征管数据标准、口径，实现全国征管数据应用大集中，实时监控全国征管数据；统一全国国税、地税征管应用系统版本，规范全国税收执法；统一规范纳税服务平台，优化纳税服务；建设决策支持平台，及时、完整、准确地为决策、管理提供信息。工程建设的总体目标是既要达到国际先进水平，又要具有中国特色，完成“一个平台、两级处理、三个覆盖、四类系统”的建设。其中：“一个平台”，即包含网络硬件和基础软件的统一的技术基础平台。“两级处理”，即依托统一的技术基础平台，逐步实现税务系统的数据信息在税务总局和省局集中处理。“三个覆盖”，即应用内容逐步覆盖所有税种，覆盖税收工作的主要工作环节，覆盖各级国税、地税机关，并与有关部门联网。“四个系统”，即征收管理、外部信息、决策支持和行政管理系统。计划建成一个年事务处理量超过100亿笔、税务机关内部用户超过80万人、纳税人及外部用户超过亿人（户）的全国税收管理信息系统。山东地税此次试点上线包括核心征管、个人税收、外部信息交换系统和决策一包，还包括税务总局统一开发的网上报税系统。

金税三期工程于2012年开始在重庆试点，2013年2月22日在重庆全市国税、地税系统正式切换上线；2013年，总局计划完成山西、山东、内蒙古、河南、广东五省区国税局、地税局的上线推广

工作，其中，山东和山西为首批上线单位。选择山东地税为今年的首批试点单位，是税务总局对山东地税工作水平的认可，是对山东地税干部队伍的信任，是因为山东地税有一支业务水平高、执行能力强的干部队伍。多年来，充分依托信息化手段，推动征管改革创新，加快征管现代化建设，实现了信息技术对征管业务的全面覆盖和有效支撑，先后完成了税收数据的市级集中和省级集中，尤其是省级“大集中”建设带来了征管现代化水平质的提升，在信息化建设应用上取得了丰硕成果，积累了丰富经验。总局对山东的试点寄予了很高期望，山东地税的试点工作将对全国地税系统的上线起到至关重要的引领带动作用，为金税三期的推广作出重要贡献。

二、前期试点工作取得阶段性成果

税务总局和省局领导高度重视金税三期工程试点工作。今年1月8日，税务总局金税三期工程试点工作会议确定山东地税为今年首批试点单位。1月9日，省局召开党组扩大会，根据税务总局安排，研究山东地税试点工作的主要任务和各项准备。1月中旬，全省地税工作会议明确提出，各级要把试点工作作为“一把手”工程，在组织领导、资源投入等方面给予必要的支持保障，统筹规划、谨慎稳妥、全力以赴做好试点工作。近期，省局张洪军局长多次召集研究试点工作，5月27日到项目组集中驻地看望试点工作人员，在座谈中提出了具体要求。税务总局领导十分关注山东地税的试点工作，4月11日，宋兰副局长等相关领导到山东调研，听取试点工作情况汇报，提出了工作意见。5月23日，税务总局召开金税三期工程试点工作汇报会，王军局长作了重要讲话，调整了试点上线的时间进度。5月31日和6月4日，税务总局先后两次召集会议对接上线计划，确定了山东地税的总体上线安排。在税务总局和省局领导的关心指导下，从年初到目前，试点工作已取得阶段性成果，为下一步的上线打下了良好基础。

（一）扎实搞好工作筹备。一是设立组织机构。成立了以省局主要领导为组长、各位局领导为副组长、各市局局长和省局处室负责人为成员的领导小组。领导小组下设办公室，设立业务、技术、采购和综合四个工作组。二是组建核心团队。从全省范围内选拔骨干人员，建立试点工作的核心力量，成立工作小组，集中到北京和济南开展工作。三是加强学习培训。组织工作人员学习掌握金税三期工程的业务需求和系统状况，赴重庆了解上线运行的实际情况，到北京工作现场，采取测试加培训的方式，深入熟悉掌握系统。

（二）并行推进各项工作。按照试点工作的阶段性要求，前一阶段的工作主要集中在省局项目组层面，尽量减少各级各部门的负担。在有关各方的配合下，各项工作并行向前推进。截至目前，前期的双轨试点初始化和全省初始化工作已经结束，完成了金税三期工程核心征管部分岗责流程的设计和评审。数据迁移的代码比对确认、表结构比对等工作和迁移脚本编写、环境搭建已基本完成，初步确定了数据迁移模式和范围。集中开展系统测试和差异化分析工作，验证系统的适应性，组织差异性内容确认。研究编写特色软件接入需求，组织特色软件接口开发。抓紧做好软硬件的采购配备等基础设施准备。与省国税局协商，确定潍坊为先行试点单位，着手先期试点的各项工作。随着工作的逐步深入，试点工作将转入新的阶段，需要在系统上下的共同参与下全面铺开。

三、保质保量完成上线工作任务

今天距离9月2日的上线时间仅有86天，根据总体上线计划，在这段时间内要完成累计300多项具体任务，且复杂程度和工作要求很高，任务繁重，压力很大。要想保质保量地完成上线任务，在下一步的工作中，要注意把握三条原则，关注三个阶段，抓好五项基础。

（一）把握三条基本原则

质量第一的原则。金税三期工程是一项庞大、复杂的信息化工程，支撑今后地税工作的运行，覆盖税收征管的方方面面，涉及2万多名地税干部和160多万纳税人，直接影响地税职能的履行。工程建设的质量至关重要，决定试点任务的成败和今后工作的质效，上线工作中细小的质量问题都会放大成为今后工作中的隐患，动摇系统的正常运行应用，甚至引发灾难性的后果。以数据迁移为例，因整改不力迁入系统的垃圾数据会引起系统运行的混乱，使今后的数据加工利用陷入无效状态。总局王军局长特别强调“质量是金税三期工程的生命”，“时间服从质量”；“放宽时间不能放松要求，更不能放低标准”；“要高质量完成金税三期工程建设任务，必须一丝不苟做好各方面工作。”因此，要遵循信息化建设规律，切实强化质量意识，在质量问题上不能有丝毫动摇、不能打任何折扣，从源头上和过程中严把质量关。保证质量的核心要求是标准、精细，做到质量第一、标准先行、重在精细、责任到位。要把明确质量标准作为保证质量的根本前提，确定每个环节和每项任务要达到什么要求、干到什么程度，执行落实是不是符合标准；要把保有记录作为保证质量的关键手段，加强工作过程、各个环节记录生成、留存、利用的管理，发挥工作记录在改进质量、落实责任上的作用；要把落实责任作为保证质量的保障措施，对计划落实、标准执行等情况进行跟踪问责，把工作责任落到实处，严肃处理不负责任的行为。

协同并进的原则。在上线计划中的责任方不只包括省局、市局，还包括税务总局、厂商、国税等各有关方面，协调工作较为复杂，资源调配的难度很大，在时间紧迫、任务繁重的情况下，必须靠主动的态度克服工作中的难度，靠完善机制来提高效能，努力做到各方协调同步、工作并行推进、全局“一盘棋”。重点建立完善以下机制：一是上下各级的沟通机制。以省局为重心建立顺畅的总局、省、市、县四级沟通联系渠道，及时对上汇报反馈情况，对下传达落实任务，发现、反映、应对工作中的问题，提高信息传输和解决问题的效率。加强与试点单位的联动，配套做好先行试点工作。二是相关部门的协作机制。明确省局相关处室的职责分工，建立工作推送、评审、确认、交付等工作规则，密切相互之间的沟通联络、协作配合，协调有序地落实各项任务，提高工作的整体效能。三是对外协调机制。搞好与系统开发商的协调，做好差异分析、系统测试、特色软件改造对接等工作；加强与省国税的协作，做好代码比对、数据迁移、业务关联测试等工作，协同完成上线任务；搞好与政府和相关部门的汇报沟通，争取政府的有力支持。四是培训宣传机制。区分各级和各类人员等不同用户，制定分类培训方案，有针对性和侧重点地提炼培训内容，统筹好师资力量和培训内容、教材、环境、方式等因素，组织好师资培训、全员培训和纳税人培训；及时跟进对干部职工和纳税人的宣传，赢得基层干部和纳税人的配合。五是风险应对机制。对工作中可能发生的风险进行全面评估，制定各级风险应对预案，对风险程度高、发生概率大的风险进行应对模拟演练，提早防范问题的发生，最大限度地规避风险。六是工作考评机制。加强对试点工作的督导调度、考核评价，将其纳入目标管理考核，作为年终兑现奖惩的依据。

注重实效的原则。金税三期工程最终落脚在运行应用上，总局王军局长提出“以保证平稳运行为首要目标”。平稳运行包含两个方面：系统是不是实用和人员是不是会用。因此，一方面要保证系统的适用性。一是保证系统的正常运行。通过深入细致的测试，充分验证和及时解决系统走不动、行不通的问题。二是保证系统的成熟应用。近年来，山东地税的信息化建设积累了许多良好的应用和宝贵的经验。省局张洪军局长提出要立足发挥山东地税的特色优势，在试点工作中体现科学性、先进性、实效性，充分显现山东地税的集体智慧。这对特色软件分析改造等工作提出了很高要求，要尽力把本地特色应用融入金税三期工程系统中去，让系统符合山东地税的实际，满足实际工作的需要。各市局也要尽快按照金税三期工程的标准，启动本地软件的改造，让自有软件在金税三期工程上线后实现平滑过渡；省局将在获取总局的标准文档后及时下发，成立专门的市级软件改造组提供支持；上线后，省局将按原来的模式，继续清分下发各市的数据，为自有应用提供数据源。另一方面要保证系统的适应性。通过扎实深入地做好培训练习、宣传辅导等工作，让广大干部职工和纳税人对征管方式、业务运行、行为习惯等方面的重大变化有充足的心理准备，熟练掌握金税三期工程系统的应用。要尽可能为广大纳税人和基层一线干部着想，在业务的调整变化和上线的操作实施中，最大限度地减轻纳税人和基层的负担，最大限度地减少对纳税人和基层的影响。

（二）把控三个关键阶段

经过反复研究论证和与税务总局、国税对接沟通，现已敲定了全省地税的总体上线计划，也就是全省上线工作的路线图和时间表。今天的会议还要就计划进行具体讲解，上线工作千头万绪、十分繁杂，大家要准确理解把握，搞好统筹规划，把握工程进度，合理调配资源，紧张有序地向前推进；要进行层层细化分解，制定明细的具体计划，按照期限倒排工期，把职责落实到人到天；对每一项任务要制定周密的实施方案，及时跟进督导调度，确保执行落实到位。

总体上线计划共分为准备、实施、双轨试运行、单轨割接、单轨运行五个阶段，目前正处于最为关键的实施阶段，正在并行开展初始化、数据迁移、功能性差异分析、本地特色软件改造、上线培训等主体工作，这些工作连同准备阶段启动的配套制度完善、搭建运维平台、表证单书印发和对外宣传发布等任务，将贯穿试点工作全程。各市局和省局相关处室是试点上线重要的责任主体，各市局要切实履行好组织培训练习、数据清理整改、制定应急预案、设备安装集成、建构运维体系、表证单书印制和面向社会的宣传辅导等职责；潍坊市局作为全省地税的试点单位，对全省上线的作用至关重要，前期准备工作较为扎实，后续任务还很繁重。省局各相关处室在前段试点工作中表现出高度负责的态度，精心选派人员担任试点工作联络人，参加金税三期工程的专题业务培训，认真进行代码、表单的分析确认和岗责、流程的评审；下一步，各相关处室要从各自的业务角度深度介入，完成系统测试、岗责流程和业务差异等内容的评审确认等任务，配合做好数据迁移整改、系统培训和上线后的运维等工作。各级、各部门要各司其职、各负其责，尤其要重点把控三个关键的时间节点，做到纲举目张，保证各项工作并行开展、环环相扣、压茬进行、质效同步。

试点单位双轨运行时间，定于6月24日—7月18日，距现在还有16天的时间。6月24日之前，要重点完成小范围双轨环境部署和试点单位初始化、数据迁移、数据整改、部分特色软件接口开发、操作培训等任务。该阶段，省局相关处室的工作主要包括：岗责体系和业务职能、工作流配置、相关代码、特色软件相关需求等内容的确认，以及业务功能差异的分析确认、数据迁移范围的明确、试点单位核算数据比对、系统应用培训等。试点单位的工作主要包括：岗责体系中机构、岗位和人员的调整及维护；根据数据整改标准，组织原系统中的数据整改和新系统的数据补录；组织完成国税、地税登记数据的比对；建立双轨运行台账；组织双轨运行适应性测试以及全业务、全功能测试；完成试点单位双轨试运行分析报告等。在省局项目组和相关处室的支持配合下，试点区（县）局全员参与，具体实施，全面做好全岗位、全业务录入的双轨试运行工作。各地要参照试点单位的工作内容，着手做好相关准备，适时启动各项工作。该阶段工作的侧重点是搞好双轨测试和试点运行，发现和解决阻断性问题，完成第一轮数据迁移演练，为全省双轨运行打好基础、积累经验。

全省地税系统双轨运行时间，定于7月22日—8月21日，距现在还有44天的时间。7月22日之前，要重点完成全省双轨环境部署和全省各单位初始化、数据迁移、数据整改、特色软件接口开发、操作培训等任务。期间，省局相关处室要进一步做好岗责体系和业务职能、工作流配置、数据迁移范围、特色软件的优化、调整、确认工作，以及测试系统功能差异的分析和确认、核算数据比对、系统应用培训等工作。各地要全面做好机构、岗位和人员的调整及维护，数据整改补录，全省国税、地税登记信息比对，双轨运行适应性测试及部分单位的全业务、全功能测试等工作；所有单位开始上机实际练习。该阶段工作的侧重点是对前一阶段组织完成的各项工作进行验证、优化和完善，对试点单位试运行工作中发现的问题进行回归验证，进一步验证核算数据比对，重中之重是让每名工作人员上机练习、学会操作。

全省地税系统单轨运行时间，定于9月2日全省上线，距现在还有86天的时间。除全省双轨前后的工作外，省局相关处室还要完成配套制度的修改完善、表证单书表样的确认下发；各地要对双轨上线前的初始化数据作最后确认，完成数据的最后迁移和补录。同时，各级要严格按照省局的应急预案充分做好相关准备，并深入做好面向纳税人和社会各界的宣传辅导。

（三）抓好五项基础工作

金税三期工程试点已经转入各方全面参与、深度介入的关键阶段，各个方面需要协同做好分内的工作，完成交付的任务，重点是要抓好五项基础工作。

测试运维工作。试点上线事前、事中、事后的测试和运维是确保系统正常平稳运行的基础。系统测试工作要完成三项任务，第一个任务是验证系统的贯通性。要扎实搞好本地底层业务的连通性、适应性测试，跟踪解决系统存在的阻断性问题。第二个任务是找准系统的差异性。重点开展业务差异、功能差异测试，作为开展培训和优化功能的重要依据，特别是要处理解决好功能性缺失问题。第三个任务是做好培训的准备。利用测试培养一支全省的骨干师资队伍，明确需要培训的内容。省局各业务处室要介入本业务域的系统测试，进行问题和差异的验证确认，研究解决功能缺失问题，培养本业务领域的师资骨干。各市局要做好双轨运行适应性测试及全业务、全功能测试工作；针对系统测试和上线应用的需要，建议将办税厅计算机浏览器版本统一升级为IE8。要提前筹划系统运维工作，除税务总局运维外，建设省、市、县各级运维团队，明确运维职责，分配运维权限，调配运维资源，搭建运维平台，并搞好与各方厂商的运维衔接，建立完善的运维体系。

数据整改工作。金税三期工程的主要目的是提高数据加工利用水平，数据是系统应用最重要的资源，数据整改是保证数据有效利用的基础工作，数据整改和迁移是决定上线时间最重要的因素。这次上线，将迁移核心征管系统中的税务登记、财产登记、税种登记等静态数据和2013年的申报、征收等动态数据。迁移前需要做好这部分数据的整改补录，工作量相当大，主要内容包括：上线前，一是要完成税务登记信息的整改。涉及现有的160多万户纳税人，需要解决登记信息不完整、不真实、不规范的问题。二是要完成国税、地税登记信息的核对。在税务总局发文明确国税、地税登记信息比对范围、标准及差异处理规则后，协调山东国税共同进行，确保共管户国税、地税登记信息一致。重庆试点中，由于未按要求整改，造成纳税人无法申报的问题。三是完成财产登记信息补录。需要把纳税人的房产税源登记和土地税源登记信息按照金税三期工程的标准重新登记，重新登记的数据量大约有100万条，计划于7月份开始补录。四是完成总机构信息整改。需要整改"大集中"系统中不规范的1.6万条总机构信息。上线后需要整改和补录的信息包括投资方与合伙人信息、房产和土地承租登记信息、车船税源登记信息。目前，可先进行的整改工作包括：无证照业户清理，需要对现有的约2.5万户无证照纳税人进行全部清理；自然人登记清理，注销不属于自然人的单位或组织；临时征收户登记梳理，由于临时征收户登记不迁移，需要对临时户欠缴税款进行清理，对需要纳入管理的办理自然人登记或正式登记；纳税保证金核对，消除纳税保证金数据存在的质量风险，确保上线迁移数据准确无误。省局将开发数据检测、补录模块支撑数据整改。

培训练习工作。培训练习是试点工作中用时最多、任务最重的基础性工作，关系到工作人员能否熟练应用系统、系统能否顺利平稳运行。从山东地税"大集中"和重庆试点情况看，上线初期由于税务人员对业务办理和系统操作不够熟悉，造成操作失误，产生了不少垃圾数据。因此，必须把培训工作搞得扎实牢靠。各市局要充分做好培训方案、培训师资、培训内容、培训教材等相关准备，对内，在了解把握金税三期工程设计理念、架构等总体状况的基础上，突出抓好三个层面的培训：第一个层面是岗责流程的学习培训。顺应征管改革的需要，金税三期工程核心征管部分的岗责流程设置有了根本变化，在全省统一实行县（市、区）级集中征收和基层所分岗管事方式，依纳税人申请发起的涉税业务全部由办税服务厅受理，县（市、区）局科室实行实体化运作，具体办理纳税人涉税事项；全省各地的岗责流程设置统一到一个"水平线"上，而且即将启动的风险管理岗责流程设置，将带来更大的变化。核心征管部分共设置业务岗位69个，对应315个底层业务、2560个地税角色，配置工作流程近400个。各级要通过培训学习，对岗责流程的设置形成必要的认知，尽快接受和适应其中的变化，掌握岗责流程设置的内容，并适应岗责流程的结构性变化，配套推进体制机制的优化调整、人力资源的合理配置，在制度和实践层面做好相应的准备。第二个层面是功能差异的学习培训。了解把握金税三期工程系统与我省现行"大集中"系统在业务功能上的差别，熟悉金税三期工程系统的业务处理方式，掌握本地改造软件的应用。第三个层面是实际操作的培训练习。利用全省双轨运行后的一段时间，组织指导全员在培训环境下实际练习，掌握金税三期工程系统的操作习惯，对全员练习效果进行达标测试，确保能够掌握系统应用、熟练操作系统。对外，面向广大纳税人，针对上线后申报纳税等方面发生的变化，组织报表填报、办税业务等具体内容的培训，让纳税人会申报、会操作；特别是由于更换了网上申报系统，要重点培训指导好占企业申报户数92%的56.4万户网上报税纳税人的申报纳税。

宣传辅导工作。宣传辅导是涉及面最广、社会影响最大的基础工作。要在搞好对内宣传，把握干部职工动态，做好思想政治工作的基础上，搞好对外的宣传辅导。要制定与上线进程协调配套的宣传方案，以纳税人、地方党委政府、社会公众为主要对象，利用办税厅、电视、网络、报刊、短信平台等多种渠道，采取公告、新闻发布、现场报道、上门走访、汇报沟通等各种方式，广泛宣传金税三期工程的意义作用、带来的变化和需要注意的事项等内容，营造良好的社会氛围。要以办税厅、12366纳税服务热线、网站为主要阵地，重点开展业务办理差异方面的咨询辅导，具体帮助纳税人填写新的报表，做好耐心细致的解释工作。要制定应急预案，加强舆情管理，及时化解问题；严格落实领导值班制度，在单轨运行初期等关键时期，单位领导要在办税厅现场处理解决问题。

TIPS系统切换工作。按照总局要求，金税三期工程系统上线后，济南、淄博、东营和烟台四个市需同其他12家单位一起并入财政部、国家税务总局、中国人民银行统一开发的财税库银税收收入电子缴库横向联网系统（TIPS），实现从税务总局到人民银行总行的直接对接。目前，省局、省国税、人民银行济南分行已成立联合工作领导小组。各市局要充分认识TIPS上线转换对税库银联网和金税三期工程系统上线的重要影响，建立健全沟通联系机制，明确任务，落实责任，密切配合，共同抓好此项工作。一是各级要配合烟台银行、青岛银行等原参与地方横联但未在我省接入TIPS的银行，做好测试工作。按照人民银行要求，省内尚未接入地方横联或TIPS的银行暂不参加本次测试和转换。二是按照省局的要求，做好在金税三期工程系统双轨环境下税库银相关功能的测试工作。潍坊试点期间的测试对象为参与本地税库银的所有商业银行，济南、淄博、东营和烟台四市的测试对象为参与本地原地方横联的所有商业银行，其他单位的后续测试可仅测试本市特有的商业银行。三是针对目前税库系统中签约的纳税人，做好税库协议数据的梳理核对工作，特别是全面清理无法正常扣款的协议，确保税库协议信息准确有效，纳税人可以正常扣款。四是同当地税库系统中涉及的商业银行协调，按省局的规范格式，配合省局共同完成协议转换工作。

面对时间紧迫、复杂艰巨的上线任务，希望大家坚定信念、齐心协力，化压力为动力，积极争取主动，努力克服困难，不折不扣地执行落实好各项工作，保质保量地完成上线任务。

在全省地税系统国际税收工作会议上的讲话

李　亚

（2013 年 4 月 19 日）

同志们：

这次全省地税系统国际税收工作会议，是经省局党组研究决定召开的。会议的主要任务是：认真贯彻落实全省地税工作会议精神，总结回顾 2012 年度国际税收工作，分析当前国际税收工作面临的形势，安排部署今年的工作任务，推动全省国际税收工作再上新水平。下面，我讲几点意见，供大家参考。

一、锐意进取，勇于创新，国际税收工作取得显著成绩

2012 年，全省各级地税部门按照税务总局和省局确定的工作思路和要求，锐意进取，开拓创新，国际税收工作取得显著成绩。

（一）跨境税收管理水平不断提升。跨境税源管理是国际税收管理的重要内容。各级围绕加强跨境税源管理、维护国家税收权益这条主线，积极开拓，勇于创新，不断提升管理水平。一是认真开展跨境税收风险排查与防范。省局根据全省地税系统提高收入质量、防范执法风险工作的部署和要求，在总结潍坊市局经验做法的基础上，制定下发了《国际税收管理风险防范工作指引》，有针对性地提出了防范措施，风险防范意识和能力有了显著提高。二是强化非居民税收管理。以居民企业源泉扣缴和对外支付税务证明管理为抓手，探索实行了大企业非居民税收管理新路子，开展了金融机构海外代付业务非居民税收调研与排查，强化了对非居民股息分红、股权转让、特许权使用费等重点项目的监管，非居民税收管理水平有了新的提高。2012 年，全省组织入库非居民税收 9 亿元，其中非居民企业所得税 2.7 亿元。三是认真做好税收协定执行和情报交换工作。各级严格执行税收协定，加强非居民享受协定待遇管理，严格审批、备案手续和纳税人身份认定，防范套取协定优惠或滥用协定等问题的发生。2012 年，全省享受税收协定待遇申请的企业 41 户，

减免税款2052万元。深入核查外来税收情报，向美国、日本、韩国、澳大利亚、加拿大提供自动情报396份，认真履行了国际税收情报交换义务。

（二）反避税工作取得新进展。各地通过完善反避税工作运行机制，组建专业管理团队，加大对关联申报信息审核和反避税调查力度，实现了反避税工作由点及面的新进展。一是加强关联申报及审核。结合汇算清缴，督促符合条件企业如实申报关联交易的类型和数量，做好大型企业集团关联申报信息的分析审核，筛选避税嫌疑企业，为反避税调查奠定基础。全省共有7722户企业进行了关联业务申报，比上年增加4932户。二是推动反避税工作实现了面上拓展。每个市局至少选择1~2户企业进行反避税调查，2012年共对153户企业进行了调查，确定118户为重点调查对象，淄博、枣庄、烟台、潍坊、威海、临沂等市有8户企业已上报税务总局立案，预计调增税款9894万元。

（三）“走出去”企业税收管理与服务有序开展。2012年，省局对全省“走出去”企业情况进行了调查摸底，并联合省商务厅等部门对300家“走出去”企业进行了政策宣讲和辅导。各地认真落实税务总局关于进一步做好“走出去”企业税收服务与管理工作的意见，及时为“走出去”企业和个人开具中国税收居民身份证明，为其在境外享受协定待遇提供便利。去年，省局通过任务派送方式将全省91户海外上市企业相关涉税信息分发各地开展调查，共有29户境外上市企业调查取得实效，入库税款2.59亿元。济南、淄博、临沂等市对境外上市企业进行了重点解剖，为全省加强境外上市企业税收管理奠定了基础。

（四）外资企业和外籍个人所得税管理工作不断深化。2012年，全省外资企业登记户数为27205户，实现涉外税收收入250亿元，其中重点税源企业4188户，实现地税收入231亿元，占全部涉外税收收入的比重为92%。一是加大重点税源控管力度，按季度对年纳税额50万元以上的企业进行监控分析，及时掌握重点税源变化情况，科学预测、分析涉外税收收入，提高管理水平，确保了涉外税收收入稳定增长。二是积极开展外资企业联合年检工作。注重将年检信息与非居民税收、外籍个人税收管理相结合，强化联合年检信息的拓展应用。全省共有15888户（不含青岛）企业参检，通过15125户，参检通过率95.2%。三是进一步深化外籍个人所得税管理。各地充分依托外籍个税管理软件，加大信息采集、获取力度，深入开展税负比对分析和纳税约谈，提高了纳税申报质量。2012年，纳入全省地税系统管理的外籍人员共有22450人，入库个人所得税13.2亿元。

（五）国际税收业务培训取得实效。各地按照省局加强干部队伍建设的总体部署和国际税收工作实际，通过多种形式组织对基层税务干部进行了国际税收普及性培训和专业性培训。全省有1192人参加了省局及各市局举办的培训班。通过业务选拔考试，建立了36人的全省国际税收骨干人才库，有6人入选省局兼职教师。一方面，继续组织开展了普及性培训，省局在山东税校组织了180人参加的国际税收业务培训，各市局也都对县（市、区）局一线人员进行了培训，增强了基层一线人员对国际税收业务的认知，提高了处理一般国际税收业务的能力。另一方面，有效组织了专业性培训。省局在江苏税校举办了60人的骨干人才培训班，提高了骨干人才处理综合、复杂国际税收业务能力。

在总结成绩的同时，也应当清醒地看到，我们的工作中还存有一些问题与不足，比如国际税务人员业务素质还不适应工作需要，各地工作开展不够平衡，国际税收制度机制有待完善等等。对这些问题和不足，各级要高度重视，在今后的工作中努力加以改进。

二、认清形势，明确要求，增强做好新形势下国际税收工作的紧迫感和责任感

最近，国家税务总局办公厅下发通知，确定今年年中会议的主题是国际税收工作。总局在年中会议上专题研究国际税收工作，这在国际税收历史上还是第一次，既充分说明了总局对国际税收工作的重视，也说明在新的形势和任务面前，在全面深化税收征管改革的过程中，国际税收工作具有十分重要的作用和极大的发展潜力。各级都要进一步认清形势，明确要求，提高对国际税收工作的认识，切实增强做好国际税收工作的紧迫感和责任感。

（一）全面提高开放型经济水平为国际税收发展拓展了空间。党的十八大提出：全面提高开放型经济水平，提高利用外资综合优势和总体效益，推动引资、引技、引智有机结合；加快走出去步伐，增强企业国际化经营能力，培育一批世界水平的跨国公司。十八大提出的全面提高开放型经济水平，将进一步推动“引进来，走出去”战略的全面实施，必将带来更大范围和更大规模的资本、技术、产品、工程、劳务的跨境流动。从我省情况看，大力实施经济国际化战略，形成了高层推动对外开放机制，全省对外开放和招商引资提升到了一个新的水平。随着“引进来”“走出去”战略的进一步推进，我省的经济国际化水平将不断提高。与此相适应，跨境税源分布的范围将日益扩大，数量和规模也将不断增加，将为我省国际税收工作提供越来越大的发展空间。

（二）国家间的跨境税源争夺给国际税收提出了新挑战。在世界经济复苏乏力、欧债危机难见转机的背景下，世界各国特别是发达国家普遍把税收征管的重点转向了跨境税源管理，对跨境税源的争夺日趋激烈。美国实施的《海外账户纳税法案》就是最好例证。法国、德国、英国等一些欧洲国家也都采取了诸多措施加强对跨境纳税人的管理。在此形势下，进一步强化跨境税收管理，维护好国家税收权益的重要性就显得尤为突出。加之跨境税源多是具有复杂业务系统和超强税收筹划能力的跨国公司，

税源流动性、隐蔽性、复杂性都很强，管理要求也更高，这对我们的税收管理方式、专业素养、应对能力等都提出了巨大挑战。但从实际情况看，这些年来尽管我们做了很多工作，采取了诸多措施，收到了积极效果，但实事求是地讲，由于种种原因，目前我们在工作机制保障、业务技术支撑、信息资源共享以及整体人员素质等方面，还存在这样那样的问题，我们应对新挑战的能力还有待进一步提高。

（三）国际税收管理体系建设意见为国际税收的深入开展指明了方向。去年，国家税务总局下发了《关于加强国际税收管理体系建设的意见》，无论是从国际税收管理的总体思路、基本原则和目标，还是工作任务、管理机制和保障机制都作了明确说明，是指导当前和今后一个时期国际税收工作的纲领性文件。该体系建设意见为各级更好地开展国际税收工作指明了方向、明确了任务、提供了保障。今年，总局在年中会议上还将研究未来5年内加强国际税收管理的主要目标、推进步骤以及具体任务和保障措施等。国际税收体系建设意见和将要召开的税务总局年中会议，将为国际税收带来新的机遇、迎来新的发展，为国际税收工作的深入开展提供更加有效的制度机制保障。认真学习贯彻好国际税收体系建设意见以及全国会议精神，对于全面规范和提高国际税收工作管理水平，更好地发挥国际税收管理职能，进一步提升形象和地位，具有重大而深远的影响。各级地税部门特别是广大国际税收管理人员必须珍视机遇，正视挑战，乘势而上，以时不我待的紧迫感和舍我其谁的责任感，积极投身到各项工作中去，不断取得新的成效。

三、深化完善，巩固提高，推动国际税收管理工作再上新水平

昨天上午，省局召开了全省地税系统领导干部会议。会上，省局党组书记、局长张洪军作了重要讲话，要求各级坚持省局已经确定的工作思路和目标任务不动摇，对已经部署的工作要抓好落实，同时也要按照上级的新要求和形势的新发展、新变化，更加注重优化税收服务、促进经济社会发展，更加注重坚持依法治税、提高收入质量和水平，更加注重加强自身建设，提升地税工作效能。各级要按照会议要求，结合国际税收工作实际，认真抓好会议精神的贯彻落实。关于今年的工作，省局已在《2013年全省地税系统国际税收工作要点》中作了全面部署，在此不再赘述。下面，就今年需要重点抓好的工作提几点要求。

（一）切实抓好国际税收风险防范。税收风险管理已经成为当今国际上现代税收管理的通行做法。2011年，省局在全系统开展了提高收入质量、防范执法风险工作。通过两年来的不断推进，各级防范执法风险意识有了显著增强，收入质量有了明显提高。然而，从前期省局组织的对各地执法疑点的检查和省审计厅对部分市局的审计情况看，仍然有些地方执法风险防范意识淡薄，税收征

管中还存在着一些潜在的风险，有税不收、无税乱收的问题尚未杜绝。就国际税收而言，执法风险不在于虚收空转、提前征收等无税乱收的情况，主要风险是税收流失问题。防范国际税收风险的着力点应当放在提高干部业务素质和强化税收征管措施上面。今年是提高收入质量、防范执法风险工作的收官之年，各级要按照省局要求，认真抓实抓好。一是要继续加大国际税收普及性培训力度，提高基层发现、识别跨境税源和处理国际税收事项的能力。二是要认真贯彻落实《国际税收风险防范工作指引》，进一步细化优化防范措施，堵塞漏洞，维护好国家税收权益。三是要全面总结评估国际税收风险防范措施成效，建立健全长效管理防范机制，促进国际税收管理质量的全面提高。

（二）大力强化跨境税收管理。目前，跨境税收已被世界各主要国家列入税收高风险领域并配备专业人员实行专业化管理，我们必须遵循国际惯例，切实履行职责，强化跨境税收管理，提升管理能力和水平。一是扎实开展非居民税收管理。开展非居民税收调研，掌握非居民税收分布规律；推行以居民企业控非居民税收管理措施，落实登记备案管理制度，加强源泉控管，实现非居民税收工作由案件管理向日常管理的转变。要做好对外支付税务证明管理，加强与国税、外汇等部门的信息比对和对申请资料的复核，防止偷逃税问题的发生。二是认真做好税收协定执行和情报交换工作。要正确理解、执行税收协定，强化对非居民享受协定待遇审批和备案管理，防止税收协定的滥用，切实维护国家的税收权益。要认真履行情报交换职责，积极提起对外专项税收情报，压缩纳税人利用避税地进行不良税收筹划的空间，充分发挥专项税收情报交换在跨境税源管理中的作用。三是切实开展"走出去"税收管理与服务。首先，要掌握基础信息，建立企业境外投资信息档案，掌握境外投资的生产经营状况，搞好境外所得税收抵免管理。其次，要为"走出去"企业和个人提供优良的税收服务，要采取调研走访、政策宣讲会等方式，开展"走出去"税收服务，帮助"走出去"企业和个人避免和化解境外税收风险。第三，要进一步规范境外上市企业税收管理，制定境外上市企业税收管理意见，指导各地切实做好境外上市企业特别是高层管理人员的个人所得税管理。

（三）积极推动反避税工作开展。地税部门开展内资企业反避税越来越受到国家税务总局的重视。在这方面，我省率先突破并一直走在全国地税系统的前列。反避税工作属于高难度项目，困难和阻力都比较大。希望各级地税局领导特别是"一把手"要关心支持，帮助协调解决工作中遇到的一些难题。今年的反避税工作，要重点在以下几个方面下功夫：一是要加强企业关联业务审核分析，对关联交易异常的要实施重点审核分析，筛选反避税调查对象；二是着重对大型企业集团、跨区域企业集团进行反避税调查；三是要认真执行立案、结案审核制度，规范反避税管理，全面反映管理、服务和调查环节对税收增长的贡献。市局要成立反避税案件审核小组，实行集体审核；省局对各地上报案件实行集体会审，降低执法风险，提高工作质量。

（四）加强外资企业及外籍个人税收管理。一是要加强外资企业税收管理，对重点税源企业实施重点监控；继续做好联合年检工作，将年检信息运用于外资企业的征管、收入分析以及非居民税收、外籍人员税收管理之中，强化年检信息的拓展应用。二是继续做好外籍人员“一人一档”管理和动态更新，确保将符合条件的外籍人员全部纳入税收管理；深入开展全省同国别、同行业、同职务外籍人员个人所得税分析比对，充分利用情报交换、纳税约谈等手段提高纳税申报质量。

（五）切实做好国际税收培训和人才培养。人才是事关事业长远发展的关键问题。各级既要注重加强对基层税务干部国际税务业务知识的普及性培训，也要做好专业人才的培养和使用。一是要继续深化全员培训和专业培训。一方面，抓好全员培训，提高基层一线人员识别跨境税源的能力；另一方面，抓好专业性培训，增强培训深度，提高培训针对性和有效性。二是要抓好业务骨干人才的培养使用。省局在建立国际税收及反避税业务骨干人才库的基础上，成立非居民税收、税收协定、反避税、外籍个税等专家小组，各小组承担省局下达的工作任务，遇有重大国际税收事项和反避税案件，统一组织调配使用。各市局也要建立自己的专家团队，定期或不定期组织开展活动，充分发挥骨干人才作用。

（六）不断强化国际税收信息保障。一是建立健全信息获取长效机制。掌握信息是加强国际税收特别是非居民税收源泉控管的重要基础和条件。各级一定要在信息获取方面下功夫，要充分依托《山东省地方税收保障条例》，创新思维，主动与工商、商务、外汇、国税等相关部门协调，力争在长效机制建立方面取得突破。二是要加强国际税收信息化建设。要以金税三期工程试点为契机，进一步研究、规范国际税收业务需求，将各项国际税收业务纳入到金税三期之中，提高国际税收信息化管理水平。

同志们，2013 年的国际税收工作面临着前所未有的机遇，同时也有很大的挑战。让我们共同携起手来，锐意创新，扎实工作，努力开创国际税收工作新局面，为推动山东地税工作新的发展和跨越作出更大的贡献。

浅谈税务干部的思维与行为

马奎升

解决突出问题是开展党的群众路线教育实践活动的首要任务和鲜明特点，也是贯穿于活动始终的一条主线。新常态下，我国的经济体制、政治体制、文化体制、社会体制等正在发生着深刻的变化。这些深层次的改革创新必然投射到地税事业中，从税收收入、税收征管、规范执法到行政管理、队伍建设，地税部门都面临着许多新情况、新问题。在教育实践活动学习调研过程中，我们欣喜地看到各级地税部门正在向一些热点、难点问题发力攻坚，山东地税事业呈现出勃勃生机与活力。但也发现，有些党员同志在面对一些老困难、新问题时，似有畏难发愁和心有余而力不足之感，感到地税工作受机制和政策的制约正在加剧。应当说，解决问题的主观意识与担当责任是清醒的，但似缺乏解决问题的方法路径，甚至等待上级给予对称性的政策支援。

要掌握解决问题的方法路径，就需要了解和研究人的思维与行为。通俗地讲，思维就是我们观察、分析问题的过程，行为就是我们解决问题的过程。思维决定行为。人的思维方式是其行为的先导和起点，思维方式不同，做出的选择就不同，采取的行为就不同，最终的结果可能就会有天壤之别。成功者之所以成功，是因为他们掌握并运用了正确的思维方法。很多管理界人士都认为，思维方式是影响人生成败的关键因素之一，左右着一个人的人生轨迹。因而，要解决问题，除了有正确的思想做指引，还需要有正确的思维方式。

不同历史时代有不同的思维方式。每一个时代的思维方式都有着鲜明的时代烙印，与社会生产力、科技发展以及时代精神等密切相关。思维方式按时代大致可分为三种：古代思维方式的特点是直观猜测性、朴素整体性和模糊综合性；近代思维方式则表现出分析性、静态性和机械性；现代思维方式的基本特征是系统综合性、动态开放性和自觉创新性。从地税干部的年龄结构分析，很大一部分同志在学习阶段和工作初期，受到计划经济体制以及传统文化中“尊崇祖制”“法古无过”等观念影响，考虑问题更接近于近代思维方式。改革开放以来，在经济社会转型的冲击下，虽然开始逐步适应现代思维方式，但不少人仍然只是被动地适应，缺乏主动转变思维方式的意识。而我们正面临着一个急剧变革的时代，随着全面深化改革开放的大幕徐徐拉开，互联网技术的迅猛发展，中西方文化的加速碰撞融合，社会变化速度正在呈指数级增长。与改革开放之初相比，我们的生活以及很多观念都已经发生了颠覆性变化。这种变化将会越来越频繁、越来越剧烈，固守旧思维方式可能会屡屡受挫、处处碰壁。这时候，转变思维方式，改变行为模式，做一个真正的“现代人”，已经是迫在眉睫的事情。

*应善于用系统综合的思维方式来认识和解决问题。*近代思维方式侧重于机械的综合，用简单相加的方式来认识个体与整体的关系。现代思维方式更注重系统的综合，把诸要素融贯成一个整体，在认识问题时注重研究关联要素的连锁变化，从而产生出“1+1 ＞ 2”的效应。就具体应用到地税工作而言，首先，应自觉运用马克思主义的立场、观点、方法，具体分析、研究和解决地税工作前进中的问题和困难。应善于把地税工作作为个体放到经济社会发展整体中去思考，跳出地税看地税，用普遍联系的观点看问题。国家大政方针、地方发展战略、产业经营动向，方方面面的因素都与地税工作特别是组织收入工作息息相关。税收也不仅仅只是为了组织财政收入，还担负着宏观经济调控的职能作用。因而我们必须提升站位，胸怀大局、融入大局、服务大局，增强工作的预见性，决不能把地税工作与外部割裂开来，更不能游离经济社会发展大局闭门搞业务，只瞅着自己的“一亩三分地”。要正风肃纪，坚定不移地抓好党风廉政建设和反腐败工作，坚决同以习近平同志为总书记的党中央保持高度一致；其次，应善于分析外部环境变化可能带来的深度影响，提前做出准确预判和正确应对。例如，在山东省委、省政府决策的大的财政体制改革中，地税财务体制也一并下放。下放后地税部门可能会面临两个方面的重要挑战，一是各级地税机关可能会被要求纳入当地财政集中支付。当然纳入也有有利的方面，但对高效支付纳税服务、税源管理等费用，必然会带来挑战，甚至会影响地税征管经费的可持续保障；二是应善于把对地税工作内部各方面工作进行关联思考。地税工作是一个有机的整体，各要素之间都是互动的，每一个要素变化都可能会引发相关要素的连锁反应，我们必须善于由此及彼地思考问题，找出关键要素，以点带面，带动地税工作的整体提升。就像金税三期工程的试点上线，看似只是换了一个软件，实际上它会引起组织体系、管理机制、征管流程、岗位职责等相关因素的变化，进而推动整个征管模式的变革。如果只是就软件谈软件，可能会陷入被动局面。而如果我们用现代思维方式来分析和指导行为，把金税三期工程上线作为一个“支点”，提前进行研究和应对，就会撬动税源管理模式实现质的飞跃。

*应善于用动态开放的思维方法来认识和解决问题。*动态开放就是要用发展的眼光去认识和分析事物，以开放的心

态去借鉴和吸纳先进理念和技术，用以解决我们面临的问题。一方面，要善于用新理念、新技术解决老问题。当今社会，科学技术日新月异，新鲜理念层出不穷。过去的老问题，如果引入新的理念或科技，可能会豁然开朗、迎刃而解；如果固守老观念、老办法，很可能会陷入“死循环”出不来。特别是在当前互联网迅猛发展的时代，如果不引入互联网思维，植入互联网元素，应用互联网手段，很难干好互联网时代的税收事业，更谈不上实现税收现代化。例如说，应用当前的移动互联网技术，配合微信、微博、QQ乃至开发专门的地税手机应用等，会有效提升纳税服务的即时性、互动性、便利性，但如果固守传统互联网技术，可能永远达不到这种效果。另一方面，现在的新问题，更需要用新的理念来指导、新的技术来支撑。经济学上有个精算平衡原理，指导我们不应期限错配，甚至不应时代错配，而是应与时俱进，通盘考虑，统筹兼顾，和谐匹配。这一原理如果吸收应用到地税经费管理上，我们就会认识到，有些经费保障有困难的单位，从表面上看缺的是资金，从本质上说缺的是观念。开放的思维与理性的行为，科学的观念与务实的方法缺一不可，相辅相成，相得益彰。资金多少固然重要，但又不是唯一，之所以出现资金紧张甚至是短缺、断链，或许是管理者没有遵循精算平衡原理，或者期限错配，或者寅吃卯粮，或者意外失手，或者预判失误、力不从心，导致预期失败。换句话说，筹多少钱、办多少事，办什么要事必应先运筹充足钱，当然也可包括期款和可筹到的资金，且保证期限不错配、精算务平衡。客观分析，地税经费得不到保障不正常，但经费也不是越多越好，余额过大且不合理可能会导致今后的经费减少甚至出现问题。

*应善于用自觉创新的思维方法来认识和解决问题。*自觉创新需要用怀疑、批判的眼光去审视现有的机制、审视前人的成果、审视自己过去的成果，在科学的方法指引下不断突破、不断创新。自觉创新不是否定过去，而是继承与创新的融合。历史是一条长河，不能割裂，亦不能断裂。地税工作尽管面临着税制调整、收入规模缩小、职工福利遇政策约束，但回头看历史、举目望未来，仍然是前途光明、大有希望。地税工作的希望不是当下否定过去，恰恰相反，应该是今天超越昨天，包括昨天工作中的问题、不足和困难，只能超越，不能简单地批判式、抱怨型否定。否则，地税工作没有希望。这已被历史与实践充分证明。自觉创新是需要决心和勇气的。人们在成长过程中，不断累积的知识、经验，都会形成思维的固定倾向，成为不自觉的反应。心理学称之为思维定势，也可以叫作思维的惯性，体现到行为上就是习惯。思维定势在比较稳定的外部环境下能够节省时间，提高效率。但在急剧变化的环境中，就变成一种惰性，成为一种障碍。尤其是问题已经由量变累积成为质变时，思维定势往往使人处处碰壁、屡屡受挫，陷于困境而不自觉。就像制度经济学讲的制度惯性、路径依赖，习惯走老路，依赖老方法，对新路畏难发愁，

先说不行，甚至抱怨这也不行、那也不行，觉得还是走老路保险，其实在老路前面已经断头了，走不通了。撞到南墙不回头，只能是头破血流，甚至是一命呜呼！舍得舍得，不舍难得，甚至是大舍大得。探新路会有风险和困难，不探新路没有出路！思路决定出路，出路、出路，出去有路，困难、困难，越困越难。

必须强调的是，现代思维方式是以法治思维为前提的。人的思维方式与行为，要有红线意识，也要有底线思维。法律红线不可逾越、法律底线不可触碰。我们在运用现代思维方式思考和解决问题时，必须坚守“法无授权不可为、法定职责必须为”的原则。德国大作家歌德形容写格律诗是“带着脚镣跳舞”，更有“在限制中才能显示能手，只有规律能给我们自由”的诗句。同样，在法律法规和政策允许的范围内，用科学的思维和理性的行为，履职创优，法治地税。在新心态、新生态、新常态下，关怀职工、优化服务、改进征管、防控风险、为国聚财，是体现和检验地税系统党员同志特别是领导干部能力和水平的重要标志之一。

真诚希望地税干部能够以问题为导向，遵从社会伦理和人性化需求，对外加大协调和争取力度，对内加强人文关怀和持续激励，探索施行科学的试错法，坚持改革，大胆探索，蹄疾步稳，果敢地在新路上迈步向前！迈出一步天地宽！

全面深化改革与地方税收工作

张荣琳

党的十八届三中全会通过的《中共中央关于全面深化改革若干重大问题的决定》（以下简称《决定》），是在新的历史起点上全面深化改革的科学指南和行动纲领，对完善税制和税收征管体制做出了重大部署，赋予税收在优化资源配置、维护市场统一、促进社会公平、维护国家长治久安中的重要地位和加快完善现代市场体系、推进法治中国建设等多方面的重要作用。如何以《决定》为指导，全面做好新形势下的地方税收工作，本文作如下思考：

一、解放思想，以全面深化改革理念审视和谋划地方税收工作

《决定》的颁布，展示着我国全面深化改革的启动，涉及领域之广泛、内容

之全面、层次之深刻前所未有。面对全面深化改革的新形势，地税部门应进一步解放思想，以改革统揽全局，以改革由问题倒逼产生又不断在解决问题中得以深化的理念科学思考地税的现实发展，坚持一切从实际出发，对地税工作的现行体制、机制、政策、征管等多方面的管理水平、业务绩效等进行全面认真总结回顾，在正视已有发展的同时，找准不符合改革要求的问题和症结，剖析原因所在，正确认识和把握新形势、新要求对地税工作带来的新机遇、新挑战，增强政治意识、责任意识和担当意识，理清今后科学发展的方向和目标。

二、积极参与，在推进税制改革中完善地方税体系

《决定》明确了税制改革的任务、目标、原则、内容和措施，对地税的改革发展针对性很强。地税部门应积极参与地方税体系的研究；主动参与增值税和消费税的改革及税种属性的定位，促进确立地税主体税种；积极争取与地方经济社会发展关系密切、征管便利的税种纳入地税征管范围；积极配合国家房地产税立法，落实房地产税收制度，逐步建立起覆盖房地产交易、保有等环节的房地产税制，为地方政府建立稳定的税收来源；积极开展前瞻性实证研究分析，为推进资源税、环境税制度改革提供依据；积极参与费改税的改革研究，促进扩大税收规模。在积极投入完善地税体系建设的过程中，应正确处理好中央与地方的关系、改革税制与稳定税负的关系、完善体制与提高效率的关系。

三、发挥职能，促进现代市场体系的成熟和完善

《决定》确立的我国基本经济制度、混合所有制经济形式和现代市场体系中的市场规则、价格机制、资本流动、土地市场、投资准入、文化市场、征信体系等多方面，与地方税收调节范围、计税依据、征收环节、申报方式、税款缴纳等都有着十分密切的关系。如建立统一产权登记制度，对加强房产税、契税等征管将起到保障作用；完善主要由市场决定价格的机制，对房产税改革、加强土地增值税调节、土地和房产契税征管提供了有利条件；建立兼顾国家、集体、个人的土地增值收益分配机制和完善土地二级市场，相应会扩大土地增值税税源；放宽投资准入，将促进国际税收管理由以非居民税收管理为主，向引进来的非居民与走出去的居民税收管理并重的方向转变等等。地税部门应对现代市场体系对税收的影响认真开展调查研究。

四、拓宽税源，在城乡一体化发展中壮大地方税收

《决定》指出，允许农村集体经营性建设用地出让、租赁、入股，实行与国有土地同等入市、同权同价，赋予农民对承包地占有、使用、收益、流转及承包经营权抵押、担保权能，鼓励承包经营

权流转，慎重稳妥推进农民住房财产权抵押、担保、转让。这对地方税收政策的制定和调整提供了新的空间，使土地房产等税收调节范围、税基进一步拓宽，为地方税收提供了广阔的发展舞台。地税部门应主动加强与国土资源、房管部门的联系和协调，建立信息共享和沟通机制，依法正确界定农民房地产税收的政策界限，加强农村税收保障措施。

五、调节分配，促进收入增长和各项事业改革创新

《决定》指出，提高劳动报酬在初次分配中的比重，健全工资决定和正常增长机制，健全资本、知识、技术、管理等由要素市场决定的报酬机制，优化上市公司投资者回报机制，完善以税收、社会保障、转移支付为主要手段的再分配调节机制，加大税收调节力度，规范收入分配秩序，建立个人收入和财产信息系统，保护合法收入，调节过高收入，清理规范隐性收入，完善扶持创业的优惠政策，促进以高校毕业生为重点的青年就业和农村转移劳动力、城镇困难人员、退役军人就业，完善慈善捐助减免税制度，制定实施免税、延期征税等优惠政策，加快发展企业年金、职业年金、商业保险，加快建立社会养老服务体系和发展老年服务产业等等。上述规定和要求，凸显了税收调节的重要作用。其中工资、就业、养老、慈善、税收征免缓，既关系社会事业的发展，也关系家家户户社会成员的切身利益；既关系企业的稳定发展，也关系职工个人的收入增长。因此，地税部门应切实增强政策的敏锐性，对政策实施给收入、管理、事业发展带来的影响及时作出反应，超前预测、积极应对。

六、优化服务，建设服务型地方税务机关

按照《决定》精神，地税部门应在服务上做足文章。一是积极服务宏观调控目标的实现。税收政策是财政政策的重要组成部分，是国家宏观经济调控的重要杠杆。税收政策的制定与执行，应加强与财政政策、货币政策与产业、价格等政策手段协调配合，增强宏观调控前瞻性、针对性、协同性。二是积极服务重大经济发展决策。紧紧围绕省委、省政府关于蓝黄经济区、“一圈一带”、文化产业发展等重大决策，认真研究税收政策的执行效果、存在问题和改进措施，发挥税收政策功能，促进加快发展。三是积极服务科技创新。建立健全包括税收在内的鼓励原始创新、集成创新、引进消化吸收再创新的体制机制，强化企业在技术创新中的主体地位，激发中小企业创新活力，完善对基础性、战略性、前沿性科学研究和共性技术研究的支持机制。四是积极服务生态、环保和资源节约利用，逐步将资源税扩展到占用各种自然生态空间。五是积极服务纳税人。深化税务行政审批制度改革，对直接面向纳税人、量大面广、由基层管理更方便有效的审批事项，应一律下放基层管

理。加快推行网络发票、同城通办、一站式服务、直通车服务、自助式服务等措施，促进地税机关由执法监督型向管理服务型的转变。六是积极服务社会稳定。创新有效预防和化解税收矛盾机制，健全重大税务决策社会稳定风险评估机制，建立畅通有序的纳税人诉求表达、心理干预、矛盾调处、权益保障机制，使纳税人问题能反映、矛盾能化解、权益有保障。运用法治思维和法治方式化解涉税矛盾。健全行政复议案件审理机制，纠正违法或不当行政行为，把涉税涉法涉诉信访纳入法治轨道解决。

七、依法治税，进一步提高依法行政的能力和水平

按照《决定》精神，建设法治中国，必须坚持依法治国、依法执政、依法行政共同推进，坚持法治国家、法治政府、法治社会一体建设。作为税务机关，在立法环节，要贯彻税收法定原则，切实维护宪法法律权威，健全立法起草、论证、协调、审议机制，提高立法质量。完善税收规范性文件民主协商听取意见建议和合法性审查机制。在执法环节，深化行政执法体制改革，建立权责统一、权威高效的行政执法体制，完善行政执法程序，规范执法自由裁量权，加强对行政执法的监督，全面落实行政执法责任制，做到严格规范公正文明执法。推行税务权力清单制度，依法公开权力运行流程，完善办税公开制度，落实决策公开、依据公开、管理公开、服务公开和结果公开。在执法协调环节，完善税务行政执法与刑事司法衔接机制。进一步规范涉税查封、扣押、冻结、处理涉案财物的执法程序，健全税务错案防止、纠正、责任追究机制，健全社会普法教育机制，增强全民包括税务人员在内的税收法治观念。

八、强化征管，加快建立现代税收征管体系

税收征管现代化既是国家治理体系和治理能力现代化的重要组成部分，也是提升税收征管能力、实现税收收入目标的重要保证。按照《决定》精神，地税部门应深入分析现行征收管理体制存在的问题和弊端，本着胆子要大、步子要稳的原则，尽快确立和构建符合山东地税实际的征收管理新模式和现代化税收征管体系。按照在市场经济条件下优化税收管理资源配置，确定最佳方法协调使用各种资源，充分发挥税收管理专业职能，深度开发税收管理专门业务，推进分级、分类和梯级税源基础上的扁平化管理，通过目标规划、风险识别、风险评估、风险处理和绩效评价，对不同区域、环节、业务、行业和企业的税收风险，实施差异化和递进式管理的新型征管流程，实现日常监控、预警分析、风险管理、纳税评估、检查稽查等工作事项的无缝对接以及各级地税机关、各职能部门之间的互联互动一体化运作。通过网上办税、异地缴税、联网划解的全面普及，以信息化为抓手，最大限度便利纳税人缴税，提高税收遵从度和税

款缴库质效。充分利用和开发金税三期工程系统平台，大力提升全省地税系统信息化应用水平。

九、加强分析，持续提升税收收入质量

在改革转型的关键时期，经济发展从重数量转为重质量。《决定》要求改革政绩考核机制、建立跨年度预算平衡机制，为提高税收收入质量创造了更加良好的条件。地税部门应牢固树立经济税收观、依法征税观和收入质量观，落实坚决不收“过头税”、坚决防止和制止越权减免税、坚决落实税收优惠政策的组织收入原则，开展税收收入质量综合评价，广泛运用现代数理统计方法，探索经济、税源、税基、税收之间的核心关联指标和具体关联系数，优化经济税收的实证分析，既通过经济和企业财务指标分析税收运行情况，又通过税收指标反向透视企业生产和经济发展方面的问题，提升税收收入分析服务经济发展大局的能力和水平。

十、创新机制，确保改革各项措施顺利推进

改革任务重、要求高、矛盾多，必须完善和创新制度、体制和机制，保证各项改革措施的顺利推进。按照《决定》关于优化机构设置、职能配置、工作流程，完善决策权、执行权、监督权既相互制约又相互协调的行政运行机制的要求，各级地税机关应努力创新执法管理、行政管理、廉洁勤政等各方面的工作机制，如民主决策机制、调查研究机制、权力运行机制、责任落实机制、协调配合机制等，推行税务行政绩效管理，突出责任落实，推动地税工作再上新台阶。

第二篇　全省地税工作

全省地方税务工作综述

经济概况

2013年，全省经济运行稳中有进，实现生产总值54684.3亿元，按可比价格计算，比上年增长9.6%。其中，第一产业增加值4742.6亿元，增长3.8%；第二产业增加值27422.5亿元，增长10.7%；第三产业增加值22519.2亿元，增长9.2%。产业结构调整稳步推进，三次产业比例由上年的8.6：51.4：40.0调整为8.7：50.1：41.2。人均生产总值56323元，增长9.0%，按年均汇率折算为9094美元。区域经济协调发展。山东半岛蓝色经济区实现生产总值25728.8亿元，对全省经济增长的贡献率为46.4%；黄河三角洲高效生态经济区、西部经济隆起带发展加快，分别实现生产总值7985.2亿元、16173.2亿元，增速均超过全省1.3个百分点；省会城市群经济圈实现生产总值19459.8亿元，对全省经济增长的贡献率为33.9%。县域经济实力不断壮大。公共财政预算收入过10亿元的县（市、区）达到112个，比上年增加18个。工业企业发展壮大。规模以上工业企业38654家，比上年末净增1796家。其中，年主营业务收入过10亿元的企业1638家，增加237家；过100亿元的企业136家，增加13家。工业生产平稳增长。全部工业增加值24222.2亿元，比上年增长10.9%。其中，规模以上工业增加值增长11.3%。固定资产投资较快增长。固定资产投资（不含农户）35875.9亿元，比上年增长19.6%。

收入概况

【税收收入】 2013年，全省地税系统共组织各项收入3240亿元，同比增长13%，增收373.2亿元，其中税收收入3029亿元，增长13.21%，增收353.5亿元；非税收入211亿元，增长10.3%，增收19.7亿元。税收收入总量居全国第5位，增幅高于全国平均水平2.7个百分点。地税组织收入占地方财政的比重达到60.6%，地方级税收收入占税收收入的比重达到75.3%。

【税收收入特点与分析】 一是收入总量实现新突破，对地方财政的贡献率提高。全省地税收入总量和税收收入总量均突破3000亿元，地方级地税收入达到2871.3亿元，增长15.1%，地税部门提供的地方财政收入占全省地方财政收入的比重提高了1.6个百分点。二是产业结构进一步优化，重点行业拉动作用明显。全省第二产业和第三产业收入分别入库1254.5亿元和1978.1亿元，分别增长 2.4% 和 21.1%，第三产业收入占总体收入比重为 61.1%。分行业看，采矿业、制造业、建筑业、交通运输仓储及邮政业、批发零售业、金融业、租赁和商务服务业、房地产业、其他行业 9 个行业收入均过百亿元，占总体收入的比重达 91.7%。三是各市收入全面增长，重点区域收入协调增长。17 市收入均实现不同程度增长，山东半岛蓝色经济区、黄河三角洲生态经济区、省会城市群经济圈、西部经济隆起带收入分别完成 1623.5 亿元、438.6 亿元、1030.5 亿元、826.4 亿元，分别增长 14.5%、15.1%、12.7% 和 13.3%。

工作概述

【税收法治】 规范税收执法取得新进展。在强化内部执法检查监督、扎实推进依法治税的同时，积极争取省人大支持，对《山东省地方税收保障条例》实施情况进行了专项执法检查。各级地税部门依托《保障条例》加大第三方涉税信息采集广度深度，全省共采集 34 个部门、74 种涉税信息 239 万余条，新增税款 50.2 亿元。完善税收执法规范，规范地方税务处罚自由裁量基准，初步解决了基层执法中标准不统一、程序不规范、文书使用不严谨、处罚裁量不一致等问题。加强税收执法督察，完善工作规程，推进税收执法重点管理，落实税收执法督察约谈制度，认真抓好审计问题整改。

【税种管理】 一是“营改增”试点工作平稳过渡。先后组织开展了试点行业纳税人税负变化调查测算、税务登记核查、试点纳税人排查认定等工作，7 月底按计划完成了 6.4 万户试点纳税人移交；同时下发了《关于加强“营改增”试点纳税人税收管理的通知》，全省共清理试点纳税人欠缴营业税 9726 万元。二是切实加强各税种管理。积极研究落实企业研发费加计扣除政策，全年企业研发费加计扣除 21.27 亿元，增长 8.13%。认真抓好国家关于小微企业暂免征收营业税政策落实，自 8 月份实施以来共减免小微企业营业税及附加 3.6 亿元。落实企业重组改制契税减免 32 户、5700 万元。积极扶持下岗职工再就业、支持退伍军人创业、帮扶弱势群体等减免地方税收 6 亿元；落实公共交通、供水供暖等关系民生事业的土地、房产税收减免 1.62 亿元；支持其他事业发展减免地方税收 132 亿元。按照省政府要求完善契税税率调整机制，对济南等五市的国有土地使用权出让环节的契税税率进行了适当调整。积极推进煤炭资源税从价计征改革、卤水盐资源税和岩金资源税改革，争取财政部、国家税务总局明确了相关政策。加强与公安交管、保监、海事部门协作，有效加强了车船税管理。依托信息管税加强跨境税源管理、企业集团反避税管理、外资企业和外籍个人税收管理，加强境外上市企业税收管理的做法得到税务总局推广。

【纳税服务】 优化纳税服务取得新成效，研究制定了关于深化纳税服务提高工作质效的 16 条具体措施；深化行政审批制度改革，适时取消和下放省级审批事项 4 项，对能够在办税服务厅办结的审批事项，尽量当场办结；积极利用12366纳税服务热线、外部网站、办税服务厅和纳税人税法培训中心等平台开展税收政策宣传和辅导培训，12366纳税服务热线系统全年受理热线电话102.7万起，全系统组织开展各类培训班865期，培训纳税人5.34万人次；开展“地税局长服务日”活动，全系统共接待纳税人3.88万人次；扎实开展“税收宣传月”活动，组织开展税法知识进机关、进乡村、进社区、进学校、进企业、进单位“六进”活动；组织开展第五次纳税信用等级评定工作，对评选出的4354户A级企业通过召开新闻发布会等形式广泛宣传。

【税收征管】　一是积极推进征管改革。结合金税三期工程试点上线，同步推进以集中征收、专业化管理、业务事项前移、机关实体化运作等为主要内容的征管改革，凸显了山东地税特色。二是强化征收管理。积极加强建筑、房地产、金融保险、旅游等行业的税收管理，在部分行业“营改增”减少地税收入的情况下，全省营业税收入首次突破千亿元，达到1062.6亿元，增长18.5%。积极推进以风险管理为导向的企业所得税专业化管理，认真搞好汇算清缴，全省参加汇缴企业户数比上年增加17%，汇缴面达96.79%，补缴税款26.66亿元。积极推进高收入行业和群体的管理，扎实开展年所得12万元以上个人自行申报工作，全省自行申报人数达到21.6万人，增长15.7%，补缴税款1.4亿元。三是强化增收措施。明确农村信用社改制后自然人股东分红个人所得税征收政策问题，增收税款1.72亿元。大力推进以远程监控为重点的资源税源泉控管模式，实现管理性增收1.92亿元。全面推行存量房评估工作，开展商用房评估试点，税款调增率达到11.26%，增收4亿多元。加强土地增值税清算，补缴税款38.8亿元。积极推进以地控税、以税节地试点工作，增收土地使用税5.4亿元。

【大企业税收管理】　一是认真做好大企业税收服务和管理。全省10户重点企业纳入省局重点企业税收管理局首批监管服务范围；完成对中国烟草、中国工商银行、大唐集团（电力）3户定点联系企业山东成员单位的税收风险管理专项工作，核实增加税款4400余万元。加强跨区域税源管理，征收山西中南部铁路通道工程项目涉及山东省7个市、15个县（市、区）税款4.07亿元。二是强化税源控管。搞好税收预警工作，依托税收预警系统发布预警信息10.54万条，核实税款16.89亿元；深化纳税评估，全系统共对19个行业门类的17686户次纳税人开展纳税评估，核实税款35.15亿元。

【国际税收管理】　建立跨境税源风险管理流程，重点从跨境税源管理、政策判定、征管执法三个方面开展税收风险分析，加强国际税收风险防范。加强非居民及“走出去”企业税收管理，全年共代扣非居民企业税收5.23亿元，增长11.23%；有针对性地对16户境外上市企业情况进行调研分析，入库税款8946万元；认真做好协定执行和情报交换工作，以非居民享受协定管理为抓手，严格按规定办理审批、备案手续，全省共审批34件、减免税款707万元，备案26件、减免税款16万元。加大重点税源控管力度，确保涉外税收收入稳定增长，全年实现涉外各项收入254.38亿元，增收1.71亿元，增长0.67%。

【税务稽查】 一是加大检查工作力度。全年共实现稽查查补收入31.75亿元，其中组织企业自查7877户，补缴税款18.23亿元；重点检查企业3545户，已查结3302户，查补各项收入13.52亿元。在全省范围内开展了对股份制银行、证券基金行业、垄断性高利润行业、高收入者个人所得税等重点行业、重点税源企业税收专项检查和区域税收专项整治工作，查补收入23亿元。二是切实抓好重点税源企业检查。2013年对48户重点税源企业进行了检查，查补各项收入8.34亿元。三是内外联动打击发票违法犯罪活动。全年全省共查处违法企业2043户，查处非法发票5.4万份，涉及金额17.02亿元，查补收入1.3亿元。四是全面推行电子查账，不断提升电子查账软件应用水平。全省经电子查账软件累计查处纳税人1874户，查补各项税款4.1亿元。

【电子税务管理】 全力做好金税三期工程上线工作。在数据迁移方面，共迁移核心征管数据表74张、4.5亿条记录，个税系统数据表22张、1.2亿条记录，管理决策1包数据表160张、3.5亿条记录，涉及2013年入库税款1994.6亿元；在软件改造方面，对原有的33个软件进行了梳理和分析，确定将委托代征、项目管理等6个软件接入到金税三期工程系统；同时实现了TIPS系统全省同步切换，先后对济南等4市进行了税库银重点测试和三方协议清理转换等工作。在基础环境保障方面，编制了《山东地税“金税三期”数据中心规划方案》，创新性地使用虚拟化、云计算等新兴技术，按时完成金税三期工程基础环境部署工作。经过努力，金税三期工程系统于10月8日在全省上线运行。

【政务管理】 对省局工作规则进行了修订，同时制定了《关于进一步加强机关管理工作的意见》，切实提高机关工作质效。积极推进落实中央八项规定和厉行勤俭节约反对铺张浪费的有关要求，严格会议审批程序，加强会议管理。建立17市局应急管理工作联络员制度，对全系统的应急管理工作提出了具体要求；建立健全信访工作领导体制和信访接待工作机制，成立市局信访工作领导小组，明确各部门信访接待工作责任和工作流程。2013年，省局被省委、省政府评为“信访工作先进单位”。

【财务管理】 一是稳妥实施地税经费体制改革。与省财政厅共同制定下发《关于调整省以下地方税务部门财务管理体制的通知》，协调配合财政部门做好经费体制由省直管理下划为市县管理。加强日常财务监管，严格预算执行监督考核机制，完善规范资产管理工作，创新资产管理手段和方法，及时做好资产处置审批和资产划转工作。二是加强机关日常财务监管，严格财务审批程序，加强公务卡使用管理；及时将2013年部门预算和“三公经费”预算通过局门户网站予以公布，自觉接受社会监督。

【政府采购】 2013年省财政厅共

批复全系统政府采购预算指标 50807.91 万元，其中省地税局机关全年政府采购预算 8198.41 万元，上报政府采购计划 60 项，完成政府采购预算 6784.55 万元，政府采购预算执行率达 82.75%。

【人事管理】 加强领导班子建设，制定出台《关于加强省局领导班子自身建设的意见》，严明政治纪律、组织纪律，发挥示范表率作用。采取转任交流、提拔任用等方式，调整 9 个市局 14 名处级领导干部。做好人员录用调配工作，面向社会公开招考 203 名地税基层单位公务员。积极推进事业单位改革，落实按照公务员的有关政策、参照解决非公务员身份人员待遇办法的具体实施方案。

【教育培训】 全年省局共举办培训班 38 期，培训 2296 人次；全系统共举办培训班 2093 期，培训 55762 人次。认真完成上级部署的调训和考试等工作任务。办理了 188 名处级干部、业务骨干和兼职教师的人员选派、报名注册等工作；组织省局 29 名处级干部参加了省委党校学习培训，举办了领导干部党的十八大精神视频专题培训。进一步完善培训制度，研究拟定了《教育培训管理办法》，使教育培训管理工作更趋科学化、规范化。

【内部审计】 配合省审计厅完成了 2010—2012 年的财务审计，配合审计署驻济南特派办完成了对结余结转专项资金的审计。对审计发现的问题，研究制定和落实整改措施，并与审计部门及时沟通协调，整改情况得到了审核认可，通过审计和整改，进一步规范了财务管理。

【纪检监察】 坚持把党风廉政建设贯穿于税收工作始终。加大对中央八项规定、省委常委会实施办法和省局党组贯彻意见的落实力度。深化廉政风险防控机制建设，在省政府第一次廉政工作会议上作了交流发言。扎实开展政风行风建设，省局在全省民主评议政风行风活动中获行政执法部门第四名，青岛、枣庄、东营、烟台、潍坊、威海、日照、临沂、德州 9 个市局获当地行政执法机关第一名。

【后勤管理】 认真落实中央八项规定和省委实施办法，清理了超编、借用车辆，辞退了部分委托管理驾驶人员；开展了办公用房清理，按照规定要求调整了办公用房；修改完善了《省局机关车辆管理暂行办法》《物业服务标准》等制度规定；加强健康食堂建设，抓好房管、物业和安全保卫管理工作，加强车辆值班制度，做好固定资产实物采购、清查、发放和报废工作。

【税收科研】 参与国家税务总局重点科研课题《风险管理理论在税收征管中的应用》，荣获一等奖；对浙江省“个转企”情况进行调研，并在省政府《研究专报》刊发；组织全系统参与税务总局优秀科研成果评选活动及《2013 年税官论税制改革》征文活动，报送科研成果百余项，省局获优秀组织奖，参与个人获二等奖两项、三等奖六项。高标准完成系统内刊编审工作，全年共编发《山东地税情况·税收科研专刊》64 期、《税收调研与科研》内刊 3 期。

【税务文化】 组织召开全系统文化建设现场推进会，认真开展党建工作先进集体、先进个人和优秀党建品牌评选活动；省委省直机关工委在宁津县局召开了全省机关党建课题研讨暨行业系统基层党建观摩会，进一步推介省局的“系统党建指导工作法”。发挥文学社、书画社、摄影社作用，总结宣传了一批爱岗敬业、无私奉献的先进典型。积极开展争先创优活动，涌现出了一大批全国、全省先进单位和个人，全系统“省级文明单位”达到207个。

（蔺　萍）

税收法治

【依法行政】 在德州、威海市局试行“税收执法标准化、规范化管理”的基础上，编写了《山东地税税收执法规范》（以下简称《规范》）。该《规范》围绕税务登记、实施行政处罚、应对行政诉讼和行政赔偿等11个环节进行具体规范，有利于解决现存的执法标准不统一、执法程序不规范、文书使用不严谨、处罚裁量不一致，容易引发执法过错、产生执法风险等问题。规范精简税务行政审批。牵头对全省地税行政审批事项进行清理，取消省级审批事项2项、权限下放的3项。对现行有效的审批事项，实行目录化管理。修订完善税务行政处罚裁量基准。对地税部门现行7大类52项税务行政处罚事项及标准进行重新修订和明确，形成了《山东省税务行政处罚裁量权实施办法》和裁量基准。主动协调，争取与省国税局在2014年联合发布公告。依法化解涉税争议和纠纷。承办信访案件7起，组织对聊城和日照市局拟移送的2起重大税务案件进行了复核，应对因政府信息公开申请引起的复议和诉讼案件各1起。开展法制培训。分别在烟台鲁东大学和辽宁税务高等专科学校举办两期税收法制骨干业务培训。培训内容主要有依法行政、税收相关法律、防范税收执法风险、税务行政复议和应诉工作等。先后有200人参加培训。年底，依托“山东地税网络教育学院”，组织1841名法制员参加了在线业务考试。

【落实《山东省地方税收保障条例》】 山东省人大常委会对《山东省地方税收保障条例》（下称《条例》）实施情况进行了执法检查，山东省地税局积极主动配合开展了相关工作。先期深入基层调研督导，完成贯彻实施《条例》情况报告，向省人大进行专题汇报。6月下旬，省人大检查组分赴11个市进行检查，并形成报告。报告充分肯定了《条例》贯彻实施的成效，指出了存在的不足并提出了改进建议。9月下旬，省人大常委会议审议通过该报告。省长郭树清对报告的落实作出批示。就整改落实工作，省局主动与省财政厅等进行协商，并向省政府报送整改情况报告，在省人大常委会主任办公会上得到一致好评。此次检查对《条例》的进一步落实产生了积极的推动作用，有利于督促各级政府重视地方税收保障工作并科学编制地方税收预算，有利于督促各相关部门（单位）履行税收协助义务。

【研究落实税收政策】 梳理2013年底前的地方税收优惠政策，形成了《现行地方税收优惠政策》（2013版）。组织开展了涉税优惠文件自查，对涉及的有关问题提出了整改意见。积极支持新泰市局开展税收优惠政策落实情况监控管理系统的研发。积极探索建立地方税收法规知识库，在理清思路的基础上进行了初步设计，提交了项目和预算申请，列入2014年工作计划。严格规范性文件管理，对省局制发的4份公告进行合法性审核，并按规定进行解读、备案、登记、编制登记号和公布。编辑并印发《地方税收规范性文件汇编》（2012年）和6期《地方税收法规公告》。充分发挥政策支撑作用。全年研究或会签外部门文件84份，提出修改建议43条。办理省政府督察督办工作6件。牵头答复政协委员提案3件。多次参加省级促进行业发展、区域发展和保障民生等各类会议，就相关涉税政策的落实、争取国家层面税收政策扶持等提出意见建议，对外提供综合性材料32份。按要求完成了美对华多层木地板、硬木装饰胶合板、尿酸反补贴调查和澳热轧钢双反调查政府问卷涉税信息的填写工作。加强税收政策研究。牵头完成了“提高税收服务水平，优化营商环境的途径和措施”重点课题研究。对促进现代流通、小微企业、民间融资等行业和领域发展相关的税收政策进行了研究。引导部分市局开展高新技术企业、银行业、小微企业等税收政策落实情况的调研。组织开展结构性减税政策和促改革、调结构政策措施落实情况自查，将结果分别报送税务总局和省政府办公厅。对节能环保和促进就业等税收优惠政策进行评估，结合实际提出了调整完善的意见建议。收集地税系统执法案例100余个，编辑《山东地税税收执法案例集》，为基层以案释法、照例办事提供参考。

（焦　琴）

营业税管理

【收入质量】 一是强化收入分析监控。面对国家结构性减税政策、“营改增”试点推进和增收减负等多层因素、多重压力下，在认真落实省局制定的《关于积极发挥税收职能作用服务全省经济社会发展的意见》的基础上，进一步转变分析理念，调整分析角度，积极探索税收与经济间的关联度效应分析，认真做好重点税源行业和企业的监控分析和收入测算工作，有针对性地提出加强管理意见，指导各地加强营业税的征收管理。二是强化收入质量预警督查和考核。根据《营业税处2013年提高收入质量防范执法风险工作要点》，指定专人负责营业税收入质量分析，并纳入日常重点工作考核。按季对营业税非正常入库情况进行疑点筛选，并将筛选出疑点信息下发各地进行核查，发现问题及时督导整改。对审计和省局收入质量检查反馈情况，认真分析查找产生问题的深层次原因，约谈指导相关市地逐一整改落实，有力地促进了收入的持续稳定和有质量的增长。2013年，全省营业税收入首次突破千亿元，达到1062.57亿元，同比增长18.51%，增收165.93亿元。

【重点工作】 一是规范行业管理。在认真落实建筑房地产业项目管理、金融保险业分经营项目明细申报的基础上，创新规范了旅游业、代理服务业和农村信用社小额贷款的税收管理，确保了收入稳定增长。针对全省旅游企业存在的扣除凭证不规范、税负率偏低，税收流失较为严重的实际情况，根据有关税收法律法规，结合山东省实际情况，在广泛征求基层、纳税人及行业主管部门意见的基础上，制定下发了《全省旅行社行业营业税征收管理办法》，有效地规范了旅游行业税收管理。同时，还对代理服务业存在的收入确认不实、费用扣除不规范等问题，在全省探索实行营业税差额纳税警戒线管理。根据基层反映的对金融企业逾期贷款利息纳税义务发生时间、银行票据转贴现计税营业额及农村信用社小额贷款税收政策在执行中把握不准的问题，在对各地金融行业税收管理调研的基础上，进行了明确和规范。在确保政策落实到位的同时，有效解决金融行业税收难点和热点问题，取得了明显实效。二是强化税收调研。为进一步规范全省营业税减免税管理工作，通过对营业税减免税管理工作中存在的问题及原因的调研分析，完成了《进一步加强和规范减免税管理工作意见建议》调研报告，为客观反映地税部门支持地方经济发展真实成果起到了积极的推动作用。围绕省政府出台的加快服务业发展“30条”，通过“营改增”和现行税收政策的不同视角对山东省服务业经济税收发展现状进行了调研分析，完成了《从税收角度看我省服务业发展》和《促进我省服务业发展的税收政策问题研究》两篇调研成果报告，充分发挥了参谋助手作用。按照国家税务总局与国务院发展研究中心在青岛召开的“构建地方税体系研讨会”的工作部署，根据省局安排，较好地完成了《我国开征销售税可行性研究》课题研究任务，为领导决策提供了重要参考。

【税制改革】 根据国务院常务会议自2013年8月1日起在全国范围内开展交通运输业和部分现代服务业“营改增”试点的决定，按照山东省“营改增”工作领导小组统一部署，稳步推进“营改增”试点各项工作的开展。一是扎实做好前期准备工作。在加大对基层税务机关和纳税人宣传、培训力度的基础上，建立了高效顺畅的省、市两级沟通交流机制和重大问题报告制度。同时还开展试点行业税负变化调查，将调查结果及时向省委、省政府作了专题汇报，分析了“营改增”试点改革对山东省税源变化、税收负担、税收收入影响的情况，为领导决策提供依据。二是认真做好“营改增”试点纳税人的移交工作。在开展试点纳税人排查，制定纳税人筛选方法，初步筛选纳税人的基础上，联合省财政厅、国税局下发了《山东省“营改增”试点纳税人信息移交方案》。同时，联合省国税局发布试点公告，在规定的时间和节点将试点纳税人相关征管数据顺利移交。据统计，截至2013年底，全省交通运输业、部分现代服务业试点纳税人经国税、地税和纳税人三方认定，并已进入国税征管系统的试点纳税人9.8万户。三是积极做好后续管理服务工作。针对试点纳税人移交国税部门后，可能会出现的纳税人“两不管”、收入任务调整、欠缴税款流失等问题，通过认真调研，下发了《山东省地方税务局关于加强“营改增”试点纳税人税收管理的通知》和《关于落实好“营改增”后地税部门试点收入任务调整工作的通知》，有效地加强了“营改增”纳税人的后续管理。截至2013年底，全省共清理交通运输业和部分现代服务业“营改增”试点纳税人欠缴营业税9725.62万元。

【政策落实】　一是积极落实小微企业税收优惠政策。为确保小微企业税收优惠政策及时、准确落到实处，在开展调查、修改完善税收征管软件的同时，及时在省地税局内、外网站开辟专栏，积极向社会各界和纳税人宣传优惠政策。同时，还针对小微企业税收优惠政策规定苛刻、减免税程序复杂、单户减免税额低等原因，导致以往个别税收优惠政策贯彻情况不理想的情况，通过走访基层，与纳税人座谈、沟通，本着实事求是、方便纳税人的原则，会同山东省中小企业局向省政府报送了《关于贯彻落实小微企业营业税优惠政策的报告》。经省政府批准，及时下发了《关于贯彻落实小微企业营业税优惠政策的通知》（鲁地税发〔2013〕44号），进一步简化办税程序，对涉税备案、申报、代开发票问题进行了明确，极大地方便了纳税人，此做法受到国家税务总局的关注，并在税务总局第62期《税务简报》上刊登推广。省局还针对纳税人和基层征收机关反映的有关问题进行了汇总整理，起草下发了《暂免征收部分小微企业营业税若干问题解答的通知》，为纳税人和基层税务机关更好地享受和落实优惠政策提供了依据。截至2013年底，全省共有92185余户纳税人享受优惠政策，共免征营业税3.28亿元。二是加大支持服务业政策落实力度。认真研究贯彻《山东省人民政府关于加快服务业发展的若干意见》，通过积极落实国家和省出台的一系列促进服务业发展的优惠政策，推动产业结构调整、搞好调查研究、优化纳税服务、强化督导考核，以及落实服务业综合改革试点对口联系制度等措施，及时解决工作中遇到的困难和问题，在国家政策允许的范围内最大限度地放宽政策，为企业创造良好的发展环境，进一步促进了全省服务业加快发展。2013年，全省通过二、三产业分离，新成立服务企业881户，新增营业收入131.21亿元，缴纳地方各税9.13亿元，其中营业税5.61亿元。

【学习培训】 一是扎实开展党的群众路线教育实践活动。按照省局党的群众路线教育实践活动要求，认真组织学习、深刻查摆问题，切实做到了边学边改、边查边改，有针对性地抓好整改落实。同时，结合营业税处的职责分工和全省地税工作会议精神，认真研究贯彻落实的具体措施，并对重点工作进行细化、分解，明确工作目标，细化量化工作标准和责任，充分利用处室每周一早例会制度，统筹安排，及时调度，确保将全省营业税管理工作统一到省局各项重点工作部署上来，把省局的重点工作及各项工作部署落到实处。二是积极主动完成局机关的重点工作培训。按照省局《大集中征管系统税收核算数据清理方案》《金税三期会统数据清理比对实施方案》要求，全力开展营业税代码比对、岗位及工作流配置、表单培训、减免税项目审核等工作，努力抓好金税三期工程营业税业务培训工作，使全省各级营业税管理部门都能够正确应用金税三期工程软件的操作，确保了金税三期工程上线后营业税业务的顺利开展。三是深入开展业务宣传培训。充分利用网络媒体，对社会各界和纳税人普遍关注的“营改增”、小微企业等税收热点、焦点问题及时解读，畅通了政策解答的快速应对机制。

（王　涛）

企业所得税管理

【落实结构性减税政策】 坚持从经济社会大局出发，通过抓好政策落实、规范优惠管理、为经济结构调整建言献策等措施，有效发挥企业所得税职能作用。一是认真宣传落实企业所得税各项政策。对新出台的政策及时制定具体落实意见，明确相关管理要求。特别是加大税收优惠政策的宣传、落实力度，通过地税网站、《地税时空》栏目、12366纳税服务热线等形式，广泛开展宣传辅导，扩大宣传覆盖面；针对全省企业研发费加计扣除政策优惠户数、金额相对较少的情况，举办专题视频培训，对全省重点选取的3000余户企业的研发项目管理人员、财务人员和企业负责人进行了专门培训。二是统一规范政策执行口径。积极加强与国税、科技、经信、民政、文化等部门配合，统一政策执行标准，参与高新技术企业、综合利用资源、转制文化企业、动漫企业、非营利组织及公益性捐赠等项目免税资格的审查认定工作，分别制定下发了加强动漫企业和公益性捐赠认定的通知，进一步规范完善了资格认定和年审工作。2013年，共参与对516户高新技术企业、

243户企业的276套环保设备、5户动漫企业、51户社会团体的公益性捐赠税前扣除资格和10户非营利组织免税资格进行了审查认定。三是认真落实税收优惠。汇缴期间，各级地税机关认真审核纳税人报送的优惠审批备案事项，严格按照规定程序进行办理，切实把政策落到实处。2012年全省共直接减免企业所得税28.27亿元。四是积极参与全省经济结构调整。先后参与了节能减排、淘汰落后产能、文化企业转制、支持小微企业、促进旅游业发展等相关工作，直接参与起草了《山东省加快文化产业发展的意见》，进一步发挥了企业所得税职能作用。五是加强优惠政策落实督导。对重点政策，采取单项督导、重点调研的办法，先后对高新技术企业、研发费加计扣除、非营利组织、转制文化企业等政策开展了调研分析，并撰写调研报告；下发高新技术企业检查通知，对72户高新技术企业税收优惠执行情况进行检查，促进了所得税宏观调控职能作用的有效发挥。

【强化管理措施】 一是开展税种认定清理核查。为切实解决漏征漏管问题，在济南市开展税种认定清理核查试点工作，对已办理税务登记的纳税人进行了全面清理核查，清理出企业所得税漏管户1108户，占清理核查户数的20.36%，进一步夯实了管理基础。二是针对去年汇缴中发现的问题，2013年每半月提取相关汇缴数据返还各市局，指导各地有针对性地加强分析比对，及时发现征管和政策执行中的问题，并反馈企业做好汇缴补充申报，有效提高了汇缴质量。2013年全省参加汇缴企业户数比上年增加17%，汇缴面达96.79%，补缴税款26.66亿元。三是积极配合全省金税三期工程上线工作。根据企业所得税管理特点，及时提出相关业务需求，并做好相关事项确认。四是切实加强后续管理。重点指导各地加强对纳税人预缴申报和年度申报的后续审核，强化对企业申报资料的横向和纵向分析比对，及时纠正和规范疑点问题；深化汇缴数据增值应用，编印下发了《企业所得税汇算清缴数据分析资料》，形成“从汇缴数据看企业所得税管理”专题报告，指导各地从八个方面查找薄弱环节，制定切实加强管理的措施意见；汇算清缴结束后，2013年与税源管理处合作，统筹安排，选取部分“申报表为零”和“未做纳税调整”的企业进行评估，根据评估结果开展深入分析，制定相应措施。

【加大培训力度】 一是组织开展《小企业会计准则》培训。为配合人事处做好税务总局抽考工作，3月份在全系统组织了1600人参加的《小企业会计准则》视频培训和集中培训，对小企业会计准则的普及起到了积极促进作用。二是建立企业所得税专业人才库。为加强系统内企业所得税人才队伍建设，充分发挥优秀人才在企业所得税管理中的骨干作用，在去年参加税务总局所得税业务考试的基础上，在全系统选拔了222名骨干人才进行重点培养，其中进入税务总局人才库46名，省局人才库176名。三是扎实开展业务培训。在潍坊税校举办企业所得税业务培训班，通过各类政策讲解、研讨、座谈等方式，加大对政策的学习培训力度，促进全员业务素质的稳步提高。四是强化专业人才管理使用。草拟了企业所得税专业人才管理暂行办法，明确了系统内企业所得税专业人才的培养方式和使用途径，为专业人才脱颖而出创造有利条件。五是组建企业所得税专业人才团队。拟定《关于建立专业人才管理团队的意见》，在各市推选、省局确定模式的基础上，组建了全省部分事项专业化管理团队，对全省复杂事项实施专业化管理，起到了积极的促进作用。

（徐　洋）

个人所得税管理

【个人所得税征管及收入分析】 2013年在对个人所得税收入进行月度分析的基础上，对突增突长情况及时分析，全面、准确掌握影响收入的增减收因素。全省共入库个人所得税261.36亿元，同比增长10.05%，增收23.86亿元，收入额在各税种中居于第三位。

【修订《山东省个人所得税减征管理暂行办法》】 针对纳税人要求简化减免税审批程序和手续的反映，本着全面落实政策、简化审批程序和手续的原则，切实从实际出发，对《办法》进行了修订调整。一是放宽减征期限。对残疾、孤老人员和烈属取得的劳动所得减征期限，由三年调整为该纳税人不再取得应税劳动所得为止；对因严重自然灾害损失较大的，减征期限由减征至次年修改为减征至第三年。二是对符合减征条件的残疾、孤老人员和烈属劳动所得减征个人所得税由每年一审批改为一次性审批。三是取消了“纳税人属残疾、孤老人员和烈属中两种或两种以上身份的，只能选择一种身份享受个人所得税减征优惠，不得重复享受。”的限制。

【强化对高收入行业和群体管理】 一是充分利用征管系统申报数据，提前对年所得超过11万元的纳税人进行筛选，并将有关信息下发各市，增强了对年所得12万元以上纳税人管理的针对性；二是实行分级重点监控制度。省局对全省年所得前100人进行重点监控，各市局对本市年所得前50人进行重点监控，各县（市、区）局对本地年所得前30人进行重点监控。三是加大后续管理力度。积极与税源管理处配合，在年所得12万元自行申报结束后，将年所得12万元以上明细数据与申报数据进行比对。将比对出的未申报纳税人，下发各市进行核实并予以处罚。2013年全省自行申报人数21.6万人，比上年增长15.7%，增加29250人，补缴税款1.4亿元，开具有关明细申报完税凭证615万份。

【贯彻落实税收政策】 一是做好政策解答、咨询工作。对基层单位及纳税人提出的个人所得税政策问题，及时给予答复。针对“国五条”出台后涉及的个税政策及征管工作，第一时间请示税务总局，并向省局领导作了汇报，统一了执行口径。及时召开研讨会进行专题研究，就政策执行的可行性、税务机关面临的执法风险等问题，写出了分析评价报告上报国家税务总局，并做好了针对性地宣传和服务。二是下发文件，明确政策，帮助基层解决实际问题。与省财政厅联合下发了《关于明确农村信用社改制后有关个人所得税问题的通知》（鲁财税〔2013〕46号），印发了《关于日照义聚投资咨询中心 日照银杏树商务信息咨询中心股权转让征收个人所得税问题的批复》（鲁地税函〔2013〕156号），杜绝了政策执行中的偏差，避免了税务机关执法和纳税人遵法风险。

【个人所得税新申报表启用】 2013年8月1日起执行新的个人所得税申报表，新申报表对原先的申报表进行了整合、修改、完善。在新表启用前，组织业务骨干对新申报表各项目进行了认真分析研究，对新旧申报表的差异进行比对，明确填报规范和要求，并对新申报表提出了完善意见。采用视频形式就新申报表的填报问题对全省税务干部和纳税人进行了培训，确保了广大扣缴义务人和纳税人及时准确填报。

【配合金税三期工程上线】 金税三期工程上线前期，按照省局统一部署，认真做好系统比对、指标排查、数据迁移等金税三期的各项准备工作。明确专人负责金税三期工程个人所得税系统上线前的协调、配合、测试，并将测试中遇到的问题及时向项目组进行反映、提报，多次与金税三期工程项目组对接，共同研究，确保了金税三期工程个人所得税系统上线后的平稳运行。

（张　倩）

财产行为税管理

2013年，全省共组织财产行为税（五税五费）收入636.7亿元，同比增长10.1%，增收58.4亿元，占全省地税各项收入的19.61%。

【代收费管理】 一是顺利承接代收工会经费工作，地税影响力进一步提升。及时解决制约地税代收工会经费的瓶颈问题，4月1日起顺利实行全省地税统一代收工会经费；10月份金税三期工程上线运行后，与相关部门加强协调，积极克服软件调整给代收工作带来的困难，做好政策宣传，加大代收力度，2013年全省代收工会经费6.47亿元，得到山东省总工会的充分肯定，并以鲁会〔2013〕105号文件对地税系统工会经费代收先进进行了表彰。二是积极推进代收费制度建设。与省财政厅联合下发《关于进一步规范非税收入代收工作的通知》（鲁财综〔2013〕167号），进一步规范地税代收项目管理、严格征缴程序、明确财政部门的收缴管理主体资格，规避基层执法风险。

【坚持信息管税与综合治税有机结合】 一是以远程监控为代表的资源税源泉控管模式又有新进展，全年实现管理性增收1.96亿元，国家税务总局对山东省做法进行推广。二是加强第三方信息的增值应用进展迅速，机动车车船税征管工作经验在全国流动污染源保有环节税收征管工作会议上进行典型交流；开展机动车车船税代收代缴检查工作成效显著，税务总局以税总财行便函〔2013〕78号文件予以表扬。三是发挥数据集中优势，与信息中心、税源管理部门加强配合，进一步强化税源的预警管理，全年发送印花税预警信息2.44万次，预警税款1亿余元；发布城市维护建设税及附加预警信息1.4万条，已核实完成3533条，已核实税款3379万元。

【配合各项中心改革】 一是以“营改增”为契机，附征税费管理工作取得重要进展。下发《关于加强国税部门代开增值税发票环节附征税费管理工作的通知》，推进实行环节控制或委托国税部门在代开票环节代征城市维护建设税及教育费附加。全省通过国税、地税协作加强附征税费管理的县（市、区）79个，全年实现收入3600万元。二是配合做好金税三期工程试点上线相关工作，并以此为契机提高单税种管理质量。对资源税、车船税、印花税申报表单提出的修改意见被税务总局金税三期工程项目组采纳确认；积极争取山东地税征管优势在金税三期工程系统中的运用，配合修改了印花税核定征收表单、车船税代收代缴申报模板等，并强化业务培训。

【争取政策支持挖掘收入潜力】 一是参与、完成多项全国性税制改革研究，获得税务总局好评。先后完成税务总局布置的完善地方税体系研究、环境税制改革、城市维护建设税改革、车船税征管、煤炭资源税改革等7项全国性调研，自主开展全省性的调研测算工作5次，撰写调研报告共计5万字；参与编写《车船税税收政策和征管实务》，税务总局专门予以表扬；在环境保护税研究中，山东省作为核心成员单位全程参与税制研究、立法起草及教材编写等工作，税务总局以财行便函〔2013〕79号文件进行了表扬。二是积极参与煤炭资源税从价计征改革。多次对全省煤炭行业进行调研，采集、整理信息7000余条，对改革涉及的政策、管理问题进行充分论证，撰写相关调研报告；先后3次参加财政部、税务总局煤炭资源税改革研讨会并提出合理化建议，为山东省煤炭资源税改革争取更大的政策空间。三是争取调整岩金矿资源税政策取得实质进展。联合省财政厅撰写《山东省岩金基本状况及改革情况汇报》，积极向财政部、税务总局提出建议，在目前岩金资源税不具备从价计征改革的条件下，尽快通过调整税额的方式合理资源税负，最终得到政策支持，财政部、税务总局以财税〔2013〕109号文件对岩金资源等级及税额标准进行了明确，有效缓解了山东省岩金资源税职能弱化的问题。四是开展卤水盐资源税调研，为挖掘政策潜力夯实基础。向财政部、税务总局提出将提取液体盐（俗称卤水）制取化工产品的纳入资源税征管范围，得到上级的政策批复。

【政策管理】 一是针对风险点规范管理。会同土地房产税处联合下发《关于进一步加强耕地占用税 契税 城镇土地使用税和资源税管理的意见》，进一步规范委托代征、代扣代缴、核定征收、小矿山管理的措施。二是针对政策调整规范管理。针对挂车不再单独购买交强险、公安年检查验车船税等相关政策规定的调整，下发《关于协调公安交管部门做好查验车船税缴税情况相关工作的通知》《关于加强车船税管理工作的通知》等文件，及时跟进管理措施。三是针对行业特点规范管理。与山东海事局联合下发《关于做好船舶车船税征收管理工作的通知》（鲁地税发〔2013〕61 号），明确了部门间信息交换、委托代征的工作要求，完善税源控管。四是针对社会经济发展规范管理。先后明确了矿山开采企业劳务外包资源税纳税主体、购买短期交强险车辆车船税征免问题的政策执行边界、票据贴现印花税、农村免征“三税”的企业征免教育费附加等问题。

（毕丽辉）

土地房产税管理

2013 年，房产税、城镇土地使用税、土地增值税、耕地占用税、契税等 5 个税种税累计完成 930.78 亿元，同比增收 163.55 亿元，增长 21.32%，超过全省收入增幅 8.11 个百分点，占全省地税收入的 30.73%。土地房产税收在地方税收总量中的比重不断提升，对地方税收收入增长的贡献率持续提高。

【存量房评估工作长效机制】 存量房评估工作推行一年多来，有效堵塞了二手房交易环节“阴阳合同”产生的税收漏洞。一是制定下发了《关于进一步深化存量房评估工作的意见》，规范了估价技术标准调整机制，加强了数据维护和安全，完善了评估流程，健全了争议处理办法。二是开展商用房评估试点，试点地区商用存量房共交易 90 套，纳税人申报合同价格 7147 万元，系统评估价格 8904 万元，评估调增计税价格 1757 万元，评估调增率 24.58%，累计入库各项税款 1246 万元，有效堵塞了税收漏洞。税务总局对山东省评估模型给予了充分肯定。三是加强培养专业评估人才，参加国家税务总局商用房评估国际经验专题培训和第二期房地产估价技术应用工作高级专业人才培训班，3 名同志入选了国家税务总局财产行为税人才库房地产估价人才子库人员，为长效推进存量房评估工作和税制改革储备技术力量。四是按月调度各地存量房评估效果数据，做好跟踪问效。全省2013年累计受理存量住房交易23.59万套，纳税人申报总价款716亿元，通过评估系统评估后总价款为818亿元，评估调增计税价格102亿元，平均申报价格调增率为14.17%，增收各项税款4.33亿元，税款调增率为11.45%。

【土地增值税清算管理】 一是下发了《关于进一步做好土地增值税征管工作的通知》，采取各项管理措施，严格落实清算计划，理顺纳税人、中介机构和地税部门各方面的职责关系，加快推进清算。二是强化清算计划管理，建立房地产项目的管理台账，对符合条件的项目进行全面摸底并及时开展清算。2013年共完成清算项目583个，补缴清算入库税款9.8亿元。三是开展征管现状调研。全面分析了土地增值税预征和清算情况，查找影响收入增减的政策及征管因素，汇总梳理政策问题，总结各地经验做法，得到了税务总局有关领导的肯定。

【以地控税】 一是与省国土资源厅联合下发了《转发〈国家税务总局 国土资源部关于深化部门配合联合开展以地控税 以税节地试点工作的通知〉的通知》，提出了山东省联合开展以地控税、以税节地试点工作的实施意见，在省级层面上突破了制度瓶颈，为各级地税部门获取第三方核心信息提供了有力保障。二是制定下发了《山东省地方税务局关于深化城镇土地使用税以地控税工作的意见》，进一步提出了加强部门协作，建立标准化、电子化的信息采集渠道和数据库，应用可视化电子地图和正射影像等要求，并就改进宗地信息采集方式、提高税源信息核查质量、强化税源分析监控和比对预警提出了具体措施。2013年山东省共核实国土地籍信息3.68万宗，增加应税土地面积1.22亿平方米，增收土地使用税4.87亿元。副省长孙绍骋对“以地控税、以税节地”工作充分肯定并作出了专门批示。

【税收政策管理】 一是抓政策规范。制定了《山东省地方税务局关于进一步加强耕地占用税、契税、城镇土地使用税和资源税管理的意见》，对政策适用、规范申报、征收管理、欠税清理、责任追究等5个方面制定了13项改进意见和措施，地方“四税”征管和收入质量得到明显提升；与省财政厅、省法制办等完成了《山东省契税征收规定》的修正，完善了契税税率调整机制；与省财政厅联合下发了《关于调整济南等市契税适用税率的通知》，对济南、青岛、泰安、临沂、滨洲5市的国有土地使用权出让环节的契税税率进行了适当调整；针对出租房产房产税个别政策不规范的情况，发布了《山东省地方税务局关于房产税有关政策规定的公告》（山东省地方税务局公告〔2013〕4号），对有关政策重新进行了明确；对省福彩、体彩中心因历史遗留问题导致房产税征纳争议情况，多次向税务总局请示汇报后及时予以解决。二是抓部门配合。加强与国土资源部门协调，获取了当年全省农用地转用审批明细信息，并全部下发、逐笔核实耕地占用税缴纳情况，共比对农用地转用审批信息2243批（次），核实批地总面积2.96万公顷。三是抓政策落实。继续加大土地价值计入房产原值计征房产税政策的落实力度，下发了《关于转发〈烟台市地税局深化房产税管理取得明显成效〉工作经验的通知》，督导各地开展专项检查，每半年期调度检查情况。2013年以来全省已排查71395户，检查落实应计入房产原值的土地价值172.42亿元，增加房产税1.67亿元。四是抓政策调研。针对7个项目16项具体政策开展了调研。对房产税和土地使用税申报表、人防工程房产税管理、煤炭塌陷地城镇土地使用税政策、胜利油田城镇土地使用税政策、开山填海和改造废弃土地等6大类房产税和土地使用税减免政策开展调研，并承接税务总局“构建地方税体系”相关子课题研究，完成子课题“山东省未来地方税体系改革的整体构想”的撰写。

【服务经济社会发展】一是贯彻落实税收优惠政策，在促进就业、支持文化企业改制、扶持教育事业、惠农惠民等方面为9023户纳税人提供税收优惠2.7亿元，支持经济和社会发展。二是制定《山东省地方税务局关于下放房产税困难减免审批权限的通知》，简化了审批环节，提高了工作效率，优化了营商环境。

【收入分析】　一是改进分析方法。调度系统征管数据，对增减幅度异常的地市进行重点调度，要求异常因素分析到户，有具体数据，有事实根据，有文件依据，力求发现政策落实中存在的问题。二是开展经济税收比对分析。多方搜集土地管理、房屋交易等相关行业经济数据资料，比对分析税收收入与经济指标，找出差距，分析问题。

【密切配合金税三期工程上线】一是完成了4批次土地房产代码比对清册审核和申报类表单差异分析。累计审核分管税种涉及的减免税事项及类别、房产和土地用途、耕契征收品目等5类代码近840多条，对121项减免税有关岗位配置和流程设置进行了审核确认，完成了1353条地税机关代码和行政区划代码对照审核。针对金税三期工程系统中5个税种14个申报表设计中存在的问题，向税务总局提交了修改意见和建议。二是顺利完成了纳税人房产税和土地使用税税源登记信息采集、补录工作。结合金税三期工程系统的财产税源登记要求开发了财产税源登记模块，对各地补录人员进行了专门培训，部署了全省自用、出租、承租土地房产异常登记信息的重新登记补录工作，确保做到不漏一户、不漏一项，为金税三期上线后顺利开展房产、土地税申报奠定数据基础。共组织录入全省房产土地财产信息77.57万条，其中房产信息31.13万条，土地信息量46.44万条。补录房产土地税种登记信息11.8万条，其中房产税税种登记信息6.4万条，土地使用税税种登记信息5.4万条。三是明确税收优惠事项工作流程。对93项土地房产税收优惠事项的业务节点、审批或备案性质、审批层级、具体工作流程及相应岗位设置进行了逐一的审核和明确，理顺了土地房产税收的减免税管理工作流程。四是做好金税三期工程系统风险管理指标体系建设，设计了房产税、土地使用税和土地增值税风险指标模板，利用房产税、土地使用税申报和财产登记的差异分析、土地增值税申报和营业税申报的差异分析对纳税人申报管理情况实施风险评估和管理。

（陈　磊）

国际税收管理

【国际税收风险】 建立跨境税源风险管理流程，加强国际税收风险防范。结合国际税收工作实际，拟定跨境税收风险管理流程，重点从跨境税源管理、政策判定、征管执法三个方面开展跨境税收风险分析，积极做好风险应对和防范工作。

【非居民及“走出去”税收管理】 以跨境税源管理为主线，加强非居民及“走出去”税收管理。一是强化非居民税收管理。一方面，认真落实扣缴登记和合同备案制度，加强对非居民取得股息、利息、租金、特许权使用费、财产收益的税源监控；另一方面，针对跨国公司非股权投资经营形式的新变化，加强工作指导，实现管理的深化和突破。2013年，全省共代扣非居民企业税收5.23亿元，同比增长11.23%。二是严格税务证明控税管理。在对外付汇审核环节，严格按照国家税收政策判断征免情况，确保税款足额入库。青岛、德州、日照和泰安4市地税局根据外汇管理局传递的对外支付佣金信息和3万美元以下付汇信息，进行了逐户逐笔核查，共核查信息5300多条，查补税款8223万元。三是加强“走出去”税收管理。有针对性地对16户企业境外上市企业情况进行调研分析，了解对境外投资、并购运作模式和境外经营情况，对税源状况进行分析，共入库税款8946万元。四是认真做好协定执行和情报交换工作。以非居民享受协定管理为抓手，严格按规定办理审批、备案手续，规范非居民享受税收协定待遇管理，全省共审批34件，减免税款707万元，备案26件，减免税款16万元；深入核查税务总局转来的外来税收情报，向美国、日本、韩国、澳大利亚、加拿大等国提供自动情报210份，认真履行国际税收情报交换义务。

【反避税管理】 以关联申报为抓手，加强企业集团反避税管理。一是加强关联申报及审核。对企业关联申报进行部署，督促企业如实申报关联交易的类型和数量，指导基层做好大型企业集团关联申报信息的分析审核，筛选避税嫌疑企业，为反避税调查奠定基础。全省共有3850户企业进行了2012年度企业关联业务往来申报，比上年增加1730

户。二是切实做好立案、结案工作。经税务总局审核同意对8户企业进行了反避税立案调查，经过约谈核实，其中6户企业上报税务总局立案并结案，调增应纳税所得额13599万元，入库税款3720万元。三是探索煤炭行业反避税规律，对煤炭企业转让定价、成本费用分摊、资金融通和提供技术等交易进行细致调查，取得初步成效。

【外资企业和外籍个人税收管理】 以组织收入为中心，加强外资企业和外籍个人税收管理工作。一是积极开展外商投资企业联合年检工作。与省商务厅等部门联合对2013年度全省外商投资企业进行联合年检，全省共有15522户企业参检，通过率96.52%。二是加大重点税源控管力度，确保涉外税收收入稳定增长。及时掌握重点税源变化情况，分析税负变化原因，按季度对年纳税额50万元以上的重点税源企业进行调度分析。2013年，全省实现涉外各项收入254.38亿元，同比增收1.71亿元，增长0.67 %，占全省地税收入比重为7.85%。三是进一步强化与出入境管理、劳动等部门的配合，加大信息采集、获取力度，深入开展税负比对分析、纳税约谈，提高纳税申报质量。2013年，纳入全省地税系统管理的外籍人员17960人，入库个人所得税7.8亿元。共有6878名外籍人员进行了2012年度12万元自行申报，补缴税款463万元。

【国际税收人才培养】 以提升素质为根本，加强国际税收人才培养。一是组织举办了为期5天的各市分管局长及开发区分局局长国际税收研讨班，就宏观经济形势、国际税收理论、反避税与非居民税收管理等国际税收政策与实务进行了培训及研讨，为提升国际税收分管领导的决策指挥能力和岗位领导能力提供了保证。二是为进一步整合全省地税系统国际税收人才力量，更好地发挥全省地税系统国际税收人才库人员作用，下发《关于成立国际税收业务小组的通知》，将全省36名国际税收及反避税业务能手划分为五个业务小组，对业务小组的工作任务及人员管理使用进行明确。三是积极向税务总局推荐人才库入选人员，全省有10人入选全国国际税收人才库。

（李 哲）

税收征收管理

【金税三期工程系统上线】 2013年1月，国家税务总局确定山东省地方税务局为金税三期工程首批试点单位。面对诸多困难和压力，我们坚持质量第一、协同并进、注重实效的原则，认真落实各项任务，团结拼搏，攻坚克难，全力以赴保障金税三期工程系统上线。一是全面完善组织机构。建立设立省、市、县三级试点工作领导小组及办公室；组建核心工作团队，成立业务技术密切融合的各项目组，形成分工明确、上下联动的组织架构体系；成立试点工作运行调度中心，对应各级项目组，突出对计划进度和各项工作的管控职能。二是健全完善各项工作机制。充分利用税务总局管控平台等沟通方式，畅通各级联系渠道。建立工作推送、评审、确认、交付等工作规则，密切相互之间的沟通联络、协作配合，提高工作的整体效能。建立对外协调机制，做好与系统开发商的协调，完成差异分析、系统测试、特色软件改造对接等工作；加强与省国税局的协作，做好代码比对、业务关联测试等工作，协同完成上线任务。三是做好系统差异分析和测试工作。组成12个工作组对系统进行测试验证，完成了核心征管、个税系统、决策一包、特色软件、税库银、税务总局版网上报税的功能测试工作。完成了纳税申报表、财务报表的差异分析，下发了金税三期适用的162份申报类和其他表单印制模板。四是做好上线培训工作。开发金税三期培训练习系统软件，提高模拟演练的效果，省局先后组织了14个专题的师资培训，培训师资人员1270人次。加紧编写培训课件，采取发放培训光盘、分批集中培训、网络视频下载学习等措施，让纳税人尽快适应和掌握新的系统。

【税收征管改革】 依托金税三期工程，更多地融合征管改革的内容，体现了山东地税征管改革特色。一是全面推行集中征收。在全省统一实行县级集中征收，在此基础上，在四个市积极探讨实现了市级集中征收，从根本上实现了征收与管理的彻底分离。二是实现了分岗管事。在全省范围内全面取消税收管理员管户制度，纳税人不再分配到具体税收管理员管理，变税收管理员管户为分岗管事，实现管户模式的彻底转变。三是税收业务事项前移。将纳税人的涉税事项划分为依纳税人申请事项和依税务机关职权事项，把585项依申请业务全部前置到办税服务厅受理，实现了对纳税人受理工作的一站式服务。四是进一步优化了工作流程。简化工作流程配置，能由办税服务厅办结的事项由其直接办结，确需流转审批的，向具有审批权限的区县局科室推送，由科室直接参与纳税人事项管理，实现税收管理扁平化。五是完成了岗责设置和初始化工作。完成了85类业务岗位，对应300多个工作流程、2000多个地税角色的核心征管部分的岗责设置，实现了全省统一征管模式的转变。六是做好配套制度建设工作。编印了72万字的《金税三期业务工作规范（试行）》，明确工作职责，规范办税服务厅、税务所、业务科室之间的工作衔接，有效避免工作交叉、相互推诿现象。

【数据管理】 借助金税三期工程系统，进一步建立和规范了与征管改革发展相匹配的基础环境，持续推进税收征管的程序化、标准化、规范化建设，做实申报、登记、发票等基础数据管理工作，切实提高征管质效。按照金税三期工程系统的数据标准和规范，对大集中系统的税收数据进行全面梳理，筛查出需要整改的数据，先后发起了三轮数据整改工作，对税务登记、税种认定等基础数据进行了全面整改，共计整改各类异常数据 57 万条，为金税三期工程系统顺利上线打下坚实的基础。金税三期工程系统上线后，定期对新办业务情况进行跟踪监控。着力加强对税务登记源头信息的管理，及时对组织临时登记的适用范围进行明确，对违规操作的行为进行通报处理，自始至终严格把关，切实抓好税收征管基础。

【“营改增”配套工作】 积极做好营业税改增值税有关工作。与省局营业税处、山东省国税局及时沟通，积极做好“营改增”工作，确保了 8 月份“营改增”试点工作的顺利实施。一是要求基层主管税务机关重新清理、核对纳税人登记信息，确保移交户数的准确性和完整性；二是做好试点纳税人发票使用衔接工作，并与省国税局联合下发公告；三是确认应移交试点纳税人征管信息的数据标准和口径，做好信息移交工作；四是与营业税处共同起草通知，明确了试点纳税人纳税申报、税款征收、发票、票证使用清缴等问题，以便于基层操作执行。

【发票管理】 一是进一步完善和规范发票管理制度。与省财政厅共同修订并发布了《发票违法行为举报和查处奖惩管理暂行办法》，重新调整了发票违法行为的处罚和奖励标准，以遏制恶意举报行为。二是立足本省实际，确定了既要保证现有开票机具继续使用，又要大力推广网络发票的整体思路。一方面升级现有的税控管理系统，同时具备通过网络管理税控收款机和支持网络发票的功能。另一方面制定了网络税控收款机的技术和功能标准，并委托有关机构进行了符合性测试。结合金税三期工程税收管理系统上线运行情况，在部分市部署试点推广工作。

（于华龙）

税源管理

【税收风险管理】 一是拟定风险管理岗责。在认真研究金税三期工程风险管理业务需求的基础上，组织人员充分研讨，拟定山东地税税收风险管理岗责体系。二是完善税收风险指标。在对现有 16 个税收预警指标和 35 个纳税评估指标进行梳理的基础上，征集系统内税收风险指标 869 个。三是探索开展风险识别。对部分风险纳税人及其风险点进行分析识别和推送，共识别风险纳税人 10019 户、涉税风险点 21350 个，推送给督察内审处组织处理。

【税收预警】 依托税收预警系统发布预警信息 105463 条，核实税款 16.92 亿元。一是加强预警分析识别。通过预警反馈结论，发现税收管理存在的征纳双方信息不对称等5类35项问题。二是增加税收预警指标。新增“个税明细申报表与企税税前扣除工资薪金应税所得额预警”“个税12万元申报与明细申报表工资薪金年收入额预警”“免抵增值税附加税费预警”3个指标。三是开展税收预警复核。利用预警信息复核模块，对2012条预警信息进行复核，改变预警反馈结果625条，结果改变率达31.06%。

【纳税评估】 全省各级共评估纳税人17686户次，核实应缴税款35.15亿元。一是组织开展行业纳税评估。依托纳税评估系统推送1299户交通运输业、1081户租赁和商务服务业等“营改增”涉及行业评估任务，共核实税款1.2亿元。二是联合开展汇缴纳税评估。对企业所得税汇缴零申报的1594户纳税人和未做纳税调整的2198户纳税人进行评估，共补缴企业所得税税款631.87万元。三是制定纳税评估复核制度。从规范评估程序、防范执法风险角度，首次制发《纳税评估复核管理办法（试行）》。四是纳税评估模型获奖。挖掘并组织编写的建筑陶瓷、物业管理、餐饮、建筑工程4个行业评估模型被税务总局评为“全国百佳纳税评估模型”。五是评选优秀评估模型案例。组织评选优秀纳税评估模型15个、案例10个，并选择近年来优秀评估模型案例21个，编发《行业纳税评估模型和案例选编〈1〉》。六是编写行业纳税评估指南。就商业银行业、财产保险行业、食品制造行业，组织编发第二本纳税评估指南。

【大企业税收服务和管理】 一是做好大企业税收风险管理专项工作。按照税务总局统一部署，与省国税局大企业税收管理部门密切配合，阶段性完成对中国工商银行、中国烟草、大唐集团（电力）3户定点联系企业山东成员单位的税收风险管理专项工作，核实增加税款4400余万元。二是做好税务总局定点联系企业基础性工作。按月完成税务总局45户定点联系企业山东2124户成员单位日常数据采集、基础数据修改等工作。三是编写税务遵从管理年度报告。编写完成税务总局部分定点联系企业90户山东成员单位2012年度税务遵从管理年度报告、20户山东成员单位2012年度税收遵从合作协议执行报告。四是建立部分行业风险特征库。组织人员对石油石化、烟草、银行、电信、电力等行业的税收风险进行分析，初步建立了5个行业753个风险点的税收风险特征库。五是完善企业集团管理系统（二期）。进一步完善企业集团管理系统（二期）监控分析等业务需求，配合相关部门进行开发和应用测试。六是指导市局确定定点联系企业。指导有条件的14个市局确定市级定点联系企业22户。

【税源监控分析】 一是形成全省税源分布图。分省、市、县（市、区）局统计登记户数、税款入库及年纳税额前10名纳税人情况，初步形成全省各级税源分布图。二是开展日常税源分析。根据税收预警及纳税评估情况，分别形成《税收预警工作情况通报》《关于交通运输业纳税评估工作情况的通报》《关于租赁和商务服务业纳税评估工作情况的通报》。三是开展专项税源分析。与收入规划核算处协作，撰写《从地税视角看我省经济发展》《2008至2012年鲁苏浙地方税收比对分析》等两篇税源分析报告。四是协调跨区域税款足额征收。组织监控跨省施工的山西中南部铁路通道工程涉及的难管难征税款，核实未缴纳税款2333.58万元，此项工作被山东省常务副省长孙伟批示肯定。

（张 琪）

收入规划核算管理

2013年，收入规划核算处坚持以组织收入工作为中心，顺利完成全年各项工作任务，被省统计局评为统计工作先进单位，被财政部和国家税务总局评为税收资料调查工作先进单位，被省直机关妇工委评为巾帼文明岗，会统年报被税务总局评定为优秀等级。

【收入预测分析】 加强收入分析调研，科学预测收入形势，实现全省地税收入持续稳定增长。全年共组织各项收入3240亿元，同比增长13%，增收373元。其中：税收收入3029亿元，同比增长13.21%，增收353亿元。税收收入总量列广东、江苏、浙江、上海之后居全国第五位。一是科学预测，把握组织收入工作的主动权。一方面积极指导各级把握经济税源形势，通过切实加强地方经济和重点行业的税源状况分析，全面估算银行贷款利率下调等宏观调控经济政策和“营改增”等税收政策调整对收入的增减变化影响，把握收入预测规律，做好收入形势研判。另一方面，积极向政府部门反映组织收入工作中需要关注的问题、存在的矛盾和需要政府部门帮助协调解决的困难，争取政府最大限度的理解和支持，指导各级衔接好收入计划、确定好收入任务，促进收入计划与经济税源状况、现有征管水平和政府财政需要之间的基本协调，促进了全省地税收入的持续、协调、健康增长。年初与财政部门商定的地税收入增长计划为12%，年度中间多次收入预测均为增长13%左右，收入预测准确率达到99%以上。二是加强分析，积极服务经济发展大局。建立固定的税收分析制度、相关部门联动机制和重点行业分析制度，夯实税收分析工作的基础；定期召开税收分析会议，形成分析合力，提高分析水平；建立税收分析交流平台，加强情况沟通和协调配合。制定培训计划，加强人员培养。处室内部实行全方位多角度分析模式，针对不同岗位涉及的不同业务，讨论研究分析方向，培养处室人员全面开展税收分析。系统内研究制定激励机制，激发系统上下分析人员的积极性和主动性，多种形式开展税收分析教育培训，全面提高分析人员的素质和技能。转变分析理念，提高分析质效，强化从税收看经济的分析，从宏观、微观等不同层面，从全面、重点等不同范围，从政策、管理等不同角度，撰写了《从地税收入看我省经济发展》《上半年全省地税收入分析报告》等参考价值较高的调研文章，得到了地方党委政府的充分肯定。

【长效机制建设】 2013年是提高收入质量、防范执法风险重点工作的收官之年，按照三年工作规划和年初确定的工作要点，收入规划核算处作为牵头单位，在积极探索建立工作长效机制，不断完善各项制度措施，逐步解决比较突出的收入质量问题等方面，实现了新的突破，取得了新的进展和成效。一是强化了工作推进机制，制定了2013年提高收入质量、防范执法风险工作配档表，逐项确定工作的责任单位、配合单位、责任人、完成标准、完成时限等。二是强化了综合检查机制。对发现的收入质量疑点单位和问题，统一交由督察部门综合整理，统一由工作领导小组办公室组织查前培训，统一检查的程序要求，按规定动作实施检查，防止了多头检查、盲目检查等问题，提高了检查效率。三是强化了考核追究机制。组成八个检查小组对各市2012年度收入质量情况进行检查，根据检查情况，进行了为期半月的审核、界定、汇总和分析等工作。对于检查发现的收入质量问题，经过反馈、复核，对涉及的有关单位主要负责人进行集体约谈。制定了《2013年提高收入质量防范执法风险工作考核项目及标准》，专门拿出200分用于收入质量的考核，切实提高了各级的重视程度。四是强化了交流督导机制。设立专刊，开辟专栏，及时发布各地推进工作的经验、方法和成效，加强工作的横向联系和交流，促进工作的相互借鉴、全面提高和深入推进。

【金税三期工程试点】 金税三期工程试点工作是2013年的一项全局性的重点工作，为做好系统的上线和运行工作，收入规划核算处以大局为重，克服人员少、工作压力大等困难，选派专人全程参与金税三期工程试点准备工作。一是做好数据清理。连续下发了《潍坊地税“双轨”核算数据比对方案》和《山东省地方税务局“大集中”征管系统税收会统数据清理方案》，指导全省开展包括“待征”“多缴”“呆账”以及“税务代保管资金”在内的数据清理清查工作。二是加强数据比对。多次赴潍坊，指导参与测试的坊子、安丘两个县局的小范围双轨核算数据比对工作的开展，协助制定了增量数据的核算比对模板，先后下发了3次数据比对方案，在增量数据与历史数据比对工作同步进行的情况下，将比对的范围扩大到全省，确保了数据核算比对工作的效果。三是完善会统核算。针对核算工作的不能正常开展这一问题，及时下发了《关于下发〈会统票证期初补录及报表操作流程〉的通知》及其补充通知，要求各单位在做好期初补录的同时加强核算工作的经常性开展，通过对问题的归类处理，数据核算功能得以完善，数据核算的准确性得以提高。四是做好票证并轨。对于票证系统的两次上线，组织多名业务人员，积极参与到票证系统的测试中，并根据工作进度做好票证的盘点、上交以及票证初始化及领发工作，先后下发了《金税三期系统单轨切换前票证管理工作实施方案》《关于启用新版票证及旧版票证处理等相关工作的通知》等文件，对全系统收入规划核算人员进行了新票证系统及相关申报征收业务培训。

【配合省以下财政体制改革】 一是深入研究财政体制改革可能对地税工作产生的影响，在此基础上，给财政部门提出意见和建议，促进财政体制改革方案的进一步完善。二是全面分析财政体制改革可能对地税收入产生的影响，组织各级加强收入预测分析工作，并进一步加强与地方政府和财政部门的协调沟通，调整地税收入计划。三是组织引导各级抓住财政体制改革多数地方小税共享的有利时机，加强收入质量管理，进一步夯实收入质量。四是根据财政体制改革的需要，及时调整预算科目及级次、地税收入核算口径和会统报表，及时准确反映财政体制调整后的收入情况。

【推进“营改增”试点】 一是及时全面地测算分析“营改增”政策对地税收入的影响，确定好全年组织收入目标，同时引导各级及时向地方党委政府和财政部门分析汇报“营改增”的减收影响，确定好全年收入计划。二是全面考虑“营改增”工作对税票管理、欠税管理和代扣代缴工作可能产生的影响，明确措施，下发通知，要求各级收入规划核算部门务必加强配合协作、切实加强管理。三是积极参与“营改增”工作的部署、协调、对接等工作，并积极提交合理化建议，促进工作扎实推进。

【制度建设】 一是制定《税收票证管理办法》，不断加强税收票证安全管理；结合金税三期工程上线工作，开展好新版票证培训、票证盘点、系统初始化录入等工作。二是扎实开展资金运行分析工作。进一步加强对应征、欠税、减免、缓征、退税等各环节核算，确保税收资金能够安全、及时足额入库。三是完善细化会统报表质效。细化了会统报表各项指标，更好地为全局服务；完善了数据分析表，充分利用各项数据为领导提供决策依据。四是改进重点税源监控工作。编制了20余张重点税源分析情况表，为下一步开展重点税源企业税收分析奠定了基础。研究制定下发了《山东省地方税务局重点税源监控工作规程》，明确了各级税务机关和各部门的职责分工、监控范围和标准，进一步夯实了税源管理基础。

（宋书敏　张　赫）

财务管理

【预决算管理】 根据省财政预算编制要求，结合系统实际，坚持把细化、规范贯穿部门预算编制全过程，预算编制内容进一步明细，预算编制、审核更加规范严格，部门预算编制水平得到新的提高，全省地税系统2013年部门预算“二上”工作得到省财政厅的充分肯定，为年度预算执行打好基础。执行中，坚持硬化预算约束，加强分析与管理，保证了全年预算顺利执行并取得良好结果，为服务全局工作发挥了应有作用。扎实做好2012年全省地税系统部门决算，山东省地方税务局2012年部门决算被评为省直部门决算先进单位，财务管理处王娟、姜杉被评为省直部门决算先进个人。同时，认真完成了省财政部署的地方政府债务、厉行节约和“三公经费”等重要数据情况的统计汇总上报工作。

【财务保障】 按照保正常运转、保事业发展的总体要求，统筹资金，保障党组确定的改善基层征管手段、提高纳税服务水平等重点工作扎实推进。特别是年中税务总局确定山东省先行试点金税三期工程，针对预算执行中这一新增项目支出资金需求量大、上线时间紧的情况，积极建议、协调省财政，统筹运用水利建设基金征管经费予以保障，并及时编列、协调追加有关政府采购预算，与信息中心共同协调省财政厅批准以跟标国家税务总局的方式进行采购，保证了项目的顺利实施。为支持基层提高征管服务水平，及时分配下达基层中心所补助、县市区地税电教室建设改造补助等专项补助资金指标，对水利建设基金征管补助经费和文化事业建设费手续费等进行了结算和分配，对个别困难地区和单位进行了业务补助，对上年度的发票工本费和水利基金征管经费、资产出租、处置收入进行了清算和拨付，较好地保障了地税系统事业发展资金需求。

【地税经费体制改革】 省政府确定对地税系统经费体制进行新的改革，将原由省管理的经费和资产下划市县管理。这项改革不仅是省财政管理体制改革的一项重要内容，也关系地税系统稳定运转和今后事业发展。省地税局党组十分重视此项工作。按省地税局党组要求进行了大量前期调研、反复测算，并借鉴学习外省市做法，针对山东省实际问题，提出具体政策建议，与省财政厅共同制定下发了《关于调整省以下地方税务部门财务管理体制的通知》，协调配合财政部门做好经费体制调整下划各项工作，保证了经费体制下划改革的平稳落实。

【财务管理与监督】 为确保资金安全，严格审核、审批有关市局开设、变更资金账户申请，采取重大财务事项备案、财务分析、网上监督和现场查看相结合等手段和方法，切实加强系统日常财务监管。为提高预算资金使用绩效，进一步完善和严格了预算执行监督考核机制，按季检查分析，及时发现和化解预算执行中存在的问题，重点是从严控制“三公经费”和一般消费性支出，严格执行国家和地方规定的津贴补贴政策，与往年相比，2013年预算执行率大大提高，并为预决算公开做好充分准备。同时，充分利用地税网站和地税情况（财务管理专刊）两个平台，重点推介了公务卡管理和使用，以及各地预算和财务工作中好的经验做法，推动系统财务管理水平的提高。

【创新资产管理手段和方法】 一方面，与省财政厅一起，指导东营市地税局依托山东省行政事业资产管理信息系统平台，全面开展资产清查，成为全省省直机关中第一个运用“条形码”技术进行资产清查的单位，有关做法被省财政通过《资产管理动态》予以了推介。另一方面，贯彻落实省财政厅《山东省省直行政单位部分通用资产配置标准（2013版）》，进一步推进预算管理与资产管理结合工作，结合实际制发资产报表审核要点，完善县、市、省三级审核模式，资产报表编报水平和质量有了较大提高，在省财政厅资产报表会审中一次性通过，圆满完成了产权登记审核上报工作，进一步强化了资产日常管理工作。

【资产处置审批和资产划转】 为保证资产安全和保值增值，进一步严格资产处置工作。2013年共上报省财政厅审批资产处置事项102项，账面原值共计2038万元。省局权限审批处置事项71项，账面原值共计439万元。大部分有偿转让处置车辆均已评估、拍卖，初步测算拍卖溢价率13%。根据地税系统经费管理体制划转工作要求，制定了资产清查和财务审计方案，严把资产清查关，强化财务审计，督促各市局组织实施，整个资产划转工作已全部完成。组织系统内积极参加全省行政事业资产管理征文活动，全省地税系统共上报征文18篇，获奖16篇（其中一等奖3篇），在省直部门中名列前茅，起到了总结经验，推动工作的良好效果。

【政府采购预算编制和执行】 根据全省政府采购预算编制要求，结合各项工作需要，力求政府采购预算编制做到准、实、细。2013年省财政厅共批复全系统政府采购预算指标50807.91万元，其中省地税局机关全年政府采购预算8198.41万元，上报政府采购计划60项，完成政府采购预算6784.55万元，政府采购预算执行率达82.75%。为规范采购行为，提高采购效率，研究拟定了《山东省地方税务局机关物资采购管理办法》（征求意见稿），为进一步完善机关采购提供制度保障。

【基础工作】 按照财务制度及预算收支科目建立新账。根据账套核算要求，建立了相应的数据库，对2012年度科目余额进行了数据转换。启用金税三期工程运行项目账户，制定项目资金管理办法，明确相关财务处理规定和人员职责。加强日常财务监管，坚持按章办事、规范运作，严格财务审批程序，认真审核把关，遵守国家现行相关费用开支标准与管理办法，完成了机关财务日常报销、审核、核算，按时计提、上缴个税和公积金，做到账目清晰，各项业务资料齐全完整。落实公务卡管理相关要求，加强公务卡使用管理，并针对公务卡使用中出现的如购买火车票等问题，提出解决办法，公务卡使用率得到有效提高。

【制度和预算约束】 为落实中央八项规定和省有关要求，推动节约型廉洁型机关建设，制定了《山东省地方税务局机关办公用品、电话、车辆费用包干管理暂行办法》，拟定了《山东省地方税务局机关经费预算管理办法（征求意见稿）》，以健全的制度规范财务行为。通过细致、完整、严格地编制机关预算、决算，以及根据规定，及时将2013年部门预算和“三公经费”预算通过局门户网站予以公布，自觉接受社会监督，有效地在省地税局机关强化了预算管理意识。

【配合做好审计工作】 配合省审计厅完成了2010—2012年的财务审计，配合审计署驻济南特派办完成了对结余结转专项资金的审计。对审计发现的问题，研究制定和落实整改措施，并与审计部门及时沟通协调，整改情况得到了审核认可，通过审计和整改，进一步规范了财务管理。

【提高政治业务素质】 加强学习，不断提高自身的政治素养和理论政策、业务水平。按照省地税局党组及机关党委部署，扎实组织开展党的群众路线教育实践活动和支部党建工作，针对查找出的问题，切实整改。特别是结合反对“四风”，贯彻中央八项规定，加强有关财务方面存在问题的整改落实，确立系统和省地税局机关财务管理制度“废、改、立”共11项，同时建立完善财务管理处内部管理制度共12项。通过组织学习，研究有关落实措施，进一步加强了作风建设。

（张成家　姜　水）

督察审计

【建章立制】 一是组织编写《执法督察工作指引》《领导干部经济责任审计工作指引》和《巡视工作指引》，共20多万字。二是制定《执法督察工作规程》《领导干部经济责任审计工作规程》和《巡视工作规程》。三是制定了《税收执法重点管理实施办法（试行）》《关于在全省地税系统开展“每日一题、每季一考”督察内审业务学习活动的通知》等。为促进全省地税系统督察内审工作顺利开展奠定了良好的制度基础。

【召开税收执法督察约谈会】 7月23日，在济南组织召开了税收执法督察约谈会，通报了省审计厅审计发现的2012年度税收征管质量问题和省局组织检查发现的执法问题，会议要求市、县（市、区）局对检查发现的问题进行认真梳理，按照省局统一制作的整改台账，列出整改计划和具体时限；严肃责任追究，对税收征管中存在的违法违规问题，依照有关规定程序和干部管理权限进行责任追究。

【开展2013年税收执法督察】 根据税务总局的统一部署和要求，省局下发了《关于开展2013年全省地税系统税收执法督察工作的通知》，对执法督察工作进行了安排部署。第一次采取“统一确定督察延伸对象，分级实施督察，省局统一抽查督导”的组织形式。具体做法：一是确定督察延伸对象。依据大集中征管信息系统，按照5类重点督察内容，确定全部应开展执法督察的延伸对象1304户，并将延伸督察对象下发至各市局、县（市、区）局。二是各地实施督察。各市局、县（市、区）局对省局确定的督察对象和延伸督察对象实施督察。三是省局督导抽查。组织40名抽查人员分6个抽查组对31个县（市、区）局开展了税收执法督察，延伸督察了65户纳税人。通过开展税收执法督察，各级共发现问题837个，提出建议359条，制定整改措施261条，完善制度77项。

【配合省审计厅对地税的审计】 一是汇总上报了省审计厅对2011年度税收征管质量审计问题的整改落实情况。二是牵头配合了省审计厅对省局和6个市局及其12个县（市、区）局、5个直属征收单位、81个纳税人和17户委托代征（代收代缴）单位的2012年度税收征管、预算执行和其他财政收支情况的审计和延伸调查工作，协调并处理了有关问题。三是对省审计厅《审计报告征求意见书》进行了意见征集。经全面征求意见和积极反馈，《审计报告征求意见书》中的部分问题得到了修正，统计的审计整改数据得到了审计部门的认可。四是对各市局下发了《关于2012年税收征管质量审计情况通报》，按时向省审计厅报送了《山东省地方税务局关于2012年税收征管质量审计整改情况报告》。

【税务行政审批专项执法督察】 按照税务总局的统一部署和要求，于9月25日至10月30日在全省地税系统开展了税务行政审批专项执法督察。督察方式采取“先省市局后县、区局，先机关后分局，先抽象后具体”，即：先对省、市局具有行政审批权限的科（处）室进行专项督察，再对管理分局和县、区局进行督察；先对涉及税务审批的文件进行检查，再对具体的审批事项进行检查，按要求报送督察报告。

【教育培训】 一是为提高督察内审业务技能，推动工作开展，于8月11—14日在山东省税务干部学校举办了全省地税系统首期督察内审业务培训班。各市局负责督察内审工作的分管领导、市局督察内审办公室全体人员共计80余人全程参加了培训。二是按照《关于在全省地税系统开展“每日一题、每季一考”督察内审业务学习活动的通知》要求，于12月13日分别在潍坊、曲阜两个考点举行了2013年全省地税系统督察内审业务考试，并对考试情况全省通报。

【召开督察内审工作会议】 8月15日，在山东省税务干部学校召开了全省地税系统第一次督察内审工作会议。会议诠释了督察内审工作的内涵、功能和作用，明确了工作定位；进一步理清了工作思路，阐述了工作理念、原则、管理和机制；全面加强队伍建设，突出督察内审能力建设。

（秦　勇）

人事管理与离退休干部工作

【班子建设】 一是把思想政治建设放在重要位置。以深入学习贯彻党的十八大和十八届三中全会精神为主线，采取自学为主，安排党校培训、组织系统领导干部专题讲座培训、组织指导市局民主生活会，在年度安排了各个层次的培训班增加党的十八大和十八届三中全会精神的培训内容等方式，全面加强领导班子思想政治建设。二是抓好领导班子监督考核。年初，配合省委组织部圆满完成了省局领导班子和领导干部2012年度考核，集中组织对17个市局领导班子和领导干部进行了2012年度考核，对市局党组2012年度干部选拔任用工作情况及新提拔干部情况进行了民主评议，对22名市局处级领导干部进行了试用期满考核，并就测评考核中发现的问题认真分析原因，有针对性地提出改进措施。三是加强市局领导班子建设。12月按照党组部署，采取转任交流、提拔任用等方式，对市局领导班子和领导干部进行了调整配备，共调整14名处级领导干部，涉及9个市局的领导班子，既强调了干部调整的原则性，体现了人性化，又优化了市局领导班子结构，增强了市局领导班子整体效能。四是优化基层领导班子配置。按照省局党组部署及时进行市局科以下干部选拔调整和基层领导班子配备，指导济南、临沂等6个市局有计划地对科（处）级干部和基层领导班子进行调整充实，使之更加适应当前基层各项工作的需要。

【干部管理】 一是强化干部日常管理。年初对省局机关人员及系统处级干部的职务、年龄、任职年限，以及市局领导班子结构等有关情况进行全面综合分析，为领导决策提供翔实的依据。按规定程序，及时完成了市局96名备案干部的审核和批复工作，对省局机关的5名科级干部组织考察，按规定程序晋升职务。依据《备案管理干部进一步考察意见》，对枣庄、东营、济南市局的4名备案干部作了进一步考察。对新调入省局的16名同志，按照规定程序和要求，及时在所在处室进行民主推荐和谈话考察，向省局党组提出了调入和任职意见。按照《省局开展“双向约谈”工作实施意见》，继续在机关开展“双向约谈”工作，全年共约谈228人，进一步畅通了干部职工交流沟通渠道。按照省委组织部的要求，选派省局1名处级干部到税务总局挂职锻炼，进一步加大了干部上挂交流的工作力度。完成了山东省国际税收研究会第五届领导人选以及各市税务学会兼职人选名单的确定工作。为17名达到退休年龄人员办理了退休手续。二是强化干部监督管理。按照党员领导干部报告个人有关事项制度和省委组织部要求，及时组织省委管理的16名厅级干部填报个人有关事项。组织省局机关及系统副处级以上干部，对三年来的个人有关事项及配偶子女移居国（境）外情况，集中进行了填报、规范，建立起了干部监督第一手档案资料。按照省委组织部的要求，充分发挥群众监督作用，在内网网站上向全系统干部职工发布了省市县三级“12380”手机短信举报公告，形成了信访、电话、网络、手机短信“四位一体”的举报受理平台，同时，在全省地税系统对破格提拔干部的情况进行了一次自查摸底，进一步加强了对各级领导干部和干部选拔任用工作的监督。11月，按照省委组织部的要求，在全省地税系统部署开展了相关人员在行业协会商会类社会组织兼职（任职）清理整顿和规范党政领导干部在企业兼职（任职）的活动，及时下发通知将有关精神传达到系统每位干部职工，并将排查情况核实汇总，登记造册，及时上报，切实起到了从严管理干部的效果。一年来，本着“专人负责、及时办理、认真调查、严肃处理”的原则，加大信访查办力度，及时查收各类举报信息，积极配合有关部门慎重负责地处理上访事件，及时调查处理干部人事管理方面的来信来访31件次，进一步发挥了干部监督作用，维护了干部权益、队伍稳定和地税形象。

【人事管理】 一是做好日常管理工作。年初召开了人事工作业务会议，集中办理系统公务员日常登记、人员调动、年度考核等日常性工作，经认真审核汇总，向主管部门呈报公务员日常登记630多人，系统内人员调配2000多人，积极协调省公务员局等主管单位，集中时间和人力完成了系统人员调配和公务员日常登记审批工作。认真落实省局工作人员带薪年休假制度，按照省政府办公厅有关精神，及时下发通知安排休假计划，研究省局工作人员休假意见，进一步完善了休假制度。二是加强人事基础信息建设。及时更新维护系统机构编制和人员信息，先后部署组织、维护更新了“公务员信息系统”中1.4万余名系统所属公务员详细信息；“人事管理信息系统”中1400多个地税机构和相关人员详细信息；对2004年以来系统事业单位接收的毕业生进行集中审核，并协调省人社厅有关处室，将上述人员全部纳入人事信息库管理。注重建立信息系统维护工作机制，指定专人负责信息系统建设和维护工作，开展重要业务集中办理、集中审批。认真做好系统干部人事统计工作，组织开展了年度各项人事统计整理汇总和数据分析工作，为调整和优化系统干部队伍结构、强化机构编制管理提供真实、准确的第一手资料。省局被评为“2012年度公务员统计年报全优报表单位”，受到通报表扬。三是做好人员录用调配工作。科学分析系统干部队伍年龄、学历、专业知识结构，研究制定了2013年系统增人计划及用编申请，一方面认真做好军转干部接收安置工作，另一方面，根据省公务员局统一部署，面向社会公开招考203名地税基层单位公务员，顺利完成了笔试、面试、公示、汇总、审核等环节。

按照省局党组要求，认真梳理分析系统非公务员身份人员考录公务员工作情况，研究拟定考录工作预案，并积极探索按照公务员的有关政策参照解决非公务员身份人员待遇的有效办法和具体实施方案，力求积极稳妥地解决这一历史遗留问题。四是规范完善档案管理工作。及时开展系统人事干部档案业务培训，印制发放培训材料230多份，有计划、分阶段、分步骤做好干部人事档案材料的整理、审核、归档、调整、更换等工作。按照省委组织部要求，对全省正处级干部档案审核库进行信息采集及数据更新，共完成地税系统72名在职正处级干部人事档案的整理、审核和补录工作。认真办理省局机关及系统人员工资变动调整审批业务，全年共办理工资审批业务7500人次1142项。五是做好机构编制管理工作。在反复征求有关处室和基层单位意见的基础上，进一步明确督察内审处、重点企业税收管理局等新调整处室的职责，理顺省局及市以下相关内设机构的工作关系和秩序。结合金税三期工程上线工作，部署各级人事部门发挥人力资源的支撑作用，同征管业务部门进行沟通，共同研究金税三期工程系统中机构设置、岗责体系、人员配备等方面的需求，分析同目前地税系统机构、编制和人员实际情况间存在的法律法规、制度建设、管理体系方面的差异，预测在机构设置、执法主体、人事管理、职能划分等方面可能出现的问题和风险，合理规划金税三期工程系统中相关部门职责，保障了税收征管业务流程的顺利运转。

【教育培训】 一是制定实施年度教育培训计划。认真征求省局机关各单位年度培训需求，制定了年度培训计划和实施意见。按年度培训计划认真组织实施了在中组部全国干部教育培训浙江大学基地举办的县局长培训班、在山东省税务干部学校举办的地税中心所长培训班、在扬州税院举办的省局兼职教师培训班、在泰安举办的新录用公务员初任培训班。同时，协调省局有关业务处室，办理业务培训项目的策划审批和总结评估工作，保证了培训项目按计划顺利实施。2013年省局共举办了培训班38期，培训2296人次；全系统共举办了培训班2093期，培训55762人次，圆满完成了年度培训任务。二是认真完成上级部署的调训和考试等工作任务。按照税务总局、省委和省政府干部调训任务要求，积极落实调训人员，办理了188名处级干部、业务骨干和兼职教师的人员选派、报名注册等工作，精心组织了省委、省政府安排的党的十八大精神专题培训班，组织省局29名处级干部参加了省委党校学习培训，举办了领导干部十八大精神视频专题培训，全省地税系统处级干部、县（市、区）局长和省局全体人员参加了培训，在全系统掀起了学习贯彻党的十八大精神的热潮，达到了省委培训目标要求。按照税务总局抽考任务要求，与企业所得税处密切协作，组织完成了税务总局组织的系统《小企业会计准则》抽考测试，抽考的青岛市局取得了全国第二名的好成绩，受到税务总局通报表彰。按照税务总局领军人才选拔任务的要求，认真做好全国税务领军人才培养对象的个人申报、组织推荐、笔试面试、业绩评价与考察等各项工作，完成了全国税务领军人才的选拔任务。三是进一步完善教育培训管理办法。为进一步加强和规范全系统干部教育培训工作，从新形势、新任务、新要求出发，经过两次较大范围的征求意见，拟定了《教育培训管理办法》，办法兼顾了上级的要求和现行的做法，突出了系统特色，比较系统、全面，使教育培训管理工作更趋科学化、规范化，为建设政治过硬、业务精通、作风优良、执法公正、服务规范的高素质地税干部队伍提供了制度保障。四是优化培训机构，提高培训质效。按省内培训机构招投标确定的标准，成立了招标领导小组，发布招标公告，严格实施了省内培训机构的招标，经过业务谈判、考察资质、量化计分等环节，确定了山东省税务干部学校、烟台职业学院等6所院校等作为省内培训机构，并签署了合作协议并将机构名单发各市局共享。同时，省局机关各单位和各市、县局根据各级业务培训需求和培训机构师资特点，严格报批手续，按照招投标确定的培训费用标准，由中标的培训机构承办实施各类培训项目，进一步规范了管理，降低了成本，提高了培训质效。

【离退休干部工作】 关心老干部生活，认真落实老干部的政治生活待遇，定期组织开展健康有益的学习考察，做好福利发放、用车等各项服务工作。春节、重阳节等重大节日期间开展了走访慰问和座谈活动，组织老干部进行考察学习活动。8月份组织召开了省局老干部代表座谈会，重点听取了老干部对省局“四风”等方面问题的反映，征求对开展好党的群众路线教育实践活动的意见建议，并及时反馈落实了老干部提出的意见建议，体现了党组对老干部的关心和爱护。针对新形势下干部职工在福利待遇、用车、外出学习考察等方面的新要求、新变化，积极沟通协调，认真细致地做好宣传解释工作，争得老干部的理解支持。

【其他方面】 一是集中开展好党的群众路线教育实践活动。按照党的群众路线教育实践活动领导小组的统一部署和分工，负责协调整个党的群众路线教育实践活动的督导工作，与有关处室同志一起参与组织并完成了党的群众路线教育实践活动中基层调研、集中学习、民主生活会、建章立制等阶段工作任务。注重把活动开展与人事工作紧密结合，针对群众反映的省局相关处室职能交叉问题，制定了《机关各单位工作职责划分》，针对在干部管理方面的意见建议，制定了《干部人事管理工作的补充意见》，针对教育培训方面的意见建议，制定了《干部教育培训工作管理办法》。这些制度对规范干部人事管理、科学划分机关各单位工作职责、提升教育培训工作质效必将起到积极的促进作用，做到了党的群众路线教育实践活动与人事工作的互相推动、互相促进。二是做好对口支援服务工作。按照省选派办要求，完成了第二批“第一书记”的组织动员、人员选派及后续服务保障及争取资金工作。同时做好第一批“第一书记”返回有关工作，及时与有关处室研究宣传方案，采取座谈交流、专题报告、展板展示、网站发布等形式，对“第一书记”帮包工作进行集中宣传，在省局机关和系统内引起了强烈反响，收到了良好的效果。经省选派办研究，省局选派的5位第一批“第一书记”年度工作考核均为“优秀”等次。配合省委组织部对省局博士团新疆挂职干部进行了年度考核。三是做好出国（境）管理服务工作。按照干部管理权限，承办了省局管理干部因公、因私出入国（境）的审批备案工作，办理了66名干部因公出国（境）的审批手续，办理了61名干部因私出国（境）的审批备案手续。按照国家外专局、省外专局和省外办批准的出国（境）计划，办理了赴加拿大现代税收征管培训班和赴加拿大约克大学考察的相关手续。四是做好工资管理和省局机关医疗保险参保工作。完成了系统和省局机关各项工资变动业务的核定、上报审批工作，全年共处理工资业务1142项，总人数7503人。认真落实省直医疗保险政策，在规定时间内，完成了省局机关在职及退休人员参加医疗保险后的医保基金缴纳、外地急诊备案、工伤认定、医药费用结算、参保人员增减变动、医保缴费基数年审等各项业务，维护了干部职工的切身利益。五是开展了党员干部联系困难家庭工作。按照省委要求，结合局机关实际，制定了活动方案，联系确定了莒南县涝坡镇12户困难家庭，并进行了工作分工。8月份省局局长张洪军、副局长韩奎祥带领有关同志赴莒南县涝坡镇走访慰问了困难家庭和困难群众。联系困难家庭活动的开展，对于建立转变作风、联系服务群众的长效机制起到了积极作用。

（张秀臻　林　健）

基层工作

【基层建设】　按照省局党组关于“搞好顶层设计，加强文化建设，着力提升精神引领作用”的明确要求，坚持把文化建设作为深化和升华基层建设的重要举措，组织开展了“传承文化·弘扬美德——构建当代税收核心价值体系”系列活动，依托《山东地税》开展了有奖征文；紧密结合党的十八大和十八届二中、三中全会精神，以社会主义核心价值体系为指导，结合地税实际，起草了《关于全面加强地税系统文化建设的意见》；召开了全系统文化建设现场推进会，着重推介了章丘市局、高青县局、青岛市局3个单位的做法，引领各级在树立先进理念、加强活动载体建设、营造良好舆论环境、扎实开展典型学习活动等方面进行积极探索，文化建设得到初步推进。同时，全年编发《山东地税情况——基层建设工作专刊》60余期，促进了各级各地基层建设、文化建设工作交流。

【税收宣传】 紧紧围绕“税收·发展·民生”这一主题，贯穿渗透“共建征纳和谐，服务经济民生”理念，扎实开展了内容丰富、特色鲜明的第22个税收宣传月活动，会同省国税局开展了“省政府2013年税收宣传月活动新闻发布会”“全省纳税信用等级评定结果发布会”，开展了“税收·发展·民生”税收宣传书画大赛、“地税局（所）长服务日”、税法知识“六进”和“税收政策进万家”税法普及等活动。在全面、及时、有效地宣传各项工作的基础上，坚持“找准位置，面向社会，扩大视野，延伸触角，发挥作用”的宣传工作思路，积极构筑全方位宣传格局，全面、及时、有效地报道了以组织收入为中心的各项工作。全年直接撰写或组织在中央级媒体发稿230多篇，其中：《中国税务报》123篇、《中国税务网》107篇；在省级主要媒体发稿42篇，其中：山东电视台《新闻联播》7条，《大众日报》5篇；山东有线电视台《地税时空》播放52期，《大众网》54篇，《齐鲁网》72篇。

【文明创建】 根据税务总局和全国青年文明号活动组委会要求，推荐上报了全国青年文明号争创材料，系统内3个单位荣获“全国青年文明号”称号；与团省委联合表彰了地税系统2011—2012年度“省级青年文明号”，全系统“省级青年文明号”达到342个。积极向省文明委、省工会、省妇联等推荐，10个单位荣获“省级文明单位”称号，全系统“省级文明单位”达到207个；4个单位荣获2012年度“工人先锋号”“工会工作先进单位”“女职工建功立业标兵岗”“全国巾帼文明岗”称号，6名个人荣获“优秀工会之友”“优秀工会积极分子”“女职工建功立业标兵”称号。积极参与上级组织的先进工作者、先进集体、劳动模范等评选活动，6个单位荣获“全国税务系统先进集体”，6位同志荣获“全国税务系统先进工作者”，11名同志荣获“山东省先进工作者”，1名同志荣获“山东省人民满意的公务员”称号。

【涉税舆情管理】 不断健全涉税舆情管理机制，组建涉税舆情联络员队伍，完善税收舆情报告和通报制度，创建了《税务舆情专报》，编发专报5期。切实加强舆情监测和分析处置，对系统发生的重要舆情事件及时进行了督查核实、正面应对和妥善处理。制定实施涉税舆情管理办法，举办了全系统税务舆情管理工作培训班，并以“山东地税大讲堂”的形式邀请税务总局舆情管理专家，全面讲述了应对处理涉税舆情的策略和办法。此外，认真指导各市局剖析在舆情事件处置中暴露出的薄弱环节，加强负面舆情事件科学处置指导，督促各市采取措施提前监测、提前预案、妥善应对，全系统舆情管理得到进一步加强。

【《山东地税》内刊】 全年共编发内刊13期，编辑文字80万字，图片860余幅；组建了组织能力、文字能力较为突出的252人通联队伍，有针对性地选择了48名在新闻、文学、书画、摄影等领域有一定水平的特约通讯员。《山东地税》编发工作得到了省新闻出版局的高度评价，2013年《山东地税》被评为“山东省优秀内刊”，并顺利通过三年刊号连续审批。

（舒　强）

纪检监察

【监督检查】 坚决贯彻落实中央八项规定和省委实施办法，省局组织7个组对各市局及部分县（市、区）局贯彻八项规定情况开展专项督导检查。各级地税机关纪检监察部门突出主业，积极发挥执纪监督职责，抓住中秋节、国庆节和元旦、春节等重要的时间节点，利用随机检查、明察暗访、信访受理等及时发现、防止和查处公款大吃大喝、公款购买赠送节礼、年货、土特产品、有价证券和贺年卡等违规违纪行为。认真开展“庸懒散”专项治理，制定了《中共山东地方税务局党组关于在全省地税系统开展“庸懒散”专项治理严肃纪律突出解决办事效率低下问题的工作方案》（鲁地税党发〔2013〕16号），组织对基层税收执法和服务中的突出问题及违反工作纪律不作为、慢作为、乱作为等七项“庸懒散”突出问题进行了重点整治，对部分市、县（市、区）局中心所及办税场所、重要岗位、纳税服务窗口等开展了明察暗访。2013年，各级严格执行有关规定，加大查处“四风”等问题工作力度，严肃查处并通报违反八项规定、“庸懒散”问题47起，对34人实施责任追究，其中党纪政纪处分3人，组织处理23人，诫勉谈话34人。

【反腐倡廉教育】 坚持用新思维、新举措谋划反腐倡廉教育，积极推进廉政文化建设。组织开展纪律作风、岗位勤廉学习教育活动，省局倡导的“两个习惯”（习惯在监督的环境下工作、习惯在法制的轨道上用权）逐步养成，广大党员干部的纪律意识、风险意识、廉洁自律意识不断增强。2013年，各级党组（党委）理论中心组开展廉洁从政专题学习349次，部署廉洁从政教育活动863次，系统52名正县（处）级党员领导干部参加了全省德廉知识学习和测试，均以高分通过。全省地税系统集中组织开展了以学习贯彻《税收违法违纪行为处分规定》为重点的纪律学习教育活动，承担试点任务的聊城市茌平县地税局提供了经验和做法，省局以现场会的形式加以推广。教育活动中，各级组织专题讲座、培训班179场次，受教育人员21630人次；组织考试116场次，参加考试人员13300人次；组织到监狱、看守所、检察院教育基地接受教育74次、累计23000人次；邀请各级领导和专家结合案例警示教育61场次，组织演讲、知识竞赛、征文比赛等活动168场次。网上廉政文化教育基地已覆盖到省、市、县局三级，形成了独具山东地税特色的廉政文化有效载体。以“清廉地税”为内容的书法、美术、摄影作品征集活动，得到各级积极响应，征集作品500余件。各级积极组织开展廉政文化示范点创建活动，省局机关和19个市、县（市、区）局被省纪委评为廉政文化创建示范点。

【内控机制建设】　廉政和执法风险防控平台的应用力度不断加大，这是党风廉政建设的重要载体，也是防控廉政风险的重要抓手，又是具有山东地税特色的科学有效风险防控体系。2013年，各级利用廉政和执法风险防控平台共检索预警信息80358条，其中立项复核18258条，及时发现和处置重大风险信息1562条，累计查补入库税款15211.25万元；提出整改意见1795条，监察建议812个，责令限期整改问题545项；警示谈话132人次，通报批评8人次，责任追究259人次。全省地税系统税收执法过错行为同比下降76.42%，违反执法程序、执法随意性问题得到有效防范。省局成立了平台优化升级项目组，组织了三次调研，到外省市学习先进经验，进一步完善平台建设，与金税三期工程深度融合。4月份，在新一届省政府第一次廉政工作会议上，省局局长张洪军就廉政和执法风险防控工作作典型发言。各级大胆探索，勇于实践，青岛地税创建的智慧地税防控平台，以鲜明的特色得到了省纪委领导和税务总局领导的充分肯定。

【监督管理】　认真贯彻执行《廉政准则》和《党内监督条例》，着力加强对领导干部的监督，严格执行民主生活会、领导干部述职述廉、廉政谈话、离任审计、领导干部报告个人有关事项等制度，加强对“三重一大”的日常监督。2013年，各级地税机关主要负责人、纪检组组长（纪委书记）同下级主要负责人谈话933人次，领导干部任前廉政谈话556人次，领导干部述职述廉3138人次。督促领导干部改进作风，在全省地税系统组织开展了会员卡专项清退活动，系统750名纪检监察干部和21942名干部职工在规定时间全部作出了零持有报告。

【行风建设】　认真落实特邀监察员、税企联系制度，积极开展向纳税人述职述廉、廉情回访等活动，切实维护群众利益，及时受理、有效处理群众咨询、投诉和举报，认真解决涉及群众切身利益的突出问题。组织参加了“阳光政务热线”“齐鲁民声”网活动，制定了《山东省地方税务局组织参加“齐鲁民声”网实施办法》（鲁地税办发〔2013〕19号），省局受理并答复、解决群众反映的突出问题14个。各级积极参加2013年度全省民主评议政风行风活动，省局向省社情民意调查中心报送了25000户地税系统服务对象信息，主动接受纳税人满意度调查。省局在2012年度民主评议政风行风活动中获行政执法部门第四名，青岛、枣庄、东营、烟台、潍坊、威海、日照、临沂、德州9个市局获当地行政执法机关第一名。

【执纪办案】　各级高度重视信访和查办案件工作，坚持有错必改、有责必究、有腐必惩。不断完善信访举报、电话举报、网络举报受理机制，对群众举报情况和问题线索认真排查，加大自查、直查和督办工作力度。2013年，各级纪检监察部门共受理信访举报210件次，诫勉谈话61人次，函询7人次，立案6起，结案6起，给予党纪政纪处分14人，执纪监督作用得到较好发挥。坚持抓早抓小，防止小问题变成大问题，对干部苗头性问题教育提醒350人次。

【纪检监察队伍建设】 各级地税机关纪检监察部门不辜负省局党组的期望，严格要求，忠实履职，带头执行和落实各项规定，较好地发挥了执纪监督作用，赢得了各级党组织的信任和广大干部的支持。不断加大纪检监察干部培训力度，省局组织30人参加了中纪委的高端培训，626人参加了省、市纪委培训班。重新修订了《全省地税系统纪检监察工作考核办法》，细化量化工作考核标准，引导各级地税机关纪检监察部门改进工作、提高水平，形成了创先争优的良好氛围。及时总结和推广基层新鲜经验，2013年，编辑纪检监察信息45期。

（丘　晴）

税务稽查

【概述】 2013年，全省各级稽查部门共查补入库税款31.75亿元，比上年增长17.66%，追缴入库31.47亿元，增长17.6%。其中，组织企业自查7877户，自查查补收入18.23亿元；立案检查各类违法案件3919起，重点检查查补收入13.52亿元；实现选案准确率99.26%、结案率99.39%、入库率99.12%、平均处罚率20.16%。

【税收专项检查】 2013年，全省专项检查共查补收入24.21亿元。其中，自查查补收入15.9亿元，重点检查查补收入8.31亿元。行业税收专项检查方面，主要对地方商业银行、股份制银行以及证券基金公司等6个指令性项目，房地产、建筑安装业以及资本交易等4个指导性项目开展检查，共计实现查补收入13.89亿元，比上年增长47.45%。其中，指令性项目查补3.07亿元，占22.10%；指导性项目查补10.82亿元，占77.9%。区域税收专项整治方面，全省有13个市局对辖区内税收秩序较为混乱、税收违法案件线索指向较为集中的营利性教育及技能培训服务机构、列入“营改增”试点范围的物流等交通运输企业、矿产品采选经销企业开展集中整治，共检查397户，查补收入1.98亿元。重点税源企业检查方面，对税务总局确定的全国性重点税源企业的检查，认真落实“总局牵头、多省联动、国税与地税联合”的督导协调制度，采取“省局检查驻济总部、各市检查驻市分部、统一政策、上下联动”的方式进行。对驻济总部的检查，省局组成证券、基金、股份制银行三个检查组，对股权（信托）基金、股份制银行和证券公司共48户驻济成员企业实施专项检查，并聘用由2012年公开招标产生的三家中介机构参与税务稽查检查实施环节涉税审核业务。在检查中，各检查组采取人工查账经验与计算机专业技能相结合的方式，深入挖潜、分析，利用其电子账套，在查处金融业、资本交易难点、疑点方面取得了重大突破。全年，省市两级共检查重点税源企业675户，查补各项收入8.34亿元。

【打击发票违法犯罪活动】 2013年，继续强化了对纳税人发票使用情况的检查力度，将发票检查纳入税收检查的必查环节和必查项目，做到“查税必查票”“查票必查税”，并进一步加大了对全省打击发票违法犯罪活动工作的调度、考核、通报和检查督导力度，有效遏制了发票违法犯罪活动。全省医药卫生行业发票使用情况专项整治工作方面，共检查全省三级以上公立医院、药品医疗器械生产经营单位和营利性医疗机构928户，查处276户，检查发票1.66亿份，涉及票面金额17.43亿元，查补收入4071.71万元。全省重点行业发票使用情况检查工作方面，2013年，全省各级对金融、房地产、建筑安装、发电供电、餐饮娱乐等重点行业开展了发票使用情况检查，共查处违法受票企业1973户，查处非法发票3.87万份，查补8895.27万元。整体而言，青岛、烟台、东营、潍坊、淄博和枣庄等市地方税务局，坚持打防并举，密切部门配合，打击发票违法犯罪活动成效较为突出。

【税收违法行为检举管理】 下发了《关于进一步加强税收违法行为检举管理工作的通知》，从提高认识、完善制度、规范程序、工作方法、建立长效机制等方面，对全省涉税检举管理工作提出了一系列具体要求，并加强了对涉税检举案件的跟踪督导，加大了检举案件的查处和督办力度，有效消除了潜在的越级、集体上访隐患。全年，全省共受理涉税检举案件563件，查结425件，查补各项收入6359.22万元，入库3632.10万元。

【电子查账】 在全省全面推行电子查账的基础上，对自主研发推广的具有山东地税特色的电子查账软件进一步优化升级，将工业制造业、房地产业和餐饮业三个行业的检查模板固化到电子查账软件中，将信息化稽查手段和稽查业务有机融合，进一步提高了电子查账软件的智能化水平。为有效检验全省地税系统电子查账应用水平，进一步提升全省现代化稽查工作质效，2013年10月成功举办了全省地税系统电子查账技能竞赛，根据竞赛成绩，确定了威海、青岛、烟台、济宁、临沂、东营、聊城、济南等八个市局稽查局予以通报表彰。全年，全省使用电子查账软件检查纳税人2239户，占全部重点检查户数的比例达到了57.13%，实现查补收入9.79亿元，比上年增长187.24%，户均查补收入43.72万元。

【稽查培训】 一是以全省视频的形式，邀请业内专家对列入2013年专项检查工作重点的金融、证券和基金等行业的业务流程、核算方法和检查技巧等进行查前集中视频辅导。二是按照税务总局在全国推广应用协查信息管理系统的要求，在潍坊税校组织了一期全省协查信息管理系统操作人员师资培训班。三是举办了一期为期9天、培训人数100人的全省稽查骨干人才培训班，进一步提升了参训人员的稽查核心业务能力和稽查实战水平。

【稽查调研、科研】 一是组织人员赴税务总局稽查体制改革试点地区安徽、河南以及稽查体制探索较有成效的广西等3省进行了学习考察，撰写了《关于深化我省稽查体制改革的调研报告》。二是将加强稽查执法能力考核作为一个重大课题，组织撰写了《在我省地税稽查系统实施执法能力考核的探讨》，获全系统科研成果一等奖。三是组织撰写的《建立纳税评估和税务稽查良性互动机制的思考》科研课题，荣获2011—2012年度全国税务系统优秀税收科研成果三等奖（税总发〔2013〕68号）。四是在2012年度《中国税务稽查年鉴》编辑工作中获得先进组织单位荣誉称号。

【执法检查受到税务总局表彰】 2013年8月，以省局稽查局调研员高德成为组长的山东地税工作组，参加了税务总局组织的全国调研性检查和执法监察工作，税务总局以《国家税务总局收入规划核算司关于表扬参与组织收入调研检查和执法监察工作有关同志的通报》（税总收便函〔2013〕56号）的文件予以通报表扬。

（张建明　吴姝虹）

重点企业税收管理

【党的群众路线教育实践活动】 一是抓好学习教育，把思想认识统一到中央、省委和省局党组的决策部署上。同时，采取到基层和企业走访调研、座谈会、谈心会等形式，广泛听取各方面的意见建议。二是集中查摆问题，积极开展批评与自我批评。广泛开展谈心活动，反复征求意见，认真准备、反复修改对照检查材料，努力把问题找准，把根源查实，把整改措施制定完善。在此基础上，召开了以“查摆‘四风’”为主题的专题组织生活会，省局党组成员、副局长李功到会指导。会上大家开诚布公、坦诚相见地进行了批评与自我批评，针对自己存在的问题和不足明确了今后努力的方向。三是建章立制，抓好整改落实。针对查摆的问题制定了相应的整改措施，突出抓好改进和加强纳税服务工作，改进工作作风，治理“庸懒散”等问题。通过党的群众路线教育实践活动，大家的精神面貌、作风纪律和工作效率有了明显的改进，工作积极性、主动性进一步提高，团队的凝聚力、战斗力进一步增强。

【理顺工作机制】 一是开展前期调研。根据省局领导的指示，组成两个调研组，围绕大企业税收服务与管理工作现状、职责划分、企业诉求及意见建议等方面进行专题调研，基本摸清了重点企业税源管理现状、存在问题和下一步需努力的方向，为开展重点企业监管与服务工作打下了坚实的基础。二是明确了省局重点企业税收管理局职责范围。在省局主要领导三次专门听取重点企业税收管理局有关工作汇报的基础上，经过分管领导和有关处室的共同努力，省局明确了重点企业税收管理局的职责范围，并要求各地加强对重点税源企业税收管理工作的领导，明确目标任务，健全工作机制，完善岗位设置，理顺工作分工，加强协调配合，共同做好重点税源企业税收管理工作。三是确定了省局重点企业税收管理局首批监管与服务企业。采取综合衡量、突出特点、兼顾地区和行业的原则，在济南、青岛等10个市每市选择1户企业作为省局重点企业税收管理局监管与服务企业。四是召开了省局所辖重点企业税收监管与服务工作研讨会。会议传达了省局局长张洪军对所辖重点企业税收管理工作的要求，通报省局重点企业税收管理局职责范围和所辖重点企业名单，交流重点企业税收监管与服务工作经验，研究部署今后一个时期所辖重点企业税收管理工作任务。五是完成了所辖重点企业税收管理与服务的对接工作。研讨会议后，重点企业税收管理局组成工作小组，深入所辖每个重点企业及主管税务机关进行工作对接，并在每个重点企业召开税企工作座谈会，省、市和主管税务机关集体征求所辖重点企业对税收管理及纳税服务的意见和建议。六是召开了高速集团所属二级全资和控股子公司税企工作座谈会，分析预测了高速集团所属二级单位2013年生产经营、财务核算和地方税收缴纳情况，查找了各单位生产经营和税款缴纳方面存在的主要问题，并对省局重点企业税收管理局监管和服务工作提出了意见和建议。七是发布了《致重点企业的一封信》。重点企业税收管理局承诺进一步完善服务机制，整合服务资源，及时响应纳税人的合理诉求，不断改进和提高服务水平。同时，对重点企业纳税人提出了带头学习税收法规，不断提高纳税意识，履行各项纳税义务，一如继往地争做诚信纳税楷模的希望。

【规范工作秩序】 一是重新规范内部科室设置，搭配好相关人员，建立健全内部工作制度，在山东地税网站上发布了工作动态。二是制定了省局重点企业税收管理局人员分工、职责、岗位衔接、工作程序和重点企业税收管理局近期工作配档表，使有关工作按照分工和时间要求开展。三是积极搭建上下对口工作联系机制，明确各市重点企业税收管理部门、分管领导，确定相关人员及联系方式，建立起全省重点企业税收管理通讯录。四是制定了《重点企业税收管理局2013年度机关和系统考核项目及标准》，拟定了《山东省地方税务局关于实施“一对一”服务大企业暂行办法》，起草了《所辖重点企业税收监管与服务办法（试行）》等，较好地搭建了重点企业税收管理与服务工作的标准化体系。五是及时完成了2012年重点企业税收管理局年鉴的编写工作，以及对《金税三期双轨试运行工作方案》《中华人民共和国税收征收管理法修正案》《山东省税务行政处罚裁量权实施办法》、省局务虚会等提出了意见和建议。

【重点企业税收管理人才培养】 一是积极组织和参加各类培训。根据省局2013年培训工作安排，组织了省局所辖重点企业税收管理培训班。重点讲解了纳税评估及案例分析、企业账务处理与税收政策差异、反避税调查和税务审计等内容。同时，2013年共有3名同志参加了税务总局举办的纳税评估与风险管理、大企业税务审计和大企业税收服务与管理培训班，1名同志参加了省政府举办的全省发展服务业培训班。二是开展岗位练兵活动。按照“缺什么，补什么，边干边学”的要求，坚持在工作中学习探讨，在实践中努力提高，做好全体人员的知识更新和专业知识培养，打造学习型、和谐型、实干型、创新型的干部队伍。三是深入开展理论研讨。撰写的《大企业税收风险管理路径探究》《关于我省重点企业税收专业化管理的探讨》在《山东地税》发表。撰写的《关于东营等四市大企业税收服务与管理工作有关情况的调查报告》《总部经济是中心城市经济发展的必然选择》在《调查与研究》上发表。

（张　皓）

机关党建

【党的十八大、十八届三中全会精神学习】 4月下旬举办全省地税系统处级干部党的十八大精神培训班，采取视频的形式，组织省局、市局处级干部进行5天的培训，请中央、省内著名专家学者和十八大代表作专题辅导。同时，利用一周的时间，对系统内70名党务干部进行专门培训。党的十八届三中全会召开后，分别下发省局党组、机关党委文件，对全系统和省局机关的学习作出全面部署，明确学习重点与要求。为适应干部职工学习需要，为局机关干部统一购买下发了学习党的十八届三中全会精神辅导材料。

【党的群众路线教育实践活动】 按照省局的统一部署、局长张洪军动员讲话的要求，组织省局机关党员积极参与到活动之中。认真完成党的群众路线教育实践活动的规定动作，原原本本学习中央、省委、省局党组关于党的群众路线教育实践活动工作部署、学习材料，不断提高认识，明确重点，增强贯彻党的群众路线的自觉性。按照“照镜子、正衣冠、洗洗澡、治治病”的总要求，全体党员认真撰写对照检查材料，结合工作、学习、生活的各个方面，查摆了在“形式主义、官僚主义、享乐主义、奢靡之风”这“四风”方面存在的问题，分析原因，制定整改措施。经分管局领导审核把关后，在相互谈心交心、交流沟通的基础上，召开组织生活会，开展了批评与自我批评。同志们一致认为，这次组织生活会批评和自我批评实事求是，直奔主题，坦诚相见，达到了“红红脸、出出汗”的效果，保证了组织生活会的质量。在组织好本单位活动的同时，积极做好省局交给的党的群众路线教育实践活动办公室的部分工作任务。拟制、起草相关文件、讲话、方案、汇报材料、制度，组织机关军转干部职工到淄博开展了“军转干部回军营，重温部队好作风”活动。从全系统选出18名“为民务实清廉”先进典型个人，编印了《地税先锋》，下发通知，在全系统开展了向“为民务实清廉”先进个人学习活动。贯彻边整边改原则，落实省局领导要求，在局机关和省局内网，分别设立、开通了干部职工诉求建议信箱和邮箱，进一步畅通干部职工诉求建议渠道。

【评先创优】　大力选树先进典型，发挥引领带动作用。七一前夕，在全系统评选出23个党建工作先进集体（市、县局党组）、20名党建工作先进个人，省局党组发文通报表彰。认真总结党建品牌建设工作，从全省评选出20个优秀党建品牌，省局党组党建指导组发文通报表彰，在党建网页发布党建品牌创建经验做法材料。组织了全系统先进事迹视频宣讲会，在全系统选出17个先进基层党组织、优秀党员，以小品、表演唱、诗歌朗诵等文艺表演形式，宣讲了他们的先进事迹。努力推进基层为干部职工办好事，解难题，消除后顾之忧，建设和谐地税，开展了评选10件好事活动。对评出的10件好事，省局党组党建工作指导组给予通报表彰。

【学习型党组织、学习型机关建设】　继续在局机关开展好书荐读活动，创造条件，营造学习氛围。年初在充分征求机关各处室意见的基础上，为干部职工购买发放了《正能量》《重燃中国梦》等5本图书，购买发放了《理性看　齐心办》《中共中央关于全面深化改革若干重大问题的决定》等辅导读本1100余本。加强机关学习型党组织建设的宣传工作，利用一楼大厅宣传专栏，共出27期，系统党建网发布信息353篇，全面反映机关和各支部学习型党组织建设的做法与成效。着眼于树立系统学习型党组织、学习型机关建设典型，推进系统学习型党组织、学习型机关建设活动扎实开展，在全系统树立了10个学习型党组织、学习型机关示范点，通报他们的做法，介绍他们的经验，并授予示范点牌匾予以激励。

【深化系统党建工作指导实践】　充分发挥党建工作协作片会机制作用，推动系统党建工作。指导片会承办单位，精心培育党建工作观摩现场。年内，泰安、威海、日照三个市局准备的党建工作观摩现场富有实效性、时代性特点，所介绍的学习型党组织、学习型机关建设以及网上党支部建设，从实际出发、党组织管理模式不搞一刀切的做法，给各成员单位很大启发。省局领导坚持片会点评各成员单位党建工作，提出要求，各成员单位开展党建工作的思路不断得到拓宽。省局加强对系统党建先进经验、先进典型的推介工作，以党建工作指导组文件批转党建经验做法、先进典型事迹，通过《支部生活》《机关党建》《地税时空》和《齐鲁网》，宣传系统党建工作，通过内网《系统党建》，发布党建工作动态、经验交流文章。随着抓系统党建工作指导实践的不断深化，进一步充实完善了以“两创一建两加强”（创新系统党建工作组织体系，创新系统党建工作指导方法，建立系统党建工作指导制度，加强系统党建基础保障建设，加强系统党建工作的宣传。)为主要内容的《系统党建指导工作法》。在12月初于宁津召开的全省机关党建课题研讨暨行业系统基层党建观摩会上，省直工委领导同志逐条讲解了省地税局的《系统党建指导工作法》，给予很高评价。

【作风年建设活动】 分别对系统和省局机关开展作风年建设活动作出部署，制定实施方案，各支部按照实施方案开展活动。省局机关在活动中开展了“我的身边有一缕清风吹过”征文活动，赞扬作风建设年中的新气象，组织机关干部职工开展了警示教育。全系统在开展活动中，更加重视为党委政府在发展经济方面发挥好参谋作用，更加重视从经济角度研究税收，从税收角度研究经济，工作更加深入。在优化纳税服务方面，通过党员联系企业、纳税人等多种形式，不断提升服务质量，提升工作质效。在落实税收政策方面，更加注重研究政策，出台了一系列措施，让纳税人享受到实实在在的政策红利。

【发挥群团组织作用】 坚持以人为本的理念，帮助党员、职工解决实际困难和问题。对身患疾病的党员、职工及时走访慰问，为10名机关困难职工发放困难救济金，为全体工会会员发放生日蛋糕和健身游园卡，为适龄、符合政策的妇女积极办理准生手续。同时，设立机关干部职工诉求和建议的信箱、邮箱，通过关心机关干部职工工作生活，听取他们的心声，改进工作，激发干部职工积极性和主动性。发挥工青妇群团组织优势，积极创新活动的内容和形式，广泛开展群众性精神文明创建活动，建立局机关网络文明传播领导体系、工作机制、志愿者队伍，积极撰写发表博文、评论1200余篇，传递机关正能量。为支持和推进省局选派“第一书记”工作小组在莒南县涝坡镇包村工作的深入开展，配合建立文化大院、图书室的规划，组织机关党员干部职工开展了“奉献爱心捐赠图书”活动。组织30余名机关妇女同志到济南植物园进行植树活动。举办机关青年干部职工“畅谈梦想”庆五四交流会。邀请专家为大家解读和辅导职工基本医疗保险和新交规制度。组织“慈心一日捐”活动，共捐款34310元。落实全民健身计划，唱响“健康和谐、快乐工作”的主旋律，先后开展了学习太极拳、健身操、羽毛球比赛、趣味运动会等丰富多彩的文体活动，让干部职工在活动中缓释工作压力，增进身心健康。各项活动的开展，营造了和谐氛围，凝聚了人心，促进了地税事业的发展。

（李振彬）

信息化建设

2013年，信息中心围绕科技引领、务实创新的工作思路，全力做好金税三期工程上线和信息化日常管理工作，圆满完成各项工作任务。年内荣获山东省信息化先进单位、山东省信息化绩效考核优秀单位、山东省信息安全先进单位等荣誉称号。

【数据迁移】 一是着力解决各类技术难题。金税三期工程系统切换前，信息中心组织进行了4轮数据迁移演练，充分发挥技术优势，解决了存储过程执行效率低、耗时长等难点问题，将迁移时间由原来的2天提高到1天之内。二是集中骨干力量，顺利完成金税三期工程摆渡库数据迁移工作。共迁移核心征管数据表74张、4.5亿条记录；个税系统数据表22张、1.2亿条记录；管理决策1包数据表160张、3.5亿条记录，涉及2013年入库税款1994.6亿元。三是安排专人做好金税三期工程上线后的数据监控和保障工作，共处理数据补充迁移和批量数据调整问题36个。

【特色软件改造】 一是合理确定特色软件改造范围。与业务处室密切配合，对省局统一推广的原有33个软件进行了细致梳理和分析，确定将委托代征、项目管理、客户端、税控网开、重点税源、发票布奖等6个软件接入到金税三期工程系统。二是精心组织特色软件改造工作。集中骨干技术力量，通过反复研究，确定了改造方案，经过半年多的努力，顺利通过联调测试，接入金税三期工程系统。三是实现了TIPS系统全省同步切换。先后对济南等4市进行了税库银重点测试和三方协议清理转换等工作。

【基础环境保障】 一是统一规划，在充分利用现有资源的基础上，合理确定新增设备范围，编制形成了《山东地税金税三期数据中心规划方案》。二是积极协调省财政厅、省政府应急管理办公室等部门，按照与税务总局采购产品“同品牌、同型号、同价格、同服务”的原则，顺利采购了主机、存储等主要设备1200余台（套），既缩短了采购周期，保障了采购程序的规范，又节约了大批资金。三是创新性地使用虚拟化、云计算等新兴技术，按时完成金税三期工程基础环境部署工作。

【系统运行监控】 金税三期工程系统上线后，信息中心组织成立了保障小组，每天监控金税三期工程系统的运行情况。从监控结果来看，迁移数据准确、真实、完备，硬件资源利用合理，特色软件接入正常，充分体现了信息化支撑和应用保障能力。

【“四化”管理】 信息中心以规范化、标准化、透明化、制度化为工作目标，不断深化内控机制建设，先后制定《信息化项目采购办法》《信息化项目会议验收暂行办法》等15个内部工作规程，7个工作流程，24个工作模板，逐步建立起了一套涵盖信息化项目管理全过程的管控体系和控管流程，提高了项目建设质效，降低了建设风险。

【日常工作】 一是在全系统继续组织税务信息化优秀论文评选活动，上报信息化优秀论文38篇，其中1篇荣获全国税务信息化优秀论文评选优秀奖。二是务实创新，开展课题研究工作。在全系统开展了“云计算”等8个课题研究项目，其中云计算应用试点工作在淄博获得成功，并通过了淄博市科技局鉴定，填补了云计算在税务行业应用的空白。三是继续深入开展信息化联络和横向纵向宣传工作。全年共组织召开信息化联络员在线例会4次，发布信息化工作动态4期，信息化经验交流信息130余篇，各地工作情况20余篇。四是做好信息化项目管理工作。7月份，国家发改委拨付资金项目“山东省地方税务局基于国产自主产品的网上综合纳税服务平台”通过省发改委验收。12月份，山东省电子政务建设专项资金（信息安全）项目“山东地税网络信息安全综合管理监控系统”通过省经信委验收。

【信息化团队建设】 加强学习型团队的建设，多次邀请税务总局金税三期工程办公室相关领导和信息化前沿技术专家讲授金税三期工程相关规划和前沿技术，不断提高自我学习的主动性和积极性，倾力打造学习型团队。

【技术服务保障】 一是继续做好“大集中”系统运维工作，处理各级提报的“大集中”问题2275个。二是根据税收政策变化和山东省管理需要，先后在稽查文书及稽查流程等功能模块进行了9项较大功能调整。三是根据监控发现的潜在隐患，先后16次进行系统优化。四是根据业务部门管理需要，从数据库后台查询统计和加工数据22次。

【网络与信息安全管理】 一是顺利完成全系统网络安全综合管理监控系统升级，进一步降低了内外网计算机混用以及U盘交叉使用等各类潜在的安全隐患。二是做好各类安全检查工作。先后完成了税务总局“三合一”检查等各项网络信息安全检查工作，得到上级、省内相关单位的高度评价。三是全力解决各类安全隐患，防患于未然。针对网上报税等应用系统存在的安全漏洞及安全隐患，及时制定修补方案，完成修补工作，杜绝了安全漏洞。

【设备管理和基础设施维护】 一是顺利完成基层PC机的配备工作。采购的3200台台式机于6月初全部配发到基层一线，将平均每百人符合标准的台式机拥有量由原来的53.14台提升至68.41台。二是做好基础设施维护工作。通过软硬件监控平台，对主机、存储、路由器、数据库及中间件等软硬件进行24小时监控，全年发现并解决主机故障6次，数据库及中间件隐患8次，网络及安全设备故障40余次。三是做好资产报废处置工作，按照相关资产处理规定，联合财务处、监察室完成了局机关447台计算机设备报废处置工作。四是及时完成各处室所需计算机类设备的选型和配备工作，全年采购办公用计算机类设备60余台。

（徐夫田　张宝安）

纳税服务与社会综合治税

【税法宣传咨询辅导】 加强对纳税人关注、事关纳税人切身利益的税收政策宣传，将通过12366热线、外部网站、办税服务厅等受理的热点难点问题，整理出标准答案，通过外部网站、办税服务厅及各类媒体对外宣传。积极利用12366系统开展咨询服务，加强座席监控、电话调听、抽查考试和星级考核，提高热线服务水平，受理热线电话98.7万起。处理税务总局纳税咨询平台转办的咨询问题978个，回复率100%。充分发挥纳税人税法培训中心培训辅导作用，开展各类培训865期，培训纳税人53423人次。继续开展好“地税局长服务日”活动，全系统共接待纳税人38789人次，受理并解决问题36512件。

【纳税服务平台建设】 推进办税服务厅建设，贯彻落实《山东地税系统办税服务厅管理规范》，在内外标识、功能设置、基本设施、岗位职责、业务流程、管理制度、工作考核等方面实现规范化建设。参与“税法进办税服务厅”活动，在各市局选出一个规模较大的办税服务厅摆放一套活页《税法》，方便纳税人随时查询。配合督察内审部门对办税服务厅导税服务、应急管理、学习培训等内容进行了检查。加强12366热线管理，制定下发《关于进一步做好12366纳税服务热线工作的通知》，加强12366服务热线的日常管理、人员管理、制度管理、抽查考试和监督考核等，提高座席人员服务水平。举办网上税法培训班102期，培训纳税人8103人次。依托新浪网开通了山东地税官方微博，发布税收政策、咨询热点和税收知识等内容，收集纳税人意见，响应纳税人诉求，为纳税人和社会公众打造交流和互动的平台。

【出台《关于深化纳税服务提高工作质效若干意见》】 按照“立说、立行、立见成效”的原则，制定了《关于深化纳税服务提高工作质效若干意见》（以下简称《意见》），围绕优化纳税服务、减轻纳税人负担、加强税法宣传、维护纳税人合法权益等方面细化了16条具体措施：积极推行同城通办，打破纳税人办理涉税事宜受地域限制的局限；全面开展导税服务，指引纳税人办理涉税事宜；推广免填单服务，缩短办税时间；建立工商地税专线，实现部门间信息共享；推进国税、地税联合办税，为共管户纳税人提供便利的服务；推广自助办税终端和办税服务厅公共管理系统，提高办税效能；推进网上办税，使纳税人可足不出户办理涉税事宜；深化和延伸“一站式”“一窗式”服务流程，推行首问责任制、一次性告知制、承诺服务制、限时办结制、局长服务日等制度规定，提高纳税服务质效；开设专项运维服务热线，加强网上申报运维服务；规范涉税资料和各类报表报送，严禁擅自决定或搭车报送各类报表和涉税资料；加大税收政策宣传力度，加强网上税法培训，确保纳税人对税收政策的知情权；建立纳税服务联系点，开展纳税人满意度调查，收集、响应纳税人诉求，持续改进工作。《意见》的出台受惠全省190万纳税人，得到了纳税人和社会各界的关注和好评。

【金税三期工程上线阶段的纳税服务】 结合金税三期工程系统上线运行，加强办税服务厅、12366热线、地税网站等纳税服务平台的管理，以优质高效的服务赢得纳税人的理解和支持。针对金税三期工程上线后12366热线受理电话倍增的情况，要求12366座席人员耐心细致地回复纳税人提出的涉税问题，同时做好解释说明工作，争取纳税人的理解、支持和配合，为金税三期工程顺利上线运行创造良好的外部环境。收集整理了48个金税三期工程系统常见问题，发布到外网供纳税人查询。加强办税服务厅应急管理，为应对金税三期工程上线阶段办税服务厅办税人员激增的状况，下发《关于加强金税三期上线阶段纳税服务应急管理的紧急通知》和《关于加强办税服务厅管理的紧急通知》，要求各地办税服务厅严格落实纳税服务制度，实行突发事件24小时报告制度，并根据业务实际，按照办税服务窗口1∶1.2比例配备人员，适时开展延时服务，满足纳税人办税业务需要。

【纳税服务队伍建设】 加强对纳税服务人员教育培训，利用《纳税服务》教材开展纳税服务理论、内容、平台、礼仪和绩效管理等方面的教育培训，提升纳税服务人员素质和能力。将业务好、能力强、素质高的人才充实到一线队伍，为纳税服务提供人员支持，使纳税服务力量与业务需求相匹配。召开全省纳税服务工作会议，传达全国纳税服务工作会议精神，总结纳税服务工作，交流各地好的经验和做法，对全年工作进行部署和安排。在烟台鲁东大学举办了全省办税服务厅主任培训班，围绕办税服务、心理调适与压力排解、激励艺术、纳税服务工作实践与展望、提高服务窗口现场管理和应急处理能力等内容进行了讲授，来自全省63名办税服务厅主任参加了培训。

【规范和促进注税行业发展】 与省国税局联合对全省税务机关和税务师事务所贯彻落实注税行业管理制度进行了专项检查。完成了333家税务师事务所的年检工作，新审批事务所17个。各地在加强监管的同时，还十分重视和支持注税行业的发展，积极协调注税行业参与所得税汇算清缴、土地增值税清算、纳税评估、税务稽查等税收工作，不仅拓宽了注税行业的业务领域，做大了行业收入规模，使全省税务师事务所年营业收入突破5亿元，创历史新高。通过参与税收征管，查补地方税收10亿余元，协助地税部门堵塞了税收管理漏洞，提高了税收管理水平，实现了共促双赢的局面。

【纳税信用等级评定管理】　按照《山东省纳税信用等级评定管理实施办法（试行）》的规定，在全省范围内组织开展了第五次纳税信用等级评定工作，共评出A级以上企业4354户，其中3A级企业194户。在税收宣传月期间，召开了全省信用等级评定结果新闻发布会，向3A级企业颁发了奖牌和证书，在《大众日报》进行了公告，增强了纳税人依法纳税的自觉性，在全社会营造了依法诚信纳税的良好氛围。

【综合治税】　认真贯彻执行《山东省地方税收保障条例》，在加强信息采集、推动政府信息平台建设方面加大工作力度，不断推进社会综合治税工作的深入开展。全省共采集第三方信息239万余条，通过信息的分析比对，新增加税务登记户1892户，新增税收收入50.2亿元。有16个市级、138个县级政府建立了信息交换平台，大大提高了信息采集的便捷和质量。有15个市级、154个县级政府将综合治税纳入了政府工作考核，对相关部门累计奖励或财政补助3200余万元。新增第三方涉税信息配合部门及数据项，在对综合治税进行梳理的基础上，增加了10个部门16项信息。针对社会综合治税工作中存在的协税护税不当、地税部门工作不到位等问题，下发了《关于进一步规范和加强社会综合治税工作的紧急通知》，要求各地进一步提高对社会综合治税的认识，切实抓好社会综合治税工作中的税收执法权，进一步防范社会综合治税工作中存在的执法风险。

（程晓敏）

机关后勤服务

【后勤管理】　认真落实中央八项规定和省委具体实施办法，清理了超编、借用车辆，辞退了部分委托管理驾驶人员；开展了办公用房清理，按照规定要求调整了办公用房。修改完善了《省局机关车辆管理暂行办法》《物业服务标准》等制度规定。

【服务保障】　抓好健康食堂建设，严把食品采购、加工、出售各个环节，坚持采购绿色蔬菜和副食品；坚持节约粮食，反对浪费，对部分市（县）局节约情况进行了检查督促。抓好房管、物业和安全保卫管理工作，做好办公楼、宿舍区房屋修缮及水、电、暖、通信费用的收缴工作。抓好安全建设，维修升级了安保监控系统，组织开展了安全大检查，举办了消防常识讲座，开展了紧急灭火和消防逃生演练。加强车辆值班制度，科学合理调配车辆，提高了车辆使用效率。做好固定资产实物采购、清查、发放和报废工作，完成了局机关干部职工及委托管理人员的查体及会议室、文印室管理使用等工作。

（赵风国）

第三篇　各地地税工作

济南市地方税务局

经济概况

2013年，济南市实现生产总值5230.2亿元，增长9.6%。三次产业比例由上年的5.2∶40.3∶54.5调整为5.4∶39.3∶55.3。全市全部税收收入793.0亿元，增长11.8%；地方公共财政预算收入482.1亿元，增长13.9%。

收入概况

2013年，济南市地税局共组织各项收入376.44亿元，同比增长12.63%，同口径（剔除“营改增”因素）增长14.89%。其中：市以下级公共财政预算收入完成312.52亿元，同比增长14.11%，同口径（剔除“营改增”因素）增长16.92%。2013年地税收入主要呈现以下特点：一是从税收走势看，总体收入持续增长，季度增长波动较大。一季度增幅为12.86%，进入二季度后在房地产业高幅增长带动下整体收入增长17.64%。下半年以来，随着收入基数的增加及“营改增”对收入的影响，三、四季度增幅有所下降，分别增长11.61%和8.22%。二是从税种结构上看，与房地产业相关的部分税种增长较快，其他税费增幅平缓。与房地产业相关的营业税、土地增值税和契税增幅较高，分别增长14.02%、53.56%和20.92%，合计增收32.48亿元，对全市收入增长的贡献率高达76.96%，拉动整体收入增长9.72个百分点。个人所得税、房产税、印花税、附加税费和其他非税收入增长较缓，增幅均保持在7%左右。企业所得税低幅增长0.47%。三是从行业结构上看，税收主要来自五大行业，房地产业贡献最为突出。房地产业、金融业、制造业、建筑业、租赁和商务服务业等五大行业完成税收286.94亿元，占全部地税收入的76.22%。其中，房地产业受刚性需求释放、“国五条”出台等因素影响，实现地税收入122.76亿元，增长50.17%，增收41.01亿元，对整体收入增长的贡献率高达97.2%，占地税收入比重由2008年的15.4%提升至32.6%。金融业、制造业两行业占全市地税收入的比重分别为15.79%、13.05%，合计占比达28.84%，但对整体收入增长的贡献率仅为9.39%。

工作概述

【税收管理】 一是夯实征管基础。以金税三期工程上线为契机，理顺征管流程，清理基础数据。作为金税三期工程全省试点上线的重点单位，较好地完成了系统岗责配置、内外培训、数据整改、对外宣传和告知、配套措施和应急预案制定等工作，确保了金税三期工程系统顺利上线。二是抓好小税种管理。在抓好税源大户、重大建设项目、重点税种和重点行业监控的基础上，挖掘小税种潜力。开发宗地税源管理软件，以地籍控户籍、以户籍控税基、以税基控税源，加强土地使用税管理；组织对纳税人房产税和城镇土地使用税税源登记信息的重新采集、补录工作，开展契税申报信息与房产土地信息比对核查，加强契税、房产税管理；加大土地增值税的清算力度，加强土地增值税管理。房产税、土地使用税、契税、土地增值税等四个税种税收增幅达到22.79%。三是强化清欠稽查。加大欠税清缴力度，清理入库欠税7.5亿元；加大税务稽查和评估力度，稽查、评估税款1.68亿元；加大综合治税力度，利用涉税信息增加税收3.26亿元。四是严格落实税收优惠政策。牢固树立“不落实减免税也是收‘过头税’”的理念，把各项结构性减税政策宣传好、落实好、分析好，支持经济转型升级，保障和改善民生。全年共为各类企业减免各项税收55.44亿元，同比净增15.42亿元。

【纳税服务】 一是着眼服务发展大局，提供决策服务。坚持从税收的角度看经济、看社会、看发展，建立了经济税收分析长效机制，每季度定期向市五大班子领导汇报地税收入情况，不定期分析税收政策、特定行业、重点税种等变化情况，为领导决策提供信息参考；重点围绕市委、市政府领导关注的住宿餐饮业、茶叶市场、特色商业街、奥体中心市场化经营、省会城市群经济圈等，深入开展分析研究，提出具体对策与建议，多篇调研报告得到了市委、市政府领导批示肯定。二是打造星级服务大厅，提供贴心服务。对全市办税服务厅进行了星级标准规范化建设，形成风格和色调统一的办税服务系统，贴近式的设计，明亮舒适的办税场所，统一规范的管理制度，拉近了征纳距离，提升了服务标准。三是深入企业实地调研，提供现场服务。根据党的群众路线教育实践活动的总体要求，开展了“三问三优化”主题活动，现场征求意见4000余条、有针对性地解决问题230余个；高度重视群众反映比较多的历史遗留问题，专门召集相关部门和责任人现场研究、集中解决，赢得了广泛赞誉。四是依托信息技术，提升服务层次。在继续完善网上报税、发票同城领购的基础上，试行税务登记资料联网服务；安装智能自助办税终端，推出自助办税模式；利用QQ、微博等工具进行涉税提醒、政策解答和纳税辅导，提升了服务效率。五是有效应对突发事件，提供应急服务。在契税办理高峰期间和金税三期工程网络对接期间，及时启动了应急管理预案，推出了领导带班、增派人力、延时服务、预约服务等措施，最大限度地满足纳税人办税需求，平稳度过了办税高峰期，应急处置能力通过了实战考验。

【党的群众路线教育实践活动】 按照省局党组的部署要求，市局党委坚持抓机关、带系统，切实抓好各个环节工作，确保了党的群众路线教育实践活动不虚、不空、不偏。对整个活动征集到的五大方面87条意见，截至2013年底，整改落实和向干部职工作出合理解释或答复的68条，尚在整改落实中的（属于长期性工作）还有19条。结合整改落实、建章立制，建立健全、修订完善了32项制度，进一步巩固了党的群众路线教育实践活动成果。通过开展党的群众路线教育实践活动，各级领导和广大党员干部党性修养得到了一次检验和锻炼，坚定了理想信念，巩固了宗旨观念，增强了干事创业的内生动力。

【干部队伍建设】 一是强化干部教育培训。重点抓了领导干部、骨干人才、全员、基层一线干部培训，增强教育培训的针对性和实效性。全年共举办各级各类培训班226期，培训干部11539人次。二是强化干部管理。全年新提拔处级干部29名、科级干部99名；大力加强干部交流，调整交流38名处级干部，实现了市局机关、直属单位和城区分局处级干部的有序流动；局属各单位对35名科级干部、153名一线工作人员进行岗位交流。通过干部选拔调整交流，进一步优化了领导干部结构和人力资源配置，激发了干部队伍的整体活力。三是大力加强党风廉政建设。加强廉政和执法风险平台建设，通过平台定期筛选预警信息，对预警信息进行认真核查，消除风险隐患。积极开展预防职务犯罪工作，充分利用济南市地方税务局警示教育基地，组织全系统干部职工参观学习，增强了反腐倡廉意识。深入开展“庸懒散”专项治理，全面加强了作风纪律建设。四是大力加强党建和文化建设。以品牌建设为抓手，推动党建工作开展，市局组织开发的3D版《网上党员活动室》，被评为全省地税系统优秀党建品牌；突出税务文化的引领作用，以章丘市局“上善若水”文化管理为代表的文化建设品牌走在了全省前列，省局在章丘市局召开了全省地税系统文化建设现场推进会。全系统获得“全国税务系统先进集体”等国家级荣誉3项，省、市集体荣誉51项，市五大班子领导先后作出批示21次，给予鼓励和肯定。

（于光远）

济南市地方税务局历下分局

经济概况

2013年，历下区实现生产总值928.2亿元，同比增长9.7%，其中：第二产业增加值144.01亿元，同比增长7.17%；第三产业增加值784.21亿元，同比增长10.1%。第二、三产业结构比为15.5∶84.5。地方公共财政预算收入实现101.00亿元，增长15.73%。

收入概况

2013年，历下分局共组织各项收入103.41亿元，同比增长13.13%，增收12亿元。其中区级一般预算收入完成83.23亿元，同比增长15.50%，增收11.71亿元。

工作概述

【组织收入】 每月对税收执行情况分产业、分行业、分重点企业进行分析，按月对各中心税务所的预测结果进行公布和量化考核。在经济形势复杂、预测难度较大的情况下，分局平均预测准确率达到98.3%，确保了组织收入按计划进度稳步推进。加强税源监控，选定300户年纳税在100万元以上的独立核算企业作为2013年重点税源监控企业，全年共实现税收87.89亿元，占地税总收入的85%。依托"六位一体"综合治税工作机制加强了对零散税源的监管，新增地方税收8000余万元，有效堵塞了税收征管漏洞。

【税收征管】 对金融保险业的免税业务、车船税征收、房地产业的契税征收等问题开展了税收专项检查，共查补税款7134万元。借助专业机构职能，与济南市勘察测绘院联合开发了宗地税源税收管理软件，较好地解决了以往宗地管理中征纳双方信息不对称、纳税人瞒报、少报应税土地、出租土地税务登记信息不准确等突出问题，达到了"以地控税、信息管税"以及税源的精细化管理的目的。认真组织"营改增"试点和金税三期工程上线工作。成立了"营改增"专项工作领导小组，5次召开工作进度分析会。截至8月底，4836户企业顺利完成移交。为做好金税三期工程的上线准备工作，在强化组织保障的同时，积极组织税务人员和企业进行集中培训，确保了金税三期工程按期正式上线运行。

【税收执法】 一是全面落实税收优惠政策。加强减免税管理，全年共对33户小型微利企业、12户高新技术企业、25名残疾人减免各项税收共计4914.8万元；为150余户纳税人办理退税业务，累计退税8000余万元。二是严格规范税收执法行为。通过规范涉税报告管理，从源头、过程到结果全部实施执法流程控制，有效化解了税收执法风险。近两年来，分局执法过错经申辩后保持零记录，没有发生行政复议诉讼的撤销、败诉案件，做到了"零复议，零诉讼"。三是积极开展税法宣传活动。组织了税收宣传走进中超赛场、走进千佛山庙会活动，税收法治环境得到优化。

【纳税服务】 在原有"八项服务举措""6S"微笑服务的基础上，进一步创新增设"帮办岗"、集中服务、拓宽服务平台和多元化申报方式、推行免填单服务四项服务措施，使纳税服务更具人性化、个性化，减少了纳税人的办税成本，最大限度地方便了纳税人。不断完善应急服务机制。在2月份契税办理高峰、金税三期工程上线期间，大力开展预约服务、集中服务，缓解了大厅拥堵现象。坚持严格内部管理。通过实施星级服务人员评定办法，加强了对前台办税人员的考核；进一步完善了业务培训和周例会制度，办税人员自身素质和服务水平有了提升。

【党的建设】 认真组织开展了党的群众路线教育实践活动。分局党组提前谋划，精心部署，按照"照镜子、正衣冠、洗洗澡、治治病"的要求，扎实组织开展各项工作，领导班子理论中心组、部门党支部专题集中学习5场，召开各类座谈会3场，领导班子深入基层调研共9场，与基层党员干部群众进行个别谈话100余人（次），共征求到意见建议28条。

11月4日上午，历下分局党组召开了专题民主生活会，党组成员面对面开展批评与自我批评，明确了整改措施和努力方向。通过党的群众路线教育实践活动的开展，党员干部群众观点进一步牢固，宗旨意识得到强化，为民务实清廉形象进一步树立。

【干部队伍建设】　集中开展了《小企业会计准则》学习培训，在4月份市局组织的抽考中，10名参加抽考人员有3人进入前十名，受到市局的通报表扬。12月份，根据市局统一安排，组织了科级干部竞争上岗，工作中严格执行《干部任用条例》规定的标准，对人选的任职条件和资格进行严格审核，整个选拔工作有序开展，受到各方面认可和好评。共选拔10名科级干部。两次下发有关治理“庸懒散”的通知，着力解决党风廉政建设方面的突出问题。深入开展反腐倡廉教育，积极组织开展了《济南市行政过错问责办法》学习活动、到济南市检察院廉政教育基地进行警示教育，进一步增强了干部队伍的责任意识。

（倪文建）

济南市地方税务局市中分局

经济概况

2013年，济南市市中区实现生产总值601.1亿元，同比增长10.5%。三次产业比例由2012年的0.7：18.2：81.1调整为0.7：16.6：82.7。全区全部税收收入152.2亿元，增长17.4%；地方公共财政预算收入72.5亿元，增长14.1%。

收入概况

2013年，市中分局共组织各项收入64.87亿元，同比增长13.66%，增收7.80亿元。2013年地税收入主要呈现以下特点：一是区级收入高速增长。区级公共财政预算收入同比增长16.6%。二是地方小税持续拉升，三大主体税种保持支柱地位。资源税、城市维护建设税等地方小税合计完成17.6亿元，增长24.38%，对收入增长贡献率达44.35%。营业税等三大主体税种合计完成44.2亿元，增长10.59%。三是房地产业、金融业保持较高增幅。房地产业和金融业实现收入39.1亿元，占分局总收入的60.40%。

工作概述

【税政管理】　以纳税约谈、实地查验为手段，强化减免税后续管理工作，对约10%的享受营业税减免纳税人进行了抽查，有效防范和降低税收执法风险。扎实审核“营改增”纳税人范围，保证税源平稳过渡，与国税机关共同确定“营改增”纳税人范围统计户数，核实4712户纳税人。强化个人所得税管理。加大对年所得12万元以上个人所得税自行纳税申报工作力度，全年共自行申报13357人，完成比例达到128.43%。稳步推进宗地管理，做好数据的比对分析，提高土地使用税征管质效。对35户纳税人的宗地信息进行了验证，查补入库税款达24.5万元。

【信息化建设】　稳步推进金税三期工程顺利上线，成立领导小组，制定了突发事件应急处置预案，及时协调解决各类问题140余个。不断加大金税三期工程基础数据质量管理，组织进行三轮数据规范工作，规范数据1万余条，有力保证了数据迁移质量。加大信息化建设力度，完成七贤中心税务所和国税与地税联合办公室内、外网和办公电话迁移工作，保证了内、外网安全运行。

【干部队伍建设】 不断加大调配力度，开展干部竞争上岗工作，推荐1名同志担任了处级非领导职务，选拔科级干部10名。以《山东地税岗位培训丛书》内容为学习重点，切实抓好分局全员在岗培训工作。组织70多名中层负责人和年度考核优秀人员，赴中国海洋大学、山东大学等高等院校进行了综合素质能力提升培训。

【基层建设】 深入开展党的群众路线实践教育活动，召开党的群众路线教育实践活动动员大会。省局局长张洪军、市局局长张志明深入到分局，并将分局作为党的群众路线实践教育活动联系点。分局党组书记、局长尹兆虎带领班子成员深入基层，广泛听取干部职工和纳税人的意见建议，共计5个大类26条。积极开展各类群众性文体活动，不断丰富党建活动内涵和外延。“快乐税月、和谐地税”主题系列活动，被评为市局优秀文化项目。

【党风廉政建设】 加强干部职工的廉政教育，及时进行廉政提醒，发送飞信1965条；邀请市中区检察院的专家作预防职务犯罪专题讲座；组织全体人员参观济南市检察院、济南市市中区检察院等警示教育基地；建立廉政文化园地，制作廉政牌匾、廉政板报。不断夯实行评建设基础，切实提高纳税服务质量，规范行政执法行为，提升纳税人满意度。2013年分局在全区行风评议中获得第一名的好成绩。

【纳税服务】 针对办税服务厅的特点，组织全体人员开展职业道德教育，开展向先进典型学习、向身边典型学习活动。按照“晨会加培训”“以老带新”的学习模式，营造比、学、赶、帮、超的良好氛围。狠抓纳税服务工作的创新，因地制宜将单设窗口适时地整合为全职能服务窗口，变“多环节”服务为“一窗式”服务。创新开展“先办后审”服务，极大地提高了办税效率，获得了2013年度全市地税系统优秀创新项目奖。

（孙志国）

济南市地方税务局槐荫分局

经济概况

2013年，槐荫区实现生产总值320.6亿元，同比增长9.6%，全区第一、二、三产增加值分别完成4亿元、88.2亿元、228.4亿元，分别增长0.1%、8.3%、10.3%。地方公共财政预算收入33亿元，同比增长21.5%。

收入概况

2013年，槐荫分局共组织各项收入31.93亿元，同比增收6.38亿元，增长24.96%。其中，市以下级公共预算收入完成26.62亿元，同比增收4.54亿元，增长20.55%。

工作概述

【税收执法】 紧紧围绕税收执法权和行政管理权运行，不断强化税收执法风险防控，通过查找并确认20大类90项执法风险点，制定相应防范措施，构建了以预警为特色的执法风险防范管理工作体系。着力加强执法规范化建设，从税收执法程序、执法尺度到执法文书都做到规范统一，分管局长严格审核把关；同时分局加大考核力度，严格落实执法责任制和责任追究制，在绩效管理考核中实行“一票否优”，有效地杜绝了税收执法的随意性，促进了执法水平的不断提高。

做好发票举报案件查处。

【税收征管】 一是做好金税三期工程系统上线工作。上线前准备阶段，按时完成了数据整改37类，7338条；配岗1013个，充分做好上线前的准备工作；先后进行集中培训8次，培训60余人次，确保使每一名业务工作人员都能够全面掌握并熟练操作。系统上线后，积极应对系统运行中出现的问题，党组坚持每天轮流到办税服务厅现场指挥调度和统筹协调；及时在机关办公楼增设4个网上报税室，调剂增加了17台计算机和网络传输设备，2部咨询电话和6台POS机，有效地化解了业务量激增带来的压力。二是积极探索税源专业化管理的新思路新方法。按照“重点税源集中管理，中小税源属地管理”的原则，设立西市场中心税务所为重点税源管理所，配备精干力量，负责全区房地产开发业、建筑安装业、金融业以及百万元以上规模企业的税收管理工作；其他6个中心税务所依属地对其他税源进行管理，实现了税源分类、分级的专业化管理。

【纳税服务】 注重坚持以“便民利民”为目标，强化减免税集中行政审批职能，统一集中审理审批了槐荫胶木制品厂等7户企业的减免税申请，简化了办税流程；2013年为企业减免各项税收共计1.30亿元，为企业发展增效助力。注重深入推进规范化办税服务厅建设，改善办税硬件环境，优化业务流程，提高窗口人员素质，全力打造“星级”办税服务厅；同时开展一系列特色服务，搭建“槐荫地税大企业服务”平台，利用微博的形式加强税企沟通；组织开展“诚信服务”“涉税难题帮您办”活动20余次，制作“纳税服务联系卡”1600余张等，均受到纳税人好评。

【干部队伍建设】 一是扎实开展党的群众路线教育实践活动。通过座谈会、问卷调查、设立意见箱、走访谈心、建立工作联系点等形式，先后30余次深入企业、区直有关部门、各办镇，就党组在“四风”方面存在的问题征求意见建议；

召开中心组学习会，分专题开展集中学习研讨和网上大讨论活动，全体党员对照党章、廉政准则和改进作风的要求，深入查找宗旨意识、工作作风和廉洁自律等方面存在的差距和不足，找准在“四风”方面存在的突出问题，撰写对照检查材料，并研究提出整改措施及有关政策建议。党的群众路线教育活动开展以来，征求意见建议100余条，撰写活动简报15篇，评选优秀学习笔记30本，组织系列活动30余次，确保了活动扎实有效的开展。二是强化绩效管理。完善了“槐荫地税绩效管理平台”，并以省、市局2013年目标管理为基础，先后重新梳理管理考核内容3大类53项，并对35项重点工作推进情况进行了点评，有效消除了14项工作短板。开发新增“个人绩效管理模块”，使绩效管理粒度从“部门”细化到“个人”，管理频度精确到每日，工作执行力明显增强。

（刘　晨）

济南市地方税务局天桥分局

经济概况

2013年，天桥区实现生产总值336.73亿元，同比增长9.6%。全区第一、二、三产业增加值分别完成3.84亿元、89.05亿元、243.84亿元，分别增长0.00%、6.2%、10.80%。地方财政一般预算收入实现30.76亿元，同比增长15.1%。

收入概况

2013年，天桥分局共组织各项收入27.71亿元，同比增收3.26亿元，增长13.33%，剔除“营改增”因素同比增收3.85亿元，增长16.13%。其中：中央级收入3.76亿元，同比增收0.93亿元，增长32.99%；省级收入382万元，同比减收48万元，下降11.16%；市以下级收入23.91亿元，同比增收2.33亿元，增长10.80%，其中：市以下公共财政预算收入23.26亿元，同比增收2.28亿元，增长10.86%，剔除“营改增”因素同比增收2.87亿元，增长14.06%。

工作概述

【税收征管】 推进税源管理专业化，对211户重点税源企业和71个专业市场实行专业管理，其他税源企业实行属地管理，形成分级分类控管新模式。推进税收征管规范化，强化税收数据质量管理、预警信息管理和后续跟踪管理，形成税收预警、行业分析、纳税评估、管理到位的联动格局。推进税收管理科学化，积极推进“营改增”和金税三期工程试点上线，确保了2000余户试点纳税人移交手续和金税三期工程系统按时上线运行。强化市场管理专业化，实现收入1.88亿元，同比增长2969万元；组织年收入12万元以上个税自行申报，提前完成2727人申报任务。

【税政管理】 落实营业税、个人所得税、小微企业等税收优惠政策，受理审核优惠备案事项80余户次，涉及金额2.2亿元，减免所得税1053万元。办理税费优惠25户次，减免税额1042万元。免收税务登记、发票工本费420万元，受益企业及个体工商户4100户。

【税收执法】 开展执法风险环节和风险点大排查，加大收入质量情况测算分析；采取人机结合的方法，突出环节管理和岗位监督，对可能发生的倾向性问题开展预警，加大对涉税违法案件的检查惩处力度，规范了税收秩序。

【纳税服务】 加强税源结构、重点税源及税收指标研究分析，举办园区企业发展、小微企业创业多场培训，编印《税收优惠政策使用手册》1000余本，为企业提供税收政策指引。落实执法、服务和管理制度，完善服务流程和设施，规范11项审批事项向服务厅前移，精心打造“窗口先锋，贴心服务”品牌，赢得纳税人普遍赞誉。

【党的群众路线教育实践活动】 按照省、市局部署，分局参加了全省地税系统首批党的群众路线教育实践活动。紧紧围绕为民务实清廉主题，聚焦作风建设，扎实抓了各环节工作。认真查摆“四风”问题，进行原因分析，研究整改措施，有效推进了教育开展，推动了工作落实，促进了作风转变，圆满完成了教育任务。

【干部队伍建设】 依托《山东地税岗位培训丛书》，实施全员业务培训和岗位技能提升培训，22人参加省、市局组织的11期培训和税务总局领军人才选拔；落实干部考核、奖惩、选拔任用有关制度和程序，选拔16名同志充实中层干部队伍，1名同志提升为副处，1名同志由副处提升为正处。

【党建文化建设】 开展党建品牌创建活动，以争创“优秀文化建设项目”活动为载体，依托“文化领航，天地人和”特色品牌，开展“七进七走访”主题实践，深入各大社区，走近纳税人开展贴心服务，推进了活动扎实开展。特色品牌被市局表彰为“优秀文化建设项目”。

【党风廉政建设】 严格落实中央八项规定，围绕公务接待、公务用车，建立长效机制，推进节约型机关建设；加强内外监督，强化行风建设，及时纠查不廉洁行为，对中层以上干部进行了2次廉政谈话；深化“税检共建”预防机制，与全国检察文化建设示范院——天桥区检察院共建预防职务犯罪防线，增强了反腐倡廉效果；开展“庸懒散”专项治理，作风纪律建设取得实效。

【精神文明建设】 分局连续10年保持了省级精神文明单位称号，荣获济南市文明服务窗口、市局目标管理单项考核先进单位、“征纳共盈”纳税服务品牌创建先进单位、“天桥区科学发展先进单位”等10余项荣誉，28人次受到各级表彰，行风评议位列全区行政执法类第二名，大桥中心税务所荣获全省地税系统2011—2012年度“青年文明号”，1名同志被授予“山东省优秀工会之友”。

（段永顺）

济南市地方税务局
高新技术产业开发区分局

经济概况

2013年，济南高新技术产业开发区实现生产总值485亿元，列全市第五位，同比增长10.1%，增幅高于全市平均水平 0.5 个百分点。其中，第二产业增加值完成 280 亿元，增长 10.9%，第三产业增加值完成 205 亿元，增长 9.1%。实现地方财政一般预算收入 64.5 亿元，增长 15.15%。

收入概况

2013 年，高新区分局共组织各项收入 51.91 亿元，较上年同期增收 6.70 亿元，增长 14.82%，其中公共预算市以下级收入完成 42.81 亿元，增收 6.27 亿元，增长 17.17%，完成高新区管委会政府年度计划 42.80 亿元的 100.02%。组织收入工作得到了上级领导的充分肯定和高度评价。

工作概述

【税收征管】 一是完善重点税源管理新方式。实施以管户为主、管事为辅、管户与管事相结合的精细化管理方式，通过加强税收风险评估与测试、加强与大企业交流等措施，及时掌握税源潜力和征管薄弱环节。全年重点税源企业入库税款 44.6 亿元，占总收入的 85.98%。二是做好政策挖潜增收入。将城镇土地使用税、房产税、资源税作为挖潜增收的重点，重点实地调查龙奥大厦周边、银荷大厦北侧以及文化产业园等区域楼盘，摸清税源底数，防范税款流失。2013 年，资源税、城镇土地使用税、房产税增幅分别达到 381.06%、26.31%、23.46%，增收税款合计达 6549 万元。三是金税三期工程上线工作进展顺利。对全局 350 项工作流程进行梳理整合，设置岗位 610 个，配置人员 104 名；提前对各类涉税信息进行核实，抓好差异数据的修正和补录，全年共清理整改数据 10230 条；分批次开展业务培训，强化人员实战演练，确保了系统成功上线。

召开国税局与地税局“营改增”业务交流会，共同推进做好“营改增”工作。

【纳税服务】 一是研发应用“智能催报催缴”短信平台系统。兼顾催报催缴和辅助税收征管双重功能，全年共发送催报催缴短信及通知短信 125000 余条。该项目被评为市地税系统第四届“十佳创新项目”。二是创建“税收志愿者服务 QQ 群”。初步建立了由税务干部、中介机构、企业财务人员等 704 人组成的志愿者服务网络，取得了良好的社会效应。三是创新开展税收宣传活动。联合舜网开展“寻找高新最美景”拍客活动，300 余人积极参与，收集作品 1000 余幅。专题上线后累计访问 105000 多次，论坛点击量近 9000 次。分局被授予 2013 年全省地税系统税收宣传月活动先进单位，此项活动被评为济南市地税系统税收宣传月活动最佳项目。

【干部队伍建设】 一是深入开展党的群众路线教育实践活动。牢牢把握三个阶段要求，在听取意见环节，通过与党员谈心、实地走访、借助网络媒体等方式，共走访企业 150 家、征求内外部意见建议 332 人次，汇总归纳为八大类 32 条意见建议，找准了“四风”问题的根源；在开展批评环节，通过在专题民主生活会和组织生活会上的自我批评和揭短亮丑，使大家的党性修养得到进一步提高；在整改落实环节，认真落实整改计划，进一步规范和简化了工作流程，编撰印制了《税企快线》专刊，开展了“庸懒散”专项治理，全局上下真正达到了扭转作风，提高效能的目的。二是全面加强教育培训工作。由以往分局组织培训变为各职能部门进行业务专题培训，培训方式由原来外出培训为主变为在职在岗培训为主。全年共组织各类培训 30 批次，培训干部职工 600 余人次。三是深化地税文化建设。积极开展每季推荐一本好书、茶文化沙龙、环彩虹湖健步走等多项文体活动。在高新区第二届乒乓球比赛中，分局取得了男双冠军，团体、男单亚军，混合第三名的优异成绩，在全市地税系统比赛中更是取得了团体冠军的殊荣。

【党风廉政建设】　一是严格落实党风廉政责任制。层层签订党风廉政责任书，调整聘用 19 名特邀监察员召开座谈会，听取意见和建议。二是认真遵守廉洁从政各项规定。严格执行中央关于公务接待的有关规定，并在党员干部中开展了清退会员卡活动，年内实现了纪检监察“零举报”。三是强化廉政文化建设。开辟廉政文化长廊，创办《税苑荷香》电子刊物，增强了机关的廉政文化氛围；踊跃参加省局和市纪委组织的廉政公益活动，分局制作的廉政公益广告获得市纪委二等奖，并被选送参加省纪委评选。

（董燕云）

济南市地方税务局历城分局

经济概况

2013 年，历城区实现生产总值 710 亿元，同比增长 9.6%。其中：第一、二、三产业分别完成增加值 37 亿元、308 亿元和 365 亿元，地方财政一般预算收入 32.77 亿元。城镇居民可支配收入 33840 元，农民人均纯收入 14500 元。

收入概况

2013 年，历城分局全年累计组织各项收入 37.94 亿元，剔除“营改增”因素，同比增收 4.32 亿元，增长 12.9%。其中，中央级收入 3.91 亿元，减收 2115 万元，下降 5.1%；省级收入 534 万元，减收 142 万元，下降 21%；市级收入 4820 万元，减收 336 万元，下降 6.5%；区级收入 33.49 亿元，增收 4.58 亿元，增长 15.8%。

工作概述

【税收征管】　一是向区委、区政府报送《税源形势分析》《年度收入形势分析报告》《财政机制调整对区域经济税源的影响及建议》《关于南部山区五个乡镇税源状况的调查分析报告》等调研材料，提出了《关于华山风景区部分纳税人迁移情况的报告》建议。二是班子成员全年累计下基层131人次，帮助基层解决征管问题12项。三是全年实现耕契两税收入3.86亿元，同比增长32.3%。四是全年对135户次欠税纳税人清理入库税款4093万元。

【综合治税】 加大了重大项目跟踪管理力度，加强了辖区企业户籍管理，同时，积极发挥“税企联谊桥”平台效用，全年累计采集涉及20个部门的13193条信息，同比增长8.09%，发现涉税信息9679条，实现新增税务登记46户，组织入库税款7749万元，同比增长4273万元。

【税收执法】 一是与国税部门沟通协调，完成了4561户纳税人“营改增”移交工作。二是制定工作预案，强化业务演练，确保了金税三期工程顺利上线运行，并完成了18673条异常信息和4313条财产信息的补录工作。同时，将全局18000余户私营企业和17000余户个体工商户按照规模、行业、行政区划进行网格化分片，建立了54个纳税服务责任片区，推行了纳税服务片区管理制度。三是对61户重点行业纳税人评估入库税款220万元。组织200户重点税源及300户一般税源企业自查入库税款307万元。专项检查25户企业，查补各类税款、罚款169万元。查结各类举报案件6起，查补入库罚款381万元。

【纳税服务】 积极推行导税服务、帮办服务、延时服务、预约服务等个性化服务措施。创新开展纳税服务走出去活动，深入企业开展税收宣传，发放各类资料3700多份，组织税收培训3场；为办镇组织农村宅基地交易政策培训3场。针对金税三期工程上线，分局实行了局领导进厅值班制度，抽调熟悉网上报税业务的管理人员充实到窗口一线，提供了上门服务，深入辖区申报重点企业，现场辅导企业填写申报表，保证了企业的正常申报。

【基层党建】 一是深入开展党的群众路线教育实践活动。召开了动员大会，制定了工作制度，建立了配档表，组织了专题学习，召开了专题民主生活会，并梳理各类意见建议72条，逐条进行了落实整改。二是继续深化文明创建活动。全年开展帮扶困难群众和慈心一日捐活动，捐款物折合3.5万余元，为柳埠榭疃小学捐赠款物价值5000余元，为榭疃村拨付包村扶持经费5万元。分局连续13年保持了“省级文明单位”称号。

【干部队伍建设】 全年共组织各类考试30余次，200余人次参考。4月份，市局组织《小企业会计准则》抽考活动中，历城分局取得了全市总分第二名、个人第五的优异成绩。建立了骨干能手选拔培养制度，选拔出了25名骨干能手，进行了专题培训。

【党风廉政建设】 严格落实党风廉政各项制度，层层签订了《党风廉政建设责任书》。积极组织《税收违法违纪行为处分规定》的学习培训，在参加市局《处分规定》考试和知识竞赛活动中，获得了知识竞赛三等奖、考试总成绩第一名的优异成绩。不断拓展外部监督渠道，主动接受社会各界和纳税人的监督，共发放征求意见表1300余份，收到各类建设性意见反馈30余条，受理举报14件，全部按照规定程序进行了调查核实，案件办结率达100%，办结回复率100%，回复满意率100%。不断加强行风建设，分局确定了“争一保二”的行评工作目标，积极开展了行风评议“回头看”活动，大力整治“庸懒散”现象，积极营造增收促收的良好软环境。

（于昭瑞）

济南市地方税务局长清分局

经济概况

2013年，济南市长清区实现生产总值233.25亿元，同比增长11.3%，其中：第一产业实现增加值29.95亿元，同比增长3.9%，占生产总值的12.8%；第二产业实现增加值100.8亿元，同比增长13.0%，占生产总值的43.2%；第三产业实现增加值102.5亿元，同比增长10.5%，占生产总值的44%。

收入概况

2013年，长清分局共组织各项收入11.26亿元，同比增收6400万元，增长6.05%。其中，公共财政预算收入完成10.04亿元，首次突破10亿元，同比增长20.27%，剔除“营改增”因素，同比增长21.92%。

工作概述

【税收征管】 一是加强了对经济税收形势的研判，重点针对餐饮、房地产、建筑和个体石子加工行业等税收热点问题开展专题调研分析，及时发现和堵塞征管漏洞，规范行业税收管理。二是组织办镇开展土地使用税专项清理，并多次组织委托代征、财产信息差异、股权转让和城市配套费应征契税等专项检查，仅城市配套建设费应征契税部分就查补入库税款近300万元。三是针对金融机构小额贷款税收优惠存在的涉税疑点，积极开发贷款数据疑点筛选软件，提取出不符合规定的利息收入1800余万元，查补漏缴税款近100万元。四是扎实推进“营改增”和金税三期工程试点上线工作，协调配合、攻坚克难，保证了上述工作衔接顺畅、平稳过渡。

【税收执法】 强化注销清算检查及非正常户认定等“十个规范”，对长期以来税收执法中存在的问题进行梳理，研究制定整改措施。“提高收入质量、防范执法风险”的经验做法得到了上级领导的肯定，中纪委“创新成果展示平台”和《中国纪检监察报》《中国监察》等部门和媒体对长清分局的做法予以报道。2013年10月，长清分局代表济南市局迎接了省局执法督察组的检查，督察组领导对分局的税收执法工作给予了充分肯定。

【纳税服务】 一是积极向党委政府建言献策，得到各级党委、政府的高度肯定。连续四年荣获全区“服务地方经济科学发展标兵单位”。二是按照“积极主动、不折不扣”的原则，将各项税收优惠政策落实到位，全年总计落实高新技术、资源综合利用及小型微利企业税收减免1500万元，为企业持续发展提供了后劲。三是对办税服务厅进行升级改造，增设外网办税设备，实现与纳税人“面对面、零距离、敞开式”的办税服务。四是认真落实“一站式”服务要求，先后推出免填单、一次性告知、二次优先、延时帮办、双屏显示等人性化服务措施，提高了纳税人对纳税服务工作的综合满意度。

税收宣传走进大学校园。

【党风廉政建设】 扎实开展以“为民务实清廉”为主题的党的群众路线教育实践活动，强化教育学习，认真查摆“四风”方面的问题，开展了深刻的批评与自我批评。活动期间，向广大干部职工及纳税人征求意见和建议30余条，已全部落实到位。深入开展反腐倡廉工作，长清地税的社会形象逐年提升，首度荣获“全国税务系统纪检监察先进单位”，并在全区执法部门行风评议中连续四年取得第一名。

【基层建设】 长清分局认真梳理完善了八项行政管理制度和办法，建立健全了规范的行政制度体系。加强“三公经费”管理，公务开支比往年大幅下降。公务用车实行“三定”（定点维保、定点加油、定点保险），且全部安装GPS车载定位系统，车辆油耗较同期下降了30%，同时严格公车使用过程监督，严格遵守节假日车辆封存制度，从根本上杜绝了公车私用、公车乱用的现象。加强食堂管理，适当提升用餐标准，变换饭菜花样，满足了广大干部职工的合理需求。改造办公楼西侧停车场，划定停车位24个，解决了上班停车难的问题。切实加强基层建设，长清分局荣获“山东省财贸金融系统工会工作先进单位”。

（曲彦梅）

章丘市地方税务局

经济概况

2013年，章丘市实现生产总值755.2亿元，同比增长12%。全市第一、二、三产业增加值分别完成77.2亿元、454.7亿元、223.4亿元，分别增长4.2%、14.3%、10.1%。地方公共财政预算收入实现40.89亿元，增长2.7%。城镇居民可支配收入2.56万元，农民人均纯收入1.53万元。

收入概况

2013年，章丘市地方税务局共组织各项收入25.56亿元，同比增收2.46亿元，增长10.62%。其中，区县级完成22.95亿元，同比增收4.27亿元，增长22.86%。

工作概述

【税收征管】 一是汇集编印了《税收征收管理业务规程》，对新编写的金税三期工程软件操作流程从每一个岗位和环节如何处理、处理时限、如何传递都进行了明确。二是建立集约化纳税评估新模式，抽调业务骨干成立专门机构，形成联席会议机制，注重以点带面，将评估成果延伸到整个行业管理，共评估企业204户，评估税款、滞纳金2969万元，制作的《某金属结构工程企业纳税评估案例》和《本册印刷行业纳税评估模型》分别入选省局优秀案例和模型。三是通过密集宣传引导、加强扣缴申报管理、突出后续跟踪服务“三步走”，个人所得税全员全额明细申报人数达到26.74万人，占章丘市总人口数的26.5%，占比在全省地税系统排名第一。四是集中力量加强重点行业税收管理，成立房地产税收一体化、土地增值税清算、欠税管理等专项管理小组，将220个建筑施工项目纳入一体化管理；清算入库土地增值税4295万元；清理入库欠税1512万元。

【税收执法与服务】 强化以查促管，重点加强对建筑安装、房地产、运输行业的税收检查，共检查企业64户，查补税款、滞纳金、罚款1924万元，稽查局被授予“全省地方税收专项检查工作先进集体”。打造“服务在身边，有事您说话”党建服务品牌，发挥党员模范带头作用，提升服务水平；升级纳税服务中心功能，采取排队叫号、前台导税、涉税资料免费复印等服务项目，推行“一站式”服务、代办服务、免填单服务等创新性服务措施；建立税收优惠政策审批备案提醒、集中审理、政策执行跟踪、政策落实反馈四项机制，累计为企业落实各项税收优惠政策6500余万元。

举行“服务在身边，有事您说话”党建服务品牌新闻发布会。

【干部队伍建设】 坚持“有为才会有位”的干部管理原则，通过目标引领、榜样带动、机制保障等措施不断提高干部队伍素质，共组织业务考试18场、业务培训57场，取得优异成绩的同志在培训和竞争上岗方面优先考虑。在市局组织的小企业会计准则抽考、纳税服务业务考试等考试中，平均成绩全部名列第一；有一名同志入选税务总局专业人才；有一名同志全程参与了金税三期工程的开发，得到了税务总局的通报嘉奖。

【党风廉政建设】 坚持“一岗双责”，层层签订《党风廉政建设责任书》；在章丘市各部门中第一个给所有办公车辆安装卫星定位系统，对车辆使用情况进行实时监控，定期通报；严格政风行风检查，每月进行明察暗访，每季进行考核通报，并严格问责处理。被授予章丘市2012年度政风行风建设标兵单位（行政执法类第二名）、党风廉政建设标兵单位。

【精神文明建设】 创办《税月华章》文化期刊，改造完善文化长廊，启动《章丘地税志》编纂工作，不断深化地税文化建设，作为全省地税系统文化建设现场推进会的第一站，推广交流了文化建设优秀成果。以“工青妇”组织为载体，成立了12个职工业余文化兴趣小组，由干部自愿捐款成立了“春暖”爱心基金，成功创建“济南市级妇女维权服务示范站”，工会被授予“山东省模范职工之家”，“春暖”爱心基金被评为“全省地税系统2013年十件好事”之一。被授予全国税务系统先进集体、全省地税系统先进集体、全市地税系统“目标管理考核优秀单位”、章丘市垂管部门科学发展综合考评第一名等多项荣誉称号。

（郑洪树）

平阴县地方税务局

经济概况

2013年，平阴县实现生产总值191.49亿元，同比增长11.9%。其中：第一、二、三产业增加值为29.27亿元、106.11亿元和56.11亿元，分别增长4.3%、13.4%和11.5%，三次产业比例由上年的15.8∶55.2∶29.0调整为15.3∶55.4∶29.3；实现地方公共财政预算收入11.69亿元，增长15.3%；完成全社会固定资产投资161.53亿元，增长21.0%。

收入概况

2013年，平阴县地税局共组织各项收入8.2亿元，同比增长18.34%。其中，县级公共财政预算收入完成6.19亿元，同口径增长18.17%，占全县公共财政预算收入的52%。

工作概述

【提高收入质量】 一是加强收入分析预测。采取“前置预测”、强化收入考核等方法，完善税收分析预测机制，及时掌握税源分布、税源结构变化等情况。二是加强收入调度管理。按照“旬旬调度”的工作思路，全面实现均衡入库。三是加强重点税源管理。组织重点税源收入5.96亿元，占总体税源收入的72.66%。四是加强零星税源管理。组织征收房产土地交易及初始登记税收收入7782万元，代开发票税收收入8202万元，加强山石资源税“以药控税”、委托代征、代扣代缴、零星建筑施工、租赁收入等相关税收管理工作。

【税源管理】 深化“集中办公、行业管理”的征管改革成果。一是加强制造业非金融机构其他金融业务的税收管理，纳税户基础信息日常核查工作，关联企业动态跟踪管理。二是做好阿胶玫瑰产业、中小企业和“走出去”企业的优惠政策扶持与税源管理等工作，实地走访400余户中小企业“问需问计问效”。三是“围绕一条主线、创新两项机制、夯实三项管理、提高四项能力”（一条主线就是依法组织收入这条主线；两项机制就是创新持续稳定增长的税收收入机制和纳税服务机制；三项管理就是夯实税基管理、规范数据管理、加强信息评估管理；四项能力就是提高有效执行能力、提高行政执法能力、提高行政效能能力、提高基层队伍管理能力），努力规范建筑房地产业管理，实现税收2.69亿元，比上年同期增收7515万元。四是做好金融保险业管理工作，开展保险业摸底调查，规范餐饮、住宿行业管理。

【税收执法】 一是加强税务稽查。扎实做好纳税自查、税收专项检查、税警联合办案，行业稽查、查管互动和以查促管、促收作用得到显著加强。二是加强税源管理。重点做好建筑、房地产等行业或部门的纳税评估和督察内审工作。三是加强执法风险管理。落实各项税收优惠政策，完成所得税汇缴申报和年所得12万元以上个人自行申报工作。成立执法督察小组，规范涉税证明开具和退税流程，有效规避了税收执法风险。

与平阴县公安局建立税警联动工作室，着力构建集约型纳税评估机制。

【纳税服务】 一是做好金税三期工程上线工作。成立工作领导小组及办公室，组织开展数据整理，确保了金税三期工程的顺利上线。建立局领导带班、现场辅导、系统运维三项机制，强化问题处置管理，有效保障了系统平稳运行。二是服务发展大局。按月向县领导汇报地税工作情况，为领导提供科学决策服务。建立与各镇办党（工）委、政府的定期联系机制，局深入各镇（办）沟通协调，征求意见建议。开展年底税源调查，服务地方经济发展。三是优化纳税服务。深化推进规范化办税服务厅建设，做好同城通办、导税服务、预约服务、设点服务、自助办税、首问责任制等纳税服务工作，提高办税效率。

【干部队伍建设】 一是强化党性修养。完成党总支、支部换届选举工作，选举产生九个支部27名党务工作者。开展“暖心党总支”党建品牌建设、道德讲堂、文化建设等活动。二是强化廉政教育。严格落实八项规定、厉行勤俭节约等有关规定。深化廉政风险防控机制建设、行风政风、廉政教育和廉政文化建设等，开展反面警示教育、“庸懒散”专项治理等活动。三是强化人才强税战略。实施人才带动战略，开展全员业务培训达标、国际税收与反避税专题等业务培训工作。组织《小企业会计准则》培训学习和抽考工作。四是强化行政管理。提高行政管理效率，加强“三公经费”管理，全面降低行政运行成本。

（张树恒）

济阳县地方税务局

经济概况

2013年，济阳县实现生产总值231.2亿元，同比增长13.1%。其中，第一、二、三产业增加值分别完成19.18、119.85和62.17亿元，分别增长4.1%、15.4%和13.9%。全社会固定资产投资完成172.32

亿元，增长22.6%。实现地方财政收入14.7亿元，同比增长17.38%。农民人均纯收入达12122元，增长12.77%。

收入概况

2013年，济阳县地税局共组织各项收入8.84亿元，同比增长14.23%，增收1.1亿元。其中：县级收入7.87亿元，同比增长17.53%，增收1.18亿元。

工作概述

【税收征管】 全力做好金税三期工程上线工作，分步骤开展了征管基础数据信息录入、岗责体系调整、人员辅导培训、试点上线模拟操作等工作。金税三期工程已于10月8日试点上线成功。认真开展高收入者个人所得税自行申报工作，受理个人所得税自行申报264户，完成市局分配指标的132%。开展了土地使用税清理工作，通过财产登记信息比对、下户实地丈量等措施，清理土地使用税360万元。开展欠税清理13户，入库税款235万元。加强了社会综合治税，涉税信息采集条数和采集信息部门数在全市地税系统均名列前茅。

【税收执法】 一是强化税收政策执行。认真开展所得税汇算清缴工作。2013年共有422户企业办理了企业所得税年度申报，补缴税款671万元，汇缴期内所得税年度申报率达到100%。通过汇缴检查，入库税款1105万元。坚持对企业避免重复检查的原则，将应汇缴检查企业分户下达稽查局、税源管理科和各征收单位进行检查和评估，避免了交叉检查。认真开展土地增值税清算工作，2013年入库税款2956万元。全面做好“营改增”纳税人移交工作，移交国税468户，影响地方税收1100万元。二是强化收入质量管理，防范执法风险。认真开展收入质量督导检查，强化了收入质量责任追究。采取单列分值，单独考核方式，对收入预测准确率、发票代开及欠税、减免税、退税等影响收入质量的突出问题予以重点监控考核。三是强化税务稽查。认真开展地方税收专项检查。2013年辅导企业自查自纠206户，入库税款、滞纳金860万元。专项检查、日常检查和注销检查121户，查补税款、滞纳金、罚款1179万元。

【干部队伍建设】 一是开展党的群众路线教育实践活动。通过深入基层召开征求意见座谈会，向社会发放调查问卷等方式，征求意见建议29条。认真开展“四风”问题查摆，深刻分析原因，制定整改措施。结合征求到的意见和建议情况，逐一制定整改措施，建章立制，不断巩固党的群众路线教育实践活动成果。二是加强教育培训，提升队伍素质。在山东税校举办了更新知识培训班，对35名业务骨干进行了集中培训。集中开展了《小企业会计准则》业务辅导，5月份在市局组织的《小企业会计准则》抽考活动中，有两名同志分获第4和第8名的好成绩。三是加强和谐建设，营造风清气顺心齐的浓厚氛围。加强干部选拔任用，优化队伍结构。通过民主推荐和谈话推荐方式，顺利选拔副主任科员2名。建立道德讲堂，以“四德”教育为基线，吸收了古往今来的人物故事、优秀事迹，此项目被评为全市地税系统优秀文化建设项目。

注重干部队伍建设，开展业务骨干培训。

【党风廉政建设】 层层签订《党风廉政建设责任书》，开展廉政谈话。组织全体人员认真学习《税收违法违纪行为处分规定》《济南市行政过错问责暂行办法》等制度办法。参加了全市地税系统《税收违法违纪处分规定》和济阳县“交警杯”党纪政纪法纪知识竞赛，分获第2名和第3名的好成绩。

【行政管理】 认真贯彻中央八项规定，自觉精简会议，严禁铺张浪费。认真执行县局公车集中停放、节日封存、不进高档餐馆就餐、不进高档娱乐场所消费等制度规定，并采取成立督查小组实地督导检查、定期通报情况等措施。健全完善了“去向指示牌”制度。在县局办公楼各个办公室门前悬挂“去向指示牌”的基础上，结合对“庸散懒”的专项治理，抽调相关科室人员，开展了3次明察暗访活动，督促干部职工自觉转变工作作风，提高服务质量和办事效率。

（王桥政）

商河县地方税务局

经济概况

2013年，商河县实现生产总值143.69亿元，比上年增长11.33%，三次产业比重调整为30.20∶37.79∶32.01。第一产业实现增加值43.36亿元，增长4.10%；第二产业实现增加值54.33亿元，增长13.17%；第三产业实现增加值46.00亿元，增长16.00%。三产结构进一步合理，第二产业的比重进一步增加，第三产业比重稳步提升。

收入概况

2013年，商河县地方税务局累计组织各项收入4.8亿元，比2012年同期增收7977万元，增长19.94%。其中：县级公共预算收入完成4.4亿元，完成县政府计划的100.99%，同比增长24.05%，超收432万元，剔除“营改增”因素增长25.93%，顺利完成了全年税收任务。

工作概述

【税收执法】 积极探索分行业、分类型、分规模的精细化管理办法，重点加强建筑房地产业、住宿餐饮业、企业所得税汇缴、土地增值税清算、印花税核定征收管理工作。按照《山东省地税系统税收执法督察工作规程》有关规定，对部分单位2013年1—6月份的税收执法情况进行了执法督察。扎实开展对重点税源企业、重点行业的税收专项检查，2013年查补入库税款、罚款及滞纳金596

万元，有效地发挥了税务稽查的职能作用；对欠税进行全面清理，共清欠查补税款及滞纳金710万余元。通过不断加强执法内控机制建设，深化税收执法考核，开展税收执法督察，提高了依法行政水平和风险防范能力。

【税源管理】 建立健全重点税源监控体系，对年纳税超过30万元以上的重点税源，实行分类监控管理，确保重点税源监管到位；对2013年重点实施的96项财政投资类重点项目和128项非财政投资类重点项目，实行专人专管专控；完善综合治税工作机制，做好涉税信息采集，定期进行涉税信息处理通报，进一步提高涉税信息利用率；强化税收预警评估与评估约谈，2013年通过省局平台风险管理系统，下发税收预警147户次，完成纳税评估29户次，评估税款31.68万元，提出征管建议书2次，有力地促进了征管工作扎实开展。

加强税收征管，与中介机构联合开展土地增值税清算。

【干部队伍建设】 2013年，健全《商河县地方税务局干部管理规定》等规章制度，完善干部选拔培养机制，对部分在日常工作和考试中表现突出的人员进行工作岗位调整；通过各类考试选拔出30名同志，在山东科技大学继续教育中心组织开展了县局师资骨干培训，强化岗位技能培训；以建设地税系统核心价值体系为主线，以理念培养、阵地建设、活动开展、制度规范为重点，深化地税文化建设；通过上廉政课、看廉政片、参观警示教育基地、开展廉政文化作品征集等多种形式，深入开展纪律教育、警示教育、“主题教育”和预防职务犯罪教育，有效杜绝了腐败风险的发生，2013年被商河县纪委评为廉政文化示范点。

【纳税服务】 深入开展党的群众路线教育实践活动，对查摆出的问题进行集中讨论，逐条进行对照检查，明确26条整改措施，形成了具有鲜明商河地税特色的践行群众路线抓手，有力引导干部职工增强群众观念、大局意识和服务意识；从硬件建设和软件建设两个方面入手，进一步改善办税服务环境，提升服务水平，深入推行“一站式”、一对一、预约式、订单式服务，在纳税服务中心和行政服务中心设立中午值班岗和延时服务岗，不间断为纳税人提供服务；通过开通税企微信、QQ群、税企沙龙，印制纳税服务监督卡，创新纳税服务举措，实现征纳沟通零距离、无障碍，营造和谐税收软环境。

（贾意美）

青岛市地方税务局

经济概况

2013年，青岛市实现生产总值8006.6亿元，同比增长10%。其中，第一产业增加值352.4亿元，增长2.1%，第二产业增加值3641.4亿元，增长10.2%，第三产业增加值4012.8亿元，增长10.5%。全市完成固定资产投资5027.9亿元，增长21.1%。实现外贸进出口总额779.12亿美元，增长6.5%。年末全市户籍总人口为896.4万人，增长1.1%。城市居民人均可支配收入35227元，增长9.6%；农民人均纯收入15731元，增长12.4%。

收入概况

2013年，全局累计组织各项收入573.7亿元，增长14.7%。其中，完成公共财政预算收入462.1亿元，同比增长15.6%；考虑“营改增”减收因素，同口径实际增长18.6%。主要有五个特点：一是从级次看，地方级增长较快。除地方公共财政预算收入外，地税部门还组织基金收入21.5亿元，组织地方级收入合计483.6亿元，增长15.4%，占各项收入的比重由2012年的83.7%提高至84.3%。二是从税种看，财产行为税收增长较快。财产行为税收完成199.8亿元，增长16.6%，占国内税收比重由2012年的37%提高至37.6%。三是从产业看，第三产业税收增长较快。三产税收完成399亿元，增长17.6%，占各项收入的比重由2012年的67.9%提高到69.6%。四是从行业看，房地产业税收一枝独秀。房地产业税收完成192.1亿元，增长43.1%，高居各行业首位，占各项收入总量、增量比重分别为33.5%、78.6%。五是从规模看，重点企业贡献度进一步提高。年纳税百万元以上重点企业达到4752户，比上年增加455户，占全部纳税户数比重为1.5%；入库税收433.1亿元，占各项收入比重由74.7%提高到75.5%。

工作概述

【税种管理】 透视经济税收内在规律，依托现代信息技术，提高征管的质量和效率。在全市范围内全面推行“存量房交易评估系统”，解决“阴阳合同”问题。全年组织二手房税收16亿元，增长1倍；完善高收入人群税源管理系统，加强对股权转让、股息利息红利等所得的征管，非劳务所得税收占个人所得税的比重上升至33%，比3年前提高近9个百分点；开发国际税收管理系统，加强对反避税和非居民企业的税收管理，组织涉外税收75.6亿元，其中非居民税收增长45%。

【风险防控】 自主研发税收风险管理系统，构建了114个预警指标，全面扫描税收流失风险，并按照风险的低、中、高，采取预警约谈、纳税评估、税务稽查依次递进的应对策略。系统上线运行半年，派发风险疑点信息8.5万条，风险应对有效率达81%，增加税收9.8亿元。

【增值应用第三方信息】 争取市政府下发了《加强第三方涉税信息共享的通知》，明确了各职能部门提供涉税信息的具体内容、时限和标准。已与34个部门建立了信息共享机制；通过财源建设平台，可随时访问28家单位的数据。全年共采集政府部门第三方信息430余万条，增加税收20.8亿元。特别是在年底，研发了在线媒体涉税信息监控平台，试运行一个月，增加税收1.2亿元。

【依法行政】 起草了《青岛市税收征收协助条例》，经省、市两级人大全票审议通过。这部条例是我国首部市级税收征收协助条例，是青岛市首部地方税收法规；联合国税部门，制定了全市统一的税务行政处罚标准，对7大类52项处罚行为，明确了裁量基准，规范自由裁量权；与市物价局联合制定《青岛市涉税财物价格认定办法》，经物价部门认定，上调涉税财务单价51%，增加税收3.1亿元； 加大对高风险积案的执行力度，清理欠税4.9亿元；稽查查处百万元以上大要案27件，查补入库税款4.77亿元，同比增长67%。其中，承办了中纪委和国家审计署移送的两起大案，查补税款1亿元；与公安部门联合，破获非法出售、虚开发票犯罪团伙3个，查处发票违法单位80余户，查补入库税款4012万元。

【智慧地税】 开发完成智慧地税三期，实现了四大功能：数据层层钻取，从收入总量→税种→行业→基层局，直至单笔税款层层钻取；信息集成整合，实现了企业纳税人“一户式”、自然人纳税人“一人式”和税务干部的“一员式”管理；风险实时监控，平台每5秒钟刷新一次数据，实现了对组织收入、税源管理、纳税服务、税收执法、廉政建设等各项工作的实时动态监控；绩效全面评价，以结果为导向，可视化展示税收核心业务全程运行情况，自动生成考核结果，综合考核评价单位绩效、干部业绩和纳税人信用等级。2013年，智慧地税管理平台被评为全市机关十大特色创新成果奖并通过全市科技进步奖专家评审。

【纳税服务】 以满足纳税人合理需求为导向，推出了31条便民服务举措。推行了网上办税，实现了13大类233项涉税事项的网上办理，比上年增加53项；推行了网络发票，开具网络发票125万份，开票金额1263亿元；推行了全市通办，纳税人可不受地域限制，选择市内任意一家办税服务厅，办理税务登记、发票领购等27项涉税业务，已为5318户纳税人办理了15000多笔通办业务；推行了网银缴税，在原有企业和个体工商户网上缴税的基础上，协调市工商银行，实现了自然人网银缴税，每年可减少纳税人往返服务大厅20余万次；推行了免填单服务，设立工商地税联网专线，纳税人办理税务登记，56项信息由系统自动填写，办证时间由15分钟降至2分钟；推行了办税服务零收费，采取政府购买服务的方式，取消网上申报维护费，每年为纳税人节约办税成本1500余万元；推行了税收政策大讲堂，每半个月举办一次“税收政策大讲堂”，常年不间断免费为纳税人提供政策培训。全年共举办“大讲堂”26期，培训1.2万余人次。

加强纳税服务，定期举办纳税人税收大讲堂。

【减税惠民】 牢固树立“不落实减免税也是收‘过头税’”的理念，出台了《优化经济发展环境46条措施》，帮助纳税人了解政策、熟悉政策，进而用足用好减税惠民政策，全年依法减免各税59亿元，比上年多减税11亿元。

【党的群众路线教育实践活动】 坚持领导带头、自上而下、率先垂范，扎实深入地开展了学习教育、听取意见、查摆问题、开展批评、建章立制等各个环节的工作。制定了64条整改措施，建立健全了涵盖财务资产、银行账户、公务接待、政府采购、纳税服务等内容的18项制度，清理基层报表38项，各类会议同比减少30%，公务接待费同比下降56.2%。

【教育培训】 遵循人才培养规律，全年不间断地开展“岗位练兵，技能竞赛”活动。先后有81名干部获得硕士、博士学位，146人考取注册税务师、会计师和律师，287人入选税务总局、省局人才库，5人入选全国税务系统领军人才。

【党的建设】 深入开展“学习型、服务型、创新型”三型党组织建设，创新推出党支部书记上党课活动，组织开展庆祝建党92周年表彰活动，大力表彰全系统先进典型。市局“税徽闪烁党旗红”和李沧分局“青莲融党情”党建品牌被评为省级党建品牌。

【党风廉政建设】 按照“教育+制度+科技+问责”的思路，抓好党风廉政建设。与青岛电视台联合拍摄《税案释法》专题片，以身边的事警示身边人；不断完善领导班子议事和决策机制，制定了《青岛市地税局工作规则》《会议议事规则》，对涉及人、财、物的重要事项，全部集体研究决策，公开透明操作；建立了风险报告制度，干部职工对本单位、本部门违法、违纪苗头性问题，有责任及时向上级报告；在全省率先搭建廉政风险防控平台，借助探针埋置等先进信息技术，实现一体防控、动态防控、全程防控。省纪委副书记王喜远到青岛市局调研后指出，青岛地税税收流失风险和岗位廉政风险一体防控，成效明显，处于全省领先水平。2013年，在全市政风行风民主评议中，位列21个执法单位第一名。

（徐 涛）

青岛市地方税务局直属征收局

【税收概况】 2013年，全局累计组织各项收入58.69亿元，其中税收收入

56.03亿元。

【税收征管】 坚持从基础抓起，不断提高税收征管水平。加强纳税评估工作，2013年评估54户，有问题46户，评估税款2051万元。加强重点税源管理，提高税源管理精细化水平。创新银行业征管手段，做好银行业营业税代征工作。2013年，与66家银行机构签订了委托代征税款协议，代征税款530万元。抓好房产交易中心税收征管工作，自主研发“二手房交易计税价格自动比对”软件，解决了通过人工比对“合同价、上手价和计税价”三个价格容易出错的问题以及“房屋面积与适用税率”不匹配问题，有效降低了税收风险。扎实推进年收入12万元以上个人所得税申报工作，完成申报13429人，入库税款5.7亿元。加强车船税征管，对保险机构代征车船数量与交警部门登记车船数量进行比对，查补车船税134万元。规范保险业营销员税收代征工作，与31家保险企业签订委托代征协议，代征税款1300余万元。

【纳税服务】 树立“纳税人至上”的服务理念，推进纳税服务再上新水平。设立预审理导税咨询台，为纳税人审核资料，提供政策解答和咨询。坚持首问负责制、一次性告知、限时办结、延时服务、预约服务、免填单服务、二次优先服务等制度，进一步提高纳税服务质效。推行自助服务，通过ARM机自助开具个人所得税完税证明885份。利用“纳税人培训学校”，共培训11期500余人次。采用订单式、一户式、预约式等方式，为24家银行、25家保险企业、12户“营改增”企业提供了上门培训服务。加强发票管理，2013年发售发票1252户次、9837998份，缴销发票5185户次、3977121份。规范手续费支付工作，支付手续费416户次，支付金额4283万元。落实税收优惠政策，2013年，为24家保险企业办理一年期人身保险免税，退税2.4亿元；为3户文化体制改制企业减免企业所得税7000多万元；为3户铁路改制企业办理减免退税176万元；为政策性拆迁安置企业、小微企业备案减免税款656万元。

税法宣传活动期间，到浦发银行青岛分行开展点对点纳税辅导。

【干部队伍建设】 扎实开展党的群众路线教育实践活动，顺利完成三个阶段的各项任务，收到预期效果，得到了省局和市局督导组的充分肯定。坚持“内强素质、外树形象”目标，全面加强干部队伍建设，提拔交流正科级干部3人，副科级干部9人。制定完善行政管理规章制度，规范了工作纪律、劳动纪律。加强党风廉政建设，召开了党风廉政建设工作会议，逐级签订《党风廉政建设责任书》。

与市南区检察院共同成立了“预防工作领导小组”，签订了《共同预防实施意见》，举办了预防犯罪讲座，参观了市反腐倡廉教育基地。完善内控机制，依托全省地税系统“廉政风险防控平台”，核查风险信息52条，抽查房产交易涉税资料152份，纠正问题5个，提出整改建议5条。大力加强干部教育培训，开展七期集中培训，组织“干部上讲堂”，11名干部上堂讲课24课时。开展扶贫帮困、为社会奉献爱心活动，11名同志参与了无偿献血活动，慈善一日捐助活动捐款6900元。

（齐砚伟）

青岛市地方税务局稽查局

【稽查概况】 2013年，认真贯彻全国税务、全省地税稽查工作会议精神，紧紧围绕税收中心任务和新一轮征管改革发展大局，优化稽查管理，健全内控机制，防范执法风险，深化廉政建设，积极发挥“以查促收、促管、促治”职能作用，全面完成了税务总局、省局下达的稽查任务目标。先后获得全国打击发票违法犯罪活动工作成绩突出单位和全省税收专项检查、电子查账工作先进单位。

【稽查收入】 2013年，全市各级稽查部门累计检查纳税人921户，完成稽查收入7.64亿元，占全市地税各项收入（不含耕契两税）总额的1.5%，其中查补入库4.77亿元，同比增长67%。

【稽查执法】 建立高风险任务甄别的选案机制，实现了由自主选案向接收市局闸口推送高风险任务这一案源管理方式的转变。强化稽查执法过程管理，建立全过程风险排查的查账模式。积极发挥审理环节“质量管理中心”的枢纽作用，坚持“内部初审→查管共审→集体会审”的“三层审理”机制，建立完善大要案件“审前介入”制度，全年组织两级集体审理21次，审理大要案件68户次。加大税收强制执行力度，全年累计实施税收强制执行措施35户次，银行扣缴入库1.05亿元；清理以前年度积案67户，追缴执行入库3000万元。推进税警联动，破获制售假票和非法出售、虚开真票的犯罪团伙4个，涉案票面金额近3亿元；组织各级稽查局检查发票违法单位80余户，查补入库4012万元。

【税收专项检查】 针对房地产、建筑安装、交通运输及现代服务等地方税收支柱性行业开展专项检查，累计查处房地产及建筑安装企业293户，查补收入1.98亿元，查处交通运输及现代服务企业34户，查补收入7234万元，规范了重点行业税收秩序。

【大要案查处】 成功查处了由中纪委、审计署交办、税务总局督办的青岛卓冠投资公司、青岛源洲投资公司两个专案，共追缴地方税收9000万元，得到了中纪委的肯定和税务总局的通报表彰。2013年，累计查处千万元以上案件3起，百万元以上案件33起，偷税案件5起，曝光典型案件8个，执法力度与刚性进一步增强。

【查管互动】 加强信息交流和数据深度挖掘与应用，落实稽查建议书、稽查案件集体审理会议等制度；建立了征管工作联系单和执法协助函，向管理局发出联系单15件、协助函10件，推动了查管互动协作；向市局报送《稽查专报》6期，提出的以查促管工作建议受到市局领导的重视。

【内控管理】 强化“信息化”理念和“大数据”意识，优化升级审计式查账软件，实现了审计式查账软件与征管数据的对接；改进现行内控管理模式，探索开发、上线运行了“税务稽查智能管理系统”，通过细化各项业务流程，有效解决“稽查管理管什么和怎么管”“绩效评价评什么和怎么评”“执法风险防什么和怎么防”的问题。

【党的群众路线教育实践活动】 扎实开展党的群众路线教育实践活动，顺利完成了集中学习、听取意见、研讨交流、对照检查等各项任务，整改落实干部职工提出的问题7类44件，取得了实实在在的成效。山东省地税局《党的群众路线教育实践活动简报》（第39期）专刊介绍了稽查局的做法和成效。

【业务培训】 着眼于增强稽查核心业务能力，分层、分类组织开展案例式、集中式、脱产式培训；启动了“7050”计划，提高年轻干部的综合素质；组织全系统稽查业务比武考试，选拔骨干人员参加全省电子查账业务比武，取得了第二名的好成绩。

【干部队伍建设】 积极开展“稽查先锋”党建品牌创建活动，按照“创先争优”工作要求，健全了党建基础制度，强化反腐倡廉、预防职务犯罪和行风建设，克服部分干部身上存在的“庸懒散”现象，形成了和谐向上的良好氛围和团队形象。年内，21名干部晋升科级职务，7名干部走上科级领导岗位，实现了稽查人员合理流动。

（李　凯）

青岛市地方税务局市南分局

经济概况

2013年，市南区实现生产总值790.21亿元，比上年增长9.8%。其中，第二产业增加值70.23亿元，增长9.7%，第三产业增加值719.98亿元，增长9.9%。全区实现地方财政一般预算收入110亿元，按可比口径计算增长15.3%。2013年实现利税总额102亿元，全社会完成固定资产投资184.98亿元，增长19.5%。全年实现社会消费品零售额409.31亿元，增长11.8%。全区实现外贸进出口总额156亿美元，增长8.3%；全年共批准利用外资项目49个，实际利用外资达到3亿美元，增长105.5%。年末全区总人口为54.75万人。

收入概况

2013年，全局累计组织各项收入50.55亿元，比2012年增长18.62%，其中税收收入48.08亿元，同比增长18.90%。税收收入中，中央级完成11.68亿元，增长40.38%；青岛市级完成0.84亿元，增长9.09%；区级完成36.40亿元，增长18.41%。各税种收入中，营业税完成17.60亿元，增长10.76%；企业所得税完成11.78亿元，增长79.23%；个人所得税完成 7.68 亿元，增长 6.08%。

工作概述

【税收征管】 创新工作，完善制度，确保税收征管质量不断提高。一是科学合理优化流程，对原有税收工作流程进行梳理完善。修改完善了包括注销、迁移、发票举报等一系列的工作流程，建立了《市南分局经验介绍专刊》。二是建立实施了纳税评估会审制度。通过税企网上联线发放“企业所得税汇算清缴风险提醒函”等方式开展全覆盖式风险管理，加强对风险点的预警评估。三是以有效措施开展对外付汇核查。建立“明确目标—通知自查—跟踪核实—实施检查—反避税”的分段协作式工作模式。四是加强“营改增”企业管理。同时注重加强“营改增”企业后续跟踪管理。五是信息管税，开发应用数据质量智能审核提示体系及行政处罚标准化操作系统，提升数据质量管理，夯实基础信息。

【税收执法】 优化管理，深挖税源，确保税收收入稳定增长。一是深入研究经济税源变化趋势，开展税收分析和税收预测，准确把握辖区税源变动趋势，为政府决策提供支持。二是加强土地增值税清算。加强对造价审核的管理，探索引入第三方协助核实办法的可行性，并完善了分局土地增值税清算工作流程。三是不断完善欠税清理体系。建立欠税工作每月通报制度，定期发布欠税公告，形成有效的社会监督机制。四是强化房地产企业管理。不断补充完善房地产项目台账，加大对所得税在市南的房地产企业在外区开发项目的监管。

【纳税服务】 真情服务，拓宽渠道，不断优化纳税服务水平。一是创新方式，提升服务质效。实施月度纳税服务标兵制度，完善特约服务室功能，建立视频自查制度，加强对劳务派遣人员的培训和管理；设立纳税分流引导制度，引导纳税人错时办税。二是建立“全程跟踪监控机制”，有效防控纳税服务风险。三是积极利用信息化成果，拓宽服务渠道。扩充了自助服务区功能，配备了 9 台外网自助服务计算机；自主开发了“办税服务厅电子导税平台”，方便纳税人自行查阅，实现涉税内容的一次性告知，规避了服务风险。四是加大税收政策和涉税事项的宣传。通过每月的纳税人学校、税收讲座、税企连线等平台，加大对纳税人的税法宣传。坚持在《青岛早报》开设“税收周周谈”专栏，此专栏入选了全省地税系统优秀宣传项目。

【干部队伍建设】 文化引领，注重教育，确保干部队伍素质再上新台阶。一是加强教育培训，使干部职工信息管税能力、风险管理能力、廉洁自律能力、党建学习能力、实践创新能力得到了有效提升。二是深入开展市局廉政风险防控平台核查工作，杜绝风险问题的发生，促进了分局各项执法与服务工作的不断规范。三是增强干部职工责任意识，有效避免效能投诉的发生。四是创新选人用人措施和办法，选拔优秀干部充实中层队伍。五是扎实开展党的群众路线教育实践活动，做到规定动作不走样，自选动作有创新。六是牢牢树立廉洁奉公的地税精神，以公仆意识服务纳税人，以廉洁精神要求塑造良好的地税形象。

（郝洁泉）

青岛市地方税务局市北分局

经济概况

2013年，市北区实现生产总值551.55亿元，比上年增长10.1%。其中，第二产业增加值149.00亿元，增长9.9%，第三产业增加值402.56亿元，增长10.2%。全区实现地方财政一般预算收入80.01亿元，增长20.3%。全社会完成固定资产投资280.75亿元，增长20.8%。全年实现社会消费品零售额515.21亿元，增长12.6%。全区实现外贸进出口总额35.82亿美元，增长12.1%；全年实际利用外资达到3亿美元，增长26.5%。年末全区总人口为105.92万人（常住人口数据），居民人均可支配收入35227元，增长9.6%。

收入概况

2013年，全局累计组织各项收入47.25亿元，比2012年增长17.56%，其中税收收入44.46亿元，同比增长18.14%。税收收入中，中央级完成9.38亿元，增长13.01%；青岛市级完成0.36亿元，增长9.79%；青岛市市北区级完成34.72亿元，增长19.71%。各税种收入中，营业税完成14.53亿元，增长14.53%；企业所得税完成11.25亿元，增长7.37%；个人所得税完成377亿元，增长14.49%。

工作概述

【税收征管】 深入挖掘税源管理增收潜力，突出信息管税，全力构建科学高效征管格局。一是提高土地增值税清算质量。在清算复核环节引入工程造价所作为第三方介入，全年完成清算项目18个，企业应补缴土地增值税2.5亿元，总体税负率4.57%，高于青岛市0.52个百分点，同比增收1.3亿元，增长54%。二是自行研发“纳税信用评价自助查询系统”。通过纳税人识别号可以随时查询纳税信用评价情况，也可生成纳税信用评价报告。共推送风险任务319起，核查税款135万元。三是加强土地房产流转、抵押等环节有关税收的监控、审核及审理。全年征收存量房及土地流转税收4.1亿元左右，增收2.1亿元，增幅107%。四是引入价格认定解决税收争议。在纳税评估、土地增值税清算等环节引入政府价格认证机制。通过对市北区两家企业项目进行价格认证，认定增值1.28亿元，增收税款3846万元。五是加强风险管理工作。严把征管数据入口关，共清理异常数据2.4万条。通过风险管理比对异常信息2430条，查补税款1096万元。

【税收执法】 严格贯彻“依法征税，应收尽收”的组织收入原则，强化税收执法监督，规范执法程序，促进执法责任制落实；利用综合治税平台，加强重点项目征管。建立起大项目周、月、季度税收分析常态机制，共对91个大项目实施动态监控，监控投资额260亿元，全年实现税款9.68亿元；强化第三方信息的增值利用。共采集利用第三方信息 2150 条，增收税款 1.39 亿元。共监控拆迁安置房地产企业视同销售金额约 32 亿元，监控税款 1.8 亿元，入库税款 9150 万元；加强欠税清理工作。坚持清理防范并举，全年共清理欠税 2731 万元，其中与各级法院合作清理欠税 1461 万元。

【纳税服务】　精心打造征纳共盈纳税服务品牌，以纳税人正当需求为导向，努力构建优质办税服务的长效机制。一是铺就纳税服务“快车道”。严格落实好首问负责制、限时办结制、延时服务制等措施，细化了 21 项服务考核指标，办税时间由原来的 10 分钟缩短为 5 分钟以内，且对 31 项便民服务措施进行了优化。二是建立权益保障“安全岛”。在前期成立了两个纳税人之家的基础上，又成立了“市北区个体私营者协会纳税人之家”，累计为纳税人提供涉税维权方面的辅导 10 余次，税收业务培训 620 余人次。三是搭建税企沟通的“立交桥”。通过纳税人学校共开展各类免费培训 33 期，培训人数达 2560 余人次。中层以上干部带头深入企业调研 40 余人次，形成有深度的调研报告 10 余篇，纳税人的满意度达到了 99.8%。

【干部队伍建设】　把创先争优和推动地税中心工作相结合，认真开展学习实践活动，提高干部队伍建设的凝聚力、向心力。一是开展党的群众路线教育实践活动。对照税务总局提出的“三个三”的“36”字要求，扎实深入地开展了学习教育、听取意见、查摆问题、开展批评、建章立制等各个环节的工作，切实在解决问题和改进作风上取得新突破。二是积极开展“庸懒散慢拖瞒”专项治理活动。围绕整治“门难进、脸难看、事难办”问题，加强教育、严格考核、奖罚并举。三是扎实开展文体活动。组建起由六个兴趣小组组成的绿色健身团队，注重推进地税文化和文明创建工作，发现培养身边典型。分局王永杰获评“青岛十大孝星”称号，分局 2013 年度获得“省级文明单位”荣誉称号。

（王金玲）

青岛市地方税务局四方分局

收入概况

2013 年，全局累计组织各项收入 27.34 亿元，比 2012 年增长 20.16%，其中税收收入 25.95 亿元，同比增长 21.19%。税收收入中，中央级完成 4.36 亿元，增长 52.69%；区以下级完成 21.59 亿元，增长 16.33%。各税种收入中，营业税完成 9.43 亿元，增长 3.65%；企业所得税完成 5.20 亿元，增长 67.27%；个人所得税完成 2.07 亿元，增长 26.81%。

工作概述

【税收征管】　利用“三点一线”、影像采集等方法深化土地增值税清算，清算项目 9 个，清算税款 4600 余万元；结合辖区农工商公司改制及配套改革工作，及时开展房产税、土地使用税以及相关税款清理，共清缴税款 850 余万元；根据税务总局有关规定，在全市率先对房地产开发企业售楼处进行专项清理，核实出辖区15个售楼处需按规定缴纳房产税，年增税款110万元；重点加强汽车销售行业、医疗行业的药品、医疗器械采购环节印花税核定征收，两行业核定比例分别达100%、95%。

【税收执法】 加强欠税企业土地、股权以及产权过户等环节监控，清理欠税及滞纳金8500余万元；核实比对国税部门2010—2012年增值税免抵信息1158条，查补地方税及附加523万元；依据税收风险等级，有针对性地开展预警核实和纳税评估，全年预警核实企业256户，查补税款3821万元；利用“3+N”模式评估企业80户，查补税款5869万元；实行“一户一档”式阳光注销，办理注销281户，查补税款20余万元。

【纳税服务】 积极拓展税企“半月谈”培训形式，主动走进企业集团开设课堂，把个性服务送上门，真正实现“请进来”与“走出去”相结合，全年走进8家大企业，征集相关意见与建议20余条；通过税企连线、QQ通服务，对外发布涉税事项26742项，解答纳税人涉税咨询13357人次；通过增设预受理岗位、开通网上预审、实行纳税辅导前置等措施，大力推行涉税事项预受理，极大提高办税效率；全力推行“全市通办”，最大限度方便纳税人就近办税，年度受理相关业务1334笔，约占全市业务总量的30%。

【干部队伍建设】 及时修订完善分局行政管理规定、目标管理考核办法，实现部门责任制度化、岗位责任具体化、责任主体明确化，按季严格考核通报；积极顺应干部职工合理诉求，尽心尽力为干部职工办实事、解难题；成功开辟健身课堂，建立健全健身房活动室，并依托各类活动小组，按月组织活动，不断激发队伍活力；积极发掘身边勤政廉政、为民务实、默默奉献的先进典型，通过“支部文苑”、大堂展板、表扬通报等形式弘扬宣传，不断引导干部职工自觉担当责任与使命。

利用税企“半月谈”活动，积极邀请辖区纠风部门作为第三方开展日常评议。

【党风廉政建设】 严格落实《廉政准则》各项规定，并定期比照检查；严格落实述廉、考廉、评廉“三廉”监督管理办法，每年组织两次中层干部公开述职述廉活动，并接受现场民主评议；研究出台分局涉税事项审议暂行办法，进一步规范征收行为，有效防范执法风险；继续强化廉政风险防控平台应用和责任追究，年度核查预警信息66条；继续邀请区纠风部门作为第三方开展日常评议，连续五年位居辖区政风行风测评第一名。

（展永福）

青岛市地方税务局李沧分局

经济概况

2013年，青岛市李沧区实现生产总值297.7亿元，比上年增长10%。其中，第二产业增加值142亿元，增长8.9%，第三产业增加值155.7亿元，增长11.2%。全区实现区级财政收入43.3亿元，增长19.8%。全社会完成固定资产投资320.4亿元，增长22.6%。全年实现社会消费品零售额255.7亿元，增长13.5%。全区实现外贸进出口总额28.1亿美元，增长10%。年末全区总人口为32.09万人。

收入概况

2013年，全局累计组织各项收入42.4亿元，比2012年增长24.8%，其中税收收入38.7亿元，同比增长24.8%。税收收入中，中央级完成3.0亿元，增长12.7%；青岛市级完成39.4亿元，增长25.8%；李沧区区级完成38.7亿元，增长26.5%。各税种收入中，营业税完成17.8亿元，增长24.6%；企业所得税完成3.1亿元，增长14.0%；个人所得税完成1.8亿元，增长10.6%。

工作概述

【税收征管】 加强数据质量管理。制定《李沧分局数据管理暂行办法》，完善数据质量管理工作机制，数据质量考核取得青岛地税系统第一名。加强分析预测。多次深入企业调研，掌控区经济发展状况，建立完善月、季、年收入分析预测制度，收入预测准确率一直名列全市地税系统前茅。强化税收预警。定期对税收嫌疑数据进行筛选，将对收入质量考核指标纳入科室考核。在市局收入质量考核中，连续获得满分。2013年度，分局被评为青岛市地税系统“目标管理考核”和“数据质量管理工作”先进单位。

【税收执法】 严格贯彻落实依法征收、应收尽收的组织收入原则，根据上级执法考核通报情况，严格按照各项指标进行考核。加强税收执法检查，重点对票证管理、企业所得税政策执行、减免税审批等情况进行检查，做到应收尽收。依据《青岛市地税局税收执法风险监督管理办法》，进行税收执法风险监督管理责任分解。

【纳税服务】 不断创新纳税服务模式。与区委宣传部联合，在李沧电视台创办了《地税讲堂》电视栏目。每月开播2期，每期1个小时，就纳税人关心的热点难点问题和有关税收法律知识进行讲座。山东电视台对此栏目进行了宣传报道。在办税服务厅实行纳税辅导前置，推行预审服务。自预审服务实行以来，纳税人平均等待时间比原来缩短30%，工作效率提高20%。同时，全年组织国税、地税联合培训12期，《税收大讲堂》3期，举办纳税辅导讲座6期。

【干部队伍建设】 倡导“给干部创造学习机会就是一种关怀”的理念，利用李沧区党校地税干部培训基地，分局94名干部，分三批进行为期一周的脱产培训。聘请8名专家，进行专题讲座。先后挑选16名业务骨干，上《地税讲堂》

电视栏目、上讲台讲课，摔打锤炼干部。开展走进社区、走进机关、走进军营“三走进”干部教育实践活动。省局党组成员、纪检组长王莉莉对“三走进”教育实践活动给予充分肯定。

【精神文明建设】 开展家庭亲情、同事友情、社会（纳税人）真情为主要内容的“三情”活动，以“情”带队伍。在重阳节，倡导干部职工给家里老人送一份礼物，或一束鲜花，在办公桌面摆放自己最满意的家庭照片。3次组织干部到敬老院和盲校献爱心活动，山东省电视台对此进行了报道。创建“青莲融党情”党建品牌，七一期间受到省局表彰。虚心听取人大代表、政协委员和广大纳税人的意见建议，征求意见建议100多条，答复纳税人满意率100%。2013年，分局取得李沧区民主评议政风行风活动“三连冠”。

【党风廉政建设】 认真贯彻落实党的十八大精神，充分发挥“青莲苑”廉政教育基地的作用，举办预防职务犯罪、“道德讲座”8次。2月份，省委常委、纪委书记李法泉到“青莲苑”调研，充分肯定“青莲苑”“润物细无声”的教育方式；5月份，省地税局党组成员、纪检组长王莉莉给予“青莲苑”“耳目一新”的高度评价。分局还推动廉政格言警句进楼道、上墙面，共计上墙30多幅廉政警句；在办公楼的走廊设立廉政文化宣传栏4块，拓展廉政文化的宣传阵地。制定《党风廉政建设责任书》并层层签订。2013年，分局被评为“青岛市地税系统纪检监察工作先进单位”和“全省地税系统廉政文化‘四进’先进单位”。

（罗树金）

青岛市地方税务局
黄岛（经济技术开发区）分局

经济概况

2013年，开发区实现生产总值1537.37亿元，比上年增长11.9%。其中，第一产业增加值11.74亿元，增长0.9%，第二产业增加值1000.46亿元，增长10.4%，第三产业增加值525.17亿元，增长15.4%。全区实现地方财政一般预算收入87.18亿元，增长12.8%。2013年实现利税总额320.07亿元，增长2.5%，其中利润149.53亿元，增长17.8%。全社会完成固定资产投资700.48亿元，增长18.2%。全年实现社会消费品零售额180.39亿元，增长14%。全区实现外贸进出口总额95.05亿美元，增长4.0%；全年共批准利用外资项目98个，实际利用外资达到9.53亿美元，增长11.7%。年末全区总人口为67.14万人，居民人均可支配收入3.88万元，增长9.6%。

收入概况

2013年，全局累计组织各项收入71.57亿元，比2012年增长7.98%，其中税收收入61.75亿元，同比增长7.97%。

工作概述

【税收征管】 一是调整优化征管范围，规模以上纳税人、集团企业、金融行业和特定区域纳税人划归直属局集中管理。二是制定数据质量管理办法，规范数据质量管理，夯实征管基础。三是依托综合治税平台，拓展第三方信息采集，全年采集第三方信息 892 条。四是成立反避税工作团队，破解关联企业避税难题，在全国地税系统首次探索对商标权使用和无偿转让行为进行反避税调查。五是推进管、评、查互动机制，加强部门互动和信息共享，增强征管合力。六是推进土地增值税清算，全年完成清算项目 23 个，清算税款 4258 万元，税负率 2.9%。七是深化大项目管理，监控已开工大项目 157 个，入库税款 12 亿元。八是顺利完成“营改增”试点工作。

【税收执法】 一是规范执法管理和监督，坚持落实税收执法责任制，加强对各项考核指标的预警、申辩、审核的常态化管理。二是开展房地产及建筑安装业专项检查、重点税源企业专项检查，稽查立案检查 97 户，查处百万元以上大要案 4 起，查补入库税款 6756 万元。三是开展物流企业涉案发票专项检查，查处发票违法单位 48 户，涉及发票 220 份，查补入库税款 103 万元。四是严格欠税数据审核，清理欠税 5190 万元。五是落实各项税收优惠，全年办理各项减免税近 3 亿元。

【纳税服务】 一是开展第三方调查评价，开发网上调查软件，通过电话、问卷、网络、走访等多种形式，调查纳税人 490 余户。二是加强网站建设，不断延伸服务平台，信息发布量和点击量在各基层局中列首位。三是完善专家咨询岗制度，丰富专家咨询岗功能，定期收集汇总热点问题，提高专家咨询岗答复效益。四是推出了午间办税制度，确保了全天候不间断办税，在全省地税系统开了先河，全年共办理午间业务 1200 余笔。五是扩大服务免填单范围，将企业代开发票纳入免填单范围。六是畅通办税绿色通道，优先为外地纳税人、过号纳税人、老残孕纳税人办理业务，开启爆燃事故纳税人办税绿色通道。七是推广网上办税，网上开具外管证 2321 份，推广网络发票纳税人 451 户，已开具网络发票 8 万余份。八是开展税收政策宣传培训，加强税收政策的宣传力度。

推出午间办税制度，确保全天候不间断服务。

【干部队伍建设】 一是深入开展党的群众路线教育实践活动，征求内外各方面意见 41 条，查摆“四风”问题 14 条，制定整改措施 22 项。二是持续推进学习型组织建设，深入干部教育培训，积极开展岗位技能练兵，培养树立先优典型，提升队伍整体素质。三是不断加强党风廉政建设。获得全区 21 个执法部门行风评议第一名，办税服务厅获得区基层行风示范窗口称号。四是积极推进精神文明建设，获得了国家级青年文明号、省级文明单位、全省地税系统征纳共盈纳税服务品牌创建先进单位等荣誉称号。五是完善绩效管理办法，提升工作驱动力。六是严格行政后勤管理，规范财务管理制度，开展了“厉行节约反对浪费”专项自查活动，制订节约公约，加强经费支出管理。

（孔德政）

青岛市地方税务局崂山分局

经济概况

2013年，崂山区实现生产总值439.70亿元，比上年增长9.8%。其中，第一产业增加值5.90亿元，增长2.4%，第二产业增加值239.25亿元，增长10.0%，第三产业增加值194.55亿元，增长9.8%。全区实现地方财政一般预算收入89.51亿元，增长16.6%。2013年实现利税总额60.10亿元，增长4.7%，其中利润43.44亿元，增长14.5%。全社会完成固定资产投资188.32亿元，增长20.8%。全年实现社会消费品零售额143.51亿元，增长13.2%。全区实现外贸进出口总额63.14亿美元，增长6.2%；全年共批准利用外资项目35个，实际利用外资达到2.20亿美元，增长38.8%。年末全区总人口为41.89万人，居民人均可支配收入38755元，增长9.48%。

收入概况

2013年，全局累计组织各项收入72.45亿元，比2012年增长13.14%，其中税收收入65.41亿元，同比增长14.36%。税收收入中，中央级完成12.75亿元，增长19.91%；青岛市级完成0.28亿元，增长44.65%；区以下级完成52.38亿元，增长12.96%。各税种收入中，营业税完成19.55亿元，增长22.52%；企业所得税完成11.75亿元，增长26.81%；个人所得税完成9.42亿元，增长12.16%；资源税完成40万元，增长78.26%。

工作概述

【税收征管】 一是强化房地产等重点行业的管理，全年房地产业增长31.76%。二是强化土地增值税清算，共完成清算项目22个，清算入库税款3.85亿元，平均税负率达到5.74%。清算税款总量和税负率均远超市局要求。三是强化清欠力度，全年入库欠税6200万元，核销垃圾数据2661笔703万元，成绩斐然。四是完成了国税、地税信息共享软件的二期开发应用，交换“营改增”信息、登记信息等各类数据10万余条，实现信息数据的自动化流转比对。五是深入推广楼宇经济税收管理模式。共取得政府各部门涉税信息1351条，据此征收税款8978万元。六是数据质量管理工作成效显著。通过对基础数据的清查，使临时征收户与正式税务登记的比例由1∶1.2下降为1∶29，低于全市平均水平。七是强化与公安、法院联动工作的开展。全年与两级法院核查18户联动信息，入库税款1726万元。

【税收执法】 通过强化稽查教育培训、明确工作流程与文书范本使用、不断丰富和强化电子查账和信息化检查、深化“查管互动”等手段，致力于提升稽查队伍综合素质，加大稽查威慑力。一年来审结80户，查补税款1.1亿元，查补税款数、人均查补户数、户均查补税款等指标均表现突出。

【纳税服务】 努力提升服务内涵。重点打造了三项服务亮点：一是“移动终端纳税服务系统”正式上线运行，填补了省内移动办税的空白，初步满足了纳税人对快捷办税和及时掌握地税信息的迫切需求。二是不断进行纳税服务升级。为前台窗口全部配备了POS机，每月组织安排“局长服务日”及“走进地税”活动，每月在“海尔税企工作站”开展税企互动，通过国税与地税协作实现了纳税人可以一站办理所有“营改增”发票换购手续的方便模式。三是加强税收宣传和辅导。全年共有57篇稿件被各类媒体采用，组织了各类纳税人培训15次，向社会各界传递了最新的税务机关工作动态和税法知识，赢得了纳税人的一致好评。

“移动地税”移动终端纳税服务系统正式上线运行，初步满足了纳税人对快捷办税和及时掌握地税信息的迫切需求。

【干部队伍建设】 把握“以人为本”的宗旨，在队伍建设中多措并举。一是重视人文关怀。平时除关注干部身心健康外，还结合党的群众路线教育实践活动收集干部的意见建议32条，集体查摆，认真办结。每月组织的“我行我秀”干部上讲台活动，发挥着锻炼干部、交流学习的重要作用。全年组织十多次文体活动，为同志们解压。二是注重教育培训工作。推出网络“学习园地”的新举措，对干部的“学”“评”“考”三个环节全面引导。三是加强了“工作日志”的管理，人均录入150多条次，将该工作打造成痕迹管理、风险防控、绩效考核的有效手段。

【党风廉政建设】 高度重视党风廉政建设，全年进行了警示谈话8人次，处理和反馈各类投诉举报4起。发现和纠正征管工作中存在的问题和风险隐患22项，在行风评议中广泛征求意见建议100户次。反腐败各项工作落实到位，确保廉政无问题。

（刘　阳）

青岛市地方税务局城阳分局

经济概况

2013年，城阳区实现生产总值805.49亿元，比上年增长12%。其中，第一产业增加值3.31亿元，增长2.3%，第二产业增加值472.26亿元，增长11.4%，第三产业增加值329.92亿元，增长13.2%。全区实现公共财政预算收入66.4亿元，增长18.3%。完成固定资产投资443.4亿元，增长21.9%。全年实现社会消费品零售额157.1亿元，增长14.3%。全市（区）实现外贸进出口总额89.6亿美元，增长10.6%；全年共批准利用外资项目174个，到账外资达到7.11亿美元，增长34.8%。年末全市（区）总人口为67.83万人，城镇居民人均可支配收入38389元，增长9.7%，农民人均纯收入16499元，增长12.2%。

收入概况

2013年，全局累计组织各项收入47.88亿元，比2012年增长17%，其中税收收入44.49亿元，同比增长17.6%。税收收入中，中央级完成4.82亿元，增长17.1%；青岛市级完成0.14亿元，增长21.6%；市以下级完成39.52亿元，增长17.7%。地方公共财政预算收入完成41.58亿元，增长18.2%。各税种收入中，营业税完成16.97亿元，增长22.5%；企业所得税完成3.9亿元，增长27.8%；个人所得税完成4.13亿元，增长8.2%。

工作概述

【税收征管】 坚持“信息支撑、专业管理、流程控制、改进提升”工作思路，构建专业化为主导的征管格局。对房地产、建筑业、交通运输业及重点税源集中专业化管理。2013年纳税百万元以上重点税源企业506户，实现税款34.51亿元，同比增收8.55亿元，增长32.9%，收入占比72%；房地产业实现税收22.03亿元，增长50%，占比46%；建筑业实现税收5.65亿元，增长23.1%，占比11.8%；工业企业实现税收10.6亿元，占比22.1%。对中小企业完成推送预警评估核查任务，入库税款2165万元；清查“地籍税源”核查入库土地税1216万元。实施土地增值税专业化清算，启用价格认定机制，加速上会审议，跟进后续管理，完成项目40个，清算税款3.34亿元，入库1.4亿元，增长17.36%。专业化团队攻关，“以地控税”取得国土局招拍挂信息126条入库税款4.67亿元；“以证控税”依托工商股权转让信息入库179万元；“法院联动”接收拍卖信息11条入库税款1093万元；采取分类清欠、双十率考核、源头扣缴、银行扣款等措施共清理欠税13520万元；实行专人、分类一头把关的注销检查新模式，全年注销432户入库118.21万元，同比增长4倍。开发出专业化二手房智能管理平台，全年入库税款6707万元，被市局评为优秀创新示范项目。在年度考核中，被评为“全市地税系统目标管理考核先进单位”。

【税收执法】 规范执法，做到公开、公平、公正。建立执法责任追究、税收政策执行情况反馈报告制度等，规范了税收调账检查行为，实行下户登记审批共89条次。加大稽查震慑力度。以“延展组合稽查模式”为突破，打造稽查工作新亮点，全年入库税款、滞罚1844万元。其中共立案检查55户，入库1346万元。开展了房地产业、建筑业、“营改增”试点企业等5个自查项目，入库税款498余万元。对2户大要案进行曝光；对288户欠税企业发布社会公告，树立执法权威。坚持限时办案集体审理，全年集体审理31次，入库税款4.9亿元，各项处罚入库税款 36.8 万元。

【纳税服务】 创建“阳光地税、温暖全城”品牌，树立全员、全程一体化服务格局及营销服务的理念，做到服务主动、周细、高效。梳理了全局 94 项涉税审批事项，其中取消审批 20 项，优化简并 38 项，基本实现了一厅全能、即时审核、即时办结，避免纳税人多头跑、多头找。实行预审机制，平均等待时间由 33 分钟减为 11 分钟，平均办理时间由 6 分钟减为 3 分钟。设立快速办税通道，添置了 10 台自助办税机，解决排长队问题；对简易业务，采取优先受理，特事特办，受理 1900 多笔。推行微信、纳税服务专报、税企联线等 6 条宣传辅导渠道，搭建税企沟通桥梁，已培训纳税人 4000 余人次，通过微信平台发布信息 300 余条，编发六期《纳税服务专报》，提高了纳税人遵从。成立维权中心，畅通纳税人诉求，化解风险 79 起，赢得纳税人的理解、支持和满意。积极落实各项税收优惠政策，全年减免各项税收 12198 万元。

【干部队伍建设】 立足干部队伍建设长效机制，提高干部履职能力、创新能力和问题意识、责任意识。扎实开展党的群众路线教育实践活动，与转变作风治理“庸、懒、散、拖、瞒、延”相结合；制定 17 项实施意见，不折不扣落实中央八项规定，厉行节约，“三公经费”同比下降 30.7%。组织了各类教育培训 17 期，在市局的岗位练兵中取得第三，5 名干部获得市局岗位标兵称号。开设道德讲堂，引领正确价值观，传递正能量，凝聚了人心。开展人文关怀， 落实了十件好事、实事，尽心尽力让大家能够工作安心，生活放心。建立起“内惩外防”廉政工作机制，对内完善廉政风险防控平台，层层签订廉政责任书，认真落实党风政风和作风三项检查。实施“每周一检查，每月一暗访，每季一测评”，对明察暗访发现 17 条问题，及时完善整改。坚持了每月在线考核、点评改进，实行过程控制、留痕管理、跟踪监督、责任追究。对外充分发挥社会各界监督作用，与各街道办事处签订“助廉协议书”，收集社会各界意见和建议 29 条。先后荣获了“山东省文明单位”“青岛市道德建设双十佳单位”“青岛市廉政文化建设示范点”等荣誉，行风评议连续七年名列城阳区执法单位第一。

（张 革）

青岛市地方税务局
前湾保税港区分局

经济概况

2013 年，保税港区实现生产总值 141.41 亿元，比上年增长 11.29%。其中，第一产业增加值 1.11 亿元，增长 0.90%，第二产业增加值 34.92 亿元，增长 6.79%，第三产业增加值 105.38 亿元，增长 12.98%。全区实现地方财政一般预算收入 6.39 亿元，增长 8.34%。全社会完成固定资产投资 60147 亿元，增长 47.83%。全区实现外贸进出口总额 84.99 亿美元，增长 0.80%；全年共批准利用外资项目 24 个，实际利用外资达到 10061.39 亿美元，增长 53.42%。

收入概况

2013年，全局累计组织各项收入5.43亿元，比2012年增长6.38%，其中税收收入4.96亿元，同比增长4.12%。

工作概述

【税收征管】 进一步扩大印花税委托代征模式成效，在全国首创利用电子商务平台委托代征印花税的“源头管控”模式，征收印花税1382.65万元，同比增长55.26%，占总收入比重达到10.08%，小税种实现了大作为。进一步提升第三方信息应用水平，继续巩固国税、工商、外管等部门第三方信息获取途径，不断拓宽信息采集渠道，先后与管委国土房产、发改、统计、招商等部门建立数据交换机制，采集第三方信息5100条，入库税款1720.87万元。

【税收执法】 规范岗位职责，将税收业务和人员岗位合理优化重组，同时将岗位责任进行落实分解、细化，确保各岗位工作职责清楚、权限明确，环环相扣，实现了因事设岗，因岗定责、因责定绩。规范执法行为，依据“大集中”软件流程，率先对16类79项业务进行了全面梳理，重新拟定业务流程，对所有涉税事项进行规范化管理，整个税收征管工作过程实现程序化、系统化、透明化，进一步规范了执法行为。加大执法力度，全年共计检查企业58户，查补税款193.56万元。参加市稽查局“营改增”试点行业涉案发票专项整治活动，共计核实查处涉案发票362份，查补入库各项税款62.21万元。

实行“党员轮流进厅值岗”。

【纳税服务】 提升站位，开展“一企一策”税收建议活动。针对实体经济发展遇到的困难，主动作为，根据企业的经营特点，量身定制税收政策服务建议书，引导企业用足用好税收优惠政策，加强成本核算与管理，助力企业提升经营增值空间。整合服务资源，延伸涉税服务内涵。重组服务流程，构建起以事务性工作前置为核心，“一窗多能”的办税服务模式，使纳税人平均等待时间缩短为不到2分钟，平均单笔业务的办理时间降至5分钟。落实了全城通办、网上开票、外管证网上开具、新办税务登记证远程申请、高新技术以及小微企业减免税网上备案等纳税服务举措。

【干部队伍建设】 通过开展党的群众路线教育实践活动，开展机关作风整顿，深化征管改革、推进廉政文化建设，实施全员培训等一系列措施，全面激发了干部队伍的活力。全局荣获市级以上荣誉8项，共有16人次受到了上级的表彰奖励。

【党风廉政建设】 实施岗位廉政风险防控，定期对182个风险点进行扫描，防范职业风险。加强廉政文化建设，通过更新理念、创新思路、营造氛围，不断挖掘廉政文化题材，将廉政文化建设融入税收工作中。立体防控，建立两级风险防控机制，严格落实“一岗双责”，实现税收业务流转与廉政风险控制的有机融合。

（高 进）

青岛市地方税务局高新技术产业开发区分局

经济概况

2013年，青岛市高新技术产业开发区实现生产总值增加值总量96.63亿元，比上年增长65.1%。其中，第二产业增加值20.71亿元，增长56%，第三产业增加值17.19亿元，增长68%。全区实现地方财政一般预算收入11.65亿元，增长36.28%。2012年实现利税总额17.87亿元，增长36.74%，其中利润6.22亿元，增长36.25%。全社会完成固定资产投资121.36亿元，增长21.30%。全区实现外贸进出口总额6.29亿美元，增长84.20%。

收入概况

2013年，全局累计组织各项收入9.32亿元，比2012年增长36.70%，其中税收收入8.78亿元，同比增长36.74%。各税种收入中，营业税完成2.98亿元，增长26.02%；企业所得税完成4579万元，增长12.97%；个人所得税完成9065万元，增长28.78%；房产税完成6129万元，增长29.76%；印花税完成2446万元，增长41.68%；城镇土地使用税完成8932万元，增长11.99%；城市维护建设税完成5565万元，增长23.40%；土地增值税完成5142万元；契税完成1.60亿元；教育费附加完成2380万元，增长23.62%；地方教育附加完成1585万元，增长23.50%。

工作概述

【税收征管】 2013年，围绕重点工程，成立专门小组对接高新区五大板块工作办公室，从招商引资开始，对70个重点建设项目企业进行全方位的税收评估、纳税辅导、税源监控，入库税款2.80亿元。选取年纳税额50万元以上的122户企业作为重点税源企业进行重点监控，入库税款5.18亿元。纳税申报信息评定成效显著，增加税款2677万元，及时发现并纠正错误数据4600多笔。个人所得12万元以上基本信息纠错432户次，补充申报财务会计报表382户次，补充纳税申报398户次，共修改税种鉴定762条，鉴定准确率达到100%。核查户籍信息2836户次，实地巡查800多户，对辖区内的全部纳税人进行了户源分析，补充、修改户籍信息1900余条，更正房产、土地信息526笔，补缴房产税、城镇土地使用税347.42万元。

【税收执法】 严格执行岗位职责及工作流程，明确各岗位工作流程，落实责任分工，认真查找岗位风险点，完善风险防控措施，强化内控机制，防范执法风险。认真搞好税源预测分析，强化税源动态监控，及时、准确掌握税源变化，牢牢把握组织收入主动权，提高收入质量。建立财源建设长效机制，定期召开财源建设联席会议，搭建以财源办为主导的涉税信息采集平台，全面、及时、准确地采集涉税信息，加强涉税信息分析比对和增值应用，堵塞税收流失漏洞，实现应收尽收。

【纳税服务】 围绕纳税人发起事项，积极推行“一窗式”办税服务模式。梳理明确了“即时办结”和“限期办结”的事项范围，对“即时办结”事项，要求办税服务厅窗口工作人员高效、准确、无误按规定办结；对“限期办结”事项，在办税窗口受理完毕后，由窗口受理部门安排人员进行初步审核，完成审核后由受理人分类别、分时间集中传递给有权限的部门审批，大大减少了层级，提高了办事效率。

【干部队伍建设】 树立正确的选人用人导向，让每名干部有梦想、有平台、有干劲，营造风正、气顺、心齐、劲足的和谐氛围。积极参加市局组织的岗位练兵与技能竞赛活动，在参加的8个岗位竞赛中，3个岗位进入团体前六名。组织开展读书会、研讨会等活动，培育全体干部系统思考和分析问题、解决问题的能力。定期开展文体小组活动，丰富干部职工的业余生活，增强分局的凝聚力和战斗力。加强理想信念教育，开展“守住清廉，守住幸福”征文活动。被评为“青岛市文明单位标兵”“特邀监察员走进地税暨共育征纳和谐林活动”被省局评为优秀宣传项目，在第十届全市地税系统运动会上荣获“优秀组织奖”。

【党风廉政建设】 坚持党风廉政建设与税收中心工作相结合，健全了党风廉政建设责任制，签订了《党风廉政建设责任书》，建立了具有地税文化特色的反腐倡廉教育基地。组织特邀监察员参观“清风苑”主题场馆，得到了社会各界的高度评价。

（马仁山）

即墨市地方税务局

经济概况

2013年，即墨市实现生产总值878.16亿元，比上年增长13.1%。其中，第一产业增加值61.84亿元，增长2.3%，第二产业增加值454.25亿元，增长11.8%，第三产业增加值362.07亿元，增长17.0%。全市实现地方财政一般预算收入64.30亿元，增长26.7%。2013年实现利税总额248.53亿元，增长20.3%，其中利润134亿元，增长20.5%。全社会完成固定资产投资644.8亿元，增长22.2%。全年实现社会消费品零售额301.36亿元，增长14.4%。全市实现外贸进出口总额48.9亿美元，增长8.6%；全年共批准利用外资项目74个，实际利用外资达到7.1亿美元，增长34.1%。年末全市常住人口为118.73万人，城市人均可支配收入31358元，增长9.6%；农民人均可支配收入14828元，增长13.1%。

收入概况

2013年，即墨市地税局累计组织各项收入32.52亿元，比2012年增长21.45%，其中税收收入30.53亿元，同比增长21.97%。税收收入中，中央级完成2.86亿元，增长31.52%；青岛市级完成0.29亿元，增长25.86%；即墨市以下级完成27.38亿元，增长21.01%。各税种收入中，营业税完成11.66亿元，增长38.8%；企业所得税完成2.36亿元，增长18.08%；个人所得税完成2.42亿元，增长47.93%。

工作概述

【税收征管】 一是规范数据采集和完善数据质量，成功处理征管疑点数据21827条，征管基础工作加以完善。二是通过建立综合治税长效工作机制，提高工作效率和纳税遵从度，降低征纳双方成本，形成专业化的税收征管体系。三是进一步强化规范税务登记管理，完善征管举措，2013年共办结注销税务登记1555户，外埠报验登记核销4703户，外管证核销824户次。四是加强发票管理，达到“以票控税”的目的，落实发票验旧换新、存根联缴销、管理期限、发票填开、填开发票登记备查制度，做好日常检查和专项检查，以查促管。五是加强信息化建设，就计算机软硬件的管理维护、软硬件系统的安装配置等方面进行指导和培训，提高全系统信息化运维水平。

【税收执法】 一是做好土地增值税清算工作，全年共清算项目16个，清算土地增值税1.8亿元，综合税负率3.71%。二是“营改增”工作进展顺利，共审核办理“营改增”企业543户，缴销发票数2150份，修正税种鉴定535户，提供“营改增”咨询1290余人次。三是对企业所得税应纳税企业加强政策辅导，全年实际参与汇算清缴申报的查账征收企业1344户，汇算清缴预缴税款1.09亿元，补缴税款4152万元；对个人所得税，以高收入者及非劳动所得为总抓手，加强全员全额扣缴明细申报和相关信息比对，从源头上抓好申报质量的提高。四是财产行为税收政策贯彻到位，查补土地使用税1828.46万元、耕契两税581万元。

【纳税服务】 一是规范和加强导税服务，设立预审台，明确预审内容和标准，减少了纳税人的无效等待时间。二是全面推行免填单业务和同城通办服务，对可以实行免填单服务或同城通办的事项全面实行免填单和同城通办。三是积极推行网上办税和网络发票，积极引导纳税人广泛应用自助办税机进行涉税事项的自助办理，引导税控纳税人使用网络发票。四是全面使用POS机刷卡缴税，降低了征纳双方资金管理的风险，极大方便了纳税人。五是加强政策宣传和辅导力度，2013年共组织3期税收大讲堂培训会，解答纳税人政策咨询1.5万余次；通过开展“走出去，请进来”宣传税收政策4次；解决纳税人反映的历史遗留问题6件，情况反映及其他事件53件，纳税人满意度达100%。

【干部队伍建设】 一是通过开展“改作风、树正气、求实效”、举办“走群众路线、为人民服务”为主题的道德讲堂等主题实践活动，认真查摆自身“四风”方面存在的问题，撰写对照检查材料、制定整改方案。二是按照民主、公开、竞争、择优的原则，选拔优秀人才走上领导岗位，体现了人尽其才的用人导向。三是按照注重综合素质、提升岗位技能、促进全员学习的思路，通过集中培训、个人自学、岗位竞赛等多种形式，全面提升干部业务素质和实际工作能力。四是通过制定《目标管理绩效考核暂行办法》，逐月考核，定期通报，有效地推动各项工作顺利实施。五是实施人文关怀，凝聚团队力量。

举办“走进地税”税企恳谈会，邀请县人大代表、政协委员、纳税人代表走进地税，了解地税。

【党风廉政建设】 一是通过制定《党风廉政建设和反腐败工作实施意见》，将全年六方面22项工作以《重点任务分解表》的形式加以细化量化；通过签订《党风廉政建设责任书》，在全局真正形成了横向到边、纵向到底、上下联动的责任机制。二是通过加大应用“廉政风险防控平台”工作力度，加强风险预警自查，在省、市两级平台共立项复核风险信息73条，自查预警信息32条，对其中20条信息进行了工作提醒，预警信息核查对提高征管质量、防范执法风险起到了积极作用。三是通过参加“直通百姓——行风在线”直播节目，就工作职能、税收政策等向听众作了详细介绍，就14个税收疑难问题进行详细解答和电话回访，2013年政风行风建设工作取得了历史最好成绩。

（张　喜）

胶州市地方税务局

经济概况

2013年，胶州市实现生产总值836.73亿元，比上年增长12.5%。其中，第一产业增加值51.25亿元，增长1%，第二产业增加值455.7亿元，增长12.5%，第三产业增加值329.78亿元，增长14.3%。全市实现地方财政一般预算收入56.64亿元，增长25.3%。2013年实现利税总额273.2亿元，增长33.1%，其中利润114.6亿元，增长22.7%。全社会完成固定资产投资659.53亿元，增长22.1%。全年实现社会消费品零售额254.06亿元，增长14.3%。全市实现外贸进出口总额60.48亿美元，增长9.3%；全年共批准利用外资项目83个，实际利用外资达到6.8亿美元，增长28.8%。年末全市总人口为815522人，城镇居民人均可支配收入31334元，增长9.61%。

收入概况

2013年，全局累计组织各项收入36.32亿元，比2012年增长17.34%，其中税收收入34.25亿元，同比增长17.16%。税收收入中，中央级完成5.76亿元，增长14.14%；青岛市级完成0.15亿元，增长12.11%；胶州市以下级完成28.34亿元，增长17.84%。各税种收入中，营业税完成11.27亿元，增长20.78%；企业所得税完成3.69亿元，下降13.91%；个人所得税完成5.91亿元，增长43.24%。

工作概述

【税收征管】 把强化管理作为促增长、稳增长、保增长的有力抓手，围绕确定的“管理增收”措施，全力以赴做好挖潜增收、堵漏增收。通过争取政府支持，共享土地、房管部门信息，动员全市进行清查，入库土地使用税和房产税8239万元；通过成立多个清算小组，有效推进清算进度，入库土地增值税5106万元；通过拓宽第三方信息渠道，强化增值利用，增收税款1.5亿元；通过成立风险指标分析小组，强化对风险点的分析比对，提升应对质效，入库税款3127万元；通过对政府储备土地实行介入式控管，严格落实“先完税、后储备”规定，入库税款523万元。同时，积极推进税收征管改革，基本形成了以风险管理为导向的现代化税收征管体系，从根本上实现了从“管户”到“管事”的转变。

【税收执法】 认真贯彻落实税收执法责任制，加强对税收执法考核情况与执法过错责任追究数据的分析运用，充分发挥执法考核对规范执法、防范风险的促进作用。严格税收纪律，坚持做到依法征收、应收尽收，坚决杜绝预收税款、混税种、混级混库等违法违纪行为，与年初相比，收入质量指标有了明显改善，其中收入预测准确率提高了1.6%，征期入库率提高了2.1%，欠税新增率下降了3.5%。

【纳税服务】 依托“一厅全能”服务模式，进一步深化“五星级办税服务厅”品牌内涵，对服务职能、服务流程和服务事项进行了全面整合。通过深度优化完善，累计简化流转程序48项，即时办结事项所占比例进一步提高，平均办结时间由十几分钟下降到3分钟，审核审批事项的办理效率提高了一倍以上，基本实现了“集中受理、内部流转、限时办结、窗口出件”的目标，整个纳税服务工作提速增效、提档升级，得到了上级领导和社会各界的高度评价。

【干部队伍建设】 坚持以文化引领为着力点，有效落实人文关怀措施，营造积极向上的工作氛围。依托8个文体小组，举办了一系列丰富多彩的活动，在青岛市地税系统第十届运动会上，蝉联了团体总分、拔河比赛两个第一名。结合岗位练兵与技能竞赛活动，有针对性地组织开展全员培训，完成各类培训43期，轮训585人次，有效提升了队伍整体业务能力和工作水平。由于各项工作的突出表现，连续两年获得“全市地税系统目标管理考核先进单位”荣誉称号，在民主评议政风行风工作中，获得了全市执法单位第一名的优异成绩。

（张 帅）

胶南市地方税务局

经济概况

2013年，黄岛区（原胶南市区域）实现生产总值586.74亿元，比上年增长

10.1%。其中，第一产业增加值48.92亿元，增长2.4%，第二产业增加值325.27亿元，增长11%，第三产业增加值212.55亿元，增长10.3%。全区（原胶南市区域）实现地方财政一般预算收入58.9亿元，增长15.1%。全社会完成固定资产投资522.2亿元，增长21.4%。全年实现社会消费品零售额181.69亿元，增长13.3%。全区（原胶南市区域）实现外贸进出口总额38.5亿美元，增长8.7%；全年共批准利用外资项目70个，其中合同外资11.2亿美元，到账外资5.18亿元，增长57.9%。城镇居民人均可支配收入30321元，农民人均纯收入15478元，分别增长9.86%和12.33%。

收入概况

2013年，胶南市地税局累计组织各项收入39.07亿元，比2012年增长24.9%，其中税收收入37.33亿元，同比增长25.4%。税收收入中，中央级完成4.17亿元，增长0.8%；青岛市级完成0.33亿元，增长14.1%；市（区）以下级完成34.57亿元，增长28.8%。各税种收入中，营业税完成13.7亿元，增长27.2%；企业所得税完成3.63亿元，下降2.5%；个人所得税完成3.31亿元，增长4.8%；土地增值税完成3.32亿元，增长21.7%。

工作概述

【税收征管】 对重点税源企业和区域实行集约化模块化管理，搭建了重点税源企业“一户式”电子控管档案税收管理平台，及时掌握企业重大变动信息，实行房地产业、建筑业匹配管理及税收一体化管理，强化对重点税源的管理和监控。重点税源企业累计入库税款25.67亿元，同比增长28.7%；对于重大建设项目实行项目管理制度，及时跟进，实施“源头监控、过程管理、及时评价”的链条式管理。累计控管重大建设项目362个，组织重大建设项目税收收入18亿元，占全局税收比重达到了46%；实行集中清算模式，进一步规范完善清算流程和方法，推进清算进度，提升清算质量，提高清算税负，对成本核算不实的，严格实行核定征收。清算项目40个，清算应补缴税款8419万元，清算综合税负率由2012年的1.71%提高至3.78%；针对当前资源税税源零散难管的特点，率先在全市实行由商砼企业代扣代缴资源税的做法，月增收税款66万元；积极探索个体税收社会化管理，推行“个体阳光定税”，由办税服务厅统一标准定税，乡镇（办事处）公开监督，个体核定面达到了100%，全年增加税收320万元；委托乡镇（办事处）代征，加强社会零散化税收控管，月增收40万元；针对当前房屋租赁市场不规范，税收流失较为严重的现状，在系统内率先提请政府以服务外包形式，对辖区内房屋租赁价格进行批量评估，确定租金最低标准指导价，突破了房屋出租行为税收征管瓶颈。

【税收执法】 针对存在的税收流失风险点，积极开展风险管理，科学设置指标进行风险分析比对，筛选纳税风险点派发各管理单位核查，扎实开展税收预警和纳税评估，以点带面，提升税收征管质效，累计推送税收风险436户次，应对落实地方各税 6846 万元；强化稽查选案，推进电子查账，不断丰富和完善稽查手段，充分发挥稽查的促收促管和打击作用，累计组织各类稽查收入 3550 万元。

【纳税服务】 整修了新的办税服务大厅，改善了办税条件。积极推行办税服务厅规范化建设，对大厅布局进行重新规划，增设了导税员，设置了办税服务区、咨询辅导区、自助办税区、等候休息区、取表填单区等功能区域，增设特约服务室、税情恳谈室等服务绿色通道，增设 24 小时自助办税终端服务业务，加设 ARM 机，实现纳税人自助办税，使新的办税厅更加人性化、科技化和智能化；在全系统率先设立审核中心入驻办税服务厅，将原先分散于基层管理部门、机关职能科室的纳税人发起税务审批审核事项实施集中办理，审核时限由原来的 10—15 天压缩到 1—5 天，精简了审批审核流程，大大压缩了审批审核时限，提升了效能，解决了纳税人多头跑、多次跑现象，极大地方便了纳税人；在国税大厅设立地税综合业务办税服务窗口，实现了纳税人进一家门办两家事，在开发区局设立划转区域税收办理窗口，解决了房产、土地办证两区不统一难题，拓宽了服务范围。

【干部队伍建设】 积极开展党的群众路线教育实践活动，通过谈心月、民主生活会、回头看、领导班子进联系点、工会小组长会议、局长接待日等形式，征求并回复涉及税收工作、干部管理、教育培训和行政管理等多个方面的意见建议，及时了解干部思想动态，切实解决实际问题，提高了整个队伍的凝聚力、向心力，形成了风正气顺的工作环境； 精心组织“岗位练兵及技能考试”，采取干部自学、业务培训、岗位练兵、知识竞赛相结合的方式，以赛带练，以练促学，全面提高干部业务水平和业务技能。在市局组织的各类考试中，取得了全系统总评成绩第一名佳绩；通过邀请检察院讲课、参观廉政教育基地、看警示教育片、学廉政案例、听廉政报告等多种方式开展廉政教育；立足廉政风险防控平台，建立了风险管理责任追究管理办法，做好风险信息核查，对 254 个风险点进行了全面梳理和核查；对二手房交易尤其是涉及减免税、差额征税项目、代开发票等高风险点业务，多次组织业务监察，力求查找税收征管工作漏洞以及廉政风险点，实现风险监督关口前移；严格落实中央八项规定要求和习近平同志《关于厉行勤俭节约反对铺张浪费重要批示》精神，严格改进机关作风，解决“四风”问题；深入开展内部分部门政风行风民主评议活动，外部建立第三方评价机制，邀请区纪委对“庸懒散”情况进行明察暗访，在依法履职、办事公开、工作效率、工作作风、服务质量、廉洁自律等方面，不断接受内外部监督。

（迟锡森）

莱西市地方税务局

经 济 概 况

2013 年，莱西市实现生产总值 594.91 亿元，比上年增长 11.9%。其中，第一产业增加值58.09亿元，增长2.3%，第二产业增加值284.46亿元，增长11.3%，第三产业增加值252.36亿元，增长14.8%。全市（区）实现地方财政一般预算收入35.54亿元，增长20.3%。2013年实现利税总额81.12亿元，增长9.5%，其中利润62.63亿元，增长11.5%。全社会完成固定资产投资448.36亿元，增长20.8%。全年实现社会消费品零售额206.59亿元，增长14%。全市（区）实现外贸进出口总额21.69亿美元，增长9.8%；全年共批准利用外资项目30个，实际利用外资达到4.21亿美元，增长37.6%。年末全市（区）总人口为73.76万人，居民人均可支配收入30247元，增长9.61%。

收入概况

2013年，全局累计组织各项收入12.91亿元，比2012年增长13.06%，其中税收收入12.15亿元，同比增长11.83%。税收收入中，中央级完成1.2亿元，下降1.66%；市级完成0.12亿元，增长25.96%；县级完成10.83亿元，增长13.41%。各税种收入中，营业税完成4.13亿元，增长31.06%；企业所得税完成0.8亿元，增长23.9%；个人所得税完成12亿元，下降13.6%；土地增值税完成0.75亿元，增长35.27%。

工作概述

【税收征管】 立足基础数据质量，全年修订各类错误数据信息、补充完善数据8000余项；对无证照户、临时登记户、报验登记户、外出经营证明进行了专项清理，注销、变更处理不符合规定的登记户126户、核销过期的报验登记户、外出经营证明1200余户；围绕管理增收，建立健全征管评查良性互动管理机制，并不断强化重点税种、重点项目、重点行业以及欠税管理等工作举措，用行之有效的征管手段实现了组织收入质量稳步提高，风险防范能力不断增强。

开展“诚信纳税从我做起”签名活动。

【税收执法】 积极推行审计式稽查新模式，全年查结涉税企业120户，查补各类收入700余万元；规范税务行政裁量权，坚持“处罚与教育相结合”的原则，积极推行“三步式”行政处罚模式，全年共实施行政处罚261户次，罚款75万元；加强耕契两税管理，制定了《耕契两税征收管理操作指南》，实现“以税控税”，充分利用第三方信息核查补征耕契两税500余万元，严格执行“先税后证”管理，累计征收房地产转让相关税金3000余万元；制定《土地增值税清算实施方案》，对清算工作进行程序管理，共清算完毕开发项目28个，清算应缴税款8111万元，通过清算监控其他款约1350万元；规范税收备案、审批减免流程，落实税收优惠政策，累计减免地方各税6300余万元。

【纳税服务】 牢固树立“以纳税人为中心”的工作理念，大力推行延时服务、预约服务、承诺服务、提醒服务、应急服务、免填单服务、导税预审服务、二次优先服务以及POS机税款直划等特色服务，满足纳税人多元化服务需求；开通同城通办业务，直接方便纳税人就近办理涉税业务；全面启用电子档案系统，合理有效减少纳税人资料重复报送。同时，立足税收宣传长效机制，依托纳税人培训学校、外部网站等，常年持续不断地开展税收宣传，营造良好的税收氛围，2013年获得“全省税收宣传月活动先进单位”。

【干部队伍建设】 按照“照镜子、正衣冠、洗洗澡、治治病”的总要求，在党的群众路线教育实践活动中，局党委充分发挥示范带头作用，组织带领党员干部广泛征求意见建议、原原本本进行理论学习，深入对照检查，认真整改落实，促进了干部队伍作风的根本转变；按照“人岗相适、能岗相适、德岗相适”的原则，进一步优化干部队伍结构，增强活力；以能力建设为主线，以基层一线干部培训和骨干人才培养为重点，采取多种方式，强化教育培训力度，提高干部职工的业务水平和岗位技能，打造一支敢打、能打、善打硬仗的干部队伍，为“率先基本实现税收现代化”工作目标提供有力的人才保障和智力支持。

（张鸿凤）

平度市地方税务局

经济概况

2013年，平度市实现生产总值790.11亿元，比上年增长12.03%。其中，第一产业增加值97.24亿元，增长2.61%，第二产业增加值388.82亿元，增长11.73%，第三产业增加值304.07亿元，增长15.62%。全市实现地方财政一般预算收入45.21亿元，增长24.13%。2013年全市工业实现利税总额180.62亿元，增长16.21%，其中利润117.31亿元，增长16.12%。全社会完成固定资产投资519.42亿元，增长21.41%。全年实现社会消费品零售额275.21亿元，增长13.92%。全市实现外贸进出口总额19.42亿美元，增长8.71%；全年共批准利用外资项目55个，实际利用外资达到5.18亿美元，增长29.41%。年末全市总人口为1380715人，城镇居民人均可支配收入27864元，增长9.61%；农民人均纯收入15269元，增长12.33%。

收入概况

2013年，全局累计组织各项收入22.02亿元，比2012年增长22.81%，其中税收收入1.88亿元，同比增长23.48%。各项收入中，中央级完成2.25亿元，增长0.36%；青岛市级完成2867万元，增长15.84%；平度市以下级完成17.49亿元，增长26.59%。各税种收入中，营业税完成6.08亿元，增长26.86%；企业所得税完成2.56亿元，减少4.17%；个人所得税完成1.19亿元，增长11.69%；土地增值税完成1.13亿元，增长16.59%。

工作概述

【税收征管】 制定了《征管、评估、稽查联动管理办法》，加大汇缴、评估、检查力度，汇缴入库企业所得税5654万元，评估入库税款1769万元，稽查入库4551万元，清缴欠税2858万元。开展土地使用税、契税专项清理，清缴税款5631万元；加强大项目管理，全市53个重大建设项目入库税款9607万元。

【信息管税】 制定了《税收信息管理办法》，年内整改疑点数据22000条，被青岛市局评为数据质量管理先进单位。加强信息增值应用，共核实审批税源预警反馈信息405户次，比对入库税款910万元。接收第三方涉税信息7684条，核实补缴税款3495万元。

【管理创新】 针对房地产、建筑两行业结合度高、关联性强的特点，积极探索，在全国范围内率先构建房地产业（大项目）、建筑业项目联体式征管新模式，年内，通过实行房地产业（大项目）、建筑业项目联体式管理，共堵漏增收6302万元，占全局税收的3.15%，有效提升了两个行业税收管理质效。

【纳税服务】 实行了分类办税、二次优先、预约服务、延时服务，预审导税、网上办税等服务制度和措施，办税效率进一步提高。建立培训辅导长效机制，共举办纳税政策培训班42期，培训人员1600多人次。全面落实各项税收优惠政策，惠民生、促发展，共为纳税人依法减免税款2890万元。根据上级部署，顺利完成了533户“营改增”纳税人的及时准确移交和后续规范管理。

【干部队伍建设】 以“为民务实清廉”为主题，扎实开展党的群众路线教育实践活动，全面查找并整改“四风”问题；围绕整治“庸懒散”现象及严格控制“三公经费”支出、推进厉行节约反对浪费等方面制定了专项整治方案。开展了“忠诚、责任与能力”大讨论活动和岗位练兵活动，提升干部素质能力，共有143名干部受到各级表彰，局党委被评为全省地税系统“党建工作先进集体”“青岛市地税系统目标管理考核先进单位”。

【党风廉政建设】 全面运行青岛地税廉政风险防控平台，利用防控平台向管理单位推送预警信息110条，有效防范了执法风险。成立了青岛市地税系统首家廉政教育学校，每月组织开展廉政教育活动，构建廉政教育长效机制，行风评议获执法部门第一名。

（胡晓军）

淄博市地方税务局

经 济 概 况

2013年，淄博市实现生产总值3801.2亿元，按可比价格计算，比2012年增长9.5%，增幅较2012年下降1个百分点。其中，第一产业增加值137.8亿元，增长3.3%；第二产业增加值2171.3亿元，增长10.3%；第三产业增加值1492.1亿元，增长8.7%。三次产业比例由2012年的3.5∶59.0∶37.5调整为3.6∶57.1∶39.3。人均生产总值8.29万元，增长9.1%。全年规模以上工业企业增加值同比增长11.3%；实现主营业务收入11125.4亿元，增长7.3%；实现利税1311.0亿元，增长2.1%。全年规模以上固定资产投资累计完成2078.5亿元，增长20.0%。实现公共财政预算收入273.1亿元，增长7.1%。完成税收总额429.7亿元，增长0.6%。

收 入 概 况

【税收完成情况】　2013年，淄博市地税系统累计组织各项收入178.12亿元，比2012年增长6.43%，增收10.77亿元。其中，中央级收入完成21.0亿元，增长8.13%，增收1.58亿元；省级收入完成750万元，下降8.87%，减收73万元；市县级收入完成157.04亿元，增长6.22%，增收9.2亿元。

【税收收入分析】　一是全市二产、三产分别增收1.94亿元、8.78亿元，三产增收额占全部增收额的81.94 %，继续成为拉动税收增长的主要因素。三产中，房地产业、租赁和商务服务业增长显著，增幅分别为33.40%和47.81%。二是受2012年基数和2013年一次性因素的影响，各个税种呈现出畸高畸低的状况。契税（51.1%）、土地增值税（38.7%）增幅较高，耕地占用税大幅下降（72.7%），营业税（14%）、土地使用税（17.3%）平稳增长，企业所得税（5.55%）、房产税（8.22%）、城市维护建设税（1.9%）个位数增长，各个税种的增幅差距最大达到120多个百分点。

工 作 概 述

【税政管理】　加大了商业类存量房交易价格评估系统应用力度，实现了该系统对住宅类、商业类存量房交易的全覆盖，全市存量房交易共增收3689万元。加大土地增值税征收管理及清算工作，全年共入库土地增值税15.6亿元，同比增长38.72%。开展地价计入房产原值房产税征收工作，全市累计排查10900户次，新增房产税1787万元。开展全市房地产行业税收清理工作，全市共清理欠税1.07亿元，查补税款3115万元。大力加强跨境税源管理，实现跨境税收 1.02 亿元，同比增长 220.57%。做好“营改增”纳税人信息核对和与国税部门的交接工作，移交国税部门管理的试点纳税人 3954 户。高收入者个人所得税管理工作采取的“台账登记、源泉扣缴、自行申报、跟踪监控”相结合的管理方式，得到省局肯定。推行“链式控管”，加强股权转让个人所得管理，全年共入库股权转让所得个人所得税 2.32 亿元，同比增长 67%。全力保障金税三期工程系统试点顺利上线，认真做好数据清理整改、信息比对、系统测试等工作，全市测试录入量占全省录入量的 84.19%，居全省前列。

【征收管理】 重点强化了对房地产业及其他建设单位取得建筑安装发票的检查，开展了物业、电信等行业的发票专项检查，提高了发票管理水平。继续抓好税收征管状况监控分析系统的应用，在各区县局积极开展了征管质量讲评活动。全市各级共评估企业 1459 户，评估税款 1.66 亿元。企业集团风险评估的有关做法得到省局肯定。加强税收预警工作，全年共处理纳税风险信息 7682 条，补缴税款 1.27 亿元。

【税收执法】 积极做好依法行政工作。继续深化税收执法责任制工作，完善了有关考核指标，执法程序进一步规范。积极开展依法行政示范单位创建工作。优化完善了网上执法检查系统，在全系统开展了执法检查工作。做好电子查账应用工作，举办了全市地税系统电子查账技能竞赛。全市共检查各类企业 609 户（含自查），查补入库各项税款、罚款、滞纳金 1.89 亿元。

【纳税服务】 集中开展了服务纳税 500 强企业加快发展系列活动。领导班子成员带头组织开展了集中走访活动。在全市范围内，对实名反馈诉求企业进行了集中上门回复，共上门回复企业 221 户，解决企业诉求 1527 项。大力推进办税服务实体化，实现了依纳税人发起、集中式管理、同城通办、“一站式”办结的办税服务新格局。加强了与有关部门的协作，全市共采集社会综合治税信息 96228 条，通过筛选比对，共对 57146 条信息进行处理，补办税务登记 383 户，入库税款 5.96 亿元。

【信息化建设】 顺利完成云计算项目试点工作。搭建了“云计算管理平台”和“云计算分析平台”两个平台，实现了基础架构库及服务的应用、桌面云的应用和数据的增值分析应用。云计算项目顺利通过专家科技认证，达到同类技术国内先进水平。

【干部队伍建设】 成立了淄博市地方税务局文昌湖分局，实现了机构的顺利启动和平稳运行。面向社会为基层地税单位公开招考 9 名公务员。在 5 个区县局实施了新进人员“1+2”培养工程，将 2012 年以来新招录的公务员全部充实到征管一线锻炼，促进了新进人员的快速成长。先后选派 2 名处级干部、3 名区县局局长、6 名基层中心所所长、127 名业务骨干参加了上级组织的 24 期培训，参训率为 100%。组织全系统业务骨干开展了 6 期专门业务培训，共培训地税干部260人次。

【党建创建】　深入开展“三服务一争创”主题实践活动，主动做好服务发展、服务群众、服务基层的各项工作，市局党组和高青县局党组荣获全省地税系统党建工作先进集体称号。选派干部包村帮扶，带领村民共奔小康，得到帮扶村干部群众的肯定和好评。全系统共获得国家级荣誉5项、省级集体荣誉32项。6个单位被表彰为“全省地税系统先进集体”。1名同志被表彰为“山东省先进工作者”。市局被省委宣传部表彰为“全省理论教育先进单位”。桓台县局1名同志入选“感动淄博年度人物”，淄川分局1名同志获得全市第四届“道德模范”敬业奉献模范提名奖。

【党风廉政建设】　开展了以《税收违法违纪行为处分规定》为重点的纪律学习教育活动，组织了经常性的廉政教育。在全系统建成了网上廉政文化基地。市局被省局表彰为全省地税系统廉政教育基地建设先进单位。深入学习贯彻中央八项规定和厉行节约反对浪费要求以及省、市和国家税务总局、省局实施办法和具体意见，认真组织开展“庸懒散”专项治理，制定完善了改进工作作风、厉行勤俭节约和防范“庸懒散”问题的具体要求和措施，严格执行会议管理、接待管理、车辆管理等规定，各单位公务接待费和会议费同比均有较大降低，得到省局、市纪委的充分肯定和高度评价。

（张　静）

淄博市地方税务局张店分局

经济概况

2013年，张店区实现生产总值796.49亿元，同比增长10.75%。其中：第一产业实现1.42亿元，同比下降4.8%；第二产业实现364.93亿元，增长11.4%；第三产业实现430.14亿元，增长10.15%。第一产业、第二产业、第三产业结构比例为0.18∶45.82∶54.00。

收入概况

2013年，全局共组织各项收入21.33亿元，同比增收2.65%，增收5511万元。扣除契税、耕地占用税、地方水利基金三项税费收入，共组织各项收入16.2亿元，同比增长13.08%，增收1.87亿元，其中考核区级收入8.8亿元，同比增长24.86%，增收1.75亿元，超额完成了区政府下达的增收19%的收入指标。

工作概述

【税政管理】　2013年度，共汇缴企业所得税纳税人2077户，补缴入库税款1435万元；不断提高反避税工作能力。成功追缴境内高管境外所得个人所得税172万元，代扣代缴非居民企业所得税、营业税及附加合计241万元；充分发挥契税窗口控管作用，年内共征收房地产转让环节各类税收4561万元；认真贯彻落实各项税收优惠政策。共办理下岗再就业、军转干部就业、安置残疾人就业、高新技术企业、医疗、教育备案等各类减免税2355万元。

【税收征管】 通过实行业务前移和“受理即办”措施，优化了征管流程，提高了征管质量和效率；加强房地产、建筑安装行业税收管理。年内入库房地产业相关税收6.77亿元，同比增长45.23%，增收2.1亿元；入库建安行业相关税收1.53亿元，同比增长63.13%，增收5930万元；加强对零散税源的管理。通过委托代征、代扣代缴方式实现零散税源入库税收2.3亿元，同比增长18.78%，增收3676万元；加大专业市场清理力度，完成对义乌小商品城、齐赛科技市场内3000余户个体业户的清理整顿，年代征税收收入180余万元，维护了市场良好的纳税秩序。

【税收执法】 编发《评估规范及防范风险手册》，规范纳税评估程序，提高防范执法风险的能力，得到了市局的充分肯定；深入落实税收执法责任制度。加强对税收执法行为的全程监控，综合运用试点运行的新考核指标，强化税收执法过错追究，提高执法质量，预防执法风险发生；积极查找梳理执法风险点，对高危性、多发性风险因素进行风险识别和判断，增强了风险防范的针对性、有效性。

【纳税服务】 通过绿色通道、延时服务、预约服务、开办纳税人学校等多种服务方式，实现了办税服务的规范化、标准化、人性化；对前台服务人员实行“绩效考核”管理办法，提高了前台工作人员积极性；实施“三员”“两卡”“一学校”服务举措，开展了服务“纳税500强”活动，得到纳税人和社会各界的好评。

【信息化建设】 适应金税三期工程系统上线需要，积极配备软硬件环境，共购置65台主机，40台显示器，及时安装适合金税三期运行的软件环境，并高标准设立了电教室；扎实开展数据清理审核，共完成数据整改任务1791条，核实处理虚假欠税信息276条、多缴税金信息407条、呆账税金信息76条，确保了金税三期工程系统数据迁移质量。

【干部队伍建设】 大力开展党建品牌创建活动，积极打造“求实”党建品牌，参加了全省地税系统党建品牌创新成果展评；继续加大业务培训力度。年内共组织各类业务培训11期，参训40余人次；切实转变工作作风。成立工作作风纠察小组，开展了“庸懒散”专项治理活动，不定期对工作纪律和各类规章制度遵守情况进行检查，并及时在全局范围内通报检查情况，起到了良好警示作用。

组织开展“税收照亮创业之路”税法宣传活动。

【党风廉政建设】 深入贯彻落实中央八项规定。从公车使用管理等细节入手，切实加强监督检查，确保中央精神落到实处；推广应用廉政风险防控平台。全年共处理税收预警风险信息45户次，有效防范了廉政和执法风险；开展了禁止党员领导干部违规操办和参与“升学宴”“谢师宴”“婚丧嫁娶”等活动，落实报告制度，自觉接受组织和社会监督；通过“上门问廉”的形式，主动到各镇、办事处向人大代表、政协委员和纳税人汇报工作、征求意见。在年度执法部门行风评议中取得第一名的好成绩。

【精神文明建设】 以开展精神文明创建活动为载体，精神文明建设水平得到提高。年内共荣获区级以上个人、集体荣誉20余项，分局被省政府复审命名为省级“文明单位”并荣获“富民兴鲁”劳动奖状，科苑中心税务所被全国总工会评为“模范职工小家”。

（刘 海）

淄博市地方税务局淄川分局

经济概况

2013年，淄川区实现生产总值569.5亿元，累计规模以上固定资产投资290亿元，社会消费品零售总额207.9亿元，进出口总额11.45亿美元，地方财政收入23.98亿元，金融机构各项存贷款余额分别达到394.7亿元和158.4亿元；城镇居民人均可支配收入和农民人均纯收入分别达到3.11万元、1.44万元。

收入概况

2013年，淄川分局累计入库各项收入15.06亿元，同比增收1.38亿元，增长10.09%。其中：中央级入库1.76亿元，下降15.86%；省级入库34万元，增长8.15%；市级入库22万元，增长4.76%；区县级入库13.29亿元，增长15.07%。

工作概述

【税政管理】 完善所得税管理。2013年共计汇缴企业664户，汇缴入库企业所得税1.9亿元。年所得12万元以上个人所得税自行申报入库4928.2万元，个人所得税实现全员全额扣缴明细申报。集中开展外籍个人税收专项管理工作，外籍个人日常申报个税收280万元。进一步优化税收优惠审批备案管理。累计税款减免4032万元，其中减免所得税1400余万元，完成福利企业减免城镇土地使用税备案资料审核备案28户，减免税款390万元，发挥了税收政策的积极作用。

【征收管理】 加强对外出经营纳税人的税收管理，对“外管证”的审核审批程序进行了规范，对物业行业进了规范和整改，加强关联业务申报管理，强化反避税力度，2013年度19户企业申报关联关系59户次，申报关联交易总金额198.15亿元。进一步突出纳税评估在税源管理中的核心地位，提高纳税评估的精度和效益，推进评估扁平化，促进纳税评估作用的充分发挥，对116户存在涉税疑点的企业进行了专项评估，评估确认税款2546万元。加强沟通协调，圆满完成了266户“营改增”纳税人的审核认定和管理交接工作。面对金税三期工程上线时间紧、任务重的情况，集中全力，从岗责流程、业务培训、数据录入、纳税人引导等方面入手，积极转变征管思路，认真推进各项工作，实现金税三期工程新系统顺利上线和后续平稳运行。

【税收执法】 在全区范围内开展2013年税收执法督察工作。以落实《税收违法违纪行为处分规定》为契机，积极推进依法行政，促进程序规范，有效防控执法风险。充分发挥税务稽查“以查促收、以查促管、以查促依法治税”的职能作用，积极开展对辖区内重点行业和重点税源企业的专项检查，共稽查各类案件70起，查补各项税款1910万元。

【纳税服务】 率先研发“税企e家”服务交流平台，并为全区纳税前300强企业免费安装，实现税企之间全天候无障碍交流。扎实做好服务“纳税500强”企业活动，对辖区内46户全市“纳税500强”企业，指定专人开展“一对一”定点服务。在全区范围内开展重点税源、重点企业大调研、大走访活动，及时了解企业对地税工作的意见和建议。积极做好“局长服务日”活动和“地税风华”志愿服务活动，结对挂包岭子镇105户困难群众，为挂包村困难群众捐款5000元。

在全省范围内率先推出“税企e家”纳税服务平台。图为平台启动仪式。

【干部队伍建设】 强化思想建设。认真组织学习贯彻党的十八大、十八届三中全会精神。突出作风建设。严格落实中央八项规定，开展作风纪律整顿活动、厉行勤俭节约反对铺张浪费专项行动和“庸懒散”专项治理活动，严肃纪律，突出解决办事效率低下问题。提升文化建设。以党建品牌创建为抓手，切实提高基层党建工作水平，着力打造“地税力量 淄川先锋”党建品牌。增强素质建设。先后组织了金融业务培训班、行政管理培训班等10个班次，共有40余人次参加了高层次的培训，为储备专业人才打下良好基础。

【基层建设】 提升基层党建水平，做好党建工作规范化建设，开展“示范党支部创建”主题活动，全面增强基层党组织战斗堡垒作用。积极推进道德讲堂建设，实行分局主办、各基层单位承办的方式，使基层干部职工全部参与其中，打造地税文化新亮点。

【党风廉政建设】 认真贯彻落实党风廉政建设责任制，层层签订《党风廉政建设责任书》和《家庭保廉协议书》；加强税检共建，与区检察院建立定期互动机制，组织全体干部职工赴检察院教育基地参观学习，确保警钟长鸣；邀请区纪委领导结合当前形势开展廉政讲座，上好第一堂课；积极筹建“网上廉政教育基地”；大力加强政风行风建设，积极参加“阳光政务热线”和“政风行风热线”节目；广泛开展向纳税人述职述廉和党务公开促监督活动，针对存在的问题进行自纠自改。

【精神文明建设】 分局连续12年保持省级文明单位荣誉称号，4个省市级文明称号顺利通过复查验收。2013年，全局新获得74项区级以上荣誉及表彰。其中，分局荣获“山东省女职工建功立业标兵岗”“山东省幸福进家活动先进单位”“地税先锋 淄川力量”党建品牌被评为全省地税系统优秀党建品牌，“地税风华志愿者服务队”被评为全市优秀志愿者组织，分局取得淄川区2013年度目标管理考核双管单位第一名的优异成绩；1名同志被授予全省地税系统党建工作先进个人称号，1名同志被授予“淄博市劳动模范”称号，1名同志荣获第四届淄博市道德模范提名奖，实现了税收收入和文明建设的双丰收。

（张成成）

淄博市地方税务局博山分局

经济概况

2013年，博山区实现生产总值332.52亿元，按可比价格计算增长7%，其中第一产业实现10.92亿元，增长3.8%；第二产业实现188.82亿元，增长7.6%；第三产业实现132.78亿元，增长6.3%。产业结构由上年的2.98∶58.39∶38.63调整为3.28∶56.79∶39.93，第一产业比重同比增长0.3个百分点，第二产业下降1.6个百分点，第三产业上升1.3个百分点。

收入概况

2013年，全局累计完成各项税收收入8.24亿元，同比增收0.15亿元，增长1.81%。其中：中央级完成8958万元，同比增收3762万元，增长72.4%；省级完成20万元，同比增收2万元，增长12.72%；市级完成8万元，同比持平；区级完成7.34亿元，同比减收0.23亿元，下降3.03%。

工作概述

【税收征管】 加强控管，所得税管理不断优化。“限售股”转让入库税款3691万元，成功入库第一笔居民个人在境外公司股票期权所得工资薪金个人所得税225万元，个人年应税所得12万元申报入库个人所得税同比增收781万元，增长28.85%；加强企业所得税汇缴和预缴管理力度，增收1063万元。加强协调配合，推进综合治税。成立土地使用税清理工作小组，清理追征入库税款630万元；积极联系沟通公安、国土部门，检查非煤矿山征收资源税净增收884万元；加强同国土、房管部门的沟通联系，掌握二手房交易信息，增加税收941万元；加强公路局代征税款的控管，增加税收269万元。强化税收检查，有效实现堵漏增收。强化税收分析与税务稽查相结合，稽查、评估增加收入2288万元；加大对临时施工项目的源泉控管和租赁业税收控管，强化对建筑项目进度的税收管理，增强对楼盘项目的储藏室、车库、车位等附属设施纳税情况的实地核查、补税，增加营业税1129万元；规范和加强土地增值税清算，清算土地增值税补缴税款116万元。积极推行金税三期工程，进一步加大了对税源的控管，强化了税收征管和执法力度。

【税收执法】 强化执法意识，规范执法程序和标准，深入推进内控机制建设，充分发挥税收执法风险防控机制的作用，做到事前预警、事中控制，降低执法风险。转变稽查理念，改进稽查方式，强化税收分析与税务稽查相结合，积极做好电子查账工作，全年稽查查补入库各项税款2043万元。

【纳税服务】 广泛征求各行各业纳税人对纳税服务工作的需求，切实拉近税企之间的距离。整合办税服务厅业务、人事管理，加强税容风纪、服务态度、环境卫生、业务素质等各方面管理，地税窗口面貌焕然一新。

开展“税法宣传进校园”活动，宣传普及税法知识。

【信息化建设】 铺设防静电地板，安装玻璃隔断和阻燃防紫外线窗帘，对机房进行了规划改造；增设音箱、电视机、数字音频处理设备、反馈抑制设备及功放机，对多媒体视频会议室进行了整改；金税三期工程上线期间，更新计算机等办公设备，做好硬件配置、软件改造、数据整改补录等工作。

【干部队伍建设】 全方位、多层次开展教育培训和在职培训，金税三期工程上线期间，先后派出25人次参加省、市局组织的金税三期工程专项培训，并组织了10期123人次的内部人员专项培训和18期4558户次纳税人外网业务培训。在税务文化建设方面，开展了“五个一”文化特色项目，即打造一个职工影院、搭建一个网络教育基地、充实一个文化长廊、开辟一个廉政大院、组织一个摄影协会，推动了全局税务文化建设向纵深发展。

【基层建设】 为进一步保证办公场所的安全，修建了办公楼东院和后院围墙；对北博山中心所办公楼楼顶进行了拆除重建，彻底解决了楼顶多年漏雨的问题；维修了办公楼楼梯间和职工食堂，进一步改善了办公环境。

【党风廉政建设】 认真落实关于改进工作作风、厉行勤俭节约的各项规定，组织开展“刹风正纪”“庸懒散”专项治理工作；积极参与全区民主评议基层站所活动，连续12年保持“博山区政风行风建设先进单位”荣誉称号；开展以落实《税收违法违纪行为处分规定》为重点的纪律教育活动，并积极争创“山东省廉政文化六进示范点”荣誉称号，进一步营造了风清气正、纪律严明的工作秩序。

【精神文明建设】 健全规章制度，完善工作措施，创新工作方法，加强与文明办和工青妇等组织的协调，积极参与开展各项创建活动，荣获“全国巾帼文明岗”

和“全国五一巾帼标兵岗”等高层次荣誉称号。

（陈　腾）

淄博市地方税务局临淄分局

经济概况

2013年，临淄区实现生产总值784.47亿元，地方财政收入完成49.43亿元，各项存款余额达647.45亿元，农业总产值实现56.61亿元，规模以上工业企业发展到526家，工业总产值实现2839.23亿元，实现利税308.22亿元、利润158.43亿元，全社会消费品零售总额实现195.38亿元。综合实力稳步提升，国民经济保持了平稳较快发展的良好态势。

收入概况

2013年，临淄分局累计入库各项税费收入26.59亿元，同比增收2.18亿元，增幅8.90%，再创历史新高；其中税收收入24.89亿元，同比增长8.31%；中央级收入3.70亿元，省级收入0.01亿元，区乡级收入22.88亿元，增幅分别为-14.17%、-11.79%、13.83%。同时，代征工会经费918.59万元；残保金697.56万元，代征价格调节基金1537万元，为全区社会经济持续平稳较快发展提供了坚实的财力保障。

工作概述

【税政管理】　积极贯彻《山东省地方税收保障条例》，自查了涉及“经济结构调整”“环境保护”“民生保障”和“推进改革”4类共14项较为重大的税收优惠措施落实情况。坚决贯彻落实再就业和残疾人税收优惠政策，先后为9户高新技术企业减免3738万元；研发费用加计扣除11户，加计扣除额9175万元；资源综合利用1户，减计收入额319万元；技术转让所得763万元；节能节水专用设备抵免246万元。处理契税减免审批6户，减免契税919万元，福利企业土地使用税备案减免27户，减免金额485万元；废弃土地、安防用地、物流用地减免28户，减免金额422万元。积极构建税收执法风险预警机制，建立重大事项报告、报备制度，明确报告、报备范围，降低了税收执法的风险。

【征收管理】　围绕金税三期工程网络申报系统上线运行攻坚任务，全局上下一心，全力以赴，确保了系统的按时上线和顺畅运行。根据省、市局的安排部署，第一时间将符合“营改增”条件的493户纳税人进行移交，确保了“营改增”工作的顺利有序推进。抓住“营改增”和金税三期工程上线的契机，在国税、地税办税厅互设窗口，实行联合办税。加强化工行业税收管理，开展以土地使用税为重点的化工行业专项清理检查，共入库地方税收和滞纳金2282万元。先后开展了对交通运输业、重点税源企业、企业所得税汇算清缴、“两区三村”等四个批次的评估，先后评估税款2697万元。加强了上市公司个人所得税征管，提出了加强限售股减持个税征管的建议，得到了政府及相关部门的高度重视和大力支持，使上市公司限售股个人所得税成为地方税收的重要增长点。2013年，全局限售股减持征收入库个人所得税3353万元。

【纳税服务】 继续落实《办税服务大厅管理办法》，对原有的各纳税服务功能区进行了重新划分，细化各服务区的功能，并对前台办税服务区域进行了重新规划。推行纳税咨询和导税员制度，落实预约服务、提醒服务、午间值班、税务公开、文明礼貌等服务措施。优化办税流程，拓宽与国税部门联合办税新途径。按照“强素质、练技能、优服务”的思路，对窗口人员实行规范化管理。强化工作目标考核，深入开展岗位技能比武、服务明星评比、“提效先锋、服务示范岗”等创评活动，营造创先争优氛围，促进干部服务意识和服务水平的提升。

【信息化建设】 为了满足金税三期工程运行的物质需求，在对全局85台计算机升级的基础上，添置了65台计算机、7台票证打印机、5台激光打印机。组织了多期金税三期工程系统全员培训。编写的金税三期工程系统功能模块操作流程，被省局以文件形式在全省推广。

【干部队伍建设】 加强对党的十八大、十八届三中全会精神的学习，先后组织30余人次参加了省、市局组织的各类培训。继续开展“读书·事业·人生”全员读书活动，通过征集推荐阅读书目、开展读书会、撰写读后感、举办交流会等形式，提高干部综合素质和修养。开展了以“政治纪律明显增强、工作作风明显改进、精神面貌明显改观、执法服务水平明显提升、驾驭工作能力明显提高”为目标的机关作风整顿。针对工作中存在的实际问题开展了有针对性的工作督办，杜绝了拖拉、推诿的现象。区局被评为全省地税系统学习型党组织示范点。

【党风廉政建设】 围绕“依法治税、从严治队、廉洁高效、追求卓越”的廉政主题，开展群众评廉、影视观廉、网络宣廉等形式多样的廉政文化活动。重点学习了新颁布的《税收违法违纪行为处分规定》，增强干部的廉政、法纪意识。主动加强与公检法司等部门的联系沟通，增强抓好廉政建设的紧迫感。加强日常督查，抓好公车私用、会员卡专项清退、“升学宴”等廉政节点的检查，降低干部廉政风险。认真开展“庸懒散”专项治理，确保队伍纯洁稳定。

扎实做好党风廉政建设工作，把好廉政关，筑牢廉政墙。图为临淄分局干部职工参观廉政图片展。

【精神文明建设】 继续牵牢文明创建工作这根主线，以创先争优活动带动群团组织创建。结合“齐税先锋”品牌创建工作，组织了“党员献爱心，资助贫困学生”“合力救助帮扶，增进民生福祉”等活动，先后资助了10名贫困家庭学生和28户贫困家庭，折合人民币4万余元。进一步规范了全局志愿者队伍，先后开展了“送税法”“税收与我同行”、慰问贫困家庭等志愿服务活动，树立了分局文明形象。协调发挥党工团妇等群团组织力量，开展形式多样、健康有益的群众性文体活动，增强团队协作力和凝聚力。2013年，分局顺利通过了省级文明单位、国家级和省市级青年文明号的复查，被省人社厅和省地税局表彰为“全省地税系统先进集体”，有两个基层所分别获得市级“工人先锋号”和“巾帼建功先进集体”，文明创建成效显著。

（孙卫国）

淄博市地方税务局周村分局

经济概况

2013年，周村区实现生产总值277.86亿元，按可比价格计算，比上年增长8.9%，其中，第一、二、三产业增加值分别完成9.06亿元、137.91亿元、130.88亿元，同比分别增长3.6%、10.6%和7.1%，三次产业比例由上年的3.1：51.4：45.5调整为3.3：49.6：47.1；全年财政收入达到15.21亿元，同口径增长7.02%；规模以上项目完成投资206.41亿元，增长20.8%；社会消费品零售总额完成153.78亿元，增长12.84%；居民消费价格总指数为101.2%；城镇居民人均可支配收入和农民人均纯收入达到2.72万元、1.37万元，分别增长11.2%、11.3%。

收入概况

2013年，全局共组织各项收入9.36亿元，比上年同期增长16.45%。其中，中央级完成9157万元，同比增收3675万元，增长64.04%；省级完成23万元，同比减收7301万元，减少99.69%；区县级完成8.44亿元，同比增收1.69亿元，增长24.93%。

工作概述

【税政管理】 严格落实下岗失业人员再就业、企业所得税税收优惠和福利企业土地使用税减免等政策，涉及下岗失业人员7名，高新技术、资源综合利用、安置残疾人、监狱劳教和福利企业40余户，发挥了税收优惠政策在调结构、转方式中的引导和促进作用。

【征收管理】 围绕推进税收征管改革，全面开展金税三期工程试点上线工作，在组织准备、数据迁移、操作培训、模拟测试、后期维护等各个环节精心计划、严格组织，确保了系统的成功上线并正式运行；加强建筑、房地产业税收管理，全面落实项目信息微机控管、“以票控税”和“先税后证”制度，突出对外来建筑、房地产企业的控管和过往房地产开发项目的税收清算和检查，全年建筑、房地产业税收分别完成6310万元和2.39亿元，同比增长–7.92%、93.80%；加强社会综合治税，积极争取政府支持，协调国土、公安和各镇办开展房产税、城镇土地使用税专项检查，年内分别入库2963万元、

1.73 亿元，同比增长 -3.07%、89.72%；加强对部分纳税不符企业的全面检查，第四季度抽调人员分为 6 个小组对百余户企业开展纳税全面检查，共检查入库地方税款 922 万元。

【税收执法】 着眼防范执法风险，落实税收执法责任制，继续运行网上执法检查系统，开展税收执法检查；强化税务稽查，改进稽查方式，狠抓新稽查工作规程的落实，集中力量开展清欠工作，全年稽查入库各税 585 万元。

【纳税服务】 服务社会发展，全面完成残保金、工会经费和各类附加的代征附征工作；服务纳税人，以创"三优"为目标，开展服务"纳税 5 00 强"企业、"地税局长服务日"和税法培训活动，应用"纳税服务绩效评价系统"，实现了评价系统与排队叫号机、服务评价器、视频监控系统的有机融合，对办税服务厅进行了全面升级改造。

【干部队伍建设】 坚决贯彻中央关于加强作风建设的一系列部署要求，深入开展"庸懒散"治理活动，对执行纪律、落实规定情况开展了持续不间断的明察暗访，有效促进了干部作风的转变；关心群众疾苦，积极帮助干部职工解决实际困难，开展各种形式的办实事、送温暖活动，全局团结和谐的氛围有所增强；加强干部职工的业务能力建设，积极参加上级组织的各类学习培训，干部职工的从业素质有明显提高。

【精神文明建设】 加强精神文明建设，分局及下属三个单位分别通过省级文明单位和国家级、省级"青年文明号"复查验收，青年路中心税务所荣获"山东省女职工建功立业标兵岗"，有 3 人获得"全省地税系统先进个人""振兴淄博劳动奖章"等市以上荣誉称号。

【党风廉政建设】 强化廉政责任，通过层层签订责任书，把党风廉政建设责任制延伸到每名干部；严格制度落实，全面落实个人重大事项报告、收入申报和廉政谈话等制度；丰富教育形式，采取观看警示图片展、做廉政作业、开设廉政大讲堂、进行基地化教育等方式，筑牢干部思想防线；创新监督手段，积极应用"廉政风险防控平台"，查找分析风险信息并组织严格核查；严格落实中央八项规定，全面加强"三公经费"管理，并取得明显效果。

（李树才）

淄博市地方税务局
高新技术产业开发区分局

经 济 概 况

2013 年，淄博高新技术产业开发区实现生产总值 194.77 亿元，比上年增长 10.76%。其中，第一产业增加值完成 0.94 亿元，比上年下降 2.1 %；第二产业增加值完成 130.69 亿元，比上年增长 11.82%；第三产业增加值完成 63.13 亿元，比上年增长 8.45%。全区实现地方财政收入 26.98 亿元，比上年增长 8.01%。

收 入 概 况

2013 年，淄博市地方税务局高新区分局共组织各项收入 17.42 亿元，比上年下降 14.91%，减收 3.05 亿元。其中，中央级收入完成 1.96 亿元，比上年增长 12.22%，增收 2137 万元；省级收入完成 254 万元，比上年增长 15.57%，增收 34 万元；市级收入完成 212 万元，比上年下降 99.36%，减收 3.29 亿元；区县级收入完成 15.41 亿元，比上年增长 0.17%，增收 254 万元。

工作概述

【税政管理】 高度重视股权转让税收管理工作，通过开发股权转让税收管理系统，建立股权转让管理电子台账，认真审核把关，强化了源头控管。全年受理审核股权转让申请 231 户，入库个人所得税 1635 万元。

【税收征管】 选取了 164 户重点税源企业，从网上开设了数据报送窗口，利用开发的重点税源管理系统，按月对报送的经营数据进行分析，为争取组织收入工作主动，加强对组织收入的调度分析提供了参考依据。

【税收执法】 不断提高重大建设项目税收管理精细化水平，将项目管理落实到科、分工到人，纳入监控的重大建设项目有 140 项，通过动态监控、实地巡查和跟踪管理，促进了重大建设项目税收的及时入库。

【纳税服务】 依据省局的《办税服务厅管理规范》，制定了自身的办税服务厅管理规范。认真落实“窗口受理、内部流转、限时办结、统一出件”模式，减少了纳税人“多头跑”“多头找”的现象。重新修订了服务承诺、首问责任制、一次性告知等制度，进一步实行了导税台服务制度。

为提升纳税服务质效，推行办税引导服务，前置服务受理，受到纳税人的好评。

【信息化建设】 先后完成了岗责配置、技术指导、人员培训、系统测试、应急演练、数据清理补录等各项工作，确保了金税三期工程系统顺利上线。

【机构人员】 截至 2013 年底，分局内设 7 个科室和 1 个临时机构，干部职工 51 人，其中党员 44 人，占 86%，分局人员全部达到了大专以上学历，本科学历人员 44 人。

【干部队伍建设】 树立“关心职工身心健康，提高队伍幸福指数”的理念，努力培养一支严格执法、热情服务的干部队伍。不断完善干部教育培训工作，全年组织培训 11 批次，培训人数 89 人次。加快地税文化建设，积极办好干部职工餐、组织开展春秋强身健体活动，开展创新文化建设的做法得到了市局的充分认可。深入落实党建品牌创建工作，机关党建工作更加规范。

【党风廉政建设】 认真落实中央八项规定，深入开展“庸懒散”专项治理活动，进一步规范了车辆管理和行政接待。积极应用廉政和执法风险防控平台，不断完善廉政防范机制建设。积极开展廉政风险防控机制建设“回头看”工作，深入学习《税收违法违纪行为处分规定》。

【精神文明建设】 成立了学雷锋志愿服务队，积极开展学雷锋“五个一”活动。在创建全国文明城市工作中，被高新区工委评为志愿服务先进集体。顺利通过了省级文明单位、省级青年文明号的复查验收。

（田 韬）

淄博市地方税务局文昌湖分局

经济概况

2013年，淄博市文昌湖旅游度假区地方公共财政预算收入增长82.7%，税收收入增长87.7%，固定资产投资增长51%，服务业投资增长35%，第三产业增加值、社会消费品零售总额和农民人均纯收入分别增长10%、12%和11%。外经贸发展水平进一步提升，实际到位外来投资14.6亿元，实际到账外资金额7908万美元，多项主要经济指标增幅居全市第一位。

收入概况

2013年，淄博市地方税务局文昌湖分局共组织地税收入1.11亿元，同比增收7846万元，增长242.98%。收入特点：房地产业带动地税收入高幅增长，房地产业全年实现地税收入6844万元，占全部收入的61.8%，同比增收5701万元。

工作概述

【税政管理】 积极开展税源摸底工作，发放宣传材料，调查税收优惠政策执行情况；开展高收入者个人所得税政策宣传；对高铝黏土资源税情况进行调研；组织土地增值税清算情况调研。

【征收管理】 成功实现了金税三期工程上线，开展了2期纳税业务流程培训；加强了以票管税工作，严格执行逾期申报处罚规定。

【税收执法】 完善税收执法程序，制定了税收执法流程。处理违规使用发票举报案件7起。通过评估检查，依法处理非正常纳税户16户。

举行纳税人座谈会，宣传税法知识，征求纳税人意见。

【纳税服务】 开展以“送政策、送服务，征求纳税人意见”为主题的“两送一征求”活动，对辖区内纳税前30名纳税人实地走访，现场征求纳税人意见，公布联系方式和监督电话。加强政策宣传，开展了金税三期工程网上申报业务培训。更换办税大厅硬件设备，安装双屏显示器。落实局长大厅值班制度，对发现的问题现场整改。

【信息化建设】 对办公场所原有网络进行了全面改造，实现了分局与市局网络直通。安装了视频监控系统，增置了UPS电源设备。购买了6台台式计算机、2台笔记本计算机、6台打印机。

【机构设置】 淄博市地方税务局文昌湖分局于2013年8月9日经山东省编制委员会办公室（鲁编办〔2013〕110号）批准成立，为正科级建制，配备局长1名，副局长2名，核定行政编制20名。8月21日，分局正式成立，下设办公室、税源管理科两个内设科室，各项工作有序开展，12月11日举行了揭牌仪式。

【干部队伍建设】 以培养“复合型人才”为基调，加强年轻干部培养力度，实行一人多岗、AB角工作制度，多方位、多渠道锻炼年轻干部。

【基层建设】 整修了办公场所，维修了供暖设备，整合了图书室、党员活动室，改造了职工食堂。制定了会议制度、督查督办工作制度、财务报销制度等11个内部管理制度，理顺税政管理流程，为今后发展打下良好的基础。

【党风廉政建设】 将廉政建设作为一项日常工作，局长办公会定期学习廉政通报，提醒分局干部职工严于律己，克己奉公。实现人员下企业、车辆使用等必须经领导审批同意，重大涉税审批事项通过局长办公会集体研究制度。

（桑 军）

桓台县地方税务局

经济概况

2013年，桓台县实现生产总值466.43亿元，比上年增长10.39%；固定资产投资295.81亿元，比上年增长21.90%；入库税收37.59亿元，比上年减少19.10%；地方财政收入26.38亿元，比上年减少2.35%。

收入概况

2013年，桓台县地方税务局共组织各项收入17.87亿元，比上年减收0.17亿元，下降0.94%。其中，中央级收入2.80亿元，增长5.56%；省级收入36万元，下降99.74%；市县级收入15.07亿元，增长7.41%。

工作概述

【税政管理】 按照省、市局统一部署，按期完成了“营改增”纳税人认定及管户移交工作，确保了“营改增”工作衔接顺畅、平稳过渡。认真落实各项税收优惠政策。2013年共落实税收减免2519万元，有力地支持了企业发展。

【征收管理】 突出加强房地产业税收管理，严格执行土地增值税预征和清算管理办法，2013年房地产业入库税收3.08亿元，同比增长44.03%。着力加强高收入者个人所得税征管，成功入库一笔自然人股权转让个人所得税，税款高达1.04亿元。深化纳税评估工作，开展了新办企业、企业新增土地、商业和现代服务业“三个专项评估”，堵塞了征管漏洞。积极探索耕契“两税”征收新举措，把契证作为房产证和土地使用证办理的前提要件，达到了以证控税、各税通管的目的。

【税收执法】 积极组织开展地方税收专项检查、打击发票违法犯罪和区域专项整治工作，督促企业自查及直接稽查收入3048万元。坚持从严审核高新技术企业税收优惠管理，有效避免了税收流失。《山东地税情况》对此予以详细介绍。

【纳税服务】 加强经济税收分析，紧贴税收管理难点和税收政策调整变化情况，适时开展专题调研，有8篇调研报告分别在《山东地税情况（调研专刊）》和《淄博地税》刊登交流，被市局评为税收调研工作优秀单位。大力推行纳税服务实体化，通过整合办税服务资源和调整岗位职责，对纳税人发起的事项，全部由办税服务厅统一受理，实现了“一站受理、内部流转、现场办结、同城通办”的办税服务新格局。组织开展“纳税500强”企业走访活动，进一步密切了税企关系。

在全县6个办税服务大厅全部设置外网申报区，方便纳税人进行纳税申报。

【信息化建设】 按照省、市局统一安排部署，举全局之力，密切配合，协同作战，积极推进金税三期工程上线工作，实现了10月8日成功上线的奋斗目标。

【机构人员】 截至2013年底，县局内设8个科室，下属1个稽查局、1个直属征收局、6个中心税务所。在职干部职工134人，全部达到大专以上学历，其中本科学历105人，占78%。党员110人，占82%。

【干部队伍建设】 围绕建设活力地税、和谐地税、幸福地税，先后开展了“税收宣传进景区，强身健体万米行”活动和以“地税发展，全员登攀”为主题的登山健身活动，举办了《学论语智慧 建和谐地税》报告会，开展了道德讲堂活动，丰富了职工业余生活，陶冶了高尚情操。抓学习强素质，鼓励新进人员积极参加“三师”资格考试。

【基层建设】 坚持人财物向基层倾斜，对新招录的公务员全部充实到基层。积极优化基层工作生活环境，重视干部职工身心健康，开展全员健康查体活动。

【党风廉政建设】 坚持把党风廉政建设贯穿于税收工作全过程，大力推进廉政内控机制建设，借助“廉政风险防控平台”，加强执法监察、廉政监察、效能监察，被省局评为全省地税系统廉政文化“四进”先进单位。强化政风行风建设，在行风评议中县局和6个中心税务所全部获得优秀等次。

【精神文明建设】 通过评选优秀党员、党组书记上党课、参观红色教育基地等形式，切实抓好党员的教育和管理工作。县局工会被省总工会表彰为“山东省模范职工之家”，1人荣获“2013感动淄博年度人物”称号。

（张成领）

沂源县地方税务局

经济概况

2013年，沂源县实现生产总值227.4亿元，同比增长9.3%，其中第一、二、三产业增加值分别达到28.2亿元、107.1亿元、92.1亿元，分别增长3.8%、12.1%、6.9%；财政总收入26亿元，其中公共财政预算收入16.2亿元，增长8.02%。

收入概况

2013年度，全局共组织入库各项收入9.96亿元，按可比口径增长3.57%，增收2935万元。其中，中央级收入完成1.82亿元，同比下降8.20%，减收1627万元；省级收入完成21万元，同比下降14.68%，减收4万元；县级收入（老口径）完成7.12亿元，可比口径增长9.26%，增收4825万元；县级收入（新口径）完成7.86亿元，可比口径增长7.45%，增收4447万元。

工作概述

【税收管理】 按照省、市局统一安排部署，稳步推进金税三期工程上线工作，实现10月8日成功上线奋斗目标。认真开展“征管质量提升年”活动，加强经济税收分析，开展质量讲评整改，健全完善征管制度，强化税收预警和纳税评估，深化社会综合治税，加大税务稽查力度，税收征管质量进一步提高，省局转发构建征管质量评价体系全面提升征管质效的经验做法，果品储存行业纳税评估模型被市局评为优秀纳税评估模型，在全市税收分析和收入质量工作会议上作典型发言。狠抓重点行业、重点环节和重点税种管理，加强房地产税收管理，房地产税收入库2.01亿元，同比增长24.01%，增收3894万元；加强重组企业税收管理，入库各项税款1440多万元；加强股权转让、限售股和国际税收管理，共入库各项税收近1000万元，市局转发反避税案例；开展以地控税工作，促进土地使用税增收，土地使用税入库3213万元；开展12万元以上个人所得税自行申报和企业所得税汇算清缴工作，个人所得税入库7904万元，企业所得税入库2.25亿元；按照省、市局统一部署，积极推进“营改增”工作，按计划完成移交手续，后续管理进一步完善，营业税入库2.2亿元。

【税收执法】 围绕服务经济建设，提请县政府印发《沂源县二手房地产税收管理办法》和《关于明确房产税和城镇土地使用税征税范围的通知》，向县政府报送多件增收建议报告，增加地方财政收入，得到县领导充分肯定；受省局委托，研究起草关于加强转增股本个人所得税管理有关问题的文件，有效解决因纳税人负税能力不足、扣缴义务人难以履行扣缴义务而造成的基层管理困难问题。围绕服务纳税人，开展税收执法自查自纠和执法督察工作，有效防范执法风险，维护了严格、公正、公平执法的行业形象。

【纳税服务】 强化政策落实，确保各项税收优惠不折不扣落实到位，全年共落实各项税收优惠3075万元，为企业发展提供政策支持；认真落实各项服务措施，有效应对3月份契税征收高峰；开展税收宣传，举办纳税业务培训，提高纳税人办税水平；认真做好服务全市“纳税500强”工作，定期走访征求意见，开通绿色办税通道，最大限度地提供方便。围绕服务社会建设，积极参与社会公益和志愿服务，开展结对帮扶和扶危济困活动，充分展示勇于担当、奉献社会的自觉；代征残疾人就业保障金204万元、工会经费415万元、价格调节基金960万元。县局连续第二年获得“服务全县经济发展十佳单位”称号。

【信息化建设】 顺利完成两次网络建设和网络迁移工作，建成全市第一个千兆网。修订完善网络设备管理制度，确保了信息化建设安全。认真做好系统运维工作，解决各应用系统运维问题1500多项，保障了工作需要。严格按照金税三期工程软件客户端配置标准，全面完成金税三期工程硬件运行环境搭建，硬件配置及操作系统等各项指标全部达到或超过金税三期工程要求，金税三期信息化保障工作到位，确保了从大集中到金税三期工程平稳过渡。

【干部队伍和精神文明建设】 干部管理各项工作扎实推进，圆满完成工作人员年度考核，根据工作需要调整任命部分干部，修订编外用工管理制度，规范县局用工管理。职工学习培训工作顺利开展，先后安排36名同志分别参加市局调训，县局自行组织税源管理等业务培训，培训人员120人次。勇于担当，奉献社会，积极开展结对帮扶、走访慰问弱势群体、慈心一日捐、捐赠图书、无偿献血、义务植树、环境卫生综合整治等活动，充分展示地税风采。加强思想宣传教育，举办心理健康辅导讲座，参加读书讲堂，开展道德讲堂和学唱道德歌曲活动，引导干部职工树立正确的价值取向和思想理念。认真做好税收宣传，开展“税收伴我成长”主题征文等活动，税收宣传月活动成效明显；开展“示范党支部”和“党员示范岗”争创活动，机关党建工作富有成效。在县人大常委会专项工作评议中被评为“满意”等次，多项工作得到省、市局肯定，直属征收局获得“全国五一巾帼标兵岗”称号，1名同志被评为“山东省先进工作者”，县局顺利通过省级文明单位复审。

直属征收局荣获“全国五一巾帼标兵岗”荣誉称号。

【党风廉政建设】 认真执行党风廉政建设责任制，修订完善《工作人员行政过错问责办法》等制度，加大督导检查力度，切实将各项纪律要求落到实处。加强廉政教育，组织开展以学习《税收违法违纪行为处分规定》为重点的纪律学习教育活动，通过开展网络视频自主学习、观看警示教育片、参观廉政教育基地、做廉政作业、召开廉政工作会议、深化税检共建活动等多种载体形式，使干部职工的廉政意识进一步提高。组织开展作风建设“回头看、向前赶”和“庸懒散”专项治理，广泛征求各个层面的意见，制定措施认真加以整改，自觉接受社会监督，连续第16年获得全县政风行风评议行政执法类部门第一名。

（刘长鹏）

高青县地方税务局

经济概况

2013年，高青县实现生产总值168.56亿元，比上年增长9.28%；其中，第一产业完成23.35亿元，比上年增长2.8%；第二产业完成86.27亿元，比上年增长12.99%；第三产业完成58.94亿元，比上年增长5.94%；三次产业比例为13.8：51.2：35。

收入概况

2013年，全局累计组织各项收入7.69亿元，同比增长11.3%，增收7807万元。其中：政府口径县级收入（新口径含两税）6.67亿元，同比增长12.53%，增收7426万元。耕地占用税、契税分别完成2233万元、6275万元。

工作概述

【税政管理】 继续实施房产税、土地使用税“三级鉴定，动态监控”措施，全面推行宗地管理，实现由“以户管税”向“以地控税”转变。全年共组织入库土地使用税7474万元，增收1614万元，同比增长27.54%。被市局确定为全市城镇土地使用税以地控税工作试点单位；扎实做好存量住房交易评估工作，积极向县政府汇报，由政府聘请房地产评估机构对全县存量房数据重新评估，共征收各类税款1189万元，同比增收328万元，增长38%；加强了重大建设项目税收管理，充分发挥建设项目管理系统和综合治税系统优势，建设项目税收管理迈上新台阶；通过采取源头控管、部门联动等多种措施，有力提升了土地增值税征收率，共组织入库土地增值税3258万元，同比增长16.44%，增幅在全市名列前茅。

【税收征管】 加大“以票控税”力度。重点强化了对房地产业及其他建设单位取得建筑安装发票的检查。开展了物业、电信等行业的发票专项检查，规范了两行业发票开具行为；抓好纳税评估和税收预警工作。共评估企业25户，评估税款31万元。加大税收预警工作力度，全年共处理纳税风险信息216条，补缴税款171万元；根据省、市局统一部署，全力抓好金税三期工程试点上线工作。上线第一个月，申报率达到98.8%，实现了上线首月开门红。采取的全员参与、共享共进的“云培训”模式被省局金税三期工程办以专刊形式进行介绍。

【税收执法】 层层签订执法责任书，实现执法零过错；积极承担省、市局网上执法检查管理系统的试点开发运行工作，并结合基层执法实际，对该系统进行持续改进和补充完善，提高了税收执法监督的针对性和可操作性，有效规范了干部职工的执法行为；继续推行征管、稽查与法规互动机制，同时加强了稽查过程控管，有效防范稽查环节的执法风险。

【纳税服务】 纳税服务标准化不断推进。各业务窗口安装了高拍仪，全面投入使用了身份识别系统、信息采集系统与电子档案管理系统，有效降低了税收执法风险；创建纳税服务QQ群，搭建起与企业之间的交流平台。创新开展前台征收工作拉力赛活动，此项工作被市局在全市地税系统推广；充分利用纳税人培训学校，共开展培训15期，培训纳税人650余人次。

【信息化建设】 深入开展了大集中系统日常运维、各类应用软件开发维护、后台技术优化维护、硬件及视频设备保养维护等工作。对信息化设备各类故障进行了集中式应急处理，对各项信息化性能进行了跟踪问效，各项设备实现正常运转，保证了各项业务工作的顺利进行。

【干部队伍建设】 共投资10万余元，组织参加各类培训15次，培训人员达400多人次，干部队伍的政治理论水平、业务素质明显提高。共投资46万余元，对县局的电子培训教室、视频会议室进行了升级改造，进一步提高了县局的信息化培训水平。实施了新进人员“1+2”培养工程，将2012年以来新招录的公务员全部充实到征管一线锻炼，促进了新进人员的快速成长。

【基层建设】 大力加强税务文化建设。根据大力加强社会主义核心价值体系建设和省、市局关于深化文化建设工作的部署要求，制定《2013年“和合家园”建设主题活动实施方案》，共组织开展交通安全知识培训等活动8场次，组建活动小组10个。全省地税系统文化建设现场推进会，高青县局作为全省地税系统的三个观摩点之一，得到了与会领导的高度评价。

【党风廉政建设】 层层签订党风廉政建设责任书64份；坚持每周一句廉政警言、一个廉政案例在内网发放；积极开展“严纪律、转作风、提效能、促发展”活动；深入学习贯彻中央八项规定，认真组织开展“庸懒散”专项治理工作。连续13年在全县政风行风评议活动中获得优秀单位称号。

【精神文明建设】 积极打造的“和合家园”特色党建品牌，被评为全省地税系统优秀党建品牌，县局被授予2011—2013年度全省地税系统党建工作先进集体、全省地税系统廉政文化四进先进单位、全市地税系统目标管理考核优秀单位等荣誉称号，持续保持省级文明单位、全国巾帼文明示范岗称号。

（李海明）

枣庄市地方税务局

经济概况

2013年，全市实现生产总值1830.63亿元，比上年增长10.1%。其中，第一产业增加值149.81亿元，增长3.3%；第二产业增加值1037.55亿元，增长11.4%；第三产业增加值643.27亿元，增长9.0%。人均生产总值48346元，增长9.4%。三次产业结构由2012年的7.81∶58.21∶33.98调整为8.18∶56.68∶35.14。非公有（民营）经济户数20.97万户，增长13.8%；纳税额123.56亿元，增长0.6%，占税收总额的74.43%。地方财政收入完成130.7亿元，增长12.3%，扣除省级下划部分可比口径增长6.4%；外贸进出口总额达到12.5亿美元，增长10.7%；城镇居民人均可支配收入25238元，增长9.9%；农民人均纯收入10878元，增长13.2%。

收入概况

2013年，全局共组织各项收入96.83亿元，同比增长6.37%，增收5.80亿元。其中，地方公共财政预算收入完成85.90亿元，同比增长10.66%，增收8.27亿元，为全市转型发展提供了坚实的财力保障。

工作概述

【税政管理】 做好“营改增”税收改革的宣传认定、税款清缴、发票收缴、基数测算等工作，移交国税部门“营改增”试点纳税人1700余户，为新旧税制平稳过渡奠定了坚实的基础。抓住房地产市场回暖的有利时机，深入挖掘政策潜力，较好地弥补了煤炭、水泥行业价格波动造成的收入缺口，累计评估存量房7851套，评估量为2012年两倍。2013年参加企业所得税汇缴企业1765户，纳税调整后所得额18.99亿元，实际缴纳所得税7.12亿元；全市共办理年所得12万元以上个税自行纳税申报人数3951人，同比增长25.07%。全面落实税收优惠政策，累计减免各项税收1.95亿元，修订2010年版《企业所得税税收优惠管理操作指南》，代省局起草规范小微企业税收优惠管理措施办法，积极支持小型微利企业发展。

【税收征管】 制定《关于持续推进税收管理新模式的意见》，扎实推进税收征管改革。重点税源扁平化管理卓有成效，对某大型企业集团实行团队审核备案类减免税业务和2012年度企业所得税汇缴评审，调增入库企业所得税1.8亿元；税源分级分类管理取得实质突破，与市外汇管理局、国税局签订三方合作协议加强外汇管理和跨境税源监管，创新煤炭产品关联交易转让定价机制做法得到省局充分认可；社会协税护税打开新局面，山亭、市中两个区专门成立地方税收保障办公室，零散税源管控能力有了显著提升；全年评估入库税款2.21亿元，同比增收19%，纳税评估专业化扎实推进；创新稽查案件结案后跟踪管理和检查质量组长终身负责制，查补入库税款2.44亿元，创历史新高。

【税收执法】 增强风险防范意识，有效化解各类执法风险，做好事前、事中、事后执法监督。做好税收执法预警工作，编发《执法预警报告》对苗头性问题提出预案，避免违法、违规行为的发生；做好重大税务案件的审理工作，对重大税务案件及时进行审理，从执法文书、执法程序等方面进行严格审查；积极化解税务行政争议，保障纳税人的合法权益，帮助基层按照合法、合理的方式方法妥善解决对执法过程中产生的各种矛盾，确保税收执法零复议、零诉讼、零败诉。6月，省人大财经委和预工委莅临枣庄开展《山东省地方税收保障条例》执法检查，对各级地税机关在《条例》普法宣传、税收协助、健全机制等做法给予充分认可和高度评价。

【纳税服务】 开展“摸实情出实招见实效，全力推动西部经济隆起带建设”调研活动，形成系列报告供市委、市政府决策参考，受到市长张术平和宣传部长张宝民的批示肯定；经济税收形势分析结论多次得到市委常委会和市政府常务会高度认可，“节约用地，提高亩均税收贡献率、就业率”等建议成为全市转型发展现场观摩会的重要内容，《探索与实践》调研文集荣获市社会科学优秀成果专著类二等奖。推行市级以上业务能手前台“坐诊”制缓解前台压力，与枣矿集团签订战略合作框架协议是全省第一家对大企业税收管理与纳税服务的有益探索。全省纳税服务工作会议7月份在枣庄召开，枣庄地税纳税服务经验做法得到与会人员的高度评价。金税三期系统上线后，全面推行POS机刷卡缴税，在全省范围内率先推行全市业务通办，受到纳税人欢迎。

【信息化建设】 完成市局电子培训教室建设，畅通广域网数据备份线路，增强系统网络冗余性和可靠性。在全省率先作出金税三期工程上线部署，高质量、快节奏顺利完成数据整改迁移、岗责流程调整、特色软件融入、双轨环境测试、宣传氛围营造等工作，确保了金税三期工程系统按期成功上线，推动了先进税收理念和信息技术的进一步融合。9月份，枣庄地税税收风险管理系统研发成功并上线运行，通过搭建风险识别模型“全面扫描”全市所有企业税源，实现“按户归集”税收风险点，“分类推送”进行风险应对，得到系统内外有关领导和专家的高度评价。

【基层建设】 紧密结合新时期发展需要，细化基层建设年度工作目标，推动基层建设“由重环境到重功能、由重硬件到重软件、由重物质到重精神的转变”“六个一流”（培育一流的干部素质、实施一流的税务执法、打造一流的纳税服务、营造一流的纳税环境、创造一流的工作业绩、树立一流的社会形象）共同愿景和“厚德载物，海纳百川，艰苦创业，无私奉献”

核心理念等，已深深印入到广大干部职工的心中、体现到自觉行动中，基层软实力得到显著提升。同时，按照中央八项规定和反“四风”建设要求，开展“庸懒散”专项治理，对公务用车、办公用房、公务接待等进行规范清理，进一步树立了枣庄地税“风清、气正、心顺、人和”的良好形象。

【干部队伍建设】 出台奖励骨干人才（业务能手）和“三师”人员办法，讲学习、赛业务、比贡献、争荣誉的氛围更加浓厚，“四统一”教育培训模式被税务总局推广。干部交流实现常态化，干部交流提拔等过程公开透明、稳妥扎实，激发了队伍活力。多次组织党的十八大及十八届三中全会精神专题学习，提升干部队伍党性修养，成为全省宣教基地工作会议和全市学习型党组织建设工作会议唯一观摩点，市局党组被省局授予党建工作先进集体，“税徽闪耀党旗红”党建品牌被评为优秀党建品牌，市局张艳国被市委宣传部等五部门联合表彰为第三届助人为乐全市道德模范，孙晓红成功为一名韩国患者捐献造血干细胞，成为全省税务系统涉外捐献造血干细胞第一人。全面开展“第一书记”帮村包扶工作，得到社会各界广泛好评，被枣庄市委授予包扶先进单位。

【党风廉政建设】 6月份，枣庄市地税系统廉政教育展厅建成，成为全市地税系统开展廉政教育的课堂、反腐倡廉舆论宣传的窗口和廉政文化建设的阵地，也是枣庄首家部门设立的廉政文化教育基地，得到省、市纪委及省局领导的充分肯定，被评为廉政文化进机关省级示范点。积极开展廉政文化进机关、进家庭、进网络、进办税场所活动，不断丰富网上廉政文化教育基地的“五馆、四厅、三区、两库”新内容，廉政文化的教育、熏陶、引领作用得到充分发挥。积极参加枣庄电台、电视台“政风行风热线”“热点对话”等栏目，畅通涉税信访投诉渠道，受到社会各界广泛好评，在全市“百千百”评议和民主评议政风行风活动中名列前茅。

【精神文明建设】 系统文化建设氛围日益浓厚，一个行业特点鲜明、时代特征突出、具有枣庄地税特色的地税文化体系初步形成，充分展现了新时期地税部门开拓创新、服务发展的良好社会形象，枣庄地税文化建设做法在全省文化建设会议上作典型发言并被省局领导充分肯定。市局先后获得全省地税系统目标管理考核优秀单位、全省地税系统“党建工作先进集体”“服务基层优秀单位”“税收宣传月活动先进单位”、文化事业建设费征收先进单位、全省地税系统“廉政文化教育基地建设先进单位”、全省“档案管理特级单位”、全市“工业转型振兴工作先进集体”、全市“服务业工作先进集体”。9个单位被市委、市政府授予“工人先锋号”，6名同志分别被评为省、市劳动模范，是当选劳模最多的市直部门。

（马灿国）

枣庄市地方税务局市中分局

经济概况

2013年，市中区实现生产总值191.38亿元，增长9.8%；地方财政收入实现21.20亿元，增长0.6%；规模以上工业增加值增长6.30%；第一、二、三产业比例为4.70：55.20：40.10。

收入概况

2013年，分局共组织入库各项收入16.16亿元，同比增长2.64%，增收4158万元。区级收入完成14.81亿元，同比增长2.67%，增收3853万元，其中：区本级收入完成7.73亿元，占年计划的126.30%，同比增长30.36%，增收1.80亿元。

工作概述

【税政管理】 在企业所得税核定征收工作方面，根据行业的特点，结合经营规模和利润科学核定税款，全年汇缴企业578户，汇缴评审14户。认真做好协定执行和情报交换工作，较好地完成年度国际税收工作目标。精心组织，广泛宣传，顺利完成“营改增”试点移交工作。完善税源登记制度，开展城镇土地使用税税源清理核查工作，全年共清理纳税人1168户，清缴土地使用税389.36万元。

【征收管理】 深化完善税收管理新模式，建立“征、评、管、查”联动机制，规范房地产、建筑业行业管理行为。在金税三期工程上线工作中，制定方案，明确分工，强化督查考核，积极开展全员全岗培训、调整岗责流程、测试双轨环境，确保了金税三期工程系统成功上线运行。在纳税评估中，总结行业特点和特定税收行为规律，实施“建模找点”，构建了全市第一个《水泥制造行业纳税评估模型》和《股权转让个人所得税纳税评估模型》，破解了征管难题，推进了纳税评估专业化。

加强税收征管，认真细致做好“二手房”交易涉税工作。

【税收执法】 严格落实税收执法责任制，强化执法监督，完善税收执法内控机制，坚持“每日监控，即时反馈，按月通报，即时整改”制度，规范税务行政处罚自由裁量权的行使，将执法预警错误信息及时整改、修正。加大以考促管力度，使潜在执法问题得到提前预防和化解，保障了全区税收工作在法治的轨道上健康发展，使全局多年来未发生复议、诉讼案件。

【纳税服务】 积极开展“摸实情出实招见实效、服务西部经济隆起带”活动，全面规范办税服务厅管理，在全市率先实施银行端查询和POS机刷卡缴税业务，实现纳税业务同城通办；在大厅设立服务专区，由局领导带班，科长、业务能手轮流值班，接受纳税人咨询，指导纳税人网上申报；及时编发《涉税信息月报》，举办纳税人网上申报培训讲座，为纳税人提供了方便快捷的服务。

【信息化建设】 注重税收预警反馈质量，全面规范税收预警调查核实内容填写，对于不明确的反馈意见，及时督促改正。全年核实处理完成率达到100%。同时，加强税收预警处理复核督导检查，定期组织人员对已反馈的预警任务结果进行实地复查，促进税收预警质效的提高。

【干部队伍建设】 开展“活力市中 多彩地税”文化建设工程，成立了骑行、摄影等6个兴趣小组，编辑《记录岁月启迪未来》《格言伴我行 理念促发展》以及《税徽闪耀 群星璀璨》文化建设系列丛书，开展“赢在中层地税大讲堂”学习实践活动，营造了积极进取、和谐融洽的工作氛围，提升了干部队伍精气神。

【基层建设】 针对基层建设短板的实际，分局积极与规划、建设等十几个部门沟通协调，改建分局办公大楼，新增面积2080平方米，实现了区局机关、部分征收单位的集中办公。同时，建设标准化办税服务厅和纳税人学校，规范办税服务工作流程，新设约谈室和综合咨询室，前移业务科室职能，为纳税服务现代化提供了平台。

【党风廉政建设】 组织参观预防职务犯罪警示教育基地，观看廉政剧柳琴戏《 六字碑》等集体教育活动，增强警示教育的震撼力和实效性；按照中央八项规定、六项禁令及地方跟进措施要求，开展厉行勤俭节约反对铺张浪费专项治理，促进了工作作风的根本好转，在全区人大代表评议政府部门工作中，获得“人民满意单位”荣誉称号，并列入下一年度人大评议免评单位。

【精神文明建设】 开展丰富多彩的文明创建活动，联合区文明委评选出14名爱岗敬业、责任先行、勤奋学习、创新实践和爱心助人“五星风采人物”，弘扬四德风范，展现市中地税人良好的精神风貌。分局先后获得多项荣誉称号：“山东省模范职工之家”、枣庄市“机关党建工作红旗集体”、全市“理论学习十佳单位”、枣庄市“双学双比”活动先进集体，枣庄市巾帼建功先进单位，枣庄市第八届运动会广播体操比赛行业系统组第一名和枣庄市八运会组织筹备工作先进集体、全市地税系统目标管理考核优秀单位，150多人次受到省市区表彰。

（孔祥雷）

枣庄市地方税务局薛城分局

经济概况

2013年，全区实现生产总值260.1亿元，同比增长10.6%；地方财政收入实现12.45亿元，增长10.1%；全社会固定资产投资实现179亿元，增长20.5%；规模以上工业增加值增长11.7%；三次产业比例调整为5.23：71.83：22.93。

收入概况

2013年，分局共组织各项收入累计10.48亿元，同比增长5.5%，增收0.55亿元。其中：中央、省、市级分别完成1.4亿元、5万元、10万元，区县级收入完成9.03亿元，同比增长14.93%，增收1.17

亿元，代征税费632万元。

工作概述

【税政管理】 开展企业所得税汇算清缴，入库税款6260万元。严格落实税收优惠政策，优惠审批及备案企业316家，减免各项税收630余万元。划转国税部门“营改增”纳税人133户，全市第一张“营改增”发票在薛城区成功开出。加强重点建设大项目的跟踪监控和管理，全年纳入监控的潍焦集团煤化工、建阳热电、万州浙商城等重点建设项目90个，入库税费2.64亿元。加强房地产、建筑安装企业等大行业的管理，房地产业税收继续保持逆势增长，共实现税款入库3.28亿元。

【征收管理】 集中开展零申报企业专项检查，入库税款200余万元，罚款10万余元。成立巨山税收管理办公室，加强新城税源控管，入库税款3563万元；积极稳妥地做好高新区纳税人的划转工作，共转入企业538户，个体847户。3月初，集中开展土地使用税清理检查，入库税款240余万元。加大对枣矿集团服务力度，多举措做好沟通交流工作，增进相互理解支持，促进收入增长。2013年，枣矿集团入库税款2.64亿元，占全局收入总量的25.2%，三大重点领域收入占全年税收总收入的81.67%，税收贡献率大大提升。完善纳税评估制度，强化重点税源、重点行业的税收风险评估，2013年共评估企业89家，入库税款2500余万元。以“评估稽查联手、评查互动结合”为抓手，在全区范围内集中开展了地方税收专项检查活动，查补入库税款2600余万元。

【税收执法】 坚持依法行政，规范执法行为，全年税收执法实现零过错。实行统一规程，明确标准，完善重大税务案件审理制度，创新模式，规范管理，优化重大税务案件流转环节，建立健全政策请示平台，增强审理人员综合素质等举措提升了重大税务案件审理质效，得到了薛城区区长刘中波的批示肯定。

【纳税服务】 开通网上税校，成立纳税人学校，举办新开业纳税人培训班，持续推进国税、地税“联合办税”，纳税服务工作创出了区域特色。服务大厅面对“二手房”交易量突增、金税三期工程系统上线运行等工作，始终默默无闻地坚守在纳税服务第一线，为全局的纳税服务工作作出突出贡献。

【信息化建设】 主动做好工作汇报、业务衔接、信息比对和内外宣传工作，多次召开任务部署会、工作调度会、进度督导会，坚决贯彻落实市局金税三期工程系统上线工作部署。区局领导亲临一线督导调度、靠前指挥，相关业务科室现场辅导、解疑释惑，及时解决业务流程和技术测试难题，全局上下稳妥处理纳税服务与金税三期工程上线的关系，加班加点，全力以赴，保质保量、快节奏完成了数据清理、数据整改、财产登记信息补录、上线运行培训、职能岗位设置、信息技术支撑和运维保障等各项工作，确保了金税三期工程系统如期上线、平稳运行，得到市局领导的充分肯定和高度评价。

加班加点做好金税三期工程测试工作。

【干部队伍建设】 采取岗位轮换、调任、转任等方式，配强基层班子力量。加强干部队伍的教育和培养，9名同志考入省市局骨干人才库。推荐提拔6名科级领导干部，调整13名年轻干部走上新的工作岗位，激发了干部队伍的创业活力和热情。以“走进奚仲故里·共话和谐税收”为品牌，举办职工摄影比赛，组建骑行、篮球俱乐部，推进了地税文化建设。深入开展“第一书记”和“双包双联”活动，受到村民欢迎。孙晓红成功为一名韩国女白血病患者捐献造血干细胞，是目前全省税务系统、也是山东涉外捐献第一人。

【党风廉政建设】 定期组织做廉政作业、记廉政笔记、参观廉政警示教育巡回展，上线运行“廉政风险防控平台”，改版升级《清风地税》杂志，丰富了教育内容、创新了宣传阵地，受到各级好评。坚决贯彻落实中央八项规定，深入推进反“四风”、“庸懒散”专项治理，最大限度压缩“三公经费”支出，扎实开展机关效能建设和政风行风建设，树立了良好的社会形象。

【精神文明建设】 连续8年保持省级文明单位称号，荣获省局“党建工作先进党组”、枣庄市“工人先锋号”、枣庄市党建工作红旗集体和党建示范点，3名同志分获市、区级劳动模范和“薛城区十大杰出青年”。孙晓红先后被市红十字会、市总工会、团市委、市妇联表彰为红十字会荣誉会员，授予五一劳动奖章、获得优秀青年志愿者、三八红旗手等荣誉称号，被评为枣庄市年度新闻人物，被市局评为全市地税系统优秀共产党员、先进工作者、第四届风采人物。

（王义广）

枣庄市地方税务局山亭分局

经济概况

2013年，全区实现生产总值114.2亿元，增长10.2%，其中第一产业19.27亿元，增长3.7%，第二产业54.35亿元，增长13%，第三产业40.57亿元，增长9.1%；地方财政收入4.55亿元，增长7.5%；固定资产投资88亿元，增长22%；城镇居民人均可支配收入25256元，增长10%，农民人均纯收入8641元，增长14%。

收入概况

2013年，全区地税系统共组织各项收入3.85亿元，同比增长10.96%，增收3798万元。其中，区级完成3.57亿元，同比增长11.92%，占全区财政收入的78.56%；区本级完成9926万元，增收1400万元，同比增长16.42%，圆满完成了各项收入任务。

工作概述

【税政管理】 加强税源监控，确保税收数据准确，及时掌握收入增减变化情况，税收数据分析真实符合税收实际情况，强化税源管理，严格落实各项税收优惠政策。同时规范减免税审批流程，解决减免税规范流程执行中的问题，杜绝出现越权或违规减免税的现象，促进征管质量的提高。

【征收管理】 积极深化完善税收管理新模式，推进纳税服务现代化、纳税评估专业化、零散税源社会化管理等，完善税收管理的长效机制，提升征管质效。加强日常征管和清缴税款力度，通过征管系统反映信息，认真分析核对，进行落实处理；强化委托代征管理，与区直有关部门签订委托代征协议，跟踪管理，确保税款及时足额入库。与公安、检察、纪委等部门联合建立大案要案协调机制，打击涉税违法行为，促进税法遵从。

【税收执法】 坚持防范执法风险和制度约束管理不放松，强化防范执法风险的教育，树立风险管理理念；分业务、分税种轮流讲课，利用集体学习课堂，不断提高依法行政的能力。严格考核落实责任，提高防范风险的意识，杜绝违纪违规行为的发生。有力推进地方税收保障工作，发挥《山东省地方税收保障条例》效力，明确各成员单位的责任，增强了依法综合治税的意识，形成“部门报送信息—地税处理反馈—政府监督考核”通畅的信息传递机制。

【纳税服务】 注重纳税服务“软件建设”。优化纳税服务业务流程，实行业务科室职能前置举措，“专家坐诊”面对面地为纳税人提供涉税政策咨询，即时受理前台转办的出件业务；强化绩效考核，在全市率先推行了《办税服务厅人员绩效考核办法》，提高了办税服务质效；打造优质高效服务品牌，在实现同城通办、一窗办结、首办负责制、办税服务承诺制的基础上，率先推行涉税事项免填单服务，提高办税效率，实现征纳双方的共盈。

【干部队伍建设】 加强教育培训力度，制定强化教育培训的实施意见；严格兑现在各类业务考试、能手考试、“三师”考试以及省、市局组织的各项考试中，取得优异成绩的干部职工的奖励，努力做到学以立德、学以增智，形成重学习、重人才、重能力的良好风气；加大干部交流轮岗力度，充实纳税服务、稽查等重要岗位，优化干部的知识、年龄结构，激活了干部职工干事创业的活力；大力推进地税文化建设，发挥文化建设的引领和助推作用。

【党风廉政建设】 坚决贯彻落实中央八项规定和省、市局廉政建设的有关要求，对系统内作风纪律从严要求，杜绝“庸懒散”现象，认真学习贯彻《党政机关厉行节约反对浪费条例》，对公务接待、公务车辆的使用、办公用房，从班子成员做起，进行了全面的清理规范。召开领导班子民主生活会，“税嫂助廉座谈会”，参观检察院廉政教育基地接受警示教育等，增强了干部的廉洁从税意识。

【精神文明建设】 分局先后荣获全

省地税系统“学习型党组织学习型机关示范点”、市级“廉政文化进机关示范点”“枣庄市机关党建工作红旗集体”、省级“卫生先进单位”、全市“地税系统目标考核优秀单位”、全区“目标考核一等奖”、2013年度全区政风行风评议行政执法类第一名等荣誉称号，在市局和区政府的目标考核中，都获得了最高等次。

（崔加平）

枣庄市地方税务局峄城分局

经济概况

2013年，全区实现生产总值147.57亿元，同比增长10.1%；其中第一、二、三产业增加值分别实现17.72亿元、80.26亿元和49.59亿元，分别增长3.6%、12.0%、8.6%。三次产业结构由上年的10.7：56.8：32.5调整为12：54.4：33.6，服务业比重提高1.1个百分点。财政稳定增长，全区地方公共预算财政收入实现7.69亿元，同比增长1.4%。其中税收收入完成6.32亿元，同比增长5.7%。税收占财政收入的比重为82.2%。

收入概况

2013年，全区共组织各项地方税收收入5.96亿元，同比增长4.29%，增收2457万元。其中中央、省、市分别完成6506万元、15万元、5万元，区级完成5.40亿元，同比增长11.84%，增收5722亿元。

工作概述

【税收征管】 开展税源普查，对税源结构、增减因素、财源建设等进行分析研究，为政府决策提供真实可靠的税收收入依据。推广应用纳税评估软件，加强纳税评估“四级联动”，实施团队评估，全年共评估企业101户，评估入库税款2009万元，滞纳金25.3万元，预警信息同比减少42.8%。运用存量房交易评估系统强化二手房交易税收征管；对重点工程利用项目管理系统进行税收管控；实行“先税后登记”办法，强化利息、股息、红利所得个人所得税管理，行业和税种管理不断加强。

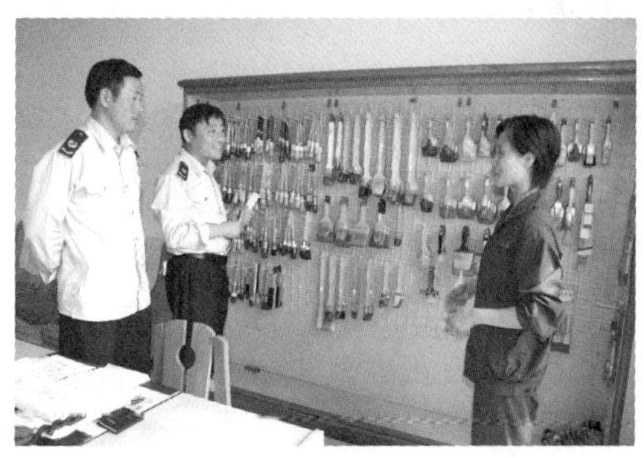

纳税评估人员深入企业调查核实。

【税收执法】 认真落实地方税收保障条例，巩固和加强部门协作，在国税办税服务厅设立征收窗口，全年征收城建税335279元；与公安、国税等部门联合开展打击发票违法犯罪活动，同财政、国税联合开展税收大检查，查补地方税220万元。开展日常稽查、专项稽查和专案稽查，全年共检查纳税人18户，查补入库税费、罚款及滞纳金共计470万元，有效发挥了税务稽查的职能作用。

【信息化建设】 全面推进电子档案管理系统上线运行，建立纳税人分户管理档案。建立金税三期工程重点工作推送制度、问题反馈提报制度、考核奖惩和督导通报制度；开展国、地税数据比对分析，整改、补录纳税人登记信息等基础资料；举办16期金税三期工程业务培训班，全省第二个一次性成功上线，成功开出全市第一张税票。

【干部队伍建设】 实施人员交流轮岗，选拔任用7名新的科所长，调整7名科所长正职的工作岗位，2名所（局）长得到晋升，轮岗交流32人，实现了人尽其才、才尽其用。开展“四有”党建品牌创建，全年组织各类教育培训班22场次，培训人员367人次，纳新党员3名，3人被评选为“峄城好人”，12名优秀共产党员和优秀党务工作者受到表彰，分局被授予全市机关党建工作先进单位和红旗集体、全区机关党建工作先进单位和党建品牌建设先进单位。

【党风廉政建设】 严格执行中央八项规定，扎实开展“庸懒散”专项整治活动，全员承诺中午禁酒，集中进行公务用车和办公用房清理整顿。深入开展廉政文化建设，建设网上廉政教育基地，开发廉政小助手，开展“地税杯”廉政短信征集活动，参观预防职务犯罪警示教育基地，干部职工的纪律意识、自律意识、勤廉意识不断增强。在2013年政风行风民主评议中，分局荣获“免评单位”。

【纳税服务】 简化办税流程，全面推行同城通办，实行办税引导、领导带班、专家坐诊等服务；开办纳税人培训学校，举办纳税人金税三期工程网报普及班4期，培训纳税人600余人次；推行纳税风险提示，利用短信平台发送纳税提醒3600余条。落实优惠政策，全年共减免各项地方税费563.45万元。制定办税服务厅应急预案，加强对税收舆情的监测、引导和管理；建立纳税服务绩效考核评价制度，开展“纳税服务之星”评选和纳税服务文明礼仪培训，提升办税服务人员服务水平。分局纳税服务局被评为枣庄市“工人先锋号”、枣庄市地税系统“优秀办税服务厅”、峄城区“优秀服务窗口”和“三八红旗集体”、全区“作风建设先进科室”。

（王善楼）

枣庄市地方税务局台儿庄分局

经济概况

2013年，全区实现生产总值150亿元，增长8.1%；地方财政收入完成7.07亿元，增长14.2%，第三产业税收增长45%；台儿庄古城拉动效应明显，实现营业收入1.1亿元，增长58%，新增重点服务业企业75家，社会消费品零售总额增长17%。

收入概况

2013年，全局组织各项地税收入5.07亿元，同比增长9.23%，增收4285万元。收入增长的主要原因是全区经济的稳定发展和古城建设的持续推进。

工作概述

【税收征管】 持续推进税收管理新模式，在征管流程再造上，积极实施了征管责任区整合，优化了资源配置，提高了税源控管能力；在重点税源管理上，把年纳税50万元以上的企业进行重点管理，确保重点税源足额入库；在零散税源上，大力推行社会化管理，区政府成立地方税收保障办公室，完善了工作措施；在纳税评估上，进一步充实了人员，形成专业化的评估团队，共评估税款3400多万元，入库税款1550万元；稽查局开展了重点税源企业、重点行业的税收专项检查，共查补税款450多万元；在金税三期工程系统上线过程中，把目标任务、方法步骤、时间要求、职责分工、培训辅导、压力测试、检查督导等各项工作逐条量化，层层分解落实到每个单位、每个人，确保上线成功。

【纳税服务】 在服务全区经济发展上，组织人员开展专项税收调研活动，为地方党委政府出谋划策、当好参谋。在政策落实上，积极做好税收优惠和减免，不折不扣地支持企业更好地发展。在推进纳税服务实体化建设上，充实调整20多名业务好、素质高的人员到办税服务厅，对办税服务厅进行统一整合，科学设置服务窗口，全面推行留言代办、提醒前置、温馨提示、同城通办等服务机制，树强“征纳共盈”服务品牌；在办税服务厅，推行省、市级业务能手轮流“坐诊”服务，提高服务效能；积极开展国税、地税联合办税，提升纳税服务水平。紧密结合金税三期工程上线后的新情况，开展对纳税人的培训，提高操作使用技能，满足网上申报需要。

【干部队伍建设】 不断加大全员培训力度，共完成各类主体培训班次13期，培训人员320多人次。同时，利用网上课堂，开展“每日一题”“每周一课”“每月一考”、业务技能等级测试及岗位大比武活动，较好地促进了全员综合素质的提升，3名同志进入省级人才库。对2名直属单位负责人、3名中心所所长、26名基层工作人员进行了轮岗交流，保持了干部队伍活力。有1人被市委、市政府评为市级劳动模范、1人分别被省、市文明委评为“山东省优秀志愿者”“枣庄好人”，获“枣庄市道德模范”荣誉称号，1人被市局评为第四届“枣庄地税系统风采人物”；分局被市局评为“目标管理优秀单位”，被省级单位评为山东省“卫生先进单位”“山东省模范职工小家”等，直属征收局被评为“市级工人先锋号”。

【党风廉政建设】 大力组织开展了“干部作风能力建设年”活动和“庸懒散”专项治理活动，全面落实各项措施，提高工作效能。为加强作风建设，由局党组班子成员带队，每周组织明察暗访，对发现的问题及时通报处理；每名同志签订了《反对铺张浪费厉行勤俭节约承诺书》，以自身行动践行中央八项规定；定期组织开展各类警示教育活动，防范执法风险；机关廉政文化建设均被列为市级示范点，在全区执法类单位政风行风评议中，得分位居第一名，展示了台儿庄地税良好形象。

【精神文明建设】 新建标准高、功能全的地税文化展室，被评为市级党建工作示范点；先后开展了“雷锋日”义务劳动，组织20名地税干部与贫困儿童开展“帮扶结对”，与区国税局联合开展进古城系列宣传，给全区小学生讲税史，投入资金为“第一书记”帮包村义务修路，给贫困群众送温暖，“税徽闪耀党旗红”征文，慈善一日捐等一系列活动；精心制作了庆七一张艳国同志先进事迹视频专题片，被省局评为一等奖，弘扬了正能量。连续12年保持省级文明单位，获得省级“青年文明号”2个，省级“巾帼文明岗”1个，市级文明单位8个，在社会上树立了地税部门的良好形象。

（吴敬文）

枣庄市地方税务局高新技术产业开发区分局

经济概况

2013年，高新区经济呈现各产业协调增长，综合实力不断增强的良好趋势。全区实现生产总值68.31亿元，增长21.1%。第一、二、三产业分别实现增加值2.08亿元、46.25亿元和19.97亿元，分别增长2.7%、18%和33%。全社会固定资产投资达到111.7亿元，增长22.4%。地方财政收入累计完成7.4亿元，同比增长19.7%。

收入概况

2013年，全局共组织各项收入5.38亿元，同比增长12.03%，增收5774万元。其中税收入库5.14亿元，同比增长11.53%，增收5313万元。教育费附加累计入库1174万元，同比上升25.83%，增收241万元；地方教育附加费累计入库765万元，同比上升22.79%，增收142万元。

工作概述

【征收管理】 根据高新区经济发展的新特点，加强税源管理，努力涵养培植税源，不断加大征收清缴力度。一是强化收入预测，把握工作主动，理清总体税源情况和走势；二是强化税收分析，加强级次间、税种间、行业间的收入差异分析，找准薄弱环节；三是加强收入调度，保证各时期阶段性收入目标的完成，确保收入均衡增长；四是强化重点税源和重大项目管理，力促重点增收；五是以金税三期工程上线为契机，运用科技手段，加强税收征管，围绕科学管税发力。

加强纳税服务工作，不断提高服务水平。

【纳税服务】 进一步完善服务大厅实际功能，提高涉税业务的工作效率，积极推行“一站式”便捷服务，采取“一个窗口受理，内部协调运转，全程限时办结”的服务流程，提高了整体纳税服务水平，纳税人满意度不断提升。在2013年全省纳税服务工作会议上，分局办税服务大厅作为会议观摩点之一，受到了省局领导和与会代表的充分肯定。

【干部队伍建设】 干部轮岗交流工

作平稳顺利，以实施税收管理新模式为契机，从机关选派业务骨干充实基层，共交流轮岗23人，占职工人数的85%。注重加强班子理论学习和民主集中制教育，认真执行领导班子议事决策规则；坚持一季度一考试制度，以考促学，组织各类培训，开展形式多样的岗位练兵活动，不断提高干部队伍的业务水平，营造浓厚学习氛围。

【党风廉政建设】 全面贯彻落实中央八项规定和党政机关厉行节约反对浪费条例，坚决治理“庸懒散”不良作风，按照省、市局高新区党委、管委有关要求，认真做好办公用房整改和公务用车整改，扎实推进节约型机关建设。不断丰富廉政教育形式，继续坚持廉政笔记制度，加强日常教育监督，不断增强干部勤廉意识。

【基层建设】 继续加大基层建设投入力度，严格实施规范化建设标准，为基层干部职工提供舒适的工作和生活环境；展示廉政文化走廊，烘托浓厚的文化氛围；建设文化教育阵地，建立起了图书阅览、党建文化、警示教育室等一体的多功能展室，在内部网站开辟“网上廉政教育基地”，为干部职工提供感悟文化、学习升华的教育平台。

【文化建设】 打造“阳光地税”文化品牌，以打造文化精品为切入点，将精神文化和思想政治建设、队伍建设、风气建设紧密结合起来，积极开展“四家建设”活动，先后组织开展全员述职活动、领导干部讲党课、机关科室轮训、摄影、读书会、笔画书会等活动，通过文化载体推动作用进一步提炼治税理念、人才理念、职业理念、服务理念等，进一步增强了干部职工对地税事业的认同感和归属感。分局先后获得国家级“模范职工小家”、省级精神文明单位、全省基层建设优秀单位、市级精神文明单位、市局优秀办税服务厅、高新区管委会优秀单位等荣誉称号。

（张 源）

滕州市地方税务局

经 济 概 况

2013年，全市实现生产总值905亿元，地方财政收入完成61亿元，三次产业比例调整为7.5∶53.5∶39。在全国县域经济基本竞争力百强县中列第22位，比2012年提升3个位次；在2013年中国最具竞争力百强县中列第12位，比2012年提升18个位次。

收 入 概 况

2013年，全局各项收入完成44.99亿元（不含地方教育附加、残疾人就业保障金、地方水利基金），同比增长6.00%，增收2.55亿元。其中，地方级收入完成41.84亿元，占财政收入中税收收入的比重达到68.58%。

工 作 概 述

【税收征管】 抓好机关科室联系行业、涉税业务审批前移等重点工作，深化完善机关科室实体化；运用风险管理理念，建行业模型，深化完善一般税源行业化管理；实行“三点一线三级控管、双向考核奖勤罚懒；执法监督税权集中，制度约束流程支撑”的管理新机制，深化完善零散税源社会化；围绕“重分析、巧约谈、精核查”的工作思路，深化以“风险平台推送、基层业务需求推动、团队分析启动”为主题的三点联动评估发起机制，持续推进纳税评估专业化。认真做好“营改增”试点纳税人的调查摸底、税负测算、排查认定等工作，2013年8月1日前顺利完成了759户“营改增”纳税人的移交工作。认真抓好金税三期工程上线工作，按照上线工作时间任务表，明确主要工作任务的内容、时间、目标及要求，细化分工，责任到人，认真按方案执行、按标准操作、按程序管理，严格把控时间进度，逐项落实工作任务，确保了金税三期工程如期上线运行。

【税收执法】 在强化教育引导、提高干部税收法制观念和依法行政意识的同时，加大对重大税收政策落实情况和税收管理薄弱环节的督察力度。全面抓好审计监督和收入质量检查发现问题的整改。深入落实《山东省地方税收保障条例》，2013年6月份省人大常委会对落实《条例》进行督察，得到了领导的充分肯定。

【纳税服务】 完善全市域同城通办，基本形成“集中征收、同城通办、一窗办结”的办税格局；推行导税服务和业务能手前台“坐诊咨询”，设立“预审资料窗口”，成立“综合事项审理办公室”，提高服务效率。对办税服务人员实施绩效考核和定期轮岗交流，组织开展“纳税服务之星”“巾帼文明岗”评选活动，充分调动了服务人员工作的积极性；认真开展支持小微企业发展、应对“营改增”措施以及西部经济隆起带、高铁新区建设对税收影响等重大课题调研，为各级领导决策当好参谋助手。组织开展“走基层、访民意，下企业、摸实情”活动，为企业排忧解难；严格执行税收优惠政策，减免地方税收1亿元，使企业真正享受到税收政策的支持；做好工会经费、残疾人就业保障金、地方教育附加等代征工作，组织规费收入1.4亿元，有力支持了社会各项事业发展。

推行“导税服务小贴士”便民新措施。

【干部队伍建设】 开展全员读书学习活动，以党的十八大、十八届三中全会精神为学习重点，加强理论学习，增强干部党性修养。以业务需求为导向，认真学习《山东地税岗位丛书》《大数据》等业务知识，引导干部职工多读书、读好书和善读书。适应税收管理新模式和金税三期工程的工作需求，做好人才选拔和配备管理，加强轮岗交流，充分调动干部职工工作的积极性。加强内控机制建设，认真落实党风廉政责任制，经常开展警示教育，组织听取廉政课、接受警示教育，保持干部队伍的纯洁和稳定。

【文化建设】 积极开展文化建设

“六个一”活动，组织演讲比赛、书画笔会、瑜伽、太极拳、乒羽友谊赛等活动，编写《善人善事》《善言善语》《地税文化征文》等系列丛书，构建并叫响了“尚善笃行、税通人和”文化品牌。成立志愿者服务支队，积极参加爱心捐助、慈善捐助、扶贫帮困等社会公益活动，开展“对照荣誉找差距，奋勇争先立新功”“庆七一重温誓词”等活动，传递社会正能量。2013年，先后荣获“全国税务系统先进集体”“枣庄市机关党建工作红旗集体”，14个基层单位全部通过枣庄市级“青年文明号”和文明单位验收。

（孔德高）

东营市地方税务局

经济概况

2013年，东营市实现生产总值3250.20亿元，同比增长11.2%；规模以上工业总产值11832.32亿元，同比增长18.0%；固定资产投资完成2332.13亿元，同比增长20.8%；城市居民人均可支配收入33983元，同比增长9.8%；农民人均现金收入13000元，同比增长13.2%。

收入概况

2013年，全市地税系统组织各项收入178.41亿元，同比增收12.89亿元，增长7.79%。其中：中央级收入12.22亿元，同比增收1.84亿元，增长17.74%；省级收入40.79亿元，同比减收1.97亿元，下降4.6%；市县级收入125.41亿元，同比增收13.01亿元，增长11.58%。

工作概述

【税政管理】 加强企业所得税预缴汇缴申报环节的监督，汇算清缴入库税款2.8亿元，同比增长136%；加强高收入者自行申报，狠抓全员全额扣缴明细申报质量，年所得12万元以上申报人数10852人，同比增长18%；深入开展存量房评估，评估房产7352套，增收1206万元；组织开展房产税税源排查，入库房产税3.33亿元，同比增长12.47%；构建“地税主导、保险代收、交警把关”的车船税征管网络，实现管理全覆盖，入库税款1.81亿元，同比增长17.25%。

【征收管理】 市局和各县区局分别成立大企业管理局，试点推行办税服务厅一体化管理，圆满完成金税三期工程试点上线工作，实现税收管理平台的平稳过渡运行，编印的《金税三期核心征管业务简要操作手册》被全省推广。加强重点税源、重点行业的税收控管力度，全方位、深层次地掌握集团企业的各类涉税信息，税收贡献率得到提高；组织开展石油炼化业、建筑业、房地产业、热电等重点行业和高利润、垄断性行业的专项评估，行业税收管理经验得到完善。全面推广征管档案电子影像系统，实现160多种涉税资料的网上传递和处理。完善地方税收保障体系，定期从工商、国税等部门调取相关涉税信息，加工分析后下发主管税务机关开展专项评估核查，采集各类信息87545条，实现入库税款1.38亿元。在市区和两个市开发区范围内实现“统一选案、统一检查、统一审理、统一执行”的一级稽查，深入开展专项检查，联合公安部门加大发票违法犯罪活动打击力度，检查各类纳税业户309户，查补各项税款9302万元。

【税收执法】 落实收入分析制度，按季召开分析会议，深入查找收入工作中的薄弱环节，及时研究整改；健全收入质量监控体系，细化监控指标，扩充监控岗位，延伸监控环节，在县区局和市局分局分别设立税收法制员，实现各单位执法活动的实时监控；在市局成立督察内审办公室，全面负责全市地税系统的税收执法检查、督察及收入质量检查等工作，把握年中、年末易出现执法风险的关键时期，集中开展收入质量相关检查。

【纳税服务】 深入开展全市税源普查，准确掌握区域经济和企业发展状况，全面测算全市税源底数；积极开展政策研究，提出各类政策扶持建议30余项。研究制定《市局领导联系帮扶重点企业和重大建设项目工作方案》，按季度开展调研活动，努力帮扶企业办好“围墙外”的事情。严格落实各项税收政策，组织开展2012年度减免税调查，减免各类税收71.45亿元。作为全省地税系统试点单位，稳步推进办税服务厅规范化建设；积极推动税务行政审批制度改革，取消3项审批项目，下放2项审批权限，所有审批项目平均缩短2个工作日。

【信息化建设】 按照金税三期工程上线工作有关要求，搭建集中办公环境，更新信息设备，保障金税三期工程系统上线运行。建立信息安全网络管理体系，加大网络安全综合监控力度，强化各类软件的推广应用，信息化支撑能力有效提高。

【干部队伍建设】 从思想文化引导入手，树立“树正气、讲团结、干实事”的价值导向。严格执行中央八项规定及各级关于改进工作作风的相关文件要求，研究制定《实施细则》和《关于规范行政管理工作的暂行办法》，上、下半年分别组织开展实地检查和明察暗访。认真制订年度干部培训计划，深入开展岗位练兵和全员达标活动，结合省地税局印发的《山东地税岗位培训丛书》编写12册配套试题集，并实行基层单位、县区局和市局分局分级考试制度。连续组织开展“学习许中堂，争做好税官”、第二届“道德模范”和“我身边的好税官”等评选活动。

【基层建设】 围绕“巩固、完善、提高”，对全市地税系统基层建设工作进行总结评比，制作《基层建设三年成果专题片》；开展基层建设专题调研，深入基层了解情况，听取意见强化调度；督导基层进一步制定完善一系列管理目标及相应制度办法，建立健全科学高效的基层工作运行机制。

【党风廉政建设】 严格落实党风廉政建设责任制，与市检察院联合建立全市地税系统廉政教育基地；以“清廉地税”为主题，举办廉政书法绘画摄影展；推进行政效能提升工程，参加民主评议政风行风活动，被列为“全市政风行风免评单位”。

【精神文明建设】　组织开展“文明行为养成日”“文化修养提升日”、志愿服务等一系列文明创建活动，成立学雷锋志愿者服务队和网络文明传播志愿者小组；认真做好道德讲堂工作，承办东营市道德讲堂总堂首讲专场，并作为样板全市推广；市局继续保持“全国文明单位”称号，被省局评为“全省地税系统目标管理考核优秀单位”，被市委、市政府授予“全市综合考核一等奖”。

（张在阳　张净国）

东营市地方税务局东营分局

经济概况

2013年，东营区经济保持平稳健康发展，全区实现生产总值363.4亿元，规模以上工业总产值1133.6亿元，利税146亿元、利润111.4亿元；财政总收入36.99亿元，增长10.89%。

收入概况

2013年，全局共组织各项税收收入19.49亿元，同比增收3.71亿元，增长23.52%。其中：中央级收入1.33亿元，同比增收3411万元，增长34.63%；省级收入122万元，同比减收50万元，下降29.11%；市区级收入18.15亿元，扣除成品油上划数据后，市区级预算收入实现17.29亿元，同比增收3.52亿元，增长25.59%。

工作概述

【税政管理】　针对基层中心所管理的薄弱环节和热点、疑点问题制定发布《税收政策问答》4期；强化房地产税收监管，全面核实房屋、土地税源登记信息；对所有征收单位的税款征收、减免等情况进行检查，进一步规范税收执法行为。

【征收管理】　在圆满完成“营改增”工作和稳步推进金税三期工程上线的基础上，突出抓好征管基础建设，深化数据利用，以重点税源企业为对象，共采集处理各类涉税信息4054条，保证信息的完整性和连续性。将风险管理贯穿征管工作全过程，降低纳税人纳税风险、税款入库风险、税收执法风险等。完善征收管理体系，对纳税人登记、开业、注销进行全过程宏观与微观交叉监控。

加强税收征管和信息化建设，成功开具金税三期工程系统第一张税票。

【税收执法】　大力开展收入质量检查，主动接受外部监督，及时发现和化解执法中存在的问题与隐患。发挥社会特约监察员作用，召开特约监察员座谈会；充分发挥12366纳税服务热线作用，对纳税人反映的326条与收入、执法有关的意见，逐一落实整改；实现由“唯收入任务论”向“依法治税是根本”的转变，收入质效明显提升。

【纳税服务】 从转作风、提效能、重建设入手，主动为纳税人办实事、办好事、解难事，促进纳税人满意度不断提升。运用好各项税收政策，全力为各类人员就业创业提供服务和支持，使纳税人真正享受到实实在在的税收实惠。纳税服务中心被评为全国“三八红旗集体”。

【信息化建设】 强化信息软件的推广应用，提高信息化管理水平，进一步加强对内网中所有客户端机器的管理监控，实现内网统一管理、监控、报警和审计策略。

【干部队伍建设】 坚持“加强培训、激励鞭策，丰富载体，开展活动”的十六字方针，在加强教育培训的同时，制定激励鞭策措施，鼓励干部职工考取更高一级学历、学位及注册税务师、会计师等各种专业技术职称。

【基层建设】 继续加大向基层投入力度，实现人财物向基层、向征管一线倾斜。通过加强基层软实力建设，保证基层干部职工健康的精神文化生活需要，激发广大干部职工扎根基层、干事创业、无私奉献的原动力。

【党风廉政建设】 完善内控机制，编辑整理廉政风险防控管理手册；加强廉政教育，营造反腐倡廉浓厚氛围；在全局范围内开展机关作风建设专项整顿，效能水平大幅提高；被市纪委授予市级反腐倡廉教育基地、市级廉政文化示范点荣誉称号。

【精神文明建设】 以加强文化建设为载体，丰富“以人为本、文化统领”的理念内涵，凝聚正能量，实现新发展，有力推动系统精神文明建设工作的开展。开展深入学习宣传许中堂先进事迹活动，使许中堂先进事迹在全国范围内得到更为广泛的传播，为地税工作传递正能量，注入新动力。

（隋淑卫）

东营市地方税务局河口分局

经济概况

2013年，河口区实现生产总值220亿元，增长14.1%，全社会固定资产投资246亿元，增长17%。

收入概况

2013年，全局共组织各项收入10.16亿元，同比增收1.84亿元，增长22.36%，区级以下收入完成7.86亿元，同比增收1.59亿元，增长25.35%。

工作概述

【税政管理】 按照国家税制改革要求，认真做好交通运输业及现代服务业“营改增”工作。依法落实国家支持小型微利、高新技术、资源综合利用、节能环保、现代服务业等税收优惠政策。依法开展纳税咨询、辅导等工作，提供无偿纳税服务。依法实施涉税事项处理，确保国家政策贯彻落实到位。

【征收管理】 加强征管基础数据管理工作，实现征管基础数据信息动态更新，为金税三期工程上线运行打下良好基础；加大对税务登记、纳税申报、税款征收、发票管理等环节的审核认定，促进征管质量提升。

【税收执法】 开展“阳光执法、便民服务”活动，认真落实行政审批改革措施，简化涉税事项办理环节，优化办理流程，依法开展税务稽查、日常征管检查，做到公正执法，廉洁行政。

【纳税服务】 树立“始于纳税人需求，基于纳税人满意，终于纳税人遵从”的观念，认真执行首问负责制，简化涉税审批流程，优化纳税服务措施；结合金税三期工程试点上线，进一步巩固办税服务规范化建设成果，对重点企业及特殊人群开展人性化、个性化服务，并为纳税人免费订阅《纳税人》期刊。

【信息化建设】 为适应新时期税收工作需求，加大信息化建设投入力度，集中采购计算机、打印复印一体机、扫描仪等设备，按照优先基层配备的原则进行配置，信息化设备的数量和质量得到较大提升，保障金税三期工程系统上线的运行和日常税收征管、行政管理的需要。

【干部队伍建设】 以制度建设和开展各类教育活动为主线，不断提高队伍整体素质。加强班子决策能力，对人事、财务、基建等重大问题实行民主集中制；对中心税务所所长进行岗位交流，提高严峻复杂经济形势下驾驭组织税收任务的能力；加强教育培训工作，开展岗位培训、业务骨干大讲堂和内部干部职工互助交流学习活动，逐步建立科学合理的教育培训机制。

【基层建设】 改善基层办公环境，提高基层硬件设备数量、质量。加强基层地税文化建设，建立道德讲堂、图书室、党支部活动室等，开展广泛的文体活动，满足职工精神文化生活需求。

【党风廉政建设】 层层签订《党风廉政建设责任书》，推广应用“廉政和执法风险防控平台”；建立“廉政文化建设进机关”示范点；认真学习中央八项规定、十八届中纪委三次会议精神及厉行节约、反对浪费等重要要求，用党的理论武装队伍，做到头脑清醒，行为谨慎；认真开展税容风纪、上下班纪律、治理“庸懒散”等检查督导工作，干部职工工作行为做到有规可依，违规必纠。

【精神文明建设】 以文化建设为统领，加强软实力建设，大力实施“文化兴税”工程，以文化展厅为平台，楼宇文化、廉政长廊、职工阅览室、道德讲堂为窗口，认真开展思想政治教育、党性教育、勤政廉政教育和职工文体活动，并对文化建设工作认真总结提炼，形成河口地税特色的《文化兴税》《人生箴言》文化宣传册。积极参与文明单位、青年文明号、巾帼文明岗等创建活动，荣获“山东省模范职工之家”、市级“廉政文化进机关示范点”、区政协满意单位、人大评议第三名、区目标管理考核二等奖、区“廉政建设先进单位”等称号，60余人次受到省、市、区等各级表彰奖励。

（万青青）

东营市地方税务局经济技术开发区分局

经 济 概 况

2013 年，东营市经济技术开发区实现生产总值 327.64 亿元，增长 14.7%；规模以上工业增加值增长 17.3%；第二产业增加值 265.69 亿元、第三产业增加值 61.95 亿元，分别增长 15.8%、7.2%，其中第三产业占比较 2012 年上升 1 个百分点。

收 入 概 况

2013 年，全局共组织各项收入 12.10 亿元，同比增收 0.72 亿元，增长 6.37%，其中，完成公共财政预算收入 10.94 亿元，同比增收 0.67 亿元，增长 6.57%。

工 作 概 述

【税政管理】 周密部署金税三期工程上线工作，成立专项工作组实行集中办公，对 3000 余户登记基础数据及税源户籍档案和 3600 余条发票和票证信息进行初始化录入，共完成 594 个功能模块的测试，提出优化建议 21 条，对数千纳税人进行金税三期工程网上报税等内容的专项应用培训，确保金税三期工程按时上线运行。稳步推进“营改增”工作，对全区约 400 余户纳税人逐户开展调查摸底，全面搜集试点纳税人相关信息；对试点纳税人纳税情况进行全面清理检查；加强与财政、国税部门的协调配合，先后组织开展试点行业纳税人税负变化调查测算、税务登记核查、试点纳税人排查认定等工作，确定 257 户纳税人属于“营改增”纳税人范围，涉及营业税年纳税款 5000 余万元；全面加强“营改增”试点行业后续管理，认真组织开展欠税清理、发票使用情况清查和发票缴销等工作。

【征收管理】 以金税三期工程试点运行为契机，大力规范分税种、分行业、分项目、分环节税收管理。制定下发《变更、注销税务登记税收清算办法》，对涉及股东、法人、生产经营地址变更及注销登记的纳税人，按规定要求出具《实地核查记录表》，共实地核实变更、注销纳税人 112 户，清缴欠税 1400 余万元。强化涉税信息比对，对年纳税额 5 万 ~ 50 万元的 245 户纳税人，从财产登记信息、土地出让信息、税种登记信息到土地使用税、房产税申报纳税情况进行分析比对，发现管理薄弱环节，有针对性地制定管理措施，信息管税力度得到加强。集中开展工业企业财产行为税下户巡查，定期向企业发送《纳税人告知函》，采取统一检查、统一约谈、统一定案、统一入库的方式，清缴财产行为税 3000 余万元。

采取多种形式进行税法宣传。图为税务干部向小学生宣传税收知识。

【税收执法】 强化执法责任制考核，对应税信息与纳税情况有差异的纳税人进行专项核查。坚持开展集中检查，对2012年度年纳税额在5万～50万元之间的245户单位纳税人进行分析比对。深化税收执法监督，突出督察重点，强化查前分析，对上级反馈的问题，扎实做好整改。深入开展税收专项检查和区域税收专项整治，严厉打击发票违法犯罪活动。

【纳税服务】 认真开展支持小微企业发展、应对“营改增”等重大政策调整调研，为党委、政府提供决策资料。优化纳税服务，深化办税服务厅规范化建设，安装排队叫号机和电话程控机系统，对业务流程进行优化设计。整合窗口职能，针对发票窗口业务集中，经常出现纳税人排队、等候时间较长的情况，对申报征收和发票代开窗口业务进行合并。开展12次“地税局长服务日”活动，举办11期税法培训，共培训纳税人480户次。

【干部队伍建设】 注重全员培训，以共同提高为导向，组织实施山东科技大学两期财税更新知识培训班、《小企业会计准则》培训等重点培训项目。以《山东地税岗位培训丛书》为重点，依托地税网络教育学院开展岗位学习和集体培训，实施全员岗位技能达标考核，进一步提高全员业务素质。

【党风廉政建设】 认真开展作风建设年活动，广泛征求群众意见，活动期间共向上级单位和纳税人征求意见100余份，形成意见建议15条。深入开展谈心活动，组织领导班子成员之间和干部职工之间普遍谈心。

【精神文明建设】 加强文化品牌建设，组织党员干部联系困难家庭，组建文明单位网络志愿者队伍，积极助推创建全国文明城市工作，进一步树立地税部门良好形象，继续保持“全国巾帼文明岗”“省级文明单位”及“省级青年文明号”等荣誉称号；办税服务厅被中华全国总工会授予“巾帼文明岗”称号；被开发区管委会表彰为综合考核先进单位。

（刘　娟）

东营市地方税务局
东营港经济开发区分局

经济概况

2013年，东营港经济开发区完成固定资产投资73亿元，同比增长40%；实现规模以上工业总产值124亿元，同比增长35.6%；地方财政一般预算收入3.28亿元，同比增长26%；外贸进出口总额3158万美元，实际利用外资2000万美元；货物吞吐量1000万吨。

收入概况

2013年，全局共组织各项收入3.22亿元，同比增收4863万元，增长17.79%，其中，县区级收入3.07亿元，同比增收5688万元，增长22.71%。

工作概述

【税收征管】 深入推进综合治税工作，共传递信息1200余条，征收税款6568万元。实施税源专业化管理，建立以“信息共享为基础、分类管理为核心、征管风险为导向、纳税服务为根本”的扁平化管理模式。开展房产税和城镇土地税清查，查补税款560万元。全面推行土地宗地化管理新模式，实现土地使用税由户籍管理向地籍管理的转变，征收土地使用税1.6亿元。

【税收执法】 完善税收预警机制，安排专人监控税收执法和行政管理异常信息；全年发布执法预警报告10期，执法情况通报9期。健全执法监督机制，先后开展漏征漏管户专项清查、欠税清理检查、税收专项检查，行业税收管理进一步规范，全年执法过错追究为零。

【纳税服务】 探索实行办税窗口岗位轮换工作，“前台”带动能力明显提升。丰富纳税服务内涵，推广纳税提醒服务、预约服务、延时服务等个性化服务，发放“办税直通车服务卡”，方便纳税人咨询和办理涉税业务。开展“进港登船访渔家”“集中服务企业发展”和“地税局长服务日”活动，促进征纳和谐共盈。行政审批服务大厅地税窗口被开发区管委会评为“优秀窗口”。

【信息化建设】 实现金税三期工程系统平稳顺利上线；加强信息化应用培训，每月开展一次金税三期工程运行情况健康大检查；对网络线路升级改造，由单线网络改为双线并行，保证金税三期工程系统的安全稳定高效运行。

【干部队伍建设】 组织开展“转变作风 真抓实干”专题教育、道德模范评选和“我身边的好税官”评选等活动。代表东营市参加全省地税系统庆“七一”先进事迹宣讲会，《用赤诚点缀税徽的光芒》专题片荣获一等奖。依托地税“家文化”建设，积极传播正能量，确立“以德立身、创新实干、廉洁从税、振兴港口”的东营港地税精神。

【基层建设】 购置10套职工宿舍，有效改善基层职工的生活条件，干部职工幸福指数大幅提高。通过建设廉政之家、民主之家、快乐之家、温馨之家，始终倡导“家文化”理念，为干部职工提供安心舒适的工作、生活条件，工作经验被评为全省基层建设十件好事之一。

【党风廉政建设】 认真落实党风廉政建设责任制，层层签订党风廉政建设责任书，建立和实行“一岗双责”“一票否决”制约机制。实施外部监督，建立干部职工廉政档案，设立征求意见箱、公开举报电话，广泛征求意见建议。

【精神文明建设】 2013年，荣获“省级青年文明号”“市级文明单位”“市级巾帼文明岗”“市级青年文明号”“全市地税系统2013年度目标管理考核优秀单位”和“开发区管委会2013年度绩效考核一等奖”等荣誉。

（张小峰）

广饶县地方税务局

经济概况

2013年，广饶县实现生产总值686亿元，同比增长14.9%；公共财政预算收入35亿元，同口径增长20.4%。在全国县域经济基本竞争力百强中成功跨入全国50强。

收入概况

2013年，全局共组织各项收入20.62亿元，同比增长28.89%，增收4.62亿元。其中县级以下税收收入18.32亿元，同比增长26.35%，增收3.82亿元。

工作概述

【税政管理】 集全局之力开展基础数据清理和房产、土地税清查工作，对房产、土地等财产信息进行重新录入；加大对企业所得税汇算清缴和年收入12万元以上个人所得税自行申报工作管理力度，深入推进存量房评税工作；认真落实税收预警自查工作，适时开展交通运输、租赁和商务服务等行业的纳税评估，加强对重点税源企业的管理；对石油化工、交通运输、房地产开发等行业进行重点检查，进一步规范税收秩序。

【征收管理】 借助全县政务中心优势，把单位纳税人税务登记业务全部由派驻县政务中心的窗口办理，严格规范数据管理；强化“营改增”试点工作，对“营改增”的纳税人信息分类核查比对，加强政策宣传和辅导。

【税法执法】 坚持“依法征税，应收尽收，坚决不收‘过头税’，坚决防止和制止越权减免税”的组织收入原则，防范执法风险；完善税收执法责任制，加强税收执法监控考核，实现税收执法零过错。成立专项检查组，外聘中介事务所对全县各中介机构的涉税问题进行全面分析排查。

【纳税服务】 抓好第22个税收宣传月活动，围绕“营改增”、清理清查和金税三期工程上线等重点工作，依托报刊、广播电视、门户网站等渠道，构建立体式宣传格局；通过开展“局长服务日”“税企座谈会”“纳税服务质效回访”等活动，充分了解和掌握纳税人对纳税服务的意见和建议，不断提升纳税服务质效；严格落实首问负责、一次性告知、服务承诺、限时办结等制度，进一步提高服务水平。结合金税三期工程上线，整合服务资源，实现全县范围内“集中受理、集中征收、县域通办”的征收模式。

【信息化建设】 认真组织岗位人员培训学习，合理界定岗位职责和配置人员，组织相关数据测试，提高人员操作水平；金税三期工程系统上线后，及时监控各项税收工作，保证系统正常运行。

【干部队伍建设】 围绕身边的榜样认真开展思想政治教育，加强干部选拔任用管理和轮岗交流，拓宽干部成长渠道，激发队伍活力；加大干部教育培训工作力度，干部队伍整体素质显著提升。努力践行群众路线，积极参与“一带四联”活动，做好“第一书记”帮扶和“驻企联络员”等工作。

【基层建设】 完成局机关办公楼两部电梯更新、外墙维修等工程，对稻庄、广饶等中心所进行了整修，进一步改善干部职工的工作条件。

【党风廉政建设】 不折不扣地贯彻落实党中央八项规定，领导带头反对“四风”，加强机关食堂、办公用车和经费支出的管理，营造廉洁、节俭的浓厚氛围；加强廉政文化建设，组织编撰书刊，充分展示地税系统反腐倡廉建设成果；继续开展廉政短信提醒、读书思廉、家庭助廉等廉政文化活动，筑牢干部廉政思想防线。

【精神文明建设】 深入开展“学习许中堂、争做好税官”活动，继续推进机关“道德讲堂”建设，以身边人、身边事教育干部职工；县局积极争创全国职工道德建设标兵单位；大王中心所积极争创国家级青年文明号；一名税干因孝老敬亲事迹突出，被评为“文明广饶人”。增强人文关怀，组织全体正式干部职工共91人进行健康查体；组队参加“齐润杯”全县篮球联赛和“兴源杯”全县乒乓球公开赛，充分展现地税干部风采。

（魏志平）

垦利县地方税务局

经济概况

2013年，垦利县共实现生产总值346亿元，同比增长14.1%；完成全社会固定资产投资305亿元，同比增长21.6%；实现公共财政预算收入18.1亿元，同口径增长15.1%。

收入概况

2013年，全局共组织各项税收收入11.68亿元，同比增收1.99亿元，增长20.50%；其中，公共财政预算收入10.60亿元，同比增收2.75亿元，增长35%，占全县公共财政预算收入的58.5%。

工作概述

【税政管理】 对重点税源实行管理、监控和服务“三位一体”的管理运行模式，强化税源管理，把握收入总量的变化。推行的“闭环式”预警管理方式被省局推广；实施“集中式”纳税评估，评估税款700万元，调减亏损额3500余万元；对重大建设项目实施“环节掌控式”管理和“项目清算制度”，实现税收1.99亿元。加强支柱行业管理，实现税收7.34亿元，同比增收1.62亿元，增长28.34%；发挥契税窗口控管作用，严格执行房地产转让营业税差额征税等政策；加强土地使用税管理，把纳税人新征用的土地按规定及时纳入税收管理；加强房产税管理，重点对无租用房产、未记入“固定资产”的房产和地价计入房产原值等进行核查，年增税款229.7万元。初步构建起“机制规范化、管理专业化、服务个性化、资源集约化”的大企业管理新模式，大企业税收贡献率和纳税遵从度明显提升。

进一步加强税源管理。图为大企业管理调研座谈会现场。

【征收管理】 以金税三期工程上线为契机，提升基础数据管理水平，优化纳税服务。组织开展基础数据整改工作，共整改各类数据5200余条，补录房产、土地信息1300余条；实现税收业务县域通办；实行“集中汇票”，检查修改各类登记、申报、开票错误信息165条。

【税收执法】 建立和完善税收执法监控平台，形成“教育、制度、科技”相结合的执法监控体系；对滞纳金加收、破产企业税收清算、委托代征税收和减免税管理进行重点规范；加强与法院的协调配合，对企业破产清算、土地房产拍卖相关税收进行把关，征收税款540万元。

【纳税服务】 认真落实一次性告知、首问责任制等制度；积极开展导税服务，对纳税人的各种申报表填写等业务开展咨询辅导；组织纳税人业务培训近300人次。

【信息化建设】 根据金税三期工程税收管理系统对硬件设备的需求，及时更新设备，加强税收信息化数据的管理、分析和利用。

【干部队伍建设】 实施素质能力提升工程，积极构建网络和实践基地双平台，逐步搭建起“递进培训、师资带动、达标考试、平台引学、有效激励”的教育培训长效机制；提升人力资源配置效能，加大干部轮岗交流力度，努力向人员素质与业务岗位相匹配的方向推进。制定管理及考核办法，强化劳务派遣人员的管理。

【基层建设】 规范基层管理，加强业务指导；深化标准化办税服务厅建设，完善全局5个办税服务厅的基础设施；投资20余万元，完成郝家办税服务厅标准化建设，人员和办公经费等方面向基层倾斜。

【党风廉政建设】 强化教育，筑牢预防腐败的防线；开展专项整治，反“四风”。被市纪委命名为市级廉政文化进机关示范点，被县委、县政府表彰为经济发展环境建设先进单位，被列为全县政风行风民主评议免评单位。

【精神文明建设】 用文化的力量推进精神文明建设，提炼形成“崇德尚正、同道致远”的文化核心理念，创建“税海拓垦，利泽民生”机关服务品牌，建设文化长廊和独具一格的楼宇文化，形成善行义举“四德榜”，制作《文化理念手册》和《机关服务品牌手册》，真正让文化入脑、入心。

（田金龙）

利津县地方税务局

经济概况

2013年，利津县实现生产总值221.5亿元，地方财政收入10.2亿元，其中地税收入占51.5%。

收入概况

2013年，全局共组织各项收入6.04亿元，同比增收1.02亿元，增长20.37%。其中，中央级收入5363.5万元，增收814.84万元，增长17.91%；省级收入13.86万元，下降40.7%，减收9.52万元；县级以下预算收入5.25亿元，增收9047.14万元，增长20.81%。

工作概述

【税政管理】 立足调研宣传，按时完成与国税部门第一轮“营改增”工作的划转交接，涉及“营改增”纳税人2061户，营业税税款2641.21万元；按照“以地控税，以税节地”的指导思想，扎实开展城镇土地使用税专项整治活动，清理入库税款764.81万元，切实起到堵漏增收的效果。

【征收管理】 探索创新税源控管新办法，成立大企业管理局，对年纳税额500万元以上的14户重点税源企业实施精细化、专业化集约控管，共组织各项收入2.28亿元，占全局总收入的37.73%。完善社会综合治税网络体系，立足综合网络的全覆盖，构筑起横向到边、纵向到底的社会综合治税工作网络，利用涉税信息查补税款2100多万元。

【税收执法】 优化税收执法监督体系，定期召开特邀监察员座谈会、税企座谈会、税情恳谈会，为100余名纳税人提供咨询服务，解答听众提出的问题80余项，虚心听取意见建议10条。

【纳税服务】 做好“驻企联络员”工作，为企业技术改造、人才引进等牵线搭桥；建好文明窗口，以新纳税服务大厅启用为契机，实施服务提速工程，积极推行全职能窗口，再造服务流程，提高办税效率，降低征纳成本；立足税收宣传，拓展服务渠道，以大厅滚动显示屏、外部门户网站、地税热线等多种形式构筑税务宣传立体网络；组织企业办税员专项培训班，力促政策落实，扩大社会影响。

【信息化建设】 研究开发“东营地税保险行业数据比对分析系统”，实现对全市保险行业重点企业的发票信息和申报数据统一管理。

【干部队伍建设】 积极推进学习型机关建设，创新开设“干部夜校”，利用下班时间分批次、分专业集中学习；选派骨干人才到山东省税校进行业务知识培训，增强干部职工业务熟练程度；鼓励干部职工参加继续教育和“三师”考试，提升干部职工文化素养。

【基层建设】 强化硬件设施建设，完成办公楼搬迁、增配县局集中办公点通勤车、开办县局新食堂、新建健身活动室，有效改善办公生活条件，拓宽文化建设阵地。强化行政保障，制定颁布《网络安全管理制度》《临时人员管理办法（试行）》《协税人员管理办法（试行）》等规章制度，管理机制不断健全。

【党风廉政建设】 坚持和完善党风廉政建设责任制，逐级签订《党风廉政建设责任书》，增强基层廉政建设力度；深化廉政风险防控管理工作，推广应用《廉政和执法风险防控平台》，做到对行政和执法管理的全过程数字监控；强化“庸懒散”整治，开展“服务提质”“审批提速”“监察提效”专项提升活动，实现“勤效廉”全面达标。

【精神文明建设】 积极推进和谐地税建设，连续13年保持“省级文明单位”称号。2013年获得“全省地税系统先进集体”等荣誉称号20余项，受到市级以上表彰奖励30余人次。

（陈建梅）

烟台市地方税务局

经济概况

2013年，烟台市统筹稳增长、调结构、促改革、保民生，全市经济稳中有进，社会和谐进步，民生持续改善。全市实现生产总值5613.87亿元，按可比价格计算增长10.2%，其中第一、二、三产业分别实现420.99亿元、3075.12亿元和2117.76亿元，分别增长3.9%、10.8%和10.4%；全年居民消费价格（CPI）比上年上涨1.8%。工业增加值2757.80亿元，增长11.0%；完成固定资产投资3538.19亿元，增长20.1%；实现公共财政预算收入437.23亿元，增长12.6%。

收入概况

2013年，全市地税系统强化税收管理，创新服务举措，落实税收政策，提高收入质量，全市地税收入实现较快增长。全年地税收入主要呈现如下特点：一是地税收入实现较快增长。全市地税收入完成333.46亿元，增长17.3%。地税收入占GDP比重达到5.94%，较上年提高0.56个百分点。全市收入规模和增幅分别位居全省第3位和第5位，增幅高于全省平均水平4.3个百分点。二是市县级收入增长相对较快。根据全省统一部署，2013年起实行新的财政体制，按照新的预算收入口径，全年市、县级地税收入完成285.1亿元，按可比口径增长20.99%；其中公共预算内市、县级收入完成276.4亿元，增长21.3%，占地方财政收入的比重达到63.3%，按可比口径较上年提高4.63个百分点。三是受政策、税源等因素影响，税种发展不够平衡。营业税完成94.63亿元，增长14.16%，其中“营改增”政策大约影响营业税增幅3.6个百分点。企业所得税受企业利润下滑影响，完成46.17亿元，下降15.4%。个人所得税在股权转让一次性因素拉动下，完成34.13亿元，高幅增长30.4%。其他各项地税收入完成158.5亿元，高幅增长31.43%。四是第二产业税收实现较快增长。第二产业税收130.65亿元，占总量的39.7%，较上年增长7.97%。第三产业税收202.38亿元，同比增长25.72%，占总量的60.7%，较上年提高4.06个百分点。从影响税收增长的主要行业看，房地产业、金融业税收增长较快，分别完成90.95亿元和32.16亿元，分别增长38.79%和36.53%。采矿业税收受黄金价格持续下降影响，完成32.91亿元，下降2.54%。制造业税收60.4亿元，增长10.07%。批发零售业税收22.4亿元，增长29.06%。建筑业税收32.38亿元，增长17.48%。五是骨干企业税收增长平缓。全市地税收入百强企业（集团）入库154亿元，占地税收入总量的46.2%，较2012年纳税百强增长10.4%。

工 作 概 述

【执法管理】 开展依法行政示范单位创建活动试点，完善了税收执法工作程序规范和评价办法。开展收入质量实地检查，查找执法疑点问题进行税收执法督察，对发现的问题进行了整改和责任追究。全面清理审批事项，取消了税务登记核准、申报方式核准、带单位名称发票印制审批等项目，进一步简化了审批手续、流程。

【税收征管】 按照税务总局、省局部署，10月起应用新的税收征管系统，由全省地税征管系统切换到全国统一的金税三期系统。结合新系统的上线应用，调整优化岗责配置和工作流程，采取纳税评估、税收预警等方式加强税收风险防控，对税源进行分级、分类、分岗管理，提高了征收服务、税源管理、税务稽查的专业化管理水平。2013年通过纳税评估和税收预警核实补税15.4亿元。优化分税种管理措施，完善个人股权转让等资源性收入的所得税控管机制，实现股权转让个人所得税11.04亿元；抓好企业所得税汇算清缴和高收入个人自行申报，补缴税款2.9亿元；抓好宗地管理工作，全市通过房产土地排查增收房产税、土地使用税5085万元。个人所得税自行申报管理、股权转让所得税控管、深化房产税管理、资源税委托代征等做法被山东省地税局发文推广介绍。开展行业性税收专项检查、重点税源企业检查、重大项目税收管理情况抽查、区域税收秩序整治，查补各项收入2.06亿元。

【税收服务】 围绕东部新区建设、培育市场主体、微型企业发展、"营改增"等开展了调研，提交了多份调研报告。大力扶持高新技术、资源综合利用、民政福利等企业发展，全市共减免各项税收9.8亿元，较上年增加3.9亿元。对劳务派遣、旅游、广告等行业987户纳税人落实差额征收政策，促进了服务业发展。做好交通运输、部分现代服务业"营改增"工作，全市核实确认6806户纳税人自2013年8月起由营业税改征增值税。落实扶持小微企业各项优惠，对符合小微企业所得税优惠政策的逐户进行通知落实或上门辅导，全市540户小微企业享受到所得税优惠，减免税款246万元。8月起施行了月收入2万元以下小微企业免征营业税、增值税政策，惠及全市1.2万户企业，年均减免地税2100余万元。精减纳税人负担的涉税办理费用，从1月起实施了免收所有企业的发票工本费政策。推进"后台转前台、前台转网络两个转移"，调整服务机构及职能，将纳税人办理事项前置办税服务厅统一办理或受理；全年通过12366纳税服务热线和外部网站受理各类咨询、投诉举报5.9万人次。推进办税服务厅规范化建设，大部分县市区实现集中办税服务。

【干部队伍建设】 落实各级关于改进作风、严肃纪律的规定，修订完善接待、车辆、经费等管理制度，开展了厉行勤俭节约反对铺张浪费专项行动、改进作风严肃纪律集中教育活动。实施分类分层次培训，开展了“每月一考”活动。完善网络教育学院功能，增加了“链式学习”平台、“快乐学习”平台、手机端学习平台等功能，增强了学习培训的趣味性、灵活性。认真学习党的十八大精神，开展了党员“双管双责”“道德讲堂”“我评议、我推荐、我学习身边好同事”等活动。全市地税系统有2个单位被评为“全国巾帼文明岗”，1个单位被评为“全国工人先锋号”，连再兴被评为“山东好人”并进入“中国好人”候选榜。

（代培龙）

烟台市地方税务局经济技术开发区分局

经济概况

2013年，全区实现生产总值1070亿元，按可比价计算，比上年增长11%。工业总产值达到3600亿元，比上年增长9.1%。全区人均生产总值达到57.4万元，增长4.9%。全年完成各项税收164.2亿元，比上年增长12%。全年实现财政总收入170.6亿元，比上年增长10.7%，其中公共财政预算收入60.1亿元，增长18.3%。

收入概况

2013年，全局累计组织各项地税收入35.13亿元，同比增长25.97%，其中，中央级收入完成3.23亿元，同比增长3.47%；受省以下财政收入体制改革税收入库级次变化影响，省级收入完成38万元，同比下降99.83%；区级收入完成31.89亿元，同比增长41.16%，按可比口径增长28.80%。

工作概述

【税收征管】 大力实施金税三期工程，做到人员配备到位、培训技能到位、宣传解释到位、运行保障到位、服务措施到位，实现了金税三期工程的顺利上线运行，提高了信息管税水平。大力实施专业化管理，纳税百万元以上的企业实现地税收入占地税总量的77.11%，同比增长33.35%。加强税收预警和重大建设项目管理，全年处理税收预警953户次，专项评估交通运输企业17户、租赁和商贸服务业15户，补缴税款2741万元；重大建设项目入库税款8.01亿元。强化与综合治税部门的联系，采集信息4202条，新增入库税款590余万元。强化分行业、分税种管理，积极开展企业所得税汇算清缴，补缴企业所得税1877万元，汇算清缴面达到99.1%；年所得12万元以上个人所得税申报人数为3183人，同比增长34%，补缴个人所得税179万元；认真开展房产税清查，通过信息采集补录、核查等手段，累计入库1.91亿元，增收1552万元；开展印花税核定征收，增收779万元；认真开展土地增值税征收、清算工作，入库税款1.85亿元，同比增长134.41%；及时落实耕、契两税的缴纳情况，累计增收7187万元。建立股权转让税务审核前置制度，共审核办理企业股权转让353户，征收税款1471万元。

【税收执法】 严格贯彻“指令性

检查与指导性检查相结合、行业检查与重点税源检查统筹推进”的工作规划，进一步细化工作目标，加大税收执法力度，开展行业性税收专项检查、重点税源企业检查、重大项目税收管理情况抽查以及区域税收秩序整治，检查110户，查补入库税款及滞纳金、罚款达4070.3万元。

【纳税服务】 深入调查研究各类减收因素对地税收入的影响，及时形成调研报告，为工委管委提供决策服务。加强机关效能建设，清理行政审批事项，简化规范办税程序，积极推行“一站式”服务和网上办税，为纳税人提供便捷服务。及时落实税收优惠政策，共为下岗失业人员、高新技术企业、小型微利企业等减免税款2743万元。代征工会经费、水利基金、地方教育费附加等2亿余元。积极研究上级政策，最大限度扩大地方财源，成功剥离了4户重点企业非核心业务，增加地方税收2084万元。加大招商引资力度，招商引资企业入库地方收入4823万余元。

【干部队伍建设】 坚持人才强税战略，全面推广链式学习法，充分发挥网络学院作用。组织业务能手到外地高校学习培训19人次。开展丰富的文体活动，参加了管委组织的乒乓球、篮球、环城健步行、台球、机关运动会和“飞扬青春情诵党恩”大合唱等比赛，取得了优异成绩。强化完善党建工作机制，积极开展“创先争优”活动，发挥党组织的战斗堡垒作用，营造了“甘于奉献、积极进取”的和谐氛围。

组织干部职工到警示教育基地进行参观学习，接受警示教育。

【党风廉政建设】 扎实开展“厉行勤俭节约、反对铺张浪费”专项整治活动、改进作风严肃纪律集中教育活动和以《税收违法违纪行为处分条例》为重点的纪律教育活动，及时修订完善了接待、车辆、经费等管理制度。强化廉政教育和廉政文化建设，组织参观了市局警示教育基地，接受廉政教育。做好廉政风险防控建设，构筑抵御腐败的思想道德防线，严格落实党风廉政建设责任制，强化行风政风建设，获得了民主评机关驻区单位第一名的好成绩。

（许广军）

烟台市地方税务局福山分局

经济概况

2013年，福山区实现生产总值235.89亿元，比上年增长13%；人均生产总值8.91万元，比上年增长11.3%；地方财政收入25.27亿元，增长16%，其中税收收入20.7亿元，增长20.1%。

收入概况

2013年，全局共组织各项收入19.06亿元，同比增长26.01%，增收3.93亿元；其中中央级收入完成1.9亿元，同比增长42.28%；区级收入完成17.15亿元，同比增长24.44%。

工作概述

【税政管理】 做好“营改增”相关工作。完成了400余户“营改增”纳税人的信息比对交接工作，做好划转企业税票发票等涉税事项的管理监督。强化所得税征收方式鉴定和企业所得税汇算清缴。完成辖区823户企业所得税征收方式鉴定和汇算清缴工作，核定征收户数494户，核定面60%，汇缴面达99.8%。强化年所得12万元以上个人所得税自行申报工作，全区自行纳税申报人数为638人。受理股权转让249笔，征收印花税45.94万元，个人所得税3288.97万元。加强对付汇企业的审核。全年共出具税务管理证明93份，入库税款690万元。做好外资企业年检工作，实现企业参检率100%。做好存量房评估工作，补充完善存量房系统数据，评估存量房1963户，评估后增收税款1243万元。

【征收管理】 强化税务登记管理。严格抓好开立、变更、停复业、注销、外出经营报验登记管理等环节，保证税务登记信息数据准确。全年共办理税务登记1540户、外埠纳税人报验登记330户、注销税务登记310户。把好发票领、用、存的审核和管理关，及时修正发票管理办法，制定了发票领购、缴销应注意的事项。加强委托代征管理。全年共变更委托代征协议180多户，为分包纳税人开具257笔零税率税票。对委托代征进行专项检查，共检查委托代征纳税人191户，查补税款1023万元。开展税收专项检查，打击偷、逃、骗税行为，全年共立案检查35户，查补税款1502万元。

【纳税服务】 全面开通综合服务窗口，实现涉税业务一窗式办结，配备自助办税系统，提高了办税便捷度。每月开展“地税局长服务日”活动，共接待纳税人150余人次，解答纳税人问题10余项。强化税收宣传，利用手机短信、QQ留言、微信等交流平台与企业开展信息互动，全年收集信息4000余条，回复发送信息20000余条，发放税收宣传资料3000余份，面对面交流300余人次，接听解答纳税人咨询电话600余人次。2013年3月，分局纳税服务中心被授予“全国巾帼文明岗”荣誉称号。

【干部队伍建设】 加强教育培训。全年共组织开展各类脱产培训12期，培训干部34人次。认真落实日常学习制度，共组织集体学习22次。强化网络教育学院学习，搭建移动教育平台，开展“机关轮讲”活动，每季度根据业务科室指定的学习内容组织考试。开展岗位轮换交流，对33名同志的岗位或职务进行了轮换调整。投入建设资金25万余元，对基层中心税务所进行了更新改造。

【党风廉政建设】 认真落实党风廉政建设责任制，开展了改进作风、严肃纪律集中教育活动、“庸懒散”专项治理活动以及厉行勤俭节约反对铺张浪费专项行动等。组织全体干部学习中央八项规定、各级关于切实改进工作作风的各项规定及《税收违法违纪行为处分规定》等文件，撰写学习笔记、交流心得体会。定期组织干部观看警示教育片、廉政讲座，参观廉政文化建设教育基地等。

组织广大干部职工参观烟台地税文化教育基地，了解烟台地税发展历程。

【精神文明建设】 深入开展谈心谈话活动，及时了解干部需求和思想动态。走访慰问老干部，加强人文关怀。组织干部职工参加乒乓球比赛、登山比赛和趣味运动会，积极参加义务献血、爱心捐助、包帮乡村企业等社会公益活动。

（张景云）

烟台市地方税务局牟平分局

经济概况

2013年，烟台市牟平区实现生产总值274.2亿元，比上年增加11.7%。其中，第一产业增加值35.7亿元，增长5.6%；第二产业增加值135.3亿元，增长12%；第三产业增加值103.2亿元，增长13.3%。完成固定资产投资312.5亿元，增长21%；实现社会消费品零售总额121.5亿元，增长13.7%；实现地方财政收入23.4亿元，同比增长13.1%。

收入概况

2013年，全局共组织地税收入17.3亿元，同比增长12%，增收1.9亿元。其中，中央级收入1.3亿元，同比减少17.78%，减收2845万元；省级收入46万元，同比减少14.79%，减收8万元；区级收入15.9亿元，同比增长15.7%，增收2.2亿元。

工作概述

【征收管理】 完善重大项目日常管理和跟踪服务机制，对重大建设项目实施立项、在建和竣工结算“三级梯次管理”，对重点税源实行专人监控，动态进行税收综合分析，全年重点税源入库各项收入13.8亿元，占总收入的80%。采取政策辅导、实地巡查、委托代征、强化评估等措施，加强建筑领域甲方供材税收管理，共评估检查企业46户，入库税款1500万元；对房地产企业，按照开发楼盘项目规划，绘制预售商品房电子平面图，实行每季度上门巡检、比对分析，全面掌控税源信息，实现源头控管，堵塞税收漏洞。

【税收执法】 严格依法组织收入，狠抓收入质量监控管理，围绕风险识别、税收预警、过程控制、责任追究四个方面，强化执法责任制考核。深入开展税收执法督察，规范执法行为，严肃收入纪律。

认真落实税收优惠政策，为16户福利企业减免税款600余万元，为15户资源综合利用、农林牧渔、高新技术等企业落实税收优惠8500多万元，为3696户个体工商户减免税款1052万元。

【纳税服务】 强化政策培训和税收宣传。组织了所得税汇算清缴、“营改增”政策宣传、金税三期工程系统上线辅导等培训，累计培训纳税人2000余人次。以税收宣传月为契机，借助各类新闻媒体，宣传税收理念和政策，开展了烟台税收文化图片展、十里杏花谷宣税法等活动，赠发宣传材料1万余份。增设POS机缴税通、高拍仪、身份证识别仪等设备，提高办税效率。开展政策调研分析，先后向区委、区政府提报《提升印花税征管质效》《烟台东部新区起步区开发建设及税源情况分析》等调研报告12份，为加强财源建设、优化产业结构积极建言献策。

【干部队伍建设】 定期开展思想状况及工作满意度调查，采取集中约谈和单独面谈的形式，掌握思想动态，排查化解矛盾，督查工作落实；组织观看《百家讲坛》、身心健康类等专题讲座，开展国学经典诵读、书法摄影及登山比赛等文体活动，培养干部“担当责任、追求卓越、享受工作”的核心价值理念。以《山东地税岗位培训丛书》为基础教材，采取个人自学、讨论交流、模拟操作、案例评析等形式，将岗位培训与组织收入、规范管理、案件查处等工作有机结合，做到在工作中抓学习，以学习促工作，增强了学习培训的灵活性和有效性。

加大税法宣传力度，组织税务干部走进群众文化活动现场进行税收宣传。

【党风廉政建设】 按照中央八项规定，抓好“四风”问题整改落实，加强服务态度、办事效率、廉洁从政等方面的督查监管力度，定期对重点岗位和关键环节组织“回头看”，及时查摆、解决纳税人反响较大的问题。学习贯彻《税收违法违纪行为处分规定》，开展“庸懒散”专项治理活动，增强干部职工职业道德和法纪观念，有效预防有法不依、执法不严、不作为、乱作为、慢作为等问题的发生。

（姜　平）

烟台市地方税务局莱山分局

经济概况

2013年，莱山区实现生产总值225.60亿元，同比增长13.80%。其中，第一产业增加值3.52亿元，增长5.20%；第二产业增加值103.24亿元，增长12.60%；第三产业增加值118.86亿元，增长115.20%。全区规模以上工业增加值增长15.60%，完成固定资产投资270.99

亿元，增长21.10%。社会消费品零售总额78.15亿元，增长14%；实现地方财政收入27亿元，增长25.20%。

收入概况

2013年，全局共组织入库各项地税收入23.46亿元，同比增长29.95%，增收5.41亿元。其中：中央级收入2.97亿元，同比增长45.49%，增收9297万元；省级收入51万元，同比减少1.92%，减少1万元；市级收入6660万元，同比增长18.29%，增收1030万元；区级收入19.81亿元，同比增长28.33%，增收4.37亿元。

工作概述

【税政管理】 全面开展“营改增”工作，将660余户纳税人移交国税，涉及营业税共计4155万元，顺利实现平稳交接。通过存量房计税价格评估系统评估二手房1655套，涉及营业税及附加、个人所得税、契税等税种6122万元，增收税款1128万元。完成年所得12万元以上个税纳税人自行申报921人，补缴个人所得税563万元。加强股权转让税收管理，共受理企业股权转让93户，缴纳税款550万元。清理入库土地使用税、房产税等400万元。落实税收优惠政策，减免企业所得税3857万元，减免技术转让、下岗再就业等项目营业税160万元。

【征收管理】 统一信息、数据处理、税源管理等业务科室成立税源监控中心，深入开展信息数据处理、加工、利用，税收风险识别、排序、分配、反馈，税源监控、分析、预测以及纳税评估指导等各项工作。将分散在各基层所的纳税评估工作职能统一上收，成立专职纳税评估机构，共评估企业47户，涉及税款4100万元。完成金税三期工程系统上线，开展了基础信息整改、岗位设置、软件衔接、人员培训、纳税人宣传辅导等工作，保证新旧系统顺利切换、运行。

【税收执法】 组织开展地方税收专项检查工作，查补各项收入1514万元；做好涉税违法案件举报管理工作，受理举报及协查案件15起；对基层中心所税收执法行为进行集中检查，对发现的违规行为和不规范执法现象进行了整改。

【纳税服务】 开展“一站式”“一窗式”服务，利用考核评价系统、数据监控信息等进行纳税服务考核，对各环节的办理时限、办理质量进行跟踪问效。做好各项税收法律、法规和规范性文件的转发、解读和普法宣传，加大税法宣传力度。

加强纳税服务，上门对纳税人进行税务辅导。

【信息化建设】 完成税源管理系统的开发、测试和上线运行工作，为税源监控提供了支撑；稳定运行“烟台地税电子档案管理系统”；强化各层面的管理与监控工作，优化数据采集的岗责体系，建立起更加科学、更加人性化的数据质量考核机制。

【干部队伍建设】 组织行政执法、税务稽查、纳税评估、税收征管、办税服务、干部管理等各类专业培训9期，培训人员390人次。

【党风廉政建设】 按照中央八项规定以及各项要求，先后开展厉行勤俭节约反对铺张浪费专项行动、改进作风严肃纪律集中教育以及“三查三比三看”等活动，规范了行政接待、督查考核、车辆管理、食堂管理等一系列管理制度，严格控制“三公经费”支出，提高行政效能。

【精神文明建设】 组织开展党员“双管双责”“道德讲堂”“我评议、我推荐、我学习身边好同事”等活动。鼓励干部职工积极参加各项丰富多彩的文体活动，取得了全区第二届运动会团体第五名、全区第二届半程马拉松比赛机关组单项冠亚军等成绩。

（李　艳）

烟台市地方税务局
高新技术产业开发区分局

经济概况

2013年，烟台高新区实现生产总值14.9亿元，同比增长14.6%，其中：第一产业实现6023万元，同比减少18.1%；第二产业实现8.53亿元，同比增长15.20%；第三产业实现5.72亿元，同比增长18.5%。全社会固定资产投资29.2亿元，同比增长24.1%；社会消费品零售额3.62亿元，同比增长13.5%；地方财政收入2.81亿元，同比增长46.1%；农民人均纯收入1.69万元，同比增长12.7%。

收入概况

2013年，分局组织各项收入2.39亿元（不含工会经费），同比增长60.03%，增收8982万元。其中：中央级收入完成2546万元，同比增长45.90%，增收801万元；省级收入完成4万元，同比增长200%，增收2万元；市级收入（含地方教育附加、残疾人保障金）完成2.15亿元，同比增长61.89%，增收8179万元。

工作概述

【税收征管】 积极做好金税三期工程上线工作，成立专门领导小组，制定工作方案，细化目标要求和责任分工，按照省、市局要求，分步骤、分节点抓好落实。强化数据清理和补录，加强各岗位技能培训和模拟操作练习。建立金税三期工程上线应急预案，确保了上线工作的顺利进行。做好“营改增”的调研和认定，积极开展“营改增”工作。

【税收执法】 完善执法责任制考核，防范执法风险，形成目标明确、责任清晰的管理体系。强化纳税评估和税收检查评估工作，2013年对12户企业进行了专项纳税评估，评估入库税款26.3万元。指导2户企业进行纳税自查，自查补税

115万元。对4户企业进行专项检查，查补税款63.4万元，加收滞纳金6.7万元，罚款9.3万元。

【纳税服务】 按照新的税源管理模式优化办税流程，精简涉税资料，做好“一站式”服务，落实限时办结制、首问责任制、一次告知制等制度。加强办税服务厅标准化建设。投入43万元购置安装电子书、LED显示屏、触摸屏、自助办税终端等办公设备。加强对纳税人的培训，对辖区内企业分别进行了《小企业会计准则》和金税三期工程的培训，培训近千人次。建立税企QQ平台，向纳税人广泛宣传最新税收法规、资讯，及时解答纳税人的涉税咨询。开展税法宣传月活动，进行了送税法“五进”“税银携手助推小微企业”等形式多样的税法宣传活动。积极开展了“局长服务日”活动。

【干部队伍建设】 加强干部管理和教育培训。实行分岗位分层次培训，使教育培训与工作需求和个人素质状况有机对接，提高针对性。全面开展社会主义核心价值观教育。坚持地税文化建设，各类兴趣小组活动持续开展，营造了团结奋进、和谐干事的氛围。2013年高新区分局被评为烟台市文明单位。

【党风廉政建设】 积极落实中央八项规定，纠正工作中存在的“四风”问题。打造节约型机关，厉行勤俭节约、反对铺张浪费，在全局开展了“光盘”活动。贯彻落实《廉政准则》《十要十不准》和《禁酒制度》。加强廉政风险防控措施，逐级签订《廉政风险防控主要措施承诺书》，组织干部职工观看廉政教育片，到预防职务犯罪教育基地参观学习，听取预防职务犯罪讲座，增强干部依法执政、廉洁自律意识。在高新区组织的行风测评中列驻区单位第一名。

（石国华）

龙口市地方税务局

经济概况

2013年，龙口市实现生产总值935.2亿元，实现地方财政收入71.6亿元，同比分别增长11.0%和15.1%；第一、二、三产业比例为3.6∶60.6∶35.8；规模以上工业企业总产值2878.2亿元，增长14.3%；全市进出口总额32.3亿美元，实际利用外资1.5亿美元；出口创汇16.8亿美元，比上年增长0.5%；实现社会消费品零售总额279.2亿元，同比增长13.5%；城乡居民储蓄存款余额380.6亿元，比2012年末增长41.7亿元。

收入概况

2013年，龙口市地税局共组织各项税收收入52.20亿元，同比增长12.65%，增收5.86亿元。其中，完成中央级收入3.74亿元，同比下降20.30%，减收0.95亿元；完成省级收入30万元，同比增长50%，增收10万元；完成县级收入48.46亿元，同比增长16.38%，增收6.82亿元。

工作概述

【税收征管】 按季开展税源测算，动态确定各单位收入指标。做好金税三期工程上线工作，强化工商、电力、国土等第三方涉税信息采集、比对与利用；加强房管及国土部门先税后证、工商部门股权变更、建设部门开竣工等涉税把关工作；对建筑业营业税和财政监管建设资金税款实行委托代征；通过“炸药控税”强化黄金采矿业资源税管理。积极推行电子档案管理系统，为办税厅窗口配置高拍仪，将开业登记和代开发票等业务纸质资料进行电子化，为各管理部门分析和监控税源提供便利。

加强税收征管，税务干部深入企业开展发票检查。

【税收执法】 分重点税源和一般税源两个层面开展企业所得税汇算清缴辅导；开展建筑沙石、港口及填海工程、石材、石灰石资源税调查；围绕城区、工业园区等企业聚集区开展房产税和土地使用税计税依据调查；分行业开展税负比对分析，对建筑业及交通运输业所得税预征率进行了统一；利用电子查账软件开展税收检查，对与“营改增”相关的交通运输、商务服务等行业进行纳税评估；通过银行对账单计算企业营业收入和支出总额，破解报账制企业纳税评估难题。

【纳税服务】 突出税收宣传的针对性和有效性，通过召开座谈会、实地辅导等形式，对二手房交易、社区建设等热点政策进行宣传。结合金税三期工程上线实际情况，及时印制宣传材料，并通过电视台、报纸、网站和办税厅对相关事宜进行公告。分6个批次免费为全市1642名企业财务人员进行金税三期工程税收申报表填报和税务总局纳服系统网报业务操作培训，保证了金税三期工程系统顺利上线。围绕省、市局深化新一轮征管改革的要求，结合金税三期工程系统特点，对办税服务厅进行改造，明确岗位职责，简化和理顺业务流程，落实“两个转移”，为纳税人提供高效便捷的服务。

【干部队伍建设】 结合金税三期工程上线、“营改增”等重点工作，适应征管事项前置和全职能窗口建设工作要求，开展有针对性的政策与业务学习。围绕会计制度、税收政策等方面内容，组织全员网络考试，并将考试成绩纳入目标管理考核。从理顺干群关系和征纳矛盾入手，着力加强干部职工思想教育。通过推荐读书、观看讲座等方式，帮助干部职工树立阳光心态。开展“廉政大走访”活动，征集汇总社会各界意见建议，并结合存在的问题开展廉政教育，提高干部职工廉洁自律意识。

【党的建设】 编写制作5万余字的《党史资政参阅》电子书，以专辑形式强化党的十八大精神的学习与落实。开展党的群众路线教育实践活动，市局领导带队深入各基层单位，与干部职工进行座谈交流，听取干部职工日常工作与生活中存在的困难和意见建议。采取简并基层单位报告与报表等措施，减轻基层单位负担。对基层单位漏雨建筑、供暖锅炉和供电设施进行了维修和更换，进一步改善了基层办公环境。

（胡　青）

莱阳市地方税务局

经济概况

2013年，莱阳市实现生产总值203.17亿元，同比增长9.70%。规模以上工业主营业务收入742.11亿元，增长14.60%；利润总额45.93亿元，增长20.40%；利税总额60.11亿元，增长18.10%。工业总产值740.30亿元，增长14.40%。社会消费品零售额220.83亿元，增长13.50%。实际使用外资7273万美元，增长39.20%。固定资产投资122.49亿元，增长21%。公共财政收入11.06亿元，增长24.60%。

收入概况

2013年，全局共组织各项税收收入9.35亿元，增收1.61亿元，增长20.87%。其中，中央级收入1.10亿元，省级收入68.8万元，一般预算内县级收入7.23亿元，分别增收612.70万元、62.80万元、1.2亿元；分别增长5.88%、1046.67%、19.82%。企业所得税收入1.22亿元，个人所得税收入7171.10万元，营业税收入3.13亿元，分别增收436.90万元、584.20万元、5958.60万元；分别增长3.70%、10.46%、23.54%。契税和耕地占用税收入7027万元，增长71.60%。

工作概述

【税政管理】 引进中介机构进行土地增值税清算的鉴证，3个房地产开发项目完成清算，应补缴土地增值税489万元。抓好股权转让所得税管理，推行由税务师事务所对低平价转让和溢价转让不真实等股权转让行为评估制度，全年共对36户企业的股权转让行为征收税款67.2万元。做好个人所得税全员全额明细申报工作，把全市机关事业单位全部列入全员全额明细申报范围，办理机关事业单位扣缴登记180户。做好“营改增”工作，对“营改增”范围内的736户纳税人进行了确认并移交国税局。

【税收征管】 加强发票管理，严格按照纳税人登记范围核定票种，对建筑业、房地产业、金融保险业、餐饮业等用票量较大的行业进行重点抽查。强化重点税源企业报表采集，认真做好126户纳入省级重点监控企业报表采集工作。从动员部署、培训练习、数据整改录入、上线测试等方面，做好金税三期工程试点上线工作。选取鲁花集团作为纳税评估对象，进行集团企业纳税评估探索，探索集团企业管理新模式。贯彻落实《山东省地方税收保障条例》，利用综合治税平台采集、分析和利用各个部门的涉税信息，全年采集信息3.17万条，其中涉税信息1109条，入库税款1914万元。

【纳税服务】 通过调整增强前台力量、运用“二次优先”服务、提前上班，延时下班等措施，保证了金税三期工程上线后的首个申报期平稳过渡。认真开展依法行政工作，建立健全了25项内部管理制度和17项业务制度。深入推行“一窗式”办税服务，所有涉税业务均能在同一个窗口办理完毕。设置纳税辅导岗，为纳税人提供办税咨询、辅导填写涉税表单和审核涉税资料是否齐全等服务。

加强税收征管，对全员开展金税三期工程税收管理系统培训。

【干部队伍建设】 对基层单位负责人进行了调整，对部分干部进行了选拔和轮岗。邀请山东税校刘学波教授作了《税收违法违纪行为处分规定》讲座。建成两个健身活动室，举行趣味运动会，成功承办烟台地税系统第四届乒乓球比赛。

【党风廉政建设】 组织全体干部到莱阳市检察院廉政教育基地和烟台市地税局警示教育基地观看反腐倡廉预防职务犯罪警示教育展览，引导干部深刻认识腐败带来的危害。开展“改进作风，严肃纪律”集中教育活动，贯彻落实中央八项规定，坚决纠正“四风”。向省人大代表、政协委员、特邀监察员和部分纳税人发放147封征求意见信，广泛征求他们对地税部门在税收政策执行、执法规范、服务态度和党风廉政建设方面的意见建议。

【精神文明建设】 顺利通过了省级文明单位的验收，在莱阳市委、市政府科学发展考核中荣获一等奖。

（徐金波）

莱州市地方税务局

经济概况

2013年，莱州市实现生产总值643亿元，实现公共财政预算收入46.5亿元，分别增长12%和18.5%。其中，第一、二、三产业分别实现增加值65.93亿元、349.48亿元、227.27亿元，分别增长5.3%、11.9%、 14%。全市规模以上固定资产投资完成330.97亿元，增长21%。社会消费品零售额完成241.22亿元，增长13.5%。财政收入在全省综合实力10强中排第名9位，在全国百强县中实现赶超进位。

收入概况

2013年，全局共组织地税收入（含耕契两税）41.31亿元，同比增长31.71%，增收9.95亿元。其中，莱州市县级收入完成28.74亿元，同比增长34.65%，增收7.39亿元。实现收入计划与经济税源状况、现有征管水平和政府财政需要之间的基本协调。

工作概述

【税源控管】 深入推进税收征管改革，结合金税三期工程上线运行，规范岗位设置，实行分岗定责，夯实税源控管；强化分行业管理，对房地产行业推行分段管理模式，对建筑业推行合同管税，实现入库税收7.76亿元；加强税收预警处理，处理预警822户，补缴税款976万元；开展重点税源企业、重点行业的评估核查，增收税款3145万元；建立和应用行业评估模型，房屋工程建筑行业、餐饮行业评估模型被税务总局评为全国“百佳”纳税评估模型，税源管理整体工作走在了全省前列。

【税收征管】 强化事前、事中和事后管理，确保金税三期工程系统的平稳运行，为信息管税提供强有力的支撑平台；创新综合治税运行管理机制，通过先税后证、先税后变更、先税后批、先税后审，实现涉税把关环节前移，累计采集涉税信息17.28万条，入库各项税款13.98亿元；开展土地使用税、房产税税源普查，通过摸清底数和明确税基，增收税款5227万元。

【税收执法】 开展“营改增”企业专项检查，对委托代征单位进行检查和规范，强化欠税清理清缴，加大重点税源、垄断行业、高利润行业的检查力度，共检查企业290户，查补入库税款8565万元。

【纳税服务】 主动宣传辅导税收优惠政策，为70余户纳税人落实各类企业所得税优惠政策，为311户企业办理减免税231万元；落实“地税局长服务日”、纳税服务质量评价等制度，开展纳税人满意度调查、阳光对话、政务热线等活动，实施以“双语”服务等为代表的一系列人性化服务举措，提升了服务层次。

【干部队伍建设】 组织全员读书系列活动，落实教育培训暨分岗位达标培训方案，有2名同志入选税务总局骨干人才。积极参与各类文体比赛和技能竞赛活动，全面推进道德建设、文化建设工程，在全省地税系统文化建设现场推进会上进行了经验交流。

组织干部职工参加更新知识培训。

【基层党建】 组织开展“争示范、树形象、为党旗增光、为税徽添彩暨党建品牌创建”等系列主题活动，“地沃税盈党旗红”被评为全省优秀党建品牌，并被授予全省地税系统党建工作先进集体称号。

【党风廉政建设】 认真贯彻执行中央八项规定和反对“四风”要求，加强对重点岗位和关键环节廉政风险点的监督，通过了各级对廉政文化示范点建设工作的检查验收，在市委、市政府“效能建设年”工作考核中，获得驻莱单位第一名的好成绩。

【精神文明建设】 蔡京堂作为基层职工，被中央纪委监察部评为全国“勤廉榜样”，莱州地税局被人社部、国家税务总局评为“全国税务系统先进集体”。

（原新泉）

蓬莱市地方税务局

经济概况

2013年，蓬莱市实现生产总值457.55亿元，社会消费品零售总额115.93亿元，规模以上固定资产投资302.45亿元，分别增长4.5%、13.5%和21%。全市规模以上工业增加值达到230.22亿元、利税157.92亿元，分别增长11.6%和11%。实际使用外资达到1.38亿美元，增长32.5%。

收入概况

2013年，全局共组织各项收入17.6亿元，同比增长14.53%，增收2.23亿元。其中，中央级收入完成1.71亿元，同比减少16.52%，减收3389万元；县级收入完成15.88亿元，同比增长19.32%，增收2.57亿元。

工作概述

【税收管理】 把土地增值税清算作为加强房地产税收控管的突破口，规范有序开展土地增值税清算，入库土地增值税1亿元。实行房地产、建筑业一体化管理，入库房地产业税收5.36亿元，入库建筑业税收2.62亿元。做好“营改增”衔接工作，通过集中培训、一对一辅导的形式，对辖区内的交通运输业和部分现代服务业“营改增”纳税人性质、所属行业等信息逐一确认。以金税三期工程上线为切入点，广泛开展数据质量核查，对核心征管系统中的税务登记、财产登记、税种登记等静态数据和2013年的申报、征收等动态数据进行整改补录，清理垃圾数据，确保上线迁移数据准确有效。在巩固完善税源管理工作职能的基础上，将纳税评估、税收预警、社会综合治税、数据质量管理、税收分析和大项目管理等业务进行归集，成立税收风险防控中心，作为税收风险管理体系的核心和枢纽，统一开展全局性的税收风险分析监控工作，全年评估入库税款4324万元，上报的《葡萄酒制造业纳税评估模型》被省局评为优秀纳税评估模型。

【征收执法】 修订完善税收收入考核办法，着重加强对依法、依规征收的考核。针对组织收入过程中存在的问题和困难，及时与当地党委政府主要领导进行工作汇报，争取理解和支持。主动加强与财政、房管、国土、建设等部门的沟通协调，落实地方税收保障条例，加大地税工作保障力度。将稽查工作重心向“规范企业行为、整顿税收秩序”转变，对全市32户企业开展专项检查，查补入库各项收入1573万元。

【纳税服务】 对全市办税服务厅实施整合，设1个主厅、1个辅厅。对办税服务厅的功能区域、窗口设置、内外标识、办税流程、服务模式等事项进行规范统一，实行所有涉税事项同城通办。在深化“一站式”“一窗式”服务的基础上，精简压缩日常征管事项，减少纳税人报备的项目，对绝大多数报批项目实施“先办后审”制度，稳步推进后台业务向前台转移、前台业务向网上转移，提高涉税事项办理效率。围绕市委、市政府确定的重点经济工作，深入重点税源企业开展调研服务，促进地方税源增长。

【干部队伍建设】 积极搭建教育平台，鼓励干部开展自学和在岗学习，并出台《分类考试办法》，定期组织全员业务考试，“以考促学”。根据岗位需求，开展了省局《山东地税岗位培训丛书》的学习。按照任职年限、业务考试、民主评议等内容对基层股级干部进行综合考评，实施竞聘上岗，先后聘任14名同志为股级干部、42名同志为副股级干部。

【党风廉政建设】 组织干部职工认真学习党的十八届三中全会精神，扎实开展“庸懒散”专项治理，坚决反对“四风”问题。组织干部职工认真学习《税收违法违纪行为处分规定》，分批次到烟台市局廉政教育基地进行警示教育。按照蓬莱市委、市政府部署要求，制定下发“积极转作风、强力抓落实”活动实施方案，通过完善工作制度，严格督导问责，进一步转变工作作风，在蓬莱市行风评议中名列前茅。

（宋月红）

招远市地方税务局

经济概况

2013年，招远市实现生产总值604.8亿元，同比增长9.7%；第一、二、三产业构成比为6.0∶55.9∶38.1；实现财政总收入85.29亿元，同比增长10.3%；地方财政收入实现41.51亿元，同比增长15.2%；完成固定资产投资302.64亿元，同比增长21%；社会消费品零售总额132.8亿元，同比增长13.9%；城镇居民人均可支配收入3.27万元，同比增长11.6%；农民人均纯收入1.63万元，同比增长12.6%。

收入概况

2013年，全局共组织各项收入32.96亿元，同比增长20.46%，增收5.6亿元。其中，中央级收入完成5.63亿元，同比下降23.02%，减收1.68亿元；省级收入完成618.6万元，同比增长3.91%，增收23.3万元；县级收入完成27.27亿元，同比增长36.41%，增收7.28亿元。

工作概述

【税收征管】 夯实征管基础管理，对征管过程中涉税资料的完整性、涉税事项的真实性、合法性加强审核，规范征管秩序；积极应对金税三期工程上线工作，共组织了三轮数据整改，整改数据1300多条；加强所得税管理，开展年度汇算清缴工作，汇缴企业1724户，查补税款8760.5万元；实行重点项目跟踪管理，对全市12个重点项目的甲方供料税收政策执行情况及委托代征情况进行检查，查补税款1338万元；开展纳税评估工作，对17户黄金企业进行评估，评估应补税款5670万元。

【税收执法】 全面推进税收执法考核，完善税收执法考核机制，推动税收执法考核融入征管体系之内。按照税收执法责任制考核办法，依托数据综合应用平台，完善每月考核工作，规范执法行为，降低执法过错率。

【税源管理】 强化对外支付税收管理，制定《服务贸易等项目对外支付涉税操作流程》，从纳税人建立对外支付合同或协议档案、登记对外支付台账、履行扣缴税款义务等方面进行了规范，相关经验被《中国税务报》刊登介绍；积极搭建重点企业科学化管理体系，建立“税企联络员”制度和税收风险分析机制，税企双方累计采集传递涉税信息6800多条，对通过联络员获取的信息数据，按照既定模型进行风险分析，适时做好涉税相关问题的解决和调整。

【纳税服务】 开展“税收促发展”主题活动，推出零距离服务、定位服务、深度服务、引导服务，相关做法得到省局局长张洪军批示肯定；依法清理审批事项，在法定范围内将部分审批职能下移前置，精简纳税人报表资料，简并办税流程；深化“一站式”“一窗式”服务，落实首问责任制、限时服务制等制度，提升了服务质效。

不断加强纳税服务，税务干部深入企业进行涉税事宜现场辅导。

【干部队伍建设】 强化干部教育培训，深入学习党的十八届三中全会精神、习总书记重要讲话精神，开展金税三期工程系统上线、个人所得税全员全额明细申报、电子稽查等专题培训，培训人员260余人次。组织开展改进作风、严肃纪律集中教育活动，查摆突出问题23条，修订和建立长效机制6项，对财务支出制度等8个方面制度进行了规范，作风纪律明显增强。在招远市委、市政府组织的优化发展环境评议和人大评议中，保持了垂直部门第一名；获得县级以上荣誉63项，展示了良好的地税形象。

（张志刚）

栖霞市地方税务局

经 济 概 况

2013年，栖霞市实现生产总值221.08亿元，同比增长9.7%，其中：第一产业实现44.51亿元，同比下降4.2%；第二产业实现98.11亿元，同比增长13.6%；第三产业实现78.46亿元，同比增长12.3%。第一、二、三产业结构比例为20.1：44.4：35.5；社会消费品零售额107.43亿元，增长13.8%；公共财政预算收入7.94亿元，增长15.4%；农民人均现金收入12090元，增长12.6%。

收 入 概 况

2013年，全局共组织各项收入6.14亿元，同比增长12.5%，同比增收6806万元。其中：中央级收入完成4799.8万元，同比增长29.2%；县级收入完成5.66亿元，同比增长11.2%。另外，代征水利建设基金528万元，工会经费150万元。

工作概述

【税政管理】 从税收视角分析研究经济运行态势和税收变化趋势，提出产业调整、发展经济、增加税收等方面的对策与建议，为地方政府重大决策当好参谋。严格落实税收优惠政策，进一步规范税收优惠政策的审批程序和审批行为，严格按照法定权限和程序审核备案和报批减免税。加强对政策落实情况的跟踪问效，及时解决执行中遇到的问题。不定期编印《税收政策及执法情况简报》，对难点税收政策进行解读，加强纳税辅导。

【税收征管】 一是“征、管、查”良性互动机制逐步完善。在稽查环节，通过查，发现征管工作中的问题，将情况和建议反馈到征管部门；在管理环节，征管部门根据稽查提供的情况，进一步完善管理办法和措施；在征收环节，基层征收单位一方面按照征管部门的办法和意见，抓好落实；另一方面把征管工作中遇到的问题及时传递给稽查部门。二是行业管理水平不断提高。在采矿业管理中，实行“以电控税”；在一手房、二手房、土地转让交易中推行“先税后证”制度；在股权转让、变更中实行“先税后变更”；在建筑业、房地产业中实行建房、售房、租房、装房等“四房”一体化管理，坚持“以票控税”。三是重点税源监控水平稳步提升。健全和完善税收分析制度，加强重点税源的监控，密切跟踪宏观经济和企业经营形势变化对税收的影响，切实做好税收预测工作。

【税收执法】 规范税务执法文书格式，引导一线执法人员严格遵循执法程序。健全纳税人监督机制，自觉接受社会各界的监督。强化税务稽查。发挥稽查以查促收、以查促管、以查促依法治税的职能作用，推行电子查账先进技术手段，严厉打击偷、逃、抗税等涉税违法行为，整顿行业税收秩序。

【纳税服务】 推进“一站式”服务，开展微笑服务、公开服务、首问服务、限时承诺服务、监督服务，不断丰富服务方式；定期开展地税局长服务日活动、分类培训服务活动、纳税服务志愿者活动、纳税辅导和服务质效回访活动，提高纳税人满意度和税法遵从度。2013年，纳税服务中心被全国总工会授予“工人先锋号”荣誉称号。

【干部队伍建设】 从局党组到各基层党支部层层建立政治理论学习制度，通过多种形式加强思想、组织、作风建设。依托省、市局网院，采取网院自学、观看专家教授讲座、聘请讲师授课和走出去等方式，分岗、分层次开展培训，加快干部实际工作能力的提升。

加强干部队伍建设，组织干部职工进行纪律学习教育廉政知识考试。

【党风廉政建设】　将廉政风险防控与税收执法行政管理工作紧密结合，深入开展检税共建活动，完善税收执法权和行政管理权“两权”监督措施，认真组织参加“阳光政务热线”，营造了以廉为荣、以贪为耻的浓厚氛围。

【精神文明建设】　实施“四德”建设工程，涌现出一大批以连再兴、刘爱香为代表的先进典型。参与社会公益活动，开展包帮扶贫捐助，投资 8 万元帮助地处偏僻山区的庙后镇后许家村硬化路面 3 公里，修建健身广场 1 处，解决了村民行路难、健身难等实际问题。

（林建平）

海阳市地方税务局

经济概况

2013 年，海阳市实现生产总值 302.61 亿元，比上年增长 10.3%；公共财政预算收入 22.1 亿元，同比增长 17%，规模以上工业总产值 376.5 亿元，增长 17.8%，实现利税 24.9 亿元，增长 18.4%；全社会固定资产投资 303.7 亿元，同比增长 21%。第一、二、三产业结构比例为 18.9∶44.0∶37.1。

收入概况

2013 年，全局共组织各项收入 17.17 亿元，同比增长 33.64%，增收 4.32 亿元。其中县级收入 15.26亿元，同口径增收4.26 亿元，增长 38.81%，税收收入保持持续稳定增长。

工作概述

【税政管理】　落实新的税源管理模式，强化房地产、建筑业的重点行业管理及年纳税额 50 万元以上的重点税源管理。加强股权转让“先税后证”前置管理，2013 年共开具股权转让证明 81 份，征收税费 108 万元。贯彻落实减免税优惠政策，全年共减免税 735 万元。落实“营改增”政策，共移交 628 户“营改增”企业。

【征收管理】　按照省、市局关于税收征管改革的工作部署，对税源结构、机构设置和干部队伍现状进行调研论证，确定了重点税源专业化管理，一般税源精细化管理的基本思路，设立了两个重点税源管理机构。通过调整征管主攻方向，创新税源管理手段，打破了税收征管“平均用力”的现状，初步实现了征收管理向“重点税源、重点风险”两大领域转变。

【纳税服务】　以纳税人需求为导向，不断丰富“一站式”服务内涵，设置业务受理综合服务窗口，实行同城通办和“一窗式”服务。开展“减负”服务，优化业务流程，精减涉税资料报送，缩短纳税人办税时间，提高涉税事项即时办结率。成立纳税服务 QQ 群和网络短信平台，及时进行政策传送和纳税提醒。办税服务厅安装 24 小时自助办税系统，方便纳税人自助办税。3 月份，海阳市地方税务局办税服务厅被授予“全国巾帼文明岗”荣誉称号。

【信息化建设】　加强计算机软硬

件维护工作，保证网络畅通和金税三期工程的正常运行。通过政府采购，购入了服务器、高拍仪、机房空调、门禁系统、计算机、打印机和自助办税终端系统，用于机房建设和征收一线，提高了信息化建设对地税中心工作的支撑作用。

【干部队伍建设】 在实施分类分层次培训的基础上，丰富完善网络教育学院功能，开通手机端学习平台，开展“每月一考”活动，增强了学习培训的灵活性和有效性。通过竞争选拨出12名副股级以上干部，增强了干部队伍的凝聚力和向心力。

【基层建设】 打造具有海阳地税特色的“和·乐”文化建设，将“和谐”“快乐”紧融其中，提炼出“和谐征纳”的服务理念、“赢在细节”的管理理念、“公正公平”的执法理念、“恭慎守节”的廉洁理念、“贵在人和”的团队理念、“快乐共赢”的发展理念等。积极践行“勤廉奉公、务实奋进、和谐有为”的海阳地税精神，努力实现“快乐工作，健康生活”的共同愿景。

【精神文明建设】 成立文化活动兴趣小组，建立“爱舞空间”“乒乓世界”“健身之家”等运动场所，活跃了干部职工的业余文化生活。参加“春蕾女童”“青春助学”“爱心捐助”等社会公益性活动，增强干部职工的社会责任感。地税干部自编自导自演微电影《王老汉学税法》，在海阳电视台上映，并被推荐到国家税务总局。

【党风廉政建设】 贯彻落实中央八项规定、“六条禁令”“十不准”“九个严禁”等有关规定，层层签订党风廉政建设责任书，形成“靠制度管人、按制度办事”的约束机制。开展以“和乐税廉”为主题的廉政文化示范点争创活动。建立廉政文化展厅，营造廉洁从税氛围。

（辛俊冲）

长岛县地方税务局

经济概况

2013年，长岛县实现生产总值64.6亿元，同比增长5%，其中第一产业增加值33.6亿元，增长1.6%；第二产业增加值5.7亿元，增长9.8%；第三产业增加值25.3亿元，增长9.6%。渔民人均纯收入16588元，增长10.2%。

收入概况

2013年，全局共完成地方税收9072万元，其中县级地方税收7230万元，剔除8个行业营业税改征增值税因素影响，同比增长17%。1—8月“营改增”行业完成税收1721万元，同比增长56%。

工作概述

【税政管理】 2012年全县“营改增”企业实现营业税2172万元，其中交通运输业完成2075万元，占整个地方税收的近1、4。针对政策变化对税收的影响，一方面认真做好“营改增”测算工作，把可能出现的不利影响和有利影响向企业说明，让企业做好各项准备；另一方面积极开展纳税服务工作，从与国税部门的交接、财政部门的资金帮扶、日常税收管理的服务等多方面，给予企业关心和支持，让交通运输企业能更好地发展，稳定地在长岛缴纳税收。

【征收管理】 2013年初组织人员力量对交通运输业、旅游餐饮业、房地产业等多个行业开展税收调查，针对长岛县不同季节经济发展情况不同的实际情况，努力争取税收任务提前抓，分项目做好税收征管。一季度通过清理欠税实现首季开门红，二季度通过开展交通运输业评估完成半年税收任务过半，三季度开展旅游、餐饮业全面检查，四季度主抓建筑和房地产业，保证了全年税收任务的完成。

【信息化建设】 为减少金税三期工程征管软件上线对企业纳税申报等工作的影响，组织5期近600人次的纳税辅导培训班。为更好地进行数据比对和税源控管，开展税务登记比对工作，注销税务登记270余户，新增登记60余户；开展企业房产和土地登记比对，核实房产税和土地使用税的计税依据。

【税收执法】 将税源管理的重点向风险防控部门转移，初步实现了以风险防范部门为指挥中枢、税源管理部门评估，管理分局核查，大厅办理全部业务的扁平式管理方式。全年处理税收预警信息101户，较上年同期减少预警户数122户，减少55%。需补税户16户，补缴税款9.7万元，较上年同期增加两户，补缴税款同比增加8.3万元。

【干部队伍建设】 以强化教育为抓手，全面提升地税机关工作人员的思想道德素质和业务能力，大力倡导“以勤奋学习为乐，以知识更新为荣”的良好风气；以制度建设为基础，推进地税机关内部管理制度化、规范化；以绩效考评为依据，建立科学合理的考核机制，注重把绩效考核与工作目标考核、行风评议、领导干部述职述廉等结合起来，实施对干部职工的有效管理和科学考核，激发干部队伍的生机和活力。

【党风廉政建设】 研究制定2013年度党风廉政建设工作实施意见、党风廉政教育工作方案，完善廉洁从政长效机制。全面实施“五个层面”廉政风险防控措施，加强对重点岗位和关键环节的防控。完善公务接待、车辆管理、会议安排、财务报销、学习、廉洁自律等方面工作制度，重申严格遵守考勤、请销假制度。严格落实中央八项规定、“九个严禁”以及《税收违法违纪行为处分规定》。严格落实执法责任制，在日常工作中杜绝“吃拿卡要报”行为，营造勤政、廉政、优政的干事氛围。

（王军波）

潍坊市地方税务局

经济概况

2013年，潍坊市实现生产总值4420.7亿元，按可比价格比上年增长10.6%。按常住人口计算，人均生产总值达到47943元，比上年增长10.2%。三次产业比重由上年的9.73∶53.99∶36.28调整为9.8∶51.97∶38.23。全市城镇居民人均可支配收入28386元，农民人均纯收入13273元。公共财政预算收入完成383.9亿元，增长15.6%。

收入概况

2013年，全市共组织地税收入296.88亿元，同比增长12.04%。其中，地方级地税收入总量达到274.02亿元，按可比口径增长18.42%，高于全省平均增幅2.90个百分点，增幅位居全省第6位。地税收入占全市公共财政预算收入的比重比上年提高1.72个百分点。

工作概述

【金税三期工程试点】 作为全省地税系统金税三期工程上线试点单位，集中人力、财力、精力，精细推进落实试点各项基础工作，提前对上线面临的新问题、新要求、新风险进行分析、应对和防范，梳理12类近900项业务，制定包括7项配套制度、共72万字的《金税三期试点上线工作规范（试行）》，确保上线后每项工作有章可循、每个岗位依规操作。创新研究“E票通”系统“最小改动、最优实现、最小风险”的升级切换方案，平稳实现了纳税人端的“零感知”对接切换，保障了系统切换期间的发票管理服务质效。运用软件模拟技术研发“金税三期工程软件培训模拟演练平台”，提升了税务人员和纳税人培训质效，确保了征纳双方对金税三期工程三项系统的熟练操作。研发应用“税收管理业务衔接效能工作平台”“电子档案影像管理应用平台”，为金税三期工程顺利试点运行提供了机制保障和技术支撑，确保了试点工作有序、有力、有效进行。落实与网上报税纳税人“定人、定户、定向”的“一对一”辅导联系方式，开展便捷高效的系统运行维护。金税三期工程上线以来，潍坊地税网上报税率等各项业务办理指标在全省均名列前茅，省地税局在全省地税系统推广应用潍坊地税的做法。

【优化服务】 推广应用潍坊地税“E票通”，让纳税人足不出户即可办理地税发票全部业务。纳税人可以像网购一样上网办理发票申领、配送、开具、缴销、验真、代开等业务，进一步降低办税成本，节省办税时间。全市已受理纳税人网购发票申请7430户次，EMS配送发票108万份；纳税人委托代开发票24.54万份，金额17.71亿元；网开发票1072.85万份，金额639.57亿元；实施发票验真66.88万次。开发应用“潍坊地税呼叫咨询服务一体化导引平台”，显著提升纳税人获取服务的便捷性和个性化、智能化程度。推广完善微信公众平台，按需向纳税人推送信息2684条。依托网上税校组织纳税人现场培训，有25710人次纳税人现场参加了全市组织的483期培训。通过网络访谈直播进行税收政策解读，已组织访谈直播活动112期。推广应用“办税服务厅智能绩效管理系统”，办税厅日办理业务量提高约60%，纳税人平均等候时间从原先的20分钟左右降低到约10分钟。集中下放21项税收审批权限，试点开展14类涉税业务免填单服务，努力创造更加优良的营商环境。

【税收征管】 深入贯彻《山东省地方税收保障条例》，加强与财政、建设、国土等税收协助义务部门的协调配合，重点在相关涉税环节实行先税后证、先税后审（验）、委托代征等措施，进一步提高零散税源控管效果。全市共采集涉税信息93万条，新增税款8.90亿元。加强“营改增”下的资源财产类税收征管。全市资源税、土地使用税、土地增值税、房产税、耕地占用税、契税等6个资源财产类税种合计入库109.02亿元，占总收入的36.72%。认真开展存量房评估工作。制定《存量房交易价格评估系统操作规范》，全市共申报交易存量房2.86万套，价格调整2.57万套，增加税款7347万元。加大税收预警、纳税评估和税务稽查力度。全市共分析处理税收预警信息6351条，全部核实处理后累计增补税款1.19亿元。实施纳税评估495户，评估入库税款1.07亿元。组织9852户企业参加年度企业所得税汇缴，补缴税款2.72亿元。对284户企业开展税收专项检查，查补金额1.15亿元，促进了地税收入持续健康增长。

【干部队伍建设】 探索开展模拟仿真互动式培训，研发“金税三期工程软件培训模拟演练平台”，将金税三期工程核心征管拆分成200多个模块、2600多个节点，每个模块都设有软件教学、模拟练习、单元测试功能，实现了计算机智能教、全仿真模拟练、自动化客观考，有效提高干部队伍岗位技能。高标准抓好重点培训项目的组织实施，先后举办《小企业会计准则》、金税三期工程业务等培训班次15期，培训人数2568人次。应用“快乐学习平台”考试功能，开展党建纪律知识在线考试和学分达标考试，共5460人次参加32门课程在线考试，达标率达89.71%。更加尊重和关心群众利益诉求，市局、县局设立诉求专用邮政信箱、网络邮箱和电话短信平台，全系统收到不同层面群众诉求42条，全部妥善解决。实行复合型人性化办税厅工作机制，提升对办税服务厅人员的人文关怀。加强已故职工遗属人性化关怀，切实保障遗属的合法权益落实到位。

【党风廉政建设】 认真学习贯彻党的群众路线，进一步改进工作作风，深入传达学习和研究落实中央八项规定，开展厉行勤俭节约反对铺张浪费专项行动，对会议调研、公务接待、公车使用、办公场所装修布置等方面进行规范简化。开展“四风”自查并逐项予以纠正。开展纪律学习教育活动，组织1600名党员干部分9批到省税校廉政教育基地参观学习。开展“庸懒散浮”专项治理活动，细化明确22个具体事项进行剖析排查。明确“十个严禁”，开展了会员卡专项清退和党员干部违纪违规兼职专项清理。注重督查督办、跟踪落实，全市地税系统党风廉政建设水平明显提升。

【精神文明建设】 市局顺利通过全国文明单位复审，并被授予全省地税系统服务基层优秀单位、全省地税系统“征纳共盈”纳税服务品牌创建先进单位、潍坊市直部门绩效综合考核先进单位、全市经济建设十佳服务单位等23个奖项，在全市2013年企业评议部门（单位）活动中，市局获得行政执法部门第2名。

（靖树春　樊继泉）

潍坊市地方税务局奎文分局

经济概况

2013年，奎文区实现生产总值200.9亿元，同比增长10.5%。其中，第一产业完成增加值0.6亿元，增长1.8%；第二产业完成增加值41.6亿元，增长11.3%；第三产业完成增加值158.7亿元，增长10.4%。全区地方财政总收入35.4亿元，增长19.6%；完成固定资产投资153.1亿元，增长19.6%；社会消费品零售总额完成107.7亿元，同比增长10.4%。

收入概况

2013年，全局组织入库各项地税收入总额26.31亿元，同比增长19.65%，增收4.30亿元。其中，区级收入完成23.30亿元（不含车船税），可比增长23.19%，增收4.15亿元。

工作概述

【税收征管】 坚持组织收入“一把手”负责制，全面实行“领导包所”，将全年收入目标分解落实到各征收单位、各重点纳税企业，明确责任人，强化收入目标的有效落实。加强征管户籍管理，制定下发《2013年户管调整通知》，明确各单位的户籍管理责任。加强重点税种管理，印发《关于开展自有房产土地税源清查工作的实施方案》；建立土地增值税清算项目备案制度；积极开展企业所得税汇缴数据的分析比对。加强与国税部门的协作，顺利完成了“营改增”试点的1900余户纳税人名单核实确认和移交等工作。对金税三期工程的23个系统机构、143名人员和涉及的906个岗位进行了重新配置，更新或升级计算机设备，确保达到金税三期工程运行环境的要求。

【基层建设】 结合地税工作特点和发展实际，不断总结提炼以“和谐社会、和谐队伍、征纳和谐”为核心的地税文化。利用办公楼长廊，搭建廉政文化长廊、“和谐为道”文化墙、党建文化长廊、职工及子女文化展示长廊等，构建具有鲜明特色的地税文化氛围。形成“人人都是办税员，个个都是服务者”，一切为了纳税人的和谐工作氛围。

【纳税服务】 金税三期工程上线后，将后台审核审批岗前置到大厅现场审核审批，在涉及的585项税收业务中，有504项实现了前台即时办理，避免纳税人“多头找”。制定《提速涉税事项办理时限表》在办税服务厅张榜公布，接受纳税人的监督。在分类设立窗口、专业办理业务的基础上，建立应急调控机制，遇有纳税人因政策调整等集中申请办理同类业务时，及时调整窗口业务受理范围，按需实现“一窗式”业务办理。推行“涉税事项资料准备一次性书面告知”服务措施，按照业务种类设计19种一次性告知材料，对税务登记、契税申报等5项业务实行免填单或简填单。设立“企业生产经营宁静日”，在“宁静日”期间，不安排到企业进行税收检查，统筹各种评估检查，杜绝重复检查和多头评查，营造公平、公正、和谐的税收软环境。

【干部队伍建设】 深入贯彻落实中央八项规定，组织工作人员学习领会和讨论落实中央指示精神，专题学习《论群众路线》等多种读本。开展了整治“四风”自查自纠活动和厉行勤俭节约反对铺张浪费专项行动，对会议调研、办公场所标准规格、公务接待、公车使用等方面进行规范简化。开展“庸懒散浮”专项治理，要求干部职工要自觉加强作风建设，提高工作实效。以《山东地税岗位培训丛书》为主体培训教材，按照“干什么、学什么、会什么”的要求开展多种形式的教育培训，为确保教育培训工作取得实效，办税服务厅还全面推行“每月一考”活动。

【党风廉政建设】 集中观看廉政剧莱芜梆子《儿行千里》，到山东省税务学校廉政教育基地参观学习。印发《关于开展以〈税收违法违纪行为处分规定〉为重点的纪律学习教育活动实施方案》；明确“十个严禁”，开展会员卡专项清退活动和严禁党员干部违规兼职取酬以及私自从事其他营利性活动，进一步提高地税干部职工廉洁自律意识和防范风险、抵御腐蚀的能力。

【精神文明建设】 2013年度，区局荣获“山东省档案管理考核省特级先进单位”“潍坊市综合统计工作先进单位”“潍坊市2013年度先进基层工会、先进职工之家”等多项荣誉称号。奎文区委、区政府对区局予以通报表彰，记集体三等功，授予“经济建设十佳服务单位”等多项荣誉称号。

（牟作鹏）

潍坊市地方税务局潍城分局

经济概况

2013年，潍城区实现生产总值208.7亿元，比上年增长10.5%；固定资产投资完成178.2亿元，增长19.1%；公共财政预算收入16.5亿元，增长19.8%；城镇居民人均可支配收入达28386元、农民人均纯收入达13961元，分别增长10%、12.2%；完成服务业增加值110.9亿元，增长11.4%；规模以上工业企业实现主营业务收入273.1亿元，增长12.2%。

收入概况

2013年，全局共组织地方税收收入15.57亿元，同比增收1.72亿元，增长12.41%，其中，区县级收入14.40亿元，同比增收2.73亿元，增长23.34%，各项收入保持了稳步增长趋势，促进了地方财政税收增长和经济社会和谐发展。

工作概述

【税收管理】 一是加强户籍管理。重新制定行业划分标准，与国税部门在开业登记、停复业登记、注销登记、非正常户处理等方面合作，逐步实行了国税、地税共同登记、共同注销，国税、地税联合办证系统按期清分率和按期导库率每月均达到了100%。二是实现了金税三期工程平稳上线。根据金税三期工程上线工作部署要求，制定落实具体工作计划，研究分析业务模式变化，对内、对外开展人员培训，认真做好上线准备，顺利实现了金税三期工程按时、保质、稳定运行。三是“营改增”顺利推进。严格落实“组织到位、宣传培训到位、发票清理到位、协调应急到位、衔接到位”5个到位，及时进行前期涉及业户的政策宣传和辅导，开展欠税清理、发票收回、票种税种删除等后续管理，顺利实现了全区569户涉及业户的移交。四是发票管理工作持续加强。在“E票通”应用方面，继续加大了平台的推广力度。截至2013年底，全区上线业户从2012年底的700余户上升至1104户，上线率达到97.41%，开具发票140万份，开具金额40.41亿元。

【纳税服务】 一是简化服务流程。推行了“一站式”“两减、一简”“无障碍服务”“预约延时”等4项特色服务。在“两减、一简”中，由纳税人申请发起的585项涉税事项实现了全部前置到办税服务厅受理。二是坚持从对服务对象用心、贴心、省心“三心”着手，把服务做细、做实、做透，全力打造人性化的服务模式。深入开展地税局长服务日、一对一纳税辅导、税收宣传月、12·4法制宣传日等活动，加大了税收政策宣传力度，实现了纳税服务面对面。三是抓好税收优惠政策的落实。通过对企业产业结构、发展空间等分析，为企业发展积极提出合理化建议，对需要鼓励的基础产业、新兴产业、支柱产业，积极落实好各项税收优惠政策，组织对辖区内享受优惠政策的业户进行统计汇总，抓好减、免、退税等事项的审核、报批管理，保证税收优惠政策管理到位、落实有力。

【税收执法】 一是严格落实税收执法责任制。强化监督，使执法工作与日常检查、正常税收业务、监督考核、预防职务犯罪实现“四个结合”。建立健全税收执法监督考核机制，层层签订《规范执法责任书》和《执法过错责任追究书》，细化责任，明确执法零过错的工作目标。二是建立执法责任制预警定期通报制度。安排专人施行实时在线监控，发现问题，及时下发督办单限时整改处理。同时，每月征期后对当月的执法情况进行总结分析，对可能出现执法过错的情况提前预警，有效减少了执法过错行为发生。三是规范和加强税务稽查工作。严格执行涉税案件集体审理制度，做到政策准确、程序合法、文书规范。

【干部队伍建设】 一是加大干部培训教育力度。开展思想政治、职业道德、税收政策法规、业务技能、文化素养、廉洁从税教育，采取定期通报学习情况，总体成绩记入个人考核档案等方式，引导干部职工积极参与地税内网“快乐学习平台”的学习和各类教育培训中，鼓励干部职工积极开展自学、自考。二是教育引导地税干部廉洁从税。严格遵守中央八项规定及省、市局相关要求，对照查找“四风”问题和“庸懒散浮”治理实施方案，开展自查自纠，规范和约束工作人员的行为，深入落实党风廉政责任制、述职述廉、重大事项报告等制度，形成以制度规范行为、按制度办事、靠制度管人的工作机制。三是积极推进党建工作。结合纪念建党92周年，组织开展了“十八大学习会”“学习贯彻习近平总书记系列讲话和党的十八届三中全会宣讲报告会”“讲党性、重品行、作表率”以及“优秀共产党员”评选表彰、走访慰问老党员等一系列主题实践活动，进一步增强了基层党组织的凝聚力、向心力和战斗力。

【作风建设】 一是规范工作人员服务行为，根据地税部门工作人员业务规范和税收管理系统业务流程，梳理出纳税人与地税人员的工作接点，制定并落实《潍城地税税收服务行为规范》，明确服务内容和标准。二是进行换位思考。通过在全局开展“微笑服务窗口”“假如我是纳税人”换位思考等活动，进一步培养干部的窗口意识、服务意识、形象意识和争优意识，树立征纳双方平等的理念。三是加大业务培训力度。积极开展税收、礼仪、微机等相关知识培训，大力提高税务工作人员的服务能力。四是坚持规范着装，挂牌服务，推行文明用语，讲究举止文明，规范和约束服务人员的行为。五是推行纳税服务绩效评估。充分运用潍坊地税办税厅智能绩效管理系统，建立纳税服务绩效评估考核体系，发现问题，及时整改，从根本上提高纳税人对税务机关纳税服务工作的满意度。

（徐世宣）

潍坊市地方税务局坊子分局

经济概况

2013年，全区实现生产总值116.10亿元，同比增长11.01%；完成固定资产投资93.46亿元，同比增长19.50%；实现公共财政预算收入9.46亿元，增长17.10%，其中税收收入8.61亿元，占公共财政预算收入的91%；完成固定资产投资93.51亿元，增长19.50%；社会消费品零售总额达到47.51亿元，增长16.20%。新增规模以上工业企业21家，规模以上工业增加值增长11.61%，实现主营业务收入241.1亿元，增长12.13%；服务业投资和税收分别增长20.54%和27.43%。

收入概况

2013年，全局共组织各项地税收入7.44亿元，同比增长16.32%。其中，区级完成6.31亿元，同比增长16.10%。主体税种营业税、企业所得税、个人所得税分别完成2.64亿元、6671万元、4924万元，分别同比增长38.81%、22.90%、21.02%。

工作概述

【税收征管】 圆满完成金税三期工程试点上线工作，得到了省、市局的充分肯定。试点研发运行“税收业务衔接效能管理平台”，实现税收业务前后台衔接信息自动推送和处理结果的跟踪反馈，有效防范前后台业务衔接脱节等潜在风险，加快流程运转速度，提高了工作效率，在全市地税系统进行了推介。试点运行“电子档案管理系统”，实现了纳税人纸质资料和电子档案的同步留存，有效避免了纳税人重复提供资料的麻烦。全力服务重点税源企业建设，2013年全区重点税源实现税款入库4.41亿元，占地方税收总收入的59.30%。深入开展纳税评估，共对201户企业进行纳税评估，评估税款600余万元。

【规范执法】 深入推进税收执法风险防范工作，针对金税三期工程上线后，基层税收工作中面临的问题，组织专门力量制定操作规范，对股权转让、房产交易、土地交易、催报催缴、征管档案管理、基层调查核实等业务进行了规范，对所涉及的岗位职责、执法依据、操作标准、执法文书、时限要求进行了明确。同时，辅导纳税人建立防范涉税风险自查自纠机制，2013年共对新方矿业等30户企业出具《税务遵从管理2013年度报告》，赢得了纳税企业的遵从共识和彼此信任。

【纳税服务】 创新推行新办企业“前置服务”，通过发放办税明白纸及《开业办税指导》宣传册、每周发送《新开业户办税指南》彩信、举办新办企业涉税辅导培训等方式服务新办企业发展，深受企业好评；创新推行房产交易免填单服务，对纳税人申报类和税收优惠文书类全部实行免填单，有效避免纳税人漏填错填现象。该做法在全省地税系统进行了推介；探索实施“邮寄办税”服务，并成立纳税人信函处理中心，对纳税人网购发票和催报催缴相关涉税文书实行统一派发，实现多类事项的综合处理。大大促进了纳税服务工作的持续改进和服务质效的不断提升。

【文化建设】 积极实践“本生、重己、贵公、去私”的坊子地税核心理念，大力倡导“仁爱、宽厚、信义、谦冲、善学、奋发、乐群、容止”的品格修养，使之成为干部职工行动指南。着力开展孝德、勤俭、乐群、感恩“四大主题”文化活动。弘扬“小孝持家、中孝敬业、大孝爱国”的孝德孝义精神；培养崇尚节约、反对浪费的良好习惯；充分发挥摄影、收藏、毽子、书画、文艺等13个兴趣小组作用，举办各项活动累计110余次，全面提升团队凝聚力、向心力和战斗力。

【党风廉政建设】 进一步加强党风廉政教育，深入落实中央八项规定，先后组织开展了落实厉行勤俭节约反对铺张浪费专项行动、“四风”自查自纠活动、会员卡专项清退活动、组织纪律学习教育系列活动、“庸懒散浮”专项治理等多项活动，参观山东省税务学校廉政教育基地，聆听预防职务犯罪讲座，促进了干部职工廉洁从税、依法行政。分局连续14次荣获坊子区行政执法部门行风评议第一名。

（郭　英）

潍坊市地方税务局寒亭分局

经济概况

寒亭区是潍坊风筝的发祥地和全国三大木板年画的产地之一，面积623平方公里，人口39.50万。2013年，全区实现财政总收入17.69亿元，同比增长11.51%，其中公共财政预算收入完成12.19亿元，同比增长12.50%；全社会固定资产投资完成184.62亿元，同比增长18.83%；限额以上社会消费品零售额实现28.25亿元，同比增长12.01%。

收入概况

2013年，全局累计入库各项收入5.65亿元，同比下降8.61%，减收5323万元，其中区级收入完成5.04亿元，同比下降3.65%，减收1908万元。

工作概述

【征收管理】 实行重点税源专业化管理，集中精力抓好房地产业、建筑安装业、金融保险业等重点行业的管理服务，强化纳税评估和税收预警。2013年缴纳地税收入过50万元企业共130户，合计入库地税收入4.05亿元，同比增长3.45%，占全部地税收入的71.66%；规范零散税源征收管理，形成政府主导下的社会协税、护税联动机制。2013年通过社会综合治税平台共采集各类信息19329条，同比增长10.20%。发挥好税务稽查“外查偷逃，内促征管”的职能作用，查补入库税款共计327.50万元；在全区范围内集中开展了土地使用税和房产税税源清查工作，清理入库税款295万元。积极做好“营改增”工作，经国税局、地税分局和纳税人三方确认，顺利完成199户企业的移交。同时，加强对试点纳税人的后续管理和服务，规范“营改增”行业税收管理秩序。

【纳税服务】 对办税服务大厅进行了重新装修，进一步充实了人员力量；按照金税三期工程新的征管理念，将纳税人主动到地税部门办理的业务全部整合到办税服务厅统一受理，将后台审核审批岗前置到大厅现场审核审批；认真落实涉税咨询事项一次性告知制度，对纳税人资料携带不全、信息填写不规范的进行一次性辅导告知，有效避免了纳税人“多头找”“来回跑”等情况的发生；定期开展纳税人培训和局长服务日活动，巧借风筝年画艺术节、潍县萝卜节等开展税法宣传，定期召开税企恳谈会，征求纳税人意见建议，提升服务水平。

【信息化建设】 按照省、市局关于金税三期工程试点工作部署，成立了金税三期工程试点项目组，精选13名业务骨干组成运维团队，严格按照试点工作时间节点和任务要求，突出抓好计算机硬件配置、培训环境搭建、岗位人员培训、岗责设定、数据整改、纳税人培训、财产登记信息整改补录、系统功能测试、应急预案与保障稳定等工作，先后补录、修改信息800余条，清理垃圾数据11000余条，培训网上报税纳税人1600余人。经过5个多月的努力，顺利实现金税三期工程上线运行。

【干部队伍建设】 积极贯彻落实中央八项规定精神，进一步精简会议，提倡少开会、开短会，会议不摆鲜花，不摆果盘，重大节日严禁走访；加强公务用车管理，下班和节假日期间实行封车制度；倡导“绿色办公”，公文或文稿的修改传递实现自动化，严格控制纸质文件的印刷数量。先后组织开展《税收违法违纪处分规定》学习活动、“转作风、抓落实、促发展”主题活动、“庸懒散浮”专项治理活动，集中整顿干部队伍学习意识淡薄、工作作风飘浮、工作效率不高、漠视纳税人等问题，时刻绷紧思想防线，切实促进作风转变。

开展廉政教育知识学习活动，提高地税干部依法履职和防范风险的能力。

【精神文明建设】 2013年，分局顺利通过“省级文明单位”复查，被潍坊市总工会授予“职工互助保障工作先进单位”，被寒亭区委、区政府授予“科学发展考核红旗集体”“全区经济社会发展工作先进单位”“经济发展软环境建设先进单位”等荣誉称号，区局团支部被共青团山东省委授予“山东省五四红旗团支部”荣誉称号，纳税服务中心被继续认定为“山东省青年文明号”，高里、固堤、朱里中心税务所被继续认定为“潍坊市青年文明号”，直属征收局被新命名为“潍坊市青年文明号”。

（徐双娣）

昌邑市地方税务局

经济概况

2013年，昌邑市实现生产总值326.5亿元，同比增长10.5%。实现财政总收入39.2亿元，其中公共财政预算收入23.4亿元，分别增长22%和18.2%。金融机构各项存、贷款本外币余额分别突破300亿元和200亿元。规模以上工业企业主营业务收入突破千亿元，达到1003.7亿元。实现服务业增加值106.1亿元，社会消费品零售总额124.4亿元。城镇在岗职工年人均工资、农民人均纯收入分别达到4.34万元和1.33万元，分别增长12%和12.6%。

收入概况

2013年，全局共组织入库各项地税收入16.42亿元，增长27.87%。其中：

中央级完成 1.76 亿元，县级完成 14.66 亿元。剔除耕地占用税和 divd 税两税及水利基金，共完成各项地税收入 13.89 亿元，较上年同比增长 25.97%。

工作概述

【征收管理】 一是深入推进税源专业化管理。全面加强重点税种管理，对收入完成和入库情况搞好随时调度，扎实开展 2012 年度企业所得税汇算清缴和年所得 12 万元以上个人所得税申报，2013 年共入库企业所得税 2.21 亿元、个人所得税 7272.91 万元，分别增长 45.97% 和 15.05%。二是强化发票管理与服务。加大潍坊地税“E 票通”推广应用力度，规范发票“先验真后入账”和代开管理，强化“以票控税”，抓好新版发票及网络税控防伪发票管理，进一步提高网开发票应用率和纳税人税法遵从度。三是加强税收预警、纳税评估和稽查保障力度。坚持收入规模、增幅、质量并重，加强对重点行业、重点企业纳税评估，认真组织开展了重点税源企业检查和税收专项检查等活动，进一步做好征、管、查各个环节的衔接配合，提高税收收入质量。2013 年共处理预警信息 438 户次，补缴税款 1071.41 万元；纳税评估 153 户，评估税款 4720.06 万元。四是稳步推进地方税收保障工作。扎实做好《山东省地方税收保障条例》落实，加强与工商、国税、国土等部门的沟通协作，健全完善收入质量监控和风险防范机制，落实具体督促和代征、考核措施，促进税收依法足额入库。2013 年共控管重大建设项目 67 个，采集涉税信息 95043 条，入库税款 8678.00 万元。

金税三期工程系统正式上线运行，办税服务厅工作人员为纳税人成功开出首张完税凭证。

【纳税服务】 以创建“征纳共盈”纳税服务品牌为抓手，认真开展“地税局长服务日”活动，以金税三期工程上线为契机，规范加强办税环境建设，简化、优化办税流程，落实好首问负责制，加强导税、预审辅导和“一次性告知”服务，切实减轻纳税人负担。强化税收政策辅导落实，充分运用纳税人税法培训班、纳税服务网等资源，根据企业需求有针对性地开展专题税收业务辅导培训。2013 年，选调业务骨干先后对全市企业财会和办税人员进行金税三期工程系统操作及网上报税专题培训 2200 余户次。进一步拓宽服务渠道和方式，深化经济情况和税收政策分析，在高新技术企业、小微企业、新能源开发等方面积极建言献策，为各级党委、政府当好经济社会发展参谋助手。落实好下岗再就业、残疾人就业等方面的税收优惠政策，依法做好各类费金的代征代收，积极支持各项社会事业发展。

【党风廉政建设】 认真落实中央

八项规定有关要求，着力解决好“四风”问题，并结合自身实际，研究印发“庸懒散浮”专项治理工作方案，狠抓工作作风转变。在2013年昌邑市“双评”工作中，名列全市行政执法部门第一名。进一步加强“廉政与执法风险防控平台”推广应用，严格落实党风廉政建设责任制，不断加大与纪检、检察等部门的沟通协调力度，做好预防职务犯罪工作，组织干部职工参观山东省税务学校廉政教育基地和昌邑市廉政教育基地，进一步筑牢干部职工思想道德防线。

【机构人员】 截至2013年底，全局共有干部职工157人，其中党员142人，占90.45%；大专以上学历138人，占87.90%。共设8个科（室），有稽查局、直属征收局、纳税服务中心3个直属单位，下辖都昌、柳疃、围子、卜庄、饮马5个中心税务所。担负着全市8200余户纳税户的地方税收征管任务。

【精神文明建设】 以增强队伍凝聚力和创造力为核心，切实加强党性教育培训，多次组织对全局干部职工就党的十八大和十八届三中全会精神进行集中宣讲辅导。深入开展创先争优和精神文明创建活动，“省级文明单位”和“省级青年文明号”顺利通过复查验收，纳税服务中心荣获“全国巾帼文明岗”称号。积极组织参加各类文化活动，统筹安排好职工健康查体、优秀书画作品展和健身养生文化活动等，进一步丰富职工的文化生活，激发工作热情，促进地税事业和谐发展。

（赵　洋）

昌乐县地方税务局

经济概况

2013年，昌乐县实现生产总值238.51亿元，实现地方财政收入18.06亿元，同比分别增长10.83%和10.22%；规模以上工业实现主营业务收入825.92亿元、利税55.53亿元，同比分别增长13.49%、18.52%。

收入概况

2013年，全局共组织入库地税收入11.86亿元，同比增长19.96%，增收1.97亿元。其中，地方级收入10.99亿元，同比增长24.22 %，增收2.14亿元，增幅居全市第六位，高于全市平均增幅5.81个百分点。

工作概述

【税收征管】 加强税收分析，每月召开收入分析会，分税种、分行业、分项目、分区域进行分析，重点关注异常变动情况，认真查找异常原因，落实针对性征管措施，确保了应收尽收、均衡入库。抓好重点税源管理，采取专人包靠方式，加强对左右全县收入总量的房地产、建筑业、金融保险业及年纳税超过100万元以上重点企业和重点行业的税收征管，提高了重点税源管控质效，实现了管理增效、税收增收。深化落实《山东省地方税收保障条例》，加强与发改、国土、国税等部门沟通、协调，加大了第三方涉税信息采集应用的广度深度，挖掘税源潜力，促进了收入质量提高、税收总量增加。

【税收执法】　结合金税三期工程系统上线，以规范操作流程、降低执法风险为目标，制定了《昌乐地税税收执法标准化作业操作流程》，进一步明确了各岗位的岗位职责和标准规范，促进了税收执法制度化、规范化、标准化。严格落实省、市局税收执法督察工作部署，分4个工作组重新审核排查了税务登记、税款缴纳入库、发票管理、减免税等所有管理环节，对发现的问题及时加以整改，着力提升了税收收入质量，有效防范了税收执法风险。扎实开展税务稽查，突出抓好了房地产业、建筑业、金融保险业等重点行业和部分重点税源企业的税收专项检查，进一步整顿和规范了税收秩序，营造了优良的营商环境。

【纳税服务】　先后被市局确定为改进工作作风突破纳税服务试点单位和房地产网开发票试点单位并成功试点；取消和下放了“所得税优惠、纳税申报方式核准、发票挂失”等21项审核审批权限，进一步提高了行政服务效能；结合金税三期工程上线运行，对岗位人员和服务流程进行重新调整优化，将所有涉税业务全部前置到办税服务厅统一受理、限时办结，实现了“一窗式”办理、“一站式”办结，更加便利了纳税人办税；率先自主开发和推广应用了昌乐12366纳税服务热线微信平台、纳税服务QQ群和昌乐地税纳税服务网络直通车，利用手机客户端为纳税人提供办税资料一次性告知、发票验真、在线答疑等服务，实现了纳税人随时随地办税；安装应用了智能绩效考核评价系统，实现了对办税服务的即时在线考核，促进了税务人员规范高效服务。

【干部队伍建设】　一是狠抓作风建设。根据工作安排，重新修订了公务接待、公车使用、经费支出等多项制度规定；清理规范了办公用房；重申强调了上下班纪律、工作纪律等各项规定，并加大明察暗访和督查督办力度，确保各项规定执行到位。二是常态化开展教育培训。在抓好山东地税网络教育学院和潍坊地税“快乐学习平台”学习应用的同时，自主探索开办了税务夜校，利用每周二晚上时间组织全体干部职工进行集体学习培训。2013年，集中培训50期，集中统考11次，切实增强了干部的基本岗位能力和日常业务知识。

【机构人员】　截至2013年底，全局内设6个科室，辖7个中心所（分局）。共有正式在职干部职工131人，其中，党员112人，占干部职工总人数的85.50%；大专以上学历107人，占干部职工总人数的81.68%。担负着全县8600多户纳税业户的地方税收征管和纳税服务等工作。

【党风廉政建设】　层层签订《党风廉政建设责任书》，把党风廉政建设责任制落实到了地税工作的每个环节；采取集中学习与个人自学相结合等方式，组织学习了党的十八大、十八届三中全会精神、新修改的党章以及上级一系列廉政工作部署，筑牢了税务人员的思想道德防线；深入开展检税共建，邀请检察部门的专家型领导为地税工作人员作廉政辅导、廉政提醒和廉政执法讲座，增强了干部职工廉洁从税意识，推动了党风廉政建设工作健康发展。

【精神文明建设】 以争创各类荣誉称号为抓手，不断加强精神文明建设，在继续保持省级文明单位、省级青年文明号和省级三八红旗集体等荣誉称号的基础上，又被授予山东省女职工建功立业标兵岗、全省幸福进家活动先进单位、全省地税系统先进集体、全省地税系统基层建设优秀单位、昌乐县2013年度经济建设十佳服务单位、县直部门（单位）工作实绩考核先进单位等9项荣誉称号。

（许海军）

安丘市地方税务局

经济概况

2013年，安丘市实现生产总值247.94亿元，比上年增长10.30%；全社会固定资产投资完成190.70亿元，比上年增长22.53%；全社会消费品零售总额实现120.86亿元，比上年增长15.70%；规模以上工业实现主营业务收入404.97亿元，增长12.10%；城镇人均可支配收入2.36万元，增长15.20%；农民人均纯收入1.21万元，增长12.60%；财政总收入22.54亿元，其中地方财政收入13.76亿元，分别增长18.92%和25.21%。

收入概况

2013年，全局共组织入库地税收入11.35亿元，比上年增收2.34亿元，增长26.03%。其中，中央级收入完成8925万元，省级收入完成78万元，县级收入完成10.02亿元。县级收入比上年增收2.07亿元，增长26.12%。

工作概述

【税收征管】 开展土地使用税纳税情况专项检查，抽调8名业务骨干组成4个检查组，对土地使用税纳税情况进行了拉网式调查摸底，全面真实摸清税源底子。开发土地使用税税源监控系统软件，实时监控土地使用税税源变动情况，全年入库土地使用税7805万元，增长544万元。对重点税源实行专业化管理，对年纳税100万元以上的重点税源企业重点监控，全年重点税源企业入库地方税收7.12亿元，占全部地税收入的62.76%。加强对建筑业监管力度，注重对新潍安路、商场路、青云山广场等市重点工程项目税收监管，建筑业入库税收2.04亿元，增长81.06%，增收9112万元。深化综合治税，与财政、法院、国税配合，强化对强制执行环节实现税收控管；与工商部门配合加强股权变更环节控税，入库税款249万元。

【纳税服务】 将景芝办税厅整合到办税服务大厅，统一受理全市各类涉税事项。9月，办税服务大厅整体入驻市政务服务中心办公，进一步方便了纳税人。简化办税流程，对75项申报涉税业务和13项风险可控的审核审批事项现场受理、即时办结；对18项风险较大的审核审批业务事项现场受理、厅内审核、限时办结；对13项需调查核实的审核审批业务事项现场受理、内部流转、限时办结。开通“安丘地税”微信公众平台，及时向纳税人推送最新政策、办税指南、纳税提醒等有关涉税事项，并实现在线实时互动交流，关注人数突破千人，解答咨询4100余人次，被授予全省地税系统“征纳共盈”纳税服务品牌创建先进单位，“E票通”服务平台被安丘市委评为市直机关优质服务品牌。

【干部队伍建设】 强化教育培训，以省局编发的培训教材为主，采取业务骨干领学辅导的方式，分期分批组织6期全员税收业务培训，参训人员700多人次，提升了全员业务水平。坚持以考促学，8月、10月和12月分别组织了全员业务统考、地税能手选拔和业务抽考。扎实做好党建工作，5月对机关党员和各支部进行换届选举，加强了基层党组织建设。上半年、下半年分别以党的十八大精神和解放思想大讨论为主题，组织两次组织生活会，促进了组织活动常态化、规范化。纪念建党92周年，举行“集聚正能量，共铸中国梦”职工演讲比赛，丰富活跃了党建活动内涵。局机关党委被评为市直机关先进基层党组织。

【精神文明建设】 开展一系列健康向上的职工文体活动，积极参与包村扶贫、学雷锋志愿服务以及扶残助学等社会公益活动，树立了良好形象。安丘地税继续保持省级文明单位荣誉称号，被中共潍坊市委、潍坊市政府评为“潍坊市扶残助残先进集体”，被安丘市委、市政府评为“市直机关先进单位”“和谐创建工作先进单位”“包村联户促和谐发展活动先进单位”“扶贫助学模范单位”“全市人口责任目标考核达标奖”等。纳税服务中心和凌河中心税务所继续被认定为“山东省青年文明号”。

加强精神文明建设，为纪念建党92周年，举办“集聚正能量　共铸中国梦”职工演讲比赛。

【党风廉政建设】 层层签订《党风廉政建设责任书》，4月份组织全体干部职工参观学习省税校廉政文化教育基地，5月组织中层以上干部到市公路局廉政教育基地进行警示教育，12月组织工作人员集中观看廉政京剧《路向远方》，引导和警示干部职工自觉提高廉洁自律意识和道德法纪观念，增强拒腐防变能力。分局被中共安丘市委、市政府评为全市党风廉政建设先进单位。

（焦枢亮）

寿光市地方税务局

经济概况

寿光市地处山东半岛北部，渤海莱州湾南畔，总面积2180平方公里，辖9个镇，5个街道办事处，人口108万，是闻名全国的蔬菜之乡和全国百强县(市)。2013年，全市实现生产总值701.3亿元，财政总收入97亿元，其中地方财政收入70.69亿元，列全省县域第二位、税收收入全省县域第一，财税总量、质量居全省县域前列；城镇居民人均可支配收入和农民人均纯收入均增长10.5%。

收入概况

2013年，全局共完成地方税收54.91亿元，同比口径增长27.1%，其中地方级完成50.67亿元，同比增长30.7%，增收11.91亿元。

工作概述

【税政管理】 按照省、市局“营改增”移交工作方案，对广播影视行业、鉴证咨询服务业、交通运输业、文化创意服务业、物流辅助服务业、信息技术服务业、研发技术服务业、有形动产租赁业8个行业共1269户纳税人完成确认手续，对纳税人发票和票证进行安全清缴，圆满完成“营改增”纳税人的平稳移交和过渡。

【税收执法】 以风险管理为导向，对梳理的12个容易出现风险的节点加强管理，其中税收按期申报率、入库率等全部超过上级要求；加强对预警信息处理监控、红色预警信息复核、重点税源企业和重点行业税收执法风险点进行摸底排查，有效保障了税法刚性，降低了执法风险。

【信息化建设】 围绕保障金税三期工程顺利上线，抽调业务骨干成立工作项目组，负责金税三期工程试点工作的调度、运维和指导，组织全局干部职工参与“金税三期工程”培训、数据比对、数据迁移、票证核销、设备运维、模拟演练等各项任务，期间共组织3次模拟检测，提交检测问题179项，对软件进行升级，对环境进行配备，10月8日，金税三期工程系统成功上线。

【纳税服务】 精简涉税流程，对504项涉税业务实现即时办结；新上POS机便利纳税人缴税；开展预审服务避免纳税人无效排队；开展延时服务解决纳税人急需业务等等，进一步方便了纳税人。开展个性化税企联帮活动，税收服务满意度进一步提高。与50强企业及部分重点企业签订《税收服务框架协议》，建立“税企联帮档案”，促进了税企和谐。

组织开展上门服务，进一步密切征纳关系。

【基层建设】 设立税源专业化管理工作推进办公室，制定集中征收税源专业化管理实施方案，统一干部思想，转变管理理念，理顺征管范围。改变专管员管户制度，对全局干部职工重新设岗，完成全局207人的岗位设置，对局机关的

43 个岗、办税服务厅的 18 个岗、基层所的 12 个岗进行调整。除羊口中心税务所外，全部税源集中到办税服务厅征收管理，实现了由管户制度向税源专业化管理的大幅跨越。

【干部队伍建设】　组织开展了“读好书、强素质、转作风、促发展”“双学双推”集中学习教育、岗位业务培训达标等活动，全面提升干部职工政治业务素质，全员全年参加培训学习平均达 530 小时，在上级组织开展的业务考试及工作达标评比中取得优异成绩。围绕干部职工基本需求，加强人文关怀，发起成立了 10 个兴趣小组，丰富了干部职工的业余文化生活，凝聚力、向心力进一步增强。

【党风廉政建设】　深化落实党风廉政建设责任制，开展廉政风险防控工作，对岗位职权进行分项梳理，编制职权目录，绘制权力运行流程图，从单位和个人查找廉政风险点，根据风险等级评定参考标准，自我评定风险等级，落实防控措施，加强风险防控。围绕纠治“四风”，重点解决“庸、懒、散、奢、冷、拖、浮”等作风问题，使遵纪守法成为自觉意识和自觉行动。

【精神文明建设】　组织广大党员干部积极开展健康向上的文体活动，陶冶情操。开展结对帮扶，密切党群、干群关系，其中组织党员干部直接联系服务群众走访 4 次，联系走访群众 860 余户次，对 73 户困难群众进行了结对帮扶。帮助田柳镇毛家村完成村路硬化、饮用水管网铺设、村庄美化，被寿光市委授予“包村联户”工作一等奖。

（崔忠田）

青州市地方税务局

经济概况

青州地处山东半岛中部，区位优越，交通便利。胶济铁路、济青高速公路、东红高速公路和 309 国道在境内交叉贯通，被列为山东半岛城市群副中心城市。青州历史文化悠久，是中国古九州之一。2013 年，青州市实现生产总值 504.3 亿元，增长 11.1%。完成全社会固定资产投资 359 亿元，增长 19.9%。公共财政预算收入 34.3 亿元，增长 18.1%。城乡居民储蓄存款余额 349.4 亿元，增长 15.7%。新增贷款 66.5 亿元，增长 20.1%。社会消费品零售总额 161.1 亿元，增长 16%。农民人均纯收入增长 12.4%。在全国县域经济基本竞争力百强县中列第 70 位。

收入概况

2013 年，全局共组织各项收入 26.17 亿元，同比增长 21.19%，增收 4.58 亿元。其中，税收收入 21.05 亿元，增长 26.31%；教育费附加 1.39 亿元，增长 11.14%；地方教育附加 9232.98 万元，增长 11.23%。中央级收入完成 1.59 亿元，同比增长 19.42%，增收 2568.17 万元；省级收入完成 85.23 万元，同比增长 10.31%，增收 8.49 万元；县级收入完成 23.13 亿元，同比增长 22.03%，增收 4.17 亿元；完成年度计划的 102.31%，超收 5302.47 万元。

工作概述

【征收管理】 加大综合治税力度，深化提升地方税收保障措施。全年通过综合治税扣缴税款7916.46万元，比上年增长25.12%。创新“以量控制、从量计征、按月预缴、年终测量清算”的石灰石资源税征管方式；依法对新建商品房在备案环节采取“先税后备案”方式征收契税，进一步堵漏增收。加大对重大建设项目的跟踪管理，对1000万元以上重大建设项目信息，全部建立项目档案，对涉及的所有税款纳入重点监控。认真做好金税三期工程税收管理信息系统上线、“营改增”试点工作。

【税收执法】 依托国土部门地理信息系统，统一聘用专业测绘机构，对全市3068户纳税人集中开展宗地测量工作，认真开展土地使用税、房产税、房屋租赁装修税收专项清理，进一步堵漏增收。2013年，土地使用税、房产税分别入库2.87亿元、5661.36万元，同比分别增长60.22%、17.13%，分别增收1.08亿元、826.45万元；强化税务稽查堵漏增收，2013年检查入库税款共计2300.38万元，达到以查促管、以查促收的目的。

【纳税服务】 规范办税服务职能，加强前后台业务衔接，积极推行“一站式”服务，形成“前台为纳税人服务，后台为前台服务”的大服务格局。安装智能绩效评价系统，在办税服务大厅全面实现实时监控、叫号排序、税收宣传、后台管理、预警设置、工作流量统计等功能。制作并向纳税人发放“亲情联系卡”，搭建微信公众服务平台，扎实做好涉税事项一次性告知工作，进一步提升纳税服务，促进征纳共赢。充分利用好12366服务热线，开展好局长服务日、纳税人税法培训等活动，共举办纳税人网上税校培训讲座12期，培训534人次，为纳税人解决疑难问题26件，热点问题34件，最大限度地服务纳税人，努力营造和谐的纳税氛围。

制作并向纳税人发放“亲情联系卡”，进一步畅通与纳税人沟通渠道，自觉接受纳税人监督。

【干部队伍建设】 印发《青州市地方税务局关于组织2013年度“青州地税业务骨干人才”评选工作的实施方案》，将专项培训、技能竞赛、岗位练兵、业务能手选拔等活动有机结合，提升业务素质和岗位技能。强化潍坊地税快乐学习平台学习，全年干部职工学习积分达262.19万分，列潍坊各县、市区局第一名。举办各类培训班20期次，培训干部职工1370人次。121名干部职工取得本科学历，18人次考取全省地税系统业务能手，2人入选税务总局人才库。

【党风廉政建设】 落实好省局推广的“廉政与执法风险防控平台”，层层组织签订《党风廉政建设责任书》。搞好检税共建工作，与青州市检察院签订《关于共同开展预防职务犯罪工作的实施意见》责任书，邀请市检察院领导作防范执法风险预防职务犯罪专题辅导报告，组织参观廉政教育警示基地。深入开展“庸、懒、散、浮”专项治理活动，及时发现和纠正行风建设中存在的问题，进一步改进机关作风。认真组织收听山东省“阳光政务热线”、潍坊市“行风在线”，做好“民生在线”的问题答复和落实工作，对“民生在线”网民提出的123个问题进行了及时回帖答复，回复率、满意率均实现100%。

【精神文明建设】 加强宣教基地建设，先后邀请专家举办辅导讲座26期，被省委讲师团评为全省理论宣讲工作先进单位。认真落实局长职工民主对话日制度，搭建诉求平台，倾听干部职工意见，帮助解决实际问题；深入开展“双学双促”活动和“以孝治市”活动；加强与文明委和工、青、妇等部门的协调联络，组织开展文明单位、青年文明号等创建活动，精神文明建设迈上了新的台阶。顺利通过省级文明单位复核验收，被全国总工会授予“全国模范职工之家”荣誉称号。

（程奉元）

高密市地方税务局

经济概况

高密市位于山东半岛和内陆接合部，东临海滨名城青岛，西依世界风筝之都潍坊，面积1526平方公里，人口87.6万，辖7个镇、3个街道、1个省级经济开发区、1个胶河疏港物流园区、1个胶河生态发展区、1个咸家工业区。2013年实现生产总值501.40亿元，实现财政总收入48.44亿元，其中地方财政收入36.33亿元。

收入概况

2013年，全局共完成各项收入27.48亿元，同比增收5.72亿元，增长26.30%。其中县级完成收入22.82亿元，同比增收5.05亿元，增长28.44%。

工作概述

【税收征管】 确立“规范税收执法、完成工作职责、防止失职渎职”组织收入工作理念，进一步健全完善“中介参与、律师把关、集体审议、司法监督”为主要内容的“四位一体”税收管理风险防控机制；突出抓好150户重点税源监控、500名企业重要税款催缴、165个重大项目税收管理等3项重点工作，2013年共计入库税款17.10亿元，占总收入的62%；着力加大土地增值税预征控管和清算后房地产开发项目检查力度，2013年入库土地增值税3.28亿元，同比增收1.78亿元，增长119.55%；强化企业所得税“税源、税基”控管，2013年企业所得税完成2.33亿元，同比增收5577万元，增长31.46%。

【税收执法】 严格落实税收执法责任制和过错追究制，2013年实现执法责任制考核“零过错”；积极做好土地使用税专项清查工作，强化宗地源头控管，2013年土地使用税完成3.01亿元，同比增收7375万元，增长32.48%；合力抓好房地产业税收控管，落实“以票控税”措施，实施房地产业“票证限额领购”和“票税联审”办法，开展房地产、建筑业税收专项检查，2013年房地产业完成地方税收（不含耕地占用税和契税）5.24亿元，同比增收1.62亿元，增长44.63%；深化落实地方税收保障工作，发挥政府牵头作用，进一步加强信息传递及分析处理、部门考核及通报奖惩，2013年共计采集处理涉税信息23万条，新增入库税款1.39亿元，同比增长32.6%。

【纳税服务】 积极建言献策，当好当地党委、政府的参谋助手，全年向市委、市政府报送《收入工作简报》12期、《关于我市金融业地方税收完成情况的分析报告》等调研报告3篇；强化税法宣传，提高纳税人的办税能力，2013年编发《税收政策专辑》500余册，解决纳税人各类疑难问题450余个，举办纳税人税法培训班18期，培训纳税人1600多人次；优化办税流程，将119项涉税事项全部纳入办税服务厅即时办结，实施导税服务、资料预审服务、免填单服务和“一对一”辅导服务等，其中《免填单需求型人性化纳税服务》被中共潍坊市委市直机关工委评为“优质服务项目”。在高密市2013年经济发展软环境建设民主评议中荣获垂直管理部门第一名和被评议基层站所第一名。

【机构人员】 截至2013年底，内设8个科室，辖3个直属单位、5个中心税务所。共有正式在岗干部职工116人，其中大学以上学历占78%，党员占91%。担负着全市1.2万余户纳税人的地方税收征收管理和纳税服务工作。

【干部队伍建设】 开展“对比启示感恩教育”活动，做好“四个对比”、算好“三笔账”、树立“三种意识”，进一步弘扬正气，积聚正能量；集中开展以加强思想、工作作风建设为重点的作风纪律整顿活动和反对形式主义、官僚主义、享乐主义、奢靡之风等“四风”自查自纠活动，促进了干部作风转变；深化干部队伍综合素养建设，组织举办公务员应试技巧知识培训、地税职工大讲堂和庆七·一“学党章、增党性、做表率”知识竞赛以及金税三期专题培训等活动，进一步提高了干部队伍的综合素质和水平。

组织税收业务知识考试，进一步提高全员业务水平。

【党风廉政建设】 层层签订《党风廉政建设责任书》《家庭廉政监督责任书》；组织参观省税校廉政文化教育基地1次，到公安局看守所接受警示教育3次，观看廉政教育专题片4次，邀请市纪委、市检察院领导作辅导讲座3期，群发廉政文化小贴士80多条，制发“廉政亲情寄语”桌牌160多块，推动了党风廉政建设健康发展。4月份被潍坊市纪委评为“潍坊市廉政文化建设示范点”。

【基层建设】　畅通诉求渠道顺心气、促和谐，全年召开高密地税情况通报会4次，实施“民声在线”互动交流40多次，解决困难和问题90余个；积极为职工办实事、办好事，进一步优化集中办税服务区，协调地方党委、政府改善基层中心所集中办公服务区，将办税服务厅由市民之家二楼搬迁至三楼，进一步优化基层干部职工的工作、生活环境和纳税人的办税环境，推进和谐地税建设。

（许　浒）

诸城市地方税务局

经济概况

2013年，诸城市实现生产总值642.72亿元，按可比价格计算，比上年增长11.4%。其中第一产业增加值57.31亿元，同比增长3.4%；第二产业增加值367.07亿元，同比增长11.6%；第三产业增加值218.34亿元，同比增长13.3%。三次产业结构为8.9：57.1：34.0。

收入概况

2013年，全局共入库各项收入39.62亿元，比上年增收6.09亿元，同比增长18.15%。其中，中央级收入2.09亿元，省级收入66.35万元，市级收入32.36万元（全部为残保金），县级收入37.52亿元。县级收入同比增收6.24亿元，增长19.94%。

工作概述

【税收征管】　强化税源分类控管。对重点企业、重点行业和重大项目实行集中专业化管理，每月一分析一调度，跟进针对性管理服务，有效提升了控管水平；对中小税源实行精细化管理，年内共对566户收入或成本核算不准确的中小企业按规定实行套率征收，对8915户个体业户的税收定额重新核定调整，提高了中小税源控管水平。深化社会综合治税。加快信息采集、传递效率，深化涉税信息分析应用，综合治税成效不断提高。全年信息采集量和入库税款位居潍坊各县市前列。强化预警评估管理。依托税收预警系统及时发布预警，跟进比对核查，强化了重点行业、重点税种监控。全年通过处理预警信息补缴税款4425.93万元；将重点行业、重点税种和疑点数据作为纳税评估案源，全年共评估入库税款1567万元。强化税务稽查。坚持外围调查、分析案源、组织自查和重点检查相结合，对制造、房地产、建筑等重点行业和企业所得税等重点税种开展专项检查，全年通过检查入库税款1230万元。

【税收执法】　狠抓收入质量管理。坚持执法督察、内审自查和执法考核齐抓并举，建立健全对干部执法行为的事前、事中、事后监督考评机制，有效提高了收入质量和风险防控水平。抓好金税三期工程系统上线工作。根据金税三期工程上线要求，及时配置调整岗位，整改完善征管数据，精细开展系统测试验证，对纳税人进行面对面培训、一对一辅导，对内部职工强化系统应用培训，确保了金税三期工程系统顺利上线、平稳运行。组织编写的《金税三期工程系统单位纳税人常用业务操作流程》和参与编写的《金税三期工程系统（稽查）操作流程》，潍坊市地税局下发全系统执行；在金税三期工程上线首个征收期，综合得分在潍坊各县局排名第一。大力推进“营改增”改革。认真落实交通运输业和部分现代服务业“营改增”政策，深入开展政策影响分析，扎实做好试点业户的税务登记核查、地税发票缴销、应纳税款清缴、征管档案整理等工作，按期顺利完成1391户“营改增”纳税人的移交工作。

加强税收征管，组织纳税人进行金税三期网上报税培训活动。

【纳税服务】 优化办税服务。对各服务厅的计算机、打印机等硬件设施设备及时更新和升级，优化了办税条件；认真开展风险点梳理，健全完善服务厅管理办法，规范服务流程，简化办税手续，方便了纳税人；强化服务技能培训和服务质量监督，提升服务质效。纳税服务中心荣获“山东省女职工建功立业标兵岗”称号。搞好政策服务。深入开展政策影响收入情况分析，主动建言献策，当好服务经济发展的参谋助手；认真落实高新企业、小微企业等税收优惠政策，全年为89户企业落实减免税1758.87万元，支持了企业发展；大力开展政策宣传辅导活动，全年共开展集中宣传活动10次、举办税法培训班15期。

【干部队伍建设】 抓作风。成立改进工作作风督导组，加强对纪律作风等工作的明察暗访和督查督办，扎实开展反对“四风”活动，提高了队伍执行力和落实力。在诸城市2013年度行风评议活动中位列执法部门第一名。抓能力。依托“地税大讲堂”“快乐学习平台”等载体平台，强化热点难点税收政策、系统管理软件、岗位技能、服务礼仪培训，促进了干部知识更新和能力提升。抓形象。在抓好税收业务工作的同时，积极创先争优，机关党建、文明创建、和谐创建水平不断提升。连续12年保持“省级文明单位”称号，被评为“山东省模范职工之家”。

（王婧华）

临朐县地方税务局

经济概况

2013年，临朐县实现生产总值205.6亿元，同比增长10.7%；实现财政总收入17.6亿元，其中地方财政收入10.4亿元，同口径分别增长24.2%和28.5%；全社会固定资产投资完成207.5亿元，增长20.4%；城镇居民人均可支配收入20815元，增长12.5%；农民人均纯收入11835元，增长12.6%。

收入概况

2013年，全局共组织各项地税收入

9.87亿元，同比增长32.55%，增收2.42亿元。其中，中央级收入完成8001万元；省级收入完成23万元；县级收入完成9.06亿元，比上年增长34.1%，增收2.30亿元。

工作概述

【税收征管】 实现金税三期工程系统平稳上线运行和“营改增”工作的顺利稳妥过渡。着力抓好重点税源、重大建设项目、重点行业税收管理和服务，实行跟踪监控，搞好动态税源管理。深入开展户籍信息比对和漏征漏管户清理，加强对非正常户、无证照户、外出经营户和变更、注销、停歇业等业户的户籍控管。深化发票管理，进一步加大潍坊地税“E票通”发票管理服务平台使用推广和宣传力度；自2013年二季度开始，与县财政局、国税局每季度联合开展一期发票摇奖活动，有效提高消费者索要发票的自觉性，“以票控税”成效不断提高。积极开展纳税评估，有针对性地选定评估对象，对房地产、建筑业、金融业等行业开展重点评估，堵漏增收，有效提高了税收控管质效。

【税收执法】 通过积极开展内部监督，主动接受外部监督，建立健全内外监督体系，提高税收执法监督水平，有效防范执法风险。不断完善执法责任和评议考核办法，强化对执法人员和执法行为动态监控考核。采取人机结合方式，加强执法风险预警，及时化解税收人员执法中存在的风险。加大稽查力度，组织实施专项检查，有效缓解了收入压力，规范了税收管理秩序。

【纳税服务】 一是继续推进办税服务场所标准化建设。应用好“一机双屏”、纳税服务质量电子评价器和POS机等方便纳税人的设施设备；新安装纳税人自助终端、液晶显示大屏，优化完善智能绩效管理系统，为纳税人提供高效便捷的服务。二是积极服务社会发展。认真履行有关代收代征职责，依法做好各项规费代收代征工作，有力地支持了教育、文化、水利、残疾人等社会事业的发展。三是不断完善和深化纳税服务制度。结合实际，对办税窗口职能进行科学整合，504项涉税业务直接由办税服务厅前台即时办结，81项业务由前台受理，后台流转，实现了“一窗通办”，有效减轻纳税人等候时间与办税成本，多方面深层次服务纳税人。

进一步提高纳税服务水平，通过开展自助办税等措施，帮助纳税人快速办理涉税事项。

【干部队伍建设】 深入组织实施“实务型个性化”教育培训，制定详细的教育培训配档表，根据工作人员知识结构、学历层次、业务范围的不同，进行因需、因知、因岗的针对性培训。积极做好潍坊地税快乐学习平台学习的引导、指导，让工作人员快乐学习、快乐提高。

【党风廉政建设】 严格落实整治“四风”等工作要求，切实筑牢廉政防线，完善各项廉政制度。坚持教育、制度、监督并重，通过廉政风险防控平台，将党风廉政、税收预警、执法平台紧密联系起来，提高党风廉政建设的针对性和实效性，有效强化内部监督；通过聘请社会特邀监察员，推行政务公开等举措，畅通监督渠道，深化外部监督。

【基层建设】 进一步优化和完善基层集中办公点软、硬件设施，极大改善了基层中心所的办公、生活、交通条件。在县局机关党委统一领导下，深入开展各项基层党建工作，切实提升了党建工作水平。积极开展形式多样的文体活动，丰富地税工作人员生活，推进地税文化建设。

【精神文明建设】 积极开展各类文明创建活动，临朐县地税局顺利通过“省级文明单位”复审，并被授予“全省地税系统党建工作先进集体”“临朐县落实党风廉政建设责任制先进单位”“全县经济建设十佳服务单位”等荣誉称号；同时被省纪委申报确定为“省级廉政文化建设示范点”，在2013年“双评”工作中，继续保持了临朐县行政执法部门第一名的好成绩。

【信息化建设】 不断加大硬件设施投入，及时进行软件升级，严格内外网隔离，保障了系统的安全稳定运行。整合现有信息资源，利用信息平台加强数据审核和分析处理，全面提升系统信息化建设水平。强化信息化应用培训，不断提高工作人员的计算机操作应用水平。

（唐晓青）

潍坊市地方税务局
高新技术产业开发区分局

经济概况

2013年，全区实现生产总值308.50亿元，同比增长15.70%，其中第一产业增加值0.45亿元，同比增长3.00%；第二产业增加值193.87亿元，同比增长19.10%；第三产业增加值114.17亿元，同比增长9.30%，一、二、三产业的比例为0.15∶62.84∶37.01。全区完成地方财政收入56.95亿元，同比增长20.20%。

收入概况

2013年，全局共组织地方税收24.05亿元，同比下降40.39%，其中，中央级收入4.67亿元，同比下降71.10%；省级收入0.01亿元，同比下降99.90%；区县级收入19.34亿元，同比下降6.46%。

工作概述

【税收征管】 按照“质量第一、协同并进、注重实效”三原则，扎实开展数据质量清理，严格进行操作调试，圆满完成金税三期工程顺利上线任务。推进存量房交易评税系统和房地产交易税收征管一体化系统的应用，实现房地产交易环节税费一体化管理，提高房地产交易税收管理的科学化、精细化水平，实现自然人房产交易涉税事项同城办理。推进“潍坊地税E票通”发票管理服务平台应用，实施发票网购配送服务，实现网上委托代开发票、网开发票和自动缴销、网上发票验真，促进税收征管与服务共赢。

【税收执法】 加强税收执法预警管理，健全税收执法预警制度，及时发布预警内容，提高事前防范主动性。开展税收执法检查，强化对税收执法权的监督制约，进一步落实执法责任，提高税收执法和征管工作的质量。加强税法宣传，尽心尽力扶持和服务企业发展，社会公众的纳税意识和纳税人的纳税遵从度进一步提高。

【纳税服务】 加强税收宣传和政策辅导，组织专题政策调研，扎实推进“营改增”工作。对各项税收优惠政策进行梳理，全面落实结构性减税政策，进一步明确减免税的权限设置、报批流程和备案管理，切实做好结构性减税政策的宣传、解释、落实工作。精简涉税审批事项，对税务登记等五大类30项涉税事项进行了整合修改，全部前置到办税服务厅一次性受理，更方便了纳税人涉税业务的办理。加强纳税人培训辅导，面对面宣讲税收法规政策，并直接听取意见和建议，为改进工作提供参考和动力。

开展金税三期工程网上报税培训，确保纳税人顺利实现网上报税。

【干部队伍建设】 加强地税文化建设，设立地税文化室，组织职工健身养生文化活动，推进“廉政文化进机关”，致力于以优秀文化来凝聚人、鼓舞人、塑造人，凝聚干事创业的力量。加大教育培训投入，先后组织了《小企业会计准则》、税收执法、企业所得税汇算清缴政策、服务礼仪等专题讲座，注重骨干人才的培养，带动全员素质的不断提升，形成“人人参与”的学习氛围，增强创先争优的本领。持续推进文明创建，设立“道德讲堂”，建立学雷锋志愿者服务队，组织了纳税人权益维护、结对帮困等多样化志愿者服务，传递正能量，树立了地税部门的良好社会形象。

（高鲁闽）

潍坊市地方税务局
滨海经济开发区分局

经济概况

潍坊滨海经济技术开发区是国家级经济技术开发区，2013年，全区实现生产总值220亿元，规模以上工业销售收入663亿元，同比分别增长16.11%和23.10%；财政总收入36.62亿元，增长13.30%；地方财政收入20.51亿元，增长21.12%。

收入概况

2013年，全局累计组织各项地税收入13.55亿元，同比增长27.21%；其中：中央级4889万元，同比减收217万元，减少4.25%；省级22万元，与上年持平；

市级708万元，同比增长16.06%；区级12.99亿元，同比增长28.87%，收入总量与地方级税收保持了持续健康增长。

工作概述

【征收管理】 夯实管理基础。对全区在册登记的4519户纳税人开展税务登记基础信息规范、清查工作，为加强后续管理奠定良好基础。强化重点税源管理。重点税源收入8.91亿元，占总体税收的66.38%，同比增长22.67%。拓展综合治税领域。共采集综合治税信息4万条，其中涉税信息2.40万条，入库税款6130万元，增收2260万元，同比增长32.34%。强化税收预警信息管理。处理预警信息320条，补缴税款309万元。

【信息化建设】 金税三期工程试点工程顺利运行。成立金税三期工程运行维护工作组，在系统初始化、分批次操作应用培训、双轨试运行、数据迁移等方面做了大量工作。集中力量对金税三期工程900多个模块进行系统测试、跟踪，金税三期工程系统按照上级要求成功上线，各项业务顺利进行。

【纳税服务】 积极营造宽松的发展环境。认真贯彻国家结构性减税政策，按政策规定落实各项税收优惠5231万元。营造优质服务环境。全面落实"三零三制三全"服务体制（"三零"，是实行"零首付注册、零收费管理、零距离服务"；"三制"，是开展"备案登记制、专管员联评制、限时办结制"；"三全"，则是实施对企业、对群众的全方位、全过程、全天候服务），积极推行免填单服务措施，进一步提高办税效率。积极开展"地税局长服务日活动"。每月9日，分管局长到为民服务中心地税窗口，解答纳税人咨询150人次，为企业处理疑难问题80户次。做好纳税人业务培训工作。在金税三期工程系统运行初期，组织4场大型培训会议，共培训企业办税人员1520人次。对较复杂的税收政策及时进行解析，有针对性地组织企业办税人员进行政策辅导，共培训12期，提高纳税人依法纳税的能力。

【干部队伍建设】 深入学习贯彻党的十八大和十八届三中全会精神。认真组织、精心安排十八大精神宣讲报告会和"局长、科长大讲堂"，精研潍坊市、开发区突破滨海的精神实质，把干部职工的思想统一到党的十八大和十八届三中全会精神上来，为加快滨海突破添砖加瓦。深化需求型个性化干部教育培训。坚持落实每周固定学习制度，由师资人员进行小企业会计制度培训和金税三期工程系统操作培训。共举办业务培训16次，参训人员600人次，提高了干部职工的业务素质和岗位操作技能。加强党风廉政建设。推广应用廉政风险防控平台，有效控制可能发生的廉政风险。组织中层以上干部参加德廉知识考试，进一步增强干部职工的遵纪守法意识。切实改进工作作风。组织干部职工学习中央八项规定和开发区党工委、管委会《关于改进干部作风的规定》，深入查找自身工作中存在的问题和不足，从思想上根除"四风"。集中开展整治"治庸提能力、治懒增效率、治散凝心力、治浮促实干"为重点的"庸、懒、散、浮"

活动，人人写心得体会、剖析材料，制定整改提高措施，取得了实实在在的效果。扎实开展密切联系群众工作。组织24名党员携带党员联系卡，深入帮扶村，走进农户，了解生活中存在的实际困难和需求，为困难群众送去慰问金和慰问品。同时，充分发挥分局“青年文明号”先锋带头作用，摸清帮扶村的团组织情况，确定帮扶项目，助推青年团员为建设社会主义新农村作贡献。

（刘发仁）

潍坊市地方税务局农业高新技术产业开发区分局

经济概况

2013年，潍坊经济开发区实现生产总值37.9亿元，同比增长10.5%；固定资产投资85亿元，增长20.1%；公共财政预算收入4.24亿元，增长18.3%；进出口总额1.73亿美元，增长12.5%。

收入概况

2013年，分局共组织入库地税收入2.93亿元，同比下降5.37%，其中，中央级收入0.14亿元，省级收入4万元，区级收入2.79亿元，剔除不可比因素累计增收0.58亿元，增长24.96%。

工作概述

【征收管理】　加强对重点工程、重点项目、重点行业的税收监控力度，优化全程管理和跟踪服务工作机制，摸清摸实税收底数。开展重点项目税负情况及经营情况微观分析，及时做好应征税源和实缴税款的差异分析，积极采取应对措施。将纳税评估及税收稽查列入日常工作，定责定岗、整合资源，做好疑点处理和风险应对。依托金税三期工程税收管理系统及税收预警平台，充分利用企业提报及系统数据进行应缴、已缴、欠缴情况分析。进一步优化稽查流程，注重辅导自查、评估约谈、重点检查等重点环节，实现增收堵漏的同时规避执法风险。

【纳税服务】　发挥重点服务部门的作用，与国税、规划、国土等部门协调配合，主动为外来投资业户提供“一对一”上门跟踪服务，及时办理有关手续，为招商引资创造有利环境，提升投资信心。同时，对落户项目强化后续服务，积极落实税收调控措施，确保各项税收优惠政策执行到位，进一步培植、壮大税源，为地方经济持续发展提供动力。以全面推进纳税服务体系建设为主线，创新服务方式、服务手段、服务项目，推进以规范化的办税服务窗口为主体的综合服务平台建设。

【干部队伍建设】　积极推进岗位技能教育和干部学历教育。一方面，制定岗位能手培养和奖励办法，引导干部职工从本职工作入手，从岗位要求入手提升综合素质，使自身更加适应实际工作的需要。另一方面，制定《干部学历教育奖励办法》，鼓励干部参加各类在职学历教育、注册税务师、计算机等级考试等。完善人才培养选拔机制。优化人才结构，通过考核评议，确定部分综合素质高、工作技能强的年轻税务干部为重点培养对象，优先选派参加各级组织的培训和深造，有效增强干部队伍的活力，推动工作的开展。

【党风廉政建设】 扎实开展廉政文化创建活动，整体推进反腐倡廉各项工作。以提高廉政文化素养为目标，倡导读书思廉，进一步增强“修德”和“律己”的自觉性。更新廉政文化长廊宣传内容，编纂廉政建设知识读本，建立党风廉政责任制台账等廉政档案。严格执行“三谈两述”制度，加强对干部的教育、管理、监督。

【精神文明建设】 将加强精神文明建设作为提升地税形象的切入点，以依法治税为先导，组织收入为中心，思想教育为重点，服务发展为目的，深入扎实开展思想道德教育、廉政建设、机关作风建设、法制教育、地税文化建设等工作。在年度双评工作中，连续5年位列全区执法单位第一名，并连续9年被评为省级文明单位。

（丁　可）

潍坊市地方税务局
峡山生态经济发展区分局

经济概况

峡山生态经济发展区是潍坊市中心城区的“五大发展板块”之一，位于潍坊市东南部，地处山东半岛的咽喉地带，东与青岛相望，南与日照相邻，向西经潍坊与济南相连，北临渤海，既靠近沿海城市又对接内陆，地理位置优越。全区总面积491平方公里，其中峡山湖水域面积144平方公里，辖4个街道，277个行政村，22万人。2013年，全区实现公共财政预算收入9388万元。

收入概况

2013年，全局共组织入库地税收入8326.80万元，同比增长40.27%，增收2394.24万元，其中地方级收入完成7849.45万元，增收1743.42万元，同比增长37.24%，教育费附加收入214.12万元，地方教育附加收入142.16万元，水利建设基金收入69.41万元，残疾人就业保障金收入32.23万元。地税收入实现大幅增长。

工作概述

【征收管理】 深入落实税收管理员制度，有效解决“疏于管理、淡化责任”问题，营造良好的征管秩序。加强与国税等部门的合作，提高管理的实效性，增强税收执法的透明度，创造公平公正和谐的税收环境。组织开展税源清查，发现税源管理盲区，为实行纳税评估和信息采集，促进征管资料规范化，保证完成税收任务奠定良好的基础。严格发票管理，“以票控税”效果明显，发票使用管理规范。

【税收执法】 认真开展税法宣传活动，建立良好的税收征纳关系。严格执行税收政策，抓好管严涉税审批关。专项检查清缴工作组织严密，措施得力，效果明显。对重点项目建设进行专项检查，全面了解峡山区重点工程建设基本情况，为重点项目税收管理工作奠定基础。

【纳税服务】 牢固树立税收为经济发展服务的意识，落实有效措施，营造良好的经济发展软环境。充分发挥参谋作用，及时向当地党委、政府提供有价值、有导向性的信息，为领导搞好决策服务。认真贯彻落实税收优惠政策，促进征纳关系和谐稳定。完善纳税服务制度，规范办税服务厅建设，推行“一站式”纳税服务，努力形成前台受理、内部流转、限时办结的服务格局。

加强纳税服务组织业务人员为重点税源企业财务人员进行税收政策辅导。

【信息化建设】　在办税服务厅设立“一机双屏”，拉近与纳税人的距离，提高工作效率和办公环境水平。抽调专人组成项目组，加大学习培训力度，确保金税三期工程系统顺利上线。充分利用峡山区社会综合治税系统，以信息化促进地方税收保障工作扎实有效开展。

【干部队伍建设】　制定完善《财务公开暂行办法》《税源管理目标管理考核办法》《工作纪律考核办法》等13项制度，促进分局管理工作的制度化、规范化。对现有人员和场所进行整合，对部分职能岗位进行分工，明确人员职责，确保责任到人、运转流畅，有效提高了干部职工工作的积极性和主动性。

【基层建设】　加强办公区域绿化、亮化、美化，为纳税人办税和干部职工工作提供舒适的环境。办好职工餐厅，不断改善干部职工的生活就餐条件。

【党风廉政建设】　深入开展党风廉政教育活动，通过案件剖析、现身说法等方式，教育干部职工筑牢思想道德防线，增强廉洁自律意识，提高拒腐防变能力，更好地保护干部职工，推动地税事业和谐发展。签订《党风廉政建设责任书》，筑牢思想防线。

【精神文明建设】　重视道德教育，树立和发扬社会主义道德风尚，倡导“爱祖国、爱人民、爱劳动、爱科学、爱社会主义”的公德。加强“社会公德、职业道德、家庭美德、个人品德”建设，构建地税和谐文化。通过潍坊市文明单位复查验收。加强“道德讲堂”建设，收到了良好效果。

（曾　鹏）

潍坊市地方税务局
综合保税区分局

经 济 概 况

潍坊综合保税区于2011年1月经国务院批准设立，是全国第14个综合保税区，具有“保税加工、保税物流、货物贸易、服务贸易和虚拟口岸”五大功能。总规划面积20平方公里，其中网内保税区5.17平方公里，网外配套区14.83平方公里。2013年全区实现进出口额6.3亿美元，同比增长82.4%，进出口总额和增幅均为潍坊市第一位。

收入概况

2013年，全局共组织地税收入7209万元，同比增长72.79%。其中，中央级收入完成424万元，省级收入完成54万元，区县级收入完成6731万元。区县级收入比上年增收3281万元，增长95.10%。

工作概述

【税收征管】 认真做好金税三期工程上线试点工作。对全部69个岗位进行梳理，坚持岗位落实到个人；组织梳理征管数据2000余条，保障征管数据的准确迁移；对18类396项业务流程反复练习测试，不断提高干部职工软件的操作技能和水平。加强与国税部门协作配合，认真做好“营改增”试点工作，并通过上门走访、电话沟通等方式做好后续跟踪服务。借助金税三期工程、“营改增”等有利时机，对辖区内纳税人进行再次摸底，进一步提升税源管控水平。充分运用金税三期工程税收管理系统，坚持每周调度、每旬比对、每月分析当月收入，不断完善税收分析预测机制。认真落实契税和耕地占用税“先税后证”制度，加强源头控管，构建相关部门配合的综合治税体系。

【纳税服务】 坚持以纳税人合理合法需求为导向，以纳税人满意为落脚点，认真落实需求型人性化纳税服务。完善全职能综合服务窗口，尽可能让纳税人在同一窗口就可办理一切涉税事宜。认真开展涉税提醒服务，每月在征期结束前2天，安排专人对未申报户和申报后尚未缴纳税款的纳税人进行电话提醒，提升纳税人税法遵从度。对由纳税人申请的涉及后台流转的8类13项业务实行前置审批、即时办理，优化办税流程。认真开展“地税局长服务日”活动，每月9日值班局长和业务科长为纳税人提供现场咨询服务，听取纳税人的意见和建议，解答税收政策咨询150多个。认真开展“税收宣传月”活动，发放宣传材料800多份，接受咨询70多人次。通过组织纳税人集中培训、上门服务、电话交流等方式与纳税人互动交流，不断提高纳税人税法遵从度。

【干部队伍建设】 结合实际研究制定了《日常工作纪律》《值班制度》《请假销假制度》《财务管理》等6项制度办法，进一步严肃工作纪律，优化工作作风。认真开展实务型个性化干部教育培训。组织干部职工依托《山东地税岗位培训丛书》和潍坊地税“快乐学习平台”学业务、学政治、学技能，不断提高综合服务的水平和能力。积极建设地税文化，激发工作热情。畅通职工诉求渠道，深入了解职工的思想、工作和生活需求，增强队伍凝聚力，提升队伍执行力。

【党风廉政建设】 认真开展纪律学习教育活动，组织干部职工学习《税收违法违纪行为处分规定》。开展案例教育，组织工作人员参观山东省税务学校廉政教育基地，学习上级关于违反工作纪律典型问题的通报，进一步加强党风廉政教育，提高干部职工廉洁自律意识。签订《党风廉政责任书》，落实党风廉政建设责任制。推行以考促学，组织参加潍坊综合保税区德廉知识集中测试，引导干部职工加强思想道德修养，人均成绩达95分以上。

【创先争优】 分局先后被潍坊综合保税区党工委、管委会评为全区“突出贡献单位”“总部经济工作先进单位”“软环境建设先进单位” “文明单位”和“信息宣传工作先进单位”，被省文明委授予“省级文明单位”等荣誉称号，在2013年度全区政风行风评议中荣获行政执法部门第一名，2名同志被评为综合保税区“先进个人”，1名同志被评为“计划生育先进个人”。

（刘文昊）

济宁市地方税务局

经济概况

2013年，全市实现生产总值3501.5亿元，同比增长11%。其中，第一产业增加值418.9亿元，增长4.3%；第二产业增加值1789.8亿元，增长11.6%；第三产业增加值1292.9亿元，增长12.1%。三次产业结构比例为12.0∶51.1∶36.9。固定资产投资完成2256亿元，增长21.70%。城市居民人均可支配收入2.80万元，增长9.80%；农民人均纯收入1.13万元，增长13.5%。实现地方财政收入302.2亿元，增长13.3%。

收入概况

2013年，全市地税系统累计完成各项收入224.82亿元，居全省第五位，同比增长3.87%，增收8.37亿元。其中，中央级收入完成38.16亿元，下降27.12%，减收14.2亿元；省级收入完成0.06亿元，下降14.29%，减收0.01亿元；市县级收入完成186.59亿元，增长13.76%，增收22.57亿元。市县级收入占总收入的比重为83%，比上年提高7.24个百分点，市县级收入占地方财政收入的比重为61.74%，同比提高0.25个百分点。

工作概述

【税政管理】 提升站位，积极争取税收政策，联合市财政局向省财政厅和省地税局提报《关于济宁市征收煤炭塌陷地城镇土地使用税问题的报告》。向济宁市委、市政府提报《关于“营改增”对济宁经济税收的影响及应对策略的报告》，得到了市委书记马平昌的批示肯定。坚决落实国家“营改增”政策，将4906户企业按时移交国税管理，减收近2亿元，促进了地方产业结构的优化升级。

【征收管理】 扎实开展“征管改革年”活动，同步开展城区集中征收、风险监控管理、稽查体制改革和分级分类管理4项改革工作。不断创新税收征管办法，进一步完善项目管理信息系统，探索实施房地产、建筑业链条式管理。建立健全民间借贷融资双向申报制度，民间借贷管理更加规范。改进个人所得税管理，基本实现了全员全额明细申报的全覆盖。完善非居民税收管理机制，资本弱化反避税工作填补省内空白。实施团队化集中式评估，增加税收3.55亿元，处理税收预警信息增加税收8599万元。组织开展对房地产业、商业银行、高收入个人的税收专项检查，查补税款6570万元。依托“地方税收保障信息平台”，采集2.1万条涉税信息，深度利用宗地管理、存量房交易、股权转让、社区税收等重点难点环节管理，入库税收3.7亿元，堵塞了税收漏洞。

【税收执法】 深入落实《山东省地方税收保障条例》，积极与市地方税收保障工作领导小组办公室协调，制定工作联席会议制度、搭建信息传递平台，不断推进税收协助工作，市人大开展《条例》实施情况专项检查时给予了高度评价。依托地方税收保障信息平台，全市累计采集涉税信息2.1万条，深度利用重点难点环节管理，入库税收3.7亿元，堵塞了税收漏洞。认真加强税收执法督察，开展重点行业税收专项检查，严厉打击发票违法犯罪活动，进一步规范了税收执法，增强了执法刚性。

【纳税服务】 牢固树立“征纳双方法律地位平等”的现代税收服务理念，深入推进国税、地税联合办税、集中征收同城通办和“一站式”服务，组织开展“为企业排忧解难”“讲诚信、促发展”活动，办好“地税局长服务日”“纳税人税法培训中心”，培训纳税人118场次、8800人次，发放各类税收宣传资料9000余份，受到纳税人和社会各界的好评。市局纳税服务中心被授予“全国五一巾帼标兵岗”。

【信息化建设】 全力打好金税三期工程上线攻坚战，坚持全员参与、上下联动、克服困难、加班加点，通过采取抓组织领导、制度落实、数据整改、教育培训、系统测试等“七抓”措施，金税三期工程征管系统于10月8日顺利实现上线运行。

【干部队伍建设】 采取民主推荐和竞争性选拔的方式，开展县市区局班子成员、基层分局（中心税务所）长和主任科员、副主任科员选拔配备工作，共提拔科级干部64名。开展分级分类教育培训，市局机关先后举办各类培训班8期，培训干部323人次，干部队伍素质明显提升。开发绩效管理平台、乐学在线平台，和省局廉政风险防控平台对接，打造立体式绩效综合考评平台，“快乐学习、积极工作、健康生活”的理念逐渐成为干部职工的自觉追求。

【基层建设】 召开文化建设暨文明创建工作现场会，认真抓好先进典型的培养和宣传，涌现出曲阜局“儒风润税·勤廉致和”、兖州局“人文兖州·和谐地税”等一批文化建设品牌。不断加强系统党建工作，被评为“全省地税系统党建工作先进集体”。

【党风廉政建设】 认真贯彻落实中央八项规定，开展反对“四风”“庸懒散”

专项整治和纪律学习教育活动。连续五年把党风廉政建设专题会议作为年度第一个会议。对8个单位进行了巡视检查，对9个单位实施了内部审计。开展“作风建设年”活动，狠抓政风行风和机关效能建设，在2012年度民主评议政风行风活动中获行政执法部门第2名，6个县级局获当地行政执法部门第1名。

【精神文明建设】　不断加强和改进思想政治工作，定期举办“道德讲堂”，被济宁市委命名为“济宁市中国特色社会主义理论体系宣教基地”。积极做好精神文明创建工作，全市“省级文明单位”达到18个。1人被授予“全国五一劳动奖章”。被市委、市政府授予“支持济宁发展突出贡献单位”“2012年度综合考核先进集体”称号，以中央、省驻济单位群众满意度考核第一名的成绩获“群众满意先进单位”称号，被省局评为“2013年度全省地税系统目标管理考核优秀单位”。

（崔宗太）

济宁市地方税务局市中分局

经济概况

2013年，市中区实现生产总值238亿元，其中一、二、三产业增加值9亿元、93亿元和136亿元，分别同比增长4%、14%和12%；地方财政收入23.62亿元，增长23.3%；固定资产投资129亿元，增长23.5%；社会消费品零售总额196亿元，增长15.8%；城镇居民人均可支配收入2.63万元，农民人均纯收入1.08万元。

收入概况

2013年，全局共组织各项收入16.19亿元，同比增长14.55%，首破16亿元大关；区级收入完成14.50亿元，同比增长22.45%。其中，按财政口径区级收入完成12.51亿元，同比增长25.06%，完成预算计划的102.51%，占原市中区财政收入的比重达到75%。

工作概述

【征收管理】　加强房地产、建筑业重点行业管理，实行项目管理系统上线，房地产、建筑行业入库税款9.87亿元，同比增长42.08%，占全部地税收入的61%。积极开展年所得12万元以上个人所得税申报审核，共受理自行申报1523人，完成市局部署工作目标的169%。对重点税源、主体税种进行强化管理，实施《征管查互动管理办法》，在全市地税系统率先成立首个纳税评估专业化机构，集中评估重点税源企业72户，入库税款2500万元。结合金税三期工程上线，上线前整改业户数据8662项，组织内外部培训30余场2000余人次，金税三期工程平稳上线，各项业务运行正常。

【税收执法】　深入落实《山东省地方税收保障条例》，制定工作联席会议制度、搭建信息传递平台，不断推进税收协助工作。积极迎接市人大对条例实施情况的专项检查，并获得高度评价。依托地方税收保障信息平台，加强综合治税信息采集，采集录入信息3202条，入库税款4848万元，堵塞了税收漏洞。

加强税收执法督察，开展重点行业税收专项检查，严厉打击发票违法犯罪活动。认真落实组织收入原则和《收入质量违法违规行为责任追究办法》，组织开展2012年度《税收收入分析》《征管质量状况分析》和《税收预警情况分析》，通过调度分析并抓好整改，进一步规范了税收执法。

【纳税服务】 积极适应建设法治政府、和谐社会的要求，自觉做到依法治税与优化服务并重，努力营造法治、公平的税收环境。开展济宁城区同城通办调研工作，推行设点服务、预约服务、自助办税、一站式服务等个性化服务措施，开展11次“地税局长服务日”活动，接待纳税人253人次，解答咨询涉税问题217个。与市局联合举办6期纳税人培训班，培训纳税人580人次。办税服务厅被市优化办表彰为“全市十佳优质服务标杆窗口”。

【干部队伍建设】 按照“动态管理，梯队建设”思路，积极拓宽干部发展空间，采取竞争性选拔方式，积极稳妥地开展区局班子及基层中心所长选拔调整，选拔股级干部7名，优化了人力资源配置，激发了队伍整体活力。进一步加强各级班子思想政治建设，强化干部素质提高，充分利用“乐学在线平台”，开展网上业务考试。大规模开展业务培训，先后组织2期60人进行更新知识培训。

【党风廉政建设】 开展以《税收违法违纪行为处分规定》为重点的纪律学习教育活动，层层落实党风廉政建设责任制，深化党性廉政文化教育基地的辐射教育作用，开设廉政讲堂和道德讲堂。积极转变工作作风，深入学习贯彻中央八项规定和厉行节约反对浪费要求，认真组织开展“庸懒散”专项治理行动，制定完善了改进工作作风、厉行勤俭节约和防范“庸懒散”问题的具体措施，严格执行会议管理、接待管理、车辆管理等规定，公务接待费和会议费同比均有较大降低。

加强税收宣传，开展主题为“大手拉小手税收进校园”的宣传活动。

【地税文化建设】 组织举办党的十八大和十八届三中全会精神辅导讲座和专题学习，干部党性修养和政治意识不断增强。举行向嘉祥患病女孩爱心捐书、趣味运动会，爱心妈妈看望困难儿童、“小手涂鸦画税收”税法宣传进校园、关爱留守儿童、公共礼仪培训等丰富多彩的活动。以“基层组织建设年”活动为契机，先后组织走访帮扶村20余次，慰问困难群众206人，修建户户通水泥路5200米，铺垫生产路面2700米，筹资80万元为帮扶村建成全区首个乡村文化大院。

（刘　杰）

济宁市地方税务局任城分局

经济概况

2013年，任城区实现生产总值284.45亿元，同比增长1.3%，实现固定资产投资169.23亿元，增长23.0%。全区地方财政收入完成28.46亿元，增长17.1%，其中，国税部门完成5.62亿元，地税部门完成18.36亿元，财政部门完成4.48亿元。

收入概况

2013年，全局共组织入库地税收入20.97亿元，同比增收2.16亿元，增长12.8%，其中，完成中央级收入1.79亿元，减收8.9%；省级收入100.2万元，增长4.2%；完成市县级收入19.17亿元，增长15.3%；区级收入18.36亿元，增长17.3%。

工作概述

【税政管理】 对8.83万人次个人所得税纳税人进行了完税认定。加强年所得12万元以上高收入个人所得税申报管理，受理纳税申报2092人次，入库个人所得税1亿元。完成征收方式鉴定工作，通过系统鉴定624户，其中定额93户，定率531户，对28户企业进行了查账征收鉴定。

【征收管理】 新办税务登记1278户，对全区3233户个体双定户进行了微机定税，定税面达到了100%，达点户354户，占定税户的11%，月定税额101.4万元，税负平均提高32.01%。加强外管证管理，实行建筑业项目网上登记、开票、分项目税款明细报告制度。加强重点行业管理，煤电行业实现税收5.61亿元，房地产业实现税收4.69亿元，建筑业实现税收1.67亿元。依托政府涉税信息交换平台，共采集信息7957条，其中涉税信息2099条，入库税款1.4亿元，增收5537万元。

【税收执法】 实施专业化纳税评估，根据重点行业类别，成立了房地产、建筑业、煤电行业等8个纳税评估组，选取39户重点税源企业开展纳税评估，通过评估入库税款470万元。开展所得税汇缴辅导、所得税鉴定查账征收、所得税备案减免、货物运输企业纳税人年审、全区重点企业税源调查、发票检查等工作，制定了《发票内部管理暂行办法》《发票代开管理办法》和《打击假发票专项治理》等文件，印发了《税收专项检查方案》，确定六个行业为专查重点，共稽查纳税人44户，入库2421万元。

【纳税服务】 组织开展“局长服务日活动”，共接待纳税人59人，解答涉税咨询问题86个，受理举报案件8个，全部按时结案。组织开展了9期纳税人培训班，培训纳税人2700余人次。采用动画的形式，制作了报税操作流程宣传片。在全国第22个税收宣传月，举办了以“展书法魅力，释税月情怀”为主题的税收宣传月启动仪式；在济宁车展期间，组织了以税法宣传走进车展的宣传活动，现场发放资料500余份。

【干部队伍建设】 开展读书学习

活动，培育时时学习、处处学习、事事学习之风，建设学习型队伍。根据全局在职人员的业务水平和实际工作能力，进行科学分类、优化组合，注重专业搭配、优势互补，选拔工作实绩好、个人素质优、群众威信高的年轻干部进入基层班子，形成合理梯次，增强基层班子活力。

【党风廉政建设】 开展作风建设年活动，制定了《任城地税分局落实中央八项规定的实施意见》和《厉行节约反对铺张浪费的实施意见》，对改进调研方式、会议管理、公务用车、公务接待等方面提出27条具体措施；制定了《“庸懒散”专项治理实施方案》和工作配档表，杜绝“庸懒散”问题的发生。举办廉洁教育讲堂，深化“税检共建”活动，邀请纪委、检察院开展专题讲座，组织干部职工观看反腐败专题片、举办廉政书画摄影展览、参观廉政警示教育基地，增强干部的廉洁从税意识。

加强精神文明建设，举办“道德讲堂”活动。

【精神文明建设】 获得“全省地税系统廉政文化四进先进单位”“全省地方税收专项检查先进集体”“山东省女职工建功立业标兵岗”“济宁市地税系统先进单位”“全市地税系统征纳共赢纳税服务品牌创建先进单位”等荣誉称号，局机关通过了“全省文明单位”的复审，7个基层分局、中心所通过了“市级文明单位”的复审，三贾中心所荣获“济宁市十佳文明窗口”称号。

（郭　浩）

济宁市地税局
高新技术产业开发区分局

经济概况

2013年，济宁高新技术产业开发区实现营业总收入1743亿元，生产总值430亿元，规模工业总产值1188亿元，公共预算收入31.10亿元，固定资产投资183.60亿元，实际利用外资2.20亿美元，外贸进出口总额14.90亿美元。经济总量在全国114家国家高新区列第25位，前移2个位次；主要指标均居全省国家高新区前3位。

收入概况

2013年，全局共完成各项地税收入21.79亿元，同比增长8.90%；其中完成公共预算收入18.43亿元，同比增长16.74%，同比增长2.64亿元。

工作概述

【税政管理】 扎实开展企业所得税汇缴以及核定征收，完成年所得12万元高收入个人自行申报，认真贯彻执行营业税、财产行为税税收政策，共入库企业所得税、个人所得税、营业税合计11.02亿元。加强房地产、建筑业的精细化管理，全年房地产和建筑安装行业入库各项税收7.78亿元；规范金融保险业税收管理，全年金融保险业上缴税金1.95亿元，同比增长45.56%。继续采取聘请中介机构开展2013年的纳税评估工作，共评估重点税源企业227户，入库税款及滞纳金合计1.08亿元。

【征收管理】 一是加强征管基础建设。加强税务登记管理，完善发票管理内控机制，提高数据管理质量。二是做好金税三期工程上线工作。及时准确对各项数据进行清理核对，做好上线准备；通过举办重点企业和新办企业培训班两期、增加咨询辅导窗口、开展延时服务等，确保金税三期工程系统上线后正常运行。三是做好“营改增”试点工作。实行国税、地税联合办公工作模式，对应实施“营改增”的纳税人逐户认定，确保“营改增”工作顺利进行。

【税收执法】 按照分行业、分税种深入汇总和分析管理中的执法风险点，加强内控机制建设。加强执法考核力度，完善考核评议程序，确保执法考核申辩前零过错。

【纳税服务】 利用多种平台开展税收政策宣传和辅导培训。开展好“地税局长服务日”活动，共接受纳税人咨询90余人次。做好纳税人涉税事项培训，与市局合作举办纳税人培训12次，参训人员达1500余人；自行举办培训11次，参训人员达3500余人。

【干部队伍建设】 扎实推进教育培训，组织人员参加省、市局教育培训10批80余人次，自行组织2批60余人次，取得了良好的培训效果。完善落实学习、考试激励措施，提高参加培训的积极性。

【党风廉政建设】 开展廉政教育，组织了以学习贯彻中央八项规定为重点的作风教育、以学习贯彻《税收违法违纪行为处分规定》为重点的纪律教育。开展整治“庸懒散”专项治理活动，工作质效明显提升。在高新区优化发展环境测评中获得第一名。

【精神文明建设】 开展“道德讲堂”活动，宣传身边人、身边事，提升干部职工道德素养。开展驻村入户活动，深入联建村实地调查、走村，帮助村民解决实际困难。开展“厉行节约、反对浪费”活动，规范公务接待、会议组织、公车管理等工作，推进行政保障规范化建设。被高新区党工委、管委会授予“2013年度目标管理绩效考核工作先进单位”，被市局、高新区通报表彰6次。连续10年通过省级“文明单位”复审和省级“青年文明号”复审。

（张秀平）

济宁市地方税务局
北湖旅游度假区分局

经济概况

2013年，济宁市北湖旅游度假区固定资产投资87.42亿元，增长23.34%。地方财政收入3亿元，增长9.5%。

收入概况

2013年，全局共完成各项地税收入3亿元，同比增长45.03%，增收0.9亿元。完成县区级收入2.93亿元，同比增长58.86%，增收1.08亿元。

工作概述

【征收管理】 一是夯实管理基础。规范各类税务登记，2013年办理登记事项409户，其中新增登记42户，报验登记281户，复业受理5户，变更登记45户，注销36户。二是全面掌握户籍信息。按月与国税部门开展户籍信息比对12次，全年共开展税源普查3次，核查外出经营户登记申报与建设单位代征代扣双轨管理611户次，核查房屋土地等财产类信息1355条，强化了起征点调整后定期定额户日常监控分析，整理规范征管档案1517卷。三是严格“以票控税”。严格审批建筑业分包工程和差额征税准予扣减金额。加强欠税管理，严防故意拖欠积压税款。规范税款征收方式，对个体工商户实行微机定税，认真进行企业所得税征收方式鉴定，按照“一地一项一证”原则核发《外出经营活动税收管理证明》。四是完善征管流程。以市县两级地税机构改革、北湖分局组建设立为契机，优化人员配置，合并职责岗位，减少管理环节。

【税收执法】 牢固树立税收风险意识，在细化分解风险点、公开标准阳光办税、流程办理过程控制、明确到人责任追究上，有效防范、杜绝了执法不作为、乱作为。2013年，执法过错0个，处理税收预警33个，办结率100%，需补税入库率100%。

【纳税服务】 针对金税三期工程试点上线初期，特别是首个征收期内纳税人办税不够熟练、办税时间段相对集中、系统运维压力大等可能存在的问题，提前进行分析、应对和防范，统筹合理分流税收业务事项，努力便利纳税人办税，进一步防范潜在的问题和风险。严格落实网上报税辅导责任定户到人。对网上报税的纳税人，采取“定户、定人、定向”的方式，由纳税服务厅人员负责手把手辅导纳税人顺利完成金税三期工程试点上线后的第一次网上报税业务，直至今后教会为止。抓好金税三期工程上线的同时，认真落实鼓励自主创业、就业等方面的优惠政策，共接待纳税人100余人次；参与市局组织对纳税人进行涉税事项的培训，已参与8次，单位组织纳税培训4次，培训人员400余人次。

积极参加山东省人民广播电台“阳光政务热线”活动，为纳税人答疑解惑。

【干部队伍建设】 大力弘扬北湖新区干事创业精神，全面提高综合素质，做到突出重点、全员参与、整体提高，加大教育培训力度，大力开展“每日一题，每日一讲，每月一考”，把大家的精力引导到学习上来，切实提高了全员的业务素质。

【基层建设】　把握政风行风建设与纳税服务工作的结合点，大力加强政风行风建设，提升效能标杆，强化执行力，从上下班签到考勤、建立工作日志、健全内部管理制度等入手，转变工作作风，促进了更加规范化的基层新面貌。

【党风廉政建设】　以深化廉政风险防控管理工作为重点，积极学习应用省局廉政风险防控平台，用“制度＋科技”的办法，推动权力公开透明运行，切实将党风廉政建设工作融入日常工作中，常抓不懈，弘扬分局廉政文化，增强全员反腐倡廉意识。

【精神文明建设】　深入开展以文明单位、青年文明号、巾帼建功等为主要内容的文明创建活动，连续4年市级“文明单位”复审合格，同时深入开展以文明单位、青年文明号、三八红旗集体等为主要内容的文明创建活动，连续两年荣获“济宁市五一劳动奖状”。2013年被济宁妇女联合会授予“三八红旗集体”荣誉称号。

（刘为哲）

曲阜市地方税务局

经济概况

2013年，曲阜市实现生产总值335亿元，同比增长12%。固定资产投资220亿元，增长40%。地方财政收入突破20亿元大关，实现了三年翻番目标。在济宁市科学发展观摩点评中获得12个县市区综合第二名、城建第一名的好成绩。在建工业项目达到101个，完成工业投资140亿元，新增科技型小微企业111家，国家级高新技术企业达到11家，院士工作站2家。规模以上工业企业达到162家，实现主营业务收入284亿元，利税48.5亿元，利润29.7亿元，均增长30%以上。

收入概况

2013年，全局共完成各项地税收入11.33亿元，同比增长11.07%，增收1.13亿元。其中：地方财力完成9.77亿元，占地方财政收入的48.56%，增长22.22%，增收1.78亿元。税收收入完成9.44亿元，增长22.68%，增收1.75亿元；地税组织的地方级税收收入占财政收入中税收收入的比重达77.92%，高于全省平均水平2.62个百分点。

工作概述

【税政管理】　深入贯彻实施《山东省税收保障条例》，开展税收调研，组织税法培训，严把政策关口。强化房地产、建筑业、宗地管理、民间借贷业务税收管理，创造性地实施房产税、土地使用税、耕地占用税、契税的“四税同查”，二手房交易严格落实“先税后证”制度，开展营业税、所得税清理。

【征收管理】　金税三期工程成功上线，“营改增”顺利开启。房地产、建筑业合计入库4.36亿元，增长37.84%。

营业税、企业所得税、个人所得税合计入库5.51亿元，占总收入的48.69%。

【税收执法】 依托省局廉政执法风险防控软件，强化对重点岗位、重点环节、重点人员的监督，规范税收执法行为。针对垄断性、高利润企业和地方商业银行开展专项检查，检查企业42户，查补税款483万元，加收罚款、滞纳金16万元。查处发票违法举报案件7起，查补税款34万元，罚款17万元。

加强税收宣传，税务干部深入企业生产一线宣讲税法。

【纳税服务】 积极建言献策，服务地方发展。加强税收调研，《“营改增”对曲阜经济发展的影响分析及应对建议》《招商引资与发展税源经济的思考》《加快曲阜文化大发展大繁荣的有关建议》等一批调研成果进入全市决策，得到主要领导批示肯定。落实税收优惠，服务经济转型。“营改增”移交国税部门242户纳税人，年涉税款2100余万元。出台《支持全民创业地方税收优惠政策31条》，为27家企业减免税款1900余万元。履行社会责任，服务社会和谐。代收教育费附加、地方教育附加、文化事业建设费、残保金、工会经费、地方水利建设基金6671万元，捐款2.2万元援建尼山镇红军小学、余村小学乡村少年文化宫，多年到书院中心小学、王庄岳村小学开展捐资助学，有力地支持了社会事业发展。

【信息化建设】 坚持信息管税，强化信息化支撑，配强信息运维力量，开展大集中软件应用培训。深化税收预警，强化税收分析，集团评估案例在全省推广。

【干部队伍建设】 开展岗位培训、岗位练兵、骨干人才选拔，全局3人取得硕士研究生文凭，18人次入选全省地税人才库，12人次入选济宁市局人才库，16人考取注册税务师，多名业务骨干先后到省、市局接受培养锻炼。

【基层建设】 加强作风建设，严格公车管理，厉行勤俭节约，严肃工作纪律，强化督导检查，坚决制止“四风”“庸懒散”，“三公经费”压缩24.09%。在全省文化建设现场会上作典型发言，山东电视台对曲阜地税局开展基层文化建设、激发地税队伍活力的做法进行了专题报道。

【党风廉政建设】 认真落实中央八项规定、省、市局作风规定、曲阜市委作风建设20条规定，严格公车管理，压缩公务接待，厉行勤俭节约，严肃工作纪律，强化明察暗访、督导检查，坚决制止形式主义、官僚主义、享乐主义、奢靡之风，“三公经费”压缩24.09%。

【精神文明建设】 连续14年保持“省级文明单位”荣誉，连续10年保持“省级卫生先进单位”荣誉，连续8年保持“省级文明机关”荣誉。在全市涉企部门单位公开评议活动中，荣获第一名。

（刘元涛 宋 才）

邹城市地方税务局

经济概况

2013年，邹城市实现生产总值731.58亿元，按可比价格计算，比上年增长11.91%。其中第一、二、三产业增加值分别为1.77亿元、45.43亿元、30.23亿元，分别同比增长3.8%、12%、13.2%。社会消费品零售总额208.65亿元，增长13.9%。进出口总额1.29亿美元，下降29.2%，完成固定资产投资309.19亿元，增长23.7%，实际利用外资13.21亿美元。财政总收入119.73亿元，其中地方财政收入51.7亿元，增长16%，税收收入占地方财政收入的比重达到65.26%。金融机构年末存款余额595.34亿元，贷款余额470.88亿元，分别比年初增加42.4亿元、85.36亿元。

收入概况

2013年，全局共完成各项地税收入29.77亿元，同比增长12.55%，增收3.32亿元。其中：中央级收入2.90亿元，同比下降12.72%，减收4226万元；省级收入88万元，同比下降32.09%，减收42万元；市县级收入26.86亿元，同比增长26.82%，增收5.68亿元。

工作概述

【税政管理】 2013年共核查新增用地205宗，土地面积153万平方米，年增土地使用税566万元；年增房产税95.6万元；核查塌陷地面积1130万平方米，入库税款2316万元；补充更新财产信息518条。通过开展税费整治、规范工商税务登记、重点税源检查三项活动，共采集涉税信息6606条，入库税款3153万元。全年共减免各项税收5916万元，代收各类社会基金2.65亿元，有力地支持经济社会健康发展。

【征收管理】 扎实开展税收清理活动，依照有关规定注销397户，解除非正常户13户，补税及滞罚收入21.17万元；清理长期“零申报”的纳税人82户，增收税款16.38万元；清理“低税负”纳税人23户，增收税款26.2万元。全年制作并发布《征管质量通报》12期，异常数据修改率达到100%。结合金税三期工程上线，建立《数据整改质效考核制度》《金税三期上线应急督办制度》，实行倒排工期及项目责任到人制度，补正、修改基础登记信息5323条。不断深化税收预警化解税收风险的作用，共处理预警信息750条，补征税款、滞纳金1380万元。

加强税收征管，税务干部深入房地产企业了解税源情况。

【税收执法】 建立健全税收执法风险防范体系，开展税收执法检查活动，规范税收执法程序；制定并完善重大税务案件审理工作规程，强化集体审理，提高审理水平。对87户企业进行税收检查，自查查补收入2595万元；实施专项检查19户，检查入库税款、罚款、滞纳金31.4万元；协助配合检察院、公安局、财政局、国税局等单位进行税收稽查企业12户，查结入库税款327.12万元。全年共评估企业60户，自查补缴税款及滞纳金351万元。

【纳税服务】 按照金税三期工程系统上线要求，及早完成全局人员岗位配置，全面推行“一站式”服务，进一步压缩工作流程，将审批环节向前台逐步转移，把人力资源向前台服务倾斜，配置34名业务技能骨干到服务前台，切实提高服务水平。同时对办税服务厅装置吸音墙体，划分功能区域，增添绿色植被，规划办税车位，进一步美化了办税环境，为纳税人提供快捷方便的税收服务，有效地密切了征纳关系。

【信息化建设】 以征管系统数据为依托，自主开发了税源一体化分析监控系统，进一步加强对税源变化、征管质量等各个方面的分析研究，深化数据增值应用，有效化解税收风险，提高了税收信息化管理水平。

【干部队伍建设】 加大干部培训力度，2013年共组织开展各类培训21期，培训人员1200余人次。实现了基层建设三年规划提出的全员轮训一遍的目标。对“乐学在线”学习情况纳入目标考核管理，定期组织网上在线考试，有效激发了大家学习的自觉性、主动性。

【基层建设】 认真落实《基层中心所经费收支管理暂行办法》，共升级改造基层办公用房及“小伙房”4处，改善了基层干部职工的工作环境和生活条件，基层经费保障能力进一步增强。

【党风廉政建设】 认真贯彻落实党风廉政责任制，开展廉政文化示范点创建活动，得到了济宁市纪委验收组的一致好评。积极推广应用好廉政风险防控平台，共组织复核风险信息29条，收到了较好的效果。

【精神文明建设】 荣获“全省地税系统先进集体”荣誉称号，被市局评为“年度全市地税工作先进单位”，在市委、市政府2013年度综合考评工作中荣获“驻邹市直部门综合考核第一名”的好成绩，连续15年保持省级“文明单位”，连续14年被邹城市委、市政府记三等功。

（朱　琳）

兖州区地方税务局

经 济 概 况

2013年，全区实现生产总值554.93亿元，同比增长11.70%。完成规模以上固定资产投资215.6亿元，增长23.90%。规模以上工业实现工业总产值1216.50亿元，增长8.10%，实现利税89.70亿元，增长4.00%。全区财政总收入完成57.00亿元，增长5.50%。城镇居民人均可支配收入2.72万元，农民人均纯收入1.32万元，分别增长12.80%、13.80%。

收入概况

2013年，全局共完成各项地税收入25.06亿元，同比增长8.60%，增收1.98亿元。完成地方财力20.64亿元，同比增长17.15%，增收3.02亿元，地方财力占地税总收入的比重为82.34%。

工作概述

【税政管理】 认真做好"营改增"试点工作，完成了467户试点纳税人移交手续，涉及"营改增"项目划转税额6696万元。认真组织开展汇缴评估检查工作，评估检查纳税人41户，评估补缴税款总计5020万元；扎实开展年所得12万元以上自行申报工作，共计申报人数1652人，同比增长46.26%，缴纳个税6546万元；做好企业所得税、印花税征收方式鉴定工作，企业所得税纳税人核定征收542户，占企业所得税纳税人总户数的65.53%，印花税核定3000余户；积极落实税收优惠政策，服务企业发展，为556户企业免征地方各税612.34万元，共批准所得税税收优惠项目8个，实际减免所得税金额636.20万元。

【征收管理】 加强重点税种、重点税源的税收管理，74户省级监控重点税源实现税收收入10.30亿元，充分发挥了重点税源的主体支撑作用。扎实开展税收预警工作，累计处理预警信息745户项，督促纳税人自查补税225万元。通过自主开发的"链条式无缝隙税源管理平台"，加强税源监控，增加地方财力2355万元。加强资产处置的税收管理，增加税款2420多万元。加大民间借贷税收管理力度，通过检查增加税收340万元。做好土地价值计入房产原值的税收管理工作，共核实土地价值6.34亿元，增加房产税533万元。充分发挥"以票控税"作用，加强对餐饮业的定额核定，餐饮业实现税收2324万元，比上年同期增长32万元。

【税收执法】 坚持依法治税，严格遵守收入纪律，防范执法风险。加强税收法制教育宣传，认真开展规范性文件清理备案工作，落实好重大案件审理等制度，加大对重大税收政策落实情况和税收管理薄弱环节的督察力度，定期下达执法预警通报，扎实开展执法责任制考核工作，全局执法考核申辩前数据实现零过错。

【纳税服务】 积极践行"三服务"(服务经济建设、服务社会发展、服务纳税人)理念，深入开展"征纳共盈 阳光地税"纳税服务品牌创建、"税收宣传月"等活动，坚持每月一天的"地税局长服务日"活动，依托纳税人税法培训中心大力开展税法培训活动，共举办培训班13期20场次，培训纳税人1766人次，发放宣传资料3000余份，服务能力和水平进一步提高。

【信息化建设】 截至2013年底，全局有计算机199台、打印机53台、服务器7台。配合金税三期工程上线，对信息设备进行了摸底排查和及时更换，按照高标准、高定位的要求，全部重新配置，扎实做好金税三期工程上线工作。对数据整改、信息比对、文书验证、系统测试，培训服务、冒烟测试等工作加强督导调度、协调配合、定期通报，保证了各项工作稳步推进和有序开展，确保了金税三期工程系统的顺利上线和平稳运行。

【干部队伍建设】 继续扎实推进教育培训，进一步提高全员业务素质。开展“忆党史，铭党恩，强党性，促党建”主题教育活动，开设地税道德讲堂并积极参与全市道德总堂活动，为地税工作传递正能量。加强文化品牌建设，全市地税系统文化建设暨文明创建工作现场会在兖州区局召开。深入联系村积极开展帮扶工作，树立地税部门良好形象。认真落实中央八项规定和上级一系列关于改进工作作风的要求，研究制定了《贯彻厉行节约反对铺张浪费的实施意见》，修订完善了《行政管理工作规定》，大力开展整治“庸懒散”专项治理活动，深入排查“四风”问题，工作纪律和作风建设得到进一步加强。

【机构人员和基层建设】 截至2013年底，全局共内设办公室等8个科室，稽查局、直属征收局2个直属单位，下辖新兖、大安、新驿、城区4个中心税务所。共有在岗干部职工105人，本科以上学历64人，占60.95%。在抓好基层硬件建设不放松的同时，加大对软件建设的资金投入、人力投入和精力投入，统筹兼顾、全面推进，实现基层建设水平全面提高。

【党风廉政建设】 认真落实党风廉政建设责任制，大力加强党风廉政建设。通过发送廉政短信、组织廉政讲座、参观警示教育基地等各种形式开展廉政教育，全员廉洁从政意识进一步提高。积极参与行风政风测评活动，深化廉政文化建设，探索建立网上廉政文化教育基地，荣获“济宁市廉政文化示范点”荣誉称号，加强廉政和执法风险防控平台应用，抓好政风行风建设，做好“行风在线”节目上线和问题解决反馈。被省局授予全省地税系统“党建工作先进集体”荣誉称号。

加强党风廉政建设，组织干部职工参观反腐倡廉警示教育基地。

【精神文明建设】 积极开展各项文明创建和争先创优活动，荣获济宁市“职业道德建设十佳集体”荣誉称号，在兖州区科学发展实绩考核中，荣获垂直管理部门第一名，连续四年被评为“机关效能建设十佳单位”“服务兖州发展先进单位”等荣誉称号。截至2013年底，全局拥有国家级“巾帼文明示范岗”1个，省级文明单位2个，省级“青年文明号”2个，济宁市级文明单位5个。

（刘继奎）

金乡县地方税务局

经济概况

2013年，全县实现生产总值152亿元，同比增长12.3%。规模以上固定资产投资106亿元，增长22.4%。社会消费品零售总额75.4亿元，增长13.5%。外贸自营出口3.74亿美元，增长18.5%。完成地方财政收入7.05亿元，增长37.11%。

收入概况

2013年，全县各项地税收入完成7.78亿元（耕地占用税和契税入库2.56亿元），同比增长33.80%，增收1.96亿元。其中县级收入7.05亿元，同比增长37.11%。

工作概述

【税政管理】 组织开展纳税评估工作，对全县50万元以上的重点企业进行全面评估，评估入库税款2891万元。加大审核、抽查力度，化解执法风险，提高收入质量，深化税收预警工作。对重点行业和重点建设项目进行预测，为决策提供重要的参考依据和数据。

【征收管理】 开展税源普查，掌握全县年纳税万元以上房产、土地信息分布情况。继续推广应用微机定税，加大对小税源的征收力度。加强发票专项整治，继续推广发票双奖，提高消费者索票积极性。牵头组织金税三期工程试点工作，保证实现系统顺利上线。

加强税收管理，组织开展税收检查活动。

【税收执法】 落实《依法行政实施纲要》和《山东省地方税收保障条例》，地税收入质量逐步提高。深入开展投资担保行业与娱乐行业税收专项整治，分别查补收入208.46万元和64.88万元。开展税收执法检查，共查补各项收入126.31万元，查处发票违法行为18户次，入库税款、罚款11.62万元。

【纳税服务】 构筑“三平台”纳税自助平台、纳税辅导平台、服务管理平台即服务纳税人。建立“反向预约”机制，提升纳税人满意度。加大宣传力度，叫响“征纳共盈”品牌。开展重点办税辅导，规避纳税人税收风险。

【信息化建设】 做好Symantec防病毒服务器、notes邮件系统的升级工作和网络安全综合管理监控工作，保证了“大集中系统”的运维工作。通过税收预警监控软件处理预警任务184户次，查补税款283.15万元。充分发挥信息化支撑作用，为金税三期工程上线提供技术支持。

【干部队伍建设】 聘任兼职教师，开办“蒜都税苑公开课”，每周五下午集中学习，提高干部队伍业务素质和岗位技能。举行全员业务考试，并对取得优异成绩的税干进行表彰奖励，调动职工积极性。做好“乐学在线平台”在线学习的督促工作，积极参与市局组织的乐拍活动。

【基层建设】 重点围绕提升基层文化建设开展工作，通过开展问卷调查、调研走访等活动，摸清基层干部职工的所思所盼。结合金税三期工程系统上线，全面提升基层集约化水平，初步实现了从硬件建设到软件提升、从物理集中到化学反应的转变，为进一步提高基层软实力打下了基础。

【党风廉政建设】 组织全体人员举行廉政勤政集体宣誓暨书写廉政勤政承诺书活动。建立网络廉政文化虚拟展馆，建成一处廉政文化基地，打造全县地税干部接受价值观教育、启迪人生、感悟幸福的新阵地。设立“廉洁教育讲堂”，悬挂主题鲜明的廉政格言警句、标语，营造浓厚的廉洁教育氛围。

【精神文明建设】 顺利通过省文明委“文明单位”考核验收，纳税服务中心顺利通过“省级巾帼文明岗”复审；三八妇女节前举办“美丽金乡、幸福女人”保健知识讲座，5月底举办第二届趣味运动会；开展2013年度“慈心一日捐”活动，募集捐款1.3万元；开展“圆梦助学”行动，救助贫困学子3人，救助款物3500元；为全体干部职工分别赠阅《中层领导手册》《用最好的状态去工作》等书籍，推荐阅读心理调适文章《美丽人生》；对8户党员干部联系困难家庭进行走访慰问，展现了地税系统良好的精神风貌。

（王　路）

嘉祥县地方税务局

经济概况

2013年，嘉祥县实现生产总值219.79亿元，比上年增长11.1%，其中：第一产业增加值30.76亿元，第二产业增加值113.84亿元，第三产业增加值75.19亿元，三次产业比例为14.0∶51.8∶34.2。

收入概况

2013年，全局共组织各项收入8.75亿元，同比增长30.62%，增收2.05亿元，其中：中央级收入8064万元，省级收入24万元，县级收入7.94亿元，县级收入同比增长30.05%。

工作概述

【税政管理】 认真推广并统一启用项目管理信息系统和新版发票，按照项目管理系统要求做好房地产、建筑业的网上登记、管理和监控。创新汇算清缴新模式，强化汇缴辅导工作，不断提升企业所得税专业化管理水平，共实现入库企业所得税8290.43万元。认真执行相关税收政策，切实做好100万元以上税款入库的资料审核把关工作。深入贯彻落实各项税收优惠政策，简化减免税审批流程，确保各项税收优惠政策能够有效落实，2013年共减免税收753.8万元。

【征收管理】 一是加强规章制度建设。根据县局实际情况，制定出台一系列加强征管基础建设的文件，从制度上保障税收征管质量。二是做好金税三期工程数据维护。制作《嘉祥县地税局征管质量通报》6期，修改各项错误数据442项，各基层单位错误数据修改率全部实现100%。三是开展专项核查清理。成立核查组对全县1500多户单位纳税人的房产、土地财产信息进行全面核查，并针对采集到的基础信息进行重点比对、分析，确保征管数据的准确性。

【税收执法】 认真做好税收分析工作，及时分析、控制和调整误差，切实提高税收分析的准确性和收入决策的时效性，堵塞税收漏洞。将提升收入质量、防范执法风险纳入目标管理考核，采取定期与不定期相结合、明察与暗访相结合等方式进行督导检查，对检查中发现的问题及时整改。进一步完善执法内控机制建设，重点抓好税收执法监控考核系统的应用，加强执法预警信息处理。

【纳税服务】 创新多元化办税模式，深入推行以财税库银横向联网为主渠道，实时扣税、现金缴款、委托银行划扣、网上申报、POS 机等方式为补充的多渠道缴款服务模式，提高办税效率，2013 年共 1700 户纳税人签约并实现财税库银横向联网。以创建“五星级办税服务厅”为载体，全面完善办税服务厅职能，推行“一窗式”“一站式”办税模式，开辟绿色爱心服务窗口，纳税服务再上新台阶。

【信息化建设】 积极推进“科技兴税”，全面实行网上报税，使企业纳税人网上申报普及率达到 95% 以上。认真开展外部网站建设，不断完善信息化办税服务栏目，为纳税服务的多样化提供了载体。开拓金税三期工程系统模块功能，认真做好公务处理系统的推广和培训，全面提高自动化水平。

【干部队伍建设】 牢固树立以人为本理念，进一步深化“以能定级，以岗定责”的全员能级管理，强化岗位练兵作用。加强教育培训，完善干部职工自学、集体学习方式，不断开发教育培训系统平台。完善绩效考核办法，有效地激活了干部队伍活力，营造你争我赶的良好氛围。加强政治理论学习和思想政治工作，严格落实党风廉政责任，促进干部作风转变。

【基层建设】 加大办税服务厅规范化建设力度，对服务厅软硬件进行改造升级，使办税人员做到集中办公，并安装了排队叫号系统，设置了导税台和爱心服务窗口，大大提升了纳税服务质效。

【党风廉政建设】 认真贯彻落实中央八项规定和上级有关部署，加强公车管理，严格公务接待。与各单位层层签订了党风廉政建设责任书，对党风廉政建设责任进行分解，增强责任意识。注重廉政教育的引导和预防，做到关口前移、有的放矢，从而增强了干部廉洁自律、拒腐防变的能力。

【精神文明建设】 被济宁市总工会授予五一劳动奖状；被嘉祥县委、县政府授予支持地方经济发展贡献奖。办税服务大厅先后被省、市评为女职工建功立业标兵岗和济宁市第九届职工职业道德先进集体。7 名干部职工分别荣获济宁市五一劳动奖章、女职工建功立业标兵称号及济宁市五一巾帼奖章等荣誉称号。

（胡殿全）

鱼台县地方税务局

经济概况

2013 年，全县实现生产总值 135.51 亿元，按可比价格计算，比上年增长 12.0%。其中第一产业增加值 31.09 亿元，增长 4.2%；第二产业增加值 59.16 亿元，增长 13.2%；第三产业增加值 45.26 亿元，增长13.2%。社会消费品零售总额67.07亿元，增长14.1%。规模以上固定资产投资98.72亿元、增长23.3%。实际利用外资2506万美元，增长24.4%。完成外贸出口总额3584万美元，增长15.2%。全县规模以上工业企业达到85家，增长77%。金融机构年末存款余额87.22亿元，贷款余额41.47亿元，分别比年初增加7.75亿元、6.84亿元。

收入概况

2013年，全县地税系统累计组织各项收入6.90亿元，同比增收0.94亿元，增长15.73%。其中，完成地方财力5.99亿元，同比增收1.31亿元，增长28.02%。

工作概述

【税政管理】 准确理解和认真贯彻落实各项税收政策，进一步完善各类管理措施，确保各项政策特别是土地价值计入房产原值征收房产税、营业税起征点提高、娱乐业新税率的调整等新政策落实到位。掌握和正确运用科学的分析方法，加强税收收入与相关经济指标对应关系分析，按不同行业和地区分析收入增长弹性和宏观税负状况，查找管理薄弱环节，针对性采取措施，加强税收管理。

【征收管理】 对全县2069户纳税人实行了微机定税，将税额核定和调整的相关政策依据、定税标准、参数核定、系数设置、税额计算等进行了公开；对全县重点企业财务报表核定情况进行了全面检查，对采集和数据质量情况进行了翔实统计；对房地产行业实行链条式管理，在土地增值税的征收管理上取得明显成效，入库土地增值税5431.6万元，同比增长618%。

【税收执法】 对44户纳税人进行了重点纳税评估（含规范化评估10户），评估税款523.76万元。积极开展宗地管理工作，通过房产、土地排查增收税款3711.1万元。对特种行业、中介机构零散税源进行了全面清查，共征收特种行业、中介机构各税10万多元。联合国税、公安等部门开展打击发票违法犯罪活动，积极打造公平、公正的执法环境。

【纳税服务】 结合"营改增"、金税三期工程上线等重要工作开展，深入开展纳税人培训、税企交流、"局长服务日""税法宣传服务站"等一系列活动，同时不断推进涉税事项受理、审核、审批等环节向办税服务前移，推进办税服务厅规范化建设，优化整合涉税事项办理流程，切实提高了纳税人办税效率。

金税三期工程征管系统在鱼台县地税局成功上线。

【干部队伍建设】 以党的十八大精神与十八届三中全会精神武装头脑、指导工作实践，坚持思想政治学习，不断创新学习方式方法，同时加强业务学习，督促干部职工在自身的岗位上学好业务、多做工作；注重激发队伍活力，2013年配合市局通过竞争上岗提拔1人进入党组，1人任副科职务。

【基层建设】 坚持基层机关效能建设与作风建设相结合，深入贯彻落实中央八项规定，深入开展厉行勤俭节约反对铺张浪费专项行动、改进作风严肃纪律集中教育活动。以文化建设凝聚基层战斗力，开展“十八大精神专题讲座”“廉政教育讲堂”“道德讲堂”等活动，以“四德”建设凝聚正能量，提振精气神。

【党风廉政建设】 坚持把党风廉政建设贯穿于工作始终，在系统内层层签订《党风廉政建设责任书》，积极开展预防职务犯罪工作，充分利用警示教育基地和“网上廉政文化教育基地”，组织全体干部职工认真学习，增强反腐倡廉意识。深入开展“庸懒散”专项治理，全面加强作风纪律建设。

【精神文明建设】 连续8年保持省级“文明单位”称号，在驻鱼台县单位综合考核中位居前列，获“综合考核先进单位”“下派工作先进单位”“全市五一劳动奖状”“全市地税系统先进单位”等荣誉，政风行风“双评”全县第一名。

（郑华鑫）

汶上县地方税务局

经济概况

2013年，全县实现生产总值216.52亿元，比上年增长12.32%。其中第一产业增加值37.77亿元，增长5.32%；第二产业增加值111.07亿元，增长12.71%；第三产业增加值67.68亿元，增长15.64%。社会消费品零售总额82.85亿元，增长13.86%。全社会固定资产投资150.13亿元，增长23.59%。实际利用外资2817.01万美元，增长8.92%。财政总收入18.12亿元，地方财政收入11.26亿元，比上年增长6.41%，其中县级地税收入7.35亿元，比上年增长22.82%，占全县地方财政收入的65.28%。

收入概况

2013年，全局共组织各项收入8.56亿元，同比增收1.04亿元，增长13.88%。其中，中央级收入9237.53万元，同比减收3568.56万元，下降27.87%；省级收入37.92万元，同比减收6585.19万元，下降99.43%；县级收入7.63亿元，同比增收2.06亿元，增长36.95%。

工作概述

【税政管理】 通过税费整治及综合治税，强化石材税收管理，消除股权转让环节税收管理空白，完善煤炭塌陷地、零散税收以及重大建设项目税收管理工作，成效明显；建立以县局税源管理科、基层分局长、税收管理员为主体的三级责任预警运行机制，形成了税收预警、行业分析、纳税评估、管理定位互为促进的新格局。结合项目管理，推进关联式评估，有效堵塞税收漏洞。

【征收管理】 以“征管改革年”为主线，设立征管质量分析监控岗，加强征管质量在线监管，推进税收征管质量建设，全年实现申报率100%、入库率100%，零新欠、数据零差错、零异常的管理目标；做好金税三期工程上线试点工作，实现金税三期工程系统首月成功运行；以发票风险为防控重点，夯实发票管理基础，开展非正常户法人代表关联比对和超期未核销外管证清查，持续加强征管基础建设。

【税收执法】 以《山东省地方税收保障条例》为依据，与相关部门协调沟通，健全并运行涉税信息交换和共享制度，抓好新办、土地流转、“二手房”交易等环节税收管理；制定《汶上县地税局统一检查管理办法》，以“整顿规范税收秩序”为主线，对全县重点税源企业进行检查，化解执法风险，发挥以查促收、以查促管的积极效用。

【纳税服务】 以增强税企互动为切入，开展百企走访送服务活动；以构建新型征纳关系为基础，开展集中接访活动；与企业联合开展“税企一家亲，共筑中国梦”主题宣传服务活动，优化了服务，提升了收入质量，受到纳税人好评。

【信息化建设】 通过税收预警监控软件处理预警信息308户，查补税款764.12万元。充分发挥信息化支撑作用，运行布谷鸟2013局域网通讯办公软件，方便内部业务交流，为金税三期工程上线提供技术支持。

【干部队伍建设】 设立思想道德建设大讲堂，成立我爱汶上志愿者服务队，开展“四德”教育活动和解放思想大讨论活动。引导监督地税人员积极参与乐学在线学习。制定2013年度教育培训方案，重点结合征管改革，分岗位、分专业、有针对性地逐步加大业务培训力度。

【基层建设】 完善与县纪委、优化办等部门的联合机制，以不提前通知、不打招呼的方式，对基层分局逐一暗访，跟踪问责，提高干部职工守纪律、优服务的自觉性和主动性。从完善制度切入，先后制定《关于落实中央政治局八项规定的实施意见》《关于厉行勤俭节约反对铺张浪费的意见》，修订《考勤管理办法》，严肃工作纪律。

【党风廉政建设】 通过开设廉洁教育讲堂，邀请检察院领导授课，参观预防职务犯罪警示教育基地，收看专题讲座，举办征文比赛等多种形式，扎实开展党廉教育。巩固网上廉政文化教育基地建设成果，深入开展廉政文化“四进”达标建设，被省局命名为廉政文化进机关、进办税场所、进家庭、进网络先进单位。

【精神文明建设】 强化思想教育，引导干部职工扎实学习党的十八大精神。以打造“党徽映地税，服务惠民生”党建品牌活动为抓手，宣传道德楷模，举行“道德评谈”，积极参与关爱留守儿童等社会公益活动，以全新的道德理念服务地税发展。

（何　慧）

梁山县地方税务局

经 济 概 况

2013年，全县实现生产总值216.61亿元，同比增长11.5%；三次产业结构比例为 19.8：51.5：28.7；完成财政总收入 16.93 亿元，同比增长 24.07%；地方财政收入 8.54 亿元，同比增长 21.49%；城镇居民人均收入 2.05 万元，同比增长 12.9%；农民人均纯收入 1.06 元，同比增长 14.2%。

收入概况

2013 年，全局共组织各项收入 6.75 亿元，同比增长 22.28%，增收 1.23 亿元；其中中央级收入 6537.45 万元，增长 20.18%，增收 1097.67 万元；省级收入 12.7 万元，下降 99.74%，减收 4800.19 万元；县级收入 6.09 亿元，增长 35.73%，增收 1.61 亿元；其中第二产业实现收入 2.75 亿元，第三产业实现收入 3.94 亿元。

工作概述

【税政管理】 认真做好年所得 12 万元以上纳税人个人所得税申报，自行申报工作入库税款 75.92 万元。积极稳妥，抓好“营改增”相关工作，落实归属“营改增”范围户数 121 户。加大建设项目控管力度，加强行业税收管理，强化委托代征管理和个人所得税扣缴审查。

【征收管理】 稳步推进金税三期工程顺利上线，落实《税收保障条例》，参与全县税收综合治税活动，开展征管状况分析，按照程序微机定税。完善行业评估指标体系，构建专用车制造、轴承、纺织等行业纳税评估模型及案例，其中纺织业的纳税评估模型及案例、专用车制造行业纳税评估案例被评为省局优秀评估模型案例。

金税三期工程顺利上线，开出单轨运行后的第一张税票。

【税收执法】 认真落实提高收入质量、防范执法风险实施方案，完善《税收执法责任制考核追究办法》，加大责任追究力度，开展执法预警，防范执法风险。答复人大建议、政协提案 7 次，认真开展税收执法督察内审工作，按时反馈税收政策执法情况。

【纳税服务】 落实国家各项税收优惠政策，出台《全民创业税收优惠政策汇编》。推行“一窗式”办理、同城办税、POS 机刷卡、排队叫号。推行首问责任制、承诺服务制、一次告知制。积极开展骑车出行、低碳环保税法宣传活动。开展“局长服务日”活动，深化“一站式”服务，举办纳税人培训班。金税三期工程上线后，形成适应金税三期工程需求，积极建立纳税服务沟通协调机制，被市局在全市推广。

【信息化建设】 更新信息设备，建立信息安全网络管理体系，加大网络安全综合监控力度；强化各类软件的推广应用，信息化支撑能力有效提高；加强计算机安全监控，举办信息化应用培训班，提高信息化应用水平。

【干部队伍建设】 深入学习党的十八大和十八届三中全会精神。积极参加承诺践诺活动，加强绩效考核，举办“地税文化大讲堂”“道德文化讲堂”“廉政文化讲堂”。鼓励大家通过乐学平台学习，召开民主生活会，增强队伍凝聚力。参加“慈心一日捐”活动，开展七一走访慰问老党员、困难户活动，对马营镇北穆屯村和黑虎庙镇闫集村开展驻村联户帮扶。组织健康查体，开放图书阅览室、健身房，举办交通安全知识教育讲座。

【基层建设】 对拳铺中心税务所卫生间、围墙、路面进行重新改造，创建办公楼廉政文化长廊。

【党风廉政建设】 认真落实党风廉政建设责任制，深入排查廉政风险点。大力开展“三提一创”主题活动，深入开展厉行勤俭节约反对铺张浪费专项行动，继续推行工作日中午“禁酒令”，贯彻落实办公场所“禁烟令”。全面应用廉政风险防控平台，编写印发《内控机制建设推行廉能风险管理工作实施方案》《岗位责任体系工作手册》和《税收工作执法风险预防手册》。建立廉政回访制度，强化廉能风险防控措施，加大制度执行情况的检查和问责力度，创建梁山特色的廉政文化和网上廉政教育基地。

【精神文明建设】 县局干部吕成见被省工会授予优秀工会之友；吴玉杰被县委、县政府、县妇联评为梁山十大敬老之星，被县委、县政府、宣传部评选为第二届“感动梁山”十佳人物提名奖；宋纯振被市局授予全市地税系统优秀学习型党员。开展党建知识和重温入党誓词活动。走访慰问退休老干部和困难干部职工。

（崔 忠）

泗水县地方税务局

经济概况

2013年，全县实现生产总值132亿元，同比增长12%，固定资产投资92.8亿元，增长25%，地方财政收入6.85亿元，增长25.4%；规模以上企业120个，全县工业经济主营业务收入124亿元，利税12.7亿元，利润9.3亿元。

收入概况

2013年，全局共完成各项收入4.74亿元，同比增收8320万元，增长21.3%。其中，完成中央级收入2428万元，减少0.91%；省级收入4011万元，增长13.19%；市县级收入4.09亿元，增长23.71%；入库财政口径纯县级收入4.36亿元，增收8217万元，增长23.25%。地税县级收入占总收入的比重为91.93%。地税收入占全县财政收入的比重达到63.09%，比2012年高出1.43个百分点。

工作概述

【税政管理】 认真落实税收政策支持企业发展，全年实行备案类减免税收684.9万元，所得税前加计扣除65.8万元。减免小型微利企业所得税1.8万元，减免个人住房转让税收156.7万元。

【征收管理】　全面实行房地产、建筑业项目管理，共入库两行业税收2.11亿元，同比增收4193万元，增长24.74%。加强房产交易环节契税征管，组织入库契税7000万元，同比增长174.08%。加强个体私营税收管理，全年微机定税3803户，占全部个体户的99.88%。

【税收执法】　对全县的房地产、建筑业纳税人的项目立项、楼盘登记、销售合同、发票开具等管理情况进行全面清查，严格落实房地产、建筑企业新生预收账款及税收月报制度，实施跟踪监控，对土地增值税和企业所得税实行足额预征。通过开展税源清查活动共入库各项收入818万元。

【纳税服务】　开展A级信用等级纳税人走访调研，共对12户建筑业和餐饮业A级信用企业进行了走访调研。发挥地税职能服务经济社会发展，深入开展“解放思想跨越发展大讨论”“干部驻村联户访谈”活动、“地税伴你创业行”税收宣传活动。

【信息化建设】　成立金税三期工程试点运行工作领导小组，由县政府印制了《泗水县人民政府关于税务系统试点上线运行金税三期工程的通告》，同时，通过县广播电视台、泗水大众、泗水论坛网等主流媒体，大力宣传金税三期工程系统软件，及时帮助纳税人解决金税三期工程上线过程中遇到的各类问题，实行各岗位共同参与的集中办公模式，积极开展业务培训辅导，保证了金税三期工程成功上线运行。

不断加强政务公开，积极参加政风行风热线活动。

【干部队伍建设】　坚持“德才兼备、注重实绩、群众信任”选人用人导向选拔干部，2013年9月份配合市局公开选拔出1名主任科员、2名县局班子成员、2名基层中心所所长和3名副主任科员，进一步优化了县局、基层税务所领导班子结构，激发干部队伍的内生动力。

【基层建设】　建立了基层分局（中心所）经费县局统筹保障、日常支出定额核定、项目支出立项审议、绩效评价差额兑付的“四位一体”基层经费保障办法，有效地防范基层财务管理风险和税收执法风险。

【党风廉政建设】　组织学习党的十八大精神、新党章、反腐倡廉有关文件以及中央八项规定、“六条禁令”等，增强干部职工纪律观念、大局意识和责任意识。邀请县纪委监察局领导为全体干部职工举办“加强党的作风建设，全力服务经济发展”的专题讲座。深入开展以《税收违法违纪行为处分规定》为重点的纪律教育活动，规范日常工作和执法行为。组织中层以上干部到济宁市检察院教育基地，开展廉政警示教育活动。组织纪检监察干部填报《会员卡专项清退情况登记表》，加强廉洁自律教育。

【精神文明建设】 在职工家属院打造“四德工程”地税文化家园，成立了地税文学社、书画社和摄影社“三社”组织。音乐快板节目《税辉闪闪映泉乡》，作为全市地税系统唯一节目参加省局汇演，并获得了一等奖的好成绩。先后举办了“好书荐读”、道德大讲堂、“第三届职工趣味运动会”“乐学平台积分兑奖”等活动。2013年荣获“全国巾帼文明岗”“全省地税系统十佳党员示范窗口”、山东省廉政文化“六进”示范点、全市地税工作先进单位等荣誉称号。

（尤明忠）

微山县地方税务局

经济概况

2013年，全县实现生产总值337.16亿元，比上年增长12.0%。其中，第一产业增加值36.91亿元，增长4.1%；第二产业增加值165.26亿元，增长12.1%；第三产业增加值134.99亿元，增长13.9%。全年实现社会消费品零售总额92.04亿元，增长13.2%。全县实现进出口总额9056万美元，比上年增长32.9%；其中外贸出口总额7728万美元，增长36.3%。全县实际利用外资额3212万美元，增长46.0%。完成固定资产投资172.44亿元，比上年增长23.8%。实现地方财政收入25.26亿元，增长14.01%。地税部门收入14.90亿元，比上年增长7.56%，占地方财政收入的59.00%。

收入概况

2013年，全局共完成各项收入20.84亿元，同比下降7.26%，减收1.63亿元。其中：中央级收入完成5.32亿元，同比下降32.28%，减收2.54亿元；省级收入完成33万元；县级收入完成15.51亿元，增长18.83%，增收2.46亿元。征收耕地占用税4.73亿元，征收契税5532万元。另征收教育费附加5556万元，地方教育费附加3857万元，文化事业建设费5万元，代收煤炭价格调节基金1.09亿元，代征残疾人保障金363万元，代征工会经费372万元。

工作概述

【税政管理】 加强对煤炭、金融、建筑业等重点行业、重点企业的税收管理，发挥支柱税源的支撑拉动作用。加强重大建设项目管理，密切关注新兴产业、旅游业、南水北调工程以及“一城四区”开发等重大建设项目投资建设进度，及时跟踪管理，积极培育新的税收增长点。

【征收管理】 加强耕地占用税、契税等潜力税种管理，实现挖潜增收。加强社会零散税收管理，全面开展对房屋租赁、餐饮娱乐、交通运输等行业的专项清理，实现堵漏增收。认真做好“营改增”工作，圆满完成了249户“营改增”纳税人的后续管理和纳税服务工作。

【税收执法】 加大税收检查、评估、清欠的力度，充分发挥以查促收、促管作用，全年查补入库各项税费、滞纳金

2236万元。用足、用好各项税收优惠政策，批准各项税收减免20户次，减免税款3.77亿元，批准15户残疾人员享受个人所得税优惠，为1户纳税人办理了再就业人员税收优惠。

【纳税服务】 加强经济税收研究，结合“营改增”、产业结构调整等税收热点问题，及时向县委、县政府提出针对性的意见、建议。精简审批事项，减少审批环节，优化审批程序，不断提高办税效率；大力推行“五免”服务，积极为企业献言献策，切实提高纳税人满意度和税法遵从度。

【干部队伍建设】 加大干部选拔培养力度，配合市局竞争选拔了2名局党组班子成员和2名副科级干部，对中心税务所负责人进行了轮岗交流，充实调整了部分科室岗位。加强全员教育培训，全面提高全员综合素质和岗位工作能力。积极倡导“快乐学习、积极工作、健康生活”理念，开展“乐学在线”学习竞拍活动，组织干部职工进行健康查体，积极为患病职工开展爱心捐款，营造了团结和谐、健康向上的人文环境。

【基层建设】 加强行政管理，重新修订行政接待、督查考核、后勤保障服务等一系列管理制度，积极开展勤俭节约、反对铺张浪费活动，有效压缩“三公”经费。招待费同比减少10%，交通费同比减少11%，培训费同比减少71%。

【党风廉政建设】 加强作风建设，严格执行中央八项规定和各级一系列规章制度，加大明察暗访和检查力度，严格队伍教育、管理和监督，落实考核奖惩和责任追究。加强党风廉政建设，严格落实党风廉政建设责任制，建立“廉洁教育讲堂”，制作廉洁教育专题片，定期组织开展宗旨教育、警示教育和预防职务犯罪教育。

【精神文明建设】 在继续保持各项荣誉的基础上，被县政府连续12年记集体二等功，在全县行风评议中名列垂直管理部门第一名。

（王　晗）

泰安市地方税务局

经济概况

2013年，泰安市实现生产总值2790.7亿元，比上年增长10.6%，其中，第一产业实现增加值260.1亿元，增长3.7%；第二产业1367.8亿元，增长11.1%；第三产业1162.8亿元，增长11.3%。三次产业结构由上年的9.1：50.7：40.2调整为9.3：49.0：41.7。全年实现公共财政预算收入168.8亿元，比上年增长0.2%，其中各项税收118.4亿元，增长4.4%，税收占地方财政收入的比重为70.2%，比上年提高了 4.8 个百分点。

收入概况

2013 年，全市地税收入达到 114 亿元，其中地方级税收收入完成 96.39 亿元，占地方财政收入的 57.1%，较上年提高 2.93 个百分点。中央级收入完成 11.81 亿元，增长 0.25%；省以下财政体制改革后，新口径市县级收入完成 102.41 亿元，增长 5.64%，增收 5.46 亿元。地方级一般预算收入完成 78.70 亿元（不含耕地占用税、契税两税），增长 10.34%，增收 7.37 亿元。二、三产业提供全口径收入比重为 47.21∶52.33，比重分别较 2012 年下降 3.93 百分点和增长 3.9 个百分点，第三产业在房地产业的拉动下首次反超。营业税和企业所得税、个人所得税三大主体税种共计完成 53.89 亿元，占全部地税收入的 47.17%，较 2012 年提高 2.42 个百分点。增收 5.22 亿元，占全部增收额的 95.07%，主体税种对地税收入支撑作用明显。

工作概述

【税收管理】 加强微机定税、发票管理、数据质量等基础建设，集中开展 2.4 万户税务登记证件验证工作。落实个人所得税全员全额明细申报责任制度和税务核查制度，加大对年收入 12 万元以上的申报管理，全市共有 5049 人自行申报，同比增加 804 人，补缴税款 989 万元。做好“营改增”试点，完成 6825 户“营改增”纳税人的信息移交。深化存量房评估后续管理，准确调整存量房系统数据，共评估房屋 1.2 万户，征收税款 1.75 亿元，同比增长 18%。强化采矿业、制造业、建筑业、交通运输业、房地产业等重点行业的纳税评估，共评估 1343 户，补缴税款 1.46 亿元。把好税收预警审核审批关，处理信息 3489 项，补缴税款 2953 万元。拓展综合治税渠道，共采集信息 25 万条，入库税款 2.6 亿元，新增税款 1.16 亿元。以风险管理和纳税人需求为导向，加强国际税收管理，建立反避税工作督导机制，探索服务、管理、调查“三位一体”的反避税模式。

【税收征管】 按照税务总局、省局金税三期工程上线的部署要求，做好系统上线的各项前期准备，完成基础代码的对接维护以及数据的清理、录入、迁移，开展软件测试、运行维护、全员培训等工作，10 月 7 日冒烟测试圆满成功。年内已通过系统新办登记 6639 户，发售发票 57 万份，代开建筑业发票 1.2 万份、销售不动产发票 322 份。创新征管方式，完善征管制度，在泰山分局推进扁平化管理和零散税源社区化管理，肥城市地税局研发运行“纳税评估案头审核系统”，宁阳县地税局纳税评估和税务稽查联动机制，均取得明显成效。

【税收执法】 严格落实税收政策，强化对政策落实的监督管理。自主研发《减免税管理信息系统》，在新泰市地税局试点成功后在全市推广。加强纳税服务平台建设，深化纳税人权益保护。拓展服务渠道，引入涉税中介机构参与税收管理与服务，维护纳税人的合法权益。开展金融保险业、土地增值税清算和重点税源三个专项检查，累计入库税款、罚款、滞纳金2.81亿元。其中，检查金融保险业企业56户，延伸检查86户，查补税款1.96亿元，入库税款、滞纳金1.16亿元；清算土地增值税涉税项目30个，查补入库税款1.1亿元；检查重点税源223户，查补入库税款、罚款、滞纳金5328万元。

【干部队伍建设】 深化学习型组织建设，定期开展文学、摄影、书法等各类社团活动，组织专家授课、实地采风、作品展评等各项活动。加强机关党的建设，深化"活力细胞"行动，办好《党群生活》，举办3期年轻党员上党课活动，开展"好书荐读"活动。加强"品牌文化"建设，引导、培植"泰山魂·地税情"文化品牌。岱岳分局打造"关爱和谐"为主体的愿景建设品牌，新泰市地税局开设"税务讲堂"等作用突出。新泰市地税局党员"亮牌示范"活动被省局表彰为党建品牌创新成果，肥城市地税局被省局命名为党建工作先进集体。连续7年荣获"全市十大文明示范行业"称号，"全国文明单位"复审合格，市局妇委会被中华全国妇女联合会表彰为"全国妇女创先争优先进集体"。

【党风廉政建设】 认真落实中央八项规定、坚决纠正"四风"的有关要求，规范调查研究、办文、办会和公务活动，开展会员卡专项清退、厉行勤俭节约反对铺张浪费等活动。严格执行廉洁从税规定，扎实推进行风建设责任制。加强党风廉政建设，构建"预防、建设、纠治"与"考核评价"相结合的"3+1"工作体系。岱岳分局廉政保证金制度做法，在新华社《国内动态清样》刊发后，中央政治局常委、中纪委书记王岐山作出重要批示。

（曹丙珂）

泰安市地方税务局泰山分局

经济概况

2013年，全区实现生产总值417.3亿元，比上年增长11.3%；规模以上固定资产投资311亿，比上年增长20.4%；三次产业比例调整为2.3∶36.4∶61.3；地方财政收入实现25.6亿元，比上年增长11.2%。

收入概况

2013年，全局共组织税收收入12.62亿元，剔除"营改增"因素后同比增长15.77%，增收1.72亿元，其中，区级收入完成10.71亿元，剔除"营改增"因素后同比增长17.78%，增收1.62亿元。营业税入库5.08亿元，增长18.06%；企业所得税入库1.11亿元，增长36.18%；个人所得税入库1.53亿元，下降11.54%；土地增值税入库1.09亿元，下降24.41%；城市维护建设税入库6492万元，增长8.15%；房产税入库4127万元，增长37.11%；城镇土地使用税入库7723万元，增长54.8%。

工作概述

【税政管理】 做好对"营改增"试点纳税人调查核实确认工作，并于6月上旬向国税部门完成移交。严格落实国家结构性减税等税收优惠政策，累计减免各类税收4793万元。完善地方税收保障工作机制，加强涉税信息采集分析和落实利用，实现信息、税源、税收的有效转化。全年，共采集信息条数1.85万条，入库税款2309万元。

【税收管理】 按照“质量第一、协同并进、注重实效”的总体要求，全力以赴抓好金税三期工程试点上线工作并按期实现良性运转。注重加强税源源头控管，对1.28万户个体业户重新进行微机定税。深化税源专业化管理和“扁平化”改革，逐步形成“重点税源集约管、中小税源集群管、零散税源委托管、整体税源全员管差异式、立体化监控”新格局。7月份，省地税局下发了《关于转发泰山分局深化征管改革经验做法的通知》。年内，零散税源控管、娱乐业税源控管和社会综合治税工作做法分别在省局召开的各类专业会议上被进行推广或作典型发言。

【依法治税】 建立健全“税收分析、纳税评估、税源监控和税务稽查”内部联动机制、部门联合办案机制及稽查风险防范机制，进一步规范各项税收执法行为，全员税收执法继续实现“零追究”。对房地产业土地增值税清算和金融保险业开展专项检查，查缴税款1720万元；结合金税三期工程上线，全力抓好税款清欠工作，入库税款4688万元。

【纳税服务】 以深化“零距离、心服务、满意在地税”服务品牌创建为抓手，完善办税服务厅功能，深入推进“一站式”服务、纳税人之家、维权“绿色通道”、涉税业务免填单等特色服务，不断提高纳税人满意度和税法遵从度，密切征纳关系。积极强化税法宣传，被省地税局表彰为“税收宣传月活动先进单位”。

【干部队伍建设】 以《山东地税岗位培训丛书》为主体教材，采取请进来、走出去的方式，开展分类、分级、有针对性的教育培训和全员业务培训达标活动，干部队伍整体业务素质得到提高。以创建“学习型党组织学习型机关”为载体，扎实抓好党建工作，发挥党员先锋模范作用。年内，被省局表彰为“学习型党组织学习型机关示范点”。以唱响“健康和谐、快乐工作”的主旋律为主题，开展丰富多彩的文体活动，传递了正能量。

【党风廉政建设】 以落实中央八项规定和纠正“四风”工作为抓手，组织开展专项督导检查，充分发挥廉政文化的导向效应、廉政制度的治本功能和内控机制的预警作用，加大对“廉政和执法风险防控平台”的检查考核力度，严格规范权力行使，着力克服“庸、慢、低、散、差、奢”和“四风”方面存在的突出问题，形成干部清正、系统清廉的良好局面。

【精神文明建设】 开展各项创优争先和“城乡文明牵手共建”“税收与未来”系列活动，部门形象得到新提升。分局被省总工会授予“山东省工人先锋号”荣誉称号，被市局表彰为“目标管理考核先进单位”，被区委、区政府表彰为“服务全区科学发展贡献奖”“全区机关作风和政风行风建设先进单位”；分局办税服务厅被授予“山东省女职工建功立业标兵岗”“山东省十佳女职工建功立业标兵岗”；1人被省总工会表彰为“职工职业道德先进个人”，1人被省局表彰为“党建工作先进个人”，2人荣获“振兴泰安劳动奖章”，6人被市局记个人三等功，另有90余人次还受到各级表彰。

（陈 军）

泰安市地方税务局岱岳分局

经济概况

2013年，岱岳区实现生产总值321亿元，按可比价格计算，比上年增长11.9%。分三次产业看，第一产业增加值53.8亿元，增长4.8%；第二产业增加值137.1亿元，增长13.6%，其中工业增加值113.4亿元，增长13.3%；第三产业增加值130亿元，增长12.9%。

收入概况

2013年，全局共组织各项收入106976万元，同比增收17658万元，增长20%。其中：税收收入完成101731万元，同比增收16662万元，增长20%；其他收入完成5248万元，同比增收999万元，增长24%。分级次来看，2013年，中央级收入入库6992万元，同比增收449万元，增长了7%，占全部税款的比重和去年保持一致；省级收入入库6992万元，同比减收7299万元，下降了100%；区县级收入入库99984万元，同比增收24508万元，增长32%，占全部税款比重的93%。

工作概述

【税政管理】 加强对外资企业税收管理，强化对国际税收情报交换工作，对6名外籍人员征收了个人所得税，累计组织涉外税收收入2136万元，同比增长11%；规范对印花税管理、宗地管理、契税管理、年所得12万元以上个人所得税自行纳税申报管理、2012年度企业所得税汇算清缴管理等工作；省局税源管理处召开晋鲁豫铁路税源管理工作协调会，对税源管理及跨区域重点建设项目管理工作给予充分肯定。

【征收管理】 通过政府采购方式新购置笔记本电脑35台并配发给各单位，建起移动电教室；先后组织四次业务骨干集中培训，分6批次对1600多户纳税人进行了网上申报及个人所得税培训；组织三次数据修改、三轮压力测试，整改涉及的数据共1702项（条），接受市局通知234个，整理下发150余个，确保金税三期工程成功上线；在主动协调市局争取税源的基础上，主动与区各相关部门接触，争取全区的力量协税护税，区政府三次召开由区直各部门、社区负责人参加的会议，专门研究税源管理问题，形成了《泰安市岱岳区人民政府办公室关于进一步规范和加强全区税源管理工作的通知》（泰岱政办发〔2013〕20号）文件，理清了各部门及社区按环节协管税源、按片区及职能承担协税护税责任的路子，较好地解决了乡镇（办）之间争抢税源的问题；规范户籍管理、申报征收、发票管理、欠税管理、数据管理，征期申报率保持在了98%以上，对纳入省局重点企业的财务报表报送率和采集率均达到了100%，全局数据错误率控制在了1%以内、数据修改率达到了

100%；积极与国税部门配合，确保了“营改增”顺利实施。

采取多种形式进行税收宣传，提高公民纳税意识。

【税收执法】 通过加强执法责任制考核评议，严格执法过错责任追究，强化纳税评估和税收预警分析，有效化解税务行政争议，全局各单位申报后执法过错为零，无税务行政诉讼案件发生。组织稽查骨干在全区范围内有效开展专项检查，共查结户数37户，入库税款672万元、滞纳金93万元、罚款8万元；指导税务事务所对满庄、粥店等单位部分企业进行了查账检查，提高纳税人的税法遵从度，增强了征管单位的执法力度。

【纳税服务】 1月1日，分局办税服务厅整体进驻区政务服务中心，成为全市办税服务厅整体进驻区（县）政务服务中心第一家，受到系统内外广泛关注。办税服务厅及其下属“五个窗口”完善并严格执行了首问责任制、一次告知制、限时办结制等制度，推行同城通办、一窗多办、联合办税等服务措施，走出了一条微笑（Smile）、高效（Speed）、专业（Skill）、阳光（Sunshine）、满意（Satisfaction）的“5S”纳税服务的新路子。办税服务厅月月被区政务服务中心评为“红旗窗口”，被区政府评为全区公共行政服务工作先进单位，被区政府评为全区政风行风建设“十佳服务窗口”。

【信息化建设】 以计算机网络为依托的金税三期工程顺利上线运行，干部职工的计算机应用水平进一步提高，全局的网络设备和计算机设备的装备水平达到了较高水准；对内存容量达不到省局要求的2M的计算机设备进行集中升级处理，同时对所有计算机浏览器逐一升级到IE8.0并配置金税三期工程系统环境，引导地税工作人员随时上机模拟演练，提高软件的操作技能和水平。

【干部队伍建设】 加强“骨干人才库”建设，在全局范围内公开选拔优秀人才进入分局人才库。组织开展以“十佳爱岗敬业标兵”“十佳业务能手”为主题的“双十佳”评选活动。关心干部职工身心健康，组织干部职工进行健康查体，对困难职工进行资助。积极开展帮扶活动，在春节前夕走访慰问了困难户和离退休职工。在愿景建设引领下，培养出一支特别能吃苦、特别能战斗、特别能奉献的干部队伍，为出色完成重大任务打下了坚实的组织基础。

【基层建设】 满庄税务所、山口税务所、范镇税务所、汶口税务所、徂徕税务所、天平办税服务厅、马庄办税服务厅、祝阳办税服务厅、角峪办税服务厅、良庄办税服务厅、夏张办税服务厅等单位持续加大硬件设施建设，办公生活环境进一步得到改善。

【党风廉政建设】　全面贯彻落实中央八条规定、“六条禁令”以及各级关于厉行勤俭节约、反对铺张浪费的规定，广泛开展建设节约型机关活动，多项开支明显下降。组织廉政教育、警示教育、述职述廉等活动，开展“廉洁家庭”评选，落实了党风廉政建设责任制和廉政谈话制度，组织全局147人层层签订了党风廉政建设责任书，做到了一级抓一级，一级对一级负责。“个人廉政保证金”办法荣获市局2013年度特色工作一等奖。

【精神文明建设】　大力开展文明创建活动，做好各级“青年文明号”集体重新申报工作，满庄税务所被市局确定为争创“全国青年文明号”单位；开展“菜单式”志愿服务工作，成立岱岳分局“泰山文明使者”志愿服务大队。被省局表彰为“全省地税系统基层建设优秀单位”“全省地税系统先进集体”等，荣获区委、区政府全区经济发展“突出贡献奖”、全区政风行风建设“先进单位”、全区服务科学发展“先进单位”等荣誉称号。

（李振安）

泰安市地方税务局高新技术产业开发区分局

经济概况

2013年，泰安高新区实现生产总值77.96亿元，比上年增长13.7%。其中：第一产业完成增加值0.96亿元，比上年下降9.2%；第二产业完成增加值61.84亿元，比上年增长14.83%；第三产业完成增加值15.16亿元，比上年增长12.8%。规模工业主营业务收入256.9亿元，同比增长25.1%；完成固定资产投资66.09亿元，同比增长30%；外贸进出口总值1.97亿美元，同比下降6.8%；合同利用外商直接投资1.36亿美元，同比增长51%，实际利用外商直接投资9220万美元，同比增长97.1%。实现财政总收入23.76亿元，同比下降7.5%，其中：地方财政一般预算内收入13.66亿元，同比增长18.6%。

收入概况

2013年，全局共组织各项收入10.73亿元，同比增收3446万元，增长3.3%。剔除“营改增”因素，同比实际增收4646万元，增长4.52%。不含耕契两税完成6.08亿元，同比增收8747万元，增长16.79%。其中：税收收入完成5.59亿元，同比增收8174万元，增长17.14%；其他收入完成4981万元，同比增收573万元，增长13%。分级次：中央级完成1.43亿元，同比增收3290万元，增长了29.97%；省级完成8万元，同比减收4205万元；区级完成9.29亿元，同比增收4155万元，增长4.68%。

工作概述

【税收征管】　“营改增”顺利完成，共移交了符合标准的153户企业。全面落实惠民政策，共依法减免地方税收8707万元。开展税源普查，共普查纳税人656户，补办税务登记36户，增加税款58万元，根据普查结果开展数据比对、核实与清理，找准影响税收增减变化的原因。强化重点税源管理，实现重点税源入库税收3.59亿元。加大税收检查和清欠力度，共计检查企业12户，查补入库税款442万元，压缩欠税1258万元。深入推进企业剥离非核心业务，共剥离企业12户，新增营业收入3.4亿元，入库税款1814万元。

【信息管税】 通过纳税评估、税收预警、综合治税实现税收收入1872万元，信息管税的整体合力不断形成。强化责任抓落实、建立制度提质效、解决问题保上线，10月8日实现金税三期工程系统单轨平稳上线，有效提升信息管税质效。

【纳税服务】 持续推进网上办税、办税服务厅等纳税服务平台建设，简化审批流程，让涉税审批更流畅、更便捷。不断创新服务方式，大力落实定点联系企业、延时服务、限时办结、首问负责、税收课堂等特色服务机制，畅通税企沟通渠道。开展“四贴近一提高”（贴近纳税人办税内容需求，贴近纳税人办税效率需求，贴近纳税人办税方式需求，贴近纳税人情感需求，提高办税服务质量。）主题实践活动，深入到包保泉上村329户村民当中开展调研，共征求意见和建议10条，掌握了基层真实情况，密切了党群干群关系。

【干部队伍建设】 对13名税务干部进行换岗性交流，优化了人员配置。加大干部培训力度，全年共举办各类培训10期，累计培训税务干部及纳税人1600人次。在局内开展争创“文明单位”“文明窗口”“文明科室”活动，顺利通过“省级文明单位”复审，先后有13人次荣获市级以上荣誉，1人获得山东省先进工作者荣誉称号。

加强党风廉政建设，开展税检共建活动，召开预防职务犯罪专题讲座。

【党风廉政建设】 认真执行党风廉政建设责任制，大力贯彻落实中央八项规定，坚决纠正“四风”，积极推进廉政文化和廉政风险防控机制建设，加大监察工作力度，有效增强职工廉洁从税意识。加强政风行风建设，持续抓好“3+1”体系建设，扎实推进政务公开，组织开展针对“庸懒散”的明察暗访工作，积极查找行风建设上的薄弱环节，落实整改措施，切实维护纳税人的合法权益。

（武 战 王永博）

泰安市地方税务局
泰山风景名胜区分局

经济概况

2013年，泰山风景名胜区接待进景点游客497.57万人，增长8.32%，其中进山游客375.5万人，增长8.40%，连续六年遥遥领先国内山岳型景区；门票、索道、旅游客运等收入9.72亿元，增长8.9%；完成财政收入64865万元，同比增长33.54%，形成景区级财力54632万元，同比增长53.52%。

收入概况

2013年，全局组织各项收入13410.43万元，比上年增长18.02%，增收2047.49万元。其中，其中税收收入12700.53万元，比去年同期增长23.80%，同比增收2441.47万元。景区收入11596.19万元，同比增收3476.40万元，增长42.81%。

工作概述

【税政管理】 认真贯彻执行税收政策，严格减免税审核、审批手续。全面落实国家对小微企业和个体业户的优惠政策，仅个体餐饮业就当年减免税款30余万元，经审计全部符合税收政策和办理程序。认真落实延期缴纳税款、欠税公告、地方税收减免管理办法，确保国家税收政策执行到位。

【征收管理】 切实加强户籍管理、税基管理和重点税种管理。完善加强户籍管理的制度、办法，做好户籍信息的比对、巡查和抽查，确保户籍管理真正到位。依托综合治税，加强景区内基础工程建设税收管理，完善零散税收的流程控制，2013年入库税收收入600余万元，景区地税征收管理又上新台阶。抓好金税三期工程系统的上线工作，及时将工作中存在的问题通过运维系统上报，确保系统安全稳定高效地运行。

【执法服务】 严格执行税收法律法规，坚持依法行政。全面落实执法责任制，完善执法程序，规范行政处罚，杜绝混级混库、有税不收、收“过头税”的现象。牢固树立“服务经济建设，服务社会发展，服务纳税人”的三服务理念，全面提升服务质量，为更好地为纳税人服务，景区地税分局严格执行“首问负责制”“一站式服务”和“一窗服务”，方便纳税人，提升地税形象。

【基层建设】 以打造现代化基层为目标，从基础抓起，落实科学化、规范化要求，分工负责，夯实责任，具体到人，逐项规范，使管理基础更加扎实。投资10余万元对多功能的办税服务大厅进行了重新规划，购置一些新的设施，基础设施有了很大改善，税收征管质效大幅提升，纳税服务工作改善，干部队伍精神面貌发生新的变化。

【干部队伍建设】 深入开展业务培训，每周开展一次政治理论和业务知识学习，确保金税三期工程在工作中安全、稳定、高效运行。强化思想政治、作风纪律建设，确保干部职工干事创业的活力和热情，进一步增强凝聚力和向心力。深入开展文明创建工作，持续开展捐资助学、扶危济困和扶贫包村工作。在景区管委会年终评比中被评为2013年度先进集体，多人次获得先进个人、优秀工作者称号。

【党风廉政建设】 完善规章制度，建立内外监督体系，定期开展党风廉政教育，开展了“五比五看对比启示教育”（比学习、看能力，比工作、看贡献，比创新、看实绩，比文明、看素质，比团结、看和谐）、“重敲警示钟，高筑防范墙”“规范执法行为，端正行业作风”等主题教育活动，以各项活动为载体，“聚平安之力，奏和谐之曲”，把住干部职务犯罪的“总开关”，促进了党风廉政建设的健康发展。

（高　颖）

肥城市地方税务局

经济概况

2013年，肥城市实现生产总值674.46亿元，同比增长11.4%；公共财政预算收入31.93亿元，其中税收收入22.46亿元，增长7.43%；固定资产投资413亿元，增长20%；社会消费品零售总额209.2亿元，增长13.44%；金融机构各项存贷款余额356.9亿元、240.9亿元，分别比年初增加42.4亿元和28.9亿元；城镇居民人均可支配收入28606元，农民人均纯收入12916元，分别增长10.5%和13.1%。

收入概况

2013年，全局累计组织入库地方各项税费收入23.39亿元（含耕地占用税和契税），同比增收5512.9万元，增长2.4%。县级（不含耕地占用税和契税）收入6.18亿元，增收3312万元，增长5.7%；乡镇级（不含耕地占用税和契税）收入7.87亿元，增收1.37亿元，增长21.1%。全年代征价格调节基金2202万元，地方水利建设基金2095.5万元，残疾人就业保障金390.6万元，工会经费235.9万元。

工作概述

【税收征管】 组织开展税务登记验证，新办税务登记324户。扎实开展年所得12万元以上个人所得税自行申报工作，申报人数1243人，补缴税款540.1万元，首次突破千人大关。切实提高企业的汇缴申报质量，汇算清缴户数585户，汇缴申报率达100%，补缴企业所得税4217万元。先后组织开展房产税、“营改增”企业、企业汇算清缴三类专项评估，评估税款2312.4万元；预警处理614户次，入库税款678万元。组织开展金融保险业和部分市直中小企业的专项检查，全年查补税款2251.2万元。

【金税三期工程】 全局成立综合业务、技术支撑、业务培训、后勤保障四个工作小组，确保上线工作既各负其责，又联动协作。分岗位挑选7名骨干为兼职教师，对重点涉税岗位、重点办理环节采取“一对一”“一带一”的措施，使岗位人员在较短时间内熟练操作应用系统。集中抽调30名业务骨干，将未并入中心税务所的登记信息按期迁移，迁移量近6000条。加强数据审核，在基层纳税服务、税源管理等岗位实行数据交互审核，相关科室按业务职责范围对数据审核及考核，提高数据质量。利用《问题提报单》《任务推送单》等方式，确保了金税三期工程在10月份一次性单轨运行成功。

【纳税服务】 完善征收服务平台建设，实现免填单业务运行网络化、档案管理电子化、人员考核自动化；搭建“税企通”服务平台，设立各类服务功能模块，实现涉税服务资源共享，网站访问量快速攀升。向社会发布“税企通·心相同”服务标识，启用服务彩铃；开展“牵手行动·税收梦想”系列宣传活动，“税企共植同心林”宣传活动被省地税局表彰为全省税收宣传月活动优秀创新项目。

全省地税系统党的群众路线教育实践活动座谈会在肥城召开。

【干部队伍建设】 开展“抓党建、转作风、提质效”主题活动，党组成员实行“下沉式”指导，通过召开民主生活会、人人写出心得体会、举办演讲比赛等有效形式，转变作风、增强队伍凝聚力。在山东财经大学东方学院对一线岗位人员开展现行税种、《小企业会计准则》等知识培训，提升岗位操作技能；落实40周岁以下人员季度考试，强化以考促学。制定新一轮《2013—2015年发展规划》，大力弘扬“善学笃实，精业争先”的新时期肥城地税精神。围绕“全国职工书屋示范点”创建，配备图书管理员、实行电子化管理，争取工会配送4万余元图书，总藏书达5000余册。扎实开展了“民生大调查”“双联双帮”等活动，选派“第一书记”到边院镇张庄村任职，争取农田水利项目资金等近30万元，把为民务实的要求落实到具体行动上。

【党风廉政建设】 广泛开展“要我廉洁与我要廉洁”大讨论教育活动，通过人人撰写体会、凝练廉政理念、查找风险等方式，破除了灌输式、说教式、被动式的陈旧教育模式。省纪委副书记王喜远对创新教育方式给予高度评价。开展《税收违法违纪行为处分规定》专题教育，举办知识竞赛。制定防控措施875条，借助“廉政和执法风险防控平台”软件，检索执法预警信息497条，立项复核82条，占应复核的100%，强化了科技防腐力度。着重治理“庸懒散”等问题，作风效能显著提升，在全市行风评议中荣获执法部门第一名。

（张　华）

新泰市地方税务局

经济概况

2013年，新泰市实现生产总值765亿元，完成公共财政预算收入36.1亿元，在全国中小城市综合实力百强县中位居第41位，比上年跃升4个位次；在全省县域科学发展考核中，综合实力跃居第28位，比上年前移9个位次；获得泰安市科学发展考核县域经济综合实力奖第一名。

收入概况

2013年，全局累计完成各项税收25.6亿元。其中，完成新泰市级工商税收15.2亿元，同比增长0.3%，增收421万元；

煤炭价格调节基金4346万元；地方教育附加3675万元；水利基金1824万元；残保金300万元；工会经费370万元。

工作概述

【征收管理】 针对大型餐饮业户营业额锐减的实际情况，加大中小型餐饮业监控检查，中小型餐饮业税负提高5%。举办4期发票摇奖，兑现奖金20万元。研发减免税管理系统，有效杜绝审批漏洞，泰安市局召开现场会在全市推广。扎实推进网络发票试点，培训纳税人9期，网络开票87户，其中手机开票10户，开票金额3.6亿元。周密部署，扎实准备，金税三期工程系统10月8日成功上线运行。做好年所得12万元以上个人所得税自行申报工作，完成1135人，补税314万元，申报税款同比增长14%。强化房产交易管理，政务大厅房产交易实现税收4798万元，同比增长89.6%，增收2268万元。强化综合治税，被泰安市政府评为综合治税先进单位。做好工会经费代征工作，被评为全省工会经费代征先进单位。

【税收执法】 抽调骨干人员组成检查组，对总分支机构及跨境经营单位的纳税情况进行检查，补缴个人所得税650万元、企业所得税2600万元。对10个清算项目进行土地增值税专项检查，查补入库税款585万元。实行印花税查账征收，全年征收印花税5159万元，同比增长37%。对年纳税50万元以上企业三年的个人所得税进行专项检查，查补个人所得税4956万元。开展金融保险业专项检查，查补税款403万元。对外来施工企业进行跟踪管理，入库税款400万元。开展股权转让所得税检查，查补入库所得税3198万元。委托中介机构对120户重点区域税源进行检查，查补入库税款4900万元。

【纳税服务】 创建“同心汇聚·和谐共盈”机关服务品牌，优化纳税服务水平。加大办税服务厅整合力度，整体进驻新泰市政务服务大厅，规范大厅档案资料管理，泰安市局给予充分肯定并召开观摩会予以推广。充实10名人员，明确工作职责，规范办税流程，划分区域设置，加大硬件投入，强化窗口规范化建设。地税窗口连续10个月被评为文明窗口、红旗窗口，3人次被评为季度服务标兵，13人次被评为月度先进个人，新泰市局被评为新泰政务服务先进单位。

【干部队伍建设】 建立人才选拔、激励、培养、使用四项机制，为干部成长提供平台，被省局评为2013年度十件好事。举办4期税务讲坛，为干部提供展示平台，共有21名同志登台演讲，评出税务讲坛之星4名。全省地税系统党建工作第一协作片组会议在新泰市局召开，对该局党建工作给予充分肯定；党员“亮牌示范”活动被表彰为全省地税系统优秀党建品牌。

【党风廉政建设】 创新专（兼）职纪检监察员制度，强化“两权”监督，有效防范执法风险；省局党组成员、纪检组长王莉莉给予高度评价，泰安市局召开现场会进行了推广。加强政风行风建设，在新泰市政风行风评议中获行政执法类第二名。荣获全省地税系统廉政文化“四进”先进单位、发展环境建设十佳单位、2013年度落实党风廉政建设责任制暨惩防体系建设工作先进单位等多项荣誉称号。

【精神文明建设】 制定新泰地税文化理念，设计“和”文化标识，创作《新泰地税之歌》，发挥文化导向作用；泰安市地税系统文化建设推进会在新泰市局召开。泰安市创建文明行业观摩评议会在新泰举行，新泰市局荣获新泰市文明行业评比第一名。

（毕研星）

东平县地方税务局

经济概况

东平县版图面积1340平方公里，辖14个乡镇、街道办事处，716个行政村，年底全县总人口79.42万人。2013年，全县实现生产总值310.83亿元，按可比价格计算，比上年增长12.2%，其中第一产业增加值39.13亿元，增长5.2%；第二产业增加值149.9亿元，增长13.1%；第三产业增加值121.8亿元，增长13.4%。

收入概况

2013年，全局累计组织入库各项收入10.02亿元，同比增长19%，增收1.59亿元。

工作概述

【税政管理】 认真落实建筑业、房地产业及金融业税收政策，开展全县建筑业、房地产业及金融保险业税收专项清理，入库税款1737.5万元；坚持管理服务“两手抓”，加强国际税收管理，重点做好非居民企业税收专项检查、对外支付证明开具和反避税工作，实现税款1155万元，增收43万元；加强对重点税源的管理和监控，强化项目信息分析，切实提升重点税源管理质效，实现税款4.96亿元；依托纳税评估案头审核系统，对31户重点企业进行了纳税评估，实现税款105万元。

【征收管理】 借助金税三期工程系统上线的有利时机，做好税务登记验证工作，改进数据质量，有效解决基础资料和临时征收户、发票代开等重点、难点管理问题。建立重点税源分析数据库，做好税源分析，全面掌握重点税源发展情况，不断提高税源管理水平。完善分行业、分税种管理办法，扎实推进房地产业、餐饮业税源专业化管理，实现税款1.86亿元；加大信息管税力度，扩大涉税信息来源，做好与国税、工商、房管等部门的信息数据交换，深化数据分析利用，采集涉税信息2106条，新增税款1684万元。

【税收执法】 规范税收执法，努力防范执法风险，坚持组织收入原则不动摇，坚决杜绝收“过头税”“人情税”、转引税款、虚收空转等税收违规违纪现象；健全完善代开发票手续，规范临时户管理，通过财税库银系统实现税款直接入库，在各办税服务厅设立POS机，杜绝现金交税和税款滞解；强化税收执法监督，2013年实现税收执法零过错。

【纳税服务】 组织开展“情系东原，税润民生”“局长服务下基层”等税法宣传活动，进一步提高税法遵从度；加强税企互动，为依法诚信纳税企业颁发纳税信用等级证书，努力营造诚信纳税的社会氛围；认真受理各类涉税咨询、投诉、举报，畅通纳税人诉求渠道，促进征纳和谐；认真贯彻落实各项税收优惠政策，为企业减免税款共计5153万元，积极助力企业发展。

【干部队伍建设】 强化干部教育培训，科学制定学习培训计划和骨干选拔方案，加强财会知识、涉税法律法规、税收分析及金税三期工程系统软件操作培训。建立县级人才库，加强对骨干人才培养和使用，选派业务骨干到高校培训，全力打造高层次、复合型人才；定期组织开展业务考试，强化终身学习理念，努力营造“勤奋学习、学以致用”的良好风气。加大干部选拔、交流力度，大力推进竞争上岗公平、公正、公开，提升队伍综合素质。

【基层建设】 加强基层硬件建设，不断加大资金投入，州城、老湖集中办公楼正式投入使用；着力改善基层办公条件，对各基层办税服务厅进行升级改造，优化办税服务大厅环境建设，为纳税人提供了更好的办税环境。在基层软件建设方面，不断提升基层“软实力”，完善基层建设工作目标考核联系点制度和党组包片巡查制度，促进机关与基层的良性互动。

【党风廉政建设】 深入落实党风廉政建设责任制，深入开展向纳税人述职述廉活动，定制执法监督卡，自觉接受纳税人监督；组织开展警示教育活动，组织全体人员收看《失德之害》廉政教育专题片和全市地税系统预防职务犯罪专题讲座，邀请泰安市“反腐倡廉预防职务犯罪警示教育宣讲基层行”举行专场宣讲活动，提升干部职工的反腐倡廉意识。东平县地税局分层分类廉政教育情况在泰安市纪委工作调研座谈会上进行了典型发言。

【精神文明建设】 积极开展文明创建工作，连续10年保持“省级文明单位”荣誉称号；连续13年荣获“行政执法工作先进单位”荣誉称号；连年被评为“党风廉政建设先进单位”“科学发展先进单位”。

（刘传新 高 鹏）

宁阳县地方税务局

经济概况

2013年，全县实现生产总值316.9亿元，比上年增长11.5%。其中，第一产业50.7亿元，第二产业142.8亿元，第三产业123.4亿元，分别比上年增长4.7%、14.8%和10%。地方财政收入10.95亿元，增长9.36%。

收入概况

2013年，全局组织税收收入8.71亿元，占年计划的100.88%，比上年增长11.67%。其中，中央级税收收入1.03亿元，增长4.44%；地方级税收收入7.68亿元，增长12.61%。

工作概述

【税政管理】 认真落实各项税收政策和法律法规，严格减免税管理，完善审核、审批手续，强化对税收优惠政策落实的事前、事中以及事后管理。当年办理减免税287万元、资产损失税前扣除632万元，经审计全部符合税收政策和办理程序。

【征收管理】 加强税源分类管理，抓住大户，控好中户，重点税源全面监控，完善“评查联动”机制。根据年度评估重点和税务稽查工作重点，依托“评查联动”机制，相继开展了对金融保险业、房地产业、建筑业23户纳税人的专项评估检查，共落实税收疑点186个，自查补税1039万元。在“评查联动”机制运行过程中，逐步构建起长效管理机制，得到省、市地税局领导的肯定和推广，《山东经济战略研究》予以刊载推介。

【税收执法】 加大税收执法力度，建立部门联系制度，实现税收执法的立体化。坚持规范执法行为，增强税收执法的透明度。实行执法责任制，完善执法程序，规范行政处罚，杜绝混级混库、有税不收、收“过头税”的现象。加强税务稽查，全年稽查28户，查补税款322.67万元，罚款22.12万元，滞纳金4.39万元，区域整治、自查125.1万元，全部足额入库。

【纳税服务】 打造“以金牌为目标、以优质为标准”的“金质服务”品牌。全面实施“一卡两制”服务方式。设立办税服务流程提示卡，严格执行“首问责任制”“限时办结制”和一站式服务。建立“办税服务厅—办税服务点—办税服务窗口”一体化纳税服务新格局，真正实现了县域通办。在各个服务窗口安装了POS机缴税通，使纳税人可以直接刷卡缴税。被授予2013年度全县优化发展环境服务经济建设先进单位。

【信息化建设】 加强对金税三期工程系统的应用，规范数据录入、审核、监督和分析应用。研发运行“宁阳县税收预测分析支撑平台”，突出信息采集和增值利用功能，全面建立税收预测分析新机制。省、市地税局给予充分肯定并加以推广，税务总局收入规划核算司给予高度评价。

【干部队伍建设】 深化以提高全员素质为主要内容的干部队伍建设，设立“个人学习虚拟账户”，完善“褒奖大多数、促动极少数”的倒激励机制；建立税务人员培训基地，组织多种形式的干部教育培训。培养具有数据解读能力的评估、分析、检查、反避税、纳税服务等方面的现代化税收人才，干部职工的学习热情和工作能力明显提升。

【基层建设】 建立健全基层工作联系点制度和工作调研制度，促进机关与基层的良性互动。在人力资源配置、干部培养使用等方面向基层倾斜，加大考核督察力度，促进基层的工作效率提高。

【党风廉政建设】 开展经常性的廉政教育，干部职工树立起“不敢腐”“不能腐”“不易腐”的“三不”廉政意识。进一步落实《兼职监察员管理办法》，建立“嵌入式”纪检监察机制。用好廉政与执法风险防控平台，发现问题，及时整改。省局授予“全省地税系统廉政文化‘四进’先进单位”。全县政风行风评议获执法类第二名。

【精神文明建设】 坚持开展志愿服务，关心困难群体，做好捐资助学和扶贫包村工作。县级局“省级文明单位”、县级局纳税服务大厅“全国五一巾帼标兵岗”、基层3个“省级青年文明号”、1个“山东省工人先锋号”、8个“市级文明单位”复审合格；稽查局被树为“山东省女职工建功立业标兵岗”；1人被授予“全国优秀工会积极分子”称号。精神文明建设不断升华。

（孟庆剑）

威海市地方税务局

经济概况

2013年，全市实现生产总值2549.69亿元，按可比价计算，同比增长10.8%。其中，第一产业实现增加值203.47亿元，增长4.3%；第二产业实现增加值1312.93亿元，增长10.5%；第三产业实现增加值1033.29亿元，增长12.5%。全市共实现财政总收入479.98亿元，增长13.9%。其中，实现公共财政预算收入195.22亿元，增长13.4%。

收入概况

2013年，全市地税系统共入库各项税收159.98亿元，同比增长20.44%。其中，中央级收入入库14.57亿元，增长14.87%；省级收入入库0.08亿元，增长49.42%；市县级收入入库145.34亿元，增长21.02%。

工作概述

【征收管理】 一是强化收入质量管理。坚持旬调度、月分析，抓好督导落实。与各级审计部门配合，抓好整改落实。开发应用“威海地税代征代扣管理系统”，防止延压税款等执法风险。在全省专题工作会议上介绍了加强票证管理的经验做法。二是强化重点税源管理。掌握重点企业的生产经营、财务核算以及税务管理等情况，防止税收流失。年纳税超过50万元的2231户重点企业，入库139.2亿元，占总收入的87.1%。三是强化税种管理。加强金融、房地产等重点行业税收管理，营业税入库55.59亿元，增长27%。开展企业所得税汇算清缴，企业所得税入库15.14亿元，增长16.96%。全面推进全员全额明细申报工作，做好年所得12万元以上个人所得税自行申报工作，个人所得税入库9.14亿元，增长11.56%。不断完善财产行为税税源监控方法和手段，地方税种入库80.11亿元，增长17.96%。

【纳税服务】　一是加强经济税收研究。发挥参谋作用，关于“营改增”对地方经济税收影响的4篇调研，被《山东政务信息·报国办》采用。二是加大政策落实力度。为企业减免各类税收8.1亿元。关于推动“个转企”、促进企业自主创新等意见建议被市委、市政府采纳；关于研发费用加计扣除的调研得到市长张惠的批示肯定。三是不断优化纳税服务。确定295户重点联系企业，推进“科级干部联系企业制度”。加强对下岗失业人员有关创业方面的税收政策培训，累计培训2000多人次。关于利用中介机构加强税收管理的做法在全省专业会议上作了典型交流；被省局评为“征纳共盈品牌创建先进单位”。

【税收执法】　一是抓好执法监督。对行政审批、行政征收、行政处罚等58项权力的内容、执法标准等进行规范细化，在全市范围内公开，方便纳税人及社会各界查询、监督。被省地税局确定为“标准化执法示范单位”。二是规范执法行为。扎实开展税收执法矛盾化解工作，对涉税犯罪案件移送、涉税财产查封扣押、税收优惠政策适用、涉税证明开具等100多个有争议的问题提供指导或处置意见。三是加强执法督察。充分利用一户式管理、发票管理等系统，加强对信息数据的判断、分析，对问题涉及企业实施延伸检查，确保问题查深、查透、查实。

【干部队伍建设】　一是开展“全员岗位技能提升活动”。举办了威海地税系统首届兼职教师教学法培训班，聘任31名全市地税系统兼职教师，共举各类培训和讲座32期。二是加强系统党建工作。组织开展先进党组织和优秀党员评比表彰活动，全系统15个党组织、8名党建工作者和73名党员被省局和市委、机关工委表彰。发放“党性教育卡”，开展党支部书记与党员谈心活动，调动了党员领导干部的模范带头作用。全省地税系统党建协作会议在威海地税局召开，获得“全省地税系统优秀党建品牌”“市直机关先进基层党组织”等称号。三是加强文化建设。推进文明创建、“四德”建设、道德讲堂等活动，举办了乒乓球比赛、登山等活动，激发了干部队伍干事创业的激情和热情。开通“文明微博”，开展文明志愿者活动，推行窗口行业模拟测评、市区餐饮业“五小证”检查、文明餐厅及环境卫生整治等一系列工作，为创建全国文明城市工作作出了贡献。

【信息化建设】　一是用好“政府涉税信息共享平台”。贯彻落实《山东省地方税收保障条例》，从发改委、国税、国土等部门采集到5万多条信息，及时开展分析比对。二是用好“电子稽查系统”。完成房地产、工业、餐饮等行业检查指引编写和软件程序固化工作，拟在全省范围内进行推广应用。通过电子稽查系统检查企业249户，查补入库税款5863万元。三是用好“三方信息税收应用平台”。完善三方信息税收应用平台功能，查找纳税疑点。对6936户企业开展了预警和评估分析工作，核实需补税2152户项，核实补缴税款2.29亿元。四是做好金税三期工程上线工作。合理调配人员，优化岗责体系，对1143名人员进行岗位重新认定。开展全员动员、全岗和纳税人培训，整改规范和补录各类数据9万余条。

【党风廉政建设】 一是抓好机关作风建设。以落实中央八项规定和厉行勤俭节约反对铺张浪费为重点，大力倡导“一线工作法”，推动机关作风进一步好转。二是抓好党风廉政工作。开展防止利益冲突工作，全系统225名副科级以上干部全部建立了防止利益冲突信息档案，梳理完善防止利益冲突的制度规定20余项。防止利益冲突工作得到省、市纪委领导的高度评价。再次获得全市行风评议行政执法部门第一名。三是抓好问责落实。加强预警信息分析、运用，重点对有税不收、违规执法、侵害纳税人合法权益等进行问责，进一步完善“执法监督、行政监察、纪律检查”三位一体的监督问责体系。

（连伟光　孟新华）

威海市地方税务局环翠分局

经济概况

2013年，环翠区实现生产总值267.7亿元，比上年增长11.3%。第一产业增加值21.79亿元，增长4.01%；第二产业增加值108.23亿元，增长7.48%；第三产业增加值121.4亿元，增长13.43%。公共财政预算收入34.6亿元，增长15%，其中税收收入、“四税收入”比重分别达到85.2%和63.9%。

收入概况

2013年，全局共组织各级各类税收收入14.23亿元，比上年增长23.19%。其中，县区级收入完成12.36亿元，增长23.24%；省级收入完成200万元，增长38.36%；中央级收入完成1.85亿元，增长22.68%。

工作概述

【税收征管】 一是突出强化税源分析。从税收收入结构六个方面调研、分析、掌握辖区税源的变化情况，有的放矢全面强化税源管理。二是突出完善“政府涉税信息共享平台”，形成了“部门—政府—税务”三点一线的信息传递模式。全年各类企事业单位代扣代收税款20344万元，124个委托代征单位共代征税款3092万元。三是突出强化重点税源管理。年纳税额在100万元以上的企业达到188户，共入库税款11.17亿元，占全部税收的78.49%。四是畅通“大项目税收绿色服务通道”。五是稳步提高税收收入质量。六是突出抓好税收预警的筛查、复查、审查，全年共处理税收预警899户次，预警补缴入库税款1375万元。七是突出抓好主体税种的管理。营业税、企业所得税、个人所得税、土地增值税分别同比增长28.12%、29.43%、12.24%、52.36%。八是金税三期工程系统上线平稳运行良好。九是严把税务登记注销清算关，建立清算联动机制，全年办理注销1537户，清算税款420余万元。

【税收执法】 一是突出抓好执法

风险内控机制建设。充分利用好“三方信息税收应用平台”“廉政和执法风险防控平台”“税收预警”等系统，及时发现执法问题和风险，严格执法考核和过错追究力度。二是进一步拓展外部监督渠道。全面实施办税公开，接受人大、政协和社会各界的监督，加强与司法部门、执法监督部门的信息交流。三是执法队伍素质得到稳步提高。全年处理各类税收违法行为滞补罚收入达到124.33万元，同比增长66.62%，执法过错率趋于零。四是大力开展税收电子稽查。全年共稽查入库税收滞补罚1033万元，查账认可率100%。环翠稽查代表队在威海地税系统电子查账业务比武中，取得了团体比赛第一名。

【纳税服务】 一是完善“服务内容”。配发纳税服务手册和服务联系卡，全面推行预约服务、延时服务、提醒服务、上门服务等措施。二是加强“税企交流”。深入开展“局长服务日”“所长走访日”“千家企业大走访”“科级干部联系企业”等活动，及时收集纳税人意见和建议，融洽税企关系。三是公开办税信息。通过环翠有线台《阳光地税》栏目、政府信息公开网站、地税外部网站，及时公开地税动态，公布最新税收政策，让纳税人缴明白税。

【干部队伍建设】 一是完善干部教育培训激励机制，组织各类业务学习和培训，将学习培训成效与干部的培养使用相结合，调动干部的积极性。二是完善基层所基础设施建设，为基层干部职工提供良好的办公环境。三是丰富“翠苑”文化艺术社活动内容，陶冶干部职工情操。

【党风廉政建设】 一是以“两权”监督为重点，严格落实党风廉政建设责任制，突出开展网上执法监察和效能监察，强化执法过程监督。二是深入落实“三位一体”问责机制，共问责24人次，补缴税款61万元。三是在旅游度假区中心税务所建立“廉政文化教育基地”。在环翠区政风行风评议活动中再次荣获第一名。

加强党风廉政建设，开展党风廉政教育。

【精神文明建设】 一是地税文化建设丰富多彩。在环翠区庆祝建党91周年系列文艺演出活动中取得优异成绩。二是社会慈善事业投入范围广泛。在“扶贫联系村”“慈心一日捐”等活动中，累计捐款12万余元。三是精神文明建设硕果累累。先后荣获全省地税系统“廉政文化进机关先进单位”“征纳共盈纳税服务品牌创建先进单位”“威海市地税系统目标管理考核优秀单位”等20余项荣誉称号。

（常嵘林）

威海市地方税务局
火炬高技术产业开发区分局

经济概况

2013年，火炬高技术产业开发区实现生产总值182.4亿元，同比增长12%。其中，第一产业实现增加值1.5亿元，增长7.5%；第二产业实现增加值112.3亿元，增长10.9%；第三产业实现增加值68.6亿元，增长14.3%。实现财政收入40.0亿元，增长16.8%。其中，公共预算财政收入19.2亿元，增长16%。

收入概况

2013年，全局共完成各项收入14.79亿元，同比增收2.22亿元，增长17.61%。其中，中央级收入1.70亿元，增收1679万元，增长10.97%；省级收入307万元，增收262万元，增长582.22%；市县级收入13.02亿元，增收1.97亿元，增长17.86%。

工作概述

【征收管理】 一是强化重点税源管理。紧密结合管委“突破双岛湾”的战略思路，全程跟踪127个大项目从建设选址直至验收各环节税收，入库税收2.5亿元；紧密结合金税三期工程上线，对集团公司、建筑安装房地产行业分设专业科室，紧盯收入计划落实，集团公司入库税收6.44亿元，同比增长22.16%，房地产行业入库税收5.2亿元，同比增长30%；紧密结合“营改增”宏观税收政策调整，加大营业税征收力度，营业税入库5亿元，同比增长22%。二是抓好涉地税收核查。按户籍、地籍建立完整可靠的涉地税收链条，核查179宗土地575万平方米，查补税款2057万元；抓好闲置土地清查。清查47处工业商贸闲置土地3162亩，核查税收2361万元；抓好土地增值税清算。完成清算项目12个，查补各类税款1657万元。三是加大力度清理欠税。采取与企业主要负责人约谈、责令制定清欠计划书、加收滞纳金、停供发票、查封银行账号等措施，清理欠税2.5亿元。

【税收执法】 大力开展各类税务检查活动，整顿区内税收秩序，特别是4月份，与审计局、公安分局联合查处某房产公司偷逃税款案件，查补税款、罚款582万元，有力地震慑了偷逃税行为。

加强社会综合治税工作，动员全社会力量齐抓共管地方税收。

【税收信息化】 一是抓好金税三期工程应用。举办11期金税三期工程操作培训，组织专管员现场操作演示各数据信息、税收信息之间的比例关系，现场问税，一切用数据说话；为保证金税三期工程顺利上线，一线干部职工加班加点，集中处理垃圾流程300余条，补录修正房产、土地等信息1700余条，修订数据13700余条。二是利用好政府涉税信息平台。管委各部门积极报送涉税信息，共报送各类报表199份，涉税信息10257条，同比增长105%；深化涉税信息综合利用，指定专门科室对涉税信息进行深度比对分析，与征管、检查工作相关联，将涉税信息转化为实实在在的税收2445万元。

【纳税服务】 一是加强经济税收研究。积极研究宏观、区域经济形势，研判国家税制改革对地方税收工作、对地方财源建设产生的影响，做好参谋助手。二是加大政策落实力度。让符合优惠条件的纳税人享受到国家优惠政策，支持纳税人发展。共为各类符合条件的纳税人备案减免或审批减免税收8400万元。三是优化纳税服务。建立值班长制度，开展引导服务；分流、整合办税业务，简化办税手续，提高办税效率；通过重点税源税企交流QQ群、税企协同办公系统，开展信息化纳税服务，发送涉税服务信息2.9万条，解答纳税人咨询2452人次，为企业解决各类问题120个。

【干部队伍建设】 一是加强党的建设。组织党员到孟良崮战役纪念馆重温入党誓词，组织学习了党的十八大以来重大决策，开展了党员干部联系困难群众活动。党员干部接受了教育，增强了深化改革的信心和决心，加深了与人民群众的密切联系。二是加强纪律作风建设。认真落实中央八项规定和“厉行勤俭节约、反对铺张浪费”“反四风”的规定；传达中纪委、省纪委“庸懒散”典型问题通报，干部职工认清形势，远离“庸懒散”，推动机关作风进一步好转。

【精神文明创建】 积极参与了文明城市创建、第六届运动会活动，积极开展了帮扶村、学雷锋等活动。展现了地税干部职工在重大政治任务面前、在重大活动面前良好的意志品质和精神风貌。

（王仁德）

威海市地方税务局经济技术开发区分局

经济概况

2013年，威海经济技术开发区实现生产总值179.51亿元，同比增长11.3%；实现规模以上工业总产值372.39亿元，增长0.2%；实现财政总收入34.88亿元，增长7.1%，其中公共财政预算收入18.12亿元，增长7.6%；进出口总额50.5亿美元，增长0.7%。

收入概况

2013年，全局共组织收入14.14亿元，同比增收1.84亿元，增长15.04%。其中：中央级收入1.35亿元，减收649万元，减少4.58%；省级收入46万元，减收19万元，减少29.08%；市县级收入12.78亿元，增收1.91亿元，增长17.63%。

工作概述

【税源管理】 一是强化税源分析和收入调度。下发地方税源征管分析报告

13期，评审确认疑点123个。二是加大重点税源监控力度。签订清欠协议34份，清理欠税6520万元。对26户欠税企业实施强制执行措施，扣缴税款2135万元。全年房地产企业实现税款6.1亿元，占分局总收入的43%。三是加强涉外税收管理。建立《对外支付项目审核登记》制度，全年涉外税收完成2.13亿元，增长0.57%。

【征收管理】 一是营业税管理。开展2012年营业税减免税情况调研、小微企业营业税政策调整影响测算，全年入库营业税4.66亿元，同比增长6.81%。二是企业所得税管理。对1071户企业进行了企业所得税汇算清缴，抽取62户企业进行汇缴检查。全年入库企业所得税1.49亿元。三是个人所得税管理。完成年所得12万元以上个税申报940人，入库税款2788万元。审核全员全额明细申报扣缴企业691户，纳税人44140人次。全年个人所得税共入库7642万元。四是房产、土地使用税管理。全年房产税入库7561万元，同比增长9.99%；土地使用税共入库1.28亿元，同比增长16.28%。五是土地增值税清算。全年入库土地增值税9295万元，同比增长19.77%。六是耕、契两税管理。全年入库耕、契两税分别为1952万元、1.43亿元，同比增长55.17%、110.31%。

【税收执法】 开展物流交通运输业、商务服务业企业纳税评估工作，入库税款10.7万元。制定《2013年地方税收专项检查实施方案》，确定行业性税收专项检查重点和区域专项整治项目检查重点。共开展日常检查62户，查补税款398万元；专案检查16户，查补税款403万元。

【纳税服务】 开展"进百企，访实情，解难题"活动，走访企业102家，发放税收宣传手册300余份，现场辅导35人次，组织座谈12场，受理的企业涉税诉求36个。开展企业所得税汇算清缴培训、税务登记年检培训、《小企业会计准则》培训、金税三期工程系统网报等各类培训25期，参训3200人次。

加强纳税服务，开展"进百企、访实情、解难题"活动。

【信息化建设】 成立金税三期工程上线领导小组和相关业务工作组，建立健全工作协调配合机制。强化数据整改，完成整改数据3027条，土地信息补录1899条，房产信息补录2211条，欠税清理524条，多缴税金信息清理499条。组织集中测试4次，完成451项测试记录，汇总上报问题107条。

【干部队伍建设】 制定了年度教育培训方案，参加各类培训5期，组织22名骨干赴清华大学参加"税收管理研修班"，14名骨干赴浙江大学参加"提升综合素养培训班"。开展岗位技能培训12期，干部职工业务素质有效提升。

【党风廉政建设】 召开党风廉政建设工作会议，层层签订《党风廉政建设责任状》《党风廉政建设承诺书》。不断完善各项廉政制度，先后印发《关于落实中央八项规定加强作风建设的意见》《领导干部防止利益冲突工作的实施细则》，组织副科级以上干部填写“领导干部防止利益冲突有关事项报告书”，组织全体干部职工签订“禁酒令”保证书，副科级以上干部全部更新廉政档案，开展税务人员个人风险防范自查活动、税务人员会员卡“零持有”清理活动。

【精神文明建设】 开展了“青年文明号在行动之慰问儿童福利院”“扶贫帮扶”等活动。组织观看道德教育、廉政教育录像片40个，举办“道德讲堂”10期。举办了职工春季、夏季趣味运动会。积极参加创建文明城市活动，深入开展“学雷锋税收宣传”活动，在办税服务厅设立“学雷锋”窗口，树立文明办税的良好形象。

（林　懋）

威海市地方税务局临港经济技术开发区分局

经济概况

2013年，全区实现生产总值55.5亿元，同比增长12.8%，三次产业比重为6.9∶77.86∶15.24；完成固定资产投资54.7亿元，增长20%；财政总收入7.1亿元，其中公共财政预算收入3.97亿元，增长16%；规模以上企业64家，实现总产值97亿元、利税7.5亿元、利润4.7亿元，分别增长13.3%、42.7%、73.6%。

收入概况

2013年，全局共完成地方税收收入3.2亿元，同比增长17.8%。其中，完成中央级收入3050万元，增长14.9%；完成市区级收入2.87亿元，增长18.2%。

工作概述

【税政管理】 完善个人所得税申报管理，全年共完成年所得12万元以上个人所得税自行申报170人，补报税款3万元；全年共有737户单位纳税人进行全员全额申报，共代扣代缴个人所得税580万元。加强企业所得税汇算清缴管理。共完成2012年度企业所得税年度申报136户，补报税款246万元。推进“营改增”试点工作。对首批涉及交通运输业和现代服务业的45户企业和个体工商户进行了顺利移交。税收优惠政策全面落实，共有6户企业享受2012年度税收优惠，共减免税款950万元。

【征收管理】 征管基础数据质量全面改善，对税务登记年检资料进行集中抽查，发现并整改异常信息76条；通过严把“资格准入、协议签订、票证管理、检查审核、手续费申领”等五个关口，共理顺并重新签订委托代征协议10户，清理未按时结报税款411万元；对123户非正常户开展专项清理整治，共注销非正常户51户。金税三期工程试点上线顺利推进，经过前期集中培训、反复学习、个别答疑、冒烟测试等环节，10月8日金税三期工程顺利上线。

【税收执法】 大项目建筑业税收实现综合治理，联合区建设主管部门，实行前期审批、竣工验收“双把关”制度。同时，坚持以票管税，加大建筑业发票清查力度，全年入库建筑业税收同比增长22.5%。土地使用税专项整治效果显著，联合公安部门对闲置土地开展专项治理，共有12宗闲置土地纳入正常管理，年新增土地使用税473万元；对5宗土地“钉子户”进行了依法处理，年新增土地使用税182万元，全年入库土地使用税同比增长42.5%。

【信息管税】 税收预警工作有序开展，全年共处理税收预警信息225条，经实地核实、情况反馈和个别抽查，共确认需补税信息144条，需补税款218万元。深入推进纳税评估，共开展重点企业纳税评估3户，评估税款5万元。税收评审有效推进，对规模以上企业2011—2012年度纳税情况进行综合评审，共完成税收评审结案78户，评审查补税款298万元。利用国土、财政信息开展耕地占用税比对，补缴耕地占用税1001万元。

【纳税服务】 在服务经济建设方面，先后多次开展经济、税收、税源情况分析，积极参与招商引资和项目准入论证，为经济发展建言献策，为领导决策当好参谋助手。在服务纳税人方面，狠抓政务公开，简化办税流程，缩短办税时限，提前审核资料，尽可能实现即事即办。对企业办税人员发放“预约服务联系卡”，随时提供上门服务。加大税收宣传力度，利用网送税法、税企QQ群、局长服务日等形式，确保纳税人及时、全面享受税收权益。

以“局长服务日”活动为载体，积极深化纳税服务，为企业发展提质增效。

【干部队伍建设】 深入开展作风纪律整顿。对中共中央关于改进工作作风八项规定和习近平同志关于禁止奢侈浪费重要讲话进行系统学习。同时，完善落实措施，对公务宴请、公车管理、经费管理和日常工作纪律进行了进一步细化、规范，确保机关各项管理有章可循。大力加强班子建设，班子成员思想上高度统一团结。注重细节管理，工作强调计划性、目的性，对部署的重点工作强化督导、落实。注重关心干部职工，及时掌握干部思想动向，主动为干部职工减轻工作和生活压力，集中体现组织智慧和温暖。

【精神文明建设】 以争创文明单位、文明行业、道德模范、业务能手为载体，大力开展创先争优活动。先后获得全省地税系统优秀税务所、威海市三八红旗集体等荣誉称号，1人次被省财政厅、省地税局授予税收调查先进个人称号，1人次获得省级业务能手称号，2人次获得市级业务能手称号。

（邵仁民）

荣成市地方税务局

经济概况

2013年，荣成市实现生产总值878.59亿元，按可比价计算，同比增长11.7%。其中，第一产业实现增加值78.24亿元，增长3.4%；第二产业实现增加值444.29亿元，增长111.8%；第三产业实现增加值356.06亿元，增长13.8%。一、二、三产业占比8.9%、50.6%、40.5%。全市共实现财政总收入111.95亿元，增长13.7%。其中，实现公共财政预算收入52.24亿元，增长15.5%。

收入概况

2013年，全局共组织各项收入41.88亿元，同比增长25.29%。其中，中央级收入入库2.67亿元，增长38.17%；地方级收入入库39.21亿元，增长24.51%。

工作概述

【征收管理】 一是深入落实《山东省地方税收保障条例》，在国土、建设、房管、外汇、车管、工商、海洋渔业、保险代扣等部门的许可、验收、审核、投保等环节，实施“先税后证”“以票控税”把关，新增税款3300余万元，新增税务登记256户。对企业支付外来施工、临时施工、设计或劳务支出等零散税收严格落实委托代征管理，增收3056万元。二是强化税源专业化控管。推进税源分级分类专业化管理，对重点税源企业实行专业化管理和服务；对中、小企业和个体工商户，分行业、分区域实施集约化管理，提高各类税源转化效率。三是强化信息管税。建立信息管税制度，加强重点行业、重点税源企业和国税、地税“两税”信息比对，提高税收预警工作质效，派发预警任务857项次，补税407万元；评估疑点企业108户，增收171万元。

【税收执法】 一是健全执法责任制。严抓“提高收入质量防范执法风险”工作落实，强化税收调研，细化税源分析，层层立下军令状，对组织收入不利的单位和个人进行问责。二是规范税收执法。坚持依法行政，推行阳光稽查，实行“查管”互动，开展重点行业、重点税源企业、区域专项整治专项检查；积极推进稽查创新，抽调业务骨干开展“换防”检查，查补税款1046万元。三是强化督察内审。对欠税、执法文书和执法流程进行全面规范，最大限度地规避执法风险；建立蓝区建设和城乡一体化建设税源动态督办机制，在内网开设蓝色经济模块，在立项、筹建、土地划转、竣工投产等环节，提前介入、超前服务，切实提高大项目税源转化效率。

【纳税服务】 一是深入开展“征纳共盈”服务品牌创建活动，对内，实行严格岗位目标管理责任制考评，细化岗位流程，规范服务礼仪，把纳税人满意率、业务办理时限等服务指标纳入目标管理考核中，严格“星级”考核。对外，通过政务公开网站等形式，明确涉税事项限时办结的时限、内容等，随时接受纳税人的监督。二是延伸服务内涵。结合集中征收和金税三期工程，建立内部传递机制，明确涉税信息的传递内容、转办信息种类及相关的工作衔接，及时解决各征收单位、科室与窗口服务出现沟通不畅、管理脱节、把关不严等问题。三是服务经济社会发展。开展“两个全覆盖”大走访、部门联系重点企业、服务蓝色海洋经济活动，送政策、送服务、送温暖、献爱心；深入开展我为发展献一策活动，征集意见建议90余条；取消税务发票工本费，为纳税人减负60余万元。

【干部队伍建设】 一是提升素质，转变作风。深入学习贯彻党的十八大和习近平总书记重要讲话精神，开展作风建设回头看、领导述廉、廉政点评、民主生活会、谈心谈话等活动，治庸、治懒、治散，营造风正、气顺、劲足的团队氛围。二是文化引领，激发活力。牢固树立“文化育人、文化兴局”的理念，成立10多个文体活动小组，建立集精神文明、廉政文化、党建等工作为一体的地税综合展室，举办趣味运动会、乒乓球、篮球等比赛，举办书画摄影艺术展，提高干部队伍的向心力。三是从严带队，共建和谐。以“机关精细化管理”活动为重点，创新公开承诺、党员服务、示范帮扶等活动载体，推进党的群众路线教育实践活动，积极打造党建品牌。相关经验在全省地税系统推广。

（高均海　张　佳）

文登市地方税务局

经济概况

2013年，文登市实现生产总值615.9亿元，增长11.1%；地方财政收入达到38.8亿元，增长15.2%；完成规模以上固定资产投资442.3亿元，增长25.5%；实现社会消费品零售总额248.1亿元，增长13.3%。

收入概况

2013年，全局共组织各项收入34.69亿元，同比增长27.44%。其中，中央级收入入库1.84亿元，增长32.37%；省级收入入库73万元，下降5.19%；区县级收入入库32.83亿元，增长27.10%。

工作概述

【税政管理】 认真做好减免税调查，全面落实税收优惠政策，利用新闻媒体、税企QQ群等载体和深入企业上门宣传等方式，确保税收优惠政策宣传到位。2013年，全市享受税收优惠政策的企业达到1200多户，减免税金额近3000万元。积极应对“营改增”工作，营造良好的发展环境，组织开展了“营改增”税负测算调研，做好“营改增”试点改革对税源和税收收入的影响分析并形成书面材料，及时向市委、市政府领导汇报。

【征收管理】 根据发改局、建设局提供的季度建设项目信息，将建设项目细化分解到所属征收单位管理，分类建档，详细掌握项目工程进度等情况，不断强化重点建设项目管理。成立检查组，开展房产税、土地使用税清查，聘用会计师事务所人员，对全市房地产企业进行了全面的土地使用税清查，清查出土地使用税700多万元；对房地产企业之外的企业土地使用税、房产税进行普查，全年共普查8个镇办，查出房产税、城镇土地使用税1300多万元。

加强重点建设项目税收管理，召开项目管理汇报会，努力挖潜增收。

【税收执法】　明确执法责任，强化过程控管。对重点业务工作实行了《内部业务流程转办单》制度，防止责任不清；针对前台复印件多的实际，刻制了52套需纳税人填写和税务干部审核的印章，做到原始资料真实齐全；对减免退税，实行集体审批。强化欠税管理，按季度把欠税企业详细清单送市财政局，将欠税公开透明。对欠税企业进行实地调查，掌握其现行经营状况，与欠税企业签订清欠目标责任书。逐户下达税务文书进行清欠催缴，依法开展清理欠税。

【纳税服务】　以纳税服务中心为载体，统一制作服务厅标识和宣传看板，广泛开展纳税人权利和义务的宣传，保障纳税人的知情权。致力于提高纳税服务质量，各办税窗口制作导引看板，新装大屏幕，开展提醒服务。安装6部POS机、8台外网计算机，提高了专线带宽，便于纳税人快捷办理涉税业务。及时受理纳税人涉税咨询，2013年共受理市长公开电话68件。深入开展税收政策宣传，开展形式多样的宣传活动，努力营造和谐税收宣传格局。针对纳税人普遍关注的二手房交易问题，专门印制《房产交易税收指南》3000册，通过各个办税窗口分发到纳税人手中。

【信息化建设】　做好金税三期工程系统上线工作，成立领导小组，制定实施方案，按要求重新认定岗位，健全岗责体系。从6月开始，组织各单位人员实施了全功能测试、主要业务测试、数据迁移验证、表证单书输出测试等共计13大类141项近2000条各类业务。10月8日新系统正式上线以来，业务运维人员与师资通过各种渠道受理及解答各类系统问题3000多条，一些经验做法得到了上级的认可，如房产交易涉税业务办理的工作做法得到了省地税局、威海市地税局领导的充分肯定。

【党风廉政建设】　组织干部参观纪委廉政教育警示基地，聘请法律顾问开展预防职务犯罪专题讲座，时刻提醒干部职工严于律己，牢牢构筑预防职务犯罪的防线。按照中央反“四风”和治理“庸懒散”的要求，层层进行部署，严格节假日期间党风廉政纪律规定，规范了车辆管理，强化了工作落实力度。

【干部队伍建设】　注重实用性，加强业务培训。以各岗位的业务需要为着眼点，积极组织岗位技能的集中培训；以执法文书使用为重点，强化执法技能培训。专门建立了一个模拟环境，分期分批进行了金税三期工程操作培训，保证了上线以后运转正常；举办了企业所得税、小企业会计、税收法制等多个专题培训班，干部素质得到了有效提升。同时，制定实施了业务学习的激励和奖励办法，调动了学习的积极性。

（侯登岭　唐鹤鹤）

乳山市地方税务局

经济概况

2013年，乳山市实现生产总值399.76亿元，按可比价计算，同比增长10.5%。其中，第一产业实现增加值35.52亿元，增长3.8%；第二产业实现增加值211.87亿元，增长11%；第三产业实现增加值152.37亿元，增长11%。全市实现财政总收入65亿元，增长58.03%。其中，实现公共财政预算收入24.48亿元，增长15.31%。

收入概况

2013年，全局共完成各项税收21.02亿元，其中契税1.60亿元，耕地占用税5593万元。同比增收3.96亿元，增长23.2%，其中地方级完成17.29亿元，同比增收29689万元，增长20.73%。

工作概述

【税收征管】 严格开展税收执法，查处漏征漏管户185户，查补入库税款107.9万元。对全市土地面积进行复查，查补税款260万元。多措并举开展税收清查工作，共清理入库3.13亿元。加快组织开展土地增值税清算核查工作进度，共清算应纳税款8878.2万元。着手对236户交通运输业和部分现代服务业及8户邮电业和物流业完成“营改增”试点顺利过渡。重点关注旧城（村）改造项目的销售动态，21个旧村改造项目入库税款4303.8万元。

【税收执法】 开展税收业务和相关法律法规培训，进一步规范执法程序、执法文书。严格落实好“检查准入、查前约谈、查中告知、查后反馈、查结回访”的稽查模式。辅导44户纳税人开展自查自纠，补缴税款及滞纳金79万元。积极筹划开展重点行业和重要税种的专项检查，依托电子稽查软件开展税收检查，完成26户企业税收专项检查，处理3起举报案件，共查补税款及滞纳金28万元，罚款11万元；对企业发票管理情况进行专项检查，查处违规发票12张，为餐饮行业下发392个索要发票提示牌，纠正违法违规行为16起。

加强税收征管，召开土地增值税清算工作座谈会。

【纳税服务】 围绕做好“第22个税收宣传月”“局长服务日”“百家企业大走访”“税企双赢，共建和谐”座谈会等活动，将税收热点、焦点问题和最新税收政策宣传到位。进一步优化办税流程，简化办税环节，全面实行“一站式”服务，继续推行办税“绿色通道”。深入推行全程服务、预约服务、提醒服务、延时服务、首问责任制等办税服务制度。积极推广多元化申报纳税体系，方便纳税人快捷办理各种涉税事项。大力推行以财税库银横向联网为依托的电子缴税方式。

【信息化建设】　强化信息管税，全面贯彻落实《山东省地方税收保障条例》，拓展“政府涉税信息共享平台”的作用，形成齐抓共管的综合治税体系。积极上线金税三期工程征管系统，提高征管质效。全面普及推广纳税评估软件，开展一体化纳税评估体系。利用执法内控机制“廉政风险防控平台”对税收执法数据开展网上监督检查，共对65户重点企业纳税申报疑点进行调查落实，清缴入库税款853.8万元。

【干部队伍建设】　积极开展党的纯洁性教育，对干部参训效果实行跟踪。层层签订《“四德”工程建设责任状》和《家庭赡养协议书》，推举12人善行义举“四德”典型事迹；参加党章知识竞赛和金洲杯“我与中国梦”演讲比赛。深入开展机关作风建设年活动，积极投身纠“四风”的作风整顿及“庸懒散”专项治理。开展干部常态化联系群众工作，对冯家镇北寨村303户农家进行民情大走访，为该村提供综合治理资金10万元；通过“慈心一日捐”活动为慈善事业捐款2.35万元。

【党风廉政建设】　利用“廉政风险防控平台”进行廉政风险点排查；利用“执法监督、行政监察和纪检检查”三位一体问责机制开展明察暗访活动，对违纪违规行为进行行政和党政问责。根据《威海市党政领导干部防止利益冲突暂行规定》对26名副科级干部的家庭财产情况进行调查，对全系统干部职工兼职盈利情况进行清查。开展“廉政漫画创作”和“内贤助廉”等主题活动，形成廉洁从税、拒腐防变的舆论氛围。

【精神文明建设】　先后荣获“征纳共盈纳税服务品牌创建先进单位”“全国女职工建功立业标兵岗”“威海市巾帼文明岗”“第十一届十佳文明窗口单位”“2012—2013年度森林防火先进单位”等荣誉称号。

（宋志文　姬立平）

日照市地方税务局

经济概况

2013年，日照市实现生产总值1500.16亿元，比上年增长10.6%；全年地方财政收入100.09亿元，增长15.5%；规模以上工业实现增加值646.93亿元，增长11.9%；社会消费品零售总额实现476.21亿元，增长13.4%；固定资产投资完成1069.05亿元，增长20%；一、二、三产业比例由上年的8.7∶53.5∶37.8调整为8.7∶52.3∶39。

收入概况

2013年，全市地税系统累计组织各项收入66.09亿元，同比增长14.06%，增收8.15亿元。其中，中央级收入完成6.78亿元，增长12.52%，增收0.76亿元；省级收入完成0.07亿元，下降11.87%，减收0.01亿元；市县级收入完成59.24亿元，增长14.28%，增收7.40亿元。

工作概述

【提高收入质量、防范执法风险】 一方面，建立了固定的税收分析制度，按月组织开展分税种分析，按季组织开展综合性税收分析，在深入剖析收入构成、特点、变动情况和做好税源预测的同时，从政策、管理等不同角度，积极为各级党委、政府当好参谋助手。另一方面，更加牢固树立收入质量意识，全力做好提高收入质量、防范执法风险各项工作，深入开展收入质量测算分析，组织开展了以提高收入质量、防范执法风险为重点的执法督察，不断加大责任追究力度，有效防范了执法风险，提高了收入质量。

【“营改增”工作】 按照上级统一部署，系统上下提前筹划，精心组织，齐抓共进，加强与财政、国税部门的协调配合，先后组织开展了试点行业纳税人税负变化调查测算、税务登记核查、试点纳税人排查认定等工作，按计划完成了3096户试点纳税人移交手续。同时，全面加强“营改增”试点行业后续管理，认真组织开展欠税清理、发票使用情况清查和发票缴销等工作，规范了“营改增”行业税收管理秩序。

【金税三期工程】 成立金税三期工程试点工作领导小组，组建核心业务团队，制定下发实施方案，进行了三轮基础数据整改、两轮财产信息补录、会统数据清理和国地税登记信息比对，及时完成了上线前数据整改、补录和初始化工作，做好了全市866人和5343个岗位的岗责流程配置，搭建“金税三期工程培训视频点播平台”，制定实施《金税三期工作规范（试行）》《金税三期工程应急预案（试行）》，及时跟进解决并做好后续验证反馈，初步建立起了系统运维保障机制，各项工作步入良性运行轨道。

【税收征管】 着力规范旧城改造和非学历教育税收管理，深化行政事业单位个人所得税全员全额扣缴明细申报，探索股权转让所得税和企业补贴收入税收管理、资源税“三控警戒、两线一比”管理，与国土部门联合下发《关于深化部门配合联合开展以地控税以税节地试点工作实施意见》，与物价、财政、住建部门联合下发市区存量房交易计税基准价格，与外汇管理局签订协同管理《合作备忘录》，试点探索了重点税源集中监控管理模式，加强重点企业财务报表采集情况以及数据质量实时监控。

【依法治税】 组织开展税收执法情况重点督察，全面抓好了审计监督和收入质量检查发现问题的整改。组织开展了《山东省地方税收保障条例》专项执法检查，进一步优化了地方税收环境。深化税务行政审批制度改革，依法取消行政审批项目4项，下放行政审批项目7项。扎实开展重点税源企业、重点行业税收专项检查，全年查补入库税款2455万元，进一步规范了税收秩序。加大普法宣传力度，举办“美丽日照、和谐税收”少儿书画摄影大赛，举办了全市AA级纳税信用等级评定结果发布会。

【税收服务】　加强税制改革和税收政策调整变化研究，认真开展支持小微企业发展、应对“营改增”措施等重大课题调研。强化经济税收分析，从税收的角度反映经济社会发展的苗头性、趋势性问题，积极为经济社会发展出谋划策。搞好面向纳税人的宣传、辅导和培训，用足、用活、用好各项税收扶持政策，积极支持社会各项事业发展，圆满完成了各项规费代收工作目标。制定实施《关于进一步做好纳税服务工作的意见》，探索实施免填单申报模式，开展纳税信誉等级评定，服务能力和水平进一步提高。

【机构人员】　日照市地方税务局组建于1994年7月，截至2013年底，机关内设办公室、政策法规科、税收管理一科、税收管理二科、国际税务科、征管和科技发展科、税源管理科、收入规划核算科、财务管理科、人事科（离退休干部科）、基层工作科、机关党委、监察室、信息中心、纳税服务中心和稽查局、直属征收局共17个科（室）局，下辖东港分局、岚山分局、莒县地税局、五莲县地税局、经济技术开发区分局、山海天旅游度假区分局6个区县局。全系统在职干部职工671人，其中党员614人，占91.5%；担负着全市59075户纳税户的地方税收征管工作。

【干部队伍建设】　开展“弘扬井冈精神，坚定理想信念”培训、《小企业会计准则》培训等重点培训项目，推进网上党支部建设，组织了“弘扬沂蒙精神、做好地税工作”党史教育活动，开设地税“道德讲堂”，广泛开展文体活动，组织党员干部联系困难家庭，组织开展了以学习贯彻中央八项规定为重点的作风教育，以学习贯彻《税收违法违纪行为处分规定》为重点的纪律教育，以“两个习惯”（习惯在监督的环境下工作，习惯在法制的轨道上用权）养成为重点的岗位廉政教育，探索建立网上廉政文化教育基地，在市直部门行风评议中连续6年名列执法组第一名。

【行政保障】　认真贯彻中央八项规定，深入贯彻《党政机关厉行节约反对浪费条例》，规范了行政接待、公务用车管理、会议组织等管理制度。在系统内大力开展“庸懒散”专项治理活动，深入排查“四风”问题，认真做好党的群众路线教育实践活动准备工作，通过座谈、走访、问卷等多种形式，广泛征集意见建议。进一步强化创新意识，召开各类经验推广现场会议6次。提前筹划应对经费体制改革的措施，加强经费预决算管理，全面开展机房标准化建设达标活动，加强网络安全管理，保障了各项业务工作正常开展。

（孙传峰　牟现宏）

日照市地方税务局东港分局

经济概况

2013年，日照市东港区实现生产总值417亿元，同比增长9%，三次产业比调整为3.2：44：52.8。地方公共财政预算收入突破30亿元，增长15.3%。全年新增销售收入过亿元企业5家，规模以上工业增加值、主营业务收入分别增长10%、10.5%。固定资产投资、社会消费品零售总额、进出口总值分别增长15%、13%和17.3%。城镇居民人均可支配收入、农民人均纯收入分别达到25190元和11750元，增长12%、13%。

收入概况

2013年，全局共组织各项收入12.08亿元，同比增长20.2%，增收2.03亿元。其中，中央级收入完成7392.5万元，同比增长113.6%，增收3931.2万元；省级收入完成1.44亿元，同比增长27.5%，增收3108.2万元；区级收入完成8.22亿元，同比增长23.6%，同比增收1.57亿元，占年度计划的104.4%。

工作概述

【重点工作取得新突破】 面对“营改增”试点、金税三期工程试点上线两项事关全局的重点工作，全局上下提前筹划，精心组织，齐抓共进，圆满完成了各项任务，各项工作步入良性运行轨道，得到了市局的肯定。

【税收征管】 全局上下始终坚持业务为先，以金税三期工程试点上线运行为契机，积极探索新的征管办法，大力规范税收管理。一是加强重点税种、重点行业税收管理。二是实施“拉密网”战术，抓好地方小税种管理。三是强化征管基础工作。四是切实抓好稽查保障工作。

【机构人员】 日照市地方税务局东港分局组建于1994年7月，截至2013年底，机关下设办公室、法规政策科、征管和科技发展科、收入核算和财务科、人事科、税源管理科、监察室、机关党总支和稽查局、直属征收局共10个科（室）、局，下辖日照中心税务所、石臼中心税务所、秦楼中心税务所、南湖中心税务所、后村中心税务所5个中心税务所。共有在职干部职工128人，其中党员116人，占90.6%；担负着全区26051户纳税户的地方税收征管工作。

【干部队伍建设】 一是通过开展集中学习、个人自学等多种形式，深入学习贯彻党的十八大精神。二是大力加强教育培训。组织参加了7个市局重点培训项目、19个科室岗位培训项目和省税校、长沙税务学院骨干人才培训班2个外出培训项目。三是开展分层次谈心活动、道德讲堂活动，加强“四德”建设，积极参与并开展各项文体活动。在全市地税系统举办的乒乓球比赛中获团体第一名；在第二届区直机关运动会中，获得了优秀组织奖；在市局组织开展的道德讲堂讲稿讲评活动中，被评为一等奖。四是抓牢党风廉政建设，认真开展以“治庸、治懒、治散、治奢”为主题的作风提升年活动。

【执法服务】 始终坚持统筹兼顾，

对内严格规范执法行为，对外不断优化税收服务。加强了全区税收执法人员税收执法培训学习，开展了年度普法知识测试，积极开展税法宣传月及法制宣传日等活动。规范办税服务场所建设，在继续加强区政务服务中心地税窗口建设基础上，对日照中心税务所、直属征收局原服务大厅进行了改造和整合，更加方便了纳税人。

深入企业走访，加强涉税信息动态监控。

【创新工作】 开发应用税源管理基础信息平台项目，在实际工作中发挥了很好的作用，得到了市局的认可。11月29日，全市地税系统网络信息安全暨标准化机房建设工作现场会议召开，推广了东港分局网络信息安全方面的先进经验。

（王 宏）

日照市地方税务局岚山分局

经济概况

2013年，岚山区实现生产总值488.78亿元，比上年增长8.6%；全年地方财政收入达20.72亿元，同比增长9.1%；规模以上工业实现增加值243.53亿元，同比增长8.6%；民营经济增加值和营业收入分别增长15.1%和15.2%；社会消费品零售总额实现73.68亿元，比上年增长13.4%；规模以上固定资产投资完成389.13亿元，比上年增长20.2%；第一、第二、第三产业比例由上年的7.3∶66.1∶26.6调整为7.3∶64.8∶27.9。

收入概况

2013年，全局累计组织各项收入10.5亿元，同比增长8.81%，增收8488.8万元。其中，中央级收入完成7637万元，同比减少2.86%，减收225万元；省级收入完成9.2万元，同比减少50.54%，减收9.4万元；区级收入完成9.2亿元，占年初计划的100%，同比增长8.46%，增收7210.1万元。

工作概述

【税收收入平稳增长】 将收入计划分解到局所，落实到户，责任到人，一级抓一级，层层抓落实。推出了收入日报制、三天讲评制、督查督办制、考核一票否决制等一系列措施，抓大不放小，组织收入力度空前。建立健全了涵盖“税收管理员基础分析、基层分局所重点分析、区局全面分析”三个层面的重点税源监控月度分析报告机制，确保税款及时足额入库。

【突出两个重点】 “营改增”及金税三期工程上线有序推进。积极应对“营改增”试点工作。开展了试点纳税人税负变化测算、税务登记信息核查、试点纳税人认定、欠税核实清理、发票及税控器具清查缴销等工作。认真做好金税三期工程上线运行工作，从数据整改、系统培训、系统验证测试、人员保障、辅导培训、应急准备、上线运行等方面入手，确保后续核心征管业务工作的顺利开展。

【创新三项建设】 加强系统党的建设。在区直部门中率先通过“公推直选”的方式产生机关党委委员、专职副书记和书记。打造了“永不褪色的旗帜”党建文化品牌，2013年6月，“永不褪色的旗帜”被表彰为全省地税系统“优秀党建品牌”。加强党风廉政建设。创新开展了岗位廉政教育“七个一”活动，使干部职工习惯在监督的环境下工作、习惯在法制的轨道上用权。加强地税文化建设。提炼了岚山地税文化理念，打造了“税润岚山 向阳花开”文化品牌，加强了文化展厅、标准化阅览室等文化阵地建设，提升了队伍的凝聚力、向心力、战斗力。

【机构人员】 日照市地方税务局岚山分局组建于1994年8月。截至2013年底，内设办公室、法规税政科、征管和科技发展科、税源管理科、收入核算和财务科、人事科、机关党委、监察室8个科（室），下辖稽查局、直属征收局、岚山头中心税务所、安东卫中心税务所、巨峰中心税务所、黄墩中心税务所6个局（所）。全系统现有在职干部职工78人，其中党员76人，占97.43%；大专以上学历75人，占96.15%，注册税务师、高级会计师4人。担负着全区9个乡镇（街道）1867户企业、3913户固定个体纳税户的地方税收征管工作。

【夯实四个基础】 一是税收管理基础进一步巩固。坚持把重点税源监控作为税收管理和组织收入的重要手段，率先在全市探索实施大企业税收风险集中监控管理；完善了二手房计税价格核定管理机制，在推行存量房评估系统的基础上，通过市场调查和公开公告、评议认定的方式，全年核增计税价格273件，核增税款142.2万元。二是税收法治基础进一步完善。依法行政全面推进，制定落实《年度依法行政工作要点》和《法治机关创建活动实施意见》，抓好规范性文件清理和备案工作，认真开展法律救济，全年无税务行政诉讼案件发生。深入推进电子查账软件应用，打造“阳光稽查”，提升了对涉税违法行为的威慑力。三是纳税服务基础进一步夯实。对钢铁、化工、物流等临港产业开展广泛调研；积极探索实施免填单服务，结合金税三期工程上线，施行“先办后审，快办快审”的办税方式，继续推行“一集中、两通办”服务模式，进一步提高办税服务厅窗口业务和前后台的衔接运作效率。四是队伍建设基础进一步强化。扎实开展了“抓学习、提素质、转作风、促落实、做表率、争一流”主题教育活动；先后组织了23名业务骨干和21名中层以上干部赴潍坊税校和复旦大学进行集中学习培训。不断加强政风行风建设，在全局上下治庸提能、治懒增效、治散聚力、治虚务实，着力解决有令不行、有禁不止的问题，有效提升了队伍的战斗力和凝聚力。

（郑世伟）

日照市地方税务局经济技术开发区分局

经济概况

2013年，日照经济技术开发区实现生产总值249.28亿元，同比增长25.2%；规模以上工业总产值626.5亿元，增长25.2%；工业增加值190亿元，增长22.6%；固定资产投资127.4亿元，增长24.5%；服务业增加值34.98亿元，增长10.1%；新口径公共财政预算收入15.12亿元，增长18.3%。

收入概况

2013年，全局共组织各项收入56153万元，同比增长26.72%，增收11840万元；其中区级收入50200万元，同比增长14.91%，增收6512万元。

工作概述

【收入质量】 一是紧紧围绕组织收入中心，认真分析经济形势，深入企业调查研究，强化收入预测分析，不断强化组织收入措施，深入挖掘增收因素，加大评估检查力度，以优质的税收管理工作克服了组织收入的不利因素。二是深入贯彻落实省局关于提高收入质量、防范执法风险的部署和要求，始终坚持依法征税、应收尽收，坚决不收“过头税”，坚决防止和制止越权减免税，坚决落实各项税收优惠政策。

【依法执政】 一是认真落实税收执法督察工作，规范执法程序，突出重点，层层推进，对督察发现的问题、产生问题的原因、整改情况等进行认真总结分析，不断提升督察质效。二是深入推行税收执法责任制，2013年通过税前预警调整预警信息192条，同比下降11%。三是规范执法程序，强化法律法规学习，促进干部职工严格按照法定条件、程序、期限行使权力、履行职责。分局被表彰为全市地税系统依法行政先进集体。

【税源管理】 一是开展全区税源普查工作。联合区财政局、国税局、工商局等单位，对全区2012年度地方纳税额在50万元以上的企业，分产业、分行业进行调查，共调查重点税源企业78户。二是继续开展土地使用税清查，依托综合治税，实施“先税后证”，有效堵塞了税收漏洞，共组织入库土地使用税5402万元，同比增长42.08%，增收1600万元。三是强化纳税评估与检查。对全区15家集团企业开展了专项评估检查，开展了土地增值税清算检查，共清算税款893万元。四是强化税收预警管理。对426条预警信息进行了逐户核实反馈，严格考核监督，确保数据质量，通过预警信息核实入库税款1100万元。

【机构人员】 日照市地方税务局经济技术开发区分局组建于1994年10月，截至2013年底，内设办公室、政策法规科、征收管理科、计划财务科、监察室、税源管理科、评估科、纳税服务中心、税收管理一科、税收管理二科、税收管理三科共11个科室，共有干部职工51人，其中党员42人，占82%；大专以上学历51人，占100%。担负着全区2938户企业和2206户个体纳税业户的地方税收征管工作。

【干部队伍建设】 一是强化党风廉政建设。扎实开展纪律学习教育和岗位廉政教育活动，建设了网上廉政文化教育基地；抓好行风建设，认真落实中央八项规定及“六项禁令”，多项措施杜绝“庸懒散”，坚决克服“四风”方面存在的问题。二是强化业务培训。按照市局教育培训计划，制定《2013年度教育培训计划》，并认真组织实施。自主开展了《山东地税岗位培训丛书》全员学习活动。三是强化道德建设。积极开展形式多样的学雷锋志愿服务活动。分局被共青团日照市委表彰为“青春正能量”志愿服务先进集体。

【纳税服务】 一是扎实做好税收宣传工作。坚持传统宣传方式与现代信息化宣传方式相结合，专项宣传与日常宣传相结合，组织开展了一系列卓有成效的税收宣传活动，承办了日照市首届“美丽日照、和谐税收”少儿书画摄影大赛。二是进一步强化纳税服务规范化建设。制定印发《关于进一步明确税务登记及发票管理等工作相关流程、时限的通知》《办税服务厅工作考核办法》，切实提高了服务效率，改善了服务环境。

（张修香）

日照市地方税务局
山海天旅游度假区分局

经济概况

2013年，山海天旅游度假区全年完成地方财政收入2.4亿元，同比增长20.86%；招引内资实现到位注册资金4.32亿元，增长10.70%；完成固定资产投资14.46亿元，下降29.50%；接待境内外游客1461万人次，实现旅游综合收入55.91亿元，分别增长11.70%和16.20%。

收入概况

2013年，分局共组织各项收入13103万元，增收4263万元，同比增长48.22%。其中，税收收入完成12637万元，增收4185万元，同比增长49.51%；其他收入完成466万元，增收78万元，同比增长20.1%。其中：中央级收入完成571万元，增收174万元，同比增长43.83%；省级收入完成2万元，增收1万元，同比增长100%；区级收入完成12530万元，增收4089万元，同比增长48.43%。

工作概述

【提高收入质量】 2013年，分局紧紧围绕组织收入这一中心，在准确预测收入增减变化趋势的基础上，强化收入计划管理，认真分析全区经济发展、税源结构和增减变动等因素，确保各项税收任务目标的落实，提高了收入质量。

【税收征管】 一是开展税源普查。针对理顺体制以后新的征管区域，抽调了精干力量组成了三个税源普查小组，分别在两城、卧龙山街道和区直属三个责任区开展税源普查，摸清了税源底数。二是开展税收检查和土地增值税清算。集中旅游旺季7—8月的时间，重点针对民俗旅游村、游艇经营户、餐饮经营户、停车场等，重点检查发票使用情况，实现了以查促管、以票管税。三是在金税三期工程试点工作推进过程中，创新搭建了“金税三期培训视频点播平台”，提升了干部职工金税三期系统应用水平。

【依法行政】 一是依托省局税收工作平台执法考核系统，在申报期内分三个阶段进行监控，对自动考核结果分类逐项审核，1—12 月份预警过错 186 户次，全部通过了无过错调整，全年实现了税收执法零过错。二是强化税收执法，增强依法治税的威慑力。积极受理纳税举报，处以罚款 9 万元，对其中 1 户移交了公安部门采取了税收强制执行措施，震慑了税收违法行为，规范了全区税收秩序。

【纳税服务】 一是继续深化“集中征收、一窗通办”纳税服务模式，按照“前台受理、内部流转、限时办结、统一出件”的流程，解决了纳税人办理涉税事项“多头跑、多次跑”的问题；二是开展局长服务日活动 6 次，接受咨询 121 人次，解决 180 个涉税问题，发放宣传资料 1600 余份；三是开展税收宣传活动，举办了以“税收情系金海岸、民生幸福山海天”为主题的系列税收宣传活动，收到了良好的宣传效果。

【机构人员】 日照市地方税务局山海天旅游度假区分局组建于 1998 年 10 月，截至 2013 年底，机关下设综合科、征收管理科、会计统计科、监察室、纳税服务中心共 5 个科室，共有干部职工 16 人，其中，党员 14 人，占 87.5%；大专以上学历 16 人，占 100 %，担负着度假区 1047 户纳税户的地方税收征管工作。

【干部队伍建设】 深入开展全员培训。根据市局教育计划和要求，组织业务骨干赴潍坊税校开展了为期 7 天的业务知识更新培训，学习了“税收执法风险与防范”“企业所得税汇缴及涉税争议与协调”等 8 个方面的内容。组织中层以上干部 6 人赴湖南长沙税院进行学习，为全面提升干部队伍素质搭建了平台。

【党风廉政建设】 一是探索建立了“网上廉政文化教育基地”。为地税干部打造了一个具有时代气息的廉政文化教育新平台。二是根据省、市局安排部署，开展治理“庸懒散”活动，并组织干部职工进行知识考试，杜绝了有法不依、执法不严、不作为、乱作为、慢作为等现象的发生。三是层层签订《党风廉政建设责任书》，建立健全“两权”监督机制，不断完善重大事项、礼品登记、个人收入申报制度，建立廉政档案，开展述职述廉等活动，定期进行廉政谈话，营造了浓郁的廉政文化氛围。

（高志华）

莒县地方税务局

经济概况

2013 年，莒县实现生产总值 272.13 亿元，比上年增长 12%；规模以上工业企业实现主营业务收入 404.62 亿元，实现利润 15.22 亿元，社会消费品零售总额实现 118.51 亿元，比上年增长 13.5%，规模以上固定资产投资完成 169.5 亿元，比上年增长 26.1%。

收入概况

2013年，全局累计组织各项收入7.7亿元，同比增长28.35%，增收1.7亿元，占年初计划的112.43%。其中，中央级收入完成7264.6万元，同比增长61.25%，增收2759万元，占年初计划的182.74%；省级收入完成15.3万元，按可比价格计算，同比下降29.82%，减收6.5万元，占年初计划的83.61%；县级收入完成6.98亿元，增长25.7%，增收1.43亿元，占年初计划的108.11%。

工作概述

【完善机制】 通过完善机制，收入总量和质量得到双提高。一是强化税收调查、分析和预测；二是加强收入调度和考核，严肃组织收入工作纪律；三是加强沟通协调，积极争取理解支持；四是加强征管质量指标分析，不断提高组织收入质量；五是强化税务稽查，大力整顿规范税收秩序。

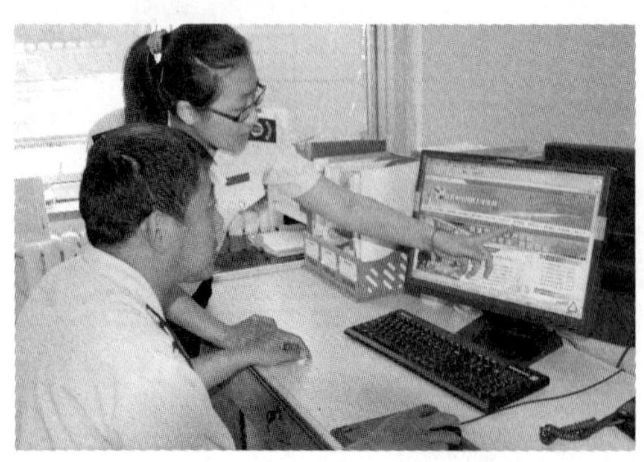

加强党建，创建开通“网上党支部”。

【工作创新】 围绕省局、市局的重点工作，针对工作落实过程中遇到的难点问题，按照实用性、操作性强的原则，积极推动工作创新，“完善地方重点税源监管机制，提升信息化管税水平”获得市局工作创新一等奖，“贴心服务助力小微企业，税企互动共聚正能量”主题宣传活动和“文化振兴，地税先行”系列宣传项目获得二等奖，“加强个人所得税全员全额明细申报管理”和“网上党支部建设”获得三等奖。

【机构人员】 截至2013年底，局机关内设办公室、政策法规科等8个科室，有稽查局、直属征收局两个直属单位，辖城阳、浮来等9个中心税务所。全局现有在职干部职工136人，其中，党员125人，占91%，共管理2274户各类企业和12326户个体纳税人。

【干部队伍建设】 一是加强作风整顿，认真查摆问题，积极进行整改，全局工作效率和工作作风得到进一步提升；二是完善工作制度，实现“以制度管人，以制度管事”；三是实施绩效管理，提高工作执行力；四是加强教育培训，不断提升业务素质；五是加强廉政建设，抓好廉政制度落实。

【纳税服务】 一是不断加强办税服务厅规范化建设，优化办税流程，推行多元化申报，延伸服务网络，方便纳税人；二是落实保障措施，实现办税服务运转高效化；三是加强税法宣传，开展了“贴心服务助力小微企业、税企互动共聚正能量”主题宣传活动，社会反响良好，营造更加良好的税收环境。

【重点工作】 一是做好金税三期工程系统上线工作；二是积极做好“营

改增”试点工作；三是加强所得税管理，完成年所得12万元以上个人所得税自行申报647户次，补征税款56.1万元；四是加强税收预警和纳税评估工作；五是深入推进依法治税，不断提高税收法治水平。

【精神文明创建】　先后获得“山东省廉政法制文化建设创新单位”等省级荣誉13项，获得“全市地税系统目标管理考核先进单位”等市级荣誉40余项，被莒县县委、县政府表彰为全县“目标综合考核先进单位”“行风建设先进单位”，县领导先后4次对地税工作作出批示，予以肯定。

（史兴良）

五莲县地方税务局

经济概况

2013年，五莲县实现生产总值181.85亿元，比上年增长12%；实现财政总收入32.6亿元，增长36.7%；城镇居民人均可支配收入、农民人均纯收入分别达到2.13万元和1.09万元，分别增长13.6%和14%；完成固定资产投资113亿元，增长30%；实现社会消费品零售总额59.8亿元，同比增长13.5%。

收入概况

2013年，全局累计组织各项收入7.55亿元，同比增收1.67亿元，增长28.48%；其中，县级收入入库6.21亿元，同比增收1.52亿元，增长32.52%，实现了税收收入的持续稳定增长。

工作概述

【税收管理】　一是创新征管举措，降低执法风险。探索实施股权转让个人所得税管理、企业补贴收入管理、营运车辆（挂车）车船税委托代征等多项管理举措，全面提高了税收管理质量，防范了执法风险。二是完善税收保障机制，堵塞税收漏洞。逐步规范社会综合治税信息的采集、处理、反馈，实现三网（互联网、政务网、金税三期税收征管系统）融合，切实将信息变成税源，将税源变成税收，2013年，通过社会综合治税，共实现新增税款5602.4万元。三是加强纳税评估，强化税务稽查。探索实施审计式延伸稽查模式，组织开展建筑、房地产企业税收专项检查，2013年，共查补税款2630.5万元。四是加强重点项目管理，增加地方收入。稳步推进“营改增”试点和金税三期工程上线工作，对工业园区、温泉度假区、石材工业园等重点项目实行全过程控管。

探索实施“表单免填、签字认可”征收模式。

【纳税服务】　一是服务地方经济发展。发挥参谋助手作用，积极向地方党委、政府提出促进经济发展的意见建议，有4条得到县委、县政府主要领导的肯定和批示。二是优化纳税服务举措。积极开展“税银联动、情系微企”“情暖招商、服务发展”等活动，为企业发展提供了有效保障。三是丰富纳税服务手段。探索实施“表单免填、签字认可”征收模式和“预约服务直通车”服务模式，全面提高了业务办理的效率和质量。四是服务社会和谐发展。深入开展包保后进村、大下访、帮扶困难家庭等活动，树立了地税部门良好的社会形象。

【党风廉政建设】 一是加强作风建设。严格落实中央八项规定，推行网络舆情预警管理，对涉税舆情进行实时监控，属于干部职工作风问题的，及时教育改正，属于纳税人需求的，及时帮助解决。二是加强纪律建设。推行“任务责任化、方式程序化、问责制度化”三位一体督查督办管理体系，实施周督查通报制度，切实提高了工作执行力。三是加强廉政建设。深入开展岗位廉政教育和“庸懒散”专项整治活动，建立网上廉政文化教育基地，实施基层纪检监察员管理制度，加强对干部职工廉政作风的监督检查。

【机构人员】 五莲县地方税务局组建于1994年7月份，截至2013年底，机关下设办公室、纳税服务中心、征收管理科、人事政工科、计划财务科、政策法规科、监察室、税源管理科共8个科（室），下辖直属、稽查2个直属机构和洪凝中心所、街头中心所、高泽中心所、叩官中心所、中至中心所5个乡镇中心税务所。全局现有在职干部职工116人，其中，党员110人，占95%；担负着全县9102户纳税户的地方税收征管工作。

【干部队伍建设】 一是成立机关党委，实施基层兼职党务工作人员管理办法，推行“党支部工作记录簿”，实行党员素质教育学分积分制，切实提升了党员干部的整体素质。二是结合“道德讲堂”“四德工程”工作要求，认真举办“道德讲堂”活动，使全体干部职工受到了积极的教育。三是制定实施文体活动实施方案，成立文体活动兴趣小组，进一步增强了干部职工的凝聚力。

【精神文明创建】 不断创新创建形式，在扩大争创面上下功夫，抓好各级精神文明创建活动，实现了文明创建工作的全面丰收，先后荣获全省幸福进家活动先进单位、科技金桥奖、税收宣传月活动先进集体、党建工作先进集体等省市级以上荣誉称号27项，并有7项创新经验得到省、市局推广，市局和县委、县政府主要领导先后15次对五莲地税工作作出重要批示，给予充分肯定。

（于善发）

莱芜市地方税务局

经济概况

2013年,全市实现生产总值650亿元,同比增长10%;全市固定资产投资达到480亿元,增长20%。全市人民币存贷款余额达到738亿元和580亿元,分别增长2.6%和5.8%。社会消费品零售总额完成256亿元,增长12.5%。进出口完成24.4亿美元。完成公共财政预算收入46.76亿元,增长1.7%,其中税收收入增长6.1%,占财政收入比重达到81.6%,提高5.4个百分点。城乡居民人均收入达到28980元和11970元,分别增长9%和10%。

收入概况

2013年,全局共组织各项地税收入34.4亿元,同比增收0.85亿元,增长2.56%,其中,按老口径计算,组织地方财政收入26.01亿元,同比增收1.92亿元,增长8%,占全市地方财政收入的比重达到60.49 %;按新口径计算,组织地方财政收入28.86亿元,同比增收1.67亿元,增长6.13%,占全市地方财政收入的比重达到61.71 %,圆满完成了市委、市政府确定的收入目标。

工作概述

【税收征管】 圆满完成了金税三期工程上线任务,同时积极适应金税三期工程上线运行要求,抓好了征管改革与金税三期工程的融合推进;与财政、国税部门密切配合,按期完成了第一批“营改增”试点纳税人的认定移交和第二批试点纳税人的户数排查、税收清理、收入预测等工作;全面落实《重点税源企业联系监控制度》,积极采取辅导型自查、一对一约谈和全面稽查三种形式,全面加强对重点税源企业的跟踪管理和动态监控;试点运行土地使用税税源监管信息系统,积极开展土地使用税、房产税税源清理,新增地方级收入5000多万元;调整商用房交易计税价格核定办法,全年增加税收1687万元;扎实做好《对外支付税务证明》和外籍个人“一人一档”管理;认真开展企业所得税汇算清缴和年所得12万元以上个税的申报工作,补缴两税9078万元;不断深化社会综合治税,新增税款1921万元;积极开展纳税评估,全年评估164户,入库税款800多万元;扎实推进重点税源一级稽查和全员稽查,积极应用电子查账软件,查处各类税收稽查案件85件,其中百万元以上大要案13件,查补税款4300余万元,其中企业自查入库2700多万元,专项检查入库1600多万元;进一步加大欠税清缴力度,查封银行账户和实施税收保全40户次,停止供应发票35户次，较好地完成了“用三年时间基本消除欠税”的目标。

【税收执法】 认真开展建筑业税收政策执行情况和税收收入质量自查，积极开展网上执法检查，加大对基层执法的在线监控、通报、考核力度，突出抓好同级审计、省局2012年税收收入质量检查和2013年税收执法督察的审核、落实、整改工作。全面落实《莱芜市地税局税收收入质量评价指标体系》，大力实施税款入库征收单位主要负责人负责制，严密监控税收资金运行，调查核实数据32条，涉及税额1200余万元。强化征管查互动工作，全年传递稽查评估信息180余条，有效防范了执法风险，促进了收入质量的提高。

【纳税服务】 努力把握经济热点，对全市所有在建大项目开展税收调查，形成了《关于“营改增”试点对我市地税收入的影响分析》《科学履行税收职能 全力服务济莱协作区一体化发展》等多篇调研报告，及时报送市委、市政府，较好地发挥了参谋助手作用。大力开展导税服务和免填单服务，进一步精简规范涉税资料和各类报表报送；上线运行了“一次性告知信息管理平台”，省局《地税时空》栏目进行了专题报道；编制发放了五个系列、32册、3万余份的《莱芜市地税系统税收宣传系列手册》，下发了11期《地方税收法规集锦》，开展网送税法24期，短信提醒60期。采取有效措施积极应对房产交易涉税业务激增的突发状况，平稳渡过办税高峰期。继续深化行政审批事项改革，将市级税务行政审批权压缩为1项。依托纳税人学校，认真组织培训68期，培训纳税人2100多人次。

【基层建设】 全面加强地税道德讲堂建设，深入推进地税系统“创建文明城市 争做文明市民”活动，积极开展各类积极向上的文体活动，擦亮“全国文明单位”品牌。密切联系群众，扎实践行中央八项规定，大力开展千名干部下基层、包驻帮扶和捐资助学活动，积极和纳税人沟通、交流、谈心，以优良的工作作风促进行风建设，受到了社会各界的一致好评。

【干部队伍建设】 以深入开展“干部作风建设年”活动为抓手，制定了《中共莱芜市地税局党组关于改进工作作风密切联系群众的实施细则》，全面加强系统各级领导班子建设，充分发挥班子的核心引领作用。继续完善上挂下派制度，加大内部干部交流和轮岗力度，增强了干部队伍的活力。继续抓好干部教育培训，进一步提升了干部职工业务素质，市局张军入选国家税务总局人才库，并受到省局表彰。积极构建科技防腐体系，在全市岗位廉政风险防控管理工作推进会上，市局就有关做法作了大会发言。

（李文才）

莱芜市地方税务局莱城分局

经济概况

2013年，莱城区实现生产总值329.45亿元，同比增长11%；完成地方财政收入18.82亿元，增长6.96%；城镇居民人均可支配收入27316元，农民人均纯收入 12047 元，同比增长 9.79% 和 11.66%。

收入概况

2013 年，全局组织各项税收收入 8.78 亿元，同比增收 7332 万元，增长 9.11%，完成地方财政收入 7.54 亿元，增收 9517 万元，增长 14.44%。

工作概述

【税收征管】 加强大项目税收管理，充分利用信息管理平台，“紧跟管理，靠上服务”，将全区 271 个大项目纳入税收管理，累计征收 1.34 亿元；强化新农村建设和旧村改造税收管理，提请区政府制定了《莱城区城中村改造及新农村建设税收专项清理的实施方案》，发动全区力量推进清理工作，全年清理入库税款 1740 万元；加大欠税清缴力度，领导挂包，重点推进，对 30 余户企业采取了强制执行措施，共清理欠税 8430 余万元，加收滞纳金 2400 余万元；拓展综合治税渠道，借助数字莱芜地理信息平台，获取宗地、地籍等信息 200 余条，使土地使用税增收 2660 万元。利用存量房交易价格评估系统，避免了虚假合同的影响，准确掌握了交易房的真实价格信息，增收税款 1882 万元。

【税收执法】 着力突出依法治税，发挥稽查在规范税收秩序、缓解税源不足、促进税收收入方面的重要保障作用。提升对典型案例的分析应用水平，以点带面，整体推动。全年检查 56 户企业，查补税款、罚款、滞纳金 832 万元。同时，进一步推进征查互动，帮助基层税务所集中执行了一批老、赖、难案件，解决了一批执法遗留案件，促进了税收管理水平的大幅提升。

【纳税服务】 开辟“绿色通道”，重点服务大项目建设、总部经济建设等工作。建立了纳税人学校，搭建了“实体课堂、流动课堂、网络学校、税企论坛”四个平台，打造了纳税服务升级版，莱城分局纳税人学校经验通过《山东地税情况》在全省地税系统推介。落实地税局长服务日制度与办税大厅主任坐班制度，区局班子成员坐班 20 余次，先后对纳税人反映的 64 个问题进行了集中解答，对 28 件事项进行了专题研究、重点落实，有力地维护了纳税人权益，促进了征纳关系的和谐共盈。2013 年莱城分局纳税服务中心被中华全国总工会授予全国“工人先锋号”荣誉称号。

【干部队伍建设】 大力加强学习型机关建设，加强教育培训，有力促进干部队伍素质的提升。全年有 28 人参加省、市局组织的税收法制、督察内审等培训班 12 次（期），莱城分局组织汇缴辅导、税收法制等培训班 6 次（期），组织金税三期工程系统培训、演练 9 期，全面提高了地税干部的业务素质。举办了两期中层干部培训班，提升了中层干部的领导能力。严格程序，在全系统公开选拔了 6 名副股级干部，充实了中层干部力量。

【党的建设】 继续实施党的建设“六个一”（建设一个堡垒，筑牢一方阵地，树立一批典型，弘扬一种精神，打造一个品牌，服务一个中心）工程与“一人一岗一支部”典型带动工程。莱城地税党建工作品牌“为党旗增光添彩，争地税服务先锋”被省局评为“全省地税系统优秀党建品牌”，并在全省地税党务干部培训班上进行了经验介绍。制作了宣传片《一扇靓丽窗口》，在全省党建工作表彰会上进行展演，得到了广泛好评。

【精神文明建设】 心系基层群众，做好了包村点的帮扶工作。帮助羊里镇孟家洼村新上农产品加工项目，助力村级经济发展。到羊里镇辛兴西北村、中土屋、孟家洼三个村走访困难群众42户，发放慰问金11000元。情系贫困学生，与高庄街道的两名学生结成长期帮扶对子，设立助学基金，帮助她们顺利完成学业。

【党风廉政建设】 认真落实党的十八大以来党中央关于作风建设的一系列纪律规定，组织专题学习12次，召开作风建设动员部署会4次，研究制定各项落实制度9项，确保了地税各项工作的清廉、高效运行。设立了莱城地税网上廉政教育基地，打造了综合立体的网上教育平台。继续发挥好莱城地税文化教育基地的阵地作用，在被授予全市第一批“廉政教育示范点”基础上，2013年又被省纪委、省监察厅授予“全省廉政教育示范基地”。

（张建银）

莱芜市地方税务局钢城分局

经济概况

2013年，钢城区实现生产总值完成192.96亿元，地方财政一般预算收入完成13.29亿元，固定资产投资完成128.22亿元，增长4.04%。全区共有个体工商户3357户、企业672户，规模以上工业增加值98.2亿元。

收入概况

2013年，分局共组织税收收入4.14亿元，组织地方财政收入3.19亿元，扣除一次性因素及政策性调整因素，组织税收收入3.6亿元，同比增长7%，增收2500万元，组织地方财政收入2.8亿元，同比增长9%，增收2307万元。

工作概述

【税政管理】 始终坚持“在管理中抓创新、以创新促管理”的思路，开展了“管理创新年”活动。积极申报管理创新课题，内容涵盖税源管理、征收管理、税种管理、行业管理、队伍建设、党建、文化等各个方面，确定重点课题6个，一般性课题9个。围绕创新课题，结合当前利息、股息、红利所得现状及问题，深入分析和调研，积极研究管理对策，从宣传、调查、辅导、监控、协作入手，探索实行全程无缝隙管理，全年完成1221万元，占个人所得税收入的58.7%，同比增加273万元，增长28.8%，此做法被省局个人所得税处以函的形式转发。

【征收管理】 认真做好税收分析预测，及时把握增减因素，积极挖掘新的税收增长点，在准确率上下功夫，加强收入调度，科学合理地掌控组织收入进程，确保收入均衡入库。加大对重点税源的监控与管理，发挥“牛鼻子”作用。在继续实行领导包点制度的基础上，对建筑安装、房地产等253户企业集中开展纳税辅导，对发现的问题及时进行汇总及整改，通过辅导应补缴税款1200万元。制定下发《全区城中村、新农村建设及外来建设项目税收专项清理实施方案》，依托社会综合治税开展专项清理，摸清了潜在税源底数。

【税收执法】　不断强化税收稽查，继续完善重点税源一级稽查，进一步提高电子查账水平，抓好税收专项检查、发票专项检查和区域税收专项整治等工作，打击偷税、漏税、抗税行为，确保税收应收尽收。落实征、管、查互动机制，提高征管质效，防范执法风险。多次开会研究部署稽查工作，全年查补税款714万元。

【纳税服务】　结合税收征管模式改革的推进，继续深入推行“一站式”服务，将纳税人主动到地税机关办理的各项涉税业务，集中到办税服务场所统一受理或办理。按照要求梳理行政审批事项，推进涉税事项受理、审核、审批等环节向办税服务部门前移。深化纳税服务方式。细化和延伸“一站式”“一窗式”服务流程，拓展和丰富纳税服务内容，全面推行首问责任制、一次性告知制、承诺服务制、限时办结制、局长服务日等制度规定，进一步提高为纳税人服务的质量和水平。进一步加强面向纳税人的税收政策宣传，特别是对纳税人关注、事关纳税人切身利益的税收政策以及当前社会难点、热点税收政策问题的宣传。畅通群众诉求渠道，及时回应社会关切，促进征纳关系和谐。

采取各种形式进行税收宣传，开展“便民办税、同心服务”活动。

【干部队伍建设】　突出队伍建设，从严带队能力持续增强。进一步加强领导班子建设，强化理论学习、业务学习、基层调研，班子成员以身作则、率先垂范、分工负责，增强了班子的凝聚力、战斗力和向心力。认真落实干部培训教育计划，通过教育培训、自主学习、季度考试等形式，不断提高干部职工素养，同时鼓励参加各类在岗培训和学历教育、专业技术资格考试等。积极关心干部职工政治诉求，配合市局做好干部的提拔和任用，公开选拔配备了2名正科级非领导职务，对部分人员进行轮岗交流。积极参与文明城市创建，选派志愿者参加各类活动，文明单位的形象日益提升。

【党风廉政建设】　结合“干部作风建设年”活动开展，积极转变“四风”，开展“庸懒散”专项清理活动，全面整顿思想、工作和纪律，进一步加强和改进作风建设和思想政治工作。充分利用廉政风险防控平台，狠抓网上考核和执法检查，确保在廉政方面不出任何问题。进一步加强学习型党组织建设，建立健全党组织集体学习制度，不断提高党建工作科学化、规范化、制度化水平；充分利用"一地、一室、一栏、一网"党员学习教育阵地，外出进行红色教育，搭建互动交流平台。认真落实党风廉政建设责任制，以廉政文化建设为先导，发放"廉政监督卡"，开通税企"廉政通道"，签订《家庭助廉责任书》，开设"党风廉政建设"专栏，创办《廉政手机报》，落实"一岗双责"，强化税收执法权和行政管理权"两权"监督，确保了队伍的纯洁。

【精神文明建设】 以深入开展创建学习型党组织活动为载体，通过建立"一地、一室、一栏、一网"的党员学习教育阵地，搭建了广大党员干部之间相互学习、共同探讨的交流平台。在系统内积极开展了"扬'四德'、除'四风'"活动。省级文明单位顺利通过复查，并被市委授予全省地税系统先进集体、党建工作先进集体荣誉称号。

（刘永禄）

莱芜市地方税务局高新区分局

经济概况

2013年，莱芜高新区实现生产总值92.62亿元，同比增长13.1%，规模以上工业总产值310亿元，增长41%，规模以上工业主营业务收入280亿元，利润13亿元，利税15亿元，分别比去年同期增长37%、30%和25%，地方财政收入7.6亿元，增长10.8%。

收入概况

2013年，全局共组织各项地税收入37921万元，同比增收3359万元，增长9.72%；实现地方财政收入32146万元，同比增收3672万元，增长11.33%。

工作概述

【税收征管】 对90户年纳税30万元以上重点税源企业加强日常巡查监管，及时督导企业按时申报缴纳税款，入库税款17593万元。对房地产项目登记、开工、施工预售、交易、项目清算、注销六个环节实行动态监控管理，房地产行业入库20138万元，同比增收7230万元，增长48.5%。对11个旧村改造项目开展了第二轮税收清查催缴，入库税款2155万元，加强旧村改造税收管理的做法被省局推广。将清欠工作分解落实到局领导和各科室负责人，逐户到欠税企业与企业负责人进行约谈、催缴，清理欠税3549.3万元。认真做好新房办证及二手房交易税收管理服务工作，入库契税3019万元，增长350.64%。对全区63个大项目强化事前、事中、事后监控管理，入库税款5241万元，大项目管理经验被《山东地税情况》刊发。

【税收执法】 规范了各岗位办理业务的时限和要求，严格执法责任考核，提高了干部职工的执法风险防范和控制能力。利用综合治税信息平台，成功追缴法院公开拍卖欠税企业土地使用税税款及滞纳金70.84万元，维护了税法的尊严。认真做好对40户企业2010—2012年度的经营情况的纳税评估，补缴税款150余万元。积极开展2013年税收执法督察工作，受到省局税收执法督察组的高度评价。

切实加强税源管理，积极开展重点行业纳税评估工作。

【纳税服务】 充实了办税服务厅人员，配备了电子显示屏、排队叫号机、服务评价器、休息座椅、办税双显屏等服务设施，改善了办税环境。班子成员每周轮流在服务大厅值班，解答纳税人的咨询，听取纳税人的意见和建议，全年共接待纳税人95人，受理咨询问题127个，发放税收宣传资料450余份，受到了社会各界和纳税人的广泛好评。发挥税收职能作用、规范税收服务行为的经验材料在全省纳税服务工作会议上进行了交流。

【基层建设】 认真抓好考核奖惩等一系列管理制度的督查考核工作，对上级重点工作决策部署和分局确定的重要工作积极开展督查，有效激发干部职工的工作积极性和主动性，确保了工作有效落实，被市精神文明建设委员会办公室评为“市级文明服务窗口”，被市妇联授予“城乡妇女岗位建功先进集体”。认真落实行政接待、办公用品、车辆等管理制度，切实节约费用支出。

【信息化建设】 按照省、市局统一部署，经过5个多月的突击奋战，加班加点做好金税三期工程试点上线各项准备工作，确保10月8日成功上线，开出第一张税收通用完税证，在全市率先实现了金税三期工程系统POS机刷卡缴税。运用多种形式，对工作人员和纳税人进行了金税三期工程申报表单及纳税服务系统操作培训，圆满完成了金税三期工程上线后申报征收工作。

【干部队伍建设】 开展了“干部作风建设年”和“到一线、解难题、办实事”活动，班子成员自觉加强作风建设，带头深入查摆和剖析作风建设方面存在的问题，定期对作风建设、税容税纪和厉行勤俭节约情况进行检查，规范了干部职工日常行为，促进了作风转变。制定《聘用人员管理办法》，进一步规范了聘用人员的管理和使用。每季度组织税收业务知识考试，提高了干部职工税收业务素质和岗位技能。

【党风廉政建设】 严格落实党风廉政建设责任制，以廉政教育建设为先导，组织全体干部职工集中观看廉政教育片和《税收违法违纪行为处分规定》知识讲座，人人写出心得体会；建立健全干部电子廉政档案，从严从实抓好分局的会员卡清退活动，认真落实“一岗双责”，强化“两权”监督，促进干部职工严格自律，树立良好地税形象。

【精神文明建设】 深入抓好文明创建工作，积极参加市局“道德文明、党员先行”演讲比赛，受到干部职工的一致好评。深入开展扶贫助残、结对帮扶活动，帮助2名考入大学家境困难的新生走进校园，进一步提升了地税部门的社会形象。

（陈长征）

临沂市地方税务局

经济概况

2013年，全市实现生产总值3336.8亿元，城市居民人均可支配收入27511元，农民人均纯收入10389元，完成公共财政预算收入216.1亿元，完成规模以上固定资产投资2431.6亿元，实现社会消费品零售总额1781亿元。

收入概况

2013年，全市地税系统累计组织各项收入167.9亿元，增收30.5亿元，同比增长22.2%，其中市县级收入154.8亿元，增收28.4亿元，增长22.5%。总量和市县级收入增幅分别居全省第2、3位，分别高于全省平均增幅9.2个百分点和7个百分点。总的看，全市地税收入呈现总量大、增幅高、进度快、结构不断优化、质量持续提升的良好态势。

工作概述

【依法治税】 一是推进依法行政。深化行政程序年活动，完善税务执法人员行为规范、重大涉税事项管理程序规范、税收执法文书出具程序规范“三大规范”，认真梳理行政审批和行政许可事项，制定《税务行政处罚裁量权执行标准》，全面推行“具体行政行为标准作业法”，有效增强依法行政意识，规范税收执法行为。二是加大督查约谈力度。由按季约谈改为按月约谈，2013年累计组织约谈活动6次，对567笔疑点税款进行实地核查和当面约谈，涉及37个基层中心所、197户纳税人和受托代征单位，对发现的问题及时进行整改。三是建立健全收入质量监控机制。制定《税收分析工作规程》《代扣代缴　代收代缴　委托代征税款管理办法》，实行收入异常入库报告、收入预警信息核查整改以及收入比对分析等制度，搭建税收分析监控平台，有效防范税收执法风险。四是开展执法督察。先后完成了106户企业对应管理单位的执法督察任务，有效规范税收执法行为。

【纳税服务】 深入开展“政策措施落实年”、深化服务企业“四比四看”（比服务意识、看服务态度，比服务境界、看工作成效，比服务水平、看办事效率，比服务质量、看群众评价结果）和“千名地税干部进千家企业”活动，编印《服务企业税收政策一本通》，组织“纳税人满意度问卷调查”活动，2013年累计走访企业1000余户次，赠送《服务企业发展税收政策一本通》2000余本，征求企业意见建议360余条，为企业提供经营信息500余条、办实事290余件。组织参加“阳光政务热线”2次、“行风热线”11次，荣获“全市‘十佳’服务企业优胜单位”和“全市服务县域经济发展先进单位”称号。

【征收管理】 一是推进征管规范化。将征管基础管理工作纳入“临沂地税风险防控平台”严格落实任务推送、整改落实机制。二是做好金税三期工程试点上线工作。采取市县两级“金三办”集中办公的办法，确保 金税三期工程试点工作顺利推进。对信息数据进行集中整改和推送，累计整改数据5.7万条，对8万余条房产信息和土地信息进行了补录。三是深化税源专业化管理。实行“行业+规模”的管理方式，税源专业化水平进一步提升。依托省局纳税评估系统和市局税收风险防控平台，进一步强化税源分析和纳税评估，提升了税源监控水平。2013年共评估交通运输业纳税人97户，补税入库共计230余万元，处理预警问题9700余条，增加税款9900余万元。有1个行业模型被国家税务总局评为“百佳”优秀模型，2个行业模型被省局评为优秀模型。

【税政管理】 积极应对营业税改革，全年共移交交通运输业和现代服务业试点纳税人3231户。认真做好“耕契”两税政策宣传和征管工作，及时调整、分流“一手房”契税办理业务，继续完善存量房评估工作，扎实推进土地增值税清算和城镇土地使用税“以地控税”管理工作，财产行为税管理得到新的加强；积极应对房产契税及个人所得税社会突发事件。充分运用“企业所得税税基管理系统”，扎实开展企业所得税汇算清缴，汇缴面、申报质量和清缴税款均有新的提高。全年共有4288户企业办理所得税年度纳税申报，补缴企业所得税1.77亿元，增收6000余万元。建立健全股权变更税源前置工作机制，实行先完税、后变更工商登记制度，有效监控股权转让税源。全年 共从工商部门获取信息1770条，入库股权转让所得税2423万元。制定实施《反避税工作规程》，对基础管理、内部协作、调查程序等进行规范，定期编发《国际税收风险指引》《国际税收业务指南》和《反避税案例汇编》，提升反避税工作质效，全年共完成特别纳税调整2373万元，境外上市企业入库税收533万元，有两个案例被省局选报税务总局。全年纳入管理外籍人员159人，缴纳个人所得税621万元。

【干部队伍建设】 一是与干部人事改革紧密结合。以提任领导职务人选首次采用了差额推荐、差额竞职展示、等额考察的竞争性选拔方式，共对82名县(区)局科级干部进行了调整。二是与素质建设紧密结合。修订完善骨干人才管理办法，建立学习题库，组织开展岗位能手选拔考试，2013年全市地税系统累计举办各类岗位技能培训班40余期，培训人员1200余人次。在全省督察内审业务考试中获得团体第2名，2人进入全省前5名；在全省地税系统电子查账比赛中获得团体第5名；2名同志入选税务总局人才库。三是与培育典型紧密结合。依托“十佳”

典型，以“道德讲堂”为载体，组织开展“十佳”事迹巡回宣讲活动，整个活动历时2个多月，举办专场宣讲5场次，在系统内外引起良好反响。选送的小品《推荐》在全省地税系统“庆七一”先进事迹宣讲会上获一等奖；临沂地税道德讲堂被市文明委确定为“全市道德讲堂示范点”。

【党风廉政建设】 一是加强制度建设。结合中央八项规定和反对“四风”的新要求，进一步规范基层调研、会议组织、集体活动、行政接待、公务用车、办公用房等一系列管理制度，修订了相关标准和流程。深入开展“庸懒散”专项治理工作，制定实施《关于对党员干部实施廉政提醒谈话暂行办法》，进一步强化对党员干部的教育管理监督。二是严格控制“三公经费”支出，坚持依规办事、节俭办事，公务接待明显减少，会议、活动次数和规模明显压缩。三是强化监督检查。对802户纳税人风险信息进行执法监察，将312辆公务用车纳入监督范围，有效防范税收执法和行政管理风险。通过制定涉税舆情管理办法，搭建网络舆情监测平台，做好了舆情监测和应急处置工作。先后对市局机关和15个县区局的资产和财务进行了审计工作，形成厉行勤俭节约、反对铺张浪费的良好风气。

（赵　艳）

临沂市地方税务局兰山分局

经济概况

2013年，临沂市兰山区实现生产总值704.25亿元，比上年增长11.5%；实现地方财政总收入54.7亿元，增长20%；规模以上固定资产投资505.54亿元；完成第三产业增加346.33亿元；社会消费品零售总额467.8亿元。三次产业结构比例为1.1∶49.7∶49.2。

收入概况

2013年，全局累计组织入库地方税收29.78亿元，同比增收5.49亿元，增长22.58%。其中，完成中央级1.83亿元；完成省级0.03亿元；完成市、区级收入27.86亿元，同比增收7.4亿元，增长36.17%。

工作概述

【税政管理】 将2013年度企业所得税汇算清缴作为工作重点，结合兰山区实际，制定《2013年度企业所得税汇算清缴工作方案》，并对汇算清缴全过程进行监控，全年汇算清缴企业1512户，查补税款2000余万元。

【征收管理】 一是成立税源管理评估小组，对制造业、租赁商贸服务业、中介机构、物流业进行专项评估，目前共评估企业近百家，评估税款1335.49万元。二是建立耕地占用税信息联络员制度，负责把耕地占用税的各类信息的收集、传递、汇总，共入库税款3760万元。三是做好“营改增”试点工作，多层次、多方位宣传“营改增”试点政策。四是加大人力物力的投入，扎实有效地推进契税征收工作，共征收税款1.27亿元。五是做好数据的整改、补录和迁移工作，通过签订上线承诺书细化职责要求，明确责任；实行对干部职工和纳税人的双重培训，现已经组织三次业务培训，并录制培训光盘，发放至每个企业，辅导企业进行练习操作。六是利用国税、地税联合办证、登记比对等方式，认真开展管户清查，重点对专业市场和商场内租赁业户、写字楼和住宅楼内经营业户、物业管理和停车收费等薄弱环节进行清理。联合国税开展若干次清理办证行动，并对系统内的非正常户进行清理注销，共清理符合条件非正常户 2683 户。

【税收执法】 一是进一步加强和规范税务登记、外来、外出经营活动、临时户、代开发票管理等征管基础工作。二是根据市局工作部署和《临沂市地税局执法约谈管理制度》的要求，开展执法质量约谈，对临时户、一次性大额税款及汇总账户入库税款等疑似问题逐户逐项进行落实约谈，认真收集、整理相关资料，对重点疑似问题，将资料报送市局进行现场核实。三是在征收环节，突出窗口服务，坚持着装上岗、挂牌服务，严格工作、值班纪律，强化导税服务，进行纳税提醒、提示，公告、公示。设立效能监督卡、举报电话、举报箱。

【纳税服务】 一是继续推行完善办税服务厅工作规范、行为规范和文明用语，落实“一次性告知”制度。二是编印《兰山分局办税服务制度汇编》发放到大厅办税工作人员，完善规范管理制度。三是继续推行“一站式”服务模式，解决纳税人办理涉税事项“多头跑”的问题，科学合理安排综合服务窗口，在办税服务厅实现绝大多数涉税事项的一窗办理。四是开展 “一对一”服务纳税人活动，每名干部职工帮扶一家困难企业和一户贫困家庭。

【干部队伍建设】 一是开展干部联系服务群众活动，制定实施方案，排定帮扶名单，组织集中走访，面对面了解联系户家庭情况、经济状况，摸清群众困难、收集群众诉求，全局 120 名干部职工共计联系群众 4460 余户。目前，已全部完成首轮对接工作。 二是按照《2013 年度干部职工教育培训计划》安排，组织干部职工以税收知识、警示教育为主要内容进行培训。组织岗位人员参加《小企业会计准则》的专项培训，组织税政、征管、计财、税源管理、纳税服务、稽查等岗位 40 名同志进行模拟考试。

加强党风廉政建设，召开检税共建联席会议。

【党风廉政建设】 一是以开展经常性教育为基本点，以集中学习为载体，开展廉政教育学习。重点加强理想信念、职业道德和岗位廉政等方面的教育，构筑干部职工抵御腐败的思想道德防线；二是集中全体干部学习党中央有关廉政建设、勤俭节约有关规定，把廉政谈话贯彻落实到干部选拔、任用和重点岗位上；三是抓警示教育，提高干部队伍拒腐防变能力。邀请兰山区检察院反贪局领导作预防职务犯罪报告，观看警示教育片，组织开展大讨论，撰写心得体会，以“检税共建”活动促党风廉政建设深入开展；四是认真贯彻中央八项规定精神，反对“四风”，结合正在开展的“庸懒散”专项治理活动，带领干部职工学习各级监察部门的有关规定，健全减文减会、公务接待、节假日公车封存等一系列管理制度。

（王　晓）

临沂市地方税务局罗庄分局

经济概况

2013年，罗庄区实现生产总值330.5亿元，增长12.5%。其中，第一产业增加值6.57亿元，增长2.9%；第二产业增加值204.07亿元，增长11.9%；第三产业增加值119.86亿元，增长14.1%。三次产业增加值占比为2.0∶61.7∶36.3。全年地方财政收入18.28亿元，增长19.8%。

收入概况

2013年度，全局共组织各项收入10.62亿元，同比增收1.45亿元，增长15.84%。其中，地方级完成8.42亿元，同比增收1.33万元，增长18.70%。

工作概述

【税政管理】 贯彻落实税收优惠政策，全年共为民政福利企业减免税金81万元，为高新技术、资源综合利用、节能环保等类企业减免税金3279万元。

【税收征管】 一是扎实做好重点税种、重点税源管理工作，抓好重大建设项目税收管理，不断提高“两个比重”（地方税收收入占生产总值比重、地方税收收入占地方财政收入比重）。二是提高税收预警核实处理质量，防范执法风险。深化数据整改，进一步提高了税收数据质量。同时，不断加大预警信息核实力度，抓好纳税预警、评估，2013年全年共处理预警信息640户（项），补缴预警税款及滞纳金886.78万元。三是加强税务稽查。通过组织税收专项检查，共对45户企业进行检查，累计入库税款1860万元。四是做好契税接收征管工作。最大限度地增加办税力量，切实减轻纳税人“多头跑、多头找”的办税负担，确保优质服务不打折。

【税收执法】 坚持执法与服务并重，营造了良好的税收环境；充分发挥税收宣传月、网上纳税服务平台、税法培训中心阵地作用，不断普及税法知识；加强税收执法内控机制建设，有效提高依法治税的能力，实现涉税零诉讼、零复议、零上访的“三零”目标。

【纳税服务】 以进一步优化办税服务载体，坚持把纳税服务放在和谐社会建设的重要位置，以方便纳税人办税和提升纳税人满意度为目标，不断完善“自助服务上网、集中服务进厅、个性服务上门”的集中办公条件下多层次纳税服务体系，全面提升纳税服务水平，提高群众满意度。获得全国“巾帼文明岗”、市“十佳服务窗口先进单位”、区“政务服务工作先进单位”等荣誉称号。

提高纳税服务质效，分局荣获“全国巾帼文明岗”荣誉称号。

【信息化建设】 抓好信息化与多元化申报方式相结合，大力拓展多元化申报渠道，构建了信息化支撑下的新的管理格局。扎实做好全系统的网络信息安全防范工作，抓好信息化与税收执法责任制紧密结合。积极为金税三期工程架构运行环境，提供技术保障，使得税源专业化管理新系统顺利上线运行，进一步提高税源控管层次和水平。

【干部队伍建设】 从深化教育、加强培训入手，通过开展春季集中培训、党的群众路线教育实践活动、开设“周末课堂”、外出学习等形式，切实提升干部队伍素质。从丰富活动、激发活力入手，广泛开展各项文体活动，在平邑蒙山自然景区隆重举行罗庄地税“拥抱春天 放飞梦想”春季登山比赛；主办“感恩税收 放飞梦想”中小学生演讲朗诵比赛；精心排练小品《推荐》参加省、市局道德讲堂巡演，获得省局一等奖，同时获得第二届沂蒙文艺奖，提升了系统内干部职工的凝聚力和向心力；进一步完善临沂市图书馆罗庄地税分馆建设，获得中华全国总工会“职工书屋”称号，加强了地税文化建设。从完善制度、强化管理入手，修订完善了《机关考勤制度》《行政接待制度》等多项管理制度，在全系统深入开展了“庸懒散”专项整治活动，进一步强化工作纪律，转变工作作风。

【基层建设】 以文化建设为引领，切实增强基层软实力，大力推进党建领航、文化铸魂，凝聚正能量，实现新发展。拍摄专题片《弘扬沂蒙精神争做地税先锋巡礼》，自编自导自演小品《推荐》，编排报纸《地税先锋》，建设临沂市图书馆罗庄地税分馆，编著《美丽罗庄 税收同行》画册，打造“一本书、一部专题片、一部小品、一份报纸、一个图书馆、一本画册”六个一精品工程，深入推进文化建设。

【党风廉政建设】 积极推进反腐倡廉建设，努力拓展从源头上防治腐败的工作措施。通过加强政治理论和业务知识学习，组织观看警示教育片、开展廉政文化进家庭、完善廉政长廊等活动，进一步加强廉政文化建设，增强广大干部职工廉洁从政意识。结合税源专业化管理新模式上线运行，进一步完善廉政防线点防范工作，不断取得作风建设新成效。荣获“全省地税系统廉政文化‘四进’先进单位”“全市行风建设先进单位”“全区行风建设先进单位”等称号。

【精神文明建设】 深入开展文明创建、爱心同行结对帮扶等活动，在“省级文明单位”顺利通过复查验收的基础上，先后荣获“全市地税系统目标管理考核先进单位”“全市地税系统工作创新项目先进单位”“行政程序活动年先进单位”“全市地税系统信息工作先进单位”“全区统计工作先进单位”、区“先进基层党组织”等，被区委、区政府记集体三等功。

（刘　磊）

临沂市地方税务局河东分局

经济概况

2013年，临沂市河东区实现生产总值168亿元，增长12.9%；公共财政预算收入10.5亿元，增长30.6%；规模以上固定资产投资120亿元，增长26.3%；社会消费品零售总额86亿元，增长13.6%；城镇居民人均可支配收入227845元，农民人均纯收入10500元，分别增长14%和15.6%。

收入概况

2013年，全区组织各项地税收入84027万元，同比增收17474万元，增长26.26%。其中一般预算收入入库81742万元，同比增收17015万元，增长26.29%，占年初计划的102.97%；地方级完成76139万元，同比增收14445万元，增长23.41%，占年初计划的100.40%。

工作概述

【税政管理】 以加强重大建设项目地方税收管理为突破口，依托社会化支撑，营造内外联动良好氛围，充分发挥重大建设项目税收管理的社会化支撑作用。把收入质量指标纳入重点目标管理考核，严格落实责任追究，最大限度地防范了执法风险。

【税收征管】 对全区税源状况及全年收入发展变化开展分析调研，特别是对税收影响较大的重点税源、重点行业企业进行了全面摸底调查。加强税收户籍管理，定期比对工商、国税部门的相关信息，及时跟进对纳税人的后续管理服务。围绕税收征管改革，按照省、市局的统一部署，加强了全员专业化岗位培训和信息数据基础质量管理，开展了金税三期工程上线运行工作。

金税三期工程上线后，河东分局开具的第一张契税发票。

【税收执法】 在抓好内部管理制度的同时，加大明察暗访工作力度，极力解决工作中推诿扯皮、效率低下、执法不公、履职缺位的问题，尽可能将矛盾化解。对工作环境、仪容规范、工作纪律等方面制度的贯彻情况开展不定期巡查，发现问题，及时督促整改到位，切实解决机关效能和执法环境方面存在的突出问题。

【纳税服务】 认真开展规范、便捷、高效、文明的税收服务，以“征纳共盈”创建为抓手，以规范办税服务厅建设和应用山东地税网上综合服务平台暨山东地税网站群为着力点，以提高税法遵从度为目的，凝聚服务合力，提高服务质效，推动纳税服务整体水平进一步提高。

【机构人员】 截至2013年底，机关内设办公室、人事科、计划和财务预算科、征收管理和科技发展科、政策法规科、监察室、税源管理办公室、纳税服务中心、机关党委和征收大厅等10个科室，稽查局、直属征收局两个直属单位和4个征收中心所，共有人员106人，共有党员96人，大专以上学历88人。

【干部队伍建设】 深入开展“弘扬沂蒙精神、争做地税先锋”主题活动，用榜样的力量教育人、影响人、带动人、凝聚人。制定了《2013年全区地税系统干部教育培训工作实施意见》及配档表，明确了培训任务和重点培训项目，提升了培训的针对性和有效性。

【基层建设】 按照集中办公和税源专业化管理的要求，认真开展了金税三期工程上线运行工作，对服务窗口和服务资源重新进行了整合和优化，设置了会计核算窗口、发票管理窗口和18个综合服务窗口，不断夯实了基层基础建设。科学统筹，强力推进，集中办公提前实现，基层条件全面得到改善，充分激发了基层工作热情。

【党风廉政建设】 大力开展廉政学习教育，完善内控机制，稳步推进反腐纠风工作。以读书思廉、家庭助廉、发送廉政短信、观看警示教育戏曲电影等多种形式，充分利用网络的直观性和迅速性，生动形象地进行廉政教育，提高党员干部的思想道德观念和廉政文化素养。健全制度、落实责任，全员逐级签订廉政责任书，确保反腐倡廉各项任务落到实处。

【精神文明建设】 以迎接全国文明城市测评检查为契机，以“学雷锋，送温暖”“扶残助残”志愿服务等活动为载体，充分发挥学雷锋、网络文明等志愿服务队作用，大力开展各项支援服务和结对帮扶活动，广泛开展扶贫救助献爱心活动。

（刘 炜）

临沂市地方税务局高新技术产业开发区分局

经济概况

2013年，全区实现技工贸总收入620亿元，同比增长37.5%；生产总值95亿元，增长28%；规模以上固定资产投资165亿元，增长74.8%；进出口总额4.4亿美元，增长33.8%，其中出口4.1亿美元，增长30.5%；实现公共财政预算收入5.01亿元，增长38.1%。

收入概况

2013年，全局共组织地税各项收入3.4亿元，同比增收8708万元，增长30%，其中税收收入3.2亿元，其他收入2126万元。从分税种看，各税种总体均实现较快增长，其中营业税、土地使用税、个人所得税分别完成10811万元、4849万元、775万元；从分经济类型看，股份公司占主导地位，共入库地方税收14889万元，占总收入的44%。

工作概述

【税政管理】 认真落实促进企业技术进步、支持下岗失业人员再就业和退伍军人创业、支持高新区建设等各项税收优惠政策，有力地支持产业结构调整。加强对零申报和异常申报的监督检查，从严查处各种涉税违法行为，促进税负公平。做好企业所得税汇算清缴和年所得12万元以上个人所得税自行申报工作，增收税款1663万元。

【征收管理】 强化税基管理，夯实征管基础，实行征管指标月通报制度，规范征管责任区管理和考核，完善税收管理员制度。加大发票控管力度，全面启用发票税控管理信息系统，认真开展发票稽核比对，进一步发挥“以票控税”的作用。推行税源管理新模式，努力开展税收预警、房产税、土地使用税分析比对及重点税源案头评估。

【税收执法】 一是落实税收执法责任制，签订《税收执法责任书》，建立岗位职责、工作规程、评议考核、过错追究一体的税收执法管理体系。二是学习和贯彻临沂市地税系统税收执法“三大规范”，规范执法行为，提高执法水平。三是充分发挥稽查职能作用。全面推行“先预告、再约谈、后检查”的检查模式，有效发挥税务稽查以查促管、以查促收的作用，整顿和规范经济税收秩序。

【纳税服务】 不断更新纳税服务方式，在内涵上下功夫，拓深服务领域与渠道。以开展“局长服务日”活动为突破口，充分发挥好纳税服务大厅的平台作用，丰富服务载体，把纳税服务体现到征管的全过程，大力提高服务质效。

【信息化建设】 一是积极推进信息管税，加强征管数据管理，严格落实数据管理责任制和数据比对分析制度。二是加大硬件投入，积极应用各类系统软件，实现行政办公、财务管理信息化，有力保障各项工作顺利开展。三是加强网站建设，积极完善内部网站内容，提高分局的知名度和影响力。四是认真加强金税三期工程业务学习，使全员迅速掌握业务知识，保障工作稳步高效推进。

【干部队伍建设】 大力加强思想、作风和组织建设，深入开展学习实践科学发展观活动，完善工作机制，真正做到科学发展。努力抓好分局全体人员的学习教育与培训工作，不断提升干部队伍综合素质和水平。

【基层建设】 成立基层建设工作领导小组和工作机构，制定基层建设实施方案，对基层建设工作进行周密部署。有效整合资源，全面实行集中办公，大力提高工作效率。实行征收和管理的分离，逐渐实现从管户到管事征管模式的改变。

【党风廉政建设】 按照“一岗双责”的要求，认真签订《党风廉政建设责任书》，严格实行党风廉政建设责任制和“一票否决制”。以“两权”监督为重点，进一步健全完善执法、管理、财务等制度，形成相互监督、相互制约的权力监督体系，强化对税收执法权和行政管理权的监督制约。加大党的群众路线教育实践活动的学习力度，做到“为民务实清廉”，进一步提高党员干部廉洁自律的思想意识、责任意识。

【精神文明建设】 推进地税文化建设，加强干部职工思想政治工作，着重提升创新力。继续深入开展“文明单位”“文明机关”“青年文明号”及“政风行风示范窗口”等创建活动，充分发挥文明单位的示范引领作用。2013年分局被市委、市政府评为“全市财税征管工作先进单位”，被高新区管委会授予“国家高新区财政贡献奖”，被市地税局评为“2013年度目标考核优秀单位”。

（赵建伟）

郯城县地方税务局

经济概况

2013年，郯城县实现生产总值241.9亿元，同比增长12.2%。城镇居民人均可支配收入23913元，同比增长15%。规模以上固定资产投资126亿元，增长25%。社会消费品零售总额102亿元，增长15%。公共财政预算收入9.01亿元，增长31.5%。

收入概况

2013年，全局共组织入库各项收入68404万元，同比增收13166万元，增长23.84%。其中县级累计入库63308万元，完成年度计划62900万元的100.65%，增收12991万元，增长25.82%。代征教育费附加、水利基金、残保金等各类附加费、基金3384万元。

工作概述

【税收征管】 一是抓好所得税汇算清缴、年所得12万元个人所得税自行申报和全员申报工作。有230户企业进行了汇缴年报，补缴企业所得税177万元，自查入库各税91万元。汇缴专项检查查补税款853万元。年收入12万元以上的260名纳税人进行了自行申报。二是积极开展纳税评估和税收预警，评估入库税款287万元，税收预警补税38.43万元。三是抓好征管基础规范化建设。微机定税核定户数5250户。对949户纳税人财产登记类信息进行核查，实现土地使用税增收701.8万元。补录金税三期工程系统财产信息2926条。四是积极开展房产税、土地使用税、耕地占用税、契税清查，共入库税款25196万元。五是强化社会综合治税工作。共采集信息44423条，其中涉税信息17063条，入库税款473.3万元。六是强化税收稽查。查补入库税收1501万元，查处发票违法案件12起，查处非法发票86份，罚款26万元。

【税收执法】 一是认真落实《中华人民共和国强制执行法》和《山东省行政程序规定》，巩固“行政程序年”活动成果，持续推进程序执法，最大限度地防范执法风险。二是进一步强化执法内外监督，促进了税收执法的规范有序，树立了良好的地税执法形象。

【纳税服务】 一是搞好政策服务。认真落实税收优惠政策，审批备案各类减免税2159万元。二是优化环境服务。以开展“政策措施落实年”、服务企业

“四比四看”活动为契机，扶持企业发展。三是搞好纳税服务。以创建“征纳共盈”纳税服务品牌为载体，开展税收宣传月、局长服务日、纳税人税法培训活动，积极参加行风热线，服务质效进一步提高。

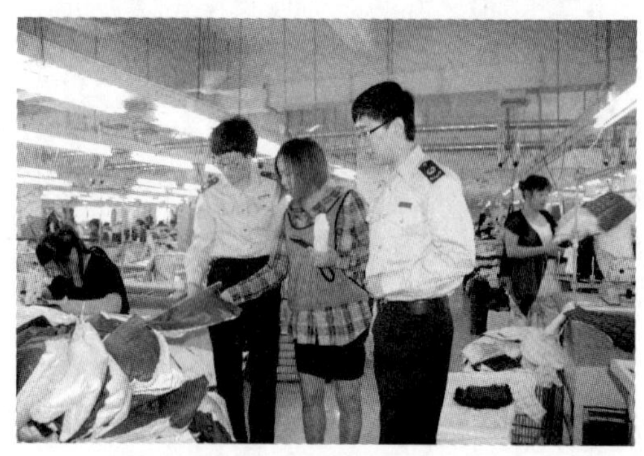

加强纳税服务，深入企业进行走访辅导。

【机构人员】 截至2013年底，局机关共设置10个职能科室，1个纳税服务中心，2个直属单位，下辖6个中心税务所。共有在职干部职工148人，其中党员117人，大专以上学历135人。

【干部队伍建设】 一是认真学习贯彻党的十八届三中全会和习近平总书记一系列重要讲话精神以及中央八项规定。二是深入开展“弘扬沂蒙精神、争做地税先锋”主题活动，和谐氛围日益浓厚。三是坚持正确的用人导向，提拔任用7名科级干部，7名科所长，对任期超过五年的部分科所长进行了轮岗交流。四是做好党员干部直接联系和服务群众工作。组织102名干部职工完成了4577户群众联系工作。五是开展春季集中培训和“岗位大练兵、业务大比武”活动，队伍素质进一步提升。六是开展 “好书荐读”活动，职工文化品位进一步提升。七是组织开展志愿者服务活动和帮扶村“一对一”党员帮群众等共建活动，开展了“我为郯城献片绿”和“慈心一日捐”活动，共捐款3万多元。

【党风廉政建设】 开展党性教育、廉政教育、廉政谈话、“五讲五比五争当”（讲党性，比政德，争当领导楷模；讲责任，比承担，争当履职榜样；讲服务、比效能、争当行业标兵；讲发展，比业绩，争当兴郯先锋；讲法纪，比形象，争当勤廉典范）活动以及“强化宗旨意识　保持党的纯洁性”主题教育活动，抓好“廉政风险防控平台”的推广应用，全面落实党风廉政建设责任制，进一步加强了廉政建设。

【精神文明建设】 开展多种形式的争先创优活动，营造积极向上、奋发进取的工作氛围。县局顺利通过省级文明单位复查；先后被市局和县委、县政府授予主题年活动、经济工作、计划生育、服务企业发展、工会工作、政务信息等多个先进单位称号，并在行风评议中被评为十佳行风建设先进单位，地税社会形象进一步提升。

（凌宗全）

苍山县地方税务局

经济概况

2013年，全县实现生产总值271.56亿元，同比增长11.5%；地方财政收入11.3亿元，增长27.7%；规模以上固定资产投资145.4亿元，增长20.7%；社会消费品零售额172.2亿元，增长13.7%；城镇居民人均可支配收入26827元，农民人均纯收入10323元，分别增长13.6%

和 13.9%。

收入概况

2013 年，全局共组织各项收入 8.5 亿元，同比增长 19.47%，增收 1.39 亿元，其中县级收入完成 7.9 亿元，同比增长 34.17%，增收 2.01 亿元，为全县经济社会发展提供了有力的财务支持。

工作概述

【税政管理】 用好用足用活税收优惠政策，倾心服务重大项目建设，促进经济结构和产业结构优化升级，落实各项优惠政策，支持了企业的发展。认真落实提高营业税起征点、个人所得税费用扣除标准、支持小微企业发展等各项税收优惠政策，全力支持地方经济社会发展，被评为全市地税系统“行政程序年”活动先进单位。

【税收执法】 积极推行政务公开，提高税收政策法规的透明度，促进税法遵从度。严肃组织收入工作纪律，认真落实组织收入原则，确保地税收入质量。加大稽查查处力度，维护税收秩序，以整顿和规范税收秩序为目标，以查处税收违法案件和开展税收专项检查为重点，抓好重点行业、重点税源的税务检查和纳税人自查，取得了良好效果。

【税收征管】 成立物流业、矿产业、房地产业和城镇土地使用税四个征收管理领导小组，强化重点税源企业和税种的税收征管，找准夯实税源税基的切入点，抓住税收征管的关键环节，堵塞税收管理漏洞，促进税收大幅度增长。房地产业完成 1.7 亿元，增长 34.58%，增收 4386 万元；全年采矿业共缴纳税款 1.79 亿元，增长 51.07%，增收 6044 万元；2013 年，共征收城镇土地使用税 3860 万元，同比增长 40.16%，增收 1106 万元。

【纳税服务】 狠抓“征纳共盈”纳税服务品牌创建工作，被省局表彰为 2011—2012 年度“征纳共盈”纳税服务品牌创建先进单位，加强服务窗口建设，安装 POS 刷卡机、排队叫号机、自助办税电脑等服务设备，多方位为纳税人提供方便。

【信息化建设】 加大对机房建设的力度，投入 3 万元，对机房进行改造，安装三级防雷设施，在防静电活动地板铺设等电位联结带，更换机柜、UPS 蓄电池等设备。在信息化应用方面，组织人员对西部铁矿区远程监控系统设备进行检修、维护。

【基层建设】 开设“道德讲堂”，组织开展青年志愿者走访贫困户、驻村帮扶、听党史报告等丰富多彩、形式多样的系列活动，陶冶干部情操，激发工作热情。2013 年，苍山县地税局被评为 2012 年度全市地税系统目标管理考核优秀单位，被临沂市委、市政府评为 2012 年度行风建设先进单位。《以开展“给党员过政治生日”活动为载体　建立基层党建新模式》的项目被评为全市地税系统 2012 年度工作创新项目一等奖。

【机构人员】 截至 2013 年底，全局内设办公室、政策法规科、征收和科技发展科、收入核算和财务科、人事科、税源管理科、机关党委、监察室、信息中心、纳税服务中心10个科（室），下辖稽查局、直属征收分局两个直属单位和卞庄、苍山、向城、大仲村、磨山、神山、车网、鲁城8个中心税务所，共有干部职工175人。

【干部队伍建设】 本着“将一般培养为骨干、将骨干培养为师资、将师资培养为标兵”的理念，对骨干人才进行选拔考核，坚持每月抽出3天时间，对骨干人才进行统一集中培训，邀请党校著名讲师、税务知识骨干对全体干部职工进行政治理论及业务知识培训；带领党员干部去文峰山等红色革命教育基地接受党性教育，确保干部队伍的纯洁性。

【党风廉政建设】 认真做好廉能风险防范上墙、上网、上桌“三上”工作，进一步强化源头预防治腐。组织开展警示教育，观看廉政教育展板，增强地税干部的廉洁从税意识。

【精神文明建设】 积极推进文明单位创建工作，2013年，县局机关省级文明单位复审合格，并获得2013年度临沂市“四德”工程建设示范点称号，基层8个单位市级文明单位复审全部合格。

（付 伟 张 如）

莒南县地方税务局

经济概况

2013年，莒南县实现生产总值233.56亿元，同比增长11.2%；实现地方财政收入11.5亿元，同比增长30.6%。三次产业结构比例为13.2∶41.3∶45.5。

收入概况

2013年，全局共组织入库各项收入8.83亿元，同比增长35.7%，增收2.32亿元。其中财政口径县级收入8.14亿元，同比增长38.05%，增收2.24亿元。地税收入增幅及县级收入增幅在六区九县中分别居第三位、第二位。

工作概述

【税政管理】 稳步推进企业所得税汇算清缴，全县392户企业申报应纳企业所得税3663万元，补缴税款841万元。认真开展个人所得税自行纳税申报，累计受理个人所得税自行纳税申报320人，申报个人所得税1056万元。将投资额1000万元以上的25个建设项目纳入重点管理，制定相关管理制度，做好跟踪服务，实现源泉控管。县政府支持下发《关于进一步加强土地房产税收管理的通知》，有效加强了土地房产交易税收管理。认真贯彻落实国家结构性减税政策，联合财政、国税等部门开展税式支出管理试点暨“营改增”改革宣传活动，对相关纳税人进行实地核实，托清底子，加强辅导，做好预测分析，“营改增”税制改革、税式支出试点工作顺利开展。

【税收征管】 明确奖惩考核措施，逐步建立长效工作机制，开展征管档案验收评比，确保征管规范化建设落到实处。以建筑安装业、土地出让转让和资源税为重点，深化部门协作和税源源头控管，充分发挥综合治税作用，共采集各类信息23122条，入库税款3033.98万元。实行金税三期工程上线工作“一把手”负责制，推行全员实战演练，按照金税三期工程上线工作部署，认真做好各类征管数据的核对整改，集中时间、人力、资源，确保金税三期工程顺利上线。把提高信息核实处理质量作为当前税收预警工作的首要任务，加大日常监控力度，定期进行通报，实现后续管理和日常复核的正常化、制度化。在分类分级评估、方式方法创新、部门协作配合等方面寻求突破，在全县范围内开展了以企业所得税为主的纳税评估检查工作；7月份，开展房地产业纳税评估实战演练工作，评估入库税款180万元。

【税收执法】 层层签订《税收执法责任书》，健全岗责体系，坚持执法预警机制、税源分析等工作制度，不断提高执法水平。针对各级审计、执法检查和收入督导发现的突出问题，从规范税收征管程序、提高工作人员风险意识、严格责任追究等方面入手，有效防止执法风险的产生。加大与司法和法制部门协作力度，探索建立税收司法保障机制，进一步规范税收执法。对全县建筑业、房地产业、地方金融机构及个别重点税源企业进行检查，有效发挥税务稽查促进依法治税的作用。围绕贯彻落实组织收入原则情况、结构性减税政策落实、房地产及建筑安装企业税收管理、金融保险业税收管理四个方面，积极开展税收执法督察工作，及时反馈相关责任单位和人员并实施整改，切实提升税收执法规范化水平。

【纳税服务】 充分发挥“131”宣传平台作用，做好税收宣传与优化纳税服务、促进县域经济社会发展的有效结合。认真贯彻落实办税服务厅管理规范，严格执行各项制度，构建全能式服务的县域集中征收新模式，服务效率、质量进一步提升。开展“走进企业、服务企业”活动，对全县2012年度缴纳地税100万元以上的重点企业，实行县局党组成员和各征收单位负责人分组走访调研，为企业发展出谋划策。

【干部队伍建设】 以“弘扬沂蒙精神，争做地税先锋”为载体，建立健全相应的工作和考核机制，深入推动主题实践活动开展。开展“结亲连心”活动日、“牵手助成长、关爱暑期行”留守儿童家庭走访等一系列社会公益活动，优化地税形象。积极开展干部直接联系和服务群众活动，组织系统内105名干部职工对3990名农村群众入户走访，深入了解农户的家庭情况和困难需求，主动征询意见建议，为群众办实事、解难题。

税收宣传进集市。

【党风廉政建设】 大力加强反腐倡廉教育，层层签订责任书，量化、细化工作责任，实行廉政文化建设、廉政谈话、家庭助廉、特邀监察员制度，强化日常跟踪检查，将廉政建设贯穿税收工作始终，进一步规范权力运行。认真落实中央八项规定等要求，加强对各单位公款消费、公款吃喝、公车私用和执行禁酒规定等情况的督促检查，进一步提升管理效能。

（孙晓玲）

沂水县地方税务局

经济概况

2013年，沂水县实现生产总值315亿元，同比增长15.10%；规模以上固定资产投资175.1亿元，增长20.50%；社会消费品零售额147.7亿元，增长13.50%；城镇居民人均可支配收入2.57万元，农民人均纯收入1.05万元，分别增长15%和16%；地方财政收入18亿元，增长31.20%，税收占比达到85%。

收入概况

2013年，全局共组织入库各项税收13.20亿元，同比增收1.85亿元，增长16.27%；实现地方财政收入11.89亿元，同比增收1.57亿元，增长15.16%。

工作概述

【税政管理】 抓好企业所得税汇算清缴，302户企业申报应纳企业所得税4945万元，补缴企业所得税1387万元。扎实开展年所得12万元以上个人所得税申报工作，共受理年所得12万元以上的纳税人自行申报人数435人，申报应纳税额1412万元，补缴个人所得税142万元；加强行政事业单位全员全额扣缴申报工作，共扣缴入库个人所得税5470万元；加强股权转让所得税的税收管理，共入库股权转让印花税32万元、个人所得税389万元。

【税收征管】 夯实征管基础，加强征管规范化制度建设，部署开展“抓征管基础、保执法质量、促收入增长”活动，强化对税收管理各环节的动态监控和持续改进。有针对性地开展税务稽查，对企业所得税汇算清缴单位开展地方税重点检查；重点开展高收入行业、重点税源企业、商业银行等企业地方税收专项检查，入库税款、滞纳金及罚款561万元。深化社会综合治税，加强与涉税部门的信息互通和联合管理，采集处理涉税信息25196条， 新增税款入库1340万元。积极推进税源专业化管理，开展税收预警和纳税评估工作，沂水县地税局房地产业纳税评估案例被省局评为优秀评估案例、食品制造行业纳税评估指南被省局编入工具书。

【税收执法】 强化日常执法监督考核，依托税收执法过错考核软件，及时进行税收预警，有效防范税收执法风险，实现了全年税收执法考核“零过错”。

【纳税服务】 及时全面地落实税收优惠政策，开展“政策措施落实年”、服务企业“四比四看”等活动，拓展税收政策落实空间。进一步完善服务硬件环境，深化“一站式”服务，坚持开展“局长服务日”活动，不断提升纳税人满意度。

【信息化建设】 深入推进信息管税，实施设备更新，开展全员软件应用培训，强化数据质量审核、业务统筹和全程运维，全力做好金税三期工程试点上线工作。

【干部队伍建设】 持续推进“弘扬沂蒙精神、争做地税先锋”主题活动，以省局《山东地税岗位培训丛书》为依托，做好年度教育培训工作，在市局组织的纳税评估业务考试中获得集体、个人一等奖。加强基层党建工作，认真开展“帜领税丰”党建品牌创建和“联系群众、转变作风” 主题教育实践活动，在办实事中惠民生、树形象，被省局首批表彰为“全省地税系统优秀党建品牌”，有1人被沂水县委、县政府表彰为“优秀共产党员标兵”，9人被表彰为“优秀共产党员”。

【基层建设】 以“巩固、完善、提高”为方针，对基层办公场所持续进行环境提升，组织召开基层建设点评会，强化动态管理和督导推动，不断提升基层建设和管理水平。

【党风廉政建设】 加强作风建设，深入贯彻落实中央八项规定和整顿“四风”工作，组织签订“廉洁自律责任书”，开展会员卡专项清退、办公用房清理活动，杜绝违规发放津贴补贴、公款送节礼、公款吃喝等不正之风；认真落实党风廉政建设责任制，加强廉政教育和风险预警，强化社会监督，深入开展行业作风建设，获“临沂市行风建设先进单位”称号。

【精神文明建设】 深化文化引领，大力推进“四德”建设，开展文明创建活动，强化教育引导、沟通交流和人文关怀，不断增强队伍战斗力、凝聚力和向心力。

（纪 真）

平邑县地方税务局

经济概况

2013年平邑县实现生产总值236亿元，同比增长12.3%；固定资产投资133亿元，增长21.4%；社会消费品零售总额125亿元，增长13.9%；公共财政预算收入10.3亿元，增长30.9%。在临沂市县域经济发展考核中获得一等奖。

收入概况

2013年，全局累计完成地方税收收入9.07亿元，同比增收1.87亿元，增长25.9%，其中县级收入完成7.41亿元，增收1.54亿元，增长26.23%，占全县地方财政收入的比重为71 %，增收数占全县财政增收数的63%。

工作概述

【税政管理】 加强与国税部门的配合，全面梳理辖区内“营改增”试点纳税人情况，确保了“营改增”试点工作平稳有效推进；全面深化社会综合治税，有效加强零散税源的管控；深入开展纳税评估，石膏行业纳税评估模型荣获山东省地税系统纳税评估优秀模型。

【税收征管】 联合研发了“税银信息共享平台”，实现了税银信息联动管理；通过组织召开现场会、征管档案展评、财产登记类信息核查比对等工作，加强税收征管规范化建设；严格按照金税三期工程上线的工作安排，加强组织领导，狠抓数据整改，强化人员培训，稳步推进金税三期工程上线工作。

加强税收征管，召开征管规范化建设现场会。

【税收执法】 大力实施“程序执法”工程，积极推行“具体行政行为标准作业法”，严格落实执法责任；加强风险管理，以风险防控平台为依托，努力建立高效有序的税收风险防控体系；扎实开展税收执法督察，积极推进“依法行政示范点”建设；深入开展建筑安装、房地产等行业税收专项检查，加大对发票违法行为的打击力度，整顿规范税收秩序。

【纳税服务】 认真落实税收优惠政策，累计为企业减免税金2337.43万元，全力支持企业“转、调、创”；充分发挥纳税人税法培训学校、局长服务日、服务企业发展座谈会等服务平台作用，深入开展服务企业“四比四看”和政策落实年活动；深化“一站式服务”、网上办税、预约办税等服务举措，严格落实同城通办、一窗式、限时办结要求，确保所有办税事项一个窗口全部办结。

【信息化建设】 结合金税三期工程上线，做好数据迁移工作，对所有的计算机进行了金税三期工程环境配置及软件升级；强化网络管理，信息传输效率和安全保密水平进一步提高。

【干部队伍建设】 以省局编发的《山东地税岗位培训丛书》为教材，深入开展“科长讲堂”学习活动；组织干部职工参加岗位技能培训班和岗位大练兵考试；以“道德讲堂”为依托，切实组织好临沂市地税局“十佳”事迹报告会平邑专场，开展“沂蒙税官”“道德模范”评选，充分发挥典型示范作用。

【基层建设】 选派2名机关干部到平邑县卞桥镇南安靖社区任职“第一书记”，先后投资30万元支持社区基础设施建设，捐赠15台微机建成了电子阅览室和远程电教室，引进富民项目，实现了物质精神同帮扶目标。临沂市 “第一书记”工作现场观摩会在南安靖社区举行，赢得临沂市委组织部领导、平邑县委、县政府主要领导的高度评价；扎实开展“联系群众、转变作风”主题教育实践活动，通过“入户走访”和“结亲连心回头看”活动，主动与联系户对接，及时落实好群众诉求，赢得了联系户的好评。

【党风廉政建设】 严格落实中央八项规定要求，加强内部管理，开展治理“庸懒散”活动和“四风”排查工作。认真落实党风廉政建设责任制，加强廉政教育和廉政文化建设，组织干部职工观看了警示教育片并到看守所实地接受警示教育，开展了庆“三八”暨家庭助廉座谈会，与检察院共同举办“预防职务犯罪，我们携手同行”有奖征文比赛。在临沂市纪委开展的“廉洁明理好家庭”活动中被评为先进单位，被临沂市委、市政府授予“全市行风建设先进单位”。

【精神文明建设】　积极开展助残、无偿献血、慰问孤寡老人、结对帮扶贫困户、资助贫困学童等为主要内容的“学雷锋志愿服务”系列活动，先后为四川雅安地震灾区捐款1.58万元，无偿献血11800毫升，被临沂市人民政府授予“无偿献血先进集体”。与19名学童结对帮扶，帮助苍山完小完善基础设施、赠送体育器材等，积极参与平安活动，累计捐款1.31万元。在文明单位、青年文明号检查考核中，平邑县地税局所有单位均通过了验收，卞桥中心税务所新创市级青年文明号，临涧征收处新创县级文明单位。

（巩　玲）

费县地方税务局

经济概况

2013年，费县实现生产总值224.1亿元，同比增长11.8%。公共财政预算收入11.98亿元，增长28.8%。固定资产投资126.6亿元，增长21.5%。社会消费品零售总额92.1亿元，增长13.3%。金融机构存贷款余额分别达到190.44亿元和104.5亿元。三次产业比例调整为13.5∶48.1∶38.4。在全省县域财政收入排名中位于第94名。

收入概况

2013年，全局共组织各项收入7.88亿元，同比增收1.54亿元，增长24.28%；其中财政口径县区级累计入库7.08亿元，同比增收1.88亿元，增长36.06%。

工作概述

【税政管理】　在企业所得税方面，做好企业所得税的汇算清缴工作，成立汇算清缴领导小组，制定汇缴方案。在个人所得税管理方面，做好年收入12万元以上个人所得税年度申报工作，2013年全县共申报225人，补缴税款5.21万元，共认定审核扣缴义务人65户，认定纳税人601户。在“营改增”工作中，县局对照“营改增”应税服务范围注释，结合省地税局在征管系统中提取的121户“营改增”纳税人初步名单，对全县范围内的纳税人进行甄别确认，共确认64户“营改增”纳税人。在财产行为税方面，县局结合工作实际，科室密切配合，合理分工，统筹安排，确保了耕地占用税和契税两税征管工作的顺利开展。

【征收管理】　加强纳税户户籍管理工作。开展国税、地税税务登记比对工作，全年共增加管户746户；做好对个体定期定额户进行计算机税负核定工作；开展了对漏征漏管户、临时户、达不到起征点业户的税收清理活动。强化发票控税，推广使用税控机，饮食、娱乐、服务业等月营业额2万元以上的纳税人全部安装使用税款装置；严格发票领购、使用和缴销环节的管理；开展发票专项整治活动，“以票控税”效果凸显。完善与金税三期工程相关的配套制度和考核办法，修订征管业务规范和岗位职责规范，突出对税务登记基础信息、财产登记信息、财务报表质量、委托代征管理和征管档案管理考核。

【税收执法】 落实税收优惠政策，做好营业税起征点调整后税收政策的全面贯彻落实，落实国家支持高新技术企业、小型微利企业、转制文化企业及重点项目建设和产业转型升级、节能环保等各类税收优惠扶持政策，做好企业所得税和社会福利企业房产、土地税收减免工作，减免税款610万元。做好残疾人就业保障金、工会经费等代收费的征收管理，支持各项社会事业发展。加大稽查力度，2013年开展了以重点税源企业、重点行业和发票专项整治为主要内容的税收专项检查活动，实现查补入库税款、罚款、滞纳金820多万元。

【纳税服务】 先后召开了“四比四看促发展”动员会议和促进会议，组织开展了“百名地税干部进百家企业”结对帮扶活动；深入推进“一站式”纳税服务；加强服务窗口建设，同国税服务窗口实行联合办公，为纳税人提供更加高效、便捷的纳税服务工作。继续开展好“局长服务日”和“网送税法”服务活动。开展了全国第22个税收宣传月活动，组织开展了“税收政策进万家”“税宣进梨乡”和“税收·发展·民生”书画笔会，营造了依法诚信纳税的良好社会环境。2013年，被中国税务网评为“全国税收宣传先进单位”。

【信息化建设】 保持网络和计算机正常运转，加强网络安全监控，杜绝网络安全隐患，开展网络安全的检查和自查，及时排除隐患和不安全因素。深化综合治税工作，对涉税信息集中的职能部门，进行重点核对和采集，将涉税信息及时转化成实在的税源，更好地发挥了第三方信息在税收管理中的重要作用，做好涉税数据的综合应用。

【干部队伍建设】 开展“弘扬沂蒙精神、争做地税先锋”主题活动，开设“道德讲堂”，开展扶贫济困活动，组织全员进行健康查体。深化干部职工教育培训，加强对山东地税网络教育学院在线学习情况的督促管理，开展“岗位大练兵、业务大比武”活动。

加强干部队伍建设，举行岗位练兵考试。

【党风廉政建设】 深化党风廉政建设。层层签订“党风廉政建设责任书”；抓好廉政作业和网上廉政课堂学习；推广应用“廉政风险防控平台”。推进行风和作风建设，积极参加“行风热线”和“行风评议”活动。

【精神文明建设】 深入开展文明创建、爱心同行结对帮扶等活动。县局和各征收单位分别顺利通过了省级文明单位、市级文明单位的复查验收。县局先后荣获“全县党风廉政建设先进单位”“平安建设先进单位”等荣誉。

（王　敏）

临沭县地方税务局

经济概况

2013年，临沭县实现生产总值187.9亿元，同比增长12.3%。完成公共财政预算收入10.6亿元，增长32.8%，在全省前移10个位次。三次产业比例为9.8：50.4：39.8；全县规模以上工业增加值107.6亿元，利税27.7亿元，分别增长16.7%和15.8%。

收入概况

2013年，全局组织收入7.74亿元，增收1.91亿元，增长32.81%。中央级、省级、县级收入分别完成6153万元、24万元、7.12亿元，其中地方级完成6.9亿元，增收1.80亿元，增长35.34%，圆满完成全年任务目标。

工作概述

【税政管理】 扎实做好县内重大建设项目税收的代扣代缴工作，全县投资额1000万元以上项目累计入库税款23507万元。社会综合治税工作扎实推进，累计采集上报各类涉税信息37437条，实现入库税款3961万元。依托综合治税平台，积极探索创新资源税税收管理，形成了“以电定税、以药控税、以证管税、委托代征”相结合的新模式，行业税收连续三年实现30%以上增长。认真做好税式支出测算工作，累计填报单位76个，填报税式支出信息327条次，填报金额1927万元。顺利完成“营改增”移交工作。全县共有313人累计申报年所得额6867万元，申报个人所得税1336万元，补缴税款12万元。全县共有202户企业申报2012年度应纳企业所得税额4765万元，汇缴面达到100%。对20名外籍人员按照“一户一档”的要求办理登记，累计扣缴个人所得税款137.47万元。

【征收管理】 大力推行税收征管规范化建设，对520户企业和486户个体工商户按照“一户一档”的要求全部整理完毕。稳步推进金税三期工程试点工作，积极组织开展金税三期工程试点全业务域测试培训工作，创新推出“一办三单”（即金税三期工程办，工作计划表、任务分解单、工作日志）工作机制，建立金税三期工程专用税企QQ群加强纳税人宣传培训工作。

【税收执法】 积极推行税收执法标准化管理，在全市税收执法系统考核中继续保持申辩前“零过错”。持续开展税收专项检查，共组织163户纳税人进行自查和专项检查，查补入库税款、滞纳金、罚款665万元，对两户纳税人的税收违法行为通过新闻媒体进行公开曝光，有力维护了税法尊严。

认真落实小微企业税收优惠政策，税务干部深入企业进行税收调研。

【纳税服务】 积极开展“四比四看”和“政策落实年”活动，对60户企业进行“一对一”联系帮扶，帮助企业解决实际困难68个，协调周转资金1000万元，争取各级节能减排奖励560万元。积极落实税收优惠政策，先后对16户企业落实房产土地、企业所得税等税收优惠1772万元，核定未达起征点营业税纳税人3781户，真正让符合条件的纳税人尝到国家税收优惠的“甜头”。全面推行“一门受理、联合审批、同步办理、限时办结”、重点项目联审联办、代办服务、现场办公等工作机制，努力提供一流服务、展树一流形象。

【精神文明建设】 定期举办道德讲堂，深入挖掘整理系统内好人好事、先进事迹，成功树立了孝老敬亲模范孟超静、“五师”（工程师、经济师、会计师、注册税务师、注册拍卖师）税官李光明等先进典型，引领了崇德向善、乐于奉献的良好风尚。

【党风廉政建设】 层层签订《党风廉政建设责任书》和《党员领导干部廉洁从政承诺书》，细化岗位要求、工作职责和责任追究办法，形成人人有责、违责必究的工作局面。严格落实中央八项规定，严格财经纪律和行政接待制度，深入开展“庸懒散”行为集中治理活动，强化便民为民意识。

【信息化建设】 主动加强与工商、国税、银行、公安等部门以及纳税人的联系，促进内外部信息的双向流动、实时共享和综合比对。充分利用金税三期工程和第三方信息，建立科学、高效、规范的征管信息应用分析评价机制，真正实现由“人管税”到“信息管税”模式的转变。

【干部队伍建设】 以贯彻落实党的十八届三中全会精神、开展党的群众路线教育实践活动为契机，严格按照“照镜子、正衣冠、洗洗澡、治治病”的总要求，扎实开展党风党纪教育。强化业务知识教育培训，采取集中学习与执法实践相结合的办法，邀请省、市局领导和专家现场授课，积极开展“岗位练兵”和“岗位能手”选拔活动，全面提升干部队伍综合素质。

（樊纪群）

蒙阴县地方税务局

经济概况

2013年，全县实现生产总值165.66亿元，增长11.6%；地方可用财力18.9亿元，地方财政收入完成7.5亿元，增长38.89%。规模固定资产投资95.62亿元，增长20.8%；全县地方税收过百万元企业77家，三次产业占GDP的比重分别为16.6%、39.9%和43.5%。

收入概况

2013年，全局完成地方税收收入5.65亿元，同比增收1.08亿元，增长23.51%。县级收入完成5.32亿万元，同比增收1.5亿元，增长39.35%，占地方财政收入比重70.91%。营业税、耕地占用税和契税增幅明显。营业税入库2.25亿元，同比增长16.60%，耕地占用税入库5000万元，同比增长57.38%，契税入库 3538 万元，同比增长 58.94%。

工作概述

【税政管理】 积极做好“营改增”工作，向县国税局移交确认 “营改增”纳税人 122 户。扎实推进全市地税系统税式支出管理试点工作。认真开展 2012 年度企业所得税汇算清缴和年收入 12 万元以上自行申报及全员全额明细申报工作，加强各税种的管理。认真开展税收收入质量自查工作，做好高新技术企业复审认定和外资企业联合年检工作，努力做好新老系统交接，圆满完成金税三期工程系统上线。

【征收管理】 夯实征管基础，加强重点税源管理，对年纳税 10 万元以上的 896 户纳税人实行重点管理和落实监督管理责任制，重点企业实现税收 4.78 亿元，占比达 84.56%。制造业、建筑业、批发和零售业、交通运输仓储及邮政业、金融业和房地产等六大行业分别完成 1.1 亿元、8208 万元、4839 万元、7241 万元、6459 万元和 1.23 亿元，合计达 5 亿元，占整体征收税款的比重达 88.59%。加强土地增值税预征管理，入库税款 1760 万元。加强耕地占用税和契税的征收管理，“两税”入库 8538 万元。加强社会综合治税，加大涉税信息采集和利用，累计采集涉税信息 16607 条，新增税款 2091 万元。积极做好纳税评估和税收预警工作。加强发票日常管理，严格自开票纳税人认定，积极开展发票专项检查。加强征管基础建设，推行征管示范一条街和税收管理员巡查制度规范化。年底被市政府表彰为“全市税收征管工作先进单位”，蒙阴中心税务所被市局授予“集体三等功”。

【税收执法】 严格落实税收执法责任制，层层签订执法责任书，落实执法责任。认真开展行政程序年活动，规范税收执法行为，在各中心所设立税收法制员，聘请 20 名社会人士担任特邀监察员，发放 4000 余张“执法监督卡”，及时收集合理化的意见和建议。加大稽查工作力度，实行重点稽查和专项检查相结合，对 34 家重点企业进行重点稽查，查补入库税款 613 万元。被市局授予“全市地税系统行政程序年活动先进单位”。

【纳税服务】 搞好经济税收分析，当好党委政府的参谋助手；做好地方教育附加、工会费、残保金、水利基金等各项规费的代征工作，实现入库 4162 万元；充分发挥各办税服务厅、12366 纳税服务热线、地税连线、行风热线和地税网站的作用，积极推行“一窗式”服务、预约服务，“网送税法”和“手机短信纳税申报提醒”服务，开展“局长服务日”，发送提醒信息 19560 余条，依托纳税人税法培训学校组织企业财会人员税法培训 370 人次。扎实开展服务企业“四比四看”活动，服务质效全面提升。被省局表彰为“全省地税系统征纳共盈纳税服务品牌创建先进单位”。

【信息化建设】 加强信息化基础设施建设，加大系统软件应用培训力度，提高干部职工微机应用水平。确保金税三期工程在全县地税系统的顺利上线运行，加强信息数据管理，严格信息数据的采集、录入和审核，提高信息数据利用率。

搞好市局配套机房建设和管理。积极推行网上办公和无纸化作业，行政效能全面提高。被市局授予全市地税系统信息工作先进单位。

【干部队伍建设】 开展各层次教育培训，积极参加省、市局举办的各类培训班，全年培训人员达280人次。加强思想政治工作，干部职工政治业务素质明显提升。积极推动创先争优活动，为地税队伍注入新动力。建立完善人才选拔机制，全面激发干部队伍活力，通过竞争选拔，有8名同志被提拔为副科以上干部，12名同志通过竞争上岗被选拔为副股级以上干部。

【基层建设】 以夯实基础、做实基层为目标，基层建设成效明显。累计投资150万元，对基层中心所办公设施配套、基层取暖、小食堂改造以及营院环境建设进行改造，全面改善了基层办公生活条件。被省局授予"全省地税系统基层建设先进单位"。

【党风廉政建设】 坚持廉政建设常抓不懈，层层签订党风廉政建设责任书，建立全员廉政档案，组织开展廉政谈话，加强廉政文化阵地建设，建立廉政文化长廊。积极开展"税检、税纪共建"，强化"两权"监督，落实廉政责任，行风廉政建设明显加强。垛庄中心所被授予省级廉政建设示范站所，旧寨中心税务所被临沂市纪委授予临沂市农村党风廉政建设"三级联创"示范站所，县局被市委、市政府授予"行业作风建设先进单位"。

【精神文明建设】 扎实推进文明创建工作，积极推进创先争优活动，开展"四德"教育，开设道德讲堂，组织开展各类文体活动，丰富职工文化生活，保持了县局"省级文明单位"和五个乡镇中心所"市级文明单位"的文明创建"满堂红"，同时县局被市总工会、市文明委授予"市级职业道德先锋岗"，县局党组被市局、县委分别授予"先进基层党组织"。

（张　尧）

沂南县地方税务局

经济概况

2013年，沂南县实现生产总值193.2亿元，同比增长12.8%，增幅居全市12个县区第一位；实现公共财政预算收入11.5亿元，增长32.3%。完成规模以上固定资产投资141.5亿元，增长21.3%；城镇居民人均可支配收入20600元，增长14%；农民人均纯收入10275元，增长13.8%。全县三次产业比例调整为16.7：43.2：40.1，税收占公共财政预算收入的比重达到88.2%，比2012年提高4.7个百分点。

收入概况

2013年，全局共组织入库地方各税8.71亿元，同比增收2.04亿元，增长30.55%。其中中央级收入完成4852万元，同比减收408万元，下降7.76%；省级收入完成42万元，同比减收22万元，下降34.14%；县级收入完成8.22亿元，同比增收2.08亿元，增长33.9%，占收入总量的94.37%，同比提高1.36个百分点。

工作概述

【税政管理】 认真落实税收各项优惠政策，服务地方经济发展；抓好交通运输业和部分现代服务业“营改增”工作，完成交通运输业49户，物流、信息等现代服务业82户试点纳税人的移交手续；加强年纳税20万元以上重点税源监控，入库税收6.85亿元，同比增收1.57亿元，增长29.8%；健全机制，强化重大建设项目税收管理，年度入库2.01亿元，同比增加5634万元，增长38.83%。全面抓好企业所得税汇算清缴、年所得12万元以上个人所得税自行申报等工作开展；加强对建筑、房地产行业税收管理，确保税款及时足额入库。加强对一手房交易管理，其中契税征收入库6898万元，同比增收3216万元，增长87.34%。

【税收征管】 扎实做好“春定”工作，制定印发《关于做好2013年双定户税款核定的指导意见》，进一步完善了个体业户税负核定工作；认真贯彻落实市局《税收征管工作规范化建设实施意见》及相关业务规程、办法，加强征管档案资料管理，不断夯实征管基础；加强组织领导，强化业务培训，集中精力抓好金税三期工程上线工作，确保了金税三期工程上线工作平稳运行；推行网格化征管模式，加大管户力度，强化区域税收整治，努力增加税收收入；依托社会综合治税手段，完善控管措施，集中对矿产品加工行业资源税进行清理清收，征管质量得到全面提高。

【税收执法】 以提高执法风险防控能力为重点，全面落实税收执法责任制，深入推进内控机制建设，重点和突出抓好了税款征收、发票管理、行政处罚及稽查审理执行等关键节点，不断加大税收执法监控力度；深入开展“政策措施落实年”活动，严格落实《税收规范性文件制定管理办法》，不断规范税收执法行为，进一步提升了队伍依法行政水平。

【纳税服务】 以创建“征纳共盈”纳税服务品牌为目标，进一步深化“一站式”服务、限时办结、绩效评价等纳税服务体系建设；继续巩固和加强“三线一网”、局长服务日、纳税人税法培训、纳税咨询、纳税回访等网络化、多元化宣传服务阵地，切实为纳税人提供更为优质、高效、便捷的服务。

【干部队伍建设】 深入推进“弘扬沂蒙精神，争做地税先锋”主题活动，通过践行沂蒙精神，深入开展理想信念和党性教育一系列活动，进一步统一了干部思想，提高了精神动力，保障了各项工作有效落实；持续推进学习型组织、实干型集体建设，深化干部素质提高工作。通过开展“十佳岗位能手”选拔及全员业务练兵活动，在系统内形成了“比学赶超”的浓厚氛围。

【基层建设】 积极参与干部直接联系和服务群众活动，大力开展结亲联户服务群众工作，牢固树立党员干部宗旨意识；推进党建品牌创建工作，深入实施“四德”教育、“道德讲堂”建设，宣传先进典型，弘扬新风正气，丰富地税文化建设，进一步调动干部职工的工作积极性，营造凝心聚力干事创业的良好氛围。本着“勤俭节约、规范高效、服务基层、保障基层"的导向，严格规范"三公经费"管理，不断完善各项制度，加大督办落实力度，机关运转效能不断提升；从转变作风、提高效率、规范工作秩序抓起，开展作风纪律整顿，使干部服务观念、纪律意识明显增强，各项工作焕发新的活力。

【党风廉政建设】 深入开展反腐倡廉和预防职务犯罪教育，健全完善廉政风险防控机制措施，通过落实中央八项规定，查纠"四风"，整治"庸懒散"以及厉行节约、反对浪费等一系列党纪条规和上级的指示要求，并先后联合召开了4期检税共建恳谈会，进一步增强了干部执行力和遵纪守规的自觉性，加强了党风廉政建设责任制的贯彻落实，使党员干部廉洁自律意识进一步增强。积极参与开展"服务经济大家评"活动，行风建设得到进一步加强，在社会上树立了良好的地税形象。

加强党风廉政建设，扎实开展《税收违法违纪行为处分规定》学习活动。

【精神文明建设】 大力开展精神文明建设，县局在荣获全国税务系统文明单位的基础上，连续14年表彰为复查合格省级文明单位，2013年被市委、市政府表彰为"行风建设先进单位"，被沂南县委、县政府记"集体三等功"；1个基层单位被重新认定为"省级青年文明号"，4个基层单位被表彰为复查合格"市级文明单位"。

（秦晓东）

德州市地方税务局

经济概况

2013年，德州市实现生产总值2460亿元，同比增长11.2%；地方财政收入突破150亿元，增长15.7%；固定资产投资1680亿元，增长21%；城镇居民人均可支配收入24680元，农民人均纯收入10850元，分别增长10%和13.5%。

收入概况

2013年，全市地税收入完成112.7亿元，同比增长21.9%，增收20.2亿元。其中，市县级收入完成101.9亿元，同比增长23.1%，总收入和市县级收入均首次突破百亿大关。营业税、企业所得税和个人所得税三大主体税种共完成56.1亿元，占总收入的49.8%，同比增长20.4%。全年代收教育费附加、地方教育附加、文化事业建设费、残保金、工会经费、地方水利建设基金等共计6.4亿元。

工作概述

【税政管理】 强化重点行业、重点项目营业税管理，组织收入24.63亿元。创新BT项目营业税税收管理，通过集中管理、跟踪管理、“以票控税”，及时掌握项目税源情况。做好企业所得税汇算清缴和检查工作，检查企业61户，调增应纳税所得额1.76亿元，查补税款7126万元。做好年收入12万元以上个人所得税自行申报工作，累计申报5025人，补缴税款1256万元。探索小额贷款等民间融资机构个人所得税管理，完善“采集信息、建立指标、纳税评估、行业征收”的控管办法，入库税款1.2亿元，工作经验被省局推广，并在《中国税务报》刊发。

【征收管理】 一是把握经济增长点。加强重大建设项目、重点行业、重点税源企业税收管理，提高管控能力，确保应收尽收。二是把握政策潜力点。实施税收专项清查，社区改造和新农村建设税收清查入库税款9000余万元；“营改增”专项检查增收税款1700余万元；中小餐饮业税收清查增收税款2400万元。三是把握管理薄弱点。加强土地增值税清算管理，入库税款1.37亿元；加强股权转让信息的采集、传递、比对和应用，入库税款9210万元。与财政和国税部门联合，共同推行专业市场和个体税收的社会化管理，提升管理质效。

【税收执法】 推进税收执法标准化试点工作，探索建立“标准指引”和“风险管控”双轮驱动、双向并行模式，融入风险管理和信息管税理念，以风险推送和过错整改的方式，深化税收执法标准化运行。省地税局以该工作经验为主体内容编撰形成《山东省地税系统税收执法规范》。

【纳税服务】 一是服务经济发展。开展“营改增”和“经济税收分析”等课题攻关，为全市经济发展出谋划策，发挥参谋助手作用。为企业提供个性化服务，“一对一”帮扶宝丽洁家政服务公司发展的做法，得到山东省常务副省长孙伟批示。二是服务社会事业。为高新技术、涉农行业、小微企业等落实税收优惠3.2亿元。开展网格化联系服务群众和“第一书记”帮扶工作，落实帮扶资金80余万元。三是服务纳税人。探索将10类50项涉税业务前移至办税服务厅受理和办理，优化办税流程。深入推行首问责任制、一次性告知制等服务措施，提高办税效率。加强办税服务厅建设，试点开发应用电子档案管理系统，探索建立纳税人维权组织，全面提升服务水平。

【信息化建设】 加强安全检查，定期维护设备，确保网络信息安全。对全系统计算机设备、UPS设备进行全面调整和更新，对外网申报、财税库银联网等系统进行全面测试，为金税三期工程按期上线、平稳运行提供保障。做好技术支持业务工作，保障人力资源管理软件、宗地管理软件、舆情管理软件等单系统顺利上线运行。

【干部队伍建设】 一是实施素质提升工程。全系统培训人员800余人次，组织专项业务考试10余次、全市中心所长信息技术知识应用能力测试三批、全市556名业务干部同考场集中业务考试两次。二是实施文化铸魂工程。建设完善廉政文化、党性文化、道德文化三大教育基地，开展青春建功演讲比赛、职工运动会等文体活动。实施党建领航，打造党建品牌，促成全省机关党建课题研讨暨系统党建现场观摩会在宁津县局召开。三是实施“和谐聚力”工程。将系统内37个困难家庭纳入民政慈善救助范围，解决了职工子女升学入托、寒暑假幼托班、困难职工子女助学金申请等问题。

【基层建设】 在县局层面，以建立“任务标准化、运转程序化、过程痕迹化、监督闭环式”的管理体系为目标，打造规范化县局，着力提高行政运转、科学决策和执行落实能力。在中心所层面，围绕执法服务、队伍管理、行政保障、行为规范、环境面貌等五个方面建立标准体系，打造标准化中心所，提高基层管理水平。

【党风廉政建设】 深入学习贯彻《税收违法违纪行为处分规定》，提高干部职工的纪律意识、风险意识和自我保护意识。组织开展“厉行节约、反对浪费”、窗口人员服务质效明察暗访活动。开展“地税服务第三方满意度调查”，全方位征集意见建议，该项工作被省局局长张洪军批示要求在全省地税系统推广。深化廉政和执法风险防控平台应用，对执法隐患实行分类预警，规范复核工作流程，切实把控廉政和执法风险。

【精神文明建设】 2013年，德州地税系统新获得“全国工人先锋号”“全国五一巾帼标兵岗”等国家级荣誉两项，13个县（市、区）局全部取得或保持“省级文明单位”称号。市局进入全省地税系统综合考评先进行列。市局荣获2013年度“全市推动科学发展建设幸福德州综合考评先进单位”“全市重点企业培植工作先进单位”“全市廉政效能建设先进单位”“全市政务服务工作先进单位”四项荣誉称号。

（张　健）

德州市地方税务局德城分局

经济概况

2013年，德城区实现生产总值255.7亿元，同比增长11.8%。实现财政总收入26.67亿元，地方财政收入19.00亿元，同比分别增长9.9%和20.2%。完成规模以上固定资产投资141.75亿元，同比增长25.2%。社会消费品零售总额132.94亿元，同比增长13.7%。三次产业比例调整为2.2∶41.3∶56.5。

收入概况

2013年，全局共组织各项收入10.62亿元，同比增长34.42%，增收2.72亿元。其中，中央级、区级收入分别完成1.03亿元、9.50亿元，同比分别增长37.25%、34.43%。省级、市级税收减收明显，分别完成44.6万元、94.2万元。

工作概述

【税政管理】 一是强化重点税源控管。对年纳税额60万元以上的重点税源企业及重大建设项目实行重点监控，全年实现税收6.66亿元。二是强化房地产业税收控管。对房地产行业实行集中管理，重点监控，并进行土地增值税清算，全年实现税收4.47亿元。三是契税收入创历史新高。把控好新“国五条”房产调控政策出台带来的契税缴纳高峰，全年共实现契税收入1.38亿元。

【征收管理】 一是狠抓户籍管理。集中开展税源普查，全年核实登记注册工商户15831户，同比增长1924户。二是加强微机定税管理。加强调查核实，开展票税比对，强化税负调整，全年核实个体已达起征点户2597户，月定税总额143.36万元，同比增长22.72万元。三是规范发票管理。严格发票领购、缴销环节管理，严格执行代开发票管理办法，强化报验登记，督促已达起征点纳税人安装使用税控装置，降低代开发票征收税款入库比例。

【税收执法】 一是强化税收执法检查。对8家企业税收政策执行情况、执法文书、执法程序和行政处罚等事项开展延伸检查，发现问题及时督促落实整改。二是强化清算检查，实现堵漏增收。针对中小餐饮业、交通运输业、建筑业、房地产业、城中村改造、企业所得税汇算清缴、专业市场税收管理、股权转让税收管理及土地使用权转让税收管理等，积极开展清理检查工作，清理查增税款4000余万元。

【纳税服务】 完善窗口设置，实现“一窗全能”。深入落实涉税事项同城通办，积极开展税收宣传“六进”活动，定期开展纳税培训和辅导。加强企业调研走访，严格落实各项税收优惠政策，帮助纳税人解决实际困难，帮扶宝丽洁家政公司的做法得到常务副省长孙伟批示。

【信息化建设】 对全局计算机硬件配置、服务器、网络设置等设备分别进行升级改造，加强日常巡查维护，确保金税三期工程顺利上线、平稳运行。

【干部队伍建设】 强化青年骨干人才培养，对35岁以下青年干部，实行“以师带徒”，增强后备力量。积极开展全员业务达标活动，提高全体干部职工业务素质。在市局组织的行政业务考试中，2名同志进入前10名，在全市地税稽查系统电子查账软件技能考试中，3名同志进入前15名，在全市地税系统《小企业会计准则》摸底考试和综合业务考试中，区局分别获得第3和第4名。

【基层建设】 租赁沿街楼作为办税服务厅、直属征收分局、新湖中心税务所和广川中心税务所集中办公点，按照规范统一、简约大方的原则进行装修改造升级，统一标识形象、设施陈列，集中办公点面貌焕然一新，干部职工工作条件得到改善。

【党风廉政建设】 层层签订《党风廉政建设责任书》，开展“廉接你我，幸福人生”主题学习教育活动，组织全体干部学习《税收违法违纪行为处分规定》等法律法规，开展视频讲座，提高干部职工廉洁从税意识。开展廉政教育月及治理“庸懒散”活动，加强明察暗访，转变队伍作风。

【精神文明建设】 2013年，全局14个单位顺利通过各级文明称号复审，30余人次分别荣获省市区级荣誉称号，获得2013年度全市地税系统综合考核第5名，荣获全市地税系统目标管理考核先进单位，被区委、区政府授予“综合考评优胜奖部门”“财源建设先进单位”和“廉政效能暨政风行风建设先进单位”等荣誉称号。

（陈 涛 朱治国）

德州市地方税务局经济开发区分局

经济概况

2013年，德州经济开发区实现生产总值216.38亿元，财政总收入34.2亿元，固定资产投资148.98亿元，进出口总值2.89亿元，同比分别增长42%、28%、24.6%、-15%。

收入概况

2013年，全局共组织地税收入15.88亿元，同比增收4.55亿元，增长40.24%。其中，中央级、省级、市级和区级收入分别为1.46亿元、39万元、176万元和1.39亿元，分别增长27.71%、34.17%、1.48%、27.20%。

工作概述

【税政管理】 进一步明确征纳双方的权利和义务，解决征纳双方的模糊认识问题，以考核评估、平台建设、“两权”监督为导向，将收入质量、执法、服务、风险相结合，逐步减少“人情税”“关系税”，确保税收和税务干部两个安全。

【征收管理】 着眼于理念跟进，着手于征管基础，着重于转变方式、着力于提升质效，使机构、流程和人员尽可能多地面向征管，为数据服务，为税源管理服务，强化了重点税源管理，理顺了重点行业管理，规范一般企业（制造业）管理，完善商贸流通企业管理，加强专业市场和个体税收管理。

【税收执法】 全面抓好风险点排查、工作流程梳理和防范措施完善等工作，实现防控机制、收入质量、征管改革、队伍素质、信息管税、执法服务、税源管理、廉政建设、行政管理、地税形象十个方面的工作创新。

【纳税服务】 健全覆盖开发区区域内直达到村、居委会办税点的纳税服务信息网络（格），实现征纳一体、信息共享、功能完善、服务规范、征管高效、风险共担，提高纳税服务水平。

【信息化建设】 完善经济税收公共信息平台，实现对全区的社区、市场和工业园区全覆盖监控，提高综合治税成效。

【干部队伍建设】 强化教育培训，开展远程学历教育，创新“多元化”教育培训方式。坚持一周一学、一月一考，及时通报学习情况，树立先进学习典型，激发干部职工积极性，提高干部队伍整体素质。

【基层建设】　增加计算机配置，改造职工食堂和职工休息室，改善基层征收单位办公环境，提高干部职工归属感和幸福感。

【党风廉政建设】　加强廉政文化教育，组织干部职工观看廉政教育巡展，建立廉政文化长廊，开辟“学习宣传”和“情况通报”专栏，加强对干部职工“两权”的监督，全年无一例违反党纪政纪的案例，打造文明执法、廉洁勤政地税形象。

【精神文明建设】　区局先后荣获“全省地税系统先进集体”“全市地税系统目标管理考核优秀单位”“经济技术开发区先进集体”等多项省、市、区级荣誉称号。

（冯振发　赵　坤）

德州市地方税务局运河经济开发区分局

经济概况

2013年，运河经济开发区实现生产总值70.77亿元，同比增长9.5%。其中，第一产业实现增加值1.49亿元，同比增长1.4%；第二产业实现增加值51.08亿元，同比增长12.1%；第三产业实现增加值18.20亿元，同比增长7.5%。地方财政收入4.69亿元，同比增长66%。

收入概况

2013年，全局共组织地税收入2.73亿元，同比增收5147万元，增长23.24%。其中：中央级收入1926万元，增长4.9%，增收90万元；（区县）级收入2.53亿元，增长24.79%，增收5028万元。各税种收入：营业税8793万元，企业所得税2402万元，个人所得税810万元，城市维护建设税1210万元，房产税427万元，印花税358万元，城镇土地使用税1884万元，土地增值税7250万元，契税3075万元，其他收入1092万元。

工作概述

【税收管理】　建立管户与管事相结合的系统化管理模式，完成74户下划企业的登记变更及税银网三方协议签订工作，累计申报入库税款1.8亿元，同比增收3916万元，增长27%。深化全区土地增值税清算检查，对10户企业实施清算，入库税款7126万元，同比增收5682万元。做好企业所得税征收方式鉴定和核定征收，汇缴172户，申报各税362万元。加强年所得12万元以上个人所得税自行纳税申报管理，申报85人，入库税款169万元。认真做好“营改增”工作，顺利完成75户纳税人移交工作。

【税收执法】　加强税收法制观念教育，深化税收执法责任制，开展执法预警，税收执法实现“零过错”。加强执法督察，对税收政策落实情况和税收管理薄弱环节加强检查，全面抓好问题整改。强化纳税评估，开展“互助互评”活动，评估纳税人65户，入库税款102万元。强化综合治税，开通综合治税外部网站，对综合治税平台内容进行充实。依托金税三期工程平台，完善委托代征机制，实现由国税代征城建税及附加。

【纳税服务】　深化“局长服务日”

活动，与新增63户纳税人签约并实现财税库银横向联网，提高服务效能。积极做好代征代收工作，代征工会经费61.36万元，残疾人就业保障金60.47万元，支持社会事业发展。

【信息化建设】 清理、整改、补录数据726条，一线人员培训率100%，确保金税三期工程顺利上线、平稳运行。

【干部队伍建设】 加强教育培训，组织全员认真学习《山东地税岗位培训》系列丛书，坚持每周六上午集体培训，聘请行业实战专家进行授课。采取分组自学，划分四个自主学习小组，负责学习管理、考试、登记等，提高学习效率。以考促学，实行“一月一小考、一季一大考”，提高学习效果。

【党风廉政建设】 开展干部职工“谈廉日”活动，定期对全局中层干部进行廉政谈话。每季度召开一次税情恳谈会，聘请人大、政协、企业以及社会各界12人为特邀监察员，定期进行问题解剖，征求意见建议。分局被德州市纪委、监察局确定为“德州市廉政文化示范点”，连续五年荣获全区行风民主评议第一名。

【精神文明建设】 加强道德文化建设，以“美丽运河、活力地税”为主题，构建核心价值理念，激发干部队伍活力动力，凝聚地税发展正能量。组织集体救助活动，定期到敬老院打扫卫生，走访慰问。分局被树为“德耀齐鲁道德示范机关”和“省级文明单位”。运河中心所张子超被德州市推荐为“山东好人”候选人，两人荣获市级道德模范称号。

（谢学亮）

陵县地方税务局

经济概况

2013年，陵县实现生产总值225.63亿元，同比增长11.8%，全县财政总收入12.18亿元，较上年增长12.7%，地方财政收入9.22亿元，增长14.7%，规模以上（含500万元）固定资产投资141.6亿元，增长22.9%。

收入概况

2013年，全局共组织各项收入7.42亿元，占地方财政总收入的80.48 %，同比增长18.62%，增收1.17亿元。其中中央级收入完成4367万元，省级收入完成12万元，市县级收入完成6.98亿元，个人所得税收入1297万元，城市维护建设税收入2549万元，房产税收入2780万元，车船税收入664万元，耕地占用税收入1.26亿元，契税收入6044万元。

工作概述

【税收管理】 强化重点税源企业和重点项目管理，对德州项目东区陵县段和马颊河生态园区内重点建设项目进行全程跟踪管理，创新BT项目管理模式，入库税款1.6亿元。抓好土地使用税清理，实行分类清理，先易后难，逐个突破，清理入库税款1065万元。做好汇算清缴工作，对全县409户大小企业，进行覆盖式检查，入库税款617万元，其中企业所得税69万元，个人所得税110万元，其他地方税收及滞纳金、罚款438万元。

做好“营改增”工作，确定69户“营改增”纳税人，实现顺利移交。

【税收执法】 强化依法治税，建立税收执法行为“三堂会审”制度，明确十项具体指标，定期开展互评互纠，及时排查、处理风险点，提高收入质量，防范执法风险。组织学习《行政许可法》等法律法规，提高税收执法规范化能力。

【纳税服务】 纳税服务大厅入驻县政务中心。建立互联网税企QQ群，与纳税人在线提供咨询服务，解答涉税问题。建立由县政府牵头、相关职能部门参加的重点纳税企业联谊会制度，及时了解纳税人需求，有效拓宽服务半径。

加强纳税服务，增设服务窗口，提高办税效率。

【干部队伍建设】 依托职工税校平台，推行分类分级培训，开展岗位比武、业务练兵活动，提高实战能力。着力培养内部师资力量，党组成员带头授课，业务骨干及时辅导，以老带新，联动帮扶，建设专业型、复合型人才队伍。

【基层建设】 坚持点面结合、整体推进的工作方法，以郑寨中心所为点，重点打造标准化中心所，从形象标示、税收执法、纳税服务、队伍建设、行政管理、文化引领六方面制定规范化流程，提高基层规范化管理水平。

【党风廉政建设】 深入学习党的十八大、十八届三中全会精神，严格落实中央八项规定，组织干部职工参观廉政教育基地，开展《税收违法违纪处分规定》集中学习活动，提高干部职工廉洁从税自觉意识。健全党风廉政建设领导机制和工作机制，完善执法、人事、财务等制度，形成相互监督、相互制约的权力监督体系，强化对税收执法权和行政管理权的监督制约。开展“庸懒散”专项治理，深入查摆“四风”问题，转变队伍作风。

【精神文明建设】 强化核心价值体系建设，提升干部职工精气神。开展“双学双推，双比双增”活动（学习党的十八大精神，学习身边的榜样；推动活动地税建设，推动重点工作开展。开展业务大比赛、技能大比武；促进地税干部职工增活动、增能力。），发挥群众文体社团作用，开展形式多样的文体活动，丰富干部职工的业余文化生活，提活力，增动力。积极开展各类“创先争优”、文明创建活动，全系统荣获省、市、县各级先进集体称号8项、先进个人称号28项。

（刘维海）

平原县地方税务局

经济概况

2013年，平原县实现生产总值186.2亿元，地方财政收入6.32亿元。其中：工业（销售收入超2000万元规模以上的）

总产值为645.56亿元，同比增长24.2%；建筑业（有资质的）总产值82571万元，同比增长13.3%；粮食产量达85.93万吨，蔬菜85.6万吨，蛋鸡、肉鸽饲养量192.7万只，年产禽蛋6.2万吨，肉类7.8万吨。

收入概况

2013年，全局共组织地税收入4.94亿元，同比增收6468万元，增长15.08%。其中：中央级收入完成4499万元，同比减收866万元，下降16.13%；省级收入完成8万元，同比减收2万元，下降33.33%；市级收入完成3万元，与上年持平；县级收入完成4.85亿元，同比增收7335万元，增长19.56%。营业税、企业所得税、个人所得税分别完成2.06亿元、5002万元、2497万元，分别同比增长27.14%、-6.64%，-30.31%，其他地方税费完成2.13亿元，同比增长19.79%。

工作概述

【税政管理】 一是加强重点税源控管。对重点税源实行专人负责，重点监控，构建以重点企业、重点行业和一般税源为管理对象的机构设置格局。二是强化重点税种管理。按季度开展税源调查，通过比对分析，查找税收增减因素，科学制定收入计划。三是扎实开展企业所得税汇算清缴。对不同行业实行差别管理和分类分级管理，全年入库企业所得税5002万元。

【征收管理】 一是做好金税三期工程上线工作。优化整合资源，梳理工作流程，调整岗责配置，做到人员效能最优化，工作流程便捷化，确保金税三期工程成功上线运行。二是夯实征管基础。开展漏征漏管户清查工作，摸清税源底数，核增管理户数。扩大电子申报覆盖面，提高征收期申报入库率。三是加大税务稽查力度。针对重点行业和企业，组织开展税收专项检查，专项整治，以查促收，以查促管。四是加强信息管税。加强各类应用软件的操作管理，对系统网络进行安全评估和检查，及时发现和排除安全隐患。

【税收执法】 深化税收执法标准化工作，加强对基层执法监督和考核，按月通报执法考核情况。2013年8月，由省局法规处牵头，抽调全省骨干人才在该局集中编写了《山东省地税系统税收执法规范》（2013），税收执法标准化经验在全省得到推广。

【纳税服务】 一是加大硬件投入。扩建办税服务大厅300多平方米，增设四个服务窗口，设置叫号机、导税台等，提高办税能力和办税效率。二是简化办税流程。所有办税事项“一站式”办结。三是强化服务措施。实行限时服务、延时服务、预约服务等近20项服务措施，深化“局长服务日”活动，接待纳税人170人次，解决涉税问题百余个。定期开办纳税人税收知识培训班，累计培训超过800人次。

【信息化建设】 加强计算机、网络日常管理维护，优化网络架构，确保网络安全畅通。2013年举办信息化知识培训班8期，培训人员百余次。加强各类应用软件的操作管理，对系统网络进行安全评估和检查，及时发现和排除安全隐患。

【基层建设】 抓好形象标识、服务制度、行为礼仪等规范化管理。突出抓好基层软实力建设，全面提升工作效能、管理水平和服务水平。

【干部队伍建设】 建设“四德”教育展厅，开展争创“党员先锋团队”、争当“十佳先锋党员”活动，举办事迹报告会，参加“诵读经典，传承文明”活动，倡导以“爱岗敬业、公正执法、诚信服务、廉洁奉公”为基本内容的税务干部职业道德规范。县局被省妇联授予“幸福进家先进单位”、全县“四德”教育示范单位。

【党风廉政建设】 层层签订《党风廉政建设责任书》，加强廉政教育，增强干部职工廉洁从税意识。开展“庸懒散”专项治理活动，突出解决“门难进、脸难看、事难办”等办事效率低下的问题，转变队伍作风。完善各项制度，严格控制和压缩“三公经费”，禁止公款聚餐，严格公车管理，提高党风廉政建设工作水平。

【精神文明建设】 开展主题演讲、征文评比、庆“三八”座谈会等文体活动，组织全员健康体检，走访困难职工、老干部、老党员，对患重大疾病的3名职工进行救助，对3户困难家庭进行帮扶，开展干部职工层级谈心活动，激发干部职工干事创业热情。2013年县局荣获全市地税系统“先进集体”、全县综合考核“先进单位”、全县宣传思想文化工作“先进单位”等荣誉称号，顺利通过“省级文明单位”复查。

（沙志杰）

夏津县地方税务局

经济概况

2013年，夏津县实现生产总值168.57亿元，比去年增长12.8%；其中第一产业增加值20.61亿元，增长2.59%；第二产业增加值90.76亿元，增长10.6%；第三产业增加值57.2亿元，增长15.1%。三次产业比重为12.23∶53.84∶33.93。全社会完成固定资产投资95.14亿元，增长25.1%；全年实现财政总收入9.12亿元，同比增长14.78%，其中地方财政收入6.52亿元，同比增长19.01%。

收入概况

2013年，全局共组织各项收入5.04亿元，同比增收1.04亿元，增长26.12%，其中县级收入完成4.57亿元，同比增收1.01亿元，增长28.49%。地税收入占地方财政收入的比重为70.12%，比去年同期提升5.18个百分点，财政贡献率稳步提升。

工作概述

【税政管理】 强化税源管理，突出重点，打造亮点，高收入人群个人所得税管理办法被省级推广，民间融资机构个人所得税管理办法被省局点名表扬、国家税务总局在全国进行推介。加强与财政、国税部门沟通协调，筛选、确认121

户“营改增”纳税人，公开政策咨询热线，随时解答纳税人咨询，确保“营改增”政策执行到位。

【征收管理】 开展基础数据清理，对土地、房产等基础信息认真核对、采集和补录，清理不规范数据，夯实基础数据信息。抓好《山东省地方税收保障条例》贯彻落实，建议县政府完善综合治税平台，规范涉税信息的采集渠道，拓展地税税基。开展税收清缴检查，加强中小餐饮业清理、交通运输业检查、房地产业土地增值税汇算清缴和企业所得税汇算清缴，堵漏挖潜促增收。开展全员全岗培训，调整岗责流程，强化系统运维，开展双轨环境测试，营造宣传氛围，及时解决业务流程和技术测试难题，确保金税三期工程成功上线、平稳运行。

【税收执法】 坚持依法行政，参与省局《执法规范》编写，认真开展税收执法督察，完成市局推送疑点数据整改。制定收入质量管理评价办法，建立县局、中心所两级监控机制，严格落实省局《关于加强资源税契税土地使用税耕地占用税管理的意见》，严控“四税”入库计划、规模、程序，提高收入质量。

【纳税服务】 服务经济发展大局，充分发挥职能优势，围绕全县财源建设、经济环境优化、“营改增”等重点工作展开专项调研活动，向县领导提出意见、建议，发挥决策参考作用。服务纳税人，坚持“三服务”理念，突出纳税维权，打造全省地税系统首家纳税人网上维权平台，实现纳税人与地税部门零距离沟通，该工作经验被《中国税务报》全文刊发。

【干部队伍建设】 加强教育培训，以省局13本教材为学习材料，挖掘内部师资力量，利用业务春训、网上税校等载体，开展分级分类和全员培训，提升干部队伍素质。

【精神文明建设】 加强文化建设，提炼以“凝心聚力、至爱大成”为核心的文化价值体系，以文化积淀塑造干部职工行为模式。选举全局“四德”模范，以榜样的力量激励干部职工精神，凝聚地税发展正能量。加强队伍和谐建设，在政策允许的范围内，解决干部职工关心的问题，为临时人员缴纳养老保险，对困难家庭进行救助，提高干部职工的归属感和幸福感。

组织干部职工接受廉政教育。

【党风廉政建设】 开展“正风肃纪提质效，狠抓落实树新风”和集中整治“庸懒散”活动，完善办公秩序、车辆管理、行政接待等制度，规范日常行为。开展税纪、税检共建活动，邀请县纪委、检察院对工作纪律、依法行政工作进行监督，提高党风廉政建设水平。

（李　兵）

武城县地方税务局

经济概况

2013年，武城县实现生产总值171.68亿元，同比增长12%；三次产业结构比例为11.7：56.1：32.2。完成地方财政收入7.05亿元，增长19.3%。

收入概况

2013年，全局共组织各项收入5.58亿元，同比增长24.28%，增收1.09亿元。其中：中央级入库税收4813万元，按可比口径同比增收880万元，同比增长22.37%；省级入库地税收入15万元，按可比口径同比增收4万元，同比增长36.36%；市级入库地税收入1万元，按可比口径同比减少1万元，同比下降50%；县级收入5.09亿元，按可比口径同比增收9999万元，增长24.42%。

工作概述

【税政管理】 依法落实各项税收优惠政策，全年共为符合税收优惠政策的各类纳税人减免税收4354.66万元。做好企业所得税汇算清缴工作，检查入库各项税款114万元。认真落实全省“营改增”试点工作，7月底按计划完成76户试点纳税人移交工作。

【征收管理】 扎实做好金税三期工程基础环境部署、测试运维、数据整改、培训练习、宣传辅导和系统切换等工作，确保顺利上线。强化综合治税，全年涉税信息8748条，入库税款3587万元。严格落实“以票控税”制度，加强对房地产行业的管理，全年房地产行业入库税款2.4亿元（含土地交易环节两税），同比增长123%。深化纳税评估，完成纳税评估202户次，核实税款1810.69万元。

【税收执法】 深入开展《税收违法违纪行为处分规定》学习教育活动，提高干部职工规范执法水平。强化税收执法督察内审，定期开展专项检查，防范执法风险工作得到深入推进。加大稽查力度，全年检查各类企业23户，查补入库税款（含滞纳金、罚款）219.07万元。

【纳税服务】 优化办税服务流程，简化审批环节，全面推行同城通办服务、“一站式”服务，提高纳税服务质量。借助税收宣传月、移动飞信、办税服务厅、《武城时报》、广场大屏幕等平台宣传税收政策，进一步扩大税法宣传的辐射面和影响力。在2013年市局委托国家统计局德州调查队组织的第三方社会满意度调查活动中，荣获全市第一名。

【信息化建设】 做好网络设备硬件、软件的检查和升级工作，为纳税服务中心和基层所办税厅每人配置一台针式打印机，每单位配置1～2台一体机和激光打印机，为金税三期工程系统上线提供硬件保障。实施“网络行为审计策略”“防病毒软件策略”和“文件读写策略”三个安全策略，提升网络信息安全管理工作水平。

【干部队伍建设】 积极参加市局举办的各类业务培训，严格执行每周三业务学习小组集中学习制度和“一月一考”制度，提高教育培训效果。

【基层建设】 对县局办公楼进行改造，局机关办公室全部实现透明化办公，优化办公环境。为全体干部职工（包括临时工）办理工伤保险。深入推进基层党建工作，提高基层党支部凝聚力和战斗力。

【党风廉政建设】 充分利用廉政和执法风险防控平台，定期抽取风险信息进行立项复核，及时发现消除各类隐患。组织干部职工参观廉政教育基地，接受廉政教育。开展“转作风、严纪律、抓落实”主题实践活动和“庸懒散”专项治理等活动，提高干部职工廉洁从税意识。

加强精神文明建设，德州市社会主义核心价值体系建设“四德”工程推进会与会人员观摩武城县地税局“四德”工程建设工作。

【精神文明建设】 实施文化筑魂工程，打造“四德聚力”文化品牌，全年共35批次省、市领导和外市县领导前来观摩。深化文明创建工作县局获得“省级文明单位”称号，稽查局、直属征收分局、老城中心税务所、鲁权屯中心税务所、经济开发区中心税务所、广运中心税务所6个单位获得“市级文明单位”称号。

（全玉秀）

齐河县地方税务局

经济概况

2013年，齐河县实现生产总值408.46亿元，同比增长14.83%，地方财政收入完成22.39亿元，同比增长27.36%。全县完成规模以上工业增加值160.46亿元，同比增长15.2%，产品销售收入826.47亿元，同比增长18.76%。

收入概况

2013年，全局共组织各项地方税收13.63亿元，同比增收2.39亿元，增长21.2%。按新预算口径计算，中央级收入完成9027万元，减收1538万元，减少14.6%。县级财政收入完成12.37亿元，增收2.54亿元，增长25.85%。

工作概述

【税收管理】 强化分类管理，对82户重点企业实行精细化管理，对中小企业实行“对比管理”。强化社会综合治税，实行“可用信息重点采集、重点部门密切联系”，增收成效明显。抓好“营改增”工作，扎实开展户籍核实清理，与县国税局做好管户移交，协调解决企业所得税归属等问题，确保平稳过渡。

【税收执法】 全面推行税收执法标准化建设，将各部门、各岗位置于税源管理各个环节，对岗位执法责任进行规范，建立执法考核评议机制，严格按照步骤、顺序、时限、形式、标准的要求实行问责追究，做到执法有规范、执行有标准、过程有监督、考核有监督，税收执法岗责体系不断完善。

【税收服务】　适应金税三期工程要求，增加即办类事项，深化免填单服务，切实减轻纳税人办税负担。对纳税服务中心硬件设施进行升级改造，增加高科技服务设施，把纳税服务中心打造成使纳税人感到“舒适、快捷、便捷、满意”的窗口，努力营造和谐文明的办税环境。

【信息化建设】　强化组织领导，成立金税三期工程上线工作组，及时与市局工作组开展工作对接，按要求做好各项准备工作；开展内部培训，确保局内职工人人达标、熟练操作，将业务精英安排到上线工作组，采用“以老带新”的方法，培养一批青年人才；对大集中系统内的各种征管数据和涉税信息进行认真核实和清理，实行源头控管，严格数据采集录入标准，严防各类信息数据带病进入金税三期工程系统，确保金税三期工程顺利上线、平稳运行。

【干部队伍建设】　通过集中培训、专题辅导、分散自学、座谈讨论等多种形式，深入学习领会党的十八届三中全会和习近平总书记一系列讲话精神。深化完善“梯级递进式”教育培训机制，注重青年干部培养，提高全员素质能力。增加“营改增”试点和金税三期工程上线培训内容，提高教育培训针对性。

【基层建设】　开展基层软实力建设，建设“全市地税系统道德文化教育实践基地”。深化“幸福德州、活力地税”建设，坚持“四德立业、文化强业、品牌兴业”原则，形成齐河地税“德·义”文化。

【精神文明建设】　深入开展精神文明建设，县局被山东省委讲师团增补为“中国特色社会主义理论体系”宣教基地，纳税服务中心被中华全国妇女联合会授予“全国巾帼文明岗”荣誉称号，并被省妇联确定为省内巾帼文明岗的示范基地，被省局纳税服务中心确定为联系点。直属分局局长李根军荣获山东省“劳动模范”荣誉称号，华店中心税务所工作人员路同义被授予德州市“见义勇为模范”荣誉称号。

【党风廉政建设】　完善廉政风险防控体系建设，逐级、逐环节查找风险点，并落实整改措施，共查找税收执法权风险点62个，行政管理权风险点23个。充分利用廉政文化教育基地，开展廉政教育活动，全年共504批6800人次前来参观，得到系统内外各级领导和社会各界高度评价。与县纪委联合开展基层中心所群众满意度电话专项调查，随机抽取的30名地税业户通过电话进行现场打分，调查结果实时显示，各中心所平均满意度达96.32，在全县评议部门基层站所中名列第一。

（王吉斌）

禹城市地方税务局

经济概况

2013年，禹城市实现生产总值234亿元，同比增长13%；地方财政收入14.5亿元，增长20.66%；完成规模以上固定资产投资153亿元，增长26%；社会消费品零售总额89亿元，增长18%；

农民人均纯收入11040元，增长15%。

收入概况

2013年，全局组织各项收入11.44亿元，同比增收2.57亿元，增长29.01%。剔除耕契两税，累计组织收入9.01亿元，同比增收2.27亿元，增长33.74%。

工作概述

【税政管理】 加强高收入者税收管理，做好年所得12万元以上高收入个人自行纳税申报工作。自行纳税申报337人，申报应纳税所得总额3393.89万元，补缴税款126.06万元，自行申报人数同比增加69人。积极贯彻落实税收优惠政策，全年落实税收优惠2750.95万元，其中高新技术企业所得税减免共计2461.34万元。

【征收管理】 推进一个建设（征管基础建设），建立两个平台（三方信息交换平台和数据分析应用平台），完善三个体系（风险评价指标体系、风险防控应对体系、纳税服务体系），深化四项管理（重点税源的精细化管理、行业税源的专业化管理、一般税源的规范化管理、零散税源的社会化管理），持续推进征管改革。加强综合治税。提请市政府下发《禹城市人民政府办公室关于进一步加强协税护税工作的意见》《乡镇街道协税护税管理办法》《建筑业税收属地管理办法》等制度和文件。积极开展个体临商清理，个体临商税收同比增长150%。集中人力物力，确保金税三期工程顺利上线。强化业务培训，组织培训班30余期，培训人员500余人次，提高金税三期工程岗位操作能力。

【税收执法】 开展税收行政救济程序电子政务建设，提高执法规范化水平。主动为企业提供个性化服务，帮助企业排查税收风险，落实境外所得税收抵免政策，为企业争取合法税收利益提供优质服务。

【纳税服务】 积极探索推行政务中心环境下的办税服务厅标准化建设，整合审批权限，审批业务全部在服务厅进行集中办理。对日常征管事项进行重新梳理，前移业务由2012年的8类33项细化为10类56项。开发应用电子档案，解决纸质资料内部传递问题，将纳税人发起的涉税事项全部前移。

【信息化建设】 加强系统业务软件应用和管理，建立完善的技术支持体系。加强网络管理，畅通系统运行。定期对中心机房的核心设备进行巡查，及时排查故障，坚持内外网物理隔离，彻底消除内外网互联安全隐患。

【干部队伍建设】 根据干部职工的不同需求，开展不同形式和内容的培训，增强培训效果。制定激励措施，引导干部积极考取各类专业技术职称。

【基层建设】 开展规范化县局建设，提高行政运转水平。开展系统党建品牌创建活动，加强党的执政能力建设和先进性建设，提升基层党组织的创造力、凝聚力和战斗力。

【党风廉政建设】 深入开展机关作风整顿活动，切实纠正损害纳税人利益的不正之风。深化风险内控机制建设，利用风险防控平台，开展执法预警监督，及时进行风险预警，深入落实执法监督、行政监察、纪律检查“三位一体”问责机制。市局在全市执法部门政风行风测评中名列全市第一。

加强党风廉政建设，组织干部职工接受廉政教育。

【精神文明建设】 开展以“弘扬地税文化，塑造地税新形象”为主题的税务文化建设学习、讨论和实践活动，全面实施地税文化精神理念物化工程，全面开展“建立学习型机关、争做学习型税务干部”活动。市局税源管理科被全国总工会授予“全国五一巾帼标兵岗”荣誉称号。

（邢仁宝）

乐陵市地方税务局

经济概况

2013年，乐陵市实现生产总值213.64亿元，增长12.5%。其中，第一产业30.67亿元，第二产业111.67亿元，第三产业71.3亿元；实现地方财政收入8.6亿元，增长56.3%；规模以上工业实现增加值74.19亿元，增长16.48%；社会消费品零售总额87.8亿元，增长14.5%。农民人均纯收入达到10876元，增长13.4%。

收入概况

2013年，全局完成地方税收7.3亿元，同比增收1.97亿元，增长36.89%。其中，中央级收入完成8428万元，省级收入完成9万元，地市级完成5万元，县级税收完成6.46亿元，同比增收1.82亿元，增长39.12%。

工作概述

【税政管理】 强化年所得12万元以上个人所得税申报工作，采取比对排查和强化考核措施，自行申报人数359人，补缴税款505万元，实现申报人数和税款双增长。搭建涉税信息交换平台，实现信息交换35284条，增收税收86.36万元。推进零散税收社会化管理，推行“网格化”税源管理模式，有效破解户多、事杂、人少的个体征管难题。

【税收征管】 集中人力物力，确保金税三期工程顺利上线。完善税款入库考核指标，以考降险、以考提效，征期入库率达到81.02%，同比提高4.02%，网上税款划转率达到56.37%，同比提高5%，临时代开发票入库税款占总收入的2.67%，同比降低1.3%。积极引导企业进行二、三产剥离，增加税款1240万元。

【税收执法】 创新执法检查模式，将日常检查、专项检查和全面检查有机结合，切实保障纳税人合法权益。强化执法风险点排查和防控，做到以事定岗、依法定责、权责相当，实现岗位科学整合，执法责任清晰明确。

【纳税服务】 以纳税人为本，积极构建优质、高效、规范、透明的现代纳税服务体系。依照“办税在前台集中，服务在外部拓展”的原则，对征收业务各个流程重新进行归并和优化，拓展网络电子报税、“双委托报税”等多形式纳税申报服务功能，提升办税服务厅服务质效。

【信息化建设】 大力推进信息管税，做好重点税源信息化监控，入库税款7795万元。实行内外网物理分离，安装杀毒软件，规范操作流程，切实保障网络安全。

【干部队伍建设】 抓好教育培训，扎实开展税收业务培训，与市财政局联合在山东财经大学举办两期中层干部培训，提高干部素质和能力。抓好干部任用，坚持重用人品好、勤学习、肯干事的干部职工，全年对24人进行岗位调整，调动干部职工工作积极性。

【党风廉政建设】 开展“税检共建”活动，深化教育、完善制度、强化监督、狠抓落实，积极构建惩罚体系。建立网上监察平台，将关键环节和重要事项纳入计算机监控，建立人机结合“内部控权”工作新机制。组织开展廉政文化建设活动，提升干部职工廉政意识和荣誉意识。

【精神文明建设】 开展“大走访献爱心”活动，为联乡帮村对口单位和社区共建单位落实帮扶资金5万多元。市局先后荣获“五好离退休党支部”“德州市理论大众化示范点”“支持地方经济发展先进单位”和“全市机关效能暨政风行风建设先进单位”4项荣誉称号。

（顾文超）

临邑县地方税务局

经济概况

2013年，临邑县实现生产总值236亿元，同比增长12.52%。地方财政收入完成10.81亿元，增长10.72%。工业经济已形成石油化工、冶金机械、新型建材、食品加工、纺织服务等五大主导产业。

收入概况

2013年，全局共组织地税收入9.06亿元，增收2.5亿元，同比增长38.22%。其中，中央级入库8637万元，比上年增收722万元，增长9.12%；省级入库11万元，比上年减收5013万元，下降99.78%；市县级入库8.2亿元，比上年增收2.94亿元，增长55.76%。

工作概述

【征收管理】 实行计会科、中心所长（分局长）、征管员“三级分析预测”机制，坚持每月召开收入调度会，每周召开收入情况汇报会，安排下一周税收工作。实行税收目标责任制，层层分解收入任务，做到人人有责任、人人有压力，促进收入工作开展。直属局重新划分三个科室，调整科室职能，明确职能结构、分工布局和收入占比，明确分管局长、科长职责，强力推进税收征管工作。分局前50家企业，入库税收5.2亿元，同比增收1.53亿元，增长41.43%。强化重点税源和重大项目监控管理，突出抓好天安化工、大圣房地产等重企业的税收分析预测和征收入库工作，入库税款2223万元，占入库税款总额的37.4%。

【税政管理】 加强年所得12万元以上纳税人个人所得税申报管理，共有588人进行纳税申报，补缴税款486万元。通过软件监控、纳税辅导，个人所得税申报率达到97%，申报税款6629万元。加强民间借贷个人所得税管理，借贷利息个人所得税入库268万元。对全县企业所得税纳税人进行排查摸底，核定税款额同比增加231万元。对全县43个重大项目进行重点管理监控，入库税款3755万元。

【纳税服务】 加大硬件投入，对办税服务厅进行改造，设置导税区、自助办税区、咨询辅导区、等候休息区。加强软件建设，加大办税服务厅人员岗位技能培训，提高服务能力。加强制度建设，健全和完善“一窗式”受理、“一站式”办结和一次性告知“三项制度”，践行当场办、及时办和限时办“三项承诺”，实行贴心服务、上门服务和绿色通道“三个特殊服务”，提升办税服务效率。

【干部队伍建设】 建立梯次化人才培养规划，区分中层以上领导干部、业务骨干、一线人员三个重点，对中层以上领导干部加强领导力培训，对业务骨干加强执行力的培训，对一线人员加强岗位适应能力培训。开展全员业务达标活动，以省局13本《山东地税岗位培训丛书》为主体教材，实行固定学习日制度，坚持每人每天学习一小时，一月读一本书，提高干部职工业务素质和能力。

【基层建设】 加强硬件建设，完善升级“六室一厅一场一长廊”，完善廉政警示室、党建活动室、图书阅览室、廉政文化长廊，建设健身室、乒乓球室、台球室和篮球场，改造职工餐厅。加强软件建设，以6S管理为引领，修订完善一整套制度，提高规范管理水平。

【党风廉政建设】 强化党性教育，开展“道德讲堂”和廉政讲座，到廉政教育基地接受教育，提高干部职工纪律意识、风险意识和自我保护意识。严格落实中央八项规定，严格公务接待、财务管理、车辆管理制度，实行经费支出先报预算审批和公务用车统一“派车单”制度。开展“转作风、严纪律、抓落实”主题实践活动，杜绝“庸、懒、散、慢、贪”问题。制定《税务人员行为规范手册》，对廉洁办税、文明办税等六个方面进行规范，优化工作秩序，树立良好的地税形象。

【精神文明建设】 以办公楼“六室一厅一场一长廊”为平台，丰富文化内容，营造文化氛围。开展职工谈心帮扶活动，通过面对面、心交心的交流沟通，解决矛盾问题，提高干部职工凝聚力。成立青年志愿者服务队，在服务企业发展、全县“双城联创”和帮扶弱势群体等方面积极发挥作用。县局获得市级“花园式单位”和省级“卫生先进单位”荣誉称号。

（王　晶）

宁津县地方税务局

经济概况

2013年，宁津县实现生产总值186亿元，同比增长11.4%。公共财政预算收入6.4亿元，同比增长14.9%。完成固定资产投资138.48亿元，同比增长22%；社会消费品零售总额78.2亿元，同比增长13.1%；三次产业结构调整为12.8∶55.1∶32.1。

收入概况

2013年，全局共组织税收收入5.13亿元。其中，中央级收入完成3610万元，省级收入完成6万元，市级收入完成5万元，县级收入完成4.77亿元。

工作概述

【税政管理】 加强企业所得税汇算清缴检查，查补入库税款661万元。加强土地增值税清算，入库税款600万元。加强减免税审批，开展减免税检查，对违规减免和未按照减免税管理办法进行操作的行为进行纠正和责任追究，全年减免营业税、企业所得税、土地使用税、契税共计530万元。

【征收管理】 开展土地、房产、车辆等财产信息登记情况核查，掌握税源底数。开展行政事业发票检查，查补入库税款383万元。在城区主要街道和乡镇政府主要街道设立征管示范区，落实政务、办税公开制度，扩大社会各界和纳税人监督参与面。开展企业所得税年度申报、金融业、交通运输业专项评估，累计评估纳税人68户次，入库税款、滞纳金853万元。

【税收执法】 规范税收执法，以风险管理为导向，建立层级式税收风险分析体制，将税收风险分析引入“经济—税源—税基—征收—入库”全过程。通过质量分析、疑点问答、实地查看、应对评价等措施，强化管理，切实防范执法风险。

【纳税服务】 深化同城通办，增加通办项目，制定同城通办考核评价办法。进一步优化办税流程，加强税收政策培训，举办乡镇长税收知识、综合治税、纳税申报、汇缴政策培训班4期，培训人员320人次。

【信息化建设】 做好金税三期工程上线工作，加强信息系统维护，做好计算机硬件保养、重要数据备份、病毒预防查杀。开发应用在线工作学习平台，保障各项工作顺利开展。

【干部队伍建设】 开展创先争优活动，按照公共考核项目和专项考核项目，评选党员先锋。围绕“立党为公，收税为民”，建立党性教育基地，加强党性教育。12月3—4日，全省机关党建课题研讨暨行业系统基层党建观摩会在宁津县地税局召开。

开展首届岗位技能大赛，比管理，赛技能，不断提高干部队伍素质。

【基层建设】 开展标准化中心所建设，围绕执法服务、队伍管理、行政保障、行为规范、环境面貌五个方面，构建标准化中心所建设框架。加强干部队伍素质建设，开展岗位技能大赛和全员读书活动，实施工作和学习积分式管理，提高干部职工岗位技能。

【党风廉政建设】 加强廉政风险教育和内控预防体系建设，对税务登记、税收减免、税收核定、发票管理、税收预警加强重点督查。加强廉政文化建设，建立廉政文化长廊、廉政书架，被山东省地税局授予“廉政文化‘四进’先进单位”。

【精神文明建设】 创建“地税春风”公益品牌，围绕助学、济困、帮扶、志愿服务等内容，开展“税收爱心妈妈”、困难群众结对帮扶、无偿献血、爱心捐赠等社会公益活动，全年组织公益捐款12万元。2013年，被授予“山东省德耀齐鲁道德教育示范基地”、山东省“模范职工之家”称号。

（孙　静）

庆云县地方税务局

经济概况

2013年，庆云县实现生产总值136亿元，同比增长13%；地方财政收入4.66亿元，增长15%，税收占比超过80%；规模以上固定资产投资87亿元，增长19%；社会消费品零售总额59.5亿元，增长19%。

收入概况

2013年，全局共组织地方税收3.56亿元，同比增长16.8%，占财政收入的76.4%。其中县级完成3.24亿元，增长20.82%。企业所得税4204万元，同比减少599万元；个人所得税1127万元，同比减少157万元；营业税1.56亿元，增加2572万元；耕地占用税和契税两税5311万元，增加594万元。

工作概述

【税政管理】 加强征管基础管理，结合金税三期工程上线，深化联合办证和登记信息比对，解决基础数据不实、不全、不适用的问题。做好“营改增”工作，完成89户试点纳税人移交手续，划转营业税1120万元。聘请第三方中介机构开展企业所得税汇缴工作，对45户企业进行汇算清缴，汇缴税款338万元。

【税收征管】 强化房地产业、建筑安装业等重点行业管理，加强与房管、国土等部门协调，入库税款1.35亿元，同比增长18.62%。开展交通运输业和部分现代服务业专项核查，清理税款89万元。深化纳税评估，加强金融业、房地产业等行业以及部分“营改增”纳税人专项评估工作，完成评估59户次，核实税款175万元。加大税收稽查力度，全年查处重点企业7户，查补税款和滞纳金合计143万元，涉及发票罚款企业5户，罚款金额8000元。

【税收执法】 严格执行国家结构性减税及促进相关产业发展税收优惠政策，深入开展小微企业税费负担调查，研究有效措施，为纳税人创业、投资、发展营造宽松环境。严格执行税收执法责任制，切实加强日常税收执法行为监督检查，加强执法过错考核通报和责任追究，预防和降低税收执法风险。深化税收预警应用和处理，落实处理疑点纳税人101户次，补缴税款341.3万元。

【纳税服务】 提升工作站位，服务经济发展，从总部经济、财源建设等角度撰写调研材料，为县委、县政府决策提供一手资料。优化纳税服务，加强办税服务厅规范化建设，全面推行“先办后审”等制度，开展局长和业务科长服务日等活动，提高服务能力和水平。

加强纳税服务，组织开展金税三期网络申报培训班。

【干部队伍建设】 推行“多元化”和“阶梯式”分类分级培训模式，组织开展多种形式教育培训，提高干部队伍素质，并在省、市局组织的全员岗位技能达标抽考和验收中取得优异成绩，在市局组织的基层中心所长岗考试中，获得个人前两名和团体第三名。

【党风廉政建设】 加强税纪税检共建，邀请县纪委和检察院领导开展专题讲座。开展廉政教育月，推行廉政短信提醒制度，提高干部队伍廉洁从税意识。加强廉政和执法风险防控平台应用，抽取540条风险预警信息进行立项复核，有效杜绝廉政风险。推行党务政务公开，该项工作经验在全县进行推介。

【精神文明建设】 积极参加社会公益活动，开展关爱留守儿童、爱心助残、帮扶困难党员等活动，捐款捐物共计3万元。积极开展创先争优活动，先后获得五一劳动奖状、全市地税系统目标管理考核优秀单位、全县科学发展综合考评优秀单位、优化发展环境先进单位等荣誉称号，2个单位被市局授予先进集体，25人分别荣获省、市、县级荣誉。

（王泽祥　苗雪磊）

聊城市地方税务局

经济概况

2013年，聊城市实现生产总值2400亿元，按可比价格计算，比上年增长10%；完成地方财政收入135.6亿元，按可比口径增长19.9%；城镇居民人均可支配收入26450元，农民人均纯收入10300元，分别增长11.5%和13%。

收入概况

2013年，全系统共组织入库各项收入93.94亿元，收入总量突破90亿元大关，同比增长26.79%，增收19.85亿元，收入增幅高于全省平均水平（13.02%）13.77个百分点，列全省17市第1位。其中：市县级公共财政预算口径收入78.97亿元，同比增长29.22%，增收17.86亿元。

工作概述

【税政管理】　认真执行国家宏观调控和结构性减税政策，2013年减免各项税收2.02亿元，较好地促进了经济结构调整、产业转型升级和社会和谐稳定。认真做好有关税费代征代收工作，2013年全年代收各项基金规费6.32亿元，有力地支持了各项社会事业发展。实行税源三级监控管理，市局监控的211户重点税源企业实现地税收入31.5亿元。认真做好“营改增”试点纳税人的调查摸底、税负测算、排查认定等工作，8月1日前顺利完成了2063户“营改增”纳税人的移交工作。积极加强建筑、房地产、金融保险等行业的税收管理，全市营业税收入完成31.47亿元，同比增长22.09%，增幅高于全省平均水平3.58个百分点。扎实开展企业所得税汇算清缴工作，不断强化高收入行业及群体个人所得税管理，企业所得税、个人所得税收入增幅分别列全省第5位和第4位。集中开展城镇土地使用税、耕地占用税、契税、土地增值税和资源税“五税清查”活动，补缴税款2.95亿元。加强重大建设项目管理，入库税款7.95亿元。强化税收预警和纳税评估工作，入库税款7937万元。开展“一税两附加”核查活动，查补税款678万元。

【征收管理】　持续推进收入质量排查、监控、评价和保障“四个体系”建设，建立长效化、系统化的收入质量管理机制，提高收入质量、防范执法风险工作取得明显成效。2013年，全市月度收入预测准确率达到96.7%，月度增长均衡度为0.32，附征税费征收率达到98.1%，征期入库率达到87.6%，临时户税收变动率在3.5%以内。全力做好金税三期工程试点上线工作，顺利完成运维测试、数据整改、培训练习、宣传辅导和系统切换等任务，确保了金税三期工程系统于10月8日上线运行。加强个体税收管理，全年个体税收增幅达到74.4%。规范发票代开工作，统一了全市代开发票的适用税种和税率。

【税收执法】　牢固树立税收法治观念，加强税收法制观念教育，抓好税收执法风险防范，深化税收执法责任制和执法预警，进一步规范了税务人员的执法行为。市局成立了督察内审办公室，开展了2013年度税收执法督察工作。深入贯彻《山东省地方税收保障条例》，全年共采集信息2.5万条，入库税款9288万元，顺利通过省人大专项执法检查验收。进一步加大税务稽查力度，全年共查补入库各项收入2.13亿元，连续四年保持高幅增长，营造了公平公正的税收秩序。

【纳税服务】　紧紧围绕聊城市委提出的“东融西借、跨越赶超，建设冀鲁豫三省交界科学发展先行区”的奋斗目标，立足部门职能和优势，切实抓好税收服务工作，深入开展经济税收分析，为党委、政府科学决策当好参谋。提出了促进工业集团转型升级、加快发展服务业、提高招商引资效益等建议，市、县两级党政领导先后31次作出批示肯定。主动为东胶、信发、时风、祥光、中通、奥博特等规模以上企业发展献计献策，帮助企业提升产品附加值和财税贡献率。利用各种平台开展税收政策宣传和辅导培训，定期开展“局长服务日”活动，积极推行“一站式”“一窗式”服务和免填单、同城通办服务，研究出台了简化办税程序、降低纳税成本等5大类14项37条措施，进一步提高了办税效率、降低了征纳成本，营造了优质高效的办税环境。

【信息化建设】 加强公共数据信息管理，深入挖掘数据信息利用潜力，有效提升了“信息管税”水平。顺利完成金税三期工程系统的运维测试、数据整改和系统切换等任务，确保了金税三期工程系统按时上线运行。完成了公文系统的升级改造工作，将原有客户端模式的软件改成网页访问模式，提升了公文处理工作质效。加强对基础环境和软硬件日常监控和运行维护工作，及时发现和消除隐患，确保信息化设备及网络安全稳定运行。

【干部队伍建设】 组织开展“讲道德、重诚信、比赶超、促跨越”“我身边的道德模范”等系列活动，在工作学习中传递正能量。在市局组织开展“全员谈心，全员问计”活动，共征集干部职工意见建议7大类323条。以《山东地税岗位培训丛书》为主教材，组织开展了全员岗位技能达标活动，全系统累计举办各类培训72期，培训人员8038人次。在聊城大学举办了内部兼职教师教学法培训班，选拔聘用了第一批20名兼职教师和17名后备师资。认真贯彻上级关于改进工作作风、密切联系群众的各项规定，结合地税实际制定具体落实意见，全面加强接待、会议、车辆等各项管理，先后开展了“人人有承诺、个个作表率”“庸懒散”专项治理和“四力建设”（凝聚力、执行力、公信力、约束力）等活动，机关工作节奏明显加快，工作绩效明显提升。

【基层建设】 积极适应市以下财政体制改革、地税系统经费管理体制改革等新形势，进一步完善了基层经费保障机制，为基层工作顺利开展提供了有力保障。加强基层硬件设施改造的基础上，着力在提升基层软实力上下功夫，进一步加强精神引领、文化引领，扎实推进基层工作规范化、标准化建设，基层面貌彻底改观，综合管理效能全面提高，基层干部的凝聚力、战斗力不断增强，幸福指数明显提升。

【党风廉政建设】 大力加强党风廉政建设，依托“廉政与执法风险防控平台”这一载体，深入抓好重点岗位和关键环节廉政风险点的排查和风险防控，实现了纪检监察工作与税收业务工作有机结合的突破，进一步增强了干部职工的廉洁自律意识和执法风险意识。认真抓好反腐倡廉教育，开展以学习贯彻《税收违法违纪行为处分规定》为重点的纪律学习教育活动，切实提高了税务人员的风险防范意识和防范能力。

【精神文明建设】 紧紧围绕地税

中心工作，不断加强地税文化建设，着力提升全员整体文化素养。在全系统开展了“青年文明号送温暖”活动和“我的中国梦，青春勇担当”的青年文明号主题实践活动。在全市地税系统逐步推行青年文明号梯次管理办法，积极做好各类荣誉称号的申报及复查验收工作，市局机关、市局直属征收局及9个县(市、区)局全部顺利通过“省级文明单位”复查。

（姜会峰　王继飞）

聊城市地方税务局东昌府分局

经济概况

2013年，东昌府区实现生产总值422.48亿元，财政收入完成25.07亿元，固定资产投资完成170.66亿元，三次产业比例为10.3∶50.8∶38.9，城镇居民人均可支配收入达26086.71元，农民人均纯收入达10124.95元。

收入概况

2013年，分局共组织各项收入12.92亿元，收入总量、增量均列聊城市9个县（市、区）第1位，同比增长33.61%，增收3.25亿元。按照新财政体制计算，全年完成区级预算收入11.7亿元，占全区财政预算总收入的46.67%，同比增收3亿元，增幅为34.22%。

工作概述

【税政管理】　深化个人所得税全员全额申报管理工作，上线率与申报率均达到100%。全年共受理年所得12万元以上个人所得税自行申报227人，缴纳个人所得税811.28万元，补缴税款2.2万元。深入推进二、三产业分离工作，全年共分离10户企业，入库税款4610万元。

【征收管理】　建立了税务登记管理、申报征收管理、个体定额核定、发票监管等系列管理措施，合理调整岗位设置，明确职能划分，优化征管流程。积极适应金税三期工程要求，完善征管状况监控分析，稳步提升数据质量，进一步提高数据分析应用水平。大力推广应用税控装置，打击发票违法犯罪活动，强化信息管税建设，建立了税务风险管理及应对措施，税源监控水平进一步提高，征管质效持续提升。

【纳税服务】　全面践行“服务、公平、阳光”的工作理念，全员全程为纳税人提供优质高效服务，纳税服务中心全年共组织入库现金1.01亿元、电子转账1.05亿元、委托代征26.77万元，开具完税证4.4余万份。编写2万余字的办税工作指南，实施标准化服务，被评为全省地税系统“十佳党员示范窗口”。

【信息化建设】　做好系统软件及服务器、机房等设施的日常维护工作，全年无重大问题和责任事故。配合金税三期工程软件上线工作，按需求购置资产，全年共更新各类计算机设备70余台，核实纳税人税收预警信息914户项，纳税人补缴税款、滞纳金374.59万元。

【干部队伍建设】　坚持以党建为总抓手，不断强化干部队伍建设，积极开展争当“学习型个人”“学习型党组织”活动，实施了以岗位技能培训为重点的素质教育，全年共有961人次参加各级各类培训；鼓励参加在职教育，全局大专以上学历占93.2%，大学以上学历占64.3%。

积极参与社会公益活动，为贫困学生捐款献爱心。

【党风廉政建设】 层层签订《党风廉政建设责任书》，明确目标任务，细化职责分工，强化责任考核。以落实中央八项规定为契机，着力解决“四风”突出问题，严明党的纪律，健全规章制度，使各项税收执法活动始终在阳光下运行。注重廉政网络教育平台建设，开展差异化、个性化、人性化、长效化教育实践活动，政风行风评议获得优秀名次。

【精神文明建设】 科学统筹各项工作，坚持用优秀文化凝聚人心，鼓舞干劲，锤炼精神，各项工作实现了跨越发展，先后获得国家税务总局授予的“税务系统先进集体”荣誉称号，被中共山东省委表彰为“为民服务、创先争优示范窗口单位”，被山东省地税局表彰为党建工作先进集体、全省地税系统优秀党建品牌和“十佳党员示范窗口”，全年共获得市级以上荣誉称号25个。

（王子房）

聊城市地方税务局经济开发区分局

经济概况

2013年，聊城市经济技术开发区全年实现生产总值91.9亿元，增长11.5%。规模以上工业增加值达到58.7亿元，增长12.2%。城镇居民人均可支配收入25000元，增幅达10.6%。

收入概况

2013年，分局共组织各项收入9.9亿元，同比增收3.2亿元，增幅达47.94%；区（县）级收入9.2亿元，同比增收4.2亿元，增幅51.62%。

工作概述

【税政管理】 对纳入省局重点监控范围企业的各项指标体系进行严格数据审核，对企业办税人员及其税收管理人员的数据填报工作进行专门指导和培训。加强税收预警工作，以预警信息为切入点，深入开展预警分析，强化管理措施，实现预警与征管的良性互动。针对开发区与高新区分设，重新对所辖企业进行全面、细致梳理，积极与省金税三期工程办公室联系，确定2014年1月1日高新区支库的成功启用。

【征收管理】 认真做好金税三期工程上线工作，组织人员积极参加各类培训。深入开展征管状况分析，对征管状况及所涉及的问题进行全面剖析，找准征管工作的薄弱点，并制定整改措施。加大对土地使用税、土地增值税、耕契两税等财产行为税的征收力度。其中，土地增值税完成1.15亿元，同比增收6857万元，增长146.27%；耕地占用税完成1.52亿元，同比增收9665万元，增长174.46%；契税完成5899万元，同比增收2211万元，增长59.95%。

【税收执法】 结合征管、法规、稽查、税源管理等重点工作，积极探索建立长效机制，完善各项制度措施，严格考核项目及标准。组织开展土地增值税清算工作。已完成清算审核4户，入库土地增值税1700余万元。组织开展重点行业税收专项检查，严厉打击发票违法犯罪活动，认真开展虚假发票“买方市场”和“卖方市场”的综合整治工作。

【纳税服务】 组织开展了“争创党员标杆、彰显地税形象”活动，切实提高纳税人满意度和认同感。制定办税服务厅突发事件应急预案，加强对舆情信息的监测、引导和管理。开展办税服务厅标准化建设，对功能区标识牌、政务公开栏、窗口人员监督牌和台牌等进行重新规范。

【信息化建设】 加强信息化保障力度，将省局配发的微机安装到各单位。做好网络安全专用服务器使用情况的调查工作，并在9月份开展了对全局网络安全自查工作。

【基层建设】 重新对部分基层科室的办公场所进行调整，配备完善的办公家具。对中心所管辖范围和人员配置进行调整和规范，确保工作开展的效率和质量。餐厅改造工作顺利完工，就餐环境和质量得到改善。

【干部队伍建设】 密切关注国家动态，深入学习财税改革精神，主动提高应对各种复杂、困难问题的能力。积极参与各项业务培训工作，一名税干被市局聘为兼职教师，一名税干直接参与授课。举办全区金税三期工程上线工作培训，参与企业达千余户。

【党风廉政建设】 进一步完善反腐倡廉的责任、教育、制度、监督制约、惩治和预警机制，及时传达、学习、领会中央、省市各级廉政建设相关规定，层层签订廉政建设责任状。召开专题会议积极部署，切实落实党中央提出的八项规定、“六项禁令”等多项廉政要求，进一步规范工作作风。

【精神文明建设】 积极进行精神文明创建活动，“四德”建设示范点申报工作成效显著，同时，荣获“聊城市文明单位”等荣誉称号，并在2013年度区直部门的行风评议中荣获行风政风评议第一名。

（田　杰）

临清市地方税务局

经济概况

2013年，临清市实现生产总值335.8亿元，较上年增长9.8%，公共财政收入21亿元，较上年增长13.4%，地方公共财政收入完成13.5亿元，增长18.1%。城镇居民人均可支配收入22130元，农民人均纯收入9946元，分别增长10.25%和13.6%。2013年民营经济税收达到12.9亿元，增长21%。

收入概况

2013年，全局共组织各项收入8.71亿元，同比增长25.88%，增收1.79亿元，其中县级收入完成7.52亿元，同比增长27.46%，增收1.62亿元，占临清市地方财政收入的55.6%，为促进临清经济社会发展提供了有力的财力保障。

工作概述

【税政管理】 认真贯彻落实《山东省地方税收保障条例》，强化信息平台支撑及部门协作，全面推进依法综合治税，2013年采集涉税信息727条，据此入库税款1084万元。2013年省局领导到临清地税局就条例贯彻情况开展调研，并给予高度评价。开展对“营改增”纳税人认定工作，确保了“营改增”工作顺畅衔接、平稳过渡。

【征收管理】 开展房产税、土地使用税税源核查，查补税款430余万元。开展房地产企业旧城改造回迁项目清理，清理补缴契税4773万元。加强建筑业、房地产业税收管理，两税分别同比增长70.8%、149%，合计增收1.66亿元。对零散税源及异地缴纳的税收实行委托代征，2013年委托代征税款707万元，同比增收551万元。加强存量房交易税收管理，3月至年底共受理存量房交易1374户，较2012年增加875户，实现税款879万元，同比增收470万元。

【税收执法】 开展了税收执法联合检查，整体提升税收执法检查效果。2013年共开展4次税收执法联合检查活动，对428条疑点数据进行分析，确定联合检查对象42个，纠正执法错误行为为34户次。开展了分税种专项检查，集中优势力量开展税收专项检查，确保专项检查质效。2013年共查补税款1093万元。

【纳税服务】 开展“局长服务日”上门服务活动，局领导每月深入企业调研，面对面与纳税人交流沟通，解答涉税疑问，听取意见建议。认真贯彻各项税收优惠政策，先后落实了扶持轴承业发展、支持农业合作社发展、促进交通运输业发展等优惠政策，助力企业转型发展。

【信息化建设】 加强对内部网络安全管理，定期对信息化安全开展检查，确保网络安全、稳定运行。全面做好金税三期工程系统上线各项准备工作，保证了金税三期工程系统试点10月份顺利上线运行。开通了“临清地税”“临清工业园地税所”等微信公众服务平台，在提供信息化、智能化服务方面迈出新的一步。

开通微信公众服务平台，为纳税人提供全方位、实时化、智能化的纳税服务与政策宣传。

【干部队伍建设】 设立道德讲堂，组织“讲道德、重诚信、比赶超、促跨越”

主题实践活动，切实加强干部队伍“四德”教育。落实上级岗位技能达标要求，先后组织两次岗位达标考试，做到以考促学，提高履职能力。认真贯彻落实中央八项规定和纠正“四风”问题的纪律规定，严格公车管理和“三公经费”支出，强化队伍作风建设，从细节入手，倡导勤俭节约。

【基层建设】 开展了“下基层、到一线、解难题”主题实践活动，深入开展“双联共建”、扶贫济困工作，与甄八里等村庄结成帮扶对子，为当地群众办实事、办好事，为困难群众送温暖、解难题。临清地税局作为共建单位代表，在临清市作了“双联共建”典型发言。

【党风廉政建设】 将创建党建品牌作为推进党建工作的重要途径和有效载体，以“抓学习、强服务、谋创新”为着力点，积极打造“笃学尚行”党建品牌，进一步提高基层地税部门党建工作水平。2013年临清地税局“笃学尚行”党建品牌被评为全省地税系统党建品牌创新成果。建设完成了廉政教育室，组织干部职工观看警示教育片，积极营造“崇德尚法”的工作氛围，提升廉政文化教育实效。

【精神文明建设】 坚持以地税文化建设为引领，在制度文化、行为文化等方面积极尝试，成立了多个兴趣小组，组织开展职工羽毛球比赛、够级比赛、摄影采风等文体活动，并参加了聊城市第二届运动会。一年来荣获各项荣誉58项，连续8年获临清市行风政风评议第一名，并在临清市文明创建经验交流会上作了典型发言。

（赵 伟）

冠县地方税务局

经济概况

2013年，冠县实现生产总值226.6亿元，同比增长12%；实现公共财政预算收入7.52亿元，增长28.6%，城镇居民可支配收入2.36万元，增长15.5%，农民人均纯收入1.01万元，增长15%。

收入概况

2013年，全局共计入库各项收入5.41亿元，同比增长39.34%，增收1.53亿元。其中县级收入入库4.89亿元，同比增长57.74%，增收1.78亿元。

工作概述

【税政管理】 加强房地产税收一体化管理，房地产业税收全年入库1.32亿元，同比增长89.7%，增收6251万元。认真落实小型微利企业发展的各项税收优惠政策，规范高新技术企业税收优惠资格认定和研发费加计扣除政策执行，全年共受理备案类减免税1292万元。

【征收管理】 巩固“先税后证”制度，强化耕地占用税和契税两税源泉控管。建立与国土、住建部门的联动机制，核实宗地信息变动情况。同时，联合乡镇党委、政府对全县未办理土地征用手续但实际占用耕地从事生产经营的纳税人进行清理。全年入库契税3319万元，耕地占用税8468万元。将年纳税额50万元以上的141家企业纳入重点税源企业，建立了监控管理台账，每月对重点企业申报、入库、财务报表等资料进行分析比对，重点税源企业全年入库4.15亿元，占全部收入的76.73%。

【税收执法】 加强税收规范性文件管理，严格税收执法程序，强化税收执法监督，完善执法考核评价体系，深入开展税收专项检查，全年检查企业38户，查补入库各项税款722万元；通过预警跟踪反馈机制，全年处理预警信息643条，入库税款244万元；对建筑业、房地产业、租赁业、现代服务业、制造业等行业115户企业开展纳税评估，入库税款200万元。

加强税收征管，组织开展“走访企业、携手发展”走访调研活动。

【纳税服务】 服务县域经济发展，深入企业调研，撰写了《冠县地税税源现状分析报告》，分析了冠县近年来经济税源现状，提出了培植壮大县域经济税源的措施。全面落实首问责任制、延时服务制和预约服务制。开展“服务企业、携手发展”走访调研活动，班子成员带头深入重点企业，详细了解企业现状，帮助企业解决实际困难。

【信息化建设】 牢固树立信息管税意识，适应金税三期工程工作的要求，为办税服务厅更新了全部计算机，更换了机房的电池、电源，为征收单位20多台机器进行了系统更新。重新布置了电教室，组织人员分岗位进行上机演练，对全县500户网报纳税人轮流进行为期一个星期的培训。

【干部队伍建设】 认真践行党的群众路线，开展“走基层、接地气”党员干部联系困难家庭入户走访活动。创新培训方式，组织开展“上大课”，以互动的形式活跃课堂气氛，提升学习效果。2013年，冠县地税局1人入选全国企业所得税人才库，3人入选全省企业所得税人才库，1人入选聊城市地税系统征收管理岗兼职教师。

【基层建设】 在办公环境和生活条件得到全面改善的基础上，加强地税文化建设，将队伍管理理念、地税队伍精神、税收发展历史、税收漫画、廉政观念、儒家传统文化等融汇到楼道文化建设中，引导干部职工树立正确的人生观、价值观。

【党风廉政建设】 认真落实中共中央关于密切联系群众、改进工作作风的八项规定，层层签订了《党风廉政建设责任书》，与全体干部职工签订了《党风廉政建设自我保证书》。监察室与税源管理科结合提前介入税收预警，根据风险点核查预警信息200余条，督促补缴税款100余万元。

【精神文明建设】 深入开展“扬正气、促和谐、提效能、塑形象”活动，为干部职工搭建起一个施展才华、释放能量的舞台。在基层一线开展“我是排头兵”评选活动。为一线人员提供了自我展现的机会，激发了队伍活力。在保持省级文明单位、省级卫生先进单位的基础上，又获得“山东省模范职工之家”等16项荣誉称号。

（袁海荣）

莘县地方税务局

经济概况

2013年，莘县实现生产总值254亿元，同比增长11%。地方财政收入达到7.9亿元，增长57.7%，税收占财政收入的比重达到80.7%。

收入概况

2013年，全县地税系统共组织各项收入5.67亿元，同比增收1.91亿元，增长50.97%。

工作概述

【税政管理】 围绕潜力税种发力，提升小税种的贡献率。通过实行宗地管理，以地籍控户籍，加强土地使用税管理；开展对纳税人房产税和城镇土地使用税税源登记信息、契税申报信息与房产土地信息比对核查，加强契税、房产税管理；通过加大耕地占用税的清算力度，加强耕地占用税管理。房产税、土地使用税、契税、耕地占用税等四个税种税收增幅分别达到42.6%、44.7%、131.3%、166.7%。

【征收管理】 平稳推进“营改增”工作，按照上级统一部署，加强与财政、国税部门的协调配合，先后组织开展了试点行业纳税人税负变化调查测算、税务登记核查、试点纳税人排查认定等工作，按计划完成了160户试点纳税人移交手续。金税三期工程顺利上线运行。加强组织领导保障，成立金税三期工程试点工作领导小组，组建核心业务团队，扎实做好各项基础工作，进行了三轮基础数据整改、两轮财产信息补录、会统数据清理和国税、地税登记信息比对，准确及时完成了上线前数据整改、补录和初始化工作；扎实开展全岗位、全流程业务培训和纳税人培训。

【税收执法】 严格落实税收执法责任制度，有效防范了执法风险。将社会综合治税纳入县政府年度目标考核，通过与财政、国税、国土、住建、工商等部门配合，“以票控税”“先税再证”措施得到有效落实，全年采集涉税信息6300多条；积极参与县政府组织的开发项目专项清理活动，清理税款700多万元。大力开展税务稽查，全年共检查企业纳税人53户，查补入库税款、罚款及滞纳金1028万元，为全社会营造了公平公正的税收环境。

【纳税服务】 加强税制改革和税收政策调整变化研究，认真开展支持小微企业发展、应对营业税改征增值税措施等重大课题调研，为上级决策提供了参考依据。强化经济税收分析，从税收的角度反映经济社会发展的苗头性、趋势性问题，提出加快发展服务业、提高招商引资效益等建议，为地方党委、政府科学决策当好参谋。全面落实税收优惠政策，累计减免各项税收1860余万元，切实减轻了企业负担，促进了地方经济发展。

不断加强纳税服务，县局领导深入企业进行政策帮扶调研。

【信息化建设】 扎实开展网络与信息安全检查，不断修订完善信息安全制度办法，建立不定期抽查工作机制，积极完善运维管理，实现了信息安全的全方位监控，增强了网络运行保障能力。

【干部队伍建设】 继续开展全员教育培训，不断丰富教育培训内容，先后举办了党的执政能力和党的十八大精神的专题讲座、养生专题讲座，“阳光心态”专题讲座等各类讲座19期。以《山东地税岗位培训丛书》为重点，坚持每周五培训制度，实施全员岗位技能达标考核，进一步提高了全员业务素质。

【基层建设】 全面推进科学管理，不断整合人力资源，规范工作流程，进一步推进集中办公效能优化。进一步建立健全了各级基层党组织，落实了党的各项制度，全面开展了创建学习型党组织的活动。

【党风廉政建设】 认真落实中央八项规定和省市有关精神，修订完善了考勤、经费管理、车辆管理、公务接待等多项制度，厉行节约，反对浪费；加大明察暗访督导力度，机关作风有了明显改善。

【精神文明建设】 继续开展文明创建活动，注重开展群众性体育活动，先后参加了莘县第二届合唱节和第二届全民健身运动会，取得了优异成绩；热心帮助社会弱势群体和本系统有困难的干部职工，坚持定期为老干部查体，使大家深切感受到了地税大家庭的温暖。

（张敬全）

阳谷县地方税务局

经济概况

2013年，阳谷县实现生产总值274.9亿元，同比增长13%；实现公共财政预算收入10.01亿元，增长38.8%；规模以上固定资产投资达到170亿元，增长29.3%。

收入概况

2013年，全局共组织各项收入7.77亿元，增收2.1亿元，同比增长37.03%，其中，按县财政口径计算，完成县级收入6.52亿元，同比增收2.08亿元，增长46.75%，占全县财政收入的65.15%。

工作概述

【税政管理】 坚持把提高收入质量、防范执法风险工作放在首要位置，牢固树立收入质量观，切实加强重大建设项目税收管理；努力提高企业所得税汇算清缴质量；开展了“五小”税种清理清查活动；加强税收预警信息处理；实施分行业纳税评估；杜绝虚收空转，收入质量得到稳步提升，执法风险得到有效防范。

【征收管理】　全力做好金税三期工程试点上线工作，抓好运维保障、数据补录整改、培训练习、宣传辅导四项基础工作，确保了系统顺利上线运行；严格税种认定管理，户均税种登记条数达到5.09条；狠抓数据质量管理，把好数据的录入和审核关口，出错率控制在0.05%以内，申报率达到99%，滞纳金加收率达到100%，财务报表的采集和报送率达到了98%。

【税收执法】　进一步强化稽查职能，以电子查账为基础，实行电子和纸质账簿检查相结合，全年检查企业18户，查补入库税款、滞纳金及罚款627万元；开展了非正常户核查清理和注销户清理，共清理非正常户数693户。

【纳税服务】　发挥网上纳税人税法培训中心作用，举办了12次面授教学，累计培训2000多人次；针对金税三期工程表单和流程变化，通过实体培训、举办问题答疑会、设立咨询台等形式，共培训纳税人2200多人次，发放培训光盘1200多个，宣传资料13000余份，解决实际问题200多个；对80户建筑、不动产行业企业和360户扣缴个税企业进行了集中辅导；坚持开展“地税局长服务日”活动，建立了纳税服务联系点制度，密切了征纳关系。

【信息化建设】　进一步加强地方税收保障，全年通过综合治税平台共采集各部门涉税信息14111条，入库税款3615万元，新增税款1913万元；开展税收执法督察自查工作，通过对省局确定的8个单位的自查，补缴税款558万元，整改各类问题6项。

【干部队伍建设】　以全员岗位技能达标活动为抓手，明确牵头科室，实行分岗培训，继续落实每周五集中学习制度，实行每月一考，以考促学，促进了全员学习业务的积极性；实施关爱工程，深化“我爱地税，我爱我家”这一文化建设主题，实施“五个一”工程，在全县率先举办了道德讲堂。

【基层建设】　实施健康工程，邀请保健专家为干部职工讲授健康知识，投资9万元，为各基层集中办公点统一安装了净水设备，解决了基层生活用水水质差的问题，使基层一线职工喝上了“放心水”；为全局职工订阅了手机健康报，让广大干部职工深切感受到地税大家庭的温暖。

进一步加强精神文明建设，市妇联组织部分干部代表到阳谷县地税局观摩考察全国“巾帼文明岗”创建情况。

【党风廉政建设】 加强内部管理，转变工作作风，在全县率先开展了“我承诺，我清廉，我服务”活动，向全县纳税人印发公开承诺书2000余份，对办税服务、廉洁从税、转变作风等方面向全社会作出了16项公开承诺。完善社会监督员制度，首次建立了县局、中心所两级社会监督员制度，主动接受多层次更大范围的社会监督。

【精神文明建设】 连续第4年被评为全市地税系统目标管理考核优秀单位，荣获全县政风行风评议垂管单位第一名，被省妇联评为“幸福进家活动先进单位”，被省总工会评为“山东省模范职工之家”，被评为“全省地税系统廉政文化‘四进’先进单位”和“全市廉政文化进机关示范点”，纳税服务中心被全国妇联授予“全国巾帼文明岗”，实现了国家级荣誉称号的突破。

（张国庆　李　健）

东阿县地方税务局

经济概况

2013年，东阿县实现生产总值165亿元，同比增长11%；三次产业比例调整为8.1∶57.2∶34.7。地方财政收入突破10亿元大关，达到10.5亿元，增长37.8%；城镇居民人均可支配收入19355元，增长14%；农民人均纯收入10177元，增长15%。

收入概况

2013年，全局共组织各项收入6.1亿元，同比增长18.15%，增收9379万元。其中，县级收入4.62亿元，同比增长29.09%，增收1.04亿元。

工作概述

【税政管理】 严格税收执法责任制，突出重点税源和骨干税种控管。在营业税管理方面，克服“营改增”不利影响，通过对房地产业重点监控、新农村建设营业税治理以及二手房“先税后证”等措施，入库营业税1.53亿元，同比增长35.48%，增收5400万元。在个人所得税管理方面，通过强化全员全额明细申报以及年度所得12万元以上个人所得税自行申报等措施，累计入库6911万元，同比增长34%，增收1756万元。在“耕、契”两税管理方面，通过全面清理欠税和严格实施宗地管理等措施，全年共组织入库7698万元，同比增长61.59%，增收2934万元。

【征收管理】 以金税三期工程工作为重点，切实加强基础数据维护，共清理验证3300余户、项，积极组织开展双轨测试，认真做好内外部操作培训和各部门系统初始化工作；依托金税三期工程系统，实行源头控管，严把数据录入质量关口，狠抓税务登记环节基本信息录入，深化数据应用，提高信息管税能力；加强发票管理，规范领发保管制度和发票代开行为的日常监管。

【税政执法】 加强内部执法监督，完善监督制约机制，规范税收执法行为，切实提高执法水平；纳税登记率、申报率平均达到98%以上；税收执法考核实现零过错，各项税收收入及时足额入库，全年未发生一例违法、违规行为。

【纳税服务】 积极开展服务经济社会发展建言献策等税收宣传活动，严格落实各项税收优惠政策；规范办税服务厅建设，深入开展“擦亮窗口服务纳税人”、纳税服务明星评选、“征纳共盈”纳税服务品牌创建等活动；坚持开展“地税局长服务日”活动，解疑答惑，和谐互动，提供优质服务。

加强税收宣传，组织干部职工深入旅游景区开展税法宣传。

【信息化建设】 以金税三期工程系统上线提高科技服务能力为核心，强化岗位操作培训，加强技术和业务衔接，加强网络与信息安全，全面提高数据质量，不断强化软、硬件支持，切实规范运维渠道和工作流程，实现事件管理流程一体化推送。

【干部队伍建设】 制定全员岗位技能达标活动实施方案，实施38项培训计划，对全员实施分级分类教育，提高干部职工综合素质和岗位技能。

【基层建设】 在抓好基层工作场所和环境设施硬件维护建设的同时，着力提升“软实力”，积极进行德育文化走廊、“道德讲堂”“四德四心”、学习型个人和学习型组织建设，坚持开展走访慰问困难职工和老干部活动，组织开展全员健康查体等关爱活动。

【党风廉政建设】 上线运行“廉政和执法风险防控平台”以及预防职务犯罪综合机制，有效防范执法风险；建立县局网上廉政文化教育基地和“廉政文化长廊”，全面树立“清廉地税”形象；积极开展纪律作风整顿活动，全面治理“庸懒散”现象，工作质效得到有效提升。

【精神文明建设】 以打造“文明地税、和谐地税”为目标，荣获30余项省、市级荣誉，并连续第五年被县委、县政府授予东阿县垂直部门考核第一名、东阿县执法单位考核第一名、东阿县学习型先进集体、东阿县慈善工作先进单位等荣誉。同时，在创建省级文明县活动、省级文明单位验收等活动中得到上级领导一致好评。

（张琳希）

茌平县地方税务局

经 济 概 况

2013年，茌平县实现生产总值389.9亿元，同比增长10.3%；公共财政预算收入22.2亿元，增长12.4%；规模以上企业410家，全县三次产业比例达到11.4∶67.6∶21.0，城镇居民人均可支配收入26080元，农民人均纯收入达到10514元，城镇化率达到42.56%；综合实力居全国科学发展百强县第81位。

收入概况

2013年，全局共组织各项收入11.44亿元，同比增收1.73亿元，增长17.83%。其中，县级预算收入完成8.46亿元，增收1.59亿元，增长23.13%。

工作概述

【税政管理】 加强对年所得12万元以上个人所得税自行申报工作的组织调度，办理自行申报人数531人，申报税款1445万元，补缴税款4万元。做好企业所得税汇算清缴工作，178户应汇缴企业全部按时汇缴，补缴企业所得税97.04万元。顺利完成214户“营改增”纳税户的交接。落实各类涉税优惠政策9户，涉税金额1.52亿元。

【征收管理】 做好非正常户、零申报户、临界点户和注销业户管理；深化社会综合治税，大力推进税源专业化管理；加大纳税评估工作力度，提报的发酵法味精制造业纳税评估模型获评全省优秀纳税评估模型；做好金税三期工程上线事前、事中、事后各项工作，加强数据整改和测试运维，开展地税干部与纳税人学习培训，密切与省、市局的沟通联系，及时解决出现的各类问题，确保了金税三期工程系统的顺利上线运行。

【税收执法】 扎实推进依法行政，规范各类税收检查，防止多头检查、重复检查。深入推进税收保障工作，6月份，省人大执法检查组来茌平视察，对茌平县地税局依托信息化平台提高地方税收保障水平的做法给予了充分肯定。大力推进税务稽查，抓好税收违法案件查处、税收专项检查和专项整治、重点税源企业检查、打击发票违法犯罪活动等重点工作，积极推进国税、地税联合稽查。检查企业61户，入库税款、滞纳金、罚款共计4118万元，较上年增收3009万元，增长271%。

【纳税服务】 创新方式，完善举措，努力提高办税服务质量和效率。实施“一窗式”服务，开辟纳税人反馈活动角开展“一对一”、“一对多”的税企沟通交流，利用新兴信息传播媒介，开通微信公众服务平台，24小时服务纳税人，有效延长服务时间，增进税企交流。

【干部队伍建设】 以素质能力建设为核心，大力实施人才兴税战略。围绕金税三期工程上线、“营改增”等业务，强化对口业务教育培训。组织干部职工学习贯彻党的十八大和十八届三中全会精神，邀请党校专家解读十八大；分两批组织全局党员干部到临沂革命老区参加红色教育，提高党性观念；开展联系困难群众、帮扶学校等活动，传递社会正能量。

【基层建设】 持续深化集中办公，着力进行城区综合办公楼暖气管道改造及部分基层中心所房屋修缮，改善基层办公生活条件，切实加强基层经费保障，严格控制基层经费支出。针对金税三期工程、“营改增”及其他税收新政带来的新问题新形势，对干部职工分门别类抓好素质教育培训，提升整体业务水平。

【党风廉政建设】　认真学习贯彻中央八项规定，组织了“我承诺、我清廉”“廉政文化进家庭”等活动，开展了以《税收违法违纪行为处分规定》为重点的纪律学习教育活动，通过举办专题讲座、知识竞赛、廉政漫画展、参观看守所等“八个一”活动，增强了地税干部的风险防范意识和防范能力。2013年4月，全省地税系统纪律学习教育活动现场会在茌平县地税局圆满召开，得到与会领导的高度评价。

【精神文明建设】　县局继续保持省级“文明单位”称号，被山东省地税局授予全省地税系统廉政文化教育基地建设先进单位，获全省“幸福进家”活动先进单位称号。2个基层单位获省级“青年文明号”称号，6个基层单位分获市级“青年文明号”称号、4个基层单位获市级“文明单位”、2个基层单位获市级“文明机关”等称号。

（郑金友）

高唐县地方税务局

经济概况

2013年，高唐县实现生产总值310亿元，同比增长9%；实现公共财政收入11.2亿元，同比增长10.3%，固定资产投资195亿元，同比增长12%；规模以上工业企业达到387家。

收入概况

2013年，全局共组织各项收入9.09亿元，同比增长33%，增收2.23亿元。县级实际完成6.75亿元，同比增长26%，增收1.38亿元，增幅居全市前列。

工作概述

【税政管理】　加强房地产业和建筑业税收征管，加强地方税收保障工作，对房地产业严格实行《预售许可证》制度，强化地税和房管部门的相互制约式管理，做到了“以证控税”和“以票控税”；对建筑业中投资500万元以上的重点建设项目，实行全过程控制。全年房地产业整体税收完成2.16亿元，同比增长84%，增收9856万元；房地产业同时带动建筑业同比增长33%，增收1622万元。

【征收管理】　抓好税源精细化管理。对年纳税额在50万元以上的141户重点企业实行重点管理；对开发区、机械制造和房地产行业、营业税和企业所得税、时风和泉林千亿产业园项目实施重点监控。对年纳税10万元以上、50万元以下的463户纳税人严格控制，收入预测准确率达98%，征期入库率达到85%以上，财税库银入库税款比例在80%以上。

【税收执法】　2013年，全县共有35个部门提供相关涉税信息16589条，新增税款2519万元，新增税务登记80个。不断强化税务稽查。先后组织开展了重点税源专项检查、中小企业专项检查等活动，累计查补入库税款、滞纳金及罚款1680余万元，有效规范了税收秩序。

【纳税服务】　全面落实服务措施，

大力推行办税公开，积极组织纳税服务培训，完善办税服务厅功能，规范“一站式”纳税服务模式。积极利用12366纳税服务热线、外部网站、办税服务厅和纳税人税法培训中心等平台开展税收政策宣传和辅导培训。扎实开展“税收宣传月”活动，组织开展税法知识进机关、进乡村、进社区、进学校、进企业、进单位“六进”活动，取得了良好效果。

【信息化建设】 全面做好金税三期工程上线试点工作，不断加强基础建设，强化数据分析应用，充分依托信息化支撑，深入开展税收预警、纳税评估、发票核查等工作，促进了税收管理质效的全面提升。目前，全局有高性能计算机145台，实现了人均1台。

【干部队伍建设】 广泛开展谈心活动，及时了解和掌握干部职工的思想动态和合理诉求。完善干部选拔任用机制，按照“德才兼备、以德为先”的标准，坚持凭德才用干部，以实绩论升迁，充分激发广大地税干部创先争优、加快发展的积极性。强化党建工作，大力推进机关党内民主建设，充分发挥了党员模范带头作用。

【党风廉政建设】 认真贯彻落实党的十八大精神，大力开展党风廉政教育，学习贯彻好《廉政准则》和《税收违法违纪行为处分规定》，在全局上下层层签订《党风廉政建设责任书》的基础上，深入开展明察暗访活动，有效改进了干部队伍作风，树立了良好的地税形象。在县纪委组织的垂直部门延伸评议中，高唐县地税局有四个单位进入前十名。

【精神文明建设】 深入开展争先创优活动，2013年先后被评为全市地税系统组织收入工作先进单位、服务基层建设先进单位；被高度县委、县政府授予“优质服务一等奖”“优化经济发展环境先进单位”等荣誉称号，在年度行评中再次取得优异成绩。

（张　轲）

滨州市地方税务局

经济概况

2013年，滨州市实现生产总值2155.73亿元，按可比价格计算，增长9.8%；三次产业结构为9.8∶51.3∶38.9，服务业增加值占GDP比重比上年提高1个百分点；规模以上工业主营业务收入7104.09亿元，增长15.6%；固定资产投资完成1517.18亿元，增长19.6%；公共财政预算收入完成170.09亿元，增长6.1%，其中税收收入完成128.3亿元，增长10.4%，占财政预算收入的比重达到

75.4%。

收入概况

2013 年，全局共组织各项收入 120.67 亿元，同比增长 15.84%，增收 16.48 亿元；其中，组织税收收入 111.88 亿元，同比增长 16.99%，增收 16.25 亿元；组织地方财政收入 100 亿元，可比增长 14.47%，增收 12.64 亿元，组织地方财政收入首次突破百亿元大关。

工作概述

【税收征管和执法】　一是按照上级局的统一部署，成立金税三期工程系统上线工作领导小组，建立工作网络，健全工作制度，强化操作培训和辅导，保证了金税三期工程系统于 10 月 8 日成功上线。二是全面推进县（区）局班子成员抓企业带行业工作，探索形成了制造业、非金属矿采选业等 7 个支柱行业和 18 户重点税源企业的税收管理模型。三是深化国税、地税合作，每季度召开一次国税、地税联席会议，在加强“营改增”协作、联合开展大企业税收风险管理等方面密切合作，实现了互利共赢。四是强化纳税评估，对金融保险业、制造业、零售业、房地产业等行业开展纳税评估，有效堵塞了征管漏洞。五是强化国际税收管理，突出非居民企业、大企业、境外上市公司、进口设备安装调试业务税收管理，国际税收实现 6500 万元，同比增长 124%。六是开展“行政程序推进年”活动，强化法制教育和执法检查，规范税收执法行为，优化税收法治环境，荣获“全市行政程序示范单位”和全市行政执法综合考评第一名。七是强化税务稽查，抓好行业检查、重点税源企业检查、区域专项治理工作，整顿和规范了税收秩序，全年重点检查 94 户，自查 464 户，实现稽查收入 1.45 亿元。

【税收服务】　出台了《关于发挥税收职能作用服务全市经济社会发展的意见》，制定了 32 项具体措施，全力服务经济建设。围绕转方式、调结构，加强经济税收关联分析，积极建言献策，向市委、市政府提报了《关于加快我市科学发展的几点建议》。认真落实支持小微企业、高新技术企业、资源综合利用、节能环保类企业、现代服务业等助力企业发展、优化经济结构、促进“黄蓝”两区开发建设的各项税收优惠政策，较好地发挥了税收调控职能。依法做好各项代征代收工作，共组织教育费附加 4.4 亿元、地方教育附加 2.85 亿元、文化事业建设费 103 万元、工会经费 2267 万元、地方水利建设基金 1.25 亿元。以征纳共赢纳税服务品牌创建为载体，加快办税服务厅标准化建设，大力推行“一窗式”“一站式”服务，开通“网上税校”，开展“税法宣传进机关”活动，完善首问责任制、服务承诺制、一次告知制等服务制度，纳税服务质量明显提高，受到了社会各界和广大纳税人的一致好评。

【干部队伍建设】　一是全面强化作风建设。认真落实中央八项规定和上级关于改进工作作风的要求，制定了《工作规则》《集体活动管理制度》等一系列规范公务接待、严格公车管理、严肃工作纪律的制度办法，并配套开展了“工作作风集中整治”“庸懒散”专项治理、“我践行、我承诺”“我承诺、我服务”等主题活动，形成了良好的机关风气。二是全面提升队伍素质。制定了干部教育培训计划，形成了以分类分级分岗为重点、“请进来”与“走出去”相结合的常态化培训模式。以《财务会计及涉税分析》为教材，开展全员财务会计达标培训活动，并于年底组织了达标考试，达标率达到了96%。三是全面加强地税文化建设。提炼了工作、学习、生活、风险防控等14项核心价值理念，建设了“楼宇文化长廊”“税史文化园”两个税收文化教育载体，市局机关各科室都确立工作格言，打造了地税文化“软实力”，被确定为“滨州市关心下一代法制教育基地”，被省局评为“全省地税系统学习型党组织学习型机关示范点”。

【党风廉政建设】 通过开展“学法纪、转作风、提素质、防风险”集中学习教育活动，应用“廉政和执法风险防控平台”，强化检税共建，落实廉政谈话制度和待岗学习制度，建设“廉政文化教育基地”“廉政文化网上展厅”两个廉政文化教育平台，构建起了符合地税实际的教育、制度、监督并重的惩防体系，保障了地税事业安全运行。这一做法在《新华社高管信息》刊发，市局被确定为“廉政文化进机关”示范点。全市地税部门先后获得了“全国税务系统先进集体”“全国巾帼文明岗”“全国工人先锋号”等20多项荣誉称号，树立了良好的社会形象。

（郭　瑞）

滨州市地方税务局滨城分局

经济概况

2013年，滨城区实现生产总值338亿元，社会固定资产投资实现252.1亿元，地方财政收入实现35.27亿元，同比分别增长9.6%、20%和3.07%；三产结构调整为3.1∶48.6∶48.3；实现规模以上工业增加值108.3亿元，同比增长8.4%；城镇居民人均可支配收入达到2.84万元，农民人均纯收入达到1.17万元。

收入概况

2013年，分局共组织各项收入26.14亿元，同比增长11.88%，增收2.77亿元。其中，中央级收入2.08亿元，省级收入85万元，市县级收入24.05亿元。组织教育费附加1.61亿元，地方教育附加1.05亿元，文化事业建设费33万元，残疾人就业保障金738万元，地方水利建设基金5192万元。

工作概述

【税政管理】 认真审核把关，全面落实各项税收优惠政策，为57家享受政策优惠企业依法办理减免税收4008万元，其中减免企业所得税3661万元。强化企业所得税汇算清缴辅导工作，抽调业务骨干与中介机构组成11个汇缴辅导小组，137家企业入库税款2124万元。突破限售股转让税收管理，征收税款101万元。扎实做好交通运输业和部分现代服务业“营改增”工作，共确认“营改增”

纳税人 804 户。

【征收管理】 加强班子成员抓企业带行业管理，形成了一系列行之有效的行业税源管理规范，班子成员所抓的 5 家典型企业实现税收收入 3529 万元，同比增长 40.73%，增收 1024 万元，带动石油化工、金融、保险、汽车销售和住宿餐饮 5 个行业实现税收 9.86 亿元，同比增长 10.13%，增收 9073 万元。

【税收执法】 秉承阳光、公平、正义的工作理念，强化内控机制建设，深化执法监督评议，积极转变执法观念，强化法制培训和宣传教育，严格落实税收执法责任制和过错追究制，获得“滨州市地税系统行政程序年先进集体”荣誉称号。

【纳税服务】 从服务领导决策、扶持企业发展、营造和谐税收环境等方面，全力服务经济建设和社会发展。2013 年代收各项社会保障费用 2.89 亿元，到位招商引资项目投资额 4506 万元。积极参与慈心一日捐、无偿献血、村居帮扶等社会公益事业。以“征纳共盈”纳税服务品牌创建为载体，大力推行“一窗式”“一站式”服务，完善首问责任制、服务承诺制、一次告知制等服务制度，办税效率、质量和服务水平有了新的提高。

【信息化建设】 成立金税三期工程系统上线工作领导小组，建立工作网络，健全汇报沟通、工作巡查、突发事件应急响应、节假日值班、领导带班等各项工作制度，强化数据整改和系统参数维护，强化岗位辅导和操作培训，提升全局干部职工信息化适应能力，保障了金税三期工程系统成功上线运行，全局信息化支撑能力得到明显提升。

【干部队伍建设】 强化教育培训，提升岗位适应能力。每周五积极组织参加财务会计达标集中培训，培训纪律明显加强，培训质量显著提高。4 月份组织全局干部职工，分两批赴辽宁税务高等专科学校开展封闭式教育培训，培训内容丰富，培训效果显著。

【基层建设】 在人力、物力和财力等方面不断加大基层投入，优化基层工作、生活和文化环境，深化阳光办税，规范内部管理，基层规范化管理取得长足进步。注重人文关怀，加强和谐共建，健康查体、博爱理事会、困难职工救助捐款等活动有效开展，基层建设和基层面貌发生了新的变化。

【党风廉政建设】 建立了“五馆、四厅、二区、两库”框架构成的网上廉政文化教育基地，在滨北中心税务所建立廉政文化展厅，增强了廉政教育的效果。认真组织开展“检税共建”和廉政文化“四进”活动。认真落实上级关于改进工作作风、密切联系群众的一系列重要文件精神，廉政风险防控机制愈加健全，惩防体系建设取得显著成效。

【精神文明建设】 积极开展创先争优活动，2013 年先后荣获全国工人先锋号、全省地税系统廉政文化“四进”先进单位、全市财税金融工作先进集体、全区综合工作先进单位等荣誉称号。

（孙建卫）

滨州市地方税务局经济开发区分局

经济概况

2013年，滨州市经济开发区实现财政总收入13.69亿元，同比增长10.19%，地方财政收入8.17亿元，增长13.67%；规模以上工业增加值增长13.2%；固定资产投资106.1亿元，增长24.7%；高新技术产业产值86.66亿元，增长3.29%，占工业总产值比重44.71%；实现生产总值86.95亿元，增长10.6%；工业企业主营业务收入186.68亿元，增长8.23%。

收入概况

2013年，分局共组织入库各项收入1.11亿元，同比减收407万元，减少3.53%。其中：组织入库税收收入1.03亿元，同比减收333万元，减少3.15%。全年完成地方财政收入1.01亿元，同比减收473万元，减少4.46%。

工作概述

【征收管理】 积极探索适合自身的税源专业化管理模式，切实提高征管质效。分局设立办税服务厅、日常管理组、税源管理组三个模块，实行分岗管事，日常管理组主要由四个基层征收单位组成，税源管理组主要由业务科室组成。同时对三个管理模块的主要职责进行了明确，对工作规程进行了优化，办税厅在前台负责受理，受理后流转给日常管理组，日常管理组负责调查、核实、核定、认定等业务，然后将调查核实情况流转给税源管理组处理，税源管理组负责纳税评估、比对分析、政策法规等工作，处理完毕后将处理结果流转给日常管理组，由其具体负责催报催缴、税收保全、强制执行和户籍巡查、发票巡查和相关涉税信息的采集等业务，最后日常管理组将结果传递给办税服务厅。

【纳税服务】 一是按照省局新一轮基层建设要求的标准对办税厅进行了全面升级改造，打造标准化办税服务厅，在此基础上，分局还要求干部职工工作时间要统一着装，切实抓好了语言规范、着装规范、举止规范、纪律规范，打造了“和谐温馨、方便快捷、整洁规范、健康高雅”的办税环境；二是整合办税服务资源，实现“一站式”服务，简化了办事程序，方便了纳税人；三是丰富载体，创新纳税服务形式，认真开展“地税局长服务日”活动，各位局长现场为纳税人提供服务，排忧解难；举办契税、所得税等纳税人培训班，送税法进企业，有力提升了纳税人对地税工作的满意度。

【税收执法】 一是大力推行税收执法责任制，年初分局全体干部职工都签订了《税收执法责任书》严格执法过错考核、督导和整改，每月发布税收执法预警，税收执法过错连续多月为零。二是建立了半年点评分析会议制度，每半年由业务科室对收入、征管、执法等情况逐项进行重点点评，通过点评，在查摆问题、强化整改、规范管理、促进收入增长等方面均取得了明显效果。三是开展抓企业带行业工作，每名班子成员分别从税源重点户、风险大户、征管难户、欠税大户中选取典型业户，作为规范管理的对象，充分发挥了领导干部抓税源管理的示范、带动、指导、监督和导向作用。

加强税收征管，召开“营改增”试点纳税人信息移交会议。

【信息化建设】 加强网络与信息安全检查，建立了网络安全巡检体制，加强对大集中等各类管理应用系统的日常维护。投资10万元，通过政府采购渠道，购入笔记本计算机、打印机15台，全部充实到征管一线，进一步提高了信息化对地税中心工作的支撑作用。

【干部队伍建设】 开展分级分类培训，鼓励干部职工参加“三师”考试，抓好学历学位教育，鼓励分局35岁以下干部攻读研究生。2013年开展各类全员培训、税收管理指引培训、副科级领导干部培训以及视频培训20期次，培训375人次。建立教育培训激励机制，把教育培训情况作为奖先评优和干部选拔任用的重要依据，对取得研究生学历、注册会计师、注册税务师、会计师、律师等资格的干部职工，给予奖励。

【党风廉政建设】 一是严格落实党风廉政建设责任制，全员上下层层签订责任书；二是深化推进廉政风险防控管理工作，排查廉政风险点，最大限度地防范违法违纪问题的发生；三是深入开展党风廉政教育，将廉政教育纳入教育培训计划，每月不少于一次廉政教育课，每季度布置一次“廉政作业”，每年开展一次党风廉政主题活动；四是大力推进廉政文化建设，建设廉政文化长廊，开展好廉政文化进机关、进家庭活动，进一步营造廉洁勤政的氛围；五是加强外部监督，公开举报邮箱和监督电话，落实好特邀监察员制度、税检共建制度，不断提升地税部门良好形象。

（王珊珊）

博兴县地方税务局

经济概况

2013年，博兴县实现生产总值283.16亿元，同比增长10.5%。全县完成财政总收入36.59亿元，同比增长3.2%，其中地方财政收入23.46亿元，同比增长5.0%。全县规模以上企业达到239家，比上年增加49家，实现总产值1092.22亿元，增长11.58%。城镇居民人均可支配收入30600元，同比增长10%，农民人均纯收入11691元，同比增长14.1%。

收入概况

2013年，全局组织各项收入18.19亿元，同比增长14.98%，增收2.37亿元，其中：中央级收入3.3亿元，同比增长22.88%，增收6138万元；省级收入23万元，同比下降30.30%，减收10

万元；市县级收入 14.89 亿元，同比增长 13.38%，增收 1.76 亿元。

工 作 概 述

【征收管理】 一是征管基础得到进一步夯实。税务登记率同比提高 8%，税款当期入库率达到 98.7%，异常数据清理日产日清，电子报税比例同比提高 6.2 个百分点。二是金税三期工程顺利上线运行。对大集中系统异常数据及时核实更改清理，有效保障各类数据如期转移，组成师资团队对干部职工、纳税人分三批进行操作技能培训，购买 16 台高配置台式计算机、2 台笔记本和 7 台打印机，为金税三期工程系统高效运转提供了有效支撑。三是纳税评估和税收预警工作成效显著。全年核实处理预警信息 401 户项，需补税 190 户项，共补税款 222.5 万元。对交通运输行业增值税附征税费等重点税源开展了纳税评估，补缴税款 832 万元，加收滞纳金 99 万元。四是继续借助社会力量加强税收管理，全年采集涉税信息 1096 条，入库税款 1343 万元。

【税收执法】 对日常税收执法的各个环节进一步明确和规范，加强了对税收执法的事前、事中、事后的监督制约。利用两个月的时间开展了“学法纪、转作风、提素质、防风险”集中学习教育活动。对符合国家税收减免政策的农产品初加工项目、残疾人工资加计扣除和小型微利企业减免各税 706 万元。对房地产业、建筑业和现代服务业开展了专项检查，查补入库税款 4392 万元。

【纳税服务】 整合纳税服务平台建设，对进入办税服务厅人员实行办税流程全程辅导和秩序维持。通过召开纳税人座谈会和“局长服务日”等活动收集纳税人的需求，纳税人税法培训中心组织培训 12 期，培训 210 多人次。组建了“春风行动”地税专家服务小分队，定期进企业、进机关、进学校开展税收政策宣讲和接受咨询。

【行政管理】 对目标管理考核、公务用车、考勤、经费预算、来人接待等工作运行制度进行了修订完善。公务接待一律在食堂吃工作餐，严格外出学习审批，压缩“三公经费”支出。节假日除值班车辆外全部封存停驶，对超标办公用房进行了调整。

【党风廉政建设】 建立了网上虚拟廉政文化教育基地，层层签订党风廉政责任书，深入开展党风党纪教育、法制教育。加强与监察、审计等部门的联系沟通，定期开展税检共建活动，有效杜绝职务犯罪问题发生。制定了廉政文化专题片、画册，设置了社区党员活动室，举办了清风地税廉政书画展，顺利通过全省廉政文化进社区示范点验收。

【机构人员】 截至 2013 年底，局机关内设 8 个科室，辖直属征收局、稽查局和纳税服务中心 3 个直属单位，下设博昌、陈户、湖滨、兴福、店子 5 个基层中心所，共有在职干部职工 85 人，平均年龄 44.5 岁，本科以上学历 71 人，大专学历 9 人，中专、高中及以下 5 人。

【干部队伍建设】 制定了《博兴县地税局教育培训实施方案》，定期组织财务会计知识培训和《小企业会计准则》

培训，开设了“地税周末大讲堂”栏目，围绕税收业务、财务会计、法律法规、服务技能等分岗位、分级次开展更新知识培训和技能比武。全体干部职工赴枣庄进行红色教育学习，组织业务骨干和重点企业财务主管共50多人赴山东税校进行税收政策知识更新培训。

加强精神文明建设，县局荣获“全国税务系统先进集体”。

【精神文明建设】　承办了全市地税系统“幸福地税杯”乒乓球友谊赛，组织召开了全县地税系统春节运动会，先后组织360多人次参加了义务植树和无偿献血等社会公益活动，“慈心一日捐”捐款9300元，走访结对帮扶贫困学生、残疾人和老党员25人。荣获全国税务系统先进集体、全省地方税收专项检查工作先进集体、全市作风效能建设先进单位和全县科学发展观综合考核先进集体等20多项荣誉。

（崔　超）

邹平县地方税务局

经济概况

2013年，邹平县实现生产总值737亿元，实现财政总收入93.2亿元，其中，地方财政收入55.83亿元（新口径）。完成全社会固定资产投资198.7亿元，实现规模以上工业总产值3100亿元、利税225亿元，利润160亿元。引进县外资金239亿元，境外资金3.2亿元，完成进出口41亿美元。魏桥创业集团跃居世界500强第388位。

收入概况

2013年，全局累计组织各项收入41.36亿元，比上年增收5.88亿元，增长16.57％。其中，中央级收入8.67亿元，同比增收2.51亿元；省级收入76万元；市级收入19万元；县级收入32.68亿元，同比增收6.02亿元，增长22.57％。

工作概述

【税收管理】　加强大企业税收管理和服务，魏桥创业集团累计入库19.22亿元，同比增收2.84亿元，增长了17.37%，实现了重点税源税款及时足额入库。加强创新管理，国际税收管理做法、“五步工作法”提升农商行个人所得税管理质效被市局评为2013年创新提升项目，其中，国际税收管理做法被市委《滨州信息》、市政府《滨州政务信息》领导参阅采用，邹平县县长邹继刚对此作了批示；提升农商行个人所得税管理质效被省局以文件形式在全省转发。抓好所得税管理，加强对上市公司限售股转让所得税收管理的做法被省局以文件的形式转发。加快税收征管改革步伐，成立纳税服务中心，实行全县集中征收。

顺利实现了金税三期工程系统的上线及运行。顺利完成了“营改增”试点纳税人的调查核实及移交工作。深入开展“行政程序推进年”活动，规范执法行为，加强执法监督，先后被评为全市地税系统“行政程序年”先进集体和“全市行政执法十佳单位”。

【纳税服务】 加强办税服务厅规范化建设，增加导税、二次优先、限时、延时等多元化服务。增加综合窗口，落实办税服务厅应急处理预案，实行分流措施、预约服务，缓解办税拥挤。开展“服务大厅作风整治百日行动”，通过制定规章制度、安装拾音器和视频监控系统、不定期检查等措施加强对作风的监督和考核管理。深入开展“地税局长服务日”、纳税人满意度调查等活动，提升服务质效。开通“网上税校”，加强对不同类型纳税人的培训。落实优惠政策，为19户企业办理企业所得税税收优惠备案、减免税款866万元。

【税收宣传】 开展“税法进机关”“阳光地税”宣传栏目、“千场电影进农村，税收宣传进万家”“税企同行”所得税知识讲座等活动，提高纳税人税法遵从度；开展“税收·发展·民生”书画摄影展、登山友谊赛、“税法杯”羽毛球邀请赛等文体活动，密切与纳税人的联系，通过“飞信”、地税QQ群等及时告知、提醒和辅导纳税人涉税事项服务，得到纳税人的好评。加强宣传，发表稿件中央级2篇、省级17篇、市级20篇；被《山东地税情况》调研专刊采用2篇，其他县级以上内刊采用信息61篇。

开展“抓企业带行业”，税务干部深入木器加工企业开展税收调研。

【干部队伍建设】 深入开展“作风改进年”“学法纪、转作风、提素质、防风险”集中学习教育、“庸懒散”专项治理等活动，转变作风。加强干部轮岗交流，调整干部职工63人，提拔任用副科级以上干部1名，交流县局班子成员1名。继续办好“平安校车”、定期健康查体等实事，对职工宿舍楼进行外墙保温、冬季取暖管网改造以及楼道粉刷、附属设施维修等，打造温馨宜居家园。

【党风廉政建设】 打造办税场所廉政文化、网上廉政文化、“忧乐苑”廉政教育基地等廉政文化教育阵地，成为广大党员干部接受反腐倡廉教育的重要平台。网上廉政文化教育基地被县纪委评为邹平县“第一届党风廉政建设创新奖”。在全县行风和效能建设全年综合考评中，综合成绩位列第一。

【精神文明建设】 获得山东省“职工职业道德建设先进单位”、山东省财贸金融系统2013年度“工会先进集体”、全省地税系统“先进集体”、滨州市“财税工作先进集体”、滨州市“工会工作先进单位”、邹平县“先进基层党组织”等荣誉称号；县局宋祥成获得了全国“优秀工会积极分子”称号；在全市地税系统2013年目标管理考核中名列第一。

（袁晓鸥）

惠民县地方税务局

经济概况

2013年，惠民县公共财政预算收入实现7.1亿元，同比增长9%；生产总值实现162亿元，同比增长9.1%；固定资产投资实现140亿元，同比增长24%；规模以上工业企业新增41家，主营业务收入、利润、利税分别增长16%、38%和32%。

收入概况

2013年，全局共组织各项收入4.85亿元，同比增长2.38%，增收1126万元。其中，地方财政收入实现4.45亿元，同比增长13.47%，增收5279万元。

工作概述

【税收征管】 加强征管基础建设，持续改善征管指标，不断夯实征管根基；扎实开展“局长收税日”和“局长收税月”活动，联合县总工会在全县地税系统开展“创先争优”劳动竞赛活动，全力以赴组织收入；积极开展班子成员抓企业、带行业工作，班子成员所带五个行业全年共实现税收收入2.16亿元，同比增长11.16%，增收2171万元；切实做好企业所得税汇算清缴工作，191家企业全部汇缴完毕，通过自汇自缴补缴企业所得税293万元，入库其他地方税费465万元；认真做好“营改增”和金税三期工程系统上线相关工作。

【标准化建设】 在保持ISO9001质量管理体系高效运行和持续改进的基础上，开展了纳税服务中心服务标准化示范单位创建工作，并于2013年8月24日顺利通过验收，被省质量技术监督局、省发展和改革委员会联合批准确立为省级服务标准化示范单位，成为全省地税系统首个被评为省级标准化示范单位的县级纳税服务中心。通过标准化建设，有效促进了各项工作的协调规范和服务管理水平的显著提升。

【依法治税】 把提高收入质量、防范执法风险工作摆在重要位置，层层签订税收执法责任书，全面落实税收执法责任制，切实推进依法治税、依法行政，有效提升了执法水平，防范了执法风险；加大稽查力度，全年实现稽查收入1904万元，同比增长131.07%，增收1080万元，有效堵塞了征管漏洞，提高了征管质效。

【纳税服务】 以创建省级标准化示范窗口为契机，积极落实首问责任制、一次性告知制、限时办结制等服务制度，推行二次优先服务、提醒服务、预约服务、延时服务等个性化服务举措。充分发挥税收职能作用，认真落实各项税收优惠政策，帮助企业解决了许多实际问题，深受纳税人和社会各界的广泛好评。成功开发“移动算税通”手机应用软件，确保了纳税人缴“明白税”“放心税”。9月上旬，纳税服务中心荣获全县涉企职能部门业务科室民主评议第一名。

【干部队伍建设】 结合工作实际，将思想政治教育与业务培训有机结合，科学制定教育培训计划。4月，组织21名新进人员参加了在山东财经大学举办的“税收业务知识更新培训班”。在此基础上，组织干部参加市局分级分类培训。5月，组织4名中心税务所所长参加了市局在扬州税校举办的“税务干部管理能力提升培训班”，在提升干部职工业务水平的同时，保证了思想政治素质同步优化。认真做好市局每周五下午安排的《财务会计及涉税分析》视频培训。

举办标准化管理培训，提高干部队伍素质。

【党风廉政建设】 扎实开展“学法纪、转作风、提素质、防风险”集中学习教育活动、工作作风集中整治行动、“庸懒散”专项治理行动，不折不扣地贯彻落实中央八项规定的各项要求，切实把上级一系列决策部署落到实处，坚决反对“四风”。加强廉政文化建设，在局内建立了廉政文化教育基地。研究制定《百要百不准》，通过制度的制定和落实来实现对全体干部职工思想行为的有效约束。

【精神文明建设】 被省纪委评为“省级廉政文化进机关示范点”、荣获“2013年度全县科学发展综合考核一等奖”“2013年度全县税收征管先进单位”“县级党风廉政建设‘十百千示范带动工程示范点’”“‘作风效能服务年活动’暨政风行风建设先进单位”；顺利通过县级文明行业复审，被县委、县政府评为“宣传思想文化工作先进单位”。

（郭兴增）

阳信县地方税务局

经济概况

2013年，阳信县实现生产总值126.34亿元，同比增长3.8%。其中，第一产业增加值22.75亿元，同比增长3.7%；第二产业增加值51.26亿元，同比增长2.5%；第三产业增加值52.30亿元，同比增长5.4%。三次产业比重为18.0∶40.6∶41.4。

收入概况

2013年，全局共组织各项收入3.89亿元，同比增长20.52%，增收6629万元。其中，中央级收入完成1447万元，省级收入完成5万元，市级收入完成88万元，县级收入完成3.74亿元。

工作概述

【税政管理】 一是积极研究税收政策，加强重点行业企业监控管理，增加税收收入。二是实行税收减免集体审议制度和社会公示制度，确保税收政策不折不扣执行到位。三是积极推进“营改增”工作，深化房地产税收一体化管理。四是认真做好企业所得税核定征收及年度汇算清缴工作。五是全面优化产业结构，增加地方财政收入比重。六是国际税收管理工作中对进口设备税收管理工作进行逐一核查；外籍人员个人所得税“一人一档”动态档案管理模式成效显著。

【征收管理】 一是开展以“规范档案资料、整改征管数据”为主题的征管基础建设达标竞赛活动。二是对房地产行业税收清算汇缴数据模型进行补充和完善，使之更具操作性。三是做好金税三期工程税收管理系统上线工作。四是围绕数据的真实性、完整性、规范性、及时性，做好征管数据质量监控工作。

【税收执法】 一是深入开展提高收入质量、防范执法风险活动，加强收入计划管理。二是认真做好税收执法责任制工作，科学定岗定责，细化工作规程，把握执法责任制重点。三是深入开展行政程序推进年活动，加强专业化建设，规范自由裁量权，推行政务公开。四是落实税收政策执行情况评价反馈机制，加强政策评价反馈。

【纳税服务】 将办税服务厅整体迁入县政务服务中心，实行了“一窗受理，内部流转，限时办结，窗口出件”的“一站式”服务模式。简政放权，减少审批事项，缩短审批时间。发起成立了纳税人权益保护协会，建立了税银共建支持企业发展机制，主动落实各项税收优惠政策，打造出了在全县叫得响的“征纳共盈”服务品牌。

【信息化建设】 强化上线软件的维护和管理，做好在线考核、数据管理、日常运维等工作。立足实际，为基层提供技术保障，为纳税人提供技术服务，强力保障信息系统应用的安全，确保了金税三期工程税收管理系统的顺利上线和正常运行。

【干部队伍建设】 以“和谐（幸福）地税”建设为主线，深入开展“和谐地税幸福家”创建活动，干部队伍更加和谐稳定。实施“青年成长成才工程”和“中年能力再提升工程”，强化政治理论学习和业务培训，干部队伍素质进一步提高。

【基层建设】 基层征管人员全部集中到新办公楼办公，成立五个税源管理组，对全县税源实施专业化管理。结合“营改增”、金税三期工程税收管理系统上线运行，认真开展“征管基础建设示范点”创建活动，基层管理服务水平显著提升。

【党风廉政建设】 严格落实党风廉政责任制，不断完善廉政风险防控机制建设，深入开展廉政风险和职务犯罪风险点自查自纠活动。加强与检察、纪检、审计等部门的沟通交流，深入开展检税共建活动，及时解决风险苗头，保证了干部队伍的稳定。

【精神文明建设】 倾力打造“信和家园”文化品牌，提炼确定了“政务诚信，内外和谐”的核心价值理念。建成了社会主义核心价值观教育基地、职工道德教育基地、党员活动基地、廉政教育基地、地税文化理念培育基地等五个基地，产生了良好的社会效果。

（朱有民）

无棣县地方税务局

经济概况

2013年，无棣县实现生产总值225.6亿元，比上年增长6.1%。实现财政总收入17.27亿元，同比增长8.28%，实现地方财政收入12.5亿元，同比增长14.37%。全县规模以上工业总产值325.39亿元，同比下降4.37%。

收入概况

2013年，全局共组织各项收入8.12亿元，同比增长24.34%，增收1.59亿元；其中地方财政收入完成7.71亿元，同比增长25.16%，增收1.55亿元。教育费附加、地方教育附加、地方水利建设基金分别入库1969.5万元、1311.6万元、587万元，同比均小幅增长。文化事业建设费、残保金、工会经费分别入库12万元、66万元、153万元。

工作概述

【税收征管】 通过与工商局、房管局、土管局等部门信息共享，取得有效征税信息，入库股权转让印花税89万元，入库房产交易税收947万元，城镇土地使用税与耕地占用税增收7942万元。通过对土地价值计入房产原值的计税依据调整增加，年增税收150万元。执行“先证后税”政策，在房管局进驻征税人员，全年存量房系统交易房产273套，合同申报价格4497万元，调增后价格5814万元，调整金额1317万元，调增税额53万元。

【税收执法】 一是通过开展抓企业带行业工作，班子成员多次深入到鲁北盐场、海的贝瓷等企业进行了实地调研，解剖典型企业存在的问题，探索行业税收管理的规律，撰写出了海盐制造业和贝瓷制造业税收管理指引，年增税收600万元。二是加大税收检查工作力度，引入中介机构参与，对有重大偷漏税嫌疑的纳税人进行了重点专项检查，全年查补入库1617万元。三是通过加强房地产行业申报管理、开展房地产业专题税收风险分析、强化重点对象监控等举措，该行业入库税款2.04亿元，同比增长58.53%。

【纳税服务】 实行绿色服务230多户次，帮助纳税人评估风险7起，处理预警41项。走访无棣县10个重点招商引资大户，发放《致纳税人的一封信》和征求意见表，采纳可行性服务信息8条。举办纳税集中访谈日活动1次，招商引资企业专题税企恳谈会2次，共为招商引资企业上门服务39次，举办培训班8期，参加培训人数417人次；招商引资落地项目已办理税务登记29户，实现建筑业各项收入6533万元，同比增长41.74%，增收1924万元。

【干部队伍建设】 通过开展“效能提升工程”活动，从转变工作作风、规范权力运行、优化纳税服务、加强素质教育、防控廉政风险等方面入手，促进全县地税系统各单位建立起了权责明晰、行为规范、运作协调、工作透明、廉洁高效的工作运行机制。通过组织中层负责人到中央财经大学学习、参加省局文化道德视频讲座，有效提升了干部队伍的综合素质。

【机构人员】　截至2013年底，该局下辖稽查局、直属分局以及信阳、水湾、碣石山、小泊头4个基层中心所，局机关下设办公室、法规税政科、征管和科技发展科、收入核算和财务科、人事科、纳税服务中心、监察室、税源管理科、机关党支部、督查考核办公室10个科室，共有在岗干部职工86人。

【党风廉政建设】　先后组织全体干部职工到县检察院、看守所开展了警示教育活动，全体干部职工听取廉政讲座3期，加深了对反腐倡廉精神的理解。通过扎实推进地税廉政文化建设和廉政风险防控建设，廉政教育扎实开展，党风廉政建设责任制得到较好落实。

【精神文明建设】　通过开展“和征悦纳”党建品牌创建活动，编制了党建工作纪实画册《地税处处党旗红》，制作了专题片《党的光辉映税苑》，有力地促进了队伍的党性建设。派出两名党员干部到信阳镇的丰台村和小邵村担任第一书记，把党的温暖送到老百姓的心坎上。先后投入资金50万元，栽苗木、修道路、建广场、美墙面，有力促进了村容村貌改观。

（寇　勇）

沾化县地方税务局

经济概况

2013年，沾化县经济实现平稳较快增长，产业结构进一步优化，实现生产总值162.04亿元，同比增长9%，实现公共财政预算收入10.11亿元，同比增长13.05%。第一产业实现增加值36.32亿元，同比增长4.1%；第二产业实现增加值60.54亿元，同比增长10.7%；第三产业实现增加值65.18亿元，同比增长9.8%。

收入概况

2013年，全局共组织入库各项收入6.92亿元，同比增长15.48%，增收9281万元。组织入库地方财政收入6.65亿元，占年初计划的102%，超收1341万元，同比增长23%，增收1.25亿元。

工作概述

【征收管理】　开展土地使用税、耕地占用税“两税”专项检查工作，完成了土地使用信息标注。完善人员岗位设置、规范调整纳税人信息、加大测试力度，有针对性地修订县局业务规范化流程，顺利完成金税三期工程上线工作；同时，加强师资培训，上线后征管质效明显提升，工作运行安全。从加强复核、规范操作、责任追究、强化考核四个方面加强了数据质量管理工作，实现了数据质量管理全年“零差错”。对全县3204户纳税人进行了微机定税，微机定税比例达到了双定户的99.38%。

【税收执法】　建立税收管理服务体系，完善税收管理员执法责任制、考核制和奖惩制。实行“周例会”制度，加强经济税收分析，强化税收分析的成果运用，严格收入考核。编印《税收操作规范实务》，征管工作全程留痕，继续深化分类化管理、专业化管理等各项税源管理制度，加大税收征管力度。出台《基础设施建设税收管理办法》《纳税能力评估管理办法》加大重点税源管理，发挥计会统报表的分析比对作用，强化税种管理，堵漏增收。

开展税源普查活动，税务干部到重点企业了解生产经营状况。

【纳税服务】 开展"廉洁自律自查自纠活动""评选服务标兵活动"，在办税服务厅配备导税员，实现了零距离、全透明的阳光办税。面向广大纳税人设立飞信群和电子邮箱，畅通涉税业务流转渠道。严格规定各类涉税事宜的完成时限，在各办税场所公示，接受纳税人监督。深化特色办税服务，积极推广一窗式办税以及预约服务、导税服务等一系列富有特色的人性化服务。2013年，获得滨州市"富民兴滨劳动奖章""巾帼文明示范岗""三八红旗手"等荣誉称号。

【干部队伍建设】 按照"调活干部、调优结构、促进和谐"的原则，全面展开干部轮岗交流工作，轮岗交流涉及13名干部职工，轮岗面达到16.5%，营造出"横向比激情、纵向比质效"的良好竞争氛围。建立起文学协会、摄影协会、乒羽协会、书画协会等团体，先后举行"中国梦"征文比赛、"青春梦飞扬"演讲比赛，进一步激发了广大干部职工学习兴趣。组织集中学习教育，在全市地税系统《财务会计及涉税分析》全员培训达标考试中，全局共有58人参加，平均成绩为98.94分，达标率达到100%。

【基层建设】 建立经费保障机制，出台《沾化县地方税务局财务管理暂行办法》，确保经费预算向一线倾斜。建设书画展室、摄影展室、乒羽俱乐部，推进廉政教育室、荣誉室、党员活动室和职工活动室等"四室"建设。推进财税库银横向联网工作，实现了银行网点全面覆盖，巩固和完善POS机刷卡、网络申报、银行批量划拨等多种电子申报缴税方式。同时，将办税服务厅部分职能进驻区行政服务中心，实行与国税、工商、国土等部门联合办公，极大地降低了纳税人的办税成本。按照示范中心所的标准对泊头中心税务所进行了改造，2013年，该所荣获"群众满意基层站所（服务窗口）"荣誉称号，税收环境得到明显优化。

【党风廉政建设】 强化廉政监督工作，制作《地税人员执法行为及廉政情况监督卡》，全程监督税务执法过程。运用廉政防控平台，加强对税收执法权和行政管理权的监督。联合济南鑫海广告传媒公司建设网上廉政文化教育基地，逐渐形成以"宣教营廉、书画示廉、读书思廉、文体养廉、家庭助廉、社会督廉”为主导的具有沾化地税特色的廉政文化，为做好税收工作打牢了基础。

【精神文明建设】　以“励志、感悟、启迪、探索”为主题，共刊印《心灵视窗》24期；倾力打造“尖兵工程”，构建“聚力、聚智、聚财、聚信”为载体的“四聚体系”，全员参与拍摄专题片《尖兵》，有力推进了地税工作。参加县纪委举办的“践行群众路线，建设滨海强县”辩论赛，获得一等奖，同时两名职工分获最佳辩手和优秀辩手称号。举办第二届职工运动会，组织开展“周末影院”“我为沾化添绿色”等活动，营造了凝心聚力、昂扬进取的文化氛围。同下洼镇卢家村结成文明共建对子，派驻“第一书记”与村民共同创业，修筑“地税路”，组织副科级以上党员干部与12名困难群众和学生结成帮扶对子，提升了地税形象。

（花仁军）

滨州市地方税务局
高新技术产业开发区分局

经济概况

2013年，滨州高新区实现生产总值34.08亿元，较2012年同比增长9.1%。其中，第一产业增加值4.92亿元，较2012年同比增长3.5%；第二产业增加值15.46亿元，较2012年同比增长8.9%；第三产业增加值13.7亿元，较2012年同比增长11.5%。2013年全年常住人口6.32万人，较2012年同比增长0.48%。

收入概况

2013年，全局共组织收入2.32亿元，同比增长17.69%，增收3489万元，其中：完成财政口径地方收入2.16亿元，同比增长26.79%，增收4557万元。

工作概述

【税政管理】　建立税收经济形势分析制度，推行项目联审，对落户项目联合审批服务，全程掌握项目落户、施工建设、竣工达产进度，实现税收源头控管。深化单位部门综合治税，加强重点税源管理，按照“信息管税”的要求，建立纵横结合、内外协作的税源专业化管理运行机制。强化预警信息跟进管理，细化量化征管指标管理，通过分析整改、健全机制，落实责任，各项征管指标实现稳定达标。对企业16项基础资料进行详细核实、系统录入，对业户年度征管资料纳税申报表、资产负债表及利润表进行适时更新补充，确保业户征管基础资料的真实完整。

全面加强税源管理，税务干部深入生物科技企业进行税收调研。

【征收管理】 建立健全催报催缴制度，严格“以票控税”管理制度，实施“以票控税”，充分发挥集中支付职能开展源泉控管，建立健全以“项目登记、信息采集、双向监控、以票控税”为主要内容的控管机制，全面加强税收征管。

【纳税服务】 分类开展纳税辅导，强化新办企业的服务，深入推进税源专业化管理，完善分类分级管理办法，优化岗位设置和管理流程，提高税源控管能力。扎实开展局长服务日活动，推行领导干部和税务人员轮流到办税服务大厅值班，督导办税服务大厅的服务水平、办税效能。

【信息化建设】 强化措施，做好机房防火、防雷、防静电、UPS以及交换机、路由器、防火墙等网络设备的日常维护；对于服务器按时进行数据备份，每台客户端做好日常监控和运行维护，及时发现和处理问题。保障了网络的畅通和设备的正常运转。

【干部队伍建设】 建立评优树先投票制、干部晋升实绩制、优秀成绩重奖制、倡导树立感恩文化。广泛开展思想政治理论教育、业务能力提升培训，不断提升干部队伍政政治理论水平，拓展业务能力层次，提高队伍整体理论修养和依法行政水平。

【基层建设】 开展“亮出身份、实践承诺”活动，党员干部挂牌上岗，积极创建“党旗引领和谐团队”党建品牌活动；积极主动关怀老党员，不定期组织开展各类慰问活动，结合争先创优工作，制定了《滨州市地方税务局高新技术产业开发区分局“庆祝建党92周年系列活动”实施方案》，举行了演讲比赛、税收知识竞赛等一系列活动。

【党风廉政建设】 层层签订党风廉政建设责任书、承诺书，积极开展贯彻落实中央八项规定，整顿改进会风、会纪，厉行节约，杜绝浪费，倡树清廉、清正、清明之风。组织分局税务干部职工到鲁中监狱、市人民检察院驻高新区监察室廉政教育基地开展警示教育活动，参加“廉洁，从我做起”万人签名活动，积极参与滨州市廉政建设“十百千示范带动工程”，打造一支廉洁勤政的团队。

【精神文明建设】 积极开展争先创优活动。制定文体活动计划，常态化开展文体活动，组织参加元宵节彩灯谜、管委会第二届运动会、市局乒乓球比赛、“中国梦，从我做起”主题演讲比赛等活动，培养干部职工健康向上的生活情趣；突出人文关怀，定期开展干部职工思想状况调查，及时慰问老干部，增强干部职工对和谐地税大家庭的归属感。

（苏洪杰）

滨州市地方税务局
北海经济开发区分局

经济概况

2013年，滨州北海经济开发区实现生产总值13.25亿元，同比增长20.4%；公共财政预算收入3.25亿元，增速50.51%；规模以上工业增加值增长75.55%；实现地方财政收入3.58亿元，同比增长50.51%。

收入概况

2013年，分局累计组织各项收入3.31亿元，收入总量首次突破3亿元，同比增长60.25%，增收1.25亿元。完成地方财政收入3.11亿元，同比增长69.53%，增幅名列全市第一。

工作概述

【征收管理】 按照“四个提高、四个降低”（提高第三产业比重，降低一二产业比重；提高最终产品比重，降低初级产品比重；提高绿色环保产品比重，降低高污染产品比重；提高有记录可追溯产品比重，降低信息不完整产品比重）指标要求，着重抓好各项基础管理工作，促进了当期入库率、临时户入库税额比重等指标的明显改善。认真做好“营改增”工作，顺利完成了试点纳税人的调查核实及移交手续。成立金税三期工程试点上线工作领导小组，制定工作计划，强化培训辅导，实现金税三期工程顺利上线。健全问题整改机制，实行每月税收调度分析、每周例会制度，发现问题，强化整改，有效地提高了收入质量。继续落实班子成员抓企业带行业工作，其中制造业收入5351.32万元，同比增长24.36%，盐业收入1.19亿元，同比增长47.18%，房地产业收入329.94万元，同比增长32.39%，初步探索形成了制造业、盐业、房地产业税收管理模型。

【税收执法】 开展“学法纪、提素质、防风险”集中学习教育活动，与全体人员签订《税收执法责任书》，全面推行执法责任制和过错追究制，严肃组织收入纪律，强化干部职工的风险防范意识。积极拓宽执法监督渠道，聘请18名特邀监察员，定期召开座谈会、税情恳谈会、发放征求意见信等，广泛采纳意见、建议，积极改进在税收执法、服务工作中存在的问题和不足，营造良好的税收执法环境。

加强税收征管，税务干部深入盐业企业开展调研。

【纳税服务】 认真践行“阳光、公平、正义”的工作理念，开展微笑服务、“一站式”服务，做到“前台受理，内部流转，限时办结，窗口出件”，为纳税人提供热情、周到、规范、高效的纳税服务。围绕“两区一圈”（山东半岛蓝色经济区、黄河三角洲高效生态经济区、省会城市群经济圈）发展战略，积极向区党工委、管委会建言献策，向区党工委、管委会提报的《对北海经济开发区今后发展的几点建议》受到主要领导高度赞扬，在全区发文推广。

【干部队伍建设】 以《山东地税岗位培训丛书》为教材，按照分岗位培训的原则，制定了科学的教育培训计划，大力调动了干部职工学习自觉性、积极性。严格落实中央八项规定，积极倡导勤俭节约的风气，严格控制“三公经费”，狠刹奢侈浪费之风。扎实开展“庸懒散”专项治理活动，出重拳，求实效，打造文明健康的地税形象。

【党风廉政建设】 突出文化引领，发挥廉政文化建设的导向效应用，以党的十八大精神来引领党风廉政工作。深化检税共建活动，提高干部职工预防职务犯罪的能力。进一步突出政务公开，把办税服务及税收执法置于群众监督之下，构筑内控机制与外部监督并举的全方位监督网络，不断丰富倡廉载体，自觉做到依法执政、廉洁从政、文明服务，保持干部队伍的纯洁和稳定。

【精神文明建设】 坚持弘扬“幸福地税”精神，改善精神面貌和转变工作作风，牢固树立创优争先意识，先后获得“滨州市财税工作先进集体”“市级精神文明号”“滨州市残疾人就业保障金征收工作先进单位”“滨州市工会经费收缴工作先进单位”“滨州北海经济开发区财税工作先进单位”“滨州北海经济开发区创先争优先进单位”等荣誉称号。

（高 强）

菏泽市地方税务局

经济概况

菏泽市地处山东省西南部，与苏、豫、皖三省接壤。南北长157公里，东西宽140公里，总面积12238.62平方公里。辖牡丹区和曹县、定陶、成武、单县、巨野、郓城、鄄城、东明1区8县及10个省级经济技术开发区，人口997万。2013年实现生产总值2050.01亿元，同比增长12.0%。分产业看，第一产业实现增加值255.00亿元，同比增长3.0%；第二产业实现增加值1113.51亿元，同比增长13.8%；第三产业实现增加值681.50亿元，同比增长12.5%。

收入概况

2013年，全市地税系统共组织各项收入112.77亿元，同比增长9.77%，增收10.04亿元，其中：市县级收入完成106.84亿元，同比增长10.65%，增收10.28亿元。分产业提供地税收入情况：第一产业提供收入1252万元，同比减少32.98%；第二产业提供收入57.41亿元，同比增长6.48%；第三产业提供收入55.24亿元，同比增长13.59%。

工作概述

【提高税收收入质量】 积极探索提高收入质量、防范执法风险的长效机制，建立了教育引导机制、组织收入制度机制、监督机制、协调沟通机制。深入落实《山东省地方税收保障条例》，在省人大常委会执法检查中，得到充分肯定。认真开展依法行政示范单位创建活动，市局被市政府评为“全市依法行政示范单位”。

【税收征管】　深入推进税收征管改革，加强征管基础管理，深化纳税评估和税收预警应用、处理，抓好税源监控分析，税收征管水平显著提升。认真做好“营改增”工作，强化房地产业、建筑安装业、煤炭业、餐饮服务业等重点行业税收和重点税种管理，开展企业所得税汇缴，强化反避税管理，强化外资企业税收管理，加强二、三产业分离，加强重大建设项目税收管理，加大稽查力度，税收行业管理水平不断提高。

【纳税服务】　认真开展服务经济社会发展建言献策和“我为企业服好务，我为企业献计献策”活动，建立局领导班子成员联系企业点制度，深入开展纳税服务明星评选、青年志愿者服务、“局长做客市长热线”“地税局长服务日”等纳税服务品牌创建等活动，纳税服务取得明显成效。开展办税服务厅规范化建设，积极利用好借助“12366”纳税服务热线、办税服务厅、外部网站三个平台，纳税人满意度不断提高，市地税局连续6年被市政府评为“菏泽市政务服务工作先进集体”。

【干部队伍建设】　强化教育培训，强化党建工作，认真开展地税领导干部选拔配备，加强干部职工的社会公德、职业道德、家庭美德、个人品德“四德”教育，开展“学习好、团结好、工作好、廉洁好、作风好、服务好”等“六好”领导班子创建活动和“爱祖国、爱社会、爱共产党、爱地税、爱岗位、爱家庭”等“六爱”教育活动，干部队伍素质进一步提高。

【党风廉政建设】　开展多种形式的党风廉政教育，加强廉政和执法风险防控平台应用，积极参与“阳光政务热线”和“行风热线”，开展全市地税系统纪律学习教育活动和廉政文化“进机关、进家庭、进办税场所、进网络”四进活动，廉政警示教育效果显著。认真开展执法督察，得到省局执法督察组的充分肯定。积极开展行风评议活动，2013年度市局被评为行政执法类第二名。

【改进工作作风】　制定了《市地税局党组关于进一步加强领导干部工作作风建设的实施意见》和《市地税局厉行勤俭节约反对铺张浪费实施意见》，成立检查组进行督导，市局厉行节约工作得到市纪委督导检查组的充分肯定。大力开展整治“庸懒散”专项治理活动，严肃整治系统内存在的“庸懒散”问题，认真做好市政府统一部署的优化审批服务、规范涉企收费、清理中介组织等三项工作，进一步优化营商环境，市地税局在市政府组织的验收检查中获得满分的好成绩。

（游　斌）

菏泽市地方税务局牡丹分局

经济概况

牡丹区总面积1249.3平方公里，截至2013年底，全区人口为127万人，辖

21个乡（镇办事处），660个村（居委会）。全年实现生产总值245亿元，同比增长13.2%，其中第一产业26.95亿元，增长0.46%；第二产业117.11亿元，增长19.2%；第三产业100.94亿元，增长19%。

收入概况

2013年，全区地税系统共组织税收收入11.65亿元，同比增长38.5%，增收3.2亿元；其中省级完成8823万元，同比增长30.5%，增收2066万元；区级完成10.44亿元，同比增长42%，增收3.09亿元。

工作概述

【税收征管】 扎实开展金税三期工程试点上线工作，按照省、市局统一部署，完善工作机制，加强交流沟通，组织人员培训，做好数据迁移。积极应对“营改增”工作，向国税部门移交753户。积极推行税源管理新模式，累计纳税评估15户，评估税款1502.1万元。稳步推进企业所得税汇算清缴工作，汇算清缴面达100%，企业所得税入库税款2515万元；注重抓好个人所得税全员全额扣缴申报和年所得12万元以上个人所得税自行纳税申报工作，自行申报225人，全员全额个人所得税申报2574户，个人所得税入库税款4863万元；建立完善了建筑业、房地产业、餐饮业等管理办法，营业税入库税款5.43亿元。抓好房地产业税收管理，房地产业入库税款3.62亿元。加强“存量房评估系统”的应用，录入存量房4万多户，在全市首先完成了房地产住宅上线评估数100%的要求，征收税款4568万元。健全完善发票管理制度，每月组织一次发票检查，定额发票实现税款8211.2万元，代开发票实现税款1.67亿元。

【税收执法】 继续开展“法制教育月”活动，重点抓好税收执法风险专项教育，增强了税收执法人员识别、防范、化解风险的能力；层层签订了《税收执法责任书》，抓好税收执法在线考核和执法预警工作，实现了申辩前零过错的目标，在全市名列第一；认真贯彻落实《山东省地方税务局处罚自由裁量权办法》，严格执行税收执法标准，其中非正常户解除处罚率达到100%；下发税收预警户522户项， 186户项进行了补税，共补缴税款327.08万元；认真贯彻《山东省地方税收保障条例》及相关法律法规，强化第三方信息采集和税收源头控管，利用有效涉税信息20405条，入库税收2363万元；改进稽查管理方式，加强查前预案和评估结果运用，共检查纳税人30户，累计查补税款806万元。

【纳税服务】 在服务党委政府决策方面，注重围绕区委、区政府领导关注的园区建设、商贸物流、服务型企业等，提出具体对策与建议；在服务社会和纳税人方面，整合办税服务厅，完善服务措施，增强服务意识，提升服务水平。发挥12366纳税服务热线作用，受理各类电话391件，处理率100%。纳税服务中心在菏泽市“行风热线”上受到了纳税人高度赞扬，也被市局予以通报表扬。积极开展网送税法，网送企业户数达2200多户。深入开展“局长服务日”活动，进一步提升了服务水平。认真落实国家出台的结构性减税政策，规范完善审批备案事项的管理，更好地助力企业发展和民生改善。此外，充分发挥税收征管网络优势，积极做好代收税费工作，共代收税费10678万元。

【干部队伍建设】 制定2013年度教育培训计划，开展业务培训8期，培训人员400多人次。安排部署《小企业会计准则》的学习和培训工作，130多人参加培训，在全市地税系统抽查考试中名列第三；积极参与能手选拔工作，分局王建福、付光明、王华、刘姝、李玉玲等5人获得了市局能手称号；严格执行中央八项规定和省市区落实意见，切实反对“四风”，积极参与“庸懒散”专项治理，完善内部行政管理措施，严格控制“三公经费”，加强请销假管理、车辆管理、考勤管理，进一步提高了执行力和公信力；深入推进党员干部联系群众活动，出资2万元帮助李村镇高李庄村建立了村级活动场所。向24户帮扶对象发放了联系卡，全体党员捐资14500元购置物品，于中秋节、春节慰问了帮扶群众；落实党风廉政建设责任制，签订廉政责任书220多份。组织5月廉政教育月活动，进一步提升了干部职工的廉政意识。扎实推进廉政风险防范管理，不断深化廉政和执法风险防控平台应用，营造了浓厚的廉政氛围。深入开展了行风检查月活动，通过明察暗访、廉政谈话等方式，进一步转变了工作作风，促进了行风建设，并再次在行风评议中名列第一。

（王　超）

曹县地方税务局

经济概况

地处黄河故道、鲁西南边陲的曹县，与河南省三县区毗邻，总面积1969平方公里，总人口161万，下辖22个乡镇、5个办事处和一个省级经济开发区。2013年曹县实现生产总值254亿元，同比增长13.3%；公共财政收入18.3亿元，同比增长13%；固定资产投资100亿元，同比增长22%。

收入概况

2013年，全局共实现地税收入14.9亿元，同比增长21.78%，增收2.7亿元。其中，中央级收入完成8548万元，同比增长19.79%，增收1412万元；县级收入完成14.01亿元，同比增长30.49%，增收3.27亿元。

工作概述

【税政管理】 切实贯彻落实国家税收法律法规及其实施细则和办法，严格税政管理制度，建立健全税政监管机制，加强执法考核和效果评价，强化执法预警。深入开展税收政策法规的宣传，抓好企业所得税汇算清缴工作，努力提高税政管理的质量和效益。

【征收管理】 在“营改增”新的形势下，面对新情况，牢牢把握以组织收入为中心，建立“提高收入质量、防范执法风险”的运行机制。加强税源专业化管理，对重点行业、重点税种实施重点监控，建立“重点税源集中管、一般税源规范管、零散税源社会管”的管理架构，强化信息管税、“以票控税”机制，切实做到应收尽收，均衡入库。开展了为期4个月的集中税收大检查，共查漏补缴税款7500万元。

【税收执法】 层层建立健全执法责任制和问责制，加强对税收执法岗位和环节的事前、事中、事后的监督监管，规范执法行为，严肃岗责纪律。积极推行政务公开，确保公平公正，增加执法透明度，多形式接受社会的监督，确保执法程序无差错，保障和维护广大纳税人的合法权益。

采取多种形式进行税法宣传。

【纳税服务】 弘扬和坚持“三大服务”理念，优化服务环境，开展“一切为了纳税人，为了纳税人一切”为主题的实践活动。树立“企业发展我发展，我为企业献计策”的服务意识，积极深入企业和业户，为纳税人送税法、搞培训、帮管理、解难题、送信息、当参谋，提供“六上门”服务，建立和谐的征纳关系。积极推行直通车服务模式，开辟绿色通道，简化手续，优化流程，实施定时服务、预约服务、延时服务、特色服务、急事急办、特事特办服务举措，更好地满足纳税人的新需求、新期待，维护好地税队伍的良好形象。

【金税三期工程】 为适应全省金税三期工程建设的需要，县局制定实施方案，加强基础工作和微机操作人员的业务培训工作，强化对信息网络的安全维护。进一步强化对基础资料的录入、审核、修正工作，做到规范操作、减少失误，不断提高金税三期工程实施质效。

【干部队伍建设】 优化干部队伍结构，进一步推进竞争上岗、轮岗交流、挂职锻炼等工作，从年富力强、人才骨干中选拔11名干部充实到基层分局、中心所，完善干部考核激励机制，激发队伍活力。为提高干部职工业务素质，按照微机操作、征收管理、财务会计、税务稽查、发票管理、税收法规和行政管理等七种岗位类别，先后举办业务培训班8期，参培人员达到600人次以上，有9名同志考上市级业务能手，逐步建立了一支思想好、作风硬、业务精、贡献大的干部队伍。

【党风廉政建设】 认真落实2013年度党风廉政建设责任制，层层签订责任书。建立防腐预警平台，并充分利用好廉政教育基地，适时组织观看警示教育录像片，请检察院干部作廉政报告。对廉政建设工作及时组织明察暗访，突出解决“四风”方面存在的问题，建立健全各项工作纪律，防止铺张浪费，倡导勤俭节约，落实好党中央八项规定，并建立长效监督管理机制。

【精神文明建设】　顺利通过省级文明单位的检查验收。及时制定文明创建活动规划，落实文明创建亮点工程措施，不断巩固发展精神文明建设成果，曹城中心所荣获“全国工人先锋号”荣誉称号。

（周　琨）

定陶县地方税务局

经 济 概 况

定陶县面积 846 平方公里，人口 66 万人。2013 年，定陶县实现生产总值 116 亿元，增长 11.5 %；三次产业的比例为 19.1∶52.7∶28.2；完成公共财政预算收入 6.6 亿元，增长 4.1%；农民人均纯收入 9006 元，增长 10.5%；金融机构存款余额 110 亿元，贷款余额 60 亿元，较年初分别增加 17 亿元、11 亿元。

收 入 概 况

2013 年，全局组织入库各项地方收入 4.34 亿元，其中，市县级收入 4.2 亿元；县本级地方财政收入完成 1.12 亿元，同比增长 39.53%，增收 3216.9 万元。

工 作 概 述

【税政管理】　坚持依法治税原则，规范执法程序，落实税收执法责任制；认真落实税收优惠政策，进一步规范税收自由裁量权，全县没有税务行政复议和诉讼案件发生。在县民主评议中，取得了行政执法类第一名的佳绩。

【征收管理】　对城区纳税人的征管及执法情况进行拉网式检查，对发现的问题，限时整改到位，对管理不善人员进行了通报批评，经过整改，新增登记户数大幅增加，清理税款 324.5 万元，减少了“人情税”“关系税”。成立房地产业、建筑大项目等税源专业化管理小组，对重点税源实行动态监控，全年房地产业、建筑业税收分别入库 8950 万元、5453 万元，同比增收 3280 万元、1886 万元，增长 57.85 %、52.87%。

【税收执法】　层层签订税收收入质量责任书，规避执法风险。对 11 户房地产企业进行集体约谈，共督促纳税人入库税款 499 万元。对于涉税疑点较大的 44 户纳税户进行评估，督导企业累计入库税款 1713.3 万元。开展了发票专项检查，通过强化税收预警和稽查力度，入库税费、滞纳金和罚款 510.5 万元，有效地打击了偷税漏税行为。被市地税局评为“全市地税系统年度目标管理考核优秀单位”。

【纳税服务】　积极举办“税收宣传月”活动，全年在各级媒体刊发宣传信息 180 条，提高了社会各界的纳税意识。通过集中征收和审批，所有涉税事项均可实现“前台受理，内部流转，限时办结，统一出件”，优化了个性化服务举措，进一步规范办税流程，推行“一站式”服务，提高了行政效率，减轻了纳税人负担。

【信息化建设】　为确保金税三期工程顺利上线运行，对 26 类 528 项涉及税务登记类异常数据进行了清理、审核和修正，对全局人员和网上报税纳税人进行了业务培训，夯实了信息管税基础。

【干部队伍建设】 坚持周二集中学习日制度，进行了春训集中学习，涌现出一批业务骨干，其中县局2名同志入选省级企业所得税人才库。一季度，通过双向选择、竞争上岗，重新选拔配备22名基层单位副职，全系统75人参与了岗位交流，占在职在岗人员的62.5%，先后推荐提拔3名主任科员、8名副主任科员、4名中心所所长、7名科室负责人，进一步优化了干部队伍。

不断提高干部队伍素质，组织税收业务技能比赛。

【基层建设】 设置局机关、定陶、陈集三处集中办公地点，加强信息专业人才培训，稳步推进税源专业化管理。新建职工伙房，关心职工生活。对机关党委进行了改选，基层党支部组织机构进一步健全。

【党风廉政建设】 开展学习中央八项规定和厉行节约反对铺张浪费活动，陆续开展税检共建座谈会、廉政警示教育、纪律学习教育等一系列活动，引导干部职工树立正确的人生观、价值观、法纪观。5月，接受市地税局巡视组巡视检查，11月，代表市地税局接受省地税局执法督察，省、市局领导对班子工作、执法督察工作给予充分肯定。

【精神文明建设】 积极创建地税核心价值体系，不断加强“四德”建设，开展模范党员评选活动，争创文明单位，被市委宣传部、市精神文明办公室评为菏泽市职业道德建设先进单位，被市总工会授予“工人先锋号”称号。

（马春岭）

成武县地方税务局

经济概况

2013年，全县实现生产总值140亿元，同比增长12%；规模以上固定资产投资55亿元，增长21%；地方财政收入8.5亿元，增长10%；农民人均纯收入9184元，增长11%。

收入概况

2013年，全局共组织各项收入6.85亿元，同比增长15%，增收8944万元；其中：县级收入6.47亿元，同比增长21.9%，增收1.16亿元，为地方经济的发展作出了应有的贡献。

工作概述

【征收管理】 大力强化征管基础建设，突出主体税种管理，积极开展各税“清查”，积极做好“营改增”平稳过渡及金税三期工程上线工作，多项措施创新税收征收管理。全年营业税、企业所得税、个人所得税三个主体税种收入2.93亿元，同比增收1.07亿元，增长67.8%。个体工商户达到起征点以上户数由原来的10%提高到30%以上。2013年6月14日，在郓城举行的全市地税征管工作现场会上，成武地税作了典型发言。

【税收执法】 强化“收入比天大，责任重如山”理念。专门成立了提高收入质量、防范执法风险工作领导小组和税收收入质量监控管理办公室，层层签订了《确保收入质量责任状》《税收执法责任书》，认真落实税收执法责任制，严格责任追究，挖掘税源潜力，推进管理增收，确保税收收入质量和收入水平“双提高”。全县微机定税100%，滞纳金加收率、征期入库率、征期后税款异常度、征期后临时户和自然人税收占比等各项收入质量考核指标均较去年均有大幅改善。

【纳税服务】 推行“一窗多能”服务模式，积极推行以财税库银横向联网为主渠道，实时扣税、现金缴款、委托银行划扣、网上申报、POS机等方式为补充的多渠道纳税申报方式。积极利用12366纳税服务热线、外部网站、办税服务厅等平台开展税收政策宣传和辅导培训。认真抓好国家关于税收优惠政策的落实。扎实开展“税收宣传月”活动，组织开展税法知识 “十进基层”活动。县局获得全市税收宣传月活动先进单位。

【信息化建设】 按照省、市局要求，积极做好“营改增”过渡及金税三期工程上线工作，顺利完成数据整改迁移、全员全岗培训、岗责流程调整、特色软件融入、强化系统运维、双轨环境测试、宣传氛围营造等工作，及时解决业务流程、技术测试等难题。积极做好系统应用答疑及日常运维管理工作，做好日常的计算机与网络维护维修工作，保障各设备和系统的安全稳定运行。

【干部队伍建设】 积极开展党的群众路线教育实践活动，把党的群众路线教育实践活动融入各项实际工作中去。“七项争创”活动向纵深开展，深入开展“六爱”教育活动和“四德”建设，组织开展“学雷锋青年志愿者活动”，为向四川雅安地震灾区作奉献，组织义务献血26人次，按照县委统一部署，积极开展“副科级以上党员干部联系困难群众帮扶活动”，共联系帮扶困难群众19户。围绕信息管税、税源管理、税收执法、税务稽查，分层次举办各类培训班。3名同志参加了省局组织的业务培训，在省、市地税系统骨干人才考试中，1人获得省级业务能手，8人获得市级业务能手，3人通过注册税务师考试，切实达到了以考促学、以学促业务素质、执法服务水平提高的目的。

【党风廉政建设】 认真落实中央八项规定和厉行勤俭节约，反对铺张浪费重要精神，认真执行县“十二个不准”“八个必须”等重要规定。层层签订《党风廉政建设责任书》，人人作出廉政承诺，接受群众监督。深入开展税检共建活动，与检察院联合下发《检税共建预防职务犯罪工作实施方案》，签订了《检税共建职务犯罪预防责任书》，深入开展以治理“庸懒散”为主要内容的“四风”查纠工作。积极开展《案例警示教育巡回展馆》展览活动，编印了党员“廉政感言和廉政承诺”小册子，4月份联合检察院举办“一站到底”知识竞赛活动。全年没有发生一起干部作风违规问题，无一起涉税上访事件发生，县局在全县执法类行风评比中连续四年取得第一名的佳绩。

【精神文明建设】 积极开展精神文明创建活动。县局“省级文明单位”“省级文明机关”“全省卫生先进单位”“省级青年文明号”复查合格，2013年先后获得“全市地税系统税收宣传月活动优秀项目先进单位”“成武县‘提升创先’先进基层党组织”“全县2013年政协民主评议先进单位”“全县关心下一代工作先进集体”“全县最具爱心慈善单位”“成武县‘红旗团支部’”等荣誉称号。成武镇中心所“国家级青年文明号”复查合格，直属征收局、法规税政科获得“全市地税系统税收工作先进集体”，充分展现了优质高效的工作作风和良好的外部形象。

（邵传月）

单县地方税务局

经济概况

单县位于山东省西南部，辖22个乡镇（办事处），人口121.5万，面积1702平方公里。2013年，单县实现生产总值236.9亿元，实现地方财政收入16.2亿元，分别增长12.4%和4%。其中，第一产业增加值36.3亿元，增长3%；第二产业增加值122.2亿元，增长15%；第三产业增加值78.4亿元，增长13.4%。三次产业的比例为15.31∶51.59∶33.1。

收入概况

2013年，全局共组织各项收入12.61亿元，同比增长4.59%，增收5530万元。其中，中央级税收收入完成6179万元，地方级税收收入完成11.47亿元。

工作概述

【税政管理】 认真抓好国家关于税收优惠政策的落实，共减免税收101万元。加强与财政、国税部门的协调配合，按计划完成了205户“营改增”试点纳税人的移交。认真做好有关税费代征代收工作，共代征残疾人就业保障金182万元，代征工会经费239万元，代征地方水利建设基金821万元。

【征收管理】 结合金税三期工程试点上线，同步推进征管改革。依托税收预警系统发布预警信息207条，核实税款144万元；全系统共对3个行业门类的7户次纳税人开展纳税评估，核实税款129万元；全县12户重点企业累计完成税收4451万元，同比增长25.7%，增收907万元；县直房地产及相关建筑业税收收入3.25亿元，同比增长99.1%，增收1.62亿元。住宿餐饮业税收收入1958万元，同比增长24.2%，增收382万元。全县参加汇缴企业户数达到224户，补缴税款449万元。全县年所得12万元以上个人所得税自行申报人数达到174人，补缴税款247万元。加强土地增值税清算，补缴税款 157 万元。加强与公安交管、保险公司部门协作，代征车船税 680 万元。强化《地方税收保障条例》贯彻落实力度，采集涉税信息 2700 余条，入库税款 1122 万元。

【税收执法】 加强税收执法督察，完善工作规程，推进税收执法重点管理，落实税收执法督察约谈制度，认真抓好审计问题整改，对 8 户企业开展重点督察和实地检查，税收执法准确率达到 98% 以上。强化税务稽查，组织开展了重点行业税收专项检查，严厉打击发票违法犯罪活动，实现稽查查补收入 593.19 万元。

综合治税工作不断加强，单县政府召开会议部署地方税收保障工作。

【纳税服务】 开展规范化办税服务厅建设，推行“一窗多能”服务模式和多种申报方式，开展税收政策宣传和辅导培训，培训纳税人 460 人次。开展“地税局长服务日”活动，共接待纳税人 220 人次。组织开展税收宣传进机关、进乡村、进社区、进学校、进企业、进单位“六进”活动。

【信息化建设】 按照统一部署，顺利完成数据整改迁移、全员全岗培训、岗责流程调整、强化系统运维、双轨环境测试等工作，及时解决业务流程、技术测试等难题，金税三期工程系统于 10 月 8 日正式成功上线运行。

【干部队伍建设】 加强领导班子建设，严明政治纪律、组织纪律，发挥示范表率作用。加强干部队伍建设，以《山东地税岗位培训丛书》为总抓手，继续加强干部教育培训，8 人考取全市业务骨干，整体成绩居全市第 3 名。

【基层建设】 健全完善规章制度，继续深化基层建设，强化固定资产管理，以地税文化建设为抓手，进一步提高基层建设软实力。

【党风廉政建设】 建立起网上廉政文化教育基地，先后组织了以学习贯彻中央八项规定为重点的作风教育、以学习贯彻《税收违法违纪行为处分规定》为重点的纪律教育、以治理“庸懒散”为重点的岗位廉政教育，组织县局全体和部分中心所干部职工参观了单县监狱，接受警示教育。

【精神文明建设】 县局被省地税局评为全省地税系统廉政文化“四进”先进单位，被县人大评为“人大代表满意单位”，被县政协评为“政协委员满意单位”，行风评议获得全县执法部门“第二名”。纳税服务中心被评为“菏泽市三八红旗集体”，黄岗中心税务所被评为“全省地税系统先进集体”，终兴中心税务所被评为“省级文明单位”。

（黄 慧）

巨野县地方税务局

经济概况

巨野县位于菏泽市东部，人口101万，面积1308平方公里。2013年，巨野县实现生产总值209亿元，比上年增长12.6%。地方财政收入完成20.9亿元，增长3%；城镇居民可支配收入18780元，增长11.6%，农民人均纯收入9337元，增长12.6%。

收入概况

2013年，全局共入库各项收入12.06亿元，同比增长2%，增收2766.9万元。其中，中央级完成7040.6万元，省级、市级完成225.7万元，县级完成11.33亿元。

工作概述

【征收管理】 严格房地产税收专业化管理。发挥房地产税源管理办公室作用，强化日常巡查，搞好部门协调，严格建筑业发票代开认定与三级审核，全年房地产业入库税收13.44亿元；按照“营改增”要求，做好信息传递，8月份与国税部门顺利交接，实现交通运输业管理顺利划转；严格服务业专项管理。以餐饮业管理办公室为主导，严格“以票控税”，抓好宾馆、歌厅、网吧、足疗等行业专项清理。全年该行业入库税收948万元；严格税收预警和评估。全年共评估纳税人56户次，补缴税款221.36万元；处理税收预警疑点纳税人287户次，其中处理完成需补税纳税人111户次，补缴税款152万元。

【税政管理】 严格城镇土地使用税、房产税政策执行，开展专项清理，全年入库城镇土地使用税2.21亿元，房产税6631.2万元；做好契税、耕地占用税政策落实，加强房产按揭前契税管理，提请县政府下发《关于抓好银行按揭前房产契税征收工作的通知》，强化部门配合，明确职责，2013年全年入库契税7848.1万元，耕地占用税6520.3万元。加强工会经费、残保金和地方水利建设基金代征工作，2013年全年代征工会经费187.3万元，代征残保金160.5万元，代征地方水利建设基金1428.1万元。抓好企业所得税、个人所得税汇缴清算，2013年入库企业所得税3.45亿元，个人所得税7492.8万元。

【税收执法】 加强执法督察内审，抓好房地产业、煤炭业等重点行业督查内审；深化税收执法责任制。健全执法责任组织领导体系，明确职责分工，严格过错责任追究；强化金融保险、房地产、建筑安装、医疗卫生、餐饮服务、煤炭等行业税收专项稽查，全年共查处31户，查补税款272.5万元，罚款2.9万元，加收滞纳金15万元。

【纳税服务】 开展地税局长服务日活动、税收宣传“三贴近”活动；依托县政务服务中心，规范办税窗口，加强软硬件配置；依托金税三期工程上线运行，举办金税三期工程网上申报专题培训，提高了办税效率，降低了办税成本。

【信息化建设】 为基层增配30台

微机。对网络设备及计算机终端进行更新，举办了4次网络信息专题培训班。抓好金税三期工程上线落实。成立上线工作组，抽调人员实行集中式管理，做好数据迁移整理，完成了各阶段任务目标。

【干部队伍建设】　开展能手集中培训，2名同志获得市级能手。完善文明创建管理制度，设立了文明创建荣誉室和阅览室。提高了工资标准，干部职工月平均增资200元。继续开展送生日蛋糕活动、登山比赛活动，为干部职工开展查体，倡导人文关怀，增强了队伍向心力。

加强党风廉政建设，组织干部职工参观廉政教育展览。

【党风廉政建设】　开展了纪律学习教育活动和“为民务实清廉”主题教育活动。邀请县纪委领导作廉政报告，开展廉政警示教育活动。落实中央八项规定和加强廉政勤政各项要求，规范车辆管理、公务接待管理。加强廉政文化建设，建立了廉政教育室1处、设立了廉政清风专网。

【精神文明建设】　县局顺利通过省级文明单位验收，其所属核桃园中心所通过了省级“青年文明号”验收。县局被市工会评为“菏泽职业道德建设先进单位”，被县委、县政府评为“慈善工作先进单位”“征收补偿工作先进单位”等，部分干部获省、市、县级表彰。

（陶东亮）

郓城县地方税务局

经济概况

郓城县总面积1643平方公里，总人口124万人，全县辖20个乡镇，2个街道办事处，1个省级开发区，1个精细化工循环经济园区。2013年，郓城县实现生产总值263亿元，公共财政预算收入21.34亿元，城镇居民人均可支配收入19398元，农民人均纯收入9468元。

收入概况

2013年，全县累计组织各项收入16.17亿元，同比增长5.44%。其中：中央级收入6550万元，省级收入29万元，市县级收入15.51亿元，地税部门组织县级收入占地方公共财政预算收入的比重达到72.68%。

工作概述

【税政管理】　认真落实《山东省地方税务局营业税差额征税管理暂行办法》，扎实做好“营改增”工作，对符合条件的173户“营改增”纳税人全部移交国税部门管理。深化房地产税收管理，建立健全存量房评估工作制度。深入开展企业所得税汇算清缴和后续管理工作，强化全员全额明细申报和年所得12万元以上个人所得税自行纳税申报工作。积极推行委托代征，严格执行《山东省车船税代收代缴管理办法》，全面加强小税种征收管理。认真落实小微利企业所得税优惠、下岗再就业、残疾人就业等各项税收优惠政策，有力维护了社会稳定。

【征收管理】 开展税源普查，定期与工商、国税部门进行信息比对分析，加大对临界营业税起征点业户监控力度，将应征户全部纳入正常管理。积极探索税源管理新模式，实行税源分级分类管理，对重点税源实行专业化管理，对中小型企业实行精细化管理，对个体业户实行规范化管理，对非固定性税源实行社会化管理，实现了税收征管无缝隙，此项经验做法在全市推广。加强税收预警评估，全年发布预警信息3389条，评估纳税业户1598户，评估入库税款1470余万元。认真组织开展房地产业、城镇土地使用税等集中清理活动，入库各项税款7130万元。加大税务稽查力度，全年稽查入库各项税款、滞纳金、罚款720余万元，有效维护了税法尊严。

【税收执法】 深入推进税收执法规范化建设，加强税收执法模板应用培训，规范基层干部执法行为，税收执法水平明显提升。严格执法程序管理，规范涉税文书审批，加大税收秩序整顿力度，2013年，全局共对346户纳税人实施了税务行政处罚，下达相关涉税文书1761份，移送司法机关45户。大力实施“阳光地税”工程，严格落实政务公开，主动接受社会各界监督，广泛听取纳税人意见和建议，密切了征纳关系，全县未出现一例税务行政复议案件。

加强税收执法，组织召开全县税收执法规范化管理工作会议。

【纳税服务】 全面推行“一站式”“一窗式”办税服务，认真落实一次性告知、首问责任制、限时办结等各项服务制度；深入开展税收宣传和纳税辅导，大力推行多元化申报方式，简化办税流程，规范资料报送，有效减轻了纳税人负担，群众满意率越来越高，县局税干李爱军、李新宇荣获“全县十佳文明科股长”荣誉称号，取得了全县行风评议第一名。

【干部队伍建设】 大力推进地税文化建设和“四德”工程建设，郓城地税局成为全市“四德”工程建设现场会观摩点。深入开展了“擦亮税徽，映红党旗”党建品牌塑造活动，被省地税局评为“全省地税系统党建工作先进集体”和“党建品牌塑造活动先进单位”。组织开展全员教育培训，11名同志入选市级业务能手，取得全市业务能手选拔考试综合评比第一名。深入开展“庸懒散”专项治理，工作作风明显转变。严格落实党风廉政建设责任制，扎实开展税检共建活动，领导班子预防职务犯罪工作经验做法被省局《纪检监察信息》刊发专期，在全省地税系统推广。

【精神文明建设】　县局机关顺利通过了省级文明单位复查验收，被国家人力资源和社会保障部、国家税务总局联合授予“全国税务系统先进集体”荣誉称号，菏泽市妇联授予全市女职工“建功立业标兵岗”；直属征收局被省总工会授予模范“全省职工小家”荣誉称号；稽查局被省文明委授予省级文明单位；郓城中心税务所被菏泽市文明委授予市级文明单位荣誉称号。

（徐福兵）

鄄城县地方税务局

经济概况

鄄城县位于菏泽市北部，辖17个乡镇，人口86.18万，面积1047平方公里。2013年，鄄城县实现生产总值141.2亿元，同比增长11.9%，三次产业比调整为16.78：50.25：32.97，二、三产业比重比上年提高了1.67个百分点。完成公共财政预算收入7.33亿元，同比增长11.4%。

收入概况

2013年，全局组织入库各项收入5.52亿元，同比增长17.34%，增收8169.73万元。其中，中央级收入完成2039.32万元，同比增长34.25%，增收520.24万元；省级收入9.85万元，同比增长16.73%，增收1.41万元；县级收入5.32亿元，同比增长16.77%，增收7648.08万元。

工作概述

【征收管理】　强化主体税种管理，开展税收清查，查补房地产企业税收4200万元，超市税收36万元；加强年所得12万元以上个人所得税管理，共有105人进行纳税申报，申报应纳税款274.64万元；开展企业所得税汇算清缴，强化所得税预警管理，补缴税款124.6万元，营业税、企业所得税、个人所得税三大主体税种占税收比重为58.33%。强化税源控管，加强税收预警信息核实处理，补缴税款650.7万元；开展交通运输业、租赁和商务服务业、金融业纳税评估，评估税款124.03万元。强化反避税管理，开展资产转让环节反避税调查，补征税款93.16万元。加强宗地管理，开展城镇土地使用税清理，增加年应纳税额50万元。深化社会综合治税，采集信息38650条，入库税款2605.65万元。认真做好“营改增”试点工作，对符合条件的32户“营改增”纳税人平稳完成了资料移交工作。做好金税三期工程试点上线工作，切实抓好数据整改、培训练习、宣传辅导和系统切换等工作，金税三期工程系统于10月8日成功上线。

【纳税服务】　服务经济发展，开展“心系民生、福进万家”活动，从税收政策分析、优化发展环境、加强地方税收保障等方面向党委政府建言献策。

服务纳税人，完善“一站式”服务措施，设置全职能办税窗口，方便纳税人办税；开展“局长服务日”活动，为纳税人解决实际涉税问题；开展“为企业排忧解难办实事”集中活动，为企业主动落实税收优惠政策、举办软件操作及税法培训、协调贷款等，受益企业达530户次，被县委、县政府授予“为企业排忧解难办实事”先进单位。开展第22个税收宣传月活动，被评为全省地税系统税收宣传月活动先进单位。

【干部队伍建设】 开展春训集中活动，深入学习党的十八大精神、中央八项规定、廉政知识等方面内容，提高干部职工思想素质。开展《小企业会计准则》学习培训，按季组织全员业务考试，开展岗位骨干人才选拔，6名干部入选市局骨干人才库。组织中心所长竞争上岗和调整交流，认真配合市局工作，竞争性选拔4名干部担任中心所长，对2名中心所长进行调整交流；调整选拔局机关4名科室负责人。积极为干部职工办实事、做好事，节日走访慰问退休老干部，组织干部职工健康查体，干部职工遇有生病住院及时探望慰问，并对两个家属院内的道路、水电管线进行改造、修缮，改善了干部职工的生活环境。此举被省局评为“全省地税系统2013年度十件好事”。

【党风廉政建设】 落实党风廉政建设责任制，层层签订《党风廉政建设责任书》。加强廉政教育，建立每月向干部职工发送一次廉政短信、每季做一次廉政作业、每半年举办一次廉政讲座、每年开展一次主题活动的“四个一”教育机制，使廉政教育常态化。加强纪律作风建设和行风建设，制定《关于进一步加强干部工作作风建设的实施意见》；建立行风监督员制度，从政府各部门、重点税源企业、市县人大代表、政协委员中聘请90名行风监督员；组织开展“转变工作作风，提高行政效能”“学习贯彻党的十八大精神，进一步加强纪律作风建设”、厉行勤俭节约反对铺张浪费纪律作风整顿、会员卡专项清退、“庸懒散”专项治理活动，推动了党风廉政建设。在全县150家规模以上企业对63个部门（单位）集中评议和全县民主评议政风行风活动中分别位列第一。

推行“一线工作法”，局领导班子成员深入一线调研，开展重点企业大走访活动，服务企业发展。

【精神文明建设】 资助6名单亲贫困小学生，为每人送去500元慰问金。开展“慈心一日捐”活动，组织干部职工捐款1.5万元。到县武装部、武警中队和消防大队开展拥军慰问活动。全系统成立9个学雷锋志愿服务队，帮扶20名家庭困难、品学兼优的留守儿童。捐助“第一书记”帮扶村计算机和办公桌椅等设施，促进了和谐社会建设。

（李秀丽）

东明县地方税务局

经济概况

东明县地处黄河平原，位于鲁西南部，为黄河入鲁第一县，东连牡丹区，东南与曹县搭界，南与河南省兰考县接壤，西、北隔河与河南省长垣、濮阳县相望。县境南北最长55公里，东西最宽35公里，面积1370平方公里。现辖2街道10镇2乡和1个省级经济技术开发区。共398个行政村，6个居委会，917个自然村，人口80.9万，民族21个。2013年，东明县实现生产总值221.01亿元，同比增长12.9%。其中：第一产业22.84亿元，同比增长3.1%；第二产业145.30亿元，同比增长14.9%；第三产业52.87亿元，同比增长12.4%。地方财政收入14.37亿元，同比增长1.97%，县域经济实力显著提升。

收入概况

2013年，全局共完成各项收入11.65亿元，完成税收收入11.03亿元，完成其他收入6240万元，为地方经济发展和社会和谐稳定作出了积极贡献。

工作概述

【税收管理】　为落实年度工作目标任务，印发《关于明确局领导和机关科室包重点企业和重点行业的通知》，促进了各项工作顺利开展。开展城区饮食业户税收普查，上调纳税人税负145户，上调比例为14.38%。印发《关于对城镇土地使用税、房产税实施单项考核的意见》，全面加强两税管理。开展全县大税源调查，对分布在全县各乡镇的28户重点税源企业的规模、业务范围、企业发展前景以及在建工程项目进行实地调研，排查隐形税源1.85亿元。提请政府召开全县综合治税工作会议，健全乡镇综合治税网络，强化了地方税收保障工作。开展金融保险、交通运输、建筑、房地产等多个行业的营业税调查，调查户数占东明县营业税纳税人总户数的13%。强化税源管理，全年办理、清理税务登记266户，个体税收核定1008户，企业所得税核定征收120户，清理夜市摊点等临时税源81户，依法扣押财产17户。金税三期工程上线期间，整改税务登记信息1226户，补录财产登记信息2581户，清理报验登记逾期核销223户，整改税务登记行业代码653户，整改税种登记信息962户，核对、整改银行网点信息86户，清分、比对联办系统登记信息266户，清理、盘存、收缴发票2886份，顺利实现系统如期上线。推进网络申报工作，签订网上申报协议2616户，其中：个体纳税人2001户，单位纳税人615户。加强企事业单位人员全员全额申报管理，全县219位年收入超过12万元的个人进行了所得税申报。加强房地产税收管理，全年入库房地产税收2.12亿元，较上年增加5205万元。加强了纳税评估和税收预警工作，全年开展纳税评估102户次，评估入库各项税费1042.07万元，税收预警251户次，入库各项税费570.63万元。全面强化税务稽查，全年查结各类案件27户，查补税款243万元。认真办理了群众反映、举报涉税问题3起，依法处理涉税违法行为，维护了税收公平。

加强税收执法，开展法制宣传活动。

【干部队伍建设】 为适应新形势下的税收工作需要，自行组织开展针对金税三期工程的专门培训，开展全县地税系统业务能手选拔培训，累计参训300余人次。开展纪律学习教育活动，对照“十一个不准”，重点围绕“有税不收、有户不管”、转移税款等严重违规违纪问题进行自查自纠。做好“廉政和执法风险防控平台”核查工作，全年立项复核116条风险预警信息。开展整治“庸懒散”专项活动，严格工作考勤，加强请销假管理，成立整治“庸懒散”专项检查组，采取自查、抽查、暗查相结合的方式，对系统内“庸懒散”等不良行为和现象进行查处。期间，编发督查通报18期，通报35人次，实施问责2人次，经济处罚13人次，“庸懒散”等问题得到初步整治。开展勤俭节约、反对铺张浪费教育。组织学习习近平总书记关于厉行勤俭节约反对铺张浪费的重要批示精神，进一步强化财务管理，规范公务接待，精简各类会议，加强公车管理，办公费用大幅降低。认真落实《干部选拔任用条例》，4名干部走上领导岗位或进行岗位轮换，12名干部调整了职级。

【纳税服务】 为优化纳税服务，进一步加强纳税服务设施建设，安装视频监控，增设自助查询设备，简化办税程序，提高行政效能。税收宣传月期间，发放宣传材料1500份，开展送税法进企业18户次，网送税法23条。积极开展规模企业走访活动，征求和听取企业对税收工作的意见16条，参与“行风热线”6次，听取解决纳税人反映问题13人次。公开行政审批事项、规范行政事业性收费以及办税首问责任制等服务承诺，制定完善了责任追究办法，保障了各项承诺的落实。在2013年“全县企业、客商评议执法部门”活动中，取得了第一名的好成绩。

【精神文明建设】 2013年，开展了“慈心一日捐”活动，募集款项2.8万元。为身患尿毒症的同事捐款3万余元，助其顺利实施手术，渡过难关。开展驻村帮扶活动，3名“第一书记”为所在村队发展出谋划策，安装太阳能路灯65盏，硬化路面6千米，开挖鱼塘200亩，党组成员与5户困难群众结成帮扶对子，28名中层干部重点帮扶28个农村困难家庭，对渔沃办事处任营社区居民朱红力进行车祸救助，送去救助金 2000 元。开展社会公益活动，机关和局属单位的干部职工自发走上街头参加义务劳动，清雪除冰，保障道路畅通，为周边居民提供安全出行环境。组织干部职工进行健康查体，节日期间慰问离退休老同志，对符合计生政策的干部职工进行奖励，维护了系统内外和谐。

（陈北领）

第四篇　统计资料

山东地税年鉴·2014
SHANDONG LOCAL TAXATION YEARBOOK

1994—2013 年
山东省地方税收收入概述

山东省地税局在山东省委、省政府和国家税务总局的正确领导下，紧紧围绕经济社会发展大局，始终坚持以组织收入工作为中心，依法治税，科学管理，圆满完成了省委、省政府和国家税务总局确定的各项税收任务，为全省经济和社会各项事业的稳定和谐发展作出了积极贡献。1994—2013 年，全系统累计组织各项收入 17839 亿元，2013 年地税收入比 1994 年增长 44 倍，年均递增 22.2%，比同期生产总值(现价)年均增幅高 7.2 个百分点，地税收入与经济增长的弹性系数为 1.48。

一、主体税收与零散税收协调增长。营业税、企业所得税、个人所得税与城市维护建设税构成了地方税收的主体税种，2013 年比 1994 年增长 33.7 倍，年均递增 20.5%，2012 年之前占总收入的比重一直保持在 60% 以上，2013 年受“营改增”政策和经济增速放缓影响，比重降至 59%，但对整体收入的稳定增长发挥了主导作用。其中：营业税累计收入 6003 亿元，2013 年比 1994 年增长 38 倍，年均递增 21.2%；企业所得税累计收入 2953 亿元，2013 年比 1994 年增长 21.5 倍，年均递增 17.8%；个人所得税累计收入 1756 亿元，2013 年比 1994 年增长 287.4 倍，年均递增 34.7%；城市维护建设税累计收入 1548 亿元，2013 年比 1994 年增长 20 倍，年均递增 17.3%。其他地方税种收入与主体税收保持协调增长，其中，车船使用税累计收入 207 亿元，2013 年比 1994 年增长 79.5 倍，年均递增 26%；房产税累计收入 890 亿元，2013 年比 1994 年增长 29.4 倍，年均递增 19.7%；城镇土地使用税累计收入 1187 亿元，2013 年比 1994 年增长 81.5 倍，年均递增 26.1%。

二、东部地区收入总量较大，中西部地区收入增长较快。从收入规模看，东部地区占优势。1994—2013 年，半岛城市群地税收入达到 11923 亿元，占全部地税收入的 67%，年均递增 21.6%。从收入增幅看，中西部地区增长相对较快。1994—2013 年，半岛城市群以外的中、西部地区地税收入达到 5916 亿元，年均递增 23.6%，高于半岛城市群增幅 2 个百分点，高于全省平均增幅 1.4 个百分点。

三、市县级收入比重所得税共享前明显上升，共享后先稳后升。1994—2001 年，地税收入分为省和市县两个级次，其中市县级收入比重逐年上升，地税收入的省级和市县级结构由 1994 年的 15：85 调整为 2001 年的 10：90。2002 年所得税共享，地税收入分为中央、省和市县三个级次，2002—2008年中央级、省级和市县级收入比重基本稳定在18.5∶8.5∶73左右。随着企业所得税税率调整、个人所得税扣除限额提高和资源税、城镇土地使用税税负提高、耕地占用税和契税由财政部门划转地税部门管理等政策的实施，2009—2013年中央级和市县级收入比重一降一升，省级收入比重基本稳定，其中，2012年中央、省和市县三个级次收入比重分别为13∶8.6∶78.4，2013年因省以下财政体制改革，市县级收入比重明显提高，中央、省和市县三个级次收入比重分别为11.4∶1.5∶87.1。

1994—2013年山东省地方税收收入在全国的位次表

单位：万元

年　份	税收收入完成数	居全国位次
1994	711160	5
1995	958861	4
1996	1375788	3
1997	1728779	4
1998	2001695	4
1999	2255298	4
2000	2559480	4
2001	3330439	5
2002	3452384	6
2003	3939643	6
2004	4852650	6
2005	6098304	6
2006	7447742	6
2007	9469906	6
2008	11043935	6
2009	12328248	6
2010	15829283	6
2011	19769074	6
2012	26755362	6
2013	30290498	5

1994—2013年山东省地方税收收入与地区生产总值（GDP）对照表

单位：亿元

年 份	GDP 绝对额	地税收入	地税收入占 GDP 的比重（%）
1994	3872.18	80.84	2.09
1995	5002.34	110.31	2.20
1996	5960.42	143.32	2.40
1997	6650.02	179.75	2.70
1998	7162.2	208.14	2.91
1999	7662.27	234.68	3.06
2000	8542.44	266.77	3.12
2001	9438.3	345.34	3.66
2002	10552.06	360.09	3.41
2003	12430	412.21	3.32
2004	15490.7	507.52	3.28
2005	18468.3	642.97	3.48
2006	21846.7	791.7	3.62
2007	25887.7	1004.44	3.88
2008	31072.06	1170.06	3.77
2009	33805.3	1309.3	3.87
2010	39416.2	1676.02	4.25
2011	45429.21	2311.37	5.09
2012	50013.24	2866.81	5.70
2013	54684.3	3240.03	5.92

1994—2013年山东省地方

项　目	1994年	1995年	1996年	1997年	1998年	1999年	2000年	2001年	2002年
总　计	721107	968411	1433222	1797525	2081433	2346823	2667726	3453382	3600937
一、税收合计	711160	958861	1375788	1728779	2001695	2255298	2559480	3330439	3452384
营业税	273462	352407	515826	622174	752249	790222	876706	926914	1176413
企业所得税	156406	250132	357671	479042	466418	536676	669152	1301599	908568
个人所得税	9062	28876	89492	126799	166975	187584	247491	369916	418883
资源税	46726	51305	50360	56735	53931	59696	62165	64399	97596
固定资产投资方向调节税	34082	44289	62379	83070	131146	181918	107162	36529	41004
城市维护建设税	111288	135933	172077	202160	226213	238127	276204	290459	373981
房产税	36724	45431	61064	80812	107543	134883	155593	165321	209772
印花税	6506	8075	10055	13372	17573	19982	22441	26972	37253
城镇土地使用税	27765	27115	31878	32532	47481	71806	88201	89100	117203
土地增值税		12	193	811	2975	3504	7423	10660	19771
车船税	4999	6778	11355	13706	17501	19398	31851	36384	43614
屠宰税	1715	5762	9407	11411	11690	11502	15091	12186	8326
烟叶税									
耕地占用税									
契税									
税款滞纳金、罚款收入	2425	2746	4031	6155					
二、其他收入	9947	9550	57434	68746	79738	91525	108246	122943	148553
教育费附加收入	9947	9550	57434	68648	77688	88442	104506	118653	143806
地方教育附加									
文化事业建设费收入				98	2050	3083	3395	3890	4316
税务部门其他罚没收入							345	400	431
残疾人就业保障金									
地方水利建设基金									

税收分税种收入情况表

单位：万元

2003年	2004年	2005年	2006年	2007年	2008年	2009年	2010年	2011年	2012年	2013年
4122082	5075229	6429654	7916990	10044384	11700593	13092962	16760154	23113651	28668105	32400279
3939643	4852650	6098304	7447742	9469906	11043935	12328248	15829283	21528646	26755362	30290498
1447081	1764494	2177923	2717264	3397117	3960900	4706107	6315156	7657298	8966408	10625739
862326	1118360	1421658	1674078	2104347	2232781	1910072	2456018	3266011	3841006	3524969
464404	588111	736558	844179	1076782	1300373	1516535	2003282	2405191	2374970	2613596
104766	135148	182436	261370	289856	288062	328078	332925	383610	911082	926165
24298	14680	5376	1567	2191	30				1949	
444011	549267	659511	784308	924640	1041369	1202183	1451284	1945636	2129671	2321105
244710	267771	327948	387000	443516	472575	578634	646532	740186	1008336	1117469
46618	62914	92515	123034	159013	203026	238721	337440	411073	465853	528634
198079	211727	294435	359712	659575	1035691	1208809	1376896	1584567	2116930	2291601
54904	90829	143925	220165	325270	365579	438426	661940	1058559	1452137	2059099
48420	49349	56019	64230	75279	126424	176906	232687	297220	358557	402580
26										
			10835	12320	17125	23777	15123	19723	33628	39925
								562049	1329886	1395169
								1197523	1764949	2444447
182439	222579	331350	469248	574478	656658	764714	930871	1585005	1912743	2109781
177161	216047	267274	339244	410714	457581	532888	641880	857242	932327	1021225
		56039	97113	123589	147447	175707	219724	549367	616120	678289
4715	5450	6315	10320	12988	15673	17687	20078	25185	25859	20579
563	1082	1722	1626	2450	2679	2319	3081	57016	63545	72993
			20945	24737	33278	36113	46108	2958	2709	5320
								93237	272183	311375

2013年山东省各项地方

序号	项 目	合计	济南	青岛	淄博	枣庄	东营	烟台
1	合 计	32400279	3764400	5736989	1781228	955287	1784138	3334572
3	一、国内税收收入合计	30290498	3509333	5317217	1631911	906413	1629607	3161626
5	1. 营业税	10625739	1519894	1982425	503342	229660	469115	946291
6	2. 企业所得税	3524969	315488	715678	193149	71260	92806	461743
7	3. 个人所得税	2613596	439174	621349	156904	47692	110901	341313
8	4. 资源税	926165	12499	4917	46218	30811	410356	91338
9	5. 固定资产投资方向调节税							
10	6. 城市维护建设税	2321105	272416	470716	158096	106594	168169	196554
11	7. 房产税	1117469	126876	200883	55232	99560	33316	107427
12	8. 印花税	528634	62274	86380	31021	12429	33852	51351
13	9. 城镇土地使用税	2291601	154609	243151	128134	158736	159080	242949
14	10. 土地增值税	2059099	260770	403200	155951	39617	47287	226380
15	11. 车船税	402580	43999	57953	24130	10376	18117	37390
16	12. 烟叶税	39925		1328	900			
17	13. 耕地占用税	1395169	30089	68070	46012	36335	10630	181214
18	14. 契税	2444447	271245	461167	132822	63343	75978	277676
19	二、其他收入合计	2109781	255067	419772	149317	48874	154531	172946
21	1. 教育费附加收入	1021225	118523	201849	70655	23860	76808	84796
22	2. 地方教育附加	678289	78864	134253	47461	15972	51198	55782
23	3. 文化事业建设费收入	20579	12532	3949	307	146	120	613
24	4. 残疾人就业保障金收入	72993	10045	26601	3733	1093	1097	4077
25	5. 税务部门罚没收入	5320	403	3395	258	76	104	113
26	6. 地方水利建设基金	311375	34700	49725	26903	7727	25204	27565

税收收入分市完成情况表

单位：万元

潍坊	济宁	泰安	威海	日照	莱芜	滨州	德州	聊城	临沂	菏泽
2968795	2248159	1142459	1599844	660890	344093	1205785	1127480	939420	1679027	1127713
2779998	2122701	1081986	1514313	616515	318604	1118823	1062787	880819	1574028	1063817
1004262	594638	342055	555944	260899	102531	325486	388599	314716	650991	434891
226021	486573	113599	151425	60431	36533	196502	114723	120580	124934	43524
152577	149439	83239	91380	52645	34009	59069	61794	71065	91215	49831
67441	46664	52095	21578	6805	10599	6023	4039	4860	61074	48848
207554	131368	64956	92840	49453	29551	95039	62549	57763	101204	56283
80532	57318	37347	90153	16297	11623	45605	35454	25516	43516	50814
37589	33369	16453	24899	21131	7484	27041	16517	20553	30621	15670
253069	125073	100048	170075	36889	39763	86415	90896	54709	114402	133603
297893	112984	52509	132417	23823	8525	38415	73478	50054	96208	39588
46140	23073	13369	18926	10021	5017	15633	16430	15056	35795	11155
15610				6191	1780				14116	
111770	212101	71778	39024	16017	16147	166688	92766	93181	82318	121029
279540	150101	134538	125652	55913	15042	56907	105542	52766	127634	58581
188797	125458	60473	85531	44375	25489	86962	64693	58601	104999	63896
91076	60842	29413	42602	22384	12357	44022	31551	29656	50245	30586
60641	40962	19523	27118	14903	8378	28535	21007	19813	33267	20612
444	351	140	348	18	83	105	217	173	783	250
6415	2934	1707	2812	1127	636	1743	1500	892	4355	2226
88	140	40	311	52	22	54	55	68	85	56
30133	20229	9650	12340	5891	4013	12503	10363	7999	16264	10166

2013年山东省地方税收收入分市分企业类型完成情况表

单位：万元

项目	合计	内资企业								港澳台投资企业	外商投资企业	个体经营	附列资料：乡（镇）企业
		小计	国有企业	集体企业	股份合作企业	联营企业	股份公司	私营企业	其他企业				
合计	32400279	27335383	2595568	501484	234720	13258	17990248	4589780	1410325	817517	1726280	2521099	2187161
济南	3764400	3229921	496736	41589	21649	456	2022966	425925	220600	151387	147657	235435	91998
青岛	5736989	4507631	348665	32619	34380	1132	2996776	855605	238454	194212	567724	467422	61803
淄博	1781228	1561379	117377	24129	32041	106	965550	356886	65290	48490	56131	115228	129395
枣庄	955287	773432	111725	41669	2374	909	540165	51550	25040	12537	15224	154094	202536
东营	1784138	1679009	161094	7726	8681	155	1175858	257265	68230	16710	16060	72359	142836
烟台	3334572	2735313	225604	52183	9892	576	1799475	479460	168123	108047	233531	257681	222985
潍坊	2968795	2649515	264581	43193	16405	5380	1860439	372878	86639	58174	69064	192042	109858
济宁	2248159	1798536	288746	27391	14965	743	1125877	232837	107977	24460	324415	100748	213358
泰安	1142459	995514	83087	69800	8769	199	552302	198448	82909	10721	21147	115077	51950
威海	1599844	1416828	74274	31351	18041	405	840278	410822	41657	39835	65441	77740	117417
日照	660890	525253	45227	10530	2721	70	411337	30649	24719	37210	42435	55992	32639
莱芜	344093	316429	33782	6780	475	764	240698	22801	11129	4581	6980	16103	29538
滨州	1205785	1092729	72984	12322	5589	16	847891	128678	25249	29633	18854	64569	131176
德州	1127480	981196	81657	25657	14297	70	675045	135661	48809	9824	27683	108777	61375
聊城	939420	843085	56541	12284	10612	34	512690	203824	47100	19979	18375	57981	110095
临沂	1679027	1384520	86818	41377	19069	2090	964515	163437	107214	31071	73036	190400	166750
菏泽	1127713	845093	46670	20884	14760	153	458386	263054	41186	20646	22523	239451	311452

备注：附列资料中乡（镇）企业税收收入完成数不计入合计数。

2013年山东省营业税分市分企业类型完成情况表

单位：万元

项目	合计	内资企业								港澳台投资企业	外商投资企业	个体经营	附列资料：乡（镇）企业
		小计	国有企业	集体企业	股份合作企业	联营企业	股份公司	私营企业	其他企业				
合计	10625739	9323467	924826	207802	117615	3075	6102594	1564214	403341	269967	377002	655303	479386
济南	1519894	1347320	218391	20008	8282	334	856630	178907	64768	58074	56780	57720	4398
青岛	1982425	1634034	113215	10669	15059	516	1065808	351882	76885	71421	174120	102850	16981
淄博	503342	452048	45473	6026	15571	8	250618	116751	17601	16542	10763	23989	15532
枣庄	229660	202360	29985	11303	863	26	149807	6378	3998	3937	4190	19173	17535
东营	469115	428826	49003	4177	6242	109	239417	97447	32431	7178	4061	29050	41513
烟台	946291	846714	103644	18911	3747	112	539188	148149	32963	21342	30689	47546	27964
潍坊	1004262	923760	73805	15402	6527	68	695593	109969	22396	19472	12975	48055	25796
济宁	594638	544054	51879	12980	7001	385	355849	79035	36925	9547	16176	24861	56637
泰安	342055	284974	36767	14675	5014	137	159907	58386	10088	3319	6432	47330	15544
威海	555944	517932	39239	18229	6126	7	293545	144888	15898	12883	7766	17363	28618
日照	260899	227902	17183	6215	1733	60	179765	12151	10795	9789	9302	13906	10725
莱芜	102531	94942	9497	2620	32	4	71808	5656	5325	2284	259	5046	4877
滨州	325486	291204	26176	7995	4067	14	218609	23084	11259	8536	5829	19917	22599
德州	388599	348025	35266	17710	9582	32	226030	42636	16769	3780	5899	30895	14953
聊城	314716	288869	23448	5679	5533	2	187537	64360	2310	3174	5742	16931	37659
临沂	650991	561261	31672	24284	12326	1216	405046	53799	32918	16245	17746	55739	61530
菏泽	434891	329242	20183	10919	9910	45	207437	70736	10012	2444	8273	94932	76525

备注：附列资料中乡（镇）企业税收收入完成数不计入合计数。

2013年山东省企业所得税分市分企业类型完成情况表

单位：万元

项目	合计	内资企业								港澳台投资企业	外商投资企业	个体经营	附列资料：乡（镇）企业
		小计	国有企业	集体企业	股份合作企业	联营企业	股份公司	私营企业	其他企业				
合计	3524969	3354836	275057	51318	22892	1192	2441794	499001	63582		170133		138887
济南	315488	315488	32573	4416	952	7	222787	45191	9562				2988
青岛	715678	715678	25571	8637	4394	104	521965	129910	25097				4834
淄博	193149	193149	26271	2592	3710	60	118614	40919	983				19516
枣庄	71260	71260	12102	1732	264		54400	1835	927				6260
东营	92806	92806	7530	1547	108	3	64985	18382	251				16857
烟台	461743	461743	29518	8671	1025	263	345196	68850	8220				20124
潍坊	226021	226021	5256	2802	3991	149	172108	36737	4978				4072
济宁	486573	316440	92101	4710	2117	7	191343	23945	2217		170133		27874
泰安	113599	113599	7051	441	11		97913	7523	660				414
威海	151425	151425	1790	4753	5691	146	86908	50856	1281				6915
日照	60431	60431	1264	907	4	1	57023	668	564				1787
莱芜	36533	36533	1348	442	26	430	31422	2381	484				2596
滨州	196502	196502	7488	594	4	2	176462	11346	606				3961
德州	114723	114723	8176	2701	25	14	85551	16369	1887				4494
聊城	120580	120580	5661	1343	26		89073	23681	796				4677
临沂	124934	124934	6363	2283	510	6	102423	11045	2304				5459
菏泽	43524	43524	4994	2747	34		23621	9363	2765				6059

备注：附列资料中乡（镇）企业税收收入完成数不计入合计数。

2013年山东省个人所得税分市分企业类型完成情况表

单位：万元

项目	合计	内资企业								港澳台投资企业	外商投资企业	个体经营	附列资料：乡（镇）企业
		小计	国有企业	集体企业	股份合作企业	联营企业	股份公司	私营企业	其他企业				
合计	2613596	1905247	227078	21535	24905	159	1030323	206067	395180	53038	241085	414226	304328
济南	439174	370028	43201	2508	3775	6	188663	29253	102622	9085	31164	28897	72382
青岛	621349	416899	37015	2671	2690	10	258007	39501	77005	15855	100498	88097	2596
淄博	156904	120503	8445	920	5096		59016	16475	30551	2496	9728	24177	36955
枣庄	47692	37173	9667	2623	180	4	17497	1215	5987	689	753	9077	8864
东营	110901	101595	16658	356	697		53614	7958	22312	1007	2542	5757	11212
烟台	341313	183023	20428	1272	784	20	72386	56823	31310	5093	36749	116448	34472
潍坊	152577	107174	8819	505	1784	4	67290	7692	21080	2284	9435	33684	17988
济宁	149439	114071	30483	1632	1584	31	50742	5891	23708	1501	19300	14567	24981
泰安	83239	74035	10794	1963	267	15	43345	7105	10546	557	2643	6004	11252
威海	91380	69265	5891	811	1413	26	37489	10437	13198	2602	10194	9319	15765
日照	52645	38611	3674	957	343	1	24097	3858	5681	3947	4760	5327	1951
莱芜	34009	30691	2567	707	12	15	22826	2004	2560	206	310	2802	2551
滨州	59069	39619	4990	668	603		24652	2217	6489	1192	1086	17172	12323
德州	61794	40891	5871	511	747	9	24662	1494	7597	518	2647	17738	10154
聊城	71065	60963	6567	1165	1403	5	33374	6236	12213	1299	1210	7593	9675
临沂	91215	67755	6912	1824	1716	13	38305	4543	14442	2018	6602	14840	19623
菏泽	49831	32951	5096	442	1811		14358	3365	7879	2689	1464	12727	11584

备注：附列资料中乡（镇）企业税收收入完成数不计入合计数。

2013年山东省资源税分市分企业类型完成情况表

单位：万元

项目	合计	内资企业								港澳台投资企业	外商投资企业	个体经营	附列资料：乡（镇）企业
		小计	国有企业	集体企业	股份合作企业	联营企业	股份公司	私营企业	其他企业				
合计	926165	804448	30469	36529	567	5023	615360	67955	48545	7404	17223	97090	112587
济南	12499	8746	825	1714			3220	2237	750	1303	104	2346	2461
青岛	4917	2568	181	141	13		1036	943	254	200		2149	141
淄博	46218	44774	482	7196	469		9882	20672	6073			1444	19826
枣庄	30811	24252	3516	912			18025	1799		626	2259	3674	8419
东营	410356	410356	431			15	409513	397					656
烟台	91338	80659	1280	5413			62916	6981	4069	1739	1518	7422	18978
潍坊	67441	60397	2537	15074		4917	27052	8291	2526	943	30	6071	12996
济宁	46664	32527	8936	372	1		15996	2194	5028		12306	1831	3746
泰安	52095	26809	2385	2684	44		12475	5683	3538	30		25256	7580
威海	21578	20858	40	112			10209	8055	2442	84		636	1792
日照	6805	5047		39			2847	30	2131		737	1021	1540
莱芜	10599	10454	4618	232	40	91	4115	1266	92			145	1803
滨州	6023	5849	515	112			4167	999	56			174	3015
德州	4039	3274	370	367			1788	43	706			765	444
聊城	4860	4449	2620	2			1605	103	119			411	216
临沂	61074	53251	688	1579			23951	7042	19991	192	269	7362	12198
菏泽	48848	10178	1045	580			6563	1220	770	2287		36383	16776

备注：附列资料中乡（镇）企业税收收入完成数不计入合计数。

2013年山东省涉外税收收入分市分税种完成情况表

单位：万元

项目	合计	营业税	企业所得税	个人所得税	城市维护建设税	资源税	房产税	城镇土地使用税	印花税	土地增值税	车船税	其他各税
合计	2232833	646969	170133	294123	337676	24627	158137	247319	75892	166184	4760	107013
济南	273909	114854		40249	27378	1407	16350	15306	7631	47050	1318	2366
青岛	679021	245541		116353	90951	200	43869	52114	15828	77767	1297	35101
淄博	92507	27305		12224	12586		6496	10422	3549	9934	618	9373
枣庄	24461	8127		1442	3429	2885	2964	3035	670	244		1665
东营	28733	11239		3549	4106		1673	5330	2551	2		283
烟台	284054	52031		41842	65915	3257	28151	51609	16687	8317	576	15669
潍坊	109580	32447		11719	18845	973	11540	16981	3677	8163	78	5157
济宁	323251	25723	170133	20801	30210	12306	8780	35075	5351	1971	162	12739
泰安	27789	9751		3200	4511	30	2930	3430	570	1352	1	2014
威海	86715	20649		12796	20720	84	10164	12747	3294	2697	147	3417
日照	67744	19091		8707	14607	737	5519	9541	6360	2388	23	771
莱芜	9732	2543		516	2068		1282	2333	239		316	435
滨州	42278	14365		2278	5434		4991	7486	2561	257	33	4873
德州	32041	9679		3165	5867		3339	5240	1158	706		2887
聊城	30557	8916		2509	7977		2292	3974	1680	89	190	2930
临沂	88580	33991		8620	15561	461	5630	10537	3168	5120	1	5491
菏泽	31881	10717		4153	7511	2287	2167	2159	918	127		1842

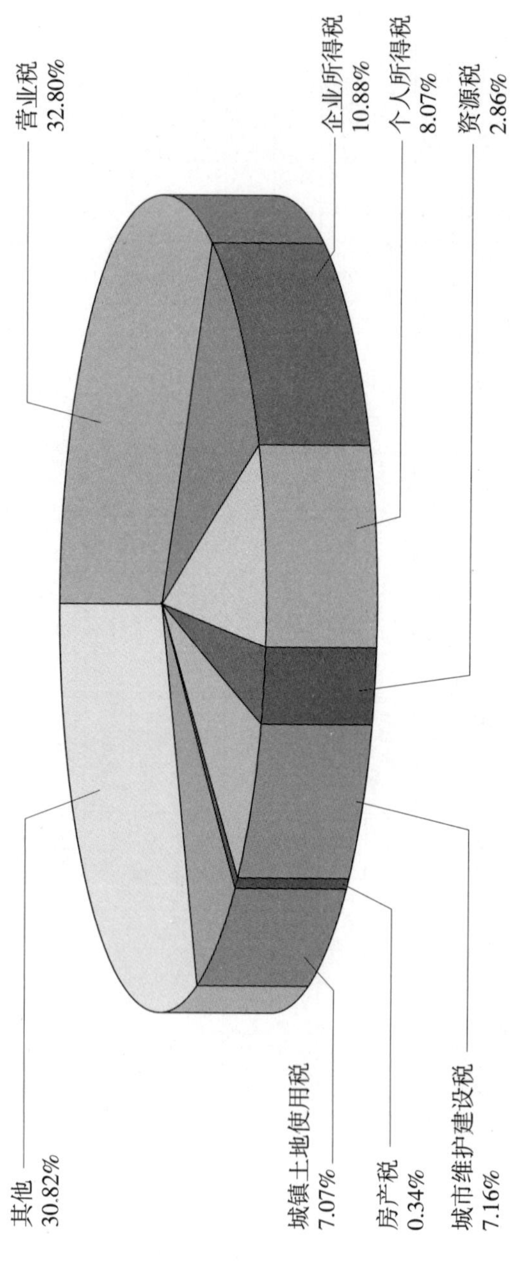

2013年山东省地方税收收入分税种对比图

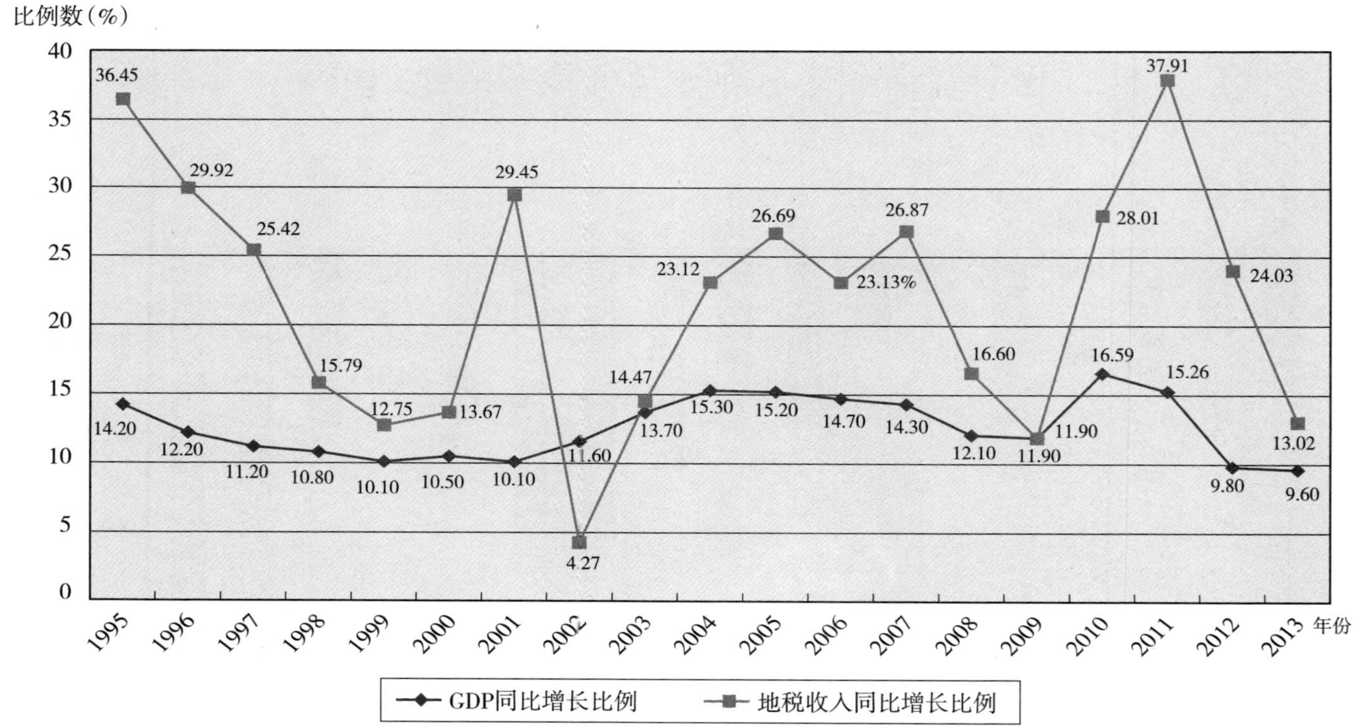

1995—2013年山东省地方税收收入与地区生产总值（GDP）增长比例对比图

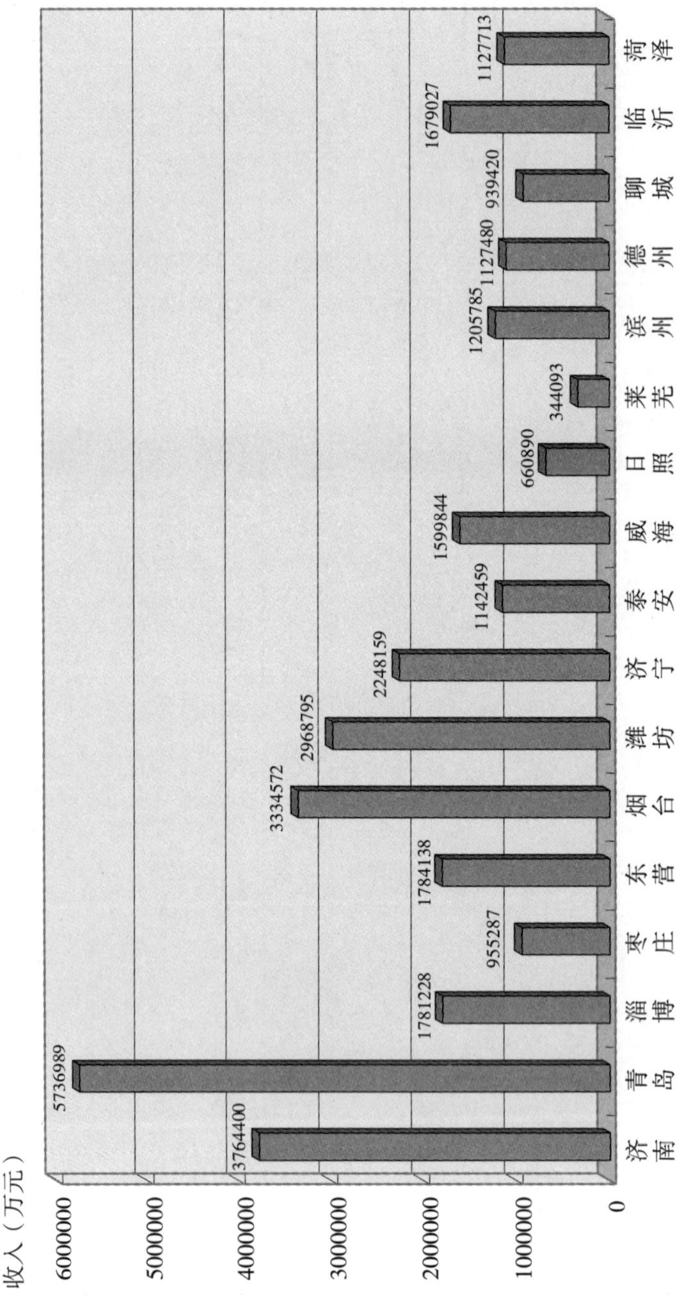

2013年山东省地方税收收入分市统计图

2013年山东省地方税收税务登记行业与经济类型构成统计表（一）

单位：户

序号	项目 户数 行业	上年末户数	本年增减数		本年末户数	年末登记户数分注册类型情况	
						内资企业	
			增加	减少		小计	国有企业
	顺序号	1	2	3	4	5	6
1	合计	1854879	307435	168397	1993917	816211	17550
2	农、林、牧、渔业	15898	9429	1572	23755	18103	155
3	采矿业	4544	785	623	4706	2607	144
4	制造业	270057	28064	20554	277567	174416	1566
5	电力、热力、燃气及水生产和供应业	2494	380	115	2759	2350	488
6	建筑业	72089	20673	8061	84701	70908	1821
7	批发和零售业	916342	157736	79716	994362	313527	4627
8	交通运输、仓储和邮政业	50501	8866	4339	55028	24890	1270
9	住宿和餐饮业	144672	18071	17860	144883	12548	966
10	信息传输、软件和信息技术服务业	13381	2711	986	15106	12296	376
11	金融业	12083	1777	513	13347	12928	1190
12	房地产业	28848	6021	2051	32818	29961	515
13	租赁和商务服务业	98356	24266	7636	114986	82347	1703
14	科学研究和技术服务业	20600	3828	1420	23008	13883	789
15	水利、环境和公共设施管理业	1612	270	117	1765	1462	141
16	居民服务、修理和其他服务业	171248	20317	19743	171822	33056	1023
17	教育	7095	1356	350	8101	2408	124
18	卫生和社会工作	9619	1043	1090	9572	1260	168
19	文化、体育和娱乐业	10889	1172	1066	10995	5684	359
20	公共管理、社会保障和社会组织	4544	668	585	4627	1575	125
21	国际组织	7	2		9	2	0

2013年山东省地方税收税务登记行业与经济类型构成统计表（二）

单位：户

序号	项目 / 户数 / 行业	年末登记户数分注册类型情况						
		内资企业						
		集体企业	股份合作企业	联营企业	有限责任公司	股份有限公司	私营企业	其他内资企业
	顺序号	7	8	9	10	11	12	13
1	合计	19339	3717	576	328068	8090	425420	13451
2	农、林、牧、渔业	593	647	143	4689	53	5904	5919
3	采矿业	305	8	4	1116	29	997	4
4	制造业	5762	679	100	61538	685	103743	343
5	电力、热力、燃气及水生产和供应业	43	5	1	1199	37	548	29
6	建筑业	1978	199	33	35664	340	30310	563
7	批发和零售业	5665	849	185	119984	1691	179417	1109
8	交通运输、仓储和邮政业	391	57	18	12127	126	10812	89
9	住宿和餐饮业	848	68	7	5254	45	5269	91
10	信息传输、软件和信息技术服务业	67	7	4	4305	125	7348	64
11	金融业	649	821	7	4307	4321	1529	104
12	房地产业	416	70	12	17739	139	10884	186
13	租赁和商务服务业	979	143	36	34671	260	43677	878
14	科学研究和技术服务业	309	55	12	5505	53	6839	321
15	水利、环境和公共设施管理业	41	3	0	787	10	409	71
16	居民服务、修理和其他服务业	967	88	13	16740	131	13466	628
17	教育	54	3	0	532	14	472	1209
18	卫生和社会工作	155	5	0	158	6	455	313
19	文化、体育和娱乐业	71	7	1	1721	21	3320	184
20	公共管理、社会保障和社会组织	46	3	0	32	4	20	1345
21	国际组织	0	0	0	0	0	1	1

2013年山东省地方税收税务登记行业与经济类型构成统计表（三）

单位：户

序号	行业 \ 户数 \ 项目	年末登记户数分注册类型情况				
		港澳台投资企业	外商投资企业	外国企业	个体经营户	其他
	顺序号	14	15	16	17	18
1	合计	6656	20107	1045	1131864	18034
2	农、林、牧、渔业	144	239	0	3917	1352
3	采矿业	27	48	2	2016	6
4	制造业	3029	12147	34	87899	42
5	电力、热力、燃气及水生产和供应业	119	147	1	115	27
6	建筑业	206	287	16	12984	300
7	批发和零售业	987	2831	47	676823	147
8	交通运输、仓储和邮政业	230	406	14	29432	56
9	住宿和餐饮业	219	873	4	131172	67
10	信息传输、软件和信息技术服务业	334	501	7	1904	64
11	金融业	66	244	23	30	56
12	房地产业	392	393	1	1900	171
13	租赁和商务服务业	561	1220	675	28340	1843
14	科学研究和技术服务业	86	207	15	7657	1160
15	水利、环境和公共设施管理业	17	25	0	34	227
16	居民服务、修理和其他服务业	194	416	189	135994	1973
17	教育	8	31	14	1097	4543
18	卫生和社会工作	1	6	0	6336	1969
19	文化、体育和娱乐业	34	83	0	4166	1028
20	公共管理、社会保障和社会组织	1	2	0	46	3003
21	国际组织	1	1	3	2	0

1994—2013 年山东省地方税收各类经济纳税人税务登记结构变动统计表

单位：户

年度	合计	国有企业	集体企业	联营企业	股份合作	有限责任	股份有限	私营企业	港澳台资	外商投资	外国企业	个体经营	其他
1994	221440	64078	137474	959			1801	12418	0	0		0	4710
1995	228771	68610	134879	1451			4273	15579	0	0		0	3979
1996	678809	68330	137250	1677			6398	23187	4234	5860		422843	9030
1997	788650	72557	137859	2083			9182	28818	6731	2876		519472	9072
1998	861476	66845	132541	4909			17209	39007	3672	7328		580393	9572
1999	832369	52192	79553	1522			35727	49449	3770	6450		597898	5808
2000	917811	51889	73751	1500			43027	59322	3651	7483		671369	5819
2001	937681	43751	60734	1061	2989	31790	6806	49837	2885	5447		728441	3940
2002	990746	42463	54947	1000	3126	41271	6920	63238	3198	6531	81	762890	5081
2003	1019938	38405	48740	891	2877	54611	7353	81665	3392	7951	103	767018	6932
2004	1005162	34617	41611	639	3329	59825	7207	112505	3349	9119	152	725918	2847
2005	986298	26281	32232	528	2163	72064	7454	119690	3840	9917	178	704818	4663
2006	1003054	24243	29188	555	2427	84423	7699	140002	3605	9662	175	690845	6106
2007	1058035	20922	24955	492	2312	93701	7541	169902	3696	10010	284	715864	8356
2008	1167325	18796	22774	431	2353	113607	8433	195134	3941	11484	268	781454	8650
2009	1285433	18178	21450	434	2321	131136	8918	220202	4018	11555	288	856561	10372
2010	1349009	17363	20407	420	2332	157827	9284	241254	4167	11626	271	872976	11082
2011	1750744	21184	24469	580	3660	238154	11482	374224	6822	23419	1209	1024076	21465
2012	1854879	18595	20374	481	3355	269419	12336	385618	6400	20134	875	1092550	24742
2013	1993917	17550	19339	576	3717	328068	8090	425420	6656	20107	1045	1131864	31485

注：1. 1994 年、1995 年个体户和涉外企业的税收管理全部在国税。

2. 2011 年、2012 年其他类型的统计口径进行了调整。

2013年山东省地方税务系统信息化建设与应用情况统计表

序号	项　目		序号	项　目	
1	中小型计算机装备数量（台）	30	20	漏洞扫描（套）	5
2	PC服务器装备数量（台）	1304	21	安装杀毒软件的计算机数量（台）	31024
3	存储设备总容量（TB）	405	22	部署桌面安全审计系统终端数量（台）	26942
4	其中：磁盘阵列容量（TB）	380	23	市级机房面积（m^2）	2664
5	磁带库容量（TB）	25	24	10KVA（含）以上UPS装备数量（台）	110
6	PC机装备数量（台）	33615	25	电子申报的情况	
7	其中：台式机数量	27944	26	其中：网上报税（户数）	593935
8	笔记本电脑数量	5671	27	双委托（户数）	115817
9	打印机配备数量（台）	9908	28	全市信息技术人员数（人）	430
10	广域网联通节点数（个）	1013	29	其中：高级技术人员数（人）	9
11	其中：地市级节点	16	30	中级技术人员数（人）	71
12	区县级节点	159	31	初级技术人员数（人）	29
13	分局级节点	809	32	其中：博士研究生人数（人）	1
14	与外部门互联单位数（个）	17	33	硕士研究生人数（人）	35
15	路由器数量（台）	163	34	大学本科人数（人）	317
16	交换机数量（台）	2552	35	大学专科人数（人）	68
17	负载均衡（台）	5	36	全市征管软件使用操作人员数（人）	20101
18	安装防火墙数量（台）	139	37	其中：市局软件使用操作人员数	2416
19	入侵检测IDS（台）	24	38	区县局软件使用操作人员数	17685

第五篇　机构和人员

山东省地税系统机构和人员概况

截至2013年底，山东省地税系统设有各级各类机构共1497个，其中省级机关1个，副省级机关2个，市级机关15个，县级机关140个，直属派出机构343个（其中省局2个，市局77个，县、市、区局264个），基层中心税务所885个，地税系统所属事业单位111个。从机构级别看，正厅级单位1个，副厅级单位2个（济南、青岛市局），正处级单位49个，副处级单位51个，科级（含）以下单位1394个。全系统各类各级编制共23791名，其中行政编制20301名，工勤编制1921名，事业编制1569名。全系统实有人员23111人，其中省级240人，占总人数的1.04%；市级4327人，占总人数的18.72%；县级18544人，占总人数的80.24%。大学本科以上15251人，占总人数的65.99%，大专文化程度6103人，占总人数的26.41%，中专及以下文化程度1757人，占总人数的7.6%。

山东省地方税务局
机关内设机构和人员概况

截至2013年底，山东省地方税务局机关内设18个处室，分别是：办公室、政策法规处、营业税处、企业所得税处、个人所得税处、财产和行为税处、土地房产税处、国际税务处、征管和科技发展处、税源管理处、收入规划核算处、财务管理处、督察内审处、人事处、离退休干部处、基层工作处、机关党委、监察室（纪检组），其中，监察室（纪检组）上划省纪委，人事处和离退休干部处合署办公；2个直属单位：稽查局、重点企业税收管理局；3个事业单位：机关服务中心、信息中心、纳税服务中心。

省局共有在职正式干部职工240人，其中，副厅级以上干部13人，处级干部92人，科级干部121人，科以下干部职工14人；党员218人；退休人员32人。

山东省地方税务局领导名单

党组书记、局　长：张洪军
党组成员、副局长：赵洪波
党组成员、副局长：韩奎祥
党组成员、纪检组长：王莉莉
党组成员、副局长：李　功
党组成员、副局长：郭凤晓
巡　视　员：吕凤强
副巡视员：杨殿国
副巡视员：李　亚
副巡视员：马奎升
副巡视员：于　波
副巡视员：杨丰仪
总会计师：白　洁
总经济师：张荣琳

山东省地方税务局机关内设机构领导名单

办公室

主　任：张期鹏
副主任：杨雪芳（正处级）
副主任：王荣跃
副主任：尹　才
副主任：陈道胜

政策法规处

处　长：范廷祥
副处长：王永安

营业税处

处　长：孙永秀
副处长：姜常春

企业所得税处

处　长：李广进
副处长：陈艳艳

个人所得税处

负责人：王士金

副处长：王　忠

财产和行为税处

负责人：汤永强
副处长：陈　伟

土地房产税处

处　长：王志波

国际税务处

副处长：王淑增

征管和科技发展处

处　长：任长河
副处长：王晓明
副处长：程　惠
副处长：王胜超

税源管理处

负责人：李崇西
副处长：李　达

收入规划核算处

处　长：高　虹
副处长：姜爱萍

财务管理处

处　长：张成家
副处长：王纳纳

督察内审处

处　长：冉照坤

人事处

处　长：傅廷民
副处长：毕文敏
副处长：张秀臻
副处长：于　前

离退休干部处

处　长：杨永军
副处长：贾伯森

基层工作处

处　长：张传庭
副处长：刘筱庆
副处长：孙永祥

机关党委

专职副书记：刘键锋
机关纪委书记：蒋立新

纪检组（监察室）

副组长（主任）：李茂楠

税务稽查局

局　长：王发升
副局长：杨义庆
副局长：孟宪岭

重点企业税收管理局

局　长：张　皓
副局长：郭永田

机关服务中心

主　任：曲永生
副主任：张绍远
副主任：王　扬

地方税务信息中心

负责人：徐夫田
副主任：李　铁
副主任：齐艳红

纳税服务中心

负责人：杨义庆（兼）
副主任：祝洪溪

山东省各市地方税务局领导名单

济南市地方税务局

党委书记、局　长：张志明
党委副书记、副局长：张吉茂
党委委员、副局长：王建刚
党委委员、副局长：王利民
党委委员、副局长：王先进
党委委员、副局长：孔　静

青岛市地方税务局

党委书记、局　长：蔡自力
党委副书记、副局长：李　钢
党委委员、副局长：孙辉业
党委委员、副局长：任希巍
党委委员、副局长：李宁国
纪委书记、党委委员：何　倩

淄博市地方税务局

党组书记、局　长：王建中
党组成员、副局长：赵德森
党组成员、副局长：石光华
党组成员、副局长：司　平

枣庄市地方税务局

党组书记、局　长：段培真
党组副书记、副局长：陈　勇
纪检组长、党组成员：张体恒
党组成员、副局长：孙中洲

东营市地方税务局

党组书记、局　长：潘荣文
党组副书记、副局长：张　岩
党组成员、副局长：杨永卿
党组成员、油田分局局长：翟宝山
党组成员、纪检组长：安晓刚
党组成员、副局长：蒋冬梅

烟台市地方税务局

党组书记、局　长：吴晓飞
党组成员、副局长：姜永利
党组成员、副局长：刘中太
党组成员、副局长：徐永军
党组成员、纪检组长：孙绍敏

潍坊市地方税务局

党组书记、局　长：张　辉
党组成员、纪检组长：滕一良
党组成员、副局长：李　强
党组成员、副局长：武伟刚

济宁市地方税务局

党组书记、局　长：姜亚南
党组副书记、副局长：许从法
党组成员、副局长：高　杰
党组成员、副局长：宋伟洲
党组成员、副局长：朱洪坤
党组成员、纪检组长：翟华斌

泰安市地方税务局

党组副书记、副局长：郝　玲
党组成员、纪检组长：张鲁光

党组成员、副局长：朱海明

威海市地方税务局

党组书记、局　长：张洪起
党组成员、副局长：侯凤志
党组成员、纪检组长：王叔娟

日照市地方税务局

党组书记、局　长：林桂军
党组副书记、副局长：徐厚臣
党组成员、副局长：费秀云
党组成员、副局长：马　青
党组成员、纪检组长：张永学
（兼直属征收局局长）

莱芜市地方税务局

党组书记、局　长：高庆功
党组副书记、副局长：刘　涛
党组成员、副局长：侯继才
党组成员、副局长：王　钧
党组成员、纪检组长：李建国

临沂市地方税务局

党组书记、局　长：聂奎亮
党组成员、副局长：商庆顿
党组成员、副局长：王光新
党组成员、纪检组长：徐　军
党组成员、副局长：王丽英

德州市地方税务局

党组书记、局　长：宓东生
党组副书记、副局长：李晓冬
党组成员、副局长：周书华
党组成员、副局长：郭世峰
党组成员、副局长：周鲁平
党组成员、纪检组长：许兴海
党组成员、副局长：刘书庆

聊城市地方税务局

党组副书记、副局长：郝晓伟
党组成员、副局长：宗彦博
党组成员、副局长：侯国华
党组成员、纪检组长：姜凤利

滨州市地方税务局

党组书记、局　长：王海军
党组副书记、副局长：李登峰
党组成员、副局长：刘思文
党组成员、纪检组长：刘金生

菏泽市地方税务局

党组书记、局　长：刘新建
党组副书记、副局长：贾希雪
党组成员、副局长：刘　勇
党组成员、副局长：李圣君

第六篇　附　录

2013年山东省地方税务局大事记

1月

4日 山东省人大常委会副秘书长、预算工委主任王守涛一行来省地税局调研2012年全省税收情况及2013年税收计划初步安排，省局党组成员、副局长赵洪波参加座谈。

4日 山东省地方税务局党组成员、纪检组长、监察专员王莉莉在济南参加山东省纪委机关和派驻机构2012年工作汇报会。

7日 山东省地方税务局党组成员、纪检组长、监察专员王莉莉在济南参加全国政法工作电视电话会议。

8日 山东省地方税务局党组成员、副局长郭凤晓在北京参加金税三期工程试点工作会议。

9日 山东省地方税务局副巡视员李亚在济南参加临沂商城国际化改革试点联席会议。

10日 山东省地方税务局副巡视员李亚在济南参加全省农村工作会议。

11日 山东省地方税务局党组成员、纪检组长、监察专员王莉莉主持召开审计工作准备会，安排部署迎接省审计厅审计工作。

14日 全省财政税务工作座谈会在济南召开，山东省委常委、常务副省长孙伟主持座谈会，与各市政府及财税部门负责人围绕促进财税经济发展的重点议题进行了深入交流。省局领导、总会计师、总经济师，各市局局长及省局机关部分处室负责人参加了座谈会。

15日 全省地方税务工作会议在济南召开，会议传达贯彻党的十八大、中央和全省经济工作会议、全国税务工作会议、全省财政税务工作座谈会精神，总结工作，表彰先进单位和个人，部署了2013年全省地税工作任务。山东省地方税务局党组书记、局长宋文军代表省局党组作了工作报告，并与各市局局长签订了2013年度《党风廉政建设责任书》；巡视员吕凤强主持会议，进行了会议总结，并对贯彻落实会议精神进行了安排部署；党组成员、副局长赵洪波和省人社厅领导宣读了有关表彰决定。省局领导、总会计师、总经济师，省局机关各单位主要负责同志，各市局局长及收入规划核算科（处）、人事科（处）、基层工作科（处）长参加会议；各市、县（市、区）局领导班子成员、中层以上干部在各地分会场通过视频收看了有关会议内容。

15日 山东省地方税务局在济南举行《山东地税岗位培训丛书》首发式，省局领导、总会计师、总经济师，各市局局长，省局机关各单位负责人，各市局人事科（处）长、基层科（处）长参加。

16 日 山东省政府召开第 139 次省政府常务会议，听取山东省财政厅关于《山东省人民政府关于修改〈山东省契税征收规定〉的决定（草案）》的汇报和临沂市政府关于山东省临沂市国际贸易综合改革试点有关情况的汇报。省地方税务局党组书记、局长宋文军参加。

16 日 山东省地方税务局党组成员、副局长赵洪波在济南参加全省人力资源和社会保障工作会议。

16 日 山东省地方税务局党组成员、纪检组长、监察专员王莉莉在济南参加全省审计工作电视会议。

16 日 山东省地方税务局总经济师张荣琳在济南参加山东省税务学会第五届会员代表大会暨山东省中青年税收理论研究会第三届会员代表大会。

17—18 日 山东省地方税务局副巡视员李亚带队到日照市检查考核就业工作目标落实情况。

18 日 山东省地方税务局党组成员、纪检组长、监察专员王莉莉在济南参加全省政法工作会议。

22 日 山东省地方税务局副巡视员李亚在济南参加全省台协会长暨台商恳谈会。

22—31 日 山东省地方税务局局领导、总会计师、总经济师分别到各市局基层单位走访慰问一线干部职工。

23—30 日 山东省地方税务局党组书记、局长宋文军在济南参加中国人民政治协商会议第十一届山东省委员会第一次会议。

27 日 山东省地方税务局党组书记、局长宋文军在济南列席山东省第十二届人民代表大会第一次会议。

30 日 山东省地方税务局党组成员、副局长郭凤晓在济南参加山东人民广播电台《阳光政务热线》直播节目。

31 日 山东省地方税务局党组书记、局长宋文军主持召开第 2 次局党组扩大会议，就 2012 年度省局机关目标管理考核工作情况等问题进行了研究。党组成员、副局长赵洪波，党组成员、纪检组长、监察专员王莉莉，党组成员、副局长李功、郭凤晓出席会议，巡视员吕凤强，副巡视员杨殿国、李亚，副厅级检查员周科纯，总会计师白洁，总经济师张荣琳列席会议。

2 月

1 日 山东省地方税务局机关召开老干部新春座谈会，省局领导、有关处室负责人、离退休老干部参加会议。党组成员、副局长赵洪波主持座谈会，通报了 2012 年全省地税系统工作情况，就 2013 年全省地税工作思路和重点进行了简要说明。

3 日 山东省地方税务局党组书记、局长宋文军，党组成员、纪检组长、监察专员王莉莉在济南参加中共山东省纪委十届三次全体会议第一次大会。

4 日 山东省地方税务局巡视员吕凤强在济南分会场收看全国税务稽查工作视频会议。

5 日 山东省地方税务局机关召开全体干部职工大会，总结 2012 年工作，通报表彰先进，安排部署 2013 年工作任务。

省局领导、总会计师、总经济师出席会议。

17日 山东省纪委副厅级检查员郝建祥一行五人对省地税局厉行勤俭节约反对铺张浪费活动开展情况进行督导检查，省局党组书记、局长宋文军，党组成员、纪检组长、监察专员王莉莉参加汇报。

19日 山东省地方税务局副巡视员杨殿国在济南参加全省工业经济运行电视会议。

21日 山东省地方税务局总经济师张荣琳在济南参加省委理论学习辅导报告会，听取了中央党校党史教研部副主任谢春涛以“增强中国特色社会主义的道路自信、理论自信、制度自信”为主题的辅导报告。

21—22日 山东省地方税务局党组成员、纪检组长、监察专员王莉莉在北京参加全国税务系统党风廉政建设工作会议。省局机关副处级以上干部，各市、县（市、区）局领导班子成员和系统全体纪检监察干部通过视频收看了21日上午的大会。

22日 山东省地方税务局党组书记、局长宋文军在济南参加省政府部门主要负责人会议。

25日 中纪委调研组就如何加强“一把手”监督问题在山东省纪委召开专题座谈会，省地方税务局党组成员、纪检组长、监察专员王莉莉参加。

27日 山东省地方税务局党组成员、副局长赵洪波在济南参加全省统计工作暨第三次经济普查动员会议。

27日 山东省地方税务局党组成员、纪检组长、监察专员王莉莉在济南参加全省机关党的工作会议。

3月

6日 山东省地方税务局在济南召开全省地税系统党风廉政建设工作会议。省局党组书记、局长宋文军讲话，党组成员、纪检组长、监察专员王莉莉作工作报告，党组成员、副局长赵洪波主持会议。省局领导、总会计师、总经济师出席会议。

8日 山东省地方税务局党组书记、局长宋文军主持召开第1次局长办公会议，就目标管理考核办法修改意见等问题进行了研究。党组成员、副局长赵洪波，党组成员、纪检组长、监察专员王莉莉，党组成员、副局长李功、郭凤晓出席会议，巡视员吕凤强，副巡视员杨殿国、李亚，副厅级检查员周科纯，总会计师白洁，总经济师张荣琳列席会议。

11日 山东省地方税务局党组书记、局长宋文军主持召开第3次局党组会议，就葛孚卫、林欣臣职务晋升意见等问题进行了研究。党组成员、副局长赵洪波，党组成员、纪检组长、监察专员王莉莉，党组成员、副局长李功、郭凤晓出席会议。

11日 山东省地方税务局召开收入质量检查培训工作会议，省局总经济师张荣琳出席会议并讲话。

12日 山东省地方税务局在济南召开全省地税稽查工作会议，省局巡视员吕凤强出席会议并讲话。

18日 山东省地方税务局党组书记、局长宋文军在济南参加全省领导干部会议。

18日　山东省地方税务局巡视员吕凤强在济南参加省老龄委第二十一次全体会议。

18日　山东省委向省纪委下发《中共山东省委关于孟繁学、周科纯同志免职的通知》，批准免去周科纯同志中共山东省纪律检查委员会驻山东省地方税务局纪律检查组副厅级检查员职务。

19日　山东省地方税务局副巡视员李亚在济南参加全省就业工作电视会议。

20日　山东省地方税务局党组书记、局长宋文军，副巡视员李亚在济南参加第五届山东省篮球运动协会换届会议。

22日　山东省地方税务局巡视员吕凤强在济南收看全国深入开展道德领域突出问题专项教育和治理活动电视电话会议。

23日　山东省地方税务局副巡视员李亚在济南参加省委对台工作会议。

26日　山东省地方税务局组织观看电影《红烛》，省局党组成员、副局长赵洪波，党组成员、纪检组长、监察专员王莉莉，总经济师张荣琳参加观看。

26日　山东省地方税务局党组成员、纪检组长、监察专员王莉莉在济南参加国务院第一次廉政工作电视电话会议。

28日　山东省地方税务局副巡视员李亚参加省政府专题研究汉峪省直住宅小区有关问题会议。

28日　山东省地方税务局组织收看国家税务总局召开的12366纳税服务热线北京呼叫中心正式运行视频动员会。省局总经济师张荣琳参加收看。

31日　省局召开领导干部会议，宣布山东省委关于省地税局主要领导调整的决定，张洪军任山东省地方税务局党组书记、局长，宋文军不再担任山东省地方税务局党组书记、局长职务。省委组织部副部长刘永巨宣布省委决定并讲话，张洪军和宋文军先后讲话。宋文军主持会议，省局机关副处级以上干部、各市地税局局长参加了会议。

4月

1—7日　全省地税系统税源管理培训班在国家税务总局税务干部进修学院举办，山东省地方税务局党组成员、副局长郭凤晓出席开班仪式并讲话。

2日　山东省地方税务局党组书记、局长张洪军在济南参加省政府第一次全体会议。

2日　山东省地方税务局巡视员吕凤强在济南参加2012年度山东省纳税百强排行榜暨《山东税收发展报告（2012）》新闻发布会。

7日　山东省地方税务局党组书记、局长张洪军在济南参加省政府第一次廉政工作会议。

7日　山东省地方税务局党组书记、局长张洪军参加省政府专题研究山东省现代职业教育体系建设有关工作会议。

7日　山东省地方税务局副巡视员李亚在济南参加国际税收调研工作座谈会。

7—9日　国家税务总局党组成员、副局长丘小雄带领收入规划核算司等有关司局人员在青岛召开收入形势分析座谈会，并对土地使用税“以地控税”等有关工作进行考察调研。山东省地方税务局党组成员、副局长赵洪波陪同调研，并汇报了全省一季度地税收入情况和全年地税收入形势。

7—9日 山东省地方税务局党组成员、副局长李功在济南参加全省应急管理工作电视会议。

7—9日 山东省地方税务局副巡视员杨殿国在济南参加改善营商环境工作座谈会。

9日 山东省地方税务局机关组织开展警示教育活动。省局党组成员、纪检组长、监察专员王莉莉参加活动。

8—10日 山东省地方税务局副巡视员李亚参加省政府调研组对潍坊现代职业教育体系建设工作调研活动。

8—12日 山东省地方税务局举办全省地税系统处级领导干部学习贯彻党的十八大精神暨系统党务工作培训班，邀请中央党校、济南军区、山东师范大学、省直党校、省直工委、山东财经大学7位专家学者进行了专题辅导。省局党组成员、纪检组长、监察专员王莉莉进行了开班动员，党组成员、副局长赵洪波作结业讲话。

8—12日 山东省地方税务局总经济师张荣琳在济南参加党的十八大精神专题培训班。

10日 山东省地方税务局副巡视员李亚在济南参加2013年全国普通高等学校毕业生就业工作推进会。

11日 山东省地方税务局副巡视员李亚在济南参加改善营商环境企业座谈会。

12日 国家税务总局党组成员、副局长宋兰一行来山东省地方税务局调研并召开座谈会，省局党组书记、局长张洪军，党组成员、副局长赵洪波、郭凤晓参加座谈。

12日 山东省地方税务局巡视员吕凤强在青岛参加改善营商环境外资企业座谈会。

15日 山东省地方税务局党组书记、局长张洪军主持召开第2次局长办公会议，就如何贯彻落实省政府第一次全体会议精神及任务分解、分工建议等问题进行了研究。党组成员、副局长赵洪波，党组成员、纪检组长、监察专员王莉莉，党组成员、副局长李功、郭凤晓出席会议，巡视员吕凤强，副巡视员杨殿国、李亚，总会计师白洁，总经济师张荣琳列席会议。

16日 山东省地方税务局副巡视员李亚在济南参加改善营商环境台资企业座谈会。

17日 山东省政府召开第4次常务会议，听取省发改委《关于今年一季度经济社会发展情况的汇报》，山东省地方税务局党组书记、局长张洪军参加。

17日 国家税务总局召开全国税务系统督察内审工作视频会议，山东省地方税务局党组成员、纪检组长、监察专员王莉莉在省局参加。

18日 山东省地方税务局召开全省地税系统领导干部会议，深入学习贯彻省委、省政府和国家税务总局一系列重要指示和会议精神，安排部署新形势下地税工作。省局党组书记、局长张洪军讲话。党组成员、副局长赵洪波传达了省政府第一次全体会议精神，党组成员、纪检组长、监察专员王莉莉传达了省政府第一次廉政工作会议精神。巡视员吕凤强主持会议并作总结讲话。局领导，总会计师、总经济师及省局机关全体干部职工在省局机关主会场参加会议；各市局领导班子成员，副科以上干部，各县（市、区）局领导班子成员在各市、县（市、区）局分会场参加会议。

19日 山东省国家税务局、省地方税务局联合召开全省纳税信用等级评定结果发布会，省地方税务局巡视员吕凤强主持发布会。

19日 山东省地方税务局在聊城召开全省地税系统纪律学习教育现场会，省局党组成员、纪检组长、监察专员王莉莉出席并讲话。

19日 山东省地方税务局党组成员、副局长郭凤晓在大连参加国家税务总局职能转变工作小型专题会。

19日 山东省地方税务局总经济师张荣琳在济南参加流通骨干企业座谈会。

20日 山东省地方税务局副巡视员杨殿国在济南参加国家淘汰落后产能考核组考核意见反馈会。

22日 国家税务总局召开全国税务系统视频会议，贯彻落实《税务系统领导班子和领导干部监督管理办法》实施细则和动员部署“营改增”扩大试点工作。山东省地方税务局巡视员吕凤强，党组成员、副局长赵洪波，党组成员、纪检组长、监察专员王莉莉，党组成员、副局长李功、郭凤晓，总会计师白洁，总经济师张荣琳在省局参加收看。

22日 山东省地方税务局副巡视员李亚在济南参加全省人口和计划生育工作会议。

22—26日 山东省地方税务局党组书记、局长张洪军在济南参加全省加快转调创进程、推动科学发展现场交流会，期间赴枣庄、临沂、日照进行了现场观摩。

23日 山东省地方税务局召开全省地税系统国际税务工作会议，省局副巡视员李亚出席会议并讲话。

25日 山东省地方税务局党组成员、副局长赵洪波在济南收看全国军转安置工作电视电话会议。

25日 山东省地方税务局总经济师张荣琳在北京参加国家税务总局金税三期工程试点试运行情况专题会议。

26日 山东省政府召开会议专题研究省政府第一次廉政工作会议重点任务分工意见。省地方税务局党组书记、局长张洪军参加。

27日 山东省地方税务局副巡视员李亚在济南参加改善营商环境工作会议。

28日 财政部、国家税务总局召开扩大“营改增”试点工作视频会议。山东省地方税务局党组书记、局长张洪军，党组成员、副局长郭凤晓在山东省分会场参加收看。

28日 山东省地方税务局巡视员吕凤强在济南参加省文明委全委会，会议通报了省文明委2012年工作情况，安排部署2013年工作。

5月

9日 山东省地方税务局党组成员、副局长李功在青岛参加全省“地税—工商”联网工作座谈会。

9日 山东省地方税务局副巡视员李亚在济南参加全国政协考察团完善财税体制座谈会并发言。

10日 山东省地方税务局党组成员、副局长郭凤晓主持召开第三方信息采集专题会议。

10日 山东省地方税务局副巡视员李亚在济南参加省委研究山东省家庭农场发展有关问题专题座谈会。

13日 山东省地方税务局党组书记、局长张洪军在济南收看国务院机构职能转变动员电视电话会议。

14日 山东省纪委、省委宣传部和省文化厅联合组织省直各部门处以上干部集体观看反腐倡廉现代吕剧《断桥惊梦》，省地方税务局党组成员、纪检组长、监察专员王莉莉参加。

15日 山东省地方税务局副巡视员李亚带队对莱芜《地方税收保障条例》贯彻落实情况进行督导调研。

17日 山东省地方税务局总会计师白洁在济南收看全国普通高等学校毕业生就业工作电视电话会议。

18日 山东省地方税务局副巡视员李亚在济南参加第十届中国艺术节文化部山东省第三次联席会议暨省筹委会第五次全体会议。

20日 山东省政府召开第5次常务会议，听取省“营改增”试点工作领导小组办公室《关于全国扩大营改增试点工作视频会议精神及贯彻意见的汇报》，省地方税务局党组书记、局长张洪军参加。

21日 山东省地方税务局党组成员、纪检组长、监察专员王莉莉主持召开专题会议，安排部署迎接外国政党媒体联合考察团相关工作。

21—24日 山东省地方税务局党组成员、副局长李功在济南参加市、厅长应急管理研讨班，对国务院和省政府文件精神、有关法律和政策、突发事件应急管理知识和应对原则进行研讨。

22日 山东省政府召开全省“营改增”试点工作电视会议，省地方税务局党组书记、局长张洪军出席会议并发言。

23日 山东省地方税务局党组成员、副局长郭凤晓在北京参加金税三期工程试点工作汇报会。

23日 山东省地方税务局副巡视员李亚在济南出席省税协三届二次理事会并讲话。

25日 山东省地方税务局副巡视员李亚在济南参加全省非公有制经济人士理想信念教育实践活动动员部署会议。

26日 外国政党媒体联合考察团到山东省地方税务局考察反腐倡廉建设情况。省局党组成员、纪检组长、监察专员王莉莉介绍了全省地税工作和反腐倡廉工作情况。

27日 山东省人大财经委、省人大常委会预算工委到省地方税务局就《山东省地方税收保障条例》贯彻落实执法检查准备情况进行座谈。省局党组书记、局长张洪军，党组成员、副局长赵洪波，副巡视员李亚，总经济师张荣琳出席。

27日 山东省地方税务局党组成员、纪检组长、监察专员王莉莉在济南收看全国纪检监察系统开展会员卡专项清退活动电视电话会议。

28—29 日　山东省地方税务局党组书记、局长张洪军，党组成员、副局长郭凤晓带领省局有关处室负责同志，赴青岛市地税局调研指导工作，听取了青岛市地税局有关工作情况汇报，观摩了“智慧地税”管理平台，与市局机关处室负责人进行了座谈；深入市南分局办税服务厅和基层中心税务所实地了解情况，并与基层局局长进行了座谈，征求了基层对省局的意见和建议。

30 日　山东省地方税务局党组成员、副局长赵洪波带领省局有关处室负责人赴莒南县涝坡镇帮扶点参加省地税局、大众网“完美爱心”捐助活动。

31 日　山东省地方税务局党组书记、局长张洪军，副巡视员李亚带领省局有关处室负责人，赴济南市地税局调研指导工作，听取了济南市局、历下分局有关工作情况汇报，实地察看了历下分局办税服务厅规范化建设情况，并深入集中办公地点实地了解情况，与部分中心税务所负责人进行座谈，征求基层对省局的意见和建议。

31 日　山东省地方税务局总经济师张荣琳在济南收看全国人事考试环境综合治理专项行动电视电话会议。

6 月

3 日　山东省政府召开第 6 次常务会议，听取省工商局《关于优化市场环境 30 条意见的汇报》，省地方税务局党组书记、局长张洪军参加。

3 日　山东省地方税务局党组成员、副局长党组成员郭凤晓在北京参加税务总局金税三期工程五个试点省落实总局局长王军讲话工作会议。

4 日　山东省地方税务局党组书记、局长张洪军在济南参加审计署山东省外商直接投资情况专项审计调查进点会。

4 日　全省检察机关预防警示教育宣讲团一行 9 人来山东省地方税务局进行廉政宣传和警示教育，省局党组书记、局长张洪军，党组成员、副局长赵洪波，党组成员、纪检组长、监察专员王莉莉，总会计师白洁，总经济师张荣琳出席活动。

8 日　国家税务总局召开部分定点联系企业税收风险管理工作视频会议，山东省地方税务局党组成员、副局长郭凤晓，总经济师张荣琳参加收看。

8—9 日　山东省地方税务局召开全省地税系统金税三期工程上线试点动员部署会议，省局党组书记、局长张洪军主持会议并讲话，党组成员、副局长郭凤晓作动员部署。

9 日　山东省地方税务局党组书记、局长张洪军在济南参加深化金融改革座谈会。

14 日　山东省政府召开第 7 次常务会议，听取省财政厅《关于进一步深化省以下财政管理体制改革初步意见的汇报》，省地方税务局党组书记、局长张洪军参加。

14 日　山东省地方税务局副巡视员李亚在济南参加加强境外非政府组织在鲁活动暨山东省社会组织涉外活动管理工作省级联席会议。

17 日　中央纪委党风政风监督室来

山东调研纪检监察干部职工会员卡清退有关工作，省地方税务局党组成员、纪检组长、监察专员王莉莉出席座谈会，并介绍了省局开展会员卡专项清退活动情况及落实中央关于改进工作作风密切联系群众八项规定和省委实施办法情况。

18日 山东省地方税务局党组书记、局长张洪军在济南收听收看党的群众路线教育实践活动工作会议。

19日 山东省地方税务局党组成员、副局长赵洪波在济南参加山东省残疾人联合会第六次代表大会。

20日 山东省地方税务局党组书记、局长张洪军主持召开第3次局长办公会议，就省局局务会议和全省地税局长会议筹备方案等问题进行了研究。省局党组成员、副局长赵洪波，党组成员、纪检组长、监察专员王莉莉，党组成员、副局长李功、郭凤晓出席会议，巡视员吕凤强，副巡视员杨殿国、李亚，总会计师白洁，总经济师张荣琳列席会议。

20日 山东省地方税务局巡视员吕凤强在济南参加山东省人民政府新闻办公室官方微博@山东发布、山东政务微博发布和微信公众账号山东发布开通仪式。

21日 山东省政府在济南召开全省财政工作会议，围绕贯彻落实党的十八大和省第十次党代会精神，分析当前财政经济形势，研究部署省以下财政体制改革任务，安排当前及今后一段时期的财税工作。省地方税务局党组书记、局长张洪军，党组成员、纪检组长、监察专员王莉莉，党组成员、副局长李功、郭凤晓，总会计师白洁，总经济师张荣琳参加会议。

21日 山东省地方税务局党组书记、局长张洪军在济南参加贯彻“四个尊重”（尊重劳动、尊重知识、尊重人才、尊重创造）重大方针，充分发挥工人阶级主力军作用座谈会。

21日 山东省人大财经委和预工委召开《山东省地方税收保障条例》执法检查座谈会，省地方税务局党组书记、局长张洪军，党组成员、副局长赵洪波，副巡视员李亚出席座谈会。

21日 山东省旅游局副局长于风贵来省地方税务局座谈，就《关于加快我省乡村旅游发展的意见》等征求意见，省局党组成员、副局长李功出席座谈会。

24日 山东省地方税务局总经济师张荣琳在济南参加国家淘汰落后产能工作调研汇报会。

24—30日 山东省人大财经委和预工委赴济南、淄博、枣庄、东营、威海、日照、莱芜、临沂、聊城、滨州、菏泽等市对《山东省地方税收保障条例》执行情况进行检查。省地方税务局党组成员、纪检组长、监察专员王莉莉，党组成员、副局长李功，副巡视员杨殿国、李亚，总会计师白洁，总经济师张荣琳陪同检查。

26日 山东省地方税务局党组书记、局长张洪军在内蒙古呼和浩特参加国家税务总局召开的集中调研活动第一片区汇报座谈会。

26日 山东省地方税务局巡视员吕凤强在济南参加全省互联网宣传管理工作会议。

27日 山东省政府在济南召开全省“行政程序年”活动总结暨全省政府法制

工作电视会议。省地方税务局党组成员、副局长赵洪波参加会议。

28日 山东省地方税务局党组成员、副局长赵洪波在济南参加省委理论学习中心组集体学习。

28日 山东省地方税务局党组成员、副局长赵洪波在济南出席全省人事考试环境综合治理专项行动视频会议并讲话。

28日 山东省地方税务局党组成员、副局长李功在河南郑州参加国家税务总局召开的全国税务报刊图书工作会议。

28日 国家税务总局金税三期工程办公室总指挥李伟带领项目组、业务组及中软公司等人员在济南召开试点工作现场对接会议，山东省地方税务局党组成员、副局长郭凤晓出席。

28日 山东省地方税务局副巡视员杨殿国在济南参加省文化体制改革和发展工作领导小组会议。

7月

1日 山东省地方税务局组织召开全省地税系统庆“七一”先进事迹视频宣讲会，省局领导、总会计师、总经济师及全体党员干部参加。

3日 山东省地方税务局党组书记、局长张洪军在济南参加山东省党的群众路线教育实践活动动员大会和工作会议。

3—6日 山东省地方税务局党组成员、纪检组长、监察专员王莉莉带领省局有关处室负责同志，赴湖北省地税局考察学习“五税”（依法治税、信息管税、服务纳税、人才强税、廉洁从税）带动战略、基层单位扁平化机构改革及党风廉政建设等工作。

4日 山东省地方税务局副巡视员李亚在济南参加全省社会养老服务体系建设推进会。

4—5日 山东省地方税务局在济南举办税务舆情管理培训班。省局巡视员吕凤强主持培训班并讲话，对加强山东省税务舆情管理提出了具体要求。省局领导、总会计师、总经济师，省局机关全体干部职工和各市局舆情管理人员参加培训。

8日 山东省政府召开第8次常务会议，听取省人力资源和社会保障厅《关于全国普通高等学校毕业生就业工作电视电话会议精神及我省贯彻意见的汇报》、省发展改革委《关于2013年全省深化经济体制改革重点工作意见的汇报》，省地方税务局党组书记、局长张洪军参加。

9日 山东省地方税务局党组书记、局长张洪军主持召开第5次局党组扩大会议，认真学习习近平总书记和省委书记姜异康的重要讲话，传达中央、省委关于开展党的群众路线教育实践活动动员大会、工作会议的有关精神，并就局机关党的群众路线教育实践活动有关问题进行了研究部署。党组成员、副局长赵洪波、韩奎祥，党组成员、纪检组长、监察专员王莉莉，党组成员、副局长李功出席会议，副巡视员杨殿国、李亚，总会计师白洁，总经济师张荣琳列席会议。

9日 山东省地方税务局巡视员吕凤强在济南参加全省打击走私工作会议。

9日 山东省地方税务局党组成员、纪检组长、监察专员王莉莉在济南参加利用外资专项审计调查情况调度会。

9日 山东省地方税务局党组成员、纪检组长、监察专员王莉莉在济南参加全省纪检监察机关党的群众路线教育实践活动动员会议。

10日 山东省地方税务局党组书记、局长张洪军在济南参加加快旅游业发展专题会议。

10日 山东省地方税务局召开党的群众路线教育实践活动领导小组办公室全体成员会议，省局党组成员、纪检组长、监察专员、省局机关党的群众路线教育实践活动领导小组办公室主任王莉莉出席会议并讲话。

10日 山东省地方税务局副巡视员李亚在济南参加全省经济体制改革暨省部会商重要事项落实工作会议。

12日 山东省地方税务局党组书记、局长张洪军在济南参加省政府党组暨办公厅机关党的群众路线教育实践活动动员大会。

12日 山东省地方税务局党组书记、局长张洪军在济南参加加快全省金融改革发展专题会议。

12日 国家税务总局稽查局局长马毅民一行到山东省地方税务局调研，省局党组成员、副局长李功陪同活动。

15日 山东省地方税务局副巡视员李亚在济南收看全国小微企业金融服务经验交流电视电话会议。

16日 山东省政府召开第10次省政府常务会议，专题研究上半年经济社会发展形势及下一步工作建议，省地方税务局党组书记、局长张洪军参加。

16—17日 山东省地方税务局党组书记、局长张洪军在济南参加省委理论学习中心组集体学习。

18日 山东省地方税务局党组书记、局长张洪军主持召开第1次局务会议，听取了局机关各处室关于上半年工作情况和下半年工作打算的汇报，并对下一步工作作出了安排部署。党组成员、副局长赵洪波、韩奎祥，党组成员、纪检组长、监察专员王莉莉，党组成员、副局长李功、郭凤晓出席会议，巡视员吕凤强，副巡视员杨殿国、李亚，总会计师白洁，总经济师张荣琳列席会议。

18日 山东省地方税务局副巡视员李亚参加省政府专题研究加快山东省现代服务业发展的对策建议会议。

19日 国家税务总局副局长宋兰一行到山东省地方税务局调研金税三期工程试点工作并召开座谈会，省局党组书记、局长张洪军，党组成员、副局长郭凤晓，总经济师张荣琳参加。

19日 山东省政府召开第11次常务会议，听取省金融办《关于加快全省金融改革发展若干意见的汇报》和省旅游局《提升旅游产业综合竞争力加快建成旅游强省的意见》《加快发展乡村旅游业的意见》，省地方税务局党组书记、局长张洪军参加。

19日 山东省地方税务局副巡视员李亚在济南参加全省退役士兵安置工作电视会议。

22日 山东省地方税务局召开党的群众路线教育实践活动动员大会，省局党组书记、局长、教育实践活动领导小组组长张洪军主持会议并作动员讲话。

省局机关全体党员、中层以上党外干部、各市地税局局长参加。

22—23日　全省地税局长会议在济南召开。会议的主要任务是：总结2013年以来的工作情况，分析存在的问题和不足，研究部署下一步工作任务，明确重点，强化措施，扎实推进各项工作开展。会议分两个阶段进行。第一阶段召开各市地税局长座谈会，各市局局长分别对上半年工作情况和下半年工作打算进行了汇报交流，提出了下一步工作的意见和建议。省局领导、总会计师、总经济师，各市局局长和省局机关各单位主要负责同志参加。第二阶段召开全省地税局长会议，局长、党组书记张洪军代表省局党组作工作报告，巡视员吕凤强主持会议，省局机关副处级以上干部、各市局局长参加。

23日　山东省地方税务局在济南召开税收收入质量检查约谈会议。省局党组成员、副局长韩奎祥主持会议，党组成员、纪检组长、监察专员王莉莉作工作部署。

23日　驻国家税务总局监察局正局级纪检监察专员贺振福一行对山东省地方税务局的内控信息化建设进行了专题调研，省局党组成员、纪检组长、监察专员王莉莉汇报了省局内控机制建设情况及对金税三期工程内控系统建设的意见建议。

23日　山东省地方税务局副巡视员杨殿国在济南参加全省经信工作座谈会。

24日　国家税务总局召开全国税务系统"营改增"工作视频会议，山东省地方税务局党组书记、局长张洪军，党组成员、副局长赵洪波，党组成员、纪检组长、监察专员王莉莉，党组成员、副局长郭凤晓，副巡视员杨殿国，总会计师白洁，总经济师张荣琳在省局分会场收看。

24日　山东省发改委组织专家对省地方税务局承担的"基于国产设备的网上综合纳税服务示范工程项目"进行了验收。省局总经济师张荣琳出席验收会。

25日　国家税务总局召开全国税务系统加强国际税收管理工作视频会议，山东省地方税务局党组书记、局长张洪军，巡视员吕凤强，党组成员、副局长赵洪波、李功、郭凤晓，总会计师白洁在省局分会场收看，副巡视员李亚在主会场参加会议。

25—26日　山东省地方税务局总经济师张荣琳参加济南、青岛两市地税局党的群众路线教育实践活动动员大会。

27日　山东省地方税务局党组书记、局长张洪军，党组成员、纪检组长、监察专员王莉莉在济南参加群众工作专题报告会。

30日　山东省地方税务局党组书记、局长张洪军主持召开第6次局党组会议，就市局领导班子和领导班子成员2012年度考核情况等问题进行了研究。党组成员、副局长赵洪波、韩奎祥，党组成员、纪检组长、监察专员王莉莉，党组成员、副局长李功出席会议。

30日　全省地税系统纳税服务工作会议在枣庄召开，党组书记副巡视员李亚出席会议并讲话。

31日　山东省地方税务局党组书记、局长张洪军在济南参加山东省第一批党的群众路线教育实践活动单位负责人会议。

31 日—8 月 1 日 山东省委组织参加第一批党的群众路线教育实践活动单位的省管干部赴沂蒙党的群众路线教育基地进行现场教育，省地方税务局党组成员、副局长赵洪波、韩奎祥，党组成员、纪检组长、监察专员王莉莉，党组成员、副局长李功，副巡视员于波、杨丰仪参加。

7 月 山东省地方税务局领导分赴各市地税局开展党的群众路线教育实践活动调研走访，通过召开座谈会和发放调查问卷等形式，广泛征求基层和纳税人的意见和建议。

8 月

2 日 山东省地方税务局党组书记、局长张洪军在济南参加党风党纪专题辅导报告会。

2 日 山东省地方税务局党组成员、副局长李功在济南参加全省政研工作会议。

2 日 山东省地方税务局党组书记、局长张洪军主持召开第 4 次局长办公会议，传达了中央文件精神，并对省第一批党的群众路线教育实践活动单位负责人会议精神及贯彻意见等问题进行了研究。党组成员、副局长赵洪波、韩奎祥，党组成员、纪检组长、监察专员王莉莉，党组成员、副局长李功、郭凤晓出席会议，巡视员吕凤强，副巡视员杨殿国、李亚，总会计师白洁列席会议。

5 日 山东省地方税务局党组书记、局长张洪军在济南参加马克思主义群众观点专题理论讲座。

5—8 日 国家税务总局大企业税收管理司司长王道树一行来山东调研大企业税收服务和管理工作开展情况。省地方税务局党组成员、副局长郭凤晓陪同活动。

6 日 山东省地方税务局召开老干部代表座谈会，征求对开展党的群众路线教育实践活动的意见建议。省局党组书记、局长张洪军出席座谈会并讲话，党组成员、副局长赵洪波，党组成员、纪检组长、监察专员王莉莉参加会议。

7 日 山东省地方税务局党组成员、副局长赵洪波在吉林参加全国税务领军人才培养工作座谈会。

7—9 日 山东省地方税务局领导分别召开分管处室座谈会，征求省局机关干部职工对省局党的群众路线教育实践活动的意见建议，查找省局“四风”方面存在的问题。

8 日 山东省政府召开第 12 次常务会议，传达学习习近平总书记关于安全生产工作的重要讲话精神和省委书记姜异康关于安全生产工作的重要批示，听取省发改委《关于铁路建设和筹资情况的汇报》。省地方税务局党组书记、局长张洪军参加。

9 日 山东省地方税务局党组书记、局长张洪军，总经济师张荣琳带领省局有关处室负责同志赴济南市地税局市中分局开展党的群众路线教育实践活动调研走访。

9 日 山东省地方税务局副巡视员杨殿国在济南参加全省节能减排工作电视会议。

11 日 山东省地方税务局副巡视员

李亚在东营参加全省规范发展民间融资工作现场会议。

12日 山东省地方税务局组织开展“军转干部回军营，重温军队好作风”活动。省局党组成员、纪检组长、监察专员王莉莉参加活动。

13日 山东省政府在济南召开贯彻落实国办发83号文件工作会议，研究促进外贸稳增长调结构的意见。省地方税务局副巡视员李亚参加会议。

15日 山东省地方税务局党组成员、副局长赵洪波参加国家税务总局在青岛召开的构建地方税体系课题研讨会并发言。

16日和23日 山东省地方税务局办公室分别组织召开西片和东片区地税局办公室主任座谈会，学习贯彻省局党组书记、局长张洪军关于加强政研工作的指示精神，围绕加强信息调研、税收科研、督查考核及公文办理、机关管理及安全稳定等工作进行座谈交流。省局党组成员、副局长李功出席会议并讲话。

19—21日 山东省委党的群众路线教育实践活动督导组与省地税局领导、总会计师、总经济师和省局各单位主要负责人谈话。

20日 山东省地方税务局副巡视员李亚在临沂参加推进临沂商城国际化工作现场办公会。

22日 山东省地方税务局副巡视员杨殿国参加省政府会议，专题讨论服务业发展政策。

22日 山东省地方税务局副巡视员李亚在省局分会场收看中国注册税务师行业党委成立大会暨第五次会员代表大会。

23日 山东省地方税务局副巡视员李亚在济南参加省非公有制经济人士理想信念教育实践活动领导小组会议。

23日 山东省地方税务局总经济师张荣琳参加省政府会议，专题研究完善商事登记制度问题。

26日 山东省地方税务局召开“构建地方税收体系课题”座谈会，省局党组成员、副局长赵洪波，总经济师张荣琳出席会议。

26日 山东省纪委在济南召开全省纪检监察系统进一步严格执纪监督纠正“四风”视频会议，山东省地方税务局党组成员、纪检组长、监察专员王莉莉参加会议。

27日 山东省地方税务局党组书记、局长张洪军，党组成员、副局长韩奎祥带领省局有关处室负责人，赴莒南县涝坡镇走访慰问困难群众，并调研“第一书记”工作。

28日 山东省地方税务局党组书记、局长张洪军在济南参加第一批党的群众路线教育实践活动单位主要负责人会议。

28日 山东省地方税务局党组成员、副局长李功在济南参加全省直接联系群众、做好信访工作电视会议。

28—29日 山东省委组织参加第一批党的群众路线教育实践活动单位的省管干部赴沂蒙党的群众路线教育基地进行现场教育，省地方税务局党组成员、副局长郭凤晓，副巡视员杨殿国、马奎升参加。

29日 山东省政府召开专题会议，研究全省加快服务业科学跨越发展思路和若干政策，省地方税务局党组书记、局长张洪军参加。

29日 山东省地方税务局党组成员、副局长李功在济南参加第十届中国艺术节接待工作会议。

29日 山东省政府召开会议，专题研究落实省人民政府《关于加快建设适应经济社会发展的现代职业教育体系的意见》（鲁政发〔2012〕49号）的实施意见，省地方税务局副巡视员李亚参加会议。

29日 山东省地方税务局总经济师张荣琳在济南收听收看国务院第三次经济普查电视电话会议并参加省第三次经济普查领导小组会议。

29—30日 山东省地方税务局召开全省地税系统文化建设现场推进会，省局巡视员吕凤强，党组成员、副局长韩奎祥参加会议并讲话。

30日 山东省地方税务局党组书记、局长张洪军在济南参加全省推进省会城市群经济圈和西部经济隆起带建设动员大会。

9月

3日 山东省地方税务局副巡视员李亚在济南参加全省保障性安居工程工作会议。

4日 山东省委第四督导组召开工作会议，听取有关厅局党的群众路线教育实践活动进展情况汇报。省地方税务局党组书记、局长张洪军汇报了前一阶段省局党的群众路线教育实践活动情况。

4日 山东省地方税务局党组成员、副局长郭凤晓在济南参加省第一次全国地理国情普查领导小组第一次会议暨省地理信息公共服务平台应用推广会。

4日 山东省地方税务局总经济师、省局党的群众路线教育实践活动基层督导组组长张荣琳一行到济南市地税局历下分局督导党的群众路线教育实践活动。

5日 山东省地方税务局党组书记、局长张洪军在济南参加习近平总书记有关重要讲话的传达学习。

5日 山东省政府召开会议，专题研究《进一步规范发展民间融资管理服务机构的意见》，省地方税务局副巡视员李亚参加。

6日 山东省地方税务局党组书记、局长张洪军在济南参加学习党章专题辅导报告会。

6日 山东省地方税务局党组成员、副局长韩奎祥主持召开省局有关处室1—8月份税收收入分析会议。

10日 山东省地方税务局党组成员、纪检组长、监察专员王莉莉在济南参加全省“情系民生扶贫助困”基金募集动员会议。

11日 山东省地方税务局党组书记、局长张洪军在济南参加2013年“百名法学家百场报告会”山东专场报告会。

12日 山东省政府召开会议，专题研究《关于加快现代流通业发展的意见》，省地方税务局副巡视员李亚参加。

16日 国家税务总局党的群众路线教育实践活动第五督导组组长周玉卫一

行到山东省地方税务局督导党的群众路线教育实践活动开展情况。省局党组书记、副局长张洪军，党组成员、纪检组长、监察专员王莉莉参加座谈。

16日 山东省地方税务局副巡视员李亚在济南参加全国人大财经委调研组中小企业促进法（修改）立法调研座谈会。

16—17日 山东省地方税务局召开全省地税收入分析和提高收入质量、防范执法风险工作会议。省局党组成员、副局长韩奎祥出席会议并讲话，总经济师张荣琳参加会议。

17日 山东省政府召开第15次常务会议，听取省交通厅《优先发展公共交通的若干意见》，省教育厅《落实鲁政发〔2012〕49号文件的实施意见（送审稿）》，省金融办《关于加快齐鲁股权托管交易中心改革发展试点方案》的汇报，省地方税务局党组书记、局长张洪军参加。

17日 山东省地方税务局副巡视员杨殿国在济南参加小微企业创业创新会议筹备工作会议。

18日 山东省地方税务局党组书记、局长张洪军主持召开第7次局党组会议，就枣庄市局上报备案干部审核意见问题进行了研究。党组成员、副局长赵洪波、韩奎祥，党组成员、纪检组长、监察专员王莉莉，党组成员、副局长李功、郭凤晓出席会议。

18日 山东省地方税务局党组书记、局长张洪军主持召开第5次局长办公会议，就建立“一个平台”实行“两个办法”进一步加强税收调研与科研工作等问题进行了研究。党组成员、副局长赵洪波、韩奎祥，党组成员、纪检组长、监察专员王莉莉，党组成员、副局长李功、郭凤晓出席会议，巡视员吕凤强，副巡视员杨殿国、李亚，总会计师白洁，总经济师张荣琳列席会议。

18日 山东省地方税务局副巡视员杨殿国在济南参加省文化体制改革和发展工作领导小组会议。

23日 山东省地方税务局党组成员、纪检组长、监察专员王莉莉赴新泰市地税局检查指导纪检监察工作。

24—25日 山东省地方税务局总经济师张荣琳参加国家税务总局在广西防城港召开的地方税体系主体税种方案分析研讨会。

25日 第十二届山东省人大常委会召开第4次全体会议，审议了省人大对《山东省地方税收保障条例》贯彻实施情况执法检查报告。省地方税务局党组成员、副局长韩奎祥列席会议。

25日 国家税务总局总审计师范坚到济南市地税局市中分局调研“营改增”试点和金税三期工程上线工作，山东省地方税务局副巡视员李亚陪同调研。

26日 上午，国家税务总局党组书记、局长王军在济南召开部分省、市国税局、地税局长座谈会，座谈了解“营改增”试点、金税三期工程试点上线及党的群众路线教育实践活动开展情况，山东省地方税务局党组书记、局长张洪军参加会议并作专题汇报。

下午，国家税务总局党组书记、局长王军、总审计师范坚莅临省地税局视察指导工作，并到济南市地税局高新区分局调研指导“营改增”试点、金税三期工程试点上线及党的群众路线教育实践活动开展情况。山东省地方税务局党组书记、局长张洪军，副巡视员李亚陪同调研。

27日 山东省地方税务局副巡视员李亚在济南参加全省促进创业带动就业电视会议。

30日 上午，山东省地方税务局召开践行党的群众路线专题讨论会，省局领导、总会计师、总经济师及各处室主要负责同志参加会议。

下午，山东省地方税务局召开局机关党的群众路线教育实践活动工作推进会，总结回顾学习教育、听取意见环节工作情况，动员部署查摆问题、开展批评环节工作。省局党组书记、局长张洪军出席会议并讲话，党组成员、纪检组长、监察专员王莉莉主持会议，省局机关全体党员干部参加会议。

10月

7日 国家税务总局副局长宋兰来山东省调研金税三期工程系统试点运行情况，山东省地方税务局党组书记、局长张洪军参加座谈。

8日 金税三期工程系统在全省上线运行，国家税务总局副局长宋兰到济南市地税局历下分局视察调研，山东省地方税务局党组书记、局长张洪军，党组成员、副局长郭凤晓陪同调研。

8日 山东省地方税务局组织收看专题片《苏联亡党亡国20年祭》，省局党组成员、副局长赵洪波、韩奎祥，党组成员、纪检组长、监察专员王莉莉，副巡视员杨殿国、李亚，总经济师张荣琳参加收看。

8—28日 山东省地方税务局党组成员、副局长李功一行19人赴加拿大参加现代税收征管体系建设培训班。

10日 山东省地方税务局召开有关处室1—9月份收入分析会，省局党组书记、局长张洪军，党组成员、副局长韩奎祥，总经济师张荣琳参加。

11日 山东省地方税务局党组成员、副局长韩奎祥在济南参加第十届中国艺术节组委会全体会议。

11日 山东省地方税务局召开有关处室负责人座谈会，专题研究“庸懒散”专项治理，突出解决办事效率低下问题，省局党组成员、纪检组长、监察专员王莉莉参加。

11日 山东省地方税务局副巡视员李亚到济南市地税局直属征收局调研指导金税三期工程系统运行工作。

11日 山东省地方税务局总经济师、省局党的群众路线教育实践活动领导小组督导组组长张荣琳赴济南市地税局督导党的群众路线教育实践活动开展情况。

12日 山东省地方税务局党组成员、副局长赵洪波在济南参加山东省庆祝老年节大会。

16日 山东省审计厅厅长马青山一行来省局就开展党的群众路线教育实践活动征求意见，山东省地方税务局党组书记、局长张洪军，总经济师张荣琳参加座谈。

16日 山东省人大常委会预算工作

委员会召开《山东省财政监督条例》落实情况座谈会，省地方税务局副巡视员李亚参加。

16—17日 山东省地方税务局党组成员、副局长韩奎祥参加国家税务总局在河南召开的部分地区税收形势分析小型专题会。

17日 山东省政府在济南召开第一次廉政工作会议，部署落实情况汇报会。省地方税务局党组书记、局长张洪军参加。

17日 全省地税系统党建工作第二协作片组会议在威海召开，山东省地方税务局党组成员、纪检组长、监察专员王莉莉出席会议。

21日 山东省地方税务局党组书记、局长张洪军在济南参加省委常委专题民主生活会情况通报会。

22日 山东省政府召开第18次常务会，听取省发改委关于《加快服务业发展的若干政策意见》的汇报，省金融办《关于进一步规范发展民间融资机构的意见》《关于推进山东省小额贷款公司试点工作的汇报》，省经济和信息化委《关于山东省六大传统产业转型升级指导计划有关情况的汇报》，省地方税务局党组书记、局长张洪军参加。

22日 山东省地方税务局巡视员吕凤强参加全省打击侵犯知识产权和制售假冒伪劣商品工作领导小组全体会议。

23日 山东省地方税务局召开全体干部职工会议，对省局领导干部查摆“四风”问题情况进行民主评议。省局领导、总经济师参加会议。

23日 国家税务总局召开党组专题民主生活会情况通报（视频）会，山东省地方税务局党组书记、局长张洪军，巡视员吕凤强，党组成员、副局长赵洪波、韩奎祥，党组成员、纪检组长、监察专员王莉莉，党组成员、副局长郭凤晓，副巡视员杨殿国，总经济师张荣琳参加。

23日 山东省政府副秘书长高旭光主持召开会议，研究省人民政府办公厅《关于贯彻落实鲁政发〔2012〕49号文件，推进现代职业教育体系建设的实施意见》（鲁政办字〔2013〕126号）文件落实情况，调度支持现代职业教育发展工作开展情况。省地方税务局副巡视员李亚参加。

24日 山东省地方税务局召开“构建地方税体系课题”座谈会，省局总经济师张荣琳参加会议。

28日 山东省地方税务局党组成员、副局长韩奎祥在济南参加2014年国民经济和社会发展计划编制工作会议。

28日 山东省地方税务局党组成员、纪检组长、监察专员王莉莉在济南参加省纪委常委专题民主生活会情况通报会。

28日 国务院小微企业金融服务督察组召开座谈会，听取山东省对《国务院办公厅关于金融支持小微企业发展的实施意见》贯彻落实情况，山东省地方税务局副巡视员杨殿国参加。

29日 山东省地方税务局党组书记、局长张洪军在济南参加全省宣传思想工作会议。

29日 山东省地方税务局召开评选推荐全国税务系统先进集体和先进工作者会议，省局巡视员吕凤强参加。

30日 山东省地方税务局党组书记、局长张洪军主持召开第6次局长办公会议，就农村信用社改制有关个人所得税征收管理等问题进行了研究。党组成员、副局长赵洪波、韩奎祥，党组成员、纪检组长、监察专员王莉莉，党组成员、副局长李功、郭凤晓出席会议，巡视员吕凤强，副巡视员杨殿国、李亚，总会计师白洁，总经济师张荣琳列席会议。

30日 山东省政府召开会议，专题研究土地使用税和耕地占用税征收工作，省地方税务局党组成员、副局长赵洪波参加。

30日 山东省地方税务局副巡视员李亚在济南分会场收看全国非公有制经济人士理想信念报告会电视电话会议。

31日 山东省地方税务局举办全省地税系统电子查账技能竞赛，省局党组书记、局长张洪军，巡视员吕凤强对竞赛情况进行了现场巡视。

11月

1日 山东省政府组织收看地方政府职能转变和机构改革工作电视电话会议，省地方税务局党组成员、副局长赵洪波参加。

1日 山东省政府召开加快文化产业发展专题会议，省地方税务局副巡视员杨殿国参加。

1日 山东省政府召开推动流通业发展专题会议，省地方税务局副巡视员杨殿国参加。

4日 山东省政府召开全省加快服务业发展电视会议，省地方税务局副巡视员杨殿国参加。

5日 国家税务总局在北京召开金税三期工程上线工作座谈会，山东省地方税务局总经济师张荣琳参加。

5—6日 山东省地方税务局党组书记、局长张洪军主持召开省局党的群众路线教育实践活动专题民主生活会，按照中央“照镜子、正衣冠、洗洗澡、治治病”的总要求，以为民务实清廉为主题，聚焦“四风”问题，以整风精神开展了批评与自我批评。省委第四督导组和国家税务总局第五督导组到会指导，山东省地方税务局巡视员吕凤强，党组成员、副局长赵洪波、韩奎祥，党组成员、纪检组长、监察专员王莉莉，党组成员、副局长李功、郭凤晓，副巡视员杨殿国、李亚，副巡视员、潍坊市地税局党组书记、局长马奎升，副巡视员、淄博市地税局党组书记、局长于波，副巡视员、烟台市地税局党组书记、局长杨丰仪出席会议。

6日 山东省政府召开第19次常务会议，听取省国土资源厅关于《进一步推进节约集约用地的若干意见》的汇报，省地方税务局党组书记、局长张洪军参加。

7日 山东省政府召开全省创业创新工作电视会议，省地方税务局党组成员、副局长韩奎祥参加。

7日 山东省纪委、省直纪工委检查组对省地税局申报“山东省廉政文化‘六进’示范点”创建情况进行检查验收，省地方税务局党组成员、纪检组长、监察专员王莉莉出席会议并介绍省局工作开展情况。

13日 山东省地方税务局党组书记、

局长张洪军在济南参加全省第一批党的群众路线教育实践活动单位主要负责人会议。

15日　山东省地方税务局召开全省地税系统信访工作座谈会，贯彻落实中央、省委和省局加强信访工作的要求，通报分析近期信访工作情况，对下一步继续加强信访工作进行安排部署。省局党组成员、副局长李功出席会议并讲话。

18日　山东省政府召开贯彻党的十八届三中全会深化财税体制改革专题会议，省地方税务局副巡视员李亚参加。

18—20日　山东省地方税务局党组书记、局长张洪军带领省局相关处室负责人赴德州、聊城市地税局调研指导工作，并就全省地税系统下一步发展规划征求了意见建议。

18—20日　山东省地方税务局党组成员、副局长韩奎祥带领省局相关处室负责同志赴河北省地税局考察学习绩效考核工作。

19日　山东省地方税务局组织召开党的群众路线教育实践活动工作座谈会，省局党组成员、纪检组长、监察专员王莉莉主持会议并讲话。

19日　山东省政府召开研究推进社会事业改革创新调研课题专题会议，山东省地方税务局副巡视员杨殿国参加。

20日　国家税务总局召开全国税务系统贯彻落实党的十八届三中全会精神、部署党的群众路线教育实践活动工作视频会，山东省地方税务局党组书记、局长张洪军，巡视员吕凤强，党组成员、副局长赵洪波，党组成员、纪检组长、监察专员王莉莉，党组成员、副局长李功、郭凤晓，副巡视员李亚，总会计师白洁，总经济师张荣琳收看会议。

21日　山东省政府召开全省本级和济南市本级财政存量资金审计进点会议，省地方税务局党组书记、局长张洪军参加。

21日　山东省地方税务局党组书记、局长张洪军带领省局相关处室负责同志赴莱芜市地税局调研指导工作，并就全省地税系统下一步发展规划征求了意见建议。

21—22日　山东省地税系统党建工作第三协作片组会议在日照召开，省局党组成员、纪检组长、监察专员王莉莉出席会议并讲话。

21—22日　国家税务总局所得税司司长刘丽坚一行来济南调研2014年所得税工作思路，山东省地方税务局副巡视员杨殿国陪同调研。

23日　山东省地方税务局党组书记、局长张洪军在济南参加中央宣讲团党的十八届三中全会精神报告会。

26日　山东省政府召开社会信用体系建设汇报会，省地方税务局副巡视员李亚参加。

27日　山东省地方税务局召开党的群众路线教育实践活动情况分析会，省局党组书记、局长张洪军作主题发言，其他局领导结合分工，就前期党的群众路线教育实践活动查摆出的“四风”方面的突出问题、征求的意见建议谈整改落实情况及下一步打算。巡视员吕凤强，党组成员、副局长韩奎祥，党组成员、纪检组长、监察专员王莉莉，党组成员、副局长郭凤晓，副巡视员杨殿国、李亚出席会议。

27—29 日 山东省地方税务局党组成员、副局长李功参加推进省会城市群经济圈规划建设专题研讨班。

27—30 日 山东省地方税务局党组成员、副局长韩奎祥，副巡视员李亚带领省局相关处室负责同志，到青岛市地税局进行调研指导，并召开了青岛、日照市地税局参加的务虚会，就全省地税系统下一步发展规划征求了意见建议。

28 日 山东省地方税务局召开进一步严肃纪律、纠正不正之风视频会议，省局党组成员、纪检组长、监察专员王莉莉出席会议并讲话。

28—29 日 山东省地方税务局党组书记、局长张洪军带领省局相关处室负责人赴东营、滨州市地税局调研指导工作，就全省地税系统下一步发展规划征求了意见建议。

28—29 日 山东省委举办全省新闻发布工作培训班，省地方税务局巡视员吕凤强参加。

29 日 山东省地方税务局党组成员、纪检组长、监察专员王莉莉，总会计师白洁带领省局相关处室负责人，对淄博、潍坊市地税局进行调研，就全省地税系统下一步发展规划征求了意见建议。

29—30 日 山东省政府在临沂召开全省节约集约用地工作会议，省地方税务局总经济师张荣琳参加。

12 月

2 日 山东省地方税务局党组书记、局长张洪军主持召开第 8 次局党组会议，就部分处级干部交流调整意见等问题进行了研究。党组成员、副局长赵洪波、韩奎祥，党组成员、纪检组长、监察专员王莉莉，党组成员、副局长李功、郭凤晓出席会议。

2 日 山东省地方税务局巡视员吕凤强、总经济师张荣琳带领省局有关处室负责人赴济南市地税局调研指导工作，并就全省地税系统下一步发展规划征求意见。

2—4 日 山东省地方税务局副巡视员杨殿国带领省局有关处室负责人赴烟台市地税局调研指导工作，并召开了烟台、威海市地税局参加的务虚会，就全省地税系统下一步发展规划征求意见。

3 日 山东省地方税务局总经济师张荣琳带领省局有关处室负责人赴泰安市地税局调研指导工作，并就全省地税系统下一步发展规划征求意见。

3—4 日 全省机关党建课题研讨暨系统党建现场观摩会在德州市宁津县地税局召开。山东省地方税务局党组成员、纪检组长、监察专员王莉莉出席会议。

4 日 山东省地方税务局副巡视员李亚在济南参加第十四次全省普法依法治理工作电视电话会议。

4 日 山东省地方税务局总经济师、省局党的群众路线教育实践活动领导小组督导组组长张荣琳赴济南市地税局督导党的群众路线教育实践活动开展和前期查摆问题落实整改情况。

5 日 山东省地方税务局党组书记、局长张洪军主持召开第 9 次局党组会议，就部分市局处级干部民主推荐情况和下一步工作建议问题进行了研究。党组成员、副局长赵洪波、韩奎祥，党组成员、纪检组长、监察专员王莉莉，党组成员、副局长李功、郭凤晓出席会议。

5—6 日 山东省地方税务局党组书记、局长张洪军在济南参加中共山东省委十届七次全体会议。

6 日 山东省地方税务局副巡视员李亚在济南参加全省非公有制经济人士理想信念报告会暨教育实践活动总结会。

6 日 山东省地方税务局总经济师、省局党的群众路线教育实践活动领导小组督导组组长张荣琳赴青岛市地税局督导党的群众路线教育实践活动开展和前期查摆问题落实整改情况。

9 日 山东省地方税务局党组书记、局长张洪军主持召开第 10 次局党组扩大会议，认真传达学习了习近平总书记视察山东时的重要讲话精神和省委十届七次全体会议精神。党组成员、副局长赵洪波、韩奎祥、李功、郭凤晓出席会议，巡视员吕凤强，副巡视员杨殿国，总会计师白洁，总经济师张荣琳列席会议。

9 日 山东省地方税务局党组书记、局长张洪军主持召开第 11 次局党组会议，就部分市局处级干部考察和任用意见问题进行了研究。

10日 山东省地方税务局党组成员、副局长韩奎祥参加山东省 2013 年财政收支审计进点会议。

10 日 中央纪委预防腐败室副主任古越仁一行到泰安市地税局岱岳分局调研“廉政保证金”办法开展情况，山东省地方税务局党组成员、纪检组长、监察专员王莉莉陪同调研。

10—11 日 山东省地方税务局党组成员、副局长李功带领省局有关处室负责同志赴临沂市地税局调研指导工作，并召开了临沂、枣庄市地税局参加的务虚会，就全省地税系统下一步发展规划征求了意见。

10—11 日 山东省地方税务局党组成员、副局长郭凤晓带领省局有关处室负责同志赴济宁市地税局调研指导工作，并召开了济宁、菏泽市地税局参加的务虚会，就全省地税系统下一步发展规划征求了意见。

11 日 辽宁省政府副省长邴志刚一行来山东省考察服务业发展情况并召开座谈会，山东省地方税务局副巡视员杨殿国参加座谈会。

12—14 日 山东省地方税务局党组书记、局长张洪军参加省委组织的学习贯彻党的十八届三中全会精神和习近平总书记系列讲话精神专题培训班。

13 日 山东省地方税务局组织收看全国土地增值税征管工作视频会议，省局党组成员、副局长赵洪波参加收看。

14日 山东省地方税务局党组书记、局长张洪军在济南参加副省级以上党员领导干部会议。

16 日 山东省地方税务局副巡视员李亚在济南参加省政府普法依法治理工作会议。

17—18 日 山东省地方税务局党组书记、局长张洪军在济南参加中共山东省委十届八次全体会议。

18日 山东省地方税务局党组书记、

局长张洪军主持召开第7次局长办公会议，就近期省局机关制度建设等问题进行了研究。党组成员、副局长赵洪波、韩奎祥，党组成员、纪检组长、监察专员王莉莉，党组成员、副局长李功、郭凤晓出席会议，副巡视员李亚列席会议。

18日 山东省地方税务局副巡视员杨殿国在宁波参加第19届华东地区营业税协作会议。

19—20日 山东省地方税务局党组书记、局长张洪军在济南参加全省经济工作会议。

20日 山东省地方税务局党组成员、纪检组长、监察专员王莉莉在济南参加省直机关领导干部带头读书学习活动系列讲座。

23日 山东省地方税务局组织收看全国税务系统“营改增”工作视频会议，省局副巡视员杨殿国参加收看。

24日 山东省农民合作社发展部门联席会议成员会议在济南召开，会议通报了全省农民合作社发展情况，研究确定了下一步重点工作。省地方税务局副巡视员李亚参加会议。

24日 山东省地方税务局总经济师张荣琳在济南参加全省发展和改革工作会议。

24—26日 山东省地方税务局党组成员、纪检组长、监察专员王莉莉在济南参加省直机关学习贯彻党的十八届三中全会精神和习近平总书记系列重要讲话骨干培训班。

25日 山东省政府召开第22次常务会议，听取省商务厅关于《加快现代流通业发展的意见》的汇报，省地方税务局副巡视员杨殿国参加。

26日 山东省人社厅副厅长杨喜坤一行到省局调研考察电子政务系统建设管理情况，省地方税务局党组成员、副局长郭凤晓出席座谈会。

26—27日 山东省地方税务局党组书记、局长张洪军在北京参加全国税务工作会议，省局机关副处级以上干部及各市、县局领导班子成员在各自分会场收看有关会议内容。

27—28日 山东省地方税务局党组成员、副局长赵洪波在济南列席全国地方外办主任会议。

30日 山东省地方税务局党组成员、副局长赵洪波在济南参加全省组织工作会议。

30日 山东省地方税务局总经济师张荣琳在济南参加全省经济和信息化工作会议。

2013年度获得省厅级以上荣誉统计表

单 位	称 号	发文单位（字号）
济南市地税局	全国文明单位	中央文明委 文明办〔2011〕23号
济南市地税局	全省地税系统税收宣传月活动先进单位	山东省地税局
济南市地税局	山东省工会经费代收工作先进集体	山东省总工会 山东省地税局 鲁会〔2013〕105号
济南市地税局	全省地税系统党建工作先进集体	山东省地税局
济南市地税局	全省地税系统优秀党建品牌	山东省地税局
济南市地税局	2012年度文化事业建设费征收管理工作先进单位	山东省委宣传部 山东省财政厅 山东省地税局 鲁宣发〔2013〕9号
济南市地税局	全省地税税收调查工作先进单位	山东省地税局 山东省财政厅
济南市地税局历下分局	全国税务系统先进集体	国家税务总局 税总发〔2013〕10号
济南市地税局历下分局	全省地税系统党建工作先进集体	山东省地税局
济南市地税局高新技术产业开发区分局	全省地税系统税收宣传月活动先进单位	山东省地税局
济南市地税局市中分局	山东省模范职工之家	山东省总工会 鲁会〔2013〕63号
济南市地税局历下分局 千佛山中心税务所	全国青年文明号	国家税务总局 团中央 税总发〔2013〕18号
济南市地税局天桥分局 大桥中心税务所	省青年文明号	山东团省委 山东省地税局 鲁青联〔2013〕24号

续表

单 位	称 号	发文单位（字号）
章丘市地税局工会	全国职工书屋	中华全国总工会
章丘市地税局工会	山东省模范职工之家	山东省总工会 鲁会〔2013〕63 号
章丘市地税局	全省地税系统基层建设优秀单位	山东省地税局
商河县地税局直属征收局工会	全国模范职工小家	中华全国总工会 总工发〔2013〕26 号
商河县地税局	全国职工书屋	中华全国总工会
商河县地税局	2012 年度山东省财贸金融系统工会工作先进单位	山东省财贸金融工会委员会
济阳县地税局工会委员会	山东省模范职工之家	山东省总工会 鲁会〔2013〕63 号
济阳县地税局	全省地税系统基层建设优秀单位	山东省地税局
平阴县地税局	省工人先锋号	山东省总工会
平阴县地税局	2012 年度文化事业建设费征收管理工作先进单位	山东省委宣传部 山东省财政厅 山东省地税局 鲁宣发〔2013〕9 号
青岛市地税局	全国税务系统先进集体	国家税务总局 税总发〔2013〕10 号
青岛市地税局	全省地税系统先进集体	山东省人社厅 山东省地税局 鲁人社办发〔2013〕5 号
青岛市地税局	全国青年文明号	国家税务总局 团中央 税总发〔2013〕18 号
青岛市地税局	全国税务系统打击发票违法犯罪活动工作成绩突出单位	国家税务总局
青岛市地税局	山东省财贸金融系统 2012 年度工会工作先进单位	山东省财贸金融工委

续表

单 位	称 号	发文单位（字号）
青岛市地税局	2012年全国税收宣传月活动优秀项目	国家税务总局
青岛市地税局	全国税务系统优秀税收科研成果二等奖	国家税务总局
青岛市地税局	2012年度文化事业建设费征收管理工作先进单位	山东省委宣传部 山东省财政厅 山东省地税局 鲁宣发〔2013〕9号
青岛市地税局	2012年全国税收调查工作先进单位	山东省委宣传部 山东省财政厅 山东省地税局
青岛市地税局	省级文明单位	山东省文明委 鲁文明委〔2013〕15号
青岛市地税局	2012年度文化事业建设费征收管理工作先进单位	山东省委宣传部 山东省财政厅 山东省地税局 鲁宣发〔2013〕9号
淄博市地税局	全省地税系统目标管理考核优秀单位	山东省地税局 鲁地税发〔2013〕2号
淄博市地税局	2012年度全省地税系统基层建设优秀单位	山东省地税局 鲁地税发〔2013〕3号
淄博市地税局	全省地税系统党建工作先进集体	山东省地税局
淄博市地税局	残疾人就业保障金征收工作先进集体	山东省残联 山东省地税局
淄博市地税局直属征收局征收科（办税服务厅）	全国巾帼文明岗	全国妇联 妇字〔2013〕13号
淄博市地税局直属征收局征收科	省级青年文明号	山东团省委 山东省地税局 鲁青联〔2013〕24号
淄博市地税局张店分局	全省地税系统先进集体	山东省人社厅 山东省地税局 鲁人社办发〔2013〕5号

续表

单 位	称 号	发文单位（字号）
淄博市地税局张店分局	残疾人就业保障金征收工作先进集体	山东省残联 山东省地税局
淄博市地税局张店分局 科苑中心税务所	全国模范职工小家	中华全国总工会 总工发〔2013〕26号
淄博市地税局淄川分局	幸福进家活动先进单位	山东省妇联 鲁妇发〔2013〕9号
淄博市地税局淄川分局 双杨中心税务所	全省地税系统先进集体	山东省人社厅 山东省地税局 鲁人社办发〔2013〕5号
淄博市地税局淄川分局 松龄中心税务所	山东省女职工建功立业标兵岗	山东省总工会 鲁会〔2013〕15号
淄博市地税局博山分局 直属征收局	全国巾帼文明岗	全国妇联 妇字〔2013〕13号
淄博市地税局博山分局 收入核算和财务科	全国五一巾帼标兵岗	中华全国总工会 总工发〔2013〕7号
淄博市地税局临淄分局	全省地税系统先进集体	山东省人社厅 山东省地税局 鲁人社办发〔2013〕5号
淄博市地税局临淄分局	残疾人就业保障金征收工作先进集体	山东省残联 山东省地税局
淄博市地税局周村分局	2012年度全省地税系统基层建设优秀单位	山东省地税局 鲁地税发〔2013〕3号
淄博市地税局周村分局 青年路中心所	山东省女职工建功立业标兵岗	山东省总工会 鲁会〔2013〕15号
桓台县地税局	全省地税系统先进集体	山东省人社厅 山东省地税局 鲁人社办发〔2013〕5号
桓台县地税局	山东省模范职工之家	山东省总工会 鲁会〔2013〕63号
高青县地税局	全省地税系统先进集体	山东省人社厅 山东省地税局 鲁人社办发〔2013〕5号

续表

单 位	称 号	发文单位（字号）
高青县地税局	全省地税系统党建工作先进集体	山东省地税局
沂源县地税局办税服务大厅	全国五一巾帼标兵岗	中华全国总工会 总工发〔2013〕7号
沂源县局东里中心税务所	全省地税系统先进集体	山东省人社厅 山东省地税局 鲁人社办发〔2013〕5号
淄博市地税局高新区分局	残疾人就业保障金征收工作先进集体	山东省残联 山东省地税局
淄博市地税局高新区分局	2012年度全省地税系统基层建设优秀单位	山东省地税局 鲁地税发〔2013〕3号
枣庄市地税局	全省地税系统廉政文化教育基地建设先进单位	山东省地税局
枣庄市地税局	全省地税系统目标管理考核先进单位	山东省地税局
枣庄市地税局	文化事业建设费征收先进单位	山东省委宣传部 山东省财政厅 山东省地税局
枣庄市地税局	全省地税系统党建工作先进集体	山东省地税局
枣庄市地税局市中分局	文化事业建设费征收先进单位	山东省委宣传部 山东省财政厅 山东省地税局
枣庄市地税局市中分局	山东省模范职工之家	山东省总工会 鲁会〔2013〕63号
滕州市地税局	全国税务系统先进集体	国家税务总局 税总发〔2013〕10号
枣庄地税局台儿庄分局	省级卫生先进单位	山东省爱卫会
枣庄市地税局台儿庄分局工会	山东省模范职工小家	山东省总工会 鲁会〔2013〕63号
枣庄市地税局山亭分局	全省地税系统先进集体	山东省人社厅 山东省地税局 鲁人社办发〔2013〕5号

续表

单 位	称 号	发文单位（字号）
枣庄市地税局山亭分局	省级卫生先进单位	山东省爱卫会
枣庄地税局高新区分局	全省地税系统基层建设优秀单位	山东省地税局
枣庄地税局高新区分局	全国总工会模范职工小家	中华全国总工会 总工发〔2013〕26号
东营市局开发区分局	省级青年文明号	山东团省委 山东省地税局 鲁青联〔2013〕24号
东营分局纳税服务大厅	全国三八红旗集体	全国妇联 妇字〔2013〕12号
东营分局史口中心税务所	全省地税系统先进集体	山东省人社厅 山东省地税局 鲁人社办发〔2013〕5号
东营市地税局东营分局	省级文明单位	山东省文明委 鲁文明委〔2013〕15号
东营市地税局东营分局 东城中心税务所	省级巾帼文明示范岗	山东省妇联
东营市地税局河口分局	省级文明单位	山东省文明委 鲁文明委〔2013〕15号
东营市地税局河口分局	山东省模范职工之家	山东省总工会 鲁会〔2013〕63号
东营市地税局河口分局 直属征收局	省级青年文明号	山东团省委 山东省地税局 鲁青联〔2013〕24号
东营市地税局河口分局 仙河中心税务所	省级青年文明号	山东团省委 山东省地税局 鲁青联〔2013〕24号
东营市地税局河口分局河口 中心税务所	省级青年文明号	山东团省委 山东省地税局 鲁青联〔2013〕24号
广饶县地税局	全省地税系统先进集体	山东省人社厅 山东省地税局 鲁人社办发〔2013〕5号

续表

单 位	称 号	发文单位（字号）
广饶县地税局花官中心税务所	省级青年文明号	山东团省委 山东省地税局 鲁青联〔2013〕24 号
广饶县地税局直属征收分局	省级青年文明号	山东团省委 山东省地税局 鲁青联〔2013〕24 号
广饶县地税局广饶镇中心税务所	省级青年文明号	山东团省委 山东省地税局 鲁青联〔2013〕24 号
广饶县地税局大王中心税务所	省级青年文明号	山东团省委 山东省地税局 鲁青联〔2013〕24 号
广饶县地税局	职工职业道德先进单位	山东省总工会 山东省委宣传部 鲁会发〔2013〕92 号
垦利县地税局纳税服务中心	全国巾帼文明岗	全国妇联 妇字〔2013〕13 号
垦利县地税局胜坨中心税务所	全国青年文明号	国家税务总局 团中央 税总发〔2013〕18 号
垦利县地税局	省级文明单位	山东省文明委 鲁文明委〔2013〕15 号
垦利县地税局	全省特级档案室	省档案局
垦利县地税局	幸福进家活动先进单位	山东省妇联 鲁妇发〔2013〕9 号
垦利县地税局直属征收局	省级青年文明号	山东团省委 山东省地税局 鲁青联〔2013〕24 号
垦利县地税局垦利中心税务所	省级青年文明号	山东团省委 山东省地税局 鲁青联〔2013〕24 号

续表

单 位	称 号	发文单位（字号）
垦利县地税局永安中心税务所	省级青年文明号	山东团省委 山东省地税局 鲁青联〔2013〕24号
垦利县地税局胜坨中心税务所	省级巾帼文明岗	山东省妇联
垦利县地税局胜坨中心税务所	山东省模范职工小家	山东省总工会 鲁会〔2013〕63号
利津县地税局	全省地税系统先进集体	山东省人社厅 山东省地税局 鲁人社办发〔2013〕5号
利津县地税局北宋中心所	省级青年文明号	山东团省委 山东省地税局 鲁青联〔2013〕24号
利津县地税局利津镇中心所	省级青年文明号	山东团省委 山东省地税局 鲁青联〔2013〕24号
利津县地税局汀罗中心所	省级青年文明号	山东团省委 山东省地税局 鲁青联〔2013〕24号
利津县地税局	省级文明单位	山东省文明委 鲁文明委〔2013〕15号
烟台市地税局	全省地方税收调查工作先进单位	鲁财税〔2012〕106号
烟台市地税局	全省地税系统服务基层优秀单位	鲁地税发〔2013〕3号
烟台市地税局	全省资源综合利用管理工作先进集体	鲁经信循字〔2013〕33号
烟台市地税局	全省代收残疾人就业保障金工作先进集体	山东省残联 山东省地税局 鲁残联发〔2012〕81号
烟台市地税局	省级文明单位	山东省文明委 鲁文明委〔2013〕15号
烟台市地税局	2012年度税务系统打击发票违法犯罪活动工作成绩突出单位	国家税务总局 税总发〔2013〕46号

续表

单 位	称 号	发文单位（字号）
烟台市地税局福山分局	全国巾帼文明岗	全国妇联 妇字〔2013〕13 号
海阳市地税局	全国巾帼文明岗	全国妇联 妇字〔2013〕13 号
海阳市地税局	省级文明单位	山东省文明委 鲁文明委〔2013〕15 号
海阳市地税局	全省地税系统先进集体	山东省人社厅 山东省地税局 鲁人社办发〔2013〕5 号
栖霞市地税局	省级文明单位	山东省文明委 鲁文明委〔2013〕15 号
栖霞市地税局	全国工人先锋号	中华全国总工会
蓬莱地税局	山东省模范职工之家	山东省总工会
龙口市地税局	省幸福进家活动先进单位	山东省妇联 鲁妇发〔2013〕9 号
蓬莱市地税局	省幸福进家活动先进单位	山东省妇联 鲁妇发〔2013〕9 号
蓬莱市地税局	省级文明单位	山东省文明委 鲁文明委〔2013〕15 号
招远市地税局	省级文明单位	山东省文明委 鲁文明委〔2013〕15 号
招远市地税局	2012 年度文化事业建设费征收管理工作先进单位	山东省委宣传部 山东省财政厅 山东省地税局 鲁宣发〔2013〕9 号
招远市地税局	全省地税系统先进集体	山东省人社厅 山东省地税局 鲁人社办发〔2013〕5 号
招远市地税局	省幸福进家活动先进单位	山东省妇联 鲁妇发〔2013〕9 号

续表

单 位	称 号	发文单位（字号）
烟台市地税局保税港区分局	全省代收残疾人就业保障金工作先进集体	山东省残联 山东省地税局 鲁残联发〔2012〕81号
烟台市地税局芝罘分局	全省代收残疾人就业保障金工作先进集体	山东省残联 山东省地税局 鲁残联发〔2012〕81号
莱州市地税局	全省代收残疾人就业保障金工作先进集体	山东省残联 山东省地税局 鲁残联发〔2012〕81号
莱州市地税局	省级文明单位	山东省文明委 鲁文明委〔2013〕15号
莱州市地税局	全省地税系统先进集体	山东省人社厅 山东省地税局 鲁人社办发〔2013〕5号
龙口市局地税局	省级文明单位	山东省文明委 鲁文明委〔2013〕15号
莱阳市地税局	全省地税系统先进集体	山东省人社厅 山东省地税局 鲁人社办发〔2013〕5号
莱阳市地税局	省级文明单位	山东省文明委 鲁文明委〔2013〕15号
烟台市地税局国际税务分局	省级文明单位	山东省文明委 鲁文明委〔2013〕15号
烟台市地税芝罘分局	省级文明单位	山东省文明委 鲁文明委〔2013〕15号
烟台市地税福山分局	省级文明单位	山东省文明委 鲁文明委〔2013〕15号
烟台市地税莱山分局	省级文明单位	山东省文明委 鲁文明委〔2013〕15号
烟台市地税局莱山分局	全省地税系统先进集体	山东省人社厅 山东省地税局 鲁人社办发〔2013〕5号

续表

单 位	称 号	发文单位（字号）
烟台市地税局牟平分局	省幸福进家活动先进单位	山东省妇联 鲁妇发〔2013〕9号
烟台市地税牟平分局	省级文明单位	山东省文明委 鲁文明委〔2013〕15号
烟台市地税局牟平分局玉林店中心所	全省地税系统先进集体	山东省人社厅 山东省地税局 鲁人社办发〔2013〕5号
烟台市地税开发区分局	省级文明单位	山东省文明委 鲁文明委〔2013〕15号
烟台市地市局开发区局	全省地税系统先进集体	山东省人社厅 山东省地税局 鲁人社办发〔2013〕5号
长岛县地税局	省级文明单位	山东省文明委 鲁文明委〔2013〕15号
烟台市地税局纳税服务中心	省级文明单位	山东省文明委 鲁文明委〔2013〕15号
潍坊市地税局	全国文明单位	中央文明委 文明办〔2011〕23号
潍坊市地税局	全国五一劳动奖状	中华全国总工会
潍坊市地税局	全国青年文明号	国家税务总局 团中央 税总发〔2013〕18号
潍坊市地税局纳税服务中心	全国青年文明号	国家税务总局 团中央 税总发〔2013〕18号
潍坊市地税局	全省地税系统服务基层优秀单位	山东省地税局 鲁地税发〔2013〕3号
潍坊市地税局	全省地税系统服务基层优秀单位	山东省地税局 鲁地税发〔2013〕3号
潍坊市地税局	2011—2012年“征纳共盈”纳税服务品牌创建先进单位	山东省地税局 鲁地税办发〔2013〕2号

续表

单 位	称 号	发文单位（字号）
潍坊市地税局稽查局	全国税务系统打击发票违法犯罪活动工作成绩突出单位	国家税务总局 税总发〔2013〕46 号
青州市地税局工会	全国模范职工之家	中华全国总工会 总工发〔2013〕26 号
潍坊市地税局奎文分局	全省地税系统先进集体	山东省人社厅 山东省地税局 鲁人社办发〔2013〕5 号
潍坊市地税局奎文分局	2011—2012 年“征纳共盈”纳税服务品牌创建先进单位	山东省地税局 鲁地税办发〔2013〕2 号
潍坊市地税局奎文分局稽查局	全省地方税收专项检查工作先进集体	山东省地税局 鲁地税办发〔2013〕6 号
潍坊市地税局潍城分局	全省地税系统先进集体	山东省人社厅 山东省地税局 鲁人社办发〔2013〕5 号
潍坊市地税局潍城分局	2011—2012 年“征纳共盈”纳税服务品牌创建先进单位	山东省地税局 鲁地税办发〔2013〕2 号
潍坊市地税局坊子分局	2011—2012 年“征纳共盈”纳税服务品牌创建先进单位	山东省地税局 鲁地税办发〔2013〕2 号
潍坊市地税局坊子分局	全省地税系统优秀党建品牌	山东省地税局
潍坊市地税局寒亭分局团支部	省五四红旗团支部	山东团省委 鲁青发〔2013〕9 号
昌邑市地税局	全省地税系统先进集体	山东省人社厅 山东省地税局 鲁人社办发〔2013〕5 号
昌邑市地税局	全国巾帼文明岗	全国妇联 妇字〔2013〕13 号
昌乐县地税局	全省地税系统先进集体	山东省人社厅 山东省地税局 鲁人社办发〔2013〕5 号
昌乐县地税局	2012 年度全省地税系统基层建设优秀单位	山东省地税局 鲁地税发〔2013〕3 号

续表

单 位	称 号	发文单位（字号）
昌乐县地税局	山东省女职工建功立业标兵岗	山东省总工会 鲁会〔2013〕15号
安丘市地税局	代收残疾人就业保障金工作先进集体	山东省残联 山东省地税局 鲁残联发〔2013〕81号
寿光市地税局羊口中心税务所	全省地税系统先进集体	山东省人社厅、山东省地税局 鲁人社办发〔2013〕5号
寿光市地税局	山东省财贸金融系统“工人先锋号”	省财贸金融工会委员会 鲁财金工〔2013〕9号
寿光市地税局	代收残疾人就业保障金工作先进集体	山东省残联 山东省地税局 鲁残联发〔2013〕81号
寿光市地税局纳税服务中心	山东省用户满意服务明星班组	山东省经信委 山东省总工会 山东省企业联合会 山东省质量管理协会 鲁经信办字〔2013〕339号
青州市地税局	全国模范职工之家	中华全国总工会 总工发〔2013〕26号
青州市地税局	代收残疾人就业保障金工作先进集体	山东省残联 山东省地税局 鲁残联发〔2014〕81号
高密市地税局	全省地税系统先进集体	山东省人社厅 山东省地税局 鲁人社办发〔2013〕5号
诸城市地税局纳税服务中心	山东省女职工建功立业标兵岗	山东省总工会 鲁会〔2013〕15号
临朐县地税局	全省地税系统先进集体	山东省人社厅 山东省地税局 鲁人社办发〔2013〕5号
临朐县地税局	2012年度全省地税系统基层建设优秀单位	山东省地税局 鲁地税发〔2013〕3号

续表

单 位	称 号	发文单位（字号）
临朐县地税局收入核算和财务科	山东省女职工建功立业标兵岗	山东省总工会 鲁会〔2013〕15号
临朐县地税局	全省地税系统党建工作先进集体	山东省地税局 鲁地税党发〔2013〕7号
临朐县地税局稽查局	全省地方税收专项检查工作先进集体	山东省地税局 鲁地税办发〔2013〕6号
济宁市地税局	省级文明单位	山东省文明委 鲁文明委〔2013〕15号
济宁市地税局纳税服务中心	全国五一巾帼标兵岗	中华全国总工会 总工〔2013〕7号
济宁市地税局	全省地税系统党建工作先进集体	山东省地税局 鲁地税党发〔2013〕7号
济宁市地税局	山东省模范职工之家	山东省总工会 鲁会〔2013〕63号
济宁市地税局	2012年度全省地税系统服务基层优秀单位	山东省地税局 鲁地税发〔2013〕3号
济宁市地税局直属征收分局	省级文明单位	山东省文明委 鲁文明委〔2013〕15号
济宁市地税局直属征收分局	省青年文明号	山东团省委 山东省地税局 鲁青联〔2013〕24号
济宁市地税局国际税务管理分局	省级文明单位	山东省文明委 鲁文明委〔2013〕15号
济宁市地税局高新技术产业开发区分局	省级文明单位	山东省文明委 鲁文明委〔2013〕15号
济宁市地税局高新区分局征收统计科	省青年文明号	山东团省委 山东省地税局 鲁青联〔2013〕24号
济宁市地税局市中分局	省级文明单位	山东省文明委 鲁文明委〔2013〕15号
济宁市地税局市中分局	山东省模范职工之家	山东省总工会 鲁会〔2013〕63号

续表

单 位	称 号	发文单位（字号）
济宁市地税局市中分局 唐口中心税务所	山东省五四红旗团支部	山东团省委 鲁青发〔2013〕9号
济宁市地税局市中分局	全省地税系统先进集体	山东省人社厅 山东省地税局 鲁人社办发〔2013〕5号
济宁市市中区地税直属征收分局办税服务厅	省青年文明号	山东团省委 山东省地税局 鲁青联〔2013〕24号
济宁市地税局市中分局	2011—2012年度全省地税系统“征纳共盈”纳税服务品牌创建先进单位	山东省地税局 鲁地税办发〔2013〕2号
济宁市地税局任城分局	省级文明单位	山东省文明委 鲁文明委〔2013〕15号
济宁市地税局任城分局 稽查局	2012年度全省地方税收专项检查工作先进单位	山东省地税局 鲁地税办发〔2013〕6号
济宁市地税局任城分局	山东省女职工建功立业标兵岗	山东省总工会 鲁会〔2013〕15号
济宁市任城区地税局 李营征收分局	山东省青年文明号	山东团省委 山东省地税局 鲁青联〔2013〕24号
济宁市任城区地税局 征收分局	省青年文明号	山东团省委 山东省地税局 鲁青联〔2013〕24号
济宁市地税局任城分局 南张中心税务所	省青年文明号	山东团省委 山东省地税局 鲁青联〔2013〕24号
兖州市地税局	省级文明单位	山东省文明委 鲁文明委〔2013〕15号
兖州市地税局新兖中心 税务所	省级文明单位	山东省文明委 鲁文明委〔2013〕15号
兖州市地税局直属分局	省青年文明号	山东团省委 山东省地税局 鲁青联〔2013〕24号

续表

单　位	称　号	发文单位（字号）
兖州市地税局	全省地税系统党建工作先进集体	山东省地税局 鲁地税党发〔2013〕7号
兖州市地税局	全省地税系统先进集体	山东省人社厅 山东省地税局 鲁人社办发〔2013〕5号
兖州市地税局	2013年度全省地税系统税收宣传月优秀创新项目	山东省地税局 鲁地税办发〔2013〕13号
曲阜市地税局	省级文明单位	山东省文明委 鲁文明委〔2013〕15号
曲阜市地税局直属分局	省青年文明号	山东团省委 山东省地税局 鲁青联〔2013〕24号
曲阜市地税局书院分局	省青年文明号	山东团省委 山东省地税局 鲁青联〔2013〕24号
泗水县地税局办税服务厅	全国巾帼文明岗	全国妇联 妇字〔2013〕13号
泗水县地税局	省级文明单位	山东省文明委 鲁文明委〔2013〕15号
泗水县地税局	全省地税系统先进集体	山东省人社厅 山东省地税局 鲁人社办发〔2013〕5号
泗水县地税局直属征收分局	省青年文明号	山东团省委 山东省地税局 鲁青联〔2013〕24号
泗水县地税局柘沟分局	省青年文明号	山东团省委 山东省地税局 鲁青联〔2013〕24号
泗水县地税局办税服务厅	山东省女职工建功立业标兵岗	山东省总工会 鲁会〔2013〕15号
泗水县地税局	2011—2012年度全省地税系统“征纳共盈”纳税服务品牌创建先进单位	山东省地税局 鲁地税办发〔2013〕2号

续表

单 位	称 号	发文单位（字号）
邹城市地税局	省级文明单位	山东省文明委 鲁文明委〔2013〕15号
邹城市地税局太平分局	省级文明单位	山东省文明委 鲁文明委〔2013〕15号
邹城市地税局中心店中心税务所	全国青年文明号	国家税务总局 团中央 税总发〔2013〕18号
邹城市地税局中心店分局	省青年文明号	山东团省委 山东省地税局 鲁青联〔2013〕24号
邹城市地税局北宿分局	省青年文明号	山东团省委 山东省地税局 鲁青联〔2013〕24号
邹城市地税局	全省地税系统先进集体	山东省人社厅 山东省地税局 鲁人社办发〔2013〕5号
邹城市地税局	2011—2012年度全省地税系统“征纳共盈”纳税服务品牌创建先进单位	山东省地税局 鲁地税办发〔2013〕2号
邹城市地税局	2013年全省地税系统税收宣传月先进单位	山东省地税局 鲁地税办发〔2013〕13号
微山县地税局	省级文明单位	山东省文明委 鲁文明委〔2013〕15号
微山县地税局直属分局	省青年文明号	山东团省委 山东省地税局 鲁青联〔2013〕24号
微山县地税局	2012年度全省地税系统基层建设优秀单位	山东省地税局 鲁地税发〔2013〕3号
鱼台县地税局	省级文明单位	山东省文明委 鲁文明委〔2013〕15号
鱼台县地税局王鲁分局	省青年文明号	山东团省委 山东省地税局 鲁青联〔2013〕24号

续表

单 位	称 号	发文单位（字号）
鱼台县地税局清河分局	省青年文明号	山东团省委 山东省地税局 鲁青联〔2013〕24 号
金乡县地税局	省级文明单位	山东省文明委 鲁文明委〔2013〕15 号
金乡县地税局胡集分局	省青年文明号	山东团省委 山东省地税局 鲁青联〔2013〕24 号
金乡县地税局王丕中心税务所	省青年文明号	山东团省委 山东省地税局 鲁青联〔2013〕24 号
金乡县地税局工会委员会	山东省模范职工之家	山东省总工会 鲁会〔2013〕63 号
嘉祥县地税局	省级文明单位	山东省文明委 鲁文明委〔2013〕15 号
嘉祥县地税局卧龙山分局	省青年文明号	山东团省委 山东省地税局 鲁青联〔2013〕24 号
嘉祥县地税局办税服务厅	山东省女职工建功立业标兵岗	山东省总工会 鲁会〔2013〕15 号
嘉祥县地税局	全省地税系统先进集体	山东省人社厅 山东省地税局 鲁人社办发〔2013〕5 号
汶上县地税局	省级文明单位	山东省文明委 鲁文明委〔2013〕15 号
汶上县地税局直属分局	省青年文明号	山东团省委 山东省地税局 鲁青联〔2013〕24 号
汶上县地税局办税服务厅	山东省模范职工小家	山东省总工会 鲁会〔2013〕63 号
汶上县地税局	2012 年度全省地税系统基层建设优秀单位	山东省地税局 鲁地税发〔2013〕3 号

续表

单 位	称 号	发文单位（字号）
梁山县地税局	省级文明单位	山东省文明委 鲁文明委〔2013〕15号
梁山县地税局韩岗分局	省青年文明号	山东团省委 山东省地税局 鲁青联〔2013〕24号
梁山县地税局	全省地税系统先进集体	山东省人社厅 山东省地税局 鲁人社办发〔2013〕5号
泰安市地税局	全省地方税收调查工作先进单位	山东省地税局 鲁地税发〔2013〕60号
泰安市地税局	全国妇女创先争优先进集体	全国妇联
泰安市地税局泰山分局 纳税服务中心	省工人先锋号	山东省工会 鲁会〔2013〕16号
泰安市地税局泰山分局 纳税服务中心	省青年文明号	山东团省委 山东省地税局 鲁青联〔2013〕24号
泰安市地税局泰山分局 纳税服务中心	山东省女职工建功立业标兵岗	鲁会〔2013〕15号
泰安市地税局泰山分局 纳税服务中心	山东省十佳女职工建功立业标兵岗	鲁会〔2013〕16号
泰安市地税局泰山分局 省庄中心税务所	省青年文明号	山东团省委 山东省地税局 鲁青联〔2013〕24号
泰安市地税局泰山分局 财源中心税务所	省青年文明号	山东团省委 山东省地税局 鲁青联〔2013〕24号
泰安市地税局岱岳分局	全省地税系统先进集体	山东省人社厅 山东省地税局 鲁人社办发〔2013〕5号
泰安市地税局岱岳分局	全省地税系统基层建设优秀单位	鲁地税发〔2013〕3号

续表

单 位	称 号	发文单位（字号）
泰安市地税局岱岳分局直属征收局	省青年文明号	山东团省委 山东省地税局 鲁青联〔2013〕24号
泰安市地税局岱岳分局范镇中心税务所	省青年文明号	山东团省委 山东省地税局 鲁青联〔2013〕24号
泰安市地税局岱岳分局满庄中心税务所	省青年文明号	山东团省委 山东省地税局 鲁青联〔2013〕24号
泰安市地税局岱岳分局徂徕中心税务所	省青年文明号	山东团省委 山东省地税局 鲁青联〔2013〕24号
新泰市地税局	山东省工会经费代收工作先进集体	山东省总工会 山东省地税局 鲁会〔2013〕105号
新泰市地税局新汶中心税务所	全国五一巾帼标兵岗	中华全国总工会 总工发〔2013〕7号
新泰市地税局羊流中心税务所	省青年文明号	山东团省委 山东省地税局 鲁青联〔2013〕24号
新泰市地税局西张庄中心税务所	省青年文明号	山东团省委 山东省地税局 鲁青联〔2013〕24号
新泰市地税局汶南中心税务所	省青年文明号	山东团省委 山东省地税局 鲁青联〔2013〕24号
肥城市地税局	全国总工会职工书屋示范点	中华全国总工会 工宣字〔2013〕20号
肥城市地税局	山东省模范职工之家	山东省总工会 鲁会〔2013〕63号
肥城市地税局直属征收局	山东省五四红旗团支部	鲁青发〔2013〕9号

续表

单 位	称 号	发文单位（字号）
肥城市地税局直属征收局	幸福进家活动先进单位	山东省妇联 鲁妇发〔2013〕9 号
肥城市地税局直属征收局	省青年文明号	山东团省委 山东省地税局 鲁青联〔2013〕24 号
肥城市地税局石横中心税务所	省青年文明号	山东团省委 山东省地税局 鲁青联〔2013〕24 号
肥城市地税局湖屯中心税务所	省青年文明号	山东团省委 山东省地税局 鲁青联〔2013〕24 号
肥城市地税局王瓜店中心税务所	省青年文明号	山东团省委 山东省地税局 鲁青联〔2013〕24 号
宁阳县地税局	省级文明单位	山东省文明委 鲁文明委〔2013〕15 号
宁阳县地税局稽查局	山东省女职工建功立业标兵岗	鲁会〔2013〕15 号
宁阳县地税局文庙中心税务所	省青年文明号	山东团省委 山东省地税局 鲁青联〔2013〕24 号
宁阳县地税局葛石中心税务所	省青年文明号	山东团省委 山东省地税局 鲁青联〔2013〕24 号
宁阳县地税局罡城中心税务所	省青年文明号	山东团省委 山东省地税局 鲁青联〔2013〕24 号
东平县地税局直属征收分局	省青年文明号	山东团省委 山东省地税局 鲁青联〔2013〕24 号
东平县地税局州城中心税务所	省青年文明号	山东团省委 山东省地税局 鲁青联〔2013〕24 号

续表

单 位	称 号	发文单位（字号）
东平县地税局彭集中心税务所	省青年文明号	山东团省委 山东省地税局 鲁青联〔2013〕24 号
东平县地税局银山中心税务所	省青年文明号	山东团省委 山东省地税局 鲁青联〔2013〕24 号
威海市地税局	全国税务先进集体	国家税务总局
威海市地税局	省级文明单位	山东省文明委 鲁文明委〔2013〕15 号
威海市地税局	全省地方税收调查工作先进单位	山东省地税局 山东省财政厅 鲁地税发〔2013〕60 号
威海市地税局	山东省工会经费代收工作先进集体	山东省总工会 山东省地税局 鲁会〔2013〕105 号
威海市地税局直属征收局	全国职工小家	中华全国总工会
威海市地税局纳税服务中心	省级青年文明号	山东团省委 山东省地税局 鲁青联〔2013〕24 号
荣成市地税局	省级文明单位	山东省文明委 鲁文明委〔2013〕15 号
荣成市地税局	山东省工会经费代收工作先进集体	山东省总工会 山东省地税局 鲁会〔2013〕105 号
荣成市地税局	山东省财贸金融系统女职工建功立业标兵岗	省财贸金融工会委员会
文登市地税局	全省地税系统先进集体	山东省人社厅 山东省地税局 鲁人社办发〔2013〕5 号
文登市地税局	省级文明单位	山东省文明委 鲁文明委〔2013〕15 号

续表

单　位	称　号	发文单位（字号）
文登市地税局直属征收局	国家级青年文明号	团中央 国家税务总局
文登市地税局张家产中心所	省级青年文明号	山东团省委 山东省地税局 鲁青联〔2013〕24号
文登市地税局南海中心所	省级青年文明号	山东团省委 山东省地税局 鲁青联〔2013〕24号
文登市地税局天福中心所	省级青年文明号	山东团省委 山东省地税局 鲁青联〔2013〕24号
文登市地税局葛家中心所	省级青年文明号	山东团省委 山东省地税局 鲁青联〔2013〕24号
文登市地税局稽查局	省级青年文明号	山东团省委 山东省地税局 鲁青联〔2013〕24号
文登市地税局直属局	省级青年文明号	山东团省委 山东省地税局 鲁青联〔2013〕24号
乳山市地税局	全国五一巾帼标兵岗	中华全国总工会
乳山市地税局	省级文明单位	山东省文明委 鲁文明委〔2013〕15号
乳山地税稽查局	国家级青年文明号	国家税务局 团中央
乳山市地税局纳税服务中心	省级青年文明号	山东团省委 山东省地税局 鲁青联〔2013〕24号
乳山市地税局银滩中心所	省级青年文明号	山东团省委 山东省地税局 鲁青联〔2013〕24号

续表

单 位	称 号	发文单位（字号）
威海市地税局环翠分局	省级文明单位	山东省文明委 鲁文明委〔2013〕15号
威海市地税局环翠分局省级旅游度假区、孙家疃、羊亭中心税务所	省级青年文明号	山东团省委 山东省地税局 鲁青联〔2013〕24号
威海市地税局高区分局	省级十佳女职工建功立业标兵岗	山东省总工会
威海市地税局高区分局	全省模范职工小家	山东省总工会 鲁会〔2013〕63号
威海市地税局高区分局	省级工人先锋号	山东省总工会
威海市地税局高区分局	省级文明单位	山东省文明委 鲁文明委〔2013〕15号
威海市地税局高区分局	全省地税系统基层建设优秀单位	山东省地税局
威海市地税局经区分局	全省地税系统基层建设优秀单位	山东省地税局
威海市地税局经区分局	省级文明单位	山东省文明委 鲁文明委〔2013〕15号
威海市地税局经区分局	省级青年文明号	山东团省委 山东省地税局 鲁青联〔2013〕24号
威海市地税局经区分局	省级巾帼文明岗	山东省妇联
威海市地税局工业园区分局	省级文明单位	山东省文明委 鲁文明委〔2013〕15号
日照市地税局	全省地方税收调查工作先进单位	山东省地税局 鲁地税发〔2013〕60号
日照市局直属征收局 办税服务厅	全国五一巾帼标兵岗	中华全国总工会
日照市局直属征收局	全省地税代收残疾人就业保障金工作先进集体	山东省残联 山东省地税局 鲁残联发〔2012〕81号

续表

单 位	称 号	发文单位（字号）
东港区地税局南湖中心所	全省地税系统先进集体	山东省人社厅 山东省地税局 省人社办发〔2013〕5号
日照市地税局岚山分局	全省地税系统先进集体	山东省人社厅 山东省地税局 省人社办发〔2013〕5号
日照市地税局岚山分局 安东卫中心税务所分会	全国模范职工小家	中华全国总工会 总工发［2013］26号
日照市地税局山海天旅游 度假区分局	山东省模范职工小家	山东省总工会 鲁会〔2013〕63号
日照市地税局山海天旅游 度假区分局	山东省女职工建功立业标兵岗	山东省总工会
日照市地税局山海天旅游 度假区分局	山东省示范妇女之家	山东省妇联 鲁妇发〔2013〕7号
莒县地税局	全省地税系统先进集体	山东省人社厅 山东省地税局 省人社办发〔2013〕5号
莒县地税局	全省幸福进家活动先进单位	山东省妇联 鲁妇发〔2013〕9号
五莲县地税局街头中心所	全国服务新农村建设先进单位	中国三农协会
五莲县地税局	幸福进家活动先进单位	山东省妇联 鲁妇发〔2013〕9号
五莲县地税局街头中心所	全省地税系统先进集体	山东省人社厅 山东省地税局 省人社办发〔2013〕5号
五莲县地税局	省级文明单位	山东省文明委 鲁文明委〔2013〕15号
五莲县地税局	全省地税系统基层建设先进单位	山东省地税局
五莲县地税局	全省地税系统党建工作先进集体	山东省地税局
五莲县地税局	山东省技术市场科技金桥奖	省科技厅

续表

单 位	称 号	发文单位（字号）
莱芜市地税局莱城分局 纳税服务中心	工人先锋号	中华全国总工会
莱芜市地税局钢城分局	省地税系统基层建设优秀单位	鲁地税发〔2013〕3号
莱芜市地税局钢城分局	省地税系统先进集体	山东省人社厅 山东省地税局 鲁人社办发〔2013〕5号
莱芜市地税局钢城分局	全省地税系统党建工作先进集体	鲁地税党发〔2013〕7号
临沂市地税局	山东省工会经费代收工作先进集体	山东省总工会 山东省地税局 鲁会（2013）105号
临沂市地税局兰山分局银雀山中心税务所	省级文明单位	山东省文明委 鲁文明委〔2013〕15号
临沂市地税局兰山分局 金雀山中心税务所	省级文明单位	山东省文明委 鲁文明委〔2013〕15号
临沂市地税局河东分局	幸福进家活动先进单位	山东省妇联 鲁妇发〔2013〕9号
沂水县地税局	幸福进家活动先进单位	山东省妇联 鲁妇发〔2013〕9号
沂水县地税局	2011—2012年度征纳共赢品牌创建先进单位	山东省地税局
沂水县地税局	山东省地税系统先进集体	山东省人社厅 山东省地税局 省人社办发〔2013〕5号
沂水县地税局	税务系统先进集体	国家税务总局 税总发〔2013〕10号
沂水县地税局	工人先锋号	中华全国总工会
沂水县地税局	全省地税系统优秀党建品牌	山东省地税局
沂水县地税局	优秀巾帼志愿服务组织	省巾帼志愿者协会
蒙阴县地税局	省级文明单位	山东省文明委 鲁文明委〔2013〕15号

续表

单 位	称 号	发文单位（字号）
蒙阴县地税局垛庄中心税务所	省级青年文明号	山东团省委 山东省地税局 鲁青联〔2013〕24 号
莒南县地税局	省级文明单位	山东省文明委 鲁文明委〔2013〕15 号
莒南县地税局	省级文明机关	山东省文明委
莒南县地税局洙边中心所	省级青年文明号	山东团省委 山东省地税局 鲁青联〔2013〕24 号
莒南县地税局石莲子征收处	省级青年文明号	山东团省委 山东省地税局 鲁青联〔2013〕24 号
莒南县地税局	山东省巾帼建功先进单位	山东省妇联
莒南县地税局	省特级档案室	山东省档案局
莒南县地税局	省级卫生先进单位	山东省爱卫会
莒南县地税局	省级绿色社区	山东省文明委 山东省环保局
莒南县地税局	基层建设优秀单位	山东省地税局
莒南县地税局	2012 年度全省地方税收专项检查先进集体	山东省地税局
平邑县地税局	省级示范妇女之家	山东省妇联 鲁妇发〔2013〕7 号
平邑县地税局	省级文明单位	山东省文明委 鲁文明委〔2013〕15 号
平邑县地税局直属征收分局	省级青年文明号	山东团省委 山东省地税局 鲁青联〔2013〕24 号
德州市地税局	全省地税系统先进集体	山东省人社厅 山东省地税局 鲁人社办发〔2013〕5 号

续表

单　位	称　号	发文单位（字号）
德州市地税局	2012 年度全省地税系统服务基层优秀单位	鲁地税发〔2013〕3 号
德州市地税局	全省地税系统廉政文化教育基地建设先进单位	山东省地税局
德州市地税局直属征收局	全国工人先锋号	中华全国总工会
禹城市地税局	全省地税系统先进集体	山东省人社厅 山东省地税局 鲁人社办发〔2013〕5 号
禹城市地税局税源管理科	全国五一巾帼标兵岗	全国总工会
禹城市地税局稽查局	全省地方税收专项检查先进集体	山东省财政厅 山东省地税局
禹城市地税局稽查局	全省地税系统廉洁从税先进单位	山东省地税局
乐陵市地税局	省地税局税收宣传创新项目	山东省地税局 鲁地税办发〔2013〕13 号
宁津县地税局	省级模范职工之家	山东省总工会
宁津县地税局	全省地税系统先进集体	山东省人社厅 山东省地税局 鲁人社办发〔2013〕5 号
宁津县地税局	2012 年度全省地税系统基层建设优秀单位	山东省地税局 鲁地税发〔2013〕3 号
宁津县地税局	全省地税系统廉政文化“四进”先进单位	山东省地税局
宁津县地税局党组	2011—2013 年度全省地税系统党建工作先进集体	山东省地税局 鲁地税党发〔2013〕7 号
齐河县地税局	省级文明单位	山东省文明委 鲁文明委〔2013〕15 号
齐河县地税局	全省地税系统先进集体	山东省人社厅 山东省地税局 鲁人社办发〔2013〕5 号
齐河县地税局	2011—2012 年度“征纳共赢”纳税服务品牌创建先进单位	山东省地税局 鲁地税办发〔2013〕2 号

续表

单 位	称 号	发文单位（字号）
齐河县地税局纳税服务中心	全国巾帼文明岗	全国妇联 妇字〔2013〕13号
临邑县地税局	省级文明单位	山东省文明委 鲁文明委〔2013〕15号
临邑县地税局	省卫生先进单位	鲁爱卫办发〔2013〕3号
临邑县地税局	省宣传月先进单位	山东省地税局 鲁地税办发〔2013〕13号
临邑地税局稽查局	全省地方税收专项检查先进集体	山东省地税局 鲁地税办发〔2013〕6号
平原县地税局	幸福进家活动先进单位	山东省妇联 鲁妇发〔2013〕9号
平原县地税局	全省地税系统先进集体	山东省人社厅 山东省地税局 鲁人社办发〔2013〕5号
平原县地税局	山东省女职工建功立业标兵岗	山东省总工会
武城县地税局	幸福进家活动先进单位	山东省妇联 鲁妇发〔2013〕9号
武城县地税局	2011—2012年度“征纳共赢”纳税服务品牌创建先进单位	山东省地税局 鲁地税办发〔2013〕2号
夏津县地税局	幸福进家活动先进单位	山东省妇联 鲁妇发〔2013〕9号
夏津县地税局	2012年度全省地税系统基层建设优秀单位	山东省地税局 鲁地税发〔2013〕3号
夏津县地税局	2011—2012年度“征纳共赢”纳税服务品牌创建先进单位	山东省地税局 鲁地税办发〔2013〕2号
夏津县地税局	全省地税系统廉政文化“四进”先进单位	山东省地税局
庆云县地税局	2012年度全省地税系统基层建设优秀单位	山东省地税局 鲁地税发〔2013〕3号
德州市地税局经济开发区分局	全省地税系统先进集体	山东省人社厅 山东省地税局 鲁人社办发〔2013〕5号

续表

单　位	称　号	发文单位（字号）
德州市地税局运河开发区分局	省级文明单位	山东省文明委 鲁文明委〔2013〕15号
聊城市地税局	文化事业建设费征收管理工作先进单位	山东省委宣传部 山东省财政厅 山东省地税局 鲁宣发〔2013〕9号
聊城市地税局稽查局	全国税务系统打击发票违法犯罪活动工作先进单位	国家税务总局
聊城市地税局东昌府分局	全省幸福进家活动先进集体	山东省妇联 鲁妇发〔2013〕9号
阳谷县地税局纳税服务中心	全国巾帼文明岗	全国妇联 妇字〔2013〕13号
阳谷县地税局	省工会经费代收工作先进集体	山东省总工会 山东省地税局 鲁会〔2013〕105号
阳谷县地税局	幸福进家活动先进单位	山东省妇联 鲁妇发〔2013〕9号
东阿县地税局	全省残疾人就业保障金代收费先进集体	山东省残联
东阿县地税局	幸福进家活动先进集体	山东省妇联 鲁妇发〔2013〕9号
东阿县地税局稽查局	幸福进家活动先进集体	山东省妇联 鲁妇发〔2013〕9号
茌平县地税局	幸福进家活动先进单位	山东省妇联 鲁妇发〔2013〕9号
滨州市地税局	全省地税系统服务基层优秀单位	山东省地税局 鲁地税发〔2013〕3号
滨州市地税局	省级优秀交通安全单位	山东省公安厅 山东省安监局 鲁公发〔2012〕447号
滨州市地税局稽查局	全国五一巾帼标兵岗	全国总工会 总工发〔2013〕7号

续表

单 位	称 号	发文单位（字号）
滨州市地税局滨城分局	全国工人先锋号	全国总工会 总工发〔2013〕21号
滨州市地税局滨城分局滨北中心税务所	全省地税系统先进集体	山东省人社厅 山东省地税局 鲁人社办发〔2013〕5号
惠民县地税局	全省女职工建功立业标兵岗	山东省总工会 鲁会〔2013〕15号
惠民县地税局胡集中心税务所	全省地税系统先进集体	山东省人社厅 山东省地税局 鲁人社办发〔2013〕5号
阳信县地税局	全省地税系统基层建设优秀单位	山东省地税局
沾化县地税局	全省地税系统基层建设优秀单位	山东省地税局
滨州市地税局高新区分局	全省模范职工小家	山东省总工会 鲁会〔2013〕63号
滨州市地税局高新区分局	全省职工体育先进单位	山东省总工会 山东省体育局 鲁会发〔2013〕28号
滨州市地税局高新区分局	职工职业道德建设先进单位	山东省总工会 山东省委宣传部 鲁会发〔2013〕92号
无棣县地税局	山东省女职工建功立业标兵岗	山东省总工会
无棣县地税局信阳中心税务所	全省地税系统先进集体	山东省人社厅 山东省地税局 鲁人社办发〔2013〕5号
博兴县地税局	全省地税系统先进集体	山东省人社厅 山东省地税局 鲁人社办发〔2013〕5号
邹平县地税局	职工职业道德建设先进单位	山东省总工会 山东省委宣传部 鲁会发〔2013〕92号

续表

单 位	称 号	发文单位（字号）
邹平县地税局	全省地税系统先进集体	山东省人社厅 山东省地税局 鲁人社办发〔2013〕5号
郓城县地税局	全国税务系统先进集体	国家税务总局 税总发〔2013〕10号
曹县地税局曹城中心所	全国工人先锋号	全国总工会
鄄城中心税务所	省女职工建功立业标兵岗	山东省总工会
郓城县地税局	全省地税系统基层建设优秀单位	山东省地税局
郓城市局直属征收局	全省模范职工小家	山东省总工会 鲁会〔2013〕63号
菏泽市地税局局开发区分局	全省地税系统基层建设优秀单位	山东省地税局
菏泽市地税局开发区分局	省女职工建功立业标兵岗	山东省总工会
菏泽市地税局开发区分局	省青年文明号	山东团省委 山东省地税局 鲁青联〔2013〕24号
单县地税局黄岗中心所	全省地税系统先进集体	山东省人社厅 山东省地税局 鲁人社办发〔2013〕5号